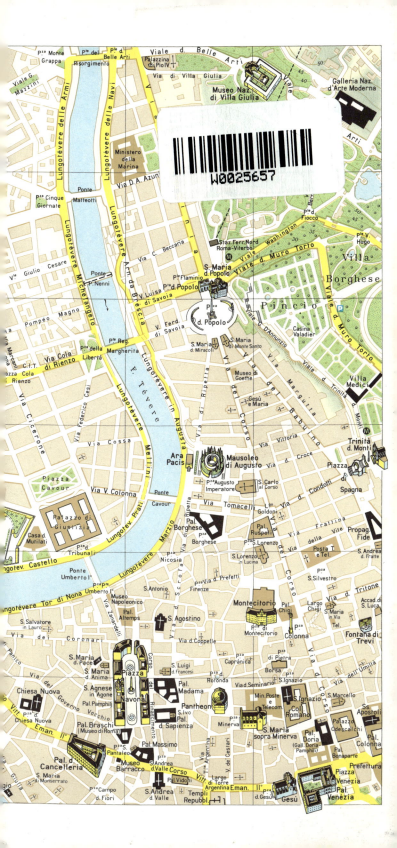

# Rom

»Alles zusammengenommen ist
es eben doch noch die Königin
der Welt. Ich wusste nur Köln
damit zu vergleichen.«

Jacob Burckhardt

1477 verlegte man den Markt, der schon lange auf der Piazza del Campidoglio und in den umliegenden Gassen abgehalten worden war, auf die Piazza Navona. Dort fand er bis 1869 Tag für Tag statt. Wie in anderen Städten die jeweiligen Piazze del Comune oder del Duomo, so bildete seit dem 15. Jh. die Piazza Navona das Herz der Tiberstadt.

»Denn ich erinnere mich, daß Du mir häufig
abrietest hierherzukommen, da Du fürchtetest,
der Anblick der in Trümmern liegenden Stadt
könne ihrem Ruhm und meinem aus Büchern
geschöpften Bilde nicht gerecht werden und
meine Begeisterung müsse so vergehen. [...] Sie
hat jedoch, welch Wunder – sich nicht vermindert,
sondern nur noch vergrößert. Rom war größer, als
ich glaubte, und größer sind seine Ruinen.«
Francesco Petrarca, 1337

Ponte Rotto

Ponte Cestio

Rom wurde auf dem linken Tiberufer gegründet, doch bald schon überschritt die Stadt den Fluß. Die erste Brücke, von der die Überlieferung berichtet, hieß Pons Sublicius und war aus Holz. Die erste steinerne Brücke, Pons Aemilius, entstand 179 v. Chr. – sie ist heute zerbrochen und heißt daher Ponte Rotto. Die schönste der antiken Brücken ist die Engelsbrücke, einst Pons Aelius, die allerdings neuzeitlichen Schmuck trägt. Auch in späterer Zeit baute man Brücken, so etwa 1474 die Ponte Sisto, benannt nach Papst Sixtus IV., und vor kurzem die Brücke für die Metro. Insgesamt führen in Rom 21 Brücken über den Tiber.

## An diesem Reiseführer haben zahlreiche Landeskenner und Spezialisten mitgearbeitet.

**RECHERCHE UND TEXT:**
NATUR: Guido Prola, Livia Tedeschini
GESCHICHTE: Massimo Bray, Jean-Louis Fournel, Claudia Moatti, Daniel Nony
SPRACHE: Raffaele Simone
PIRANESI: Christian Michel
TRADITIONEN: Corinne Paul, Simone Pelizzoli, Mauro Quercioli
ARCHITEKTUR: Oliver Bonfait, Catherine Brice, Stéphane Guégan, Etienne Hubert
MALER: Antonio del Guercio
LITERATUR: Marie-Paule Boutry
RUNDGÄNGE: Noëlle de La Blanchardière, Catherine Brice Filippo Coarelli, Etienne Hubert, Christian Michel, Claudia Moatti
REGISTER: Pascale de la Blanchardière
PRAKTISCHER TEIL: Grégory Leroy, Corinne Paul

**ZEICHNUNGEN:**
NATUR: Anne Bodin, Jean Chevallier, François Desbordes, Claire Felloni, Jean-Michel Kacédan, Pascal Robin, John Wilkinson
ARCHITEKTUR: Pierre Boutin, Nicolette Castle, Hugh Dixon, Sandra Doyle, Jean-Marie Guillou, Jean-Benoit Héron, Olivier Hubert, Pierre de Hugo, Roger Hutchins, Jean-Michel Kacédan, Philippe Lhez, Philippe Mignon, Pierre Poulain, Claude Quiec, Jean-Claude Sénée, Jean-Louis Serret, Jean-Michel Sinier, Mike Shœbridge, Tony Townsend
RUNDGÄNGE: Hubert Goger, Jean-Marie Guillou, Olivier Hubert, Claude Quiec, Bruno Lenormand, Jean-Pierre Pontcabare
KARTOGRAPHIE: Eric Gillion, Eugene Flurey et Catherine Totem
INFOGRAPHIK : Paul Coulbois

**FOTOGRAFIE:**
Araldo De Luca, Antonello Idini, Marzio Marzot, Gabriella Peyrot

## DuMont Visuell Rom

**DEUTSCHE TEXTFASSUNG:** Inka Schneider unter Mitarbeit von
Petra Juling und Isabell Seidenstücker
Für die Bearbeitung des Naturkapitels danken wir
Fernando Pérez vom Zoologischen Institut an der Universität Köln.
DEUTSCHE LITERATUR UND BIBLIOGRAPHIE:
Gabriele Kalmbach
ÜBERSETZUNG:
Birgit Lamerz-Beckschäfer, Karin Abrymowsky (Natur), Christiane Beinke (Geschichte),
Hans-Georg Deggau (Tivoli/Palestrina/Ostia)
Die Original-Ausgabe erschien im Dezember 1993 unter dem Titel
*Guides Gallimard Rome*.

Die Deutsche Bibliothek – CIP-Einheitsaufnahme
**Rom** / [Dt. Textfassung: Inka Schneider, Juling Petra.
Übers.: Birgit Lamerz-Beckschäfer ...].
- Köln : DuMont, 1994
(DuMont visuell)
Einheitssacht.: Guides Gallimard Rome <dt.>
ISBN 3-7701-3301-3
NE: Schneider, Inka [Bearb.];
Lamerz-Beckschäfer, Birgit [Übers.]; EST

*Alle Angaben erfolgen ohne jegliche Verpflichtung oder Garantie des DuMont Buchverlags oder des lizenzgebenden Verlags Gallimard, Paris. Für Änderungen und Fehler, die trotz der sorgfältigen Überprüfung aller Angaben nicht vollständig auszuschließen sind, können wir leider keinerlei Verantwortung oder Haftung übernehmen.*

© 1994 DuMont Buchverlag, Köln
Alle Rechte vorbehalten
© 1993 Editions Gallimard Nouveaux-Loisirs, Paris

ISBN : 3-7701-3301-3
Druck und buchbinderische Verarbeitung: Editoriale Libraria (Italien)
Mai 1994

# DuMont visuell

# Rom

DuMont Buchverlag Köln

# INHALT
## WISSENSWERTES AUF EINEN BLICK

### NATUR *15*

Der Tiber *16*
Fauna und Flora der Ruinen *18*
Villa Doria Pamphili *20*
Der Pineto *22*
Die Bäume Roms *24*

### GESCHICHTE UND SPRACHE *25*

Chronologie *26*
Institutionen der Antike *34*
Der »Sacco di Roma« *36*
Die römisch-katholische Kirche *38*
Geschichte der Ausgrabungen *40*
Die Sprache *42*

### PIRANESI

Piranesi *I*
Römische Inschriften *XIV*
Wappen der Päpste *XVI*

### KUNST UND TRADITIONEN *45*

Legenden *46*
Feste *48*
Der Malteserorden *50*
Päpstliche Zeremonien *52*
Die Restaurierung von Kunstwerken *54*
Ein römisches Rezept *56*
Typische Produkte *58*

### ARCHITEKTUR *59*

Stadtentwicklung *60*
Baustoffe und Techniken *62*
Antike Bögen und Gewölbe *64*
Freizeiteinrichtungen *66*
Wasser in der antiken Stadt *68*
Tempel und Denkmäler *70*
Turmhäuser und Festungen *72*
Mittelalterliche Kirchen *74*
Die Cosmaten *76*
Architektur der Gegenreformation *78*
Kirchen des Barock *80*
Trompe-l'œil-Malerei *82*
Barocke Inszenierungen *84*
Renaissance- und Barockpaläste *86*
Villen und Gärten *88*
Neoklassizismus und Eklektizismus *90*
Faschismus und Nachkriegszeit *92*
Die Säulenordnungen *94*

### ROM – VON MALERN GESEHEN *95*

### ROM IN DER LITERATUR *105*

# Inhalt
## Rundgänge und Ausflüge

**Kapitol – Forum – Palatin** *127*

    Kapitolinische Museen *132*

Forum

**Forum Holitorium – Kolosseum** *153*

    Zirkusspiele *172*

**Circus Maximus und Aventin** *175*

**Celio** *185*

    San Clemente *194*

Kolosseum

**Der Vatikan** *201*

    Peterskirche *208*
    Sixitinische Kapelle *218*
    Raffaels Stanzen *222*

**Von der Engelsbrücke zum Ghetto** *237*

Vatikan

**Von Il Gesù bis Palazzo Madama** *255*

    Römische Kuppeln *262*

**Piazza Navona und Umgebung** *273*

Pantheon

**Quirinal** *287*

    Galleria d'Arte Antica *292*

**Tridente** *303*

**Via Appia antica** *317*

Piazza Navona

**Diokletians-Thermen bis S. Pietro in Vincoli** *331*

    Das Thermenmuseum *336*

**Trastevere** *349*

**Von der villa Giulia zum Foro Italico** *367*

    Villa Giulia *370*
    Villa Borghese *372*

Quirinal

**Vor den Mauern von Rom** *379*

    Cinecittà *384*

**Tivoli und Palestrina** *389*

    Das Nil-Mosaik *400*

**Ostia** *403*

    Mosaiken der Kaufleute *408*

Tridente

**Praktische Informationen** *417*

**Anhang** *477*

    Lesetips *478*
    Abbildungsnachweise *482*
    Glossar *492*
    Personenregister *494*
    Sachregister *505*

Via Appia

Trastevere

# GEBRAUCHSANWEISUNG FÜR DEN DUMONT VISUELL
*(am Beispiel einer Seite aus dem DuMont visuell »Venedig«)*

Diese Symbole finden Sie oben auf der Seite. Sie kennzeichnen die verschiedenen Abschnitte des Führers.

- ■ **NATUR**
- ● **KULTUR**
- ▲ **REISETEIL**
- ◆ **PRAKTISCHE INFORMATIONEN**

Die Überblickskarten aus der Vogelschau zeigen die wichtigsten Sehenswürdigkeiten und erleichtern so die Orientierung.

Die kleine Karte verdeutlicht die Position der Überblickskarte innerhalb der Stadt oder der Region, die der Führer behandelt.

♥ Das Herz steht bei all den Sehenswürdigkeiten, die besonders schön oder besonders interessant sind und daher nicht ausgelassen werden sollten.

Am Anfang jedes Kapitels im Reiseteil wird die Dauer des Ausflugs genannt und angezeigt, welches Verkehrsmittel man am besten benutzt:

- 🚢 per Schiff
- 🚶 mit dem ...
- 🚲 mit dem Fahrrad
- ⏱ Dauer

● ▲ ■ ◆
Im Text verweisen die Symbole auf Seiten, auf denen ein Thema ausführlicher behandelt ist.

## ANKUNFT IN VENEDIG ♥  ◆ 386

**Ponte della Libertà.** Fünfzig Jahre nach dem Vertrag von Campoformio (● 34) bauten die Österreicher eine Brücke, die Venedig erstmalig in seiner Geschichte mit dem Festland verband und seine tausendjährige Insellage beendete. Die Wirtschaft der Stadt veränderte sich grundlegend: Im Zuge

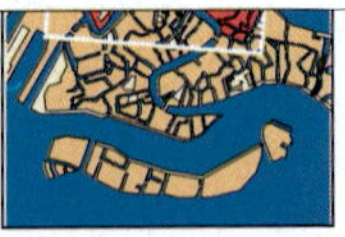

1/2 Tag

**Die Brücken von**

# NATUR

DER TIBER *16*
FAUNA UND FLORA IN
DEN RUINEN *18*
VILLA DORIA PAMPHILI *20*
DER PINETO *22*
DIE BÄUME ROMS *24*

# DER TIBER

**Flußaal**
Der Aal ist weit verbreitet. Von seinem Fang
leben die letzten Berufsfischer der Stadt.

Der Tiber, den man wegen der Wasserverschmutzung auch den »blonden Tiber«
(*il Tevere biondo*) nennt, bietet trotz Verunreinigung und
Begradigung einer anpassungsfähigen Fisch- und Vogelfauna
Lebensraum. Im Tiber finden sich Fische wie Karpfen, Aale und
Rotaugen, an seinen Ufern der große Kormoran und verschiedene Möwenarten. Die Vegetation ist dagegen spärlich, aber der
Spaziergänger wird entlang dem Fluß etliche Grünflächen mit
Weiden und Pappeln entdecken, die dort auf nicht mehr
genutzten Flächen wieder wachsen.

Erst am Ende des 19. Jh. wurden die
Uferböschungen des Tiber begradigt.

**Stockente**
Einige Paare nisten regelmäßig auf den
kleinen Inseln des Flusses.

Sommer / Winter

**Zwergtaucher**
Den Zugvogel kann man im Winter beobachten,
besonders bei der Brücke der Engelsburg.

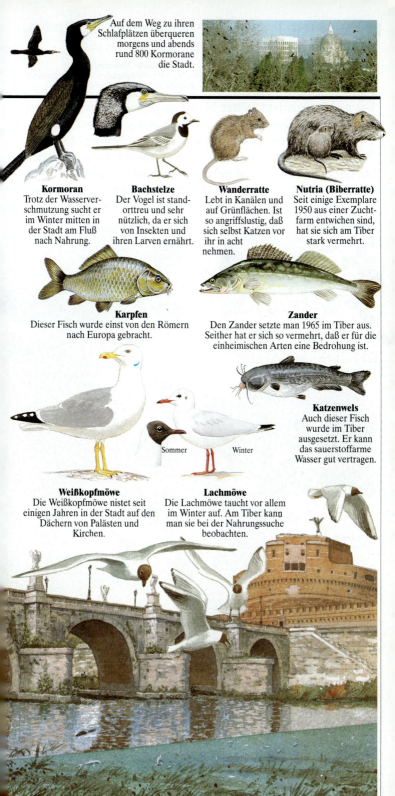

Auf dem Weg zu ihren Schlafplätzen überqueren morgens und abends rund 800 Kormorane die Stadt.

**Kormoran**
Trotz der Wasserverschmutzung sucht er im Winter mitten in der Stadt am Fluß nach Nahrung.

**Bachstelze**
Der Vogel ist standorttreu und sehr nützlich, da er sich von Insekten und ihren Larven ernährt.

**Wanderratte**
Lebt in Kanälen und auf Grünflächen. Ist so angriffslustig, daß sich selbst Katzen vor ihr in acht nehmen.

**Nutria (Biberratte)**
Seit einige Exemplare 1950 aus einer Zuchtfarm entwichen sind, hat sie sich am Tiber stark vermehrt.

**Karpfen**
Dieser Fisch wurde einst von den Römern nach Europa gebracht.

**Zander**
Den Zander setzte man 1965 im Tiber aus. Seither hat er sich so vermehrt, daß er für die einheimischen Arten eine Bedrohung ist.

**Katzenwels**
Auch dieser Fisch wurde im Tiber ausgesetzt. Er kann das sauerstoffarme Wasser gut vertragen.

Sommer   Winter

**Weißkopfmöwe**
Die Weißkopfmöwe nistet seit einigen Jahren in der Stadt auf den Dächern von Palästen und Kirchen.

**Lachmöwe**
Die Lachmöwe taucht vor allem im Winter auf. Am Tiber kann man sie bei der Nahrungssuche beobachten.

# Fauna und Flora in den Ruinen

**Italienische Mauereidechse**
Man nennt sie auch ›Ruineneidechse‹. Oft ernährt sie sich von den Abfällen der Touristen.

Die archäologischen Stätten bieten als geschützte Bezirke einer einzigartigen Tier- und Pflanzenwelt günstige Lebensräume. Zwischen den Ruinen wachsen weit verbreitete Pflanzen wie Feigenbäume neben anderen, z.B. Kapernsträuchern, die sonst nur auf den Felsen am Mittelmeer vorkommen. Auch Orchideen trifft man hier häufig. Schließlich finden zahlreiche Vögel im ›antiken Rom‹ einen außergewöhnlich günstigen Zufluchtsort.

**Steinkauz**
Ist auf dem Forum sehr verbreitet, wo er Nagetiere jagt.

**Wiedehopf**
Nistet zuweilen auf dem Palatin, fühlt sich jedoch durch die Touristen gestört.

**Hausrotschwanz**
Baut sich in den Ruinen, weit entfernt von allen Besuchern, sein Nest.

Katzen sind die am häufigsten vertretenen Tiere auf dem Forum.

Auf dem Forum kann man zwischen antiken Mauern und Säulenstümpfen eine typisch mediterrane Tier- und Pflanzenwelt entdecken.

**Smaragdeidechse**
Das seltene, große Reptil ernährt sich von Insekten, manchmal jedoch auch von Jungvögeln.

**Dohle**
Nistet im Kolosseum, jedoch nicht mehr so zahlreich wie einst, da sie von den Krähen vertrieben wurde.

**Blaumerle**
Einige Paare dieses prächtigen Felsenvogels nisten in den Mauern des Kolosseums.

**Italienischer Sperling**
Diese italienische Rasse des Haussperlings fällt durch braune Kopffedern auf.

**Turmfalke**
Er baut sein Nest in Glockentürmen und Ruinen, wo er sogar die Fledermäuse jagt.

**Dorniger Kapernstrauch**
Pflanze mit schönen weißen Blüten; wächst an Mauern und in Ruinen.

**Feigenbaum**
Häufig in den Ruinen, trägt am Sommerende Früchte.

**Schrift- oder Milzfarn**
Gedeiht vor allem in den Ritzen der Steinblöcke des Forums.

**Mauerglaskraut**
Diese Pflanze sprießt recht üppig am Fuße der Mauern und begrünt sehr schnell verlassene Plätze.

**Schmetterlings-Knabenkraut**
Die herrliche Pflanze findet man im April an allen trockenen, kalkhaltigen Stellen.

# ■ Villa Doria Pamphili

**Europäische Sumpfschildkröte**
Die Tiere kann man im größten Teich der Villa beobachten. Manchmal hocken sie auf abgestorbenen Ästen, die aus dem Wasssser ragen.

Seit der Antike beherrschen die Römer meisterlich die Kunst, herrliche Gärten anzulegen, die nun in die Stadt miteinbezogen werden. Diese Parks sind Beispiele für die italienische Art, Gärten zu gestalten: Hecken aus Eiben, Buchsbäumen oder Steineichen umrahmen Alleen, Plätze und Blumenrabatten. Sie variieren mit Zedern und Palmen oder mit einer mehr naturbelassenen Vegetation, deren Tierwelt ebenso interessant ist wie die der zahlreichen Wasserflächen.

**Rotfuchs**
Bei Nacht kommt der Rotfuchs, um in den ausgedehnten Parkanlagen der Villa zu jagen; er ist jedoch nur selten anzutreffen.

Trotz ihrer sehr gepflegten Gestaltung auf »italienische Art« bieten die Gärten der Villa Pamphili einer noch ursprünglichen Tier- und Pflanzenwelt Schutz.

**Igel.** Unauffällig verläßt der Igel nachts sein Versteck, um nach Insekten und Regenwürmern zu suchen.

**Teichhuhn**
Es nistet im dichten Pflanzenwuchs der kleinen Teiche und Tümpel der Villa.

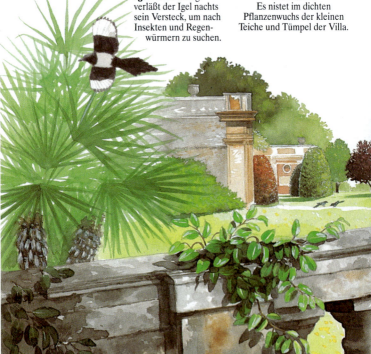

**Kleiber**
Mit dem Kopf voraus läuft dieser Vogel geschickt und behende die Bäume hinunter.

**Schwertblättriges Waldvöglein**
Im Mai und Juni blüht diese unauffällige Orchidee an schattigen Plätzen.

**Violetter Dingel**
Die große Orchidee gedeiht auch auf dürftigem Boden im lichten Unterholz.

**Elster**
Der Vogel lebt gern nahe menschlicher Siedlungen und ist in Rom stark verbreitet, besonders in den Parks der Villen.

**Graureiher**
Im Winter fischen einige dieser Vögel in den kleinen Seen der Villa Pamphili.

**Spinnenragwurz**
Diese schöne Orchidee blüht von April an auf Böden mit hohem Kalkgehalt.

**Purpur-Knabenkraut**
Von den 29 Orchideenarten in Rom ist sie die häufigste.

**Steineiche**
Im Unterschied zu anderen Eichen behält der Baum das ganze Jahr über seine Blätter.

# DER PINETO

Bis heute wird beim Pineto Schafweidewirtschaft betrieben – unmittelbar vor den Toren von Rom.

Der Pineto verdankt seinen Namen dem Wald aus Schirmkiefern (Pinien), der auf seinen Höhen angepflanzt wurde. Er befindet sich in einem vom Wasser ausgehöhlten Tal, dem Höllental, und reicht bis fast an das Stadtzentrum heran. Diese geschützte Landschaft vermittelt eine genaue Vorstellung von der natürlichen Umgebung des ursprünglichen Rom. Die Stadt liegt in einer Übergangszone zwischen einem rein mediterranen Gebiet mit immergrünem Wald und einer Hügellandschaft weiter landeinwärts mit sommergrünen Laubbäumen.

### Bienenfresser
Dieser schöne Vogel nistet seit einigen Jahren im Pineto. Er baut sein Nest auf dem Grund eines Stollens in sandigem Gelände.

### Breitblättrige Steinlinde
Die mediterrane Pflanze wächst im sonnenreichen Buschwald.

### Myrte
Die Blüten der Myrte verströmen einen ganz besonderen, lieblichen Duft.

### Vielblütige Heide
Das große Heidekraut gedeiht auf dem kieselhaltigen Boden des Buschwaldes.

### Stechwinde
Sie klammert sich wie eine Liane an Pflanzen oder Büsche, um an ihnen emporzuwachsen.

### Erdbeerbaum
Aus seinen Früchten, die im Herbst reifen, stellt man einen Likör her.

### Buntspecht
Er baut sein Nest in ausgehöhlten Baumstümpfen.

### Waldkauz
Sein rollender Ruf soll andere Männchen von seinem Revier fernhalten.

### Admiral
Der Schmetterling unternimmt saisonale Wanderungen; in Rom sieht man ihn häufig im Herbst.

### Wechselkröte
Diese Kröte ist auf dem Grund des feuchten Tales anzutreffen, das den Pineto durchquert.

### Gottesanbeterin
Die Gottesanbeterin kann man vor allem am Sommerende beobachten, zur Zeit der Eiablage in sonnigen Wiesen.

# DIE BÄUME ROMS

**Beeren-Eibe**
Wie der Buchsbaum so wurde auch die Eibe in den Gartenanlagen nach geometrischen Mustern oder zu Tierfiguren geformt.

Zu allen Zeiten der über 2500jährigen Geschichte Roms haben Herrscher, Päpste und Fürsten ihre Macht dokumentiert, indem sie in der Stadt exotische Bäume pflanzten, die sie aus dem ganzen Mittelmeerraum importierten. Viele dieser Bäume wurden Zeugen der wechselvollen Geschichte Roms.

**Zypresse**
Michelangelo pflanzte Zypressen in den Diokletiansthermen, als er in der Basilika von Santa Maria degli Angeli arbeitete.

**Orangenbaum**
Den Orangenbaum des hl. Dominikus pflanzte der Heilige vor ca. 800 Jahren an Santa Sabina auf dem Aventin.

**Pflaumenbaum**
Am Fuße des Pflaumenbaums der Villa Glori starb im Oktober 1867 einer der Soldaten von Garibaldi.

**Judasbaum**
An diesem Baum aus Palästina soll sich Judas selbst erhängt haben.

Die zahlreichen Palmen Roms sind charakteristisch für die Liberty-Zeit (● *90*).

**Lorbeer**
Der Lorbeer in den Farnesischen Gärten wurde im Jahre 1934 von dem Dichter Pascarella gestiftet.

**Traubeneiche**
Im Schatten der *Quercia del Tasso* fandenTorquato Tasso und der heilige Filippo Neri die letzte Ruhe.

**Schirmkiefer (Pinie)**
Die Schirmkiefer, auch italienische Kiefer oder Pinie genannt, ist der königliche Baum Roms. Seit der Antike gehört er zu dieser Landschaft. Im Laufe der Jahrhunderte hat er zahlreiche Maler inspiriert; auch ist Ottorino Respighi durch diesen Baum zu seiner sinfonischen Komposition *Pini di Roma* (1924) angeregt worden.

# Geschichte

Chronologie 26
Institutionen der Antike 34
Der »Sacco di Roma« 36
Die römisch-katholische Kirche 38
Geschichte der Ausgrabungen 40
Die Sprache 42

# GESCHICHTE

Romulus bestimmt die Grenzen der Stadt mit dem Ochsenpflug.

## LEGENDÄRE ANFÄNGE UND KÖNIGSZEIT

**Ende 2. Jahrtausend** Kontakte zwischen dem Reich von Mykene und Siedlungen an der Küste Italiens

**ca. 800 v. Chr.** Beginn der Besiedlung der Toskana durch die Etrusker

Rechts: Romulus und Remus

**ca. 750 v. Chr.** Gründung der griechischen Kolonie Cumae (Kampanien)

**ca. 600 v. Chr.** Gründung von Capua durch die Etrusker

**510 v. Chr.** Beginn der Römischen Republik

**494 v. Chr.** Auszug der Plebejer auf den Aventin und Schaffung der Concilia plebis tributa

**493 v. Chr.** Sieg über die Latiner

Rechts: Romulus gewidmete Stele

**451 v. Chr.** Zwölftafelgesetze

**396 v. Chr.** Eroberung der etruskischen Stadt Veji durch die Römer

**390 v. Chr.** Kurzfristige Einnahme Roms durch die Gallier

**Die Sage.** Auf der Flucht aus Troja kam Äneas, Sohn der Venus und des Sterblichen Anchises, an die Tibermündung. Er heiratete die Tochter des Königs Latinus, Lavinia. Sein Sohn Ascanius gründete später die Stadt Alba Longa. Aus der Verbindung der Vestalin Rhea Silvia, Tochter eines seiner Nachfahren, mit dem Gott Mars gingen die Zwillinge Romulus und Remus hervor, die, von ihrem Großonkel in den Tiber geworfen, am Fuß des Palatin angeschwemmt, von einer Wölfin ernährt und von Schäfern großgezogen wurden. Sie gründeten am 21. April 753 die Stadt Rom. Eine weitere Sage berichtet, daß Romulus mittels einer Furche die heiligen Grenzen der Stadt bestimmte und Remus tötete, weil er sie überschritten hatte. Wenig später entführten er und seine Gefährten die Sabinerinnen. Ab 616 folgten drei etruskische Könige: Servius Tullius und die Tarquinier. 510, nach dem Sturz von Tarquinius Superbus, wurde in Rom die Republik eingeführt, in der Beamte und Konsuln jährlich wechselten. Ein Tempel, Jupiter, Juno und Minerva gewidmet, entstand auf dem Kapitol.

**Die Archäologie.** Im 8. Jh. gab es mehrere Dörfer auf den Hügeln über dem sumpfigen Talgelände des späteren Forums. Gegen Ende des 7. Jh. waren diese Siedlungen vermutlich einer Stadt mit latinischer Kultur gewichen, mit einer eigenen Sprache, einem eigenen Pantheon, bestehend aus Jupiter, Mars und Quirinus, und einem die Fläche des Forums überragenden Tempel auf der Burg des Kapitols. Aber erst unter den Etruskern entstanden Befestigungen, Entwässerungskanäle und Institutionen. Zu Beginn des 5. Jh. schwanden etruskischer Einfluß wie Kontakte zu den Kulturen in der Ägäis.

## DIE RÖMISCHE REPUBLIK

**Eroberung der Halbinsel.** Rom gewann schließlich die Vorherrschaft über die Latiner und löste sich aus der Fremdherrschaft der Etrusker. Danach folgten Vorstöße nach Kampanien und erbitterte Kriege gegen die Samniten, bis die Römer auf Pyrrhus von Epirus trafen, der auf Bitten der Griechen, die das römische Vordringen verhindern wollten, mit Söldnern und Elefanten in den Krieg eingriff. Durch verstärkte Allianzen, Annektionen, Koloniegründungen und die Errichtung strategischer Aufmarschlinien sicherte sich Rom seine Hegemonie in Mittelitalien.

Pyrrhus

**Patrizier und Plebejer.** Die Patrizier beanspruchten für sich das Recht der alleinigen Zulassung zu den sakralen und

Römischer Bürger mit Ahnenfiguren

den höchsten Staatsämtern wie *praetor* und *consul*. Dagegen opponierte die *plebs*, die Schicht einfacher Bürger. Nach ihrem sagenhaften Auszug auf den Aventin gab sich die *plebs* ihre eigenen Beamten und Tribune und baute einen Tempel. Allmählich verständigte man sich und arbeitete eine gemeinsame gesetzliche Regelung aus, das Zwölftafelgesetz, das den Plebejern Zugang zum Amt des Konsuls, die Unantastbarkeit der Volkstribunen sowie die Verbindlichkeit von Volksbeschlüssen *(plebiscita)* sicherte. Die Macht teilte sich künftig eine Schicht von Großgrundbesitzern, Patriziern und einflußreichen Plebejern.

## GRÜNDUNG DES IMPERIUMS

**Kontrolle des Mittelmeers.** Innerhalb von 200 Jahren gewann Rom die Kontrolle über den Mittelmeerraum – häufiger mit Hilfe von Klientelstaaten anstelle direkt verwalteter Provinzen.

Die Punischen Kriege gegen Karthago brachten Rom Sizilien, Sardinien, Korsika und Teile Nordafrikas ein. Die Kelten in der Po-Ebene mußten sich ebenso unterwerfen wie die Bewohner Galliens, die von Julius Caesar besiegt wurden, der bis an Rhein und Nordsee vordrang. Im Osten eroberte Rom Griechenland.

**Soziale Spannungen.** Die Eroberungen brachten Geld und Sklaven nach Italien. Die Reichen vergrößerten ihren Grundbesitz, während die kleinen Landbesitzer verarmt in die Städte strömten. Die Senatoren mußten ihre Macht gegen den aufstrebenden Ritterstand und die Großgrundbesitzer verteidigen, von denen einige den Status von *publicani* (Staatspächtern) erwarben. In der Armee, die Marius auch für das Proletariat zugänglich machte, zeigten sich die Legionäre bald ihren Feldherren treuer verbunden als dem Staat. Im Bundesgenossenkrieg 91 bis 88 brachten besonders die Italiker den Römern zahlreiche Niederlagen bei, und erstritten sich schließlich das römische Bürgerrecht. Damit war die politische Einheit Italiens unter römischer Oberherrschaft realisiert.

**323 v. Chr.** Tod Alexanders d. Gr.

**290 v. Chr.** Nach den Samnitenkriegen ist die römische Eroberung Mittelitaliens beendet.

**272 v. Chr.** Einnahme Tarents durch die Römer

Links: Hannibal in Italien

**264-241 v. Chr.** Erster Punischer Krieg

**218-202 v. Chr.** Zweiter Punischer Krieg. Sieg von Scipio, seit 201 Africanus genannt, über Hannibal

**192-188 v. Chr.** Kriege in Griechenland und Asien

**146 v. Chr.** Zerstörung von Karthago (Ende des Dritten Punischen Krieges) und von Korinth

Der Senat

# GESCHICHTE

*82-79 v. Chr. Diktatur Sullas, der die Senatsherrschaft wiederherstellt*

**Das Ende der Republik.** Um die Mitte des 2. Jh. v. Chr. standen sich innerhalb der herrschenden Klasse zwei Parteien gegenüber, die konservativen *optimates* und die Reformpartei der *populares*. Zwar bewältigte der Senat mit Erfolg sowohl den Spartakus-Aufstand als auch die Catilinarische Verschwörung, doch steuerten nach der Diktatur Sullas die Feldherren das politische Leben: Im Jahre 60 kam es zum 1. Triumvirat und damit zum Machtmonopol von Crassus, Pompejus und Caesar. Nach der Eroberung Galliens überschritt Caesar den Rubicon, marschierte auf Rom, wurde zum Diktator ernannt und ließ Pompejus und seine Anhänger ermorden. Doch Caesars Ermordung am 15. März 44 ließ den Bürgerkrieg wieder aufflammen. Marc Anton und Octavian, der spätere Augustus, besiegten zwar die Caesar-Mörder Brutus und Cassius, erklärten sich dann aber gegenseitig den Krieg. Sein Seesieg über Marc Anton und Kleopatra bei Actium ermöglichte es Octavian, Ägypten zu annektieren. Im Jahr 30 v. Chr. beherrschte Rom das gesamte Mittelmeergebiet.

Ermordung Caesars

*73-71 v. Chr. Dritter Sklavenaufstand unter Spartakus*

*63 v. Chr. Konsulat des Cicero und Catilinarische Verschwörung*

## DIE PAX ROMANA

*27. v. Chr. Octavian wird Imperator und nimmt den Namen Augustus an.*

*ca. 33 n. Chr. Tod Christi in Judäa*

*47 n. Chr. Die Volkszählung ergibt 6 Millionen römische Bürger.*

**Die julisch-claudischen Kaiser.** Während seiner 45-jährigen Amtszeit stellte Augustus die Weichen für die Regierung Roms und seines Imperiums für die folgenden drei Jahrhunderte. Foren, Aquädukte und Tempel entstanden und ergänzten frühere Bauten. In der Stadt wurden Polizei- und Feuerwehrdienste eingerichtet, die Legionen aber wurden an die Grenzen verlegt. Als letzter großer Eroberer unterwarf er die Völker des Alpenraums und dehnte damit das Gebiet des Kaiserreiches bis an das rechte Donauufer aus. Die Provinz Germanien jedoch konnte er nicht halten. In 22 Jahren Amtszeit festigte Tiberius die kaiserliche Monarchie. Durch Übernahme des Kaiserkults bewiesen Italien und die Provinzen ihre Loyalität gegenüber einem Regime, das den Frieden im Mittelmeerraum sicherte. Caligula und seine Nachfolger führten die Spiele als bleibende staatliche Einrichtung ein. Sie dienten dem Vergnügen der römischen *plebs*, die auch von kostenlosen Lebensmittelzuteilungen profitierte. Claudius ließ den Hafen

Augustus von Prima Porta

Rechts: Votivschild

*64 n. Chr. Brand Roms*

*68-69 n. Chr. Letzte Aufstände der Gallier*

Rüstungen und Uniformen der römischen Armee

von Ostia vergrößern, und Nero lancierte nach dem (angeblich selbstgelegten) Brand Roms ein enormes Bauprogramm, das erst 50 Jahre später mit dem Trajans-Forum beendet war.

**79 n. Chr.** *Ausbruch des Vesuv und Zerstörung von Herculaneum und Pompeji*

## Gleichgewicht im 2. Jh.

Von der Amtszeit Kaiser Augustus' bis zur Zeit von Septimius Severus wurden neue Provinzen geschaffen, die von Britannien im Norden bis Arabien reichten, wobei es sich jedoch in der Mehrzahl um frühere Klientelstaaten handelte. Diese Einverleibung ins Reich war oft mit heftigem Widerstand begleitet, besonders in Judäa. Während unter Trajan weitere Gebiete erobert wurden, darunter die Provinz Dacia im Jahre 107, mußte Hadrian 117 auf die neuen Ostprovinzen (Mesopotamien) wieder verzichten. Der Antagonismus der beiden Kulturen des Kaiserreichs, griechischer und römischer, wurde unter Hadrian, einem Freund griechischer Kultur und Lebensart, abgeschwächt; zahlreiche griechische Gelehrte in kaiserlichen Diensten prägten das kulturelle Leben. Seine Beamten rekrutierte das Reich auch unter den Senatoren und aus dem Ritterstand. 212 verlieh Caracalla mit der *Constitutio Antoniniana* die römischen Bürgerrechte, die ursprünglich den Notablen der Städte und der Bundesgenossen sowie den Hilfssoldaten vorbehalten bleiben sollten, allen freien Reichsangehörigen.

**132-135 n. Chr.** *Judenaufstand in Palästina*

**161-180 n. Chr.** *Marc Aurel schlägt die eindringenden Parther und Markomannen zurück.*

**274 n. Chr.** *Bau der Aurelianischen Stadtmauer in Rom*

**303-304 n. Chr.** *Letzte große Christenverfolgungen*

**325 n. Chr.** *1. ökumenisches Konzil in Nicaea*

**330 n. Chr.** *Konstantinopel wird Hauptstadt des oströmischen Reichs.*

## Konfrontation mit den Barbaren.

Zur gleichen Zeit ging das Kaiserreich aus der Offensive in die Defensive. Innere Krisen führten zur Kaiserwahl durch die Armee, die im Jahre 235 den früheren Soldaten Maximinus Thrax an die Macht brachte. Ungeachtet von Epidemien und Revolten blühte das Reich jedoch insgesamt, und seine Regierung blieb stabil. Roms 1000jähriges Bestehen feierte Philippus Arabs 248 mit allem Pomp. Doch nachdem Kaiser Valerian 260 in Gefangenschaft der Parther gestorben war, waren nur noch das Zugehörigkeitsgefühl zu Rom und die Restaurationspolitik von Gallienus Mittel zur Abwehr der bis nach Griechenland vordringenden Goten. Die Krise des Römischen Reichs endete 293 im Versuch Diokletians, die Macht auf vier Regenten aufzuteilen.

Die Goten überfallen Rom.

**391 n. Chr.** *Verbot aller heidnischen Kulte unter Theodosius*

## Ein christliches Reich.

Die Tetrarchie währte nur kurz. Schon 313 errichtete Konstantin mit dem Mailänder Toleranzedikt eine neue, religiös legitimierte Monarchie mit starrer Bürokratie, die sich auf das Christentum als straff organisierte Religion stützen konnte. Konstantinopel war die neue Hauptstadt des Imperiums. Das Heidentum verschwand aus der Öffentlichkeit, trotz der Bevorzugung nichtchristlicher Religionen unter Kaiser Julian Apostata (361-363). Der Tod des Kaisers Theodosius im Jahre 395 war schließlich der Anlaß zur Reichsteilung. 406 brach die Rhein-Front unter dem Ansturm der Sueben und Vandalen zusammen, 410 plünderten die Goten Rom, 450 die Vandalen. Germanen und Hunnen suchten das Reich heim. 476 schließlich setzte Odoaker den letzten Kaiser Westroms, Romulus Augustulus (rechts), ab und erkannte die Macht des Kaisers in Konstantinopel an.

# GESCHICHTE

## DER WEG ZUM HEILIGEN RÖMISCHEN REICH

Rechts: Gregor der Große

**Von der Kaiser- zur Papstmacht.** Beim Sturz des letzten weströmischen Kaisers war Rom noch die bedeutendste Metropole der westlichen Welt. Doch der Krieg, den Justinian von Byzanz 535-555 in Italien gegen die Goten führte, ließ die Stadt völlig zerstört zurück. 568 drohte Rom eine Invasion der Langobarden, es blieb aber verschont. Papst Gregor der Große (590-604) schuf die Grundlagen der weltlichen Herrschaft des Papstes in Rom.

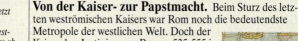

*476* Odoaker setzt den in Ravenna residierenden weströmischen Kaiser ab.

*554* Justinian I. stellt mit Ravenna als Hauptstadt die byzantinische Herrschaft in Italien wieder her.

*751* Erneutes Vordringen der Langobarden. Ende des Exarchats von Ravenna

**Unterstützung der Karolinger.** Die Bedrohung durch die Langobarden veranlaßte den Papst zum Bündnis mit den Franken. Der Pontifex beanspruchte die Gebiete Roms und Ravennas für sich und berief sich dabei auf die Konstantinische Schenkung, eine gefälschte Urkunde. Karl der Große gestand dem Papst bedeutende weltliche Machtbefugnisse zu und ließ sich im Gegenzug in Rom durch den Papst krönen. Die Stadt wurde wieder Zentrum des christlichen Abendlandes.

*962* Krönung des deutschen Königs Otto d. Gr. zum Kaiser

Karl der Große krönt seinen Sohn.

**Adel, Papst und Kaiser.** Während der folgenden Jahrhunderte geriet die Stadt unter den Einfluß großer Lehnsherren und des römischen Adels: im 9. Jh. der Herzöge von Spoleto und im 10. und 11. Jh. der Grafen von Tusculum. Sie nutzten die Schwäche der Karolinger, die päpstliche Machtkrise und die Entfernung zu den Kaiserresidenzen des Römischen Reichs Deutscher Nation. Im 11. Jh. kam es zum Konflikt zwischen Papst und Kaiser. Papst Gregor VII. strebte eine Kirchenreform an und versuchte die Anerkennung der geistlichen Oberhoheit über die weltliche Macht zu erzwingen. Im Investiturstreit antwortete Heinrich IV. 1084 mit Belagerung und Einnahme Roms. Die Normannen unter Robert Guiscard, vom Papst um Hilfe gebeten, vertrieben den Kaiser und plünderten die Stadt.

*1075-1122* Investiturstreit, beendet durch das Wormser Konkordat

## DIE RÖMISCHE KOMMUNE

**Die ersten Schritte.** 1143 führte eine gegen die Papstherrschaft gerichtete Revolte der Bevölkerung zur Schaffung eines von Adel und Kirche unabhängigen Senats: Es entstand die republikanisch-demokratisch orientierte römische Kommune. Kaiser Friedrich I. Barbarossa ließ den Anführer hinrichten und gab dem Papst die Souveränität über Rom zurück. Die Kommune wurde danach offiziell anerkannt.

*1154-1183* Kriege zwischen Friedrich I. Barbarossa und den Städten, die durch den Frieden von Konstanz beendet werden

**Streit weltlicher und kirchlicher Macht.** Nach einer konfliktfreien Zeit für die Kommune zu Beginn des 13. Jh. fiel das 1191 geschaffene Amt des einzigen Senators 1263 an Karl von Anjou, danach wurde es zur päpstlichen Apanage.

*1266* Karl von Anjou etabliert ein angevinisches Reich in Süditalien.

Papst Gregor XI. kehrt aus Avignon zurück.

Das Scheitern der Kreuzzüge steigerte Roms religiöse Bedeutung. Doch bald gingen die Päpste nach Avignon ins Exil (1309-1377). Ihre Abwesenheit beschleunigte die Entwicklung städtischer Institutionen. Dennoch blieb Rom zerrissen in den Kämpfen zwischen rivalisierenden Adelsfamilien, den Orsini und den Colonna. Von 1347 bis 1354 versuchte Cola di Rienzo, eine römische Republik wiedererstehen zu lassen, und ergriff drastische Maßnahmen gegen den Adel. Die Position des Papstes wurde nach seiner Rückkehr durch die Kirchenspaltung (1378-1417) geschwächt, und es kam zum Krieg zwischen den beiden Päpsten um Rom und den Kirchenstaat.

## DIE RENAISSANCE

**Wiederherstellung der pästlichen Macht.** Nach dem Konstanzer Konzil (1414-1418) kehrte der Papst 1420 nach Rom zurück. Während des 14. Jh. war die Stadt zunehmend verfallen, die hygienischen Zustände schlecht, die Versorgungslage ungenügend, die Bevölkerungszahl rückläufig. Kommune, Adel und päpstliche Macht prägten seit drei Jahrhunderten das politische Leben Roms. Die Päpste entschieden sich für eine anti-kommunale Politik und provozierten damit im Lauf des 15. Jh. gewalttätige Auseinandersetzungen. Sie setzten eine Bürokratie ein, mit deren Hilfe die Stadt direkt verwaltet werden sollte. Der Papst und das Kardinalkollegium standen an der Spitze einer komplizierten Verwaltung, die Kurie, bestehend aus fünf Räten, um deren Besetzung die großen Familien rivalisierten. Die Päpste sorgten mit ihrem Nepotismus dafür, daß die Schlüsselpositionen ihren Verwandten vorbehalten blieben. Papst Alexander VI. unterstützte sogar die machtpolitischen Ambitionen seines Sohnes Cesare Borgia in Mittelitalien.

**Eine glanzvolle Zeit.** Ende des 15. Jh. wurden große Bauvorhaben begonnen. Der päpstliche Hof war Zentrum humanistischer Kultur. Große Renaissancekünstler kamen in die Stadt. Päpste wie Alexander VI., Julius II., Leo X. und Clemens VII. waren Fürsten, die sich an den Koalitionen der Italienkriege beteiligten und abwechselnd Frankreich oder seine Gegner unterstützten. Der »Sacco di Roma« (1527, ● 36) schien dieser glanzvollen Zeit ein Ende zu setzen, doch mit dem Pontifikat Pauls III. und der Vorbereitung des Konzils von Trient erhielt Rom seine kulturell und politisch bedeutende Rolle zurück.

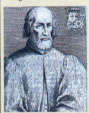

*1339* Beginn des Hundertjährigen Krieges

Cola di Rienzo

*1348-1352* Pest in Europa

*1453* Eroberung Konstantinopels durch die Türken

*1454* Friede von Lodi zwischen den italienischen Mittelstaaten

*1494* Karl VIII. von Frankreich erobert das Königreich Neapel, das er als Erbe von Anjou ansieht.

Papst Julius II.

*1517* Beginn der Reformation durch Martin Luther

*1530* Krönung Kaiser Karls V. in Bologna

Links: der »Sacco di Roma«

*1545-1563* Konzil von Trient und Beginn der Gegenreformation

# GESCHICHTE

*1559 Vertrag von Cateau-Cambrésis: Frankreich verliert Italien*

*1618-1648 Dreißigjähriger Krieg*

## DIE GEGENREFORMATION

**Päpstliche Allmacht.** Die protestantische Reformation und Reformbestrebungen innerhalb der katholischen Kirche sowie die Verlagerung der großen Handelswege vom Mittelmeerraum nach Nord- und Westeuropa zwangen Rom, seine Ansprüche auf Weltherrschaft etwas zu zügeln. Das Papsttum überlebte weniger wegen seiner realen Machtposition als durch den privilegierten Status des *Patrimonium Petri* und das Wirken der Gegenreformation, die in der spanischen Monarchie einen mächtigen Verbündeten fand. Der Papst regierte wie ein König, und die Kurie sah ihre Macht in der Stadt wachsen. Das alte Einvernehmen zwischen Aristokratie und hohem Klerus hielt sich bis Ende des 17. Jh. und ließ dem Bürgertum, das in anderen Städten Einfluß gewann, wenig Raum.

**Elend und Reichtum.** Im Auftrag der Päpste, vor allem Sixtus V. (links), Paul V. und Urban VIII., entstanden unzählige barocke Kunstwerke, die größten Künstler der Zeit zogen nach Rom. Das Mäzenatentum förderte die Kultur und die Zensur erstickte sie. Überfluß und Armut lagen in dieser bevölkerungsreichen Stadt Tür an Tür, wo Aristokraten, Prälaten und reiche Ausländer im Prunk wetteiferten.

## BIS ZUR NAPOLEONISCHEN ZEIT

*1701-1712 Spanischer Erbfolgekrieg*

*1796-1797 Feldzug Napoleons in Italien*

*1799 Erneute Besetzung Oberitaliens durch die Österreicher*

*1800 Französischer Sieg bei Marengo. Durch den Frieden von Lunéville 1801 fällt Italien erneut unter die Vorherrschaft Frankreichs.*

*1806 Napoleon ernennt sich zum Kaiser von Rom. Ausrufung des Königreichs Italien*

*1814 Sturz des französischen Kaiserreichs*

**Stagnation und Konformismus.** Eine Zeitlang schien es, als wolle Clemens XI. den Kirchenstaat in die spanischen Erbfolgekriege hineinziehen. Doch die militärische und politische Schwäche des Heiligen Stuhls zwangen zur Neutralität. Abgeschnitten von den wichtigen politischen Entscheidungen in Europa mußte Rom sich mit seinem religiösen, künstlerischen und archäologischen Prestige begnügen.

**Umwälzungen unter Napoleon.** Die französische Revolution und ihre Folgen rüttelten das politische Leben wieder auf. 1798 besetzten die Franzosen die Stadt, und eine römische Republik wurde ausgerufen. Der Papst ging als Gefangener ins Exil. Als er 1800 nach Rom zurückkam, akzeptierte er alle Kompromisse. Aber 1808 besetzten die Franzosen die Stadt und lösten die alten Verwaltungsstrukturen auf. Ein Jahr später wurde die weltliche Macht des Papstes außer Kraft gesetzt, und er ging erneut ins Exil. Auf dem Wiener Kongreß 1815 wurden die alten Grenzen des Kirchenstaates wiederhergestellt.

## VON DER RESTAURATION ZUR EINHEIT

**Erster Unabhängigkeitskrieg.** Politischer Liberalismus, das patriotische *Risorgimento* und soziale Forderungen prägten die erste Hälfte des 19. Jh. Im revolutionären Klima des Jahres 1848 entstand auch in Rom eine provisorische Regierung. Zwei Jahre

Rechts:
Papst Pius IX.

Giuseppe Garibaldi

lang schien Papst Pius IX. die Reformbestrebungen zu unterstützen. Doch im November 1848 verließ er den Kirchenstaat, und am 9. Februar 1849 proklamierten die Anhänger Giuseppe Mazzinis die römische Republik und die Abschaffung der weltlichen Macht des Papstes. Da griff Frankreich zugunsten des Papstes ein und besetzte Rom.

**Hauptstadt.** 1859, nach Ende des zweiten Unabhängigkeitskrieges, reichte das italienische Königreich bis wenige Kilometer vor Rom. Aber Frankreich blockierte den Anschluß Roms. Zweimal versuchte Garibaldi vergeblich, die Stadt einzunehmen. Nach der Evakuierung der französischen Truppen zogen die Piemonteser am 20. September 1870 ein. Rom wurde durch Plebiszit annektiert und zur Hauptstadt des Königreichs ausgerufen.

## Von der Einheit bis heute

**Rom unter den Faschisten.** Von 1870 bis zum Beginn des Ersten Weltkriegs war Roms Wirtschaftslage trotz der Gegenmaßnahmen der Regierung Giolitti sehr schlecht. Das faschistische Regime, wenige Jahre nach dem ›Marsch auf Rom‹ (1922) an die Macht gekommen, versuchte, die alte Größe der Ewigen Stadt heraufzubeschwören und sich mit der katholischen Kirche auszusöhnen. Die Lateranverträge von 1929 regelten das Verhältnis zwischen Staat und Kirche.

**Vom Krieg bis heute.** Die faschistische Regierung des 1940 auf deutscher Seite in den Zweiten Weltkrieg eingetretenen Italien verließ die Stadt sofort nach Verkündung des Waffenstillstands mit den Alliierten am 8. September 1943; es begann die Zeit der deutschen Besatzung. Rom erhielt den Status einer offenen Stadt, und am 4. Juni 1944 zogen die Alliierten in die Hauptstadt des befreiten Italien ein. Ereignisse wie die Unterzeichnung der Römischen Verträge (1957), die Heiligen Jahre 1950 und 1975, die Olympischen Spiele (1960) sowie das Zweite Vatikanische Konzil (1962-1965) rückten Rom immer wieder in den Blickpunkt der internationalen Öffentlichkeit.

*1848* Revolutionen in Europa. Erster italienischer Unabhängigkeitskrieg. Niederlage gegen Österreich

Die erste Flagge Italiens

*1861* Der König von Piemont nimmt den Titel eines Königs von Italien an, und das Königreich Italien wird offiziell proklamiert.

*1915* Kriegseintritt der Italiener an der Seite der Alliierten

Links: Mussolinis ›Marsch auf Rom‹

*1924* Ermordung des Sozialisten Matteotti durch die Faschisten

*1924-1943* Faschistisches Regime in Italien

*1933* Hitlers Machtergreifung in Deutschland

*1946* Proklamation der italienischen Republik

Papst Johannes XXIII.

# DIE INSTITUTIONEN DER ANTIKE

**»Provoco«**
»Ich appelliere an das Volk« – so lautete die rituelle Formel, die ein Bürger (links), der durch einen Magistrat (Mitte) zum Tode verurteilt worden war, zu Zeiten der römischen Republik benutzen mußte, um sich unter den Schutz des Volkes zu stellen.

Um 510 v. Chr. vertrieb eine Revolution die Könige aus Rom. Es wurde eine Regierung eingesetzt, die den Staat dem Senat, der römischen Volksvertretung und den Magistraten unterstellte. Die Staatsform der oligarchischen Republik wurde bis ins 1. Jh. beibehalten – in der Zwischenzeit war ein riesiges Reich entstanden. Nach der Ermordung Caesars 44 n. Chr. setzten sich dessen Anhänger gegen die Republikaner durch, es begann die Kaiserzeit, das »Prinzipat«. Ende des 4. Jh. erfolgte die Teilung in das Weströmische Reich, dessen letzter Herrscher 476 von Odoaker abgesetzt wurde, und das Oströmische Reich, das mit seiner Hauptstadt Konstantinopel weiterbestand.

Die Auguren, zu erkennen an ihrem heiligen Stab, dem *lituus*, interpretierten vor jedem wichtigen Ereignis (Wahlen, Krieg) die Vorzeichen (»Auspizien«).

**Die Zählung der Bürger**
Zu Zeiten der Republik gab es alle fünf Jahre Volkszählungen. Der Familienvater (links, stehend) gab sein Vermögen an. Daraufhin wies man ihm seinen Platz in der sozialen und militärischen Hierarchie an (zweite Szene). Eine mit einem Opfer verbundene religiöse Zeremonie beschloß dieses Geschehen.

**Das Comitium**
Das Comitium, hier eine Nachbildung, spiegelt die drei Institutionen der römischen Republik. In der Kurie fanden die Sitzungen des Senats statt, eines »Rates«, der große Autorität besaß; auf den kreisförmig angeordneten, stufenweise erhöhten Bänken wurden Versammlungen des Volkes *(populus)* abgehalten – das Volk war theoretisch der Souverän, konnte sich jedoch nur nach Aufforderung durch die obersten Magistrate versammeln und wählen; von der Höhe der *rostra* schließlich (▲ *140*), einer gegenüber der Kurie liegenden Tribüne, hielten die Magistrate (Konsuln, Prätoren, Volkstribunen usw.) ihre Ansprachen an das Volk.

»In dieser Verfassung [...] war alles so angemessen gestaltet, dass niemand hätte sagen können, ob die Regierung aristokratisch, demokratisch oder monarchisch war.«

Polybios

Der regierende Kaiser hieß *Augustus* (»der Erhabene«) im Gegensatz zu seinem Mitregenten oder designierten Nachfolger, dem *Caesar*. Der Titel *Imperator* stammt von *imperare* (»herrschen«). Schließlich war er auch *Pontifex Maximus*, Oberpriester. Dies zeigt das Relief mit Marc Aurel bei einem Opfer.

**Die Wahl**
Schon im 2. Jh. wählten die Römer schriftlich. Auf dieser Münze wirft ein Bürger, stehend auf der Brücke, seinen Stimmzettel in eine Urne; dahinter beugt ein anderer sich vor, um seinen Stimmzettel zu empfangen.

Diokletian entwarf das System der Tetrarchie: Das Reich wurde in zwei Regionen geteilt, deren jede durch einen *Augustus* (Diokletian und Maximian) und einen *Caesar* (Konstantius und Galerius) regiert wurde. Die Tetrarchie sollte die Einheit des Staates erhalten, wie diese Tetrarchengruppe an der Fassade der Markuskirche in Venedig veranschaulicht.

# DER »SACCO DI ROMA«

**1527**

Am 6. Mai 1527 erstürmt die Armee Kaiser Karls V., in erster Linie deutsche Landsknechte unter dem Kommando des Herzogs von Bourbon, die Mauern Roms, fällt in Trastevere ein und überquert den Tiber über die Ponte Sisto. Der Papst schließt sich im Castel Sant'Angelo, der Engelsburg, ein und gibt Rom der Plünderung preis. Dies ist der katastrophale Höhepunkt des Kriegs zwischen dem Habsburger-Kaiser und seinem französischen Rivalen König Franz I. um Italien.

Mehr als 4000 Menschen wurden während der Kämpfe und Plünderungen getötet, unter ihnen auch der Herzog von Bourbon.

**Die Landsknechte**
Mehrere Monate lang widmeten sich die Landsknechte einer systematischen Plünderung der Stadt.

**Der Friedensvertrag**
Kaiser Karl V., der die Ausschreitungen seiner Truppen wohl tatsächlich bedauerte, nutzte die Situation dennoch aus, um die italienischen Stadtstaaten, die unter der politischen Führung des Papstes standen, zu unterwerfen. Am 20. Juni 1529 schloß Papst Clemens VII. in Barcelona Frieden mit dem Kaiser.

**Der Papst in der Engelsburg**
Der Papst kapitulierte am 6. Juni 1527 und akzeptierte die Zahlung eines sehr hohen Lösegeldes. Er blieb allerdings bis zum 8. Dezember Gefangener in der Engelsburg. Trotz einer Pestepidemie, die auch unter den Landsknechten wütete, dauerte die Zerstörung der Stadt sechs Monate lang an.

**Graffiti**
Fresken und Palastmauern weisen noch Spuren der Graffiti der deutschen Söldner auf.

# ● DIE RÖMISCH-KATHOLISCHE KIRCHE

Die katholische Kirche ist hierarchisch aufgebaut: Unter Berufung auf das Matthäus-Evangelium (16, 16 ff.) versteht sich der Papst als von Christus eingesetzter Nachfolger Petri und damit als Oberhaupt der Gemeinschaft aller Gläubigen. Ihm steht ein Beratergremium von Kardinälen zur Seite, die Kurie. Das Kardinalskollegium, dem seit dem 12. Jh. die Papstwahl obliegt, ist nach dem Kirchenrecht der Senat des Papstes. Es war ursprünglich auf 70 Mitglieder begrenzt, wurde inzwischen aber erweitert, damit alle Länder Vertreter entsenden können. Die Bischöfe (aus dem griechischen *episkopos*) wurden einst von der Gemeinschaft der Gläubigen gewählt; heute dagegen werden sie vom Papst ernannt. Sie führen die Diözesen und stehen an oberster Stelle der Weihehierarchie (im Gegensatz zur Ämterhierarchie), es folgen die Priester und die Diakone.

**Der Kardinal**
Er wird vom Papst ernannt und gehört dem Kardinalskollegium an.

**Der Bischof**
Durch die Weihe erhält er die Vollmacht des Lehr-, Priester- und Hirtenamtes.

**Der Priester**
Er wird vom Bischof geweiht und unterstützt ihn bei seinen Aufgaben, insbesondere beim Spenden der Sakramente. Wie alle katholischen Kleriker unterliegt er dem Zölibat.

**Der Papst**
Er wird im Konklave von den Kardinälen gewählt und ist Oberhaupt der Gemeinschaft der Gläubigen.

**Nonnenorden**
Nonnen, die ihr Leben in den Dienst Christi stellen, sind heute in den Missionen der Dritte-Welt-Staaten ebenso tätig wie im Gesundheits- und Erziehungswesen.

**Ordensgeistliche**
Sie leben entsprechend den Regeln, die der jeweilige Ordensgründer bestimmt hat. Hier ein Zisterzienser aus dem 1098 begründeten Orden.

# ● GESCHICHTE DER AUSGRABUNGEN

Trotz der zahllosen Zerstörungen, unter denen Rom zu leiden hatte, brachte die Stadt immer neue Meisterwerke hervor, die prägend für ganz Europa wurden, die Begeisterung weckten und Moden bestimmten, Debatten auslösten und Forschergeist anregten. Diese Kontinuität erklärt die Rolle Roms als Vorbild und die immense Bewunderung für seine Ruinen. Von den mittelalterlichen Reiseführern, den *Mirabilia Urbis*, über die Forschertätigkeit von Sammlern und Künstlern führt der Weg bis zur modernen Archäologie.

**Domus Aurea**

Im Zeitalter der Entdeckungen, als man anderswo neue Kontinente erforschte, wurde im Boden unter Rom fieberhaft gegraben. Damals entstanden eindrucksvolle Dokumentationen wie die von Raffael erstellte archäologische Karte. Und man wurde fündig: man entdeckte das Domus Aurea, das »Goldene Haus« des Nero, geschmückt mit ›Grotesken‹, die Künstler der Renaissance inspirierten. Im Palast Neros fand man auch zahlreiche Statuen, darunter 1506 die Laokoongruppe (▲ *224*). Die Geschichte des Laokoon wird im 2. Gesang der *Äneis* erzählt: Von den Göttern gesandte Schlangen erdrosselten den Priester und seine Söhne. Julius II. ließ die berühmte Statue in den Belvedere des Vatikan bringen.

**Eine veränderte Mentalität**

Anfangs dienten die Ausgrabungen vor allem der Suche nach verborgenen Schätzen. Doch seit dem Ende des 18. Jh. bemühte man sich, Ruinen ans Tageslicht zu bringen oder sogar ganze Gebäudekomplexe zu restaurieren. Dabei spielten die Franzosen eine wichtige Rolle: Sie finanzierten viele Grabungen und schufen eine Reihe von Institutionen, deren Leiter unter anderem Canova und Giuseppe Valadier waren. Auch Napoleon trug mit dem Park, den er auf dem Pincio anlegen ließ, zur Verschönerung der Stadt bei.

### Der Weg zu einer wissenschaftlichen Archäologie
Im 19. Jh. entstanden wichtige Forschungsinstitute wie 1829 das internationale Institut für archäologische Korrespondenz, das später unter preußische Verwaltung kam.

### Die Katakomben
Die Wiederentdeckung frühchristlicher Grabstätten durch Gianbattista de Rossi führte auch zu einem Wiederaufleben religiösen Eifers. In den unterirdischen Basiliken wurden Messen zelebriert, die Tausende Pilger anzogen. Die Abbildung oben zeigt Pius IX. bei der Besichtigung der ›Krypta der Päpste‹.

### Begründer der Kunstgeschichte
Der preußische Gelehrte Johann Joachim Winckelmann (▲ *368*) ließ sich 1755 in Rom nieder, wo er Bibliothekar des Kardinals Albani wurde. Begeistert pries er die »edle Einfalt und stille Größe« der antiken Kunstwerke. Mit seiner *Geschichte der Kunst des Altertums* (1764) begründete er die kunsthistorische Betrachtung dieser Epoche.

### Mit Hacke und Schaufel
Als selbsternannte ›Erben Roms‹ förderten die Faschisten die Archäologie besonders. Aber ihre Umgestaltung der Hauptstadt zerstörte auch vieles: Unter der ›Hacke Mussolinis‹ verschwand das alte Rom.

# DIE SPRACHE

## DIE ANFÄNGE

Das Lateinische, ursprünglich als Stammessprache der Latiner nur eine in einer kleinen Region gesprochene Sprache unter vielen, verbreitete sich mit der Ausdehnung des Römischen Reiches im gesamten Mittelmeerraum. Im Laufe dieses über Jahrhunderte sich hinziehenden Prozesses übernahm es viele Elemente aus den Sprachen, die es ersetzte und verdrängte, etwa aus dem Etruskischen, aus dem Gallischen, vor allem aber aus dem Griechischen. Als das Römische Reich zerfiel, hatte sich zwar die lateinische Sprache bereits verändert, aber sie war so fest etabliert, daß sie in weiten Bereichen Grundlage der heutigen Sprachen wurde. Wie die Zwischenstufen (sogenanntes Vulgärlatein) auf dem Wege vom klassischen Latein zum Italienischen, Französischen und den anderen romanischen Sprachen ausgesehen haben, ist nicht ganz einfach zu erschließen, weil es wenige schriftliche Zeugnisse gibt. Besonders aufschlußreiche Quellen für die Sprachwissenschaftler sind *Graffiti,* in Wände, Fußböden oder auf Gefäße geritzte Inschriften, etwa die in Pompeji erhaltenen oder die Kommentare zu den Fresken aus dem 11. Jh. in der Kirche San Clemente (▲ *193*). Die Quellen beweisen, daß Charakteristika des römischen Dialekts schon im 13. Jh. existierten. So findet man etwa schon *quanno* statt *quando* (»wenn«), also die typische süditalienische Assimilierung *nd* zu *nn*.

## FLORENTINISCH CONTRA RÖMISCH

Im 15. Jh. erlebte die römische Sprache eine neue Phase der Veränderung, die sie von den übrigen süditalienischen Dialekten unterscheidet: die Toskanisierung. Viele der gelehrten Humanisten, die an den wieder in Rom heimischen päpstlichen Hof kamen, waren Toskaner: Pietro Bembo, Leon Battista Alberti, Enea Silvio Piccolomini (später Papst Pius II.). Außerdem genoß der toskanische Dialekt ein hohes Ansehen, hatten ihn doch die drei berühmtesten und fähigsten Dichtern benutzt, die bisher in der Volkssprache (statt wie früher üblich lateinisch) geschrieben hatten: Dante, Petrarca und Boccaccio. Folglich erhielten die Dokumente der Kurie eine starke toskanische Prägung. Auch der Sacco di Roma (1527, ● *36*) hatte Auswirkungen auf die sprachliche Entwicklung, denn in der Folge kamen viele Fremde nach Rom: Um 1550, so hat man errechnet, lebten in der Ewigen Stadt etwa 75 Prozent Einwanderer oder Kinder von Einwanderern. Ergebnis dieser und sicherlich noch anderer Umstände war, daß sich das Toskanische als italienische Hochsprache durchsetzte.

## ROM, OFFENE STADT

Noch heute gehört es zu den Charakteristika Roms, daß hier viele Nichtrömer leben, vor allem aus den ärmeren Regionen

### Dantes strenges Urteil

Als der große Florentiner Dichter und Gelehrte Anfang des 14. Jh. daran ging, die italienischen Dialekte auf ihre »Dichtungs-Tauglichkeit« zu prüfen, kam er zu dem Ergebnis, daß der römische zu den häßlichsten und am wenigsten geeigneten gehörte. Er stufte ihn als *Tristiloquium* ein, als rohe, gewöhnliche Sprache, ungeeignet, edle und anmutige Liebespoesie zu schaffen. Entsprechend urteilte er übrigens auch über die Römer, die er für ungeschlacht und wenig gebildet hielt. Trotz dieses Urteils soll die Mitte des 14. Jh. entstandene (leider zum größten Teil nicht überlieferte) römische Chronik, die *Historie romane*

*fragmenta* (1357-58) ein Sprachkunstwerk gewesen sein. Ein Teil dieses lebendig und plastisch geschriebenen Werks eines anonymen Verfassers ist die *Vita di Cola di Rienzo* (● *XV*), die, wenngleich als historisches Dokument verfaßt, wegen ihrer narrativen Qualität zu den bedeutenden Zeugnissen der ersten Phase süditalienischer Literatur zu rechnen ist.

Unterschrift des Cola di Rienzo

im Süden, und das Römische gilt vielen als ein nicht mehr eindeutig abgrenzbarer Dialekt. Viele der italienischen Medien, Presse ebenso wie Rundfunk und Fernsehen, haben ihren Sitz in Rom, viele der bekanntesten italienischen Kinostars sind Römer (Alberto Sordi, Vittorio Gassmann, Anna Magnani, Aldo Fabrizi, Marcello Mastroianni und andere) – all dies trägt dazu bei, daß einerseits die römische Sprache ihre Dialektismen verliert, andererseits das Italienische einzelne römische Ausdrücke und Begriffe übernimmt. Diese langsame »Italianisierung« des Römischen läßt sich auch bei einem sprachlichen Vergleich der drei großen römischen Autoren Giuseppe Gioacchino Belli, Cesare Pascarella und Trilussa (Carlo Alberto Salustri), deren Werke zwischen dem Anfang des 19. und der Mitte des 20. Jh. entstanden, deutlich feststellen. Dennoch kann man noch heute in den Gassen und auf den Plätzen eine Sprache hören (die Römer nennen sie *romanaccio*), die einen durchaus dialektalen Charakter hat. Besonders typisch sind stark verkürzte Formen, etwa *amo*, *famo* und *dimo* statt *abbiamo*, *facciamo* und *diciamo* (»wir haben/tun/sagen«) und *quoo stupido* anstelle von *quello stupido* (»dieser Dummkopf«).

**Die großen römischen Autoren**
Der bedeutendste römische Dialektdichter war Giuseppe Gioacchino Belli (1791-1863), der insgesamt 2279 *Sonetti romaneschi* schrieb. Dabei benutzte er bewußt das *Romanesco*, obwohl er selbst es eine »lingua brutta e buffona« (»häßliche und närrische Sprache«) nannte. Seine bissigen, zynischen, häufig heftig antiklerikal gefärbten Sonette spiegeln das Leben der kleinen Leute zu seiner Zeit. Aber auch andere italienische Schriftsteller haben mit Erfolg den römischen Dialekt benutzt, darunter Pier Paolo Pasolini (1922-1975, ● *114*) und Carlo Emilio Gadda (1893-1973).

**Anna Magnani**
Die Theaterschauspielerin wurde erst relativ spät – 1934 – für das Kino entdeckt. Der Durchbruch kam mit Roberto Rossellinis *Rom, offene Stadt* (1945). Danach drehte sie mit vielen großen Regisseuren, darunter Visconti, Pasolini, Renoir und Cukor, und hatte sich bald als eine der größten italienischen Schauspielerinnen profiliert. Der Höhepunkt ihrer Filmkarriere war die Verleihung des ›Oscar‹ 1956 für *Die tätowierte Rose* von Daniel Mann.

# DIE SPRACHE

## RÖMISCHES IM ITALIENISCHEN

Eine Menge typisch römischer Ausdrücke sind heute in ganz Italien verbreitet, viele davon werden schon gar nicht mehr als römischen Ursprungs betrachtet. Wörter wie *palazzinaro* (»Immobilienspekulant«), *benzinaro* (»Tankwart«), *tassinaro* (»Taxifahrer«), *ragazzo/ragazza* (»Jugendliche/r«), *ragazzino* (»Knirps«), *fasullo* (»falsch«), *malloppo* (»Kohle«, »Geld«), *bustarella* (»Schmiergeld«), *fregarsene* (»sich nicht drum scheren«) gehören dazu. Viele der verbreitetsten Schimpfwörter und Flüche (an denen das Italienische besonders reich ist) sind römischen Ursprungs, so zum Beispiel *stronzo* (»Dreckskerl«) – sie haben sich vor allem durch das Kino verbreitet. Wenn auch heute der Dialekt nicht mehr eine so große Rolle spielt, so lebt er doch in Volksliedern und in der Unterhaltungsmusik weiter.

## ORTSNAMEN

Wie viele andere Dialekte besitzt auch der römische eigene Bezeichnungen für viele Plätze und Monumente. So heißt die Peterskirche in Rom *er cupolone* (»die große Kuppel«), der Platz des Pantheons *a ritonna* (*la rotonda*, »die Runde«) und der Justizpalast *er palazzaccio*. Im historischen Zentrum erinnern viele Straßennamen an Traditionen und Begriffe, die längst nicht mehr in Gebrauch sind: Via dei Chiavari (»Schlosser«), dei Giubbonari (»Schneider«), dei Cappellari (»Hutmacher«), dei Pettinari (»Kammacher«), dei Sediari (»Stuhlmacher«), dei Coronari (»Hersteller von Rosenkränzen«).

## FAMILIENNAMEN

Zu den Nachnamen, die im römischen Telefonbuch lange Spalten füllen, gehören: Proietti (ursprünglich nannte man so Findelkinder), Orsini wie die berühmte adlige Familie, Sargenti oder Sargentini (nach dem militärischen Grad) und Sbardella (»Stallknecht«).

"Unverständliches wird Gesang, wie das Lied der gurrenden Täuberiche, das heißt der jungen Männer, die ich auf dem Korridor einer Fremdenpension täglich telephonieren hörte, bittend, klagend, beschwörend die immer gekränkten Freundinnen zu neuen Liebesstunden überredend. Wie das Lied der Armen, in diesem Falle eines alten Besenverkäufers, der sich gegen Abend durch die Straßen unseres Viertels schleppt."
M.L. Kaschnitz, *Engelsbrücke*

# Giovanni Battista Piranesi

## Ansichten Roms

# Giovanni Battista Piranesi
## Ansichten Roms

Giovanni Battista Piranesi (1720-1778) war Architekt, Kupferstecher und Radierer. Er stammte aus Venedig und ging 1740 nach Rom, wo er sich vor allem dem Studium der römischen Antike widmete, die er als der griechischen überlegen empfand. Seine berühmten Veduten, zumeist phantasievolle Interpretationen dessen, was er in Rom vorfand, sind von seiner Begeisterung für römische Architektur geprägt. Zwar mag er den Wert etruskischer und griechischer Kunst verkannt haben, doch trug sein umfangreiches Lebenswerk (fast 1000 Platten) entscheidend dazu bei, die Kenntnis der römischen Antike zu erweitern und zu verbreiten.

Piranesis Bild, gestochen 1750 von seinem Freund Francesco Polanzani zeigt ihn – antikisierend – mit nacktem Oberkörper und kurzen Haaren. Der venezianische Architikt baute in Rom nur die Kirche des Priorats der Malteser (▲ *180*).

**Das Frontispiz**
Diese Platte diente als Frontispiz der von 1745 bis zu Piranesis Tod gestochenen *Vedute di Roma*. Er schuf sie vermutlich in den 40er Jahren des 18. Jh., gleich nach den berühmten *Carceri* und zur gleichen Zeit wie die *Capricci*, denen sie stilistisch nahesteht. Der Roma-Figur in der Mitte des Bildes fehlt ein Arm, sie ist umgeben von verstreuten Überresten von Skulpturen und Gebäudeteilen. Die zentrale Botschaft in Piranesis Werk lautet: Trotz der Ruinen, trotz des Verfalls bleiben Pracht und Größe des antiken Rom stets gegenwärtig.

**Die Trajans-Säule** (▲ *166*)
Diese Platte zeigt die Säule vor den Ausgrabungen des 20. Jh., noch umgeben von Häusern. Daneben steht die Chiesa del Santissimo Nome di Maria. Die Darstellung des Mannes auf der Treppe soll die monumentale Größe der Säule demonstrieren.

# Giovanni Battista Piranesi
## Ansichten Roms

**Der Circus Maximus** (▲ *177*)
Diese (imaginäre) Vedute diente als Frontispiz der dritten Bandes der *Antichità romane* (1756). Piranesi ging es nicht darum, die Wirklichkeit abzubilden oder eine archäologische Rekonstruktion zu versuchen – er wollte vielmehr seinen Glauben an die Größe Roms umsetzen.

# Giovanni Battista Piranesi
## Ansichten Roms

### Die römischen Straßen

Hier eine ebenfalls imaginäre Ansicht, das Fronzispiz des zweiten Bandes der *Antichità romane*, der den Gräbern gewidmet ist. Piranesi bildet seine Vorstellung davon ab, wie die von Nekropolen gesäumten Straßen nach Rom ausgesehen haben könnten.

# Giovanni Battista Piranesi
## Ansichten Roms

**Das Forum** (▲ *136*)
Die Perspektive dieser Vedute des Forums ist realistischer als die der meisten Stiche Piranesis. Sie bietet eine gute Vorstellung dieses von Säulen und Triumphbögen gesäumten Platzes. Links erkennt man noch das später von Mussolini abgerissene Viertel.

# Giovanni Battista Piranesi
## Ansichten Roms

**Das Kolosseum** (▲ *170*)
Als Piranesi das Kolosseum (nach Modellen, die die Perspektive ermöglichten) zeichnete, war gerade erst die unter Papst Benedikt XI. vorgenommene Umwandlung in ein Heiligtum zum Andenken der hier angeblich getöteten Christen rückgängig gemacht worden.

# Giovanni Battista Piranesi
## Ansichten Roms

### Die Tiberinsel (▲ *352*)

Auch hier ging es Piranesi, wie so oft, mehr darum, eine Vergangenheit darzustellen, wie er sie sich vorstellte, als den aktuellen Zustand. Deshalb betonte er die Überreste der antiken Konstruktionen, die der Insel die Form eines Bootes gegeben hatten.

# ● RÖMISCHE INSCHRIFTEN

In allen Städten der Antike sah man allenthalben in den Stein gegrabene Inschriften mit ehrenden, juristischen, religiösen und anderen Texten. Sie waren häufig formelhaft – daher die vielen Abkürzungen. Insbesondere Johann Caspar Goethe gibt in seinem Bericht von der Reise durch Italien im Jahre 1740 zahllose Inschriften wieder.

| | |
|---|---|
| 1 = I | 15 = XV |
| 2 = II | 19 = XIX |
| 3 = III | 20 = XX |
| 4 = IIII, IV | 40 = XL |
| 5 = V | 50 = L |
| 6 = VI | 80 = LXXX |
| 7 = VII | 90 = XC |
| 8 = VIII | 100 = C |
| 9 = IX | 500 = D |
| 10 = X | 1000 = M |

1678 = MDCLXXVIII

**Einige häufige Abkürzungen**
AUG.: Augustus
COS.: Consul
CENS.: Censor
IMP.: Imperator
P.P.: Pater Patriae (Vater des Vaterlandes)
S.P.Q.R.: Senatus Populusque Romanus
S.C.: Senatus Consulto (Senatsbeschluß)
P.C.: Post Consulatum (nach dem Konsulat)
B. VIX.: Bene vixit (er hat gut gelebt)
F.: Filius (Sohn)

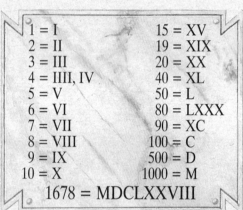

**Kopie der Inschrift des Titus-Bogens**
»Der Senat und das römische Volk dem vergöttlichten Titus, Sohn des vergöttlichten Vespasian, Kaiser Vespasian.« Das Wort *divus* (vergöttlicht) zeigt, daß der Kaiser bereits gestorben war.

**Inschrift des Sockels der Trajans-Säule**
(▲ 166)
»Der Senat und das römische Volk dem Imperator Caesar Nerva Traianus, dem Sohn des göttlichen Nerva, dem Germanicus, Dacicus, dem höchsten Priester, der zum siebzehnten Mal das Amt eines Tribuns bekleidete, zum sechsten Mal Imperator und zum sechsten Mal Konsul geworden ist, dem Vater des Vaterlandes, um zu zeigen, welche Höhe der Berg hatte, der unter so vielen Mühen abgetragen wurde.«

# HILARVS ZOTICENI CONIVGI

Hilarus seiner Gattin Zoticena

Dieser Stich des Belgiers Nicolaus Van Delft zeigt den Sockel des Obelisken vom Mausoleum des Augustus (▲ *309*), den Sixtus V. 1587 auf der Piazza dell'Esquilino vor der Kirche Santa Maria Maggiore (▲ *342*) aufstellen ließ.

Während der obere Teil des Stiches nur Bruchstücke einer Inschrift dieses Sockels und die Signatur des Nikolaus Van Delft zeigt, ist im unteren Teil folgendes zu lesen: »Christus, der zur Zeit der Pax Romana des Augustus hatte in der Krippe geboren werden wollen, hat dem Volk Frieden gebracht durch sein unbesiegbares Kreuz.«

**Cola di Rienzo** (● *31*)
Cola di Rienzo (1313-1354) nutzte seine Kenntnisse der Antike, um die Römer gegen den Adel aufzubringen. 1346 fand er eine bronzene Plakette, auf der das Gesetz eingraviert war, das dem Kaiser Vespasian seine Macht verlieh. In einer flammenden Rede erläuterte er dem Volk die Inschrift und rief: »Römer, seht welche Macht der Senat hatte, der den Kaiser einsetzte!« Das Denkmal von Girolamo Masini (1887) an der Treppe zum Kapitol (▲ *130*), dessen Sockel wie eine Collage aus antiken Marmorfragmenten und Teilen von Inschriften wirkt, ist durch diese überlieferte Episode beeinflußt.

# WAPPEN DER PÄPSTE

An den Gebäuden, die sie bauen ließen, brachten die Päpste die Wappen ihrer Familien an: Die Bienen der Barberini (Urban VIII., ▲ *292*), die Lilien der Farnese (Paul III., ▲ *245*), der Löwe der Peretti (Sixtus V.) u.a. sind häufig zu finden.

# KUNST UND TRADITIONEN

LEGENDEN *46*
FESTE *48*
DER MALTESERORDEN *50*
PÄPSTLICHE ZEREMONIEN *52*
DIE RESTAURIERUNG
VON KUNSTWERKEN *54*
EIN RÖMISCHES REZEPT *56*
TYPISCHE PRODUKTE *58*

# ● LEGENDEN

**Die Pasquinaden**
Bereits im 16. Jh. mußte der Spötter Aretino (1492-1556) aus Rom fliehen: Er hatte anläßlich der Papstwahl eines seiner gefürchteten satirischen Sonette verfaßt. Noch bis ins 18. Jh. wurde jede Kritik an der Obrigkeit streng bestraft. Ein Erlaß Benedikts XIII. aus dem 15. Jh. beispielsweise sah »die Todesstrafe, die Beschlagnahmung der Güter, die Entehrung des Namens [...] für jeden vor, der aufrührerische Spottschriften mit dem Charakter von ›Pasquinaden‹ schreibt, druckt und verbreitet [...]«.

**Pasquino und die anderen**
Als ›Anschlagtafeln‹ für jene Schmähschriften dienten antike Statuen. Die Schriften wurden nach dem Schneider Pasquino, der als erster seinen Unmut öffentlich kundgetan hatte, Pasquinaden genannt. Der Volksmund benannte auch eine Statue (rechts, ▲ 279) nach ihm, obgleich sie das Fragment einer Gruppe ist, die Menelaos zusammen mit Patroklos darstellte. Weitere *statue parlanti* sind die des Abate Luigi (benannt nach einem Küster) an der Kirche Sant' Andrea della Valle (▲ 250) und der Marforio (oben), Kolossalfigur eines Flußgottes aus dem 1. Jh. n. Chr.

Neben Orakeln und Spukgestalten gab es in dem von politischen Unruhen immer wieder erschütterten Rom auch ›sprechende Statuen‹: Bei Anbruch der Dämmerung war es üblich, an bestimmten Statuen heimlich spöttische Epigramme, Pamphlete und Sticheleien gegen die Regierung anzuheften. Dieser zunächst in Venedig verbreitete Brauch fiel in Rom, der Stadt der Päpste, die sich nicht durch Toleranz auszeichnete, auf fruchtbaren Boden.

**Cagliostro und Lorenza**
In manchen Herbstnächten soll ein Gespenst durch die engen Gassen von Trastevere (▲ 349) streifen, die Garibaldi-Brücke überqueren und auf der Piazza di Spagna einen Schrei ausstoßen: »Lorenza!« Es heißt, es sei der Geist des Alchimisten Cagliostro, der nach dem Verrat seiner Frau Lorenza Feliciani auf der Piazza di Spagna festgenommen und wegen Ketzerei zum Tode verurteilt wurde – man begnadigte ihn schließlich 1791 zu lebenslanger Haft in der Festung San Leo. Der abgebildete Fächer aus dem 18. Jh. zeigt die Geschichte der beiden.

**Der Mund der Wahrheit** (▲ 155)
Im Portikus der Kirche Santa Maria in Cosmedin ist ein antiker Brunnendeckel in Form einer Tritonenmaske zu sehen – die Römer nennen ihn *Bocca della Verità*. Im Mittelalter glaubte man, daß dieser riesige Mund, wenn ein Lügner oder Eidbrüchiger seine Hand hineinstecke, diese festhalte bzw. die Finger abbeiße. Deshalb benutzte man ihn für sogenannte ›Gottesurteile‹. Noch heute fühlen sich vor allem junge Leute von der alten Legende herausgefordert.

**Madama Lucrezia**
Sie ist die einzige weibliche Gestalt unter den ›sprechenden Statuen‹ Roms und steht am Palazzetto Venezia (▲ 162) auf der Piazza San Marco.

Die Frauenbüste ist möglicherweise ein Abbild der Faustina. Man benannte sie nach Lucrezia, der schönen Geliebten des Königs Alfons von Aragón.

# FESTE

**Der römische Karneval**
Einige führen den Karneval zurück auf spätantike Winter- oder Frühlingskulte (Saturnalien). Andere erklären ihn in seinem christlichen Kontext. Aufgrund sozialer Unruhen verschwindet der Karneval Ende des 19. Jh., unter Mussolini wurde er sogar ganz verboten.

In der Stadt der Päpste existieren neben christlichen Festtagen wie etwa dem der Stadtpatrone Peter und Paul von der Kirche unabhängige Festtage: das Frühlingsfest oder auch die ›Ottobrata‹, bei der an jene Lustbarkeiten erinnert wird, die in der Antike mit der Zeit der Weinlese einhergingen. Einst waren in der Ewigen Stadt die Unterschiede zwischen dem Heidnischen und dem Christlichen weniger ausgeprägt: Am 24. Juni feiert man sowohl den Johannistag (San Giovanni) als auch die Sommersonnenwende.

### »Mocoletti« und »Nasi Rossi« aus dem Karneval

Wie Rom seine *mocoletti* (»kleine Nasenspitzen«), hat auch der Karneval von Ronciglione seine *nasi rossi* (an der Via Cassia, 50 km von Rom entfernt, feiert man Karneval von Donnerstag bis Faschingsdienstag), ganz nach dem Vorbild des antiken römischen Karnevals; diese Figuren mit den falschen Nasen verhöhnen alle gesellschaftlichen Konventionen.

### San Giuseppe

Der Festtag erfreut sich besonders in dem hinter dem Petersdom gelegenen Trionfale-Viertel großer Beliebtheit. Auf einem Gelände inmitten von Autos und anderen Ständen drängen sich am 19. März eigens errichtete Buden, in denen man die traditionellen *fritelle* zubereitet und verkauft.

### San Giovanni (▲ 196)

Manche bringen das Johannisfest mit alten Erntekulten in Verbindung, bei denen man der Göttin Ceres opferte. Das Fest begeht man in der Nacht vom 23. auf den 24. Juni um die Kirche San Giovanni in Laterano. Nach der Messe findet das traditionelle Schneckenessen statt. Anschließend sollen Lärm und Musik in den Straßen die Hexen vertreiben.

### Die Ottobrata

Im 19. Jh. nahm man die Zeit der Weinlese zum Anlaß, ein Fest zu feiern, bei dem man Kehrreime in *romanesco* (● 42) sang und den *saltarello* tanzte.

### Das Frühlingsfest

Dieser Tag ist weniger als Festtag im üblichen Sinn zu verstehen. Vielmehr zeigt sich die Stadt jedes Jahr im April von der schönsten Seite. Dann verwandelt sich die Treppe zur Kirche Trinità dei Monti (▲ 314) in eine Kaskade von Azaleen.

# ● DER MALTESERORDEN

Das achtspitzige Kreuz ist das Symbol des Malteserordens. Es kann als Symbol der acht ›Zungen‹ gedeutet werden, der ›Nationen‹, aus denen sich der Orden zusammensetzte: Provence, Auvergne, Frankreich, Italien, Aragon, Kastilien, England und Deutschland.

Rom ist die einzige Stadt in der Welt, die gleich dreimal Hauptstadt ist: nicht nur Italiens und des Vatikans, auch der ›souveräne‹ Malteser Ritterorden hat in Rom seinen Hauptsitz. Damals Johanniterorden genannt, wurde er während der Kreuzzüge in Jerusalem gegründet. Die Brüder kümmerten sich um die Pilger ins Heilige Land und betrieben ein großes Hospital neben der Grabeskirche, das Johannes dem Täufer geweiht war. Der Orden, der auch militärisch aktiv gegen die Sarazenen kämpfte, stand immer unter besonderer Protektion durch die Päpste.

**Von Jerusalem nach Rhodos.** Nach dem Fall Jerusalems zieht sich der Orden 1187 in die syrische Hafenstadt Akkon zurück. 1291 wird er durch den Sultan von Ägypten ganz aus dem Heiligen Land vertrieben. Die Ritter finden aber auf Zypern Asyl, von wo sie 1309 Rhodos erobern.

**Von Rhodos nach Malta.** 1522 wird der Orden durch die Türken von Rhodos vertrieben. Der spanische König und deutsche Kaiser Karl V., der den Vormarsch der Türken stoppen will, verleiht den Rittern 1530 die Insel Malta südlich von Sizilien als Lehen. Dort herrscht der Orden wieder völlig souverän, nur dem Papst unterworfen, bis 1798. Von Malta aus führen die Ritter erbitterte Kämpfe gegen die Mauren und Korsaren.

**Von Malta nach Rom** 1798 nimmt Napoleon auf seinem Feldzug nach Ägypten die Insel Malta kampflos ein. Der Orden wird wieder vertrieben und droht zu verlöschen, doch dann gewähren ihm die Päpste ab 1834 Asyl in Rom.

**Eigene Briefmarken**
Für passionierte Philatelisten sind die Briefmarken des Malteserordens gesuchte Objekte.

**Ein souveräner Staat**
Im 19. Jh. teilte sich der Orden in einen evangelischen Zweig (die heutigen Johanniter) und einen katholischen Zweig, den Malteserorden, der seit 1879 wieder einen Großmeister als obersten Würdenträger besitzt. 1953 wurde er nach diplomatischer Intervention des Papstes völkerrechtlich als souveräner Staat anerkannt. Der Orden residiert in der Via dei Condotti Nr. 68. Ebenso wie der Vatikanstaat prägt er eigene Münzen, besitzt einen diplomatischen Dienst, stellt Pässe aus; er verfügt sogar über eine kleine Flotte.

**Eine symbolische Währung**
Das Münzsystem des souveränen Malteser Ritterordens gründet auf dem *Scudo*, einem Taler, der 12 *Tari* bzw. 240 *Grani* entspricht. Der Orden stellt Münzen aus Gold, Silber und Bronze her, die das Herz eines jeden Sammlers höher schlagen lassen, da sie sehr wertvoll sind.

# PÄPSTLICHE ZEREMONIEN

Der Papst, Bischof von Rom und Oberhaupt der katholischen Kirche, ist der einzige Mensch, der unfehlbar ist. Dies jedenfalls bestimmte das 1. Vatikanische Konzil (gegen auch innerkirchliche Widerstände) im 19. Jh. für seine Entscheidungen »ex cathedra«, d.h. für verbindliche Richtlinien in Glaubens- und Sittenfragen. Er ist außerdem in Fragen der kirchlichen und moralischen Jurisdiktion für alle katholisch Getauften zuständig. Sein Wohnsitz und zugleich seine Amtsresidenz ist der Vatikan, gelegen in der Vatikanstadt, einem autonomen Staat.

**Die Tiara**
Die dreifache Krone des Papstes (erstmals 1342 erwähnt) ist Symbol für seine auch weltliche Souveränität.

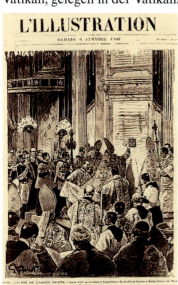

**Papstaudienzen**
Jeden Mittwoch gewährt der Papst allen Pilgern eine Generalaudienz. Im Sommer findet sie nachmittags auf dem Petersplatz statt, im Herbst und Winter dagegen wird sie morgens im Audienzsaal abgehalten, den 1974 der Architekt Nervi errichtete.

**Der Segen »urbi et orbi«**
Von der großen zentralen Loge der Basilika aus spendet der Papst seinen Segen *urbi et orbi* (»der Stadt und der Welt«).

**Die Heiligen Jahre**
Das Heilige Jahr oder Jubeljahr wird seit 1475 alle 25 Jahre begangen. Die *Porta Santa*, die äußerste rechte der fünf Türen im Portikus der Peterskirche, ist nur während der Heiligen Jahre geöffnet.

### Der Fischerring
Während seiner Amtseinsetzung wird dem Papst vom Zeremonienmeister der Amtsring *Piscatorio* (»Fischerring«) gereicht. Der Ring mit dem Heiligen Petrus im Fischerkahn erinnert an den Apostel Petrus, der Fischer war, und an dessen Vorrangstellung.

### Die «Sedia Apostolica Gestatoria»
Dieser Stuhl stammt wahrscheinlich aus dem 5. Jh. und symbolisiert die geistliche und materielle Erhabenheit des Oberhauptes der Kirche. 1978 wurde er von Johannes Paul II. noch benutzt. Auf diesem Stuhl sitzend und Kardinalskollegium und päpstlichem Hofstaat folgend, legte der Papst früher den Weg von der Sixtinischen Kapelle bis zur Peterskirche zurück.

### Die Papstwahl
Wenn das Kardinalskollegium zusammentritt, um mit vier Wahlgängen pro Tag einen neuen Papst zu wählen, dann läßt nur der Rauch über der Sixtinischen Kapelle, in der das Konklave abgehalten wird, Rückschlüsse auf das Ergebnis der Wahlen zu: Er ist schwarz, solange niemand die notwendige Zweidrittelmehrheit erzielt hat, er wird weiß, sobald ein Kandidat gewählt wurde.

### »Habemus papam«
Mit diesen Worten bestätigt der Vorsitzende des Kardinalskollegiums öffentlich die Wahl eines neuen Papstes. Wenig später erscheint der Pontifex in weißem Gewand. Die Weihe findet einige Tage später statt.

# ● Die Restaurierung von Kunstwerken

Heutzutage dienen wissenschaftliche Untersuchungen als Grundlage für die Restaurierung antiker Kunstwerke. Dank ausgefeilter Methoden und Techniken ist es möglich, den Zustand eines Werkes sowie die Art und Weise seiner Herstellung genau zu bestimmen. Sämtliche Erkenntnisse werden dann sorgfältig, meist mit Hilfe eines Computers, katalogisiert – ebenso die eventuell im Anschluß vorgenommenen Restaurierungsmaßnahmen. All diese Daten werden archiviert und stehen so der Forschung oder bei späteren Restaurierungen zur Verfügung.

**Das Reiterstandbild des Marc Aurel** (▲ *130*)
Solange das Reiterstandbild des Marc Aurel inmitten eines belebten Platzes aufgestellt war, war es allen erdenklichen Umwelteinflüssen ausgesetzt. Oxidation, saurer Regen sowie verkehrsbedingte Erschütterungen ließen die Statue brüchig werden, so daß nur eine Restaurierung sie zu retten vermochte.

Die Instandsetzung des Reiterstandbildes nahm das zentrale Institut für Restaurierungen vor. Verschiedene Untersuchungen ermöglichten es, u. a. dem Problem der Kondensation und den damit verbundenen Konsequenzen für die Statue auf die Spur zu kommen. Bei der Reinigung – aufgrund des Goldüberzuges ein heikles Unterfangen – gelang es, korrosionsbedingte Rückstände und abgelagerte Schwebeteilchen zu entfernen. Bevor man die Statue in einen Glaskasten stellte, überzog man sie mit einer Kunstharzschicht.

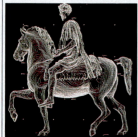  

Vor der Restaurierung von Fresken sind chemische Analysen notwendig. Ein Schnitt durch die Farbschichten macht die verwendeten Farbpigmente sichtbar, ferner fremde Stoffe, die sich auf der Bildoberfläche abgesetzt haben.

**Die Sixtinische Kapelle** (▲ *218*) Ablagerungen fetthaltigen Staubs, der Rauch der während der Zeremonien entzündeten Kerzen sowie ein Überzug aus tierischem Leim, der als Schutzschicht aufgetragen worden war, hatten die Farben der Fresken verändert, insbesondere nachdunkeln lassen. Die weißlichen Verwitterungserscheinungen waren auf Feuchtigkeit zurückzuführen, die Salzkristallisationen ausgelöst hatte. Ein weiteres Problem bestand darin, daß sich der Leim aufgrund mikroklimatischer Schwankungen so stark zusammengezogen hatte, daß sich die Farbschicht teils abzulösen begann. Die Verantwortlichen leiteten daraufhin Restaurierungsmaßnahmen ein. Die Reinigung, bei der ein sanftes Lösungsmittel verwendet wurde, verlieh den Fresken ihre ursprüngliche Farbe wieder.

**Fontana di Trevi** (▲ *298*) Die Belastung durch die Umwelt ist auch an der Fontana di Trevi nicht spurlos vorübergegangen. Die Verfallserscheinungen haben verschiedene Ursachen. So wirft allein die Vielzahl der bei ihrem Bau verwendeten Materialien Probleme auf. Dazu kom-

men durch Umweltverschmutzung hervorgerufene Schäden wie Ablagerungen, Verwitterung durch aggressive Substanzen oder Algenbildung. Inzwischen reinigte man den Brunnen – u. a. mit Dampfstrahlgeräten – und versah ihn mit einem Wasseraufbereitungssystem.

# Ein römisches Rezept
## »Carciofi alla romana«

In der römischen Küche verbinden sich bäuerliche Traditionen des Latium und der Abruzzen mit volkstümlichen (Nudeln, frisches und getrocknetes Gemüse, Kabeljau, Innereien und Schweinefleisch). Einige Rezepte gibt es seit der Antike. Die wahre Vielfalt dieser Küche zeigt sich jedoch in der Verwendung von Gewürzen, Knoblauch, Kräutern, die – manchmal zusammen mit *pecorino* (pikanter Schafkäse) – den einfachsten Speisen einen herzhaften Geschmack verleihen.

**2.** Die harten Blätter der Artischocken entfernen, den Stiel wegschneiden.

**3.** Mit einem Messer den Stielansatz der Artischocken abschneiden, die Artischocken in Kegelform schneiden.

**7.** Mit etwas Salz nachwürzen und bei kleiner Flamme im zugedeckten Topf dünsten lassen. Nach halber Garzeit (15-20 Minuten) die Artischocken drehen.

**6.** Die so vorbereiteten Artischocken mit der Spitze nach oben in einen Kochtopf oder eine Pfanne geben. Entsprechend der Menge der Artischocken Wasser und Olivenöl hinzufügen.

> »DIE KÜCHE EINES VOLKES IST DAS EINZIGE PRÄGNANTE ZEUGNIS SEINER KULTUR.«
>
> MARCEL ROUFF

**Zutaten**
2 kleine Artischocken pro Person,
Zitrone, Salz, Pfeffer,
Knoblauch,
Blätter von frischer Minze,
2 Glas Wasser,
1/2 Glas Olivenöl

**1.** Die Minzblätter reinigen und den Knoblauch möglichst fein zerhacken.

**4.** Die äußeren Enden ein wenig Zitrone abreiben, damit sie nicht schwarz werden.

**5.** Die Blätter etwas auseinanderziehen und die Kräuterfüllung (Salz, Pfeffer, den kleingehackten Knoblauch und die fein gewiegten Minzblätter) hineindrücken.

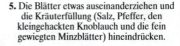

**8.** Wenn sie gar sind, die Artischocken in einer Schüssel mit der Spitze nach oben kalt oder warm servieren. Wenn das Kochwasser noch zu dünnflüssig ist, etwas weiter einkochen lassen. Die Artischocken damit übergießen. Dazu serviert man einen weißen Castelli-Wein (Frascati, Colli Albani, Velletri u.a.).

# ● TYPISCHE PRODUKTE

### Süßigkeiten
*Mostaccioli, panpepato, pangiallo* sind traditionelle Kuchen aus Trockenfrüchten, Nüssen und Honig. Man ißt sie zu Weihnachten.

Rund ums Pantheon und den Borgo Pio gibt es zahllose Spezialgeschäfte für Priestergewänder, Rosenkränze usw.

### Sambuca
Mit diesem Anis-Likör werden Mahlzeiten abgerundet. Häufig gibt man zusätzlich eine Kaffeebohne in das Glas.

### Jüdisches Gebäck
Diese köstliche Mischung aus kandierten Früchten, Rosinen und Mandelteig findet man nur in den Konditoreien des Ghettos.

### Castelli-Weine
Im Südosten Roms werden in den Albaner Bergen vorzügliche Weißweine hergestellt. Der bekannteste ist der Frascati.

### Die römische Presse
*Il Messagero* bringt täglich eine Rubrik in *romanesco,* dem römischen Dialekt (*avventure della città* – »Abenteuer der Stadt«). Donnerstags listet *Trovaroma,* die Beilage der *Repubblica,* alle kulturellen Ereignisse der kommenden Woche auf.

### Die »fiaccole«
Die kleinen Lichter flackern bei Festen an allen bedeutenden Gebäuden Roms.

# Architektur

STADTENTWICKLUNG  60
BAUSTOFFE UND
KONSTRUKTIONSTECHNIKEN  62
ANTIKE BÖGEN UND GEWÖLBE  64
FREIZEITEINRICHTUNGEN  66
WASSER IN DER ANTIKEN STADT  68
TEMPEL UND DENKMÄLER  70
MITTELALTERLICHE TURMHÄUSER
UND FESTUNGEN  72
MITTELALTERLICHE KIRCHEN  74
DIE COSMATEN  76
DIE ARCHITEKTUR
DER GEGENREFORMATION  78
KIRCHEN DES BAROCK  80
TROMPE-L'ŒIL-MALEREI  82
BAROCKE INSZENIERUNGEN  84
RENAISSANCE- UND
BAROCKPALÄSTE  86
VILLEN UND GÄRTEN  88
NEOKLASSIZISMUS
UND EKLEKTIZISMUS  90
FASCHISMUS UND
NACHKRIEGSZEIT  92
DIE SÄULENORDNUNGEN  94

# ● STADTENTWICKLUNG

Die Stadt um 1490

Die Bevölkerung Roms schwankte zwischen einer Million im 1. Jh. n. Chr., 30 000 nach dem Sacco di Roma (1527) und über drei Millionen heute. Allerdings hat die Stadt alle Wechselfälle ihrer Geschichte mit enormer Kontinuität überstanden: Aus den 14 *regiones,* in die sie unter Augustus eingeteilt wurde, entstanden die *rioni,* die Stadtviertel vom Mittelalter bis heute. Sogar die alten Aquädukte speisen noch heute viele der Brunnen Roms.

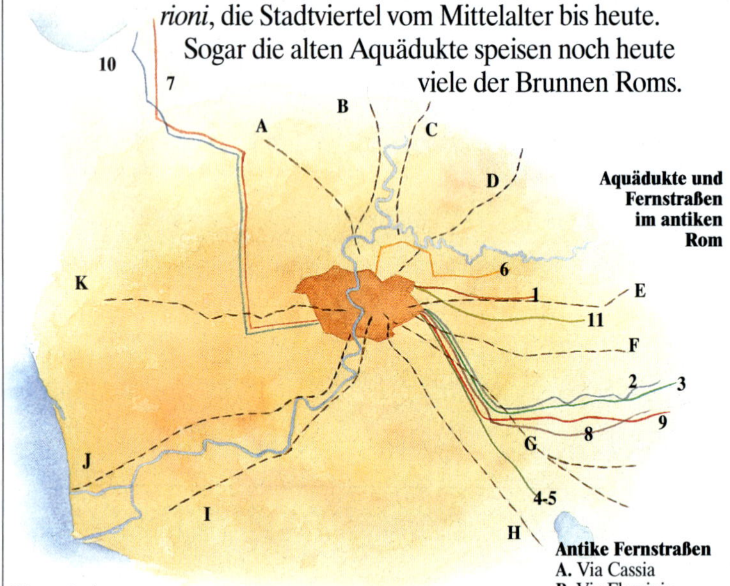

**Aquädukte und Fernstraßen im antiken Rom**

**Antike Fernstraßen**
A. Via Cassia
B. Via Flaminia
C. Via Salaria
D. Via Nomentana
E. Via Tiburtina
F. Via Prenestina
G. Via Latina
H. Via Appia
I. Via Ostiense
J. Via Portuense
K. Via Aurelia

**Chronologie der Aquädukte**
1. Aqua Appia, 312 v.Chr.
2. Anio Vetus, 272 v. Chr.
3. Marcia, 144 v. Chr.
4. Tepula, 125 v. Chr.
5. Julia, 33 v. Chr.
6. Virgo, 19 v. Chr.
7. Alsietina, 2 v. Chr.
8. Claudia, 38-52 n. Chr.
9. Anio Novus, 38-52 n. Chr.
10. Traiana, 109 n. Chr.
11. Alexandriana, um 226 n. Chr.

**Die römischen Aquädukte**
»Die Aquädukte schaffen soviel Wasser nach Rom [...], daß fast jedes Haus vielfältige Speicher, Rohre und Leitungen besitzt«, schrieb der Geograph Strabon in augusteischer Zeit. Die Gesamtkapazität der Aquädukte lag zu Anfang des 2. Jh. n. Chr. bei ca. 992.200 m³ pro Tag!

**Freizeitgestaltung im alten Rom**
Damit das Volk sich aus der Politik heraushielt, sorgten die Kaiser für immer mehr Freizeiteinrichtungen: Portiken (überdachte Promenaden), Thermen und Gebäude für Schauspiele aller Art (Circusspiele, Theater, Amphitheater, Stadien, Odeons etc.).

### Das mittelalterliche Rom

Der Bevölkerungsrückgang im Hochmittelalter führte dazu, daß weite Teile des Stadtgebietes innerhalb der antiken Mauern verlassen wurden. Der 854 befestigte Vatikan wurde zum religiösen und politischen Zentrum. Barbareneinfälle, Brände, Überschwemmungen und blutige Familienfehden führten dazu, daß in der riesigen Stadt nur wenige Menschen lebten. Mitte des 14. Jh. dezimierte eine Pestepidemie die Bevölkerung, die Verluste wurden jedoch bald durch Zuwanderung ausgeglichen.

### Bautätigkeit unter Sixtus V.

Der Papst ließ neue Paläste und Kirchen errichten, große Verkehrsachsen und riesige Plätze mit Säulen, Brunnen und Obelisken (z. B. aus dem Circus Maximus) anlegen. Dabei wurden allerdings die antiken Bauwerke geplündert, denn man verwendete mit Vorliebe Spolien (Teile antiker Bauten), die man auf dem Forum Romanum und anderswo reichlich vorfand.

### Die Stadtplanung Sixtus' V.

In den fünf Jahren seines Pontifikats verwirklichte Sixtus V. (1585-1590) zusammen mit Domenico Fontana als Architekt gigantische urbanistische Vorhaben, die Rom zur ersten modernen Stadt Europas machten.

### Rom als Hauptstadt Italiens

**1870:** Rom wird Hauptstadt; zu dieser Zeit hat die Stadt nur 200 000 Einwohner.
**1910:** Die neue Rolle regt die Bautätigkeit an. Die Stadt dehnt sich vorwiegend nach Osten aus. Im Süden, am Testaccio, entsteht ein neues Armeleuteviertel.
**1930:** Rom dehnt sich allmählich weiter aus. Außerhalb der Stadt entstehen Vororte im Grünen.
**1960:** Unbebaut sind inzwischen nur noch die Parks *(ville)* und Grünflächen.

# BAUSTOFFE UND KONSTRUKTIONSTECHNIKEN

Lange wurden in Rom Mauern aus großen quaderförmigen Blöcken gebaut. Schon früh begann man jedoch, auch Mauern aus inneren Stütz- und äußeren Zierelementen zu bauen. Die Verbundmasse, *opus caementicium* oder ›römischer Beton‹ genannt, bestand aus unbehauenem Bruchstein, der mit Kalkmörtel und Wasser vermischt wurde. Da dieses Gußmauerwerk sehr stabil, aber ästhetisch unbefriedigend war, wurde es verschalt: Zunächst mit *opus reticulatum*, das das rasch durch *opus testaceum*, Blendziegel, ersetzt wurde. Bald wurden in Rom alle Mauern so verkleidet.

**A.** Abbau in Stufen
**B.** Anstehendes Gestein
**C.** Gesteinspfeiler
**D.** Felswand
**E.** Natürliche Spaltbildung
**F.** Abtransport eines Blocks auf runden Balken

**Travertin**
Leicht gelblicher Kalkstein aus der Gegend von Tivoli

**Tuff**
Oberbegriff für Vulkangestein unterschiedlicher Färbung

### Tagebau im Steinbruch
Nachdem die oberflächliche Deckschicht vom Felsen entfernt wurde, bestimmt der Steinbrucharbeiter die Größe der Blöcke, indem er mit der Spitzhacke Rillen in die Felswände kerbt. So haben die Blöcke von Anfang an die vom Architekten gewünschte Form und Größe.

**Steinzange**

**Hebebock**
Über die mit einem Hebel bedienbare Winde kann man damit Blöcke bewegen.

### Transport und Bearbeitung der Blöcke
**1.** *Transportzapfen* sind Vorsprünge, die man an den Blöcken läßt, um daran Seile zu befestigen.
**2.** *Eisenklauen* greifen in zwei kleine symmetrische Einkerbungen, die man zuvor in den Block geschlagen hat.
**3.** *Steinzangen (Wölfe)* werden in eine keilförmige Vertiefung in der Oberfläche des Blocks eingesetzt.

### Ziegel
Diese quadratischen Ziegel gängigen Formats dienten zum Verkleiden von Mauern aus *opus caementicium*. Die provisorischen Einschnitte zeigen an, wie sie geschnitten wurden, um als Blendziegel *(opus testaceum)* verwendet zu werden. Je nach Größe konnte jeder Ziegel in zwei, vier, acht oder achtzehn Dreiecke zerteilt werden.

### Werkzeuge
Auf den oben gezeigten Grabreliefs sind verschiedene von Baumeistern verwendete Werkzeuge (Zirkel, Winkel, Schlegel, Meißel, Lot, Flacheisen und andere) sowie Steinmetzen bei der Herstellung von Bruchstein zu sehen.

### Ziegelsäulen
In späterer Zeit bauten die Römer auch Ziegelsäulen, teilweise sogar mit Kannelierung. Oft waren sie mit Stuck überzogen.

### Ziegelstempel
Die Hersteller von Dach- oder Mauerziegeln versahen ihre Produkte mit ihrem Zeichen, das sie vor dem Brennen mit Stempeln in den Ton drückten. Ab dem 1. Jh. und im ganzen 2. Jh. n. Chr. finden sich am häufigsten halbmondförmige Stempel.

### Kalkofen
Der Ofen ist rund und hat die Form eines Kegelstumpfes. Über der Heizkammer wird der mit Luftabzugsöffnungen versehene Konus aus feuerfesten Steinen mit Rohkalk bedeckt. Der Ofen wird über einen unterirdischen Zugang mit Brennmaterial (Holz, getrockneten Pflanzen) versorgt.

Branntkalk

Löschkalk

### Opus
1. caementicium
2. incertum
3. quasi reticulatum
4. reticulatum
5. testaceum
6. quadratum

### Opus mixtum
**A.** Ecklösung aus Quadern und Wand in *opus reticulatum*
**B.** Ecklösung aus Ziegeln und Wand in *opus reticulatum*
**C.** Ziegelwand und Travertin-Einfassung der Tür

# ANTIKE BÖGEN UND GEWÖLBE

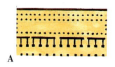

Die Formenvielfalt und die Vergrößerung der Innenräume, beides wesentliche Fortschritte der Architektur der Kaiserzeit, waren untrennbar mit dem neuen Wissen über Planung und Errichtung von Bögen, Gewölben und Kuppeln verbunden. Der wichtigste Schritt war dabei die Technik, Gewölbe aus Gußmörtel *(opus caementicium)* zu bauen; der zunehmende Einsatz des geschmeidigen *opus testaceum* machte das Gewölbe so stabil, daß auch gewagte Formen möglich wurden. Die antike Architektur wurde damit weniger abhängig von Stützelementen (Säulen bzw. Pfeilern) und entwickelte Formen, die den Grundstock für alle späteren Erfindungen der islamischen und christlichen Architektur bildeten.

**Nische am Tabularium** (▲ *141*)
Dies ist eines der frühesten Beispiele für ein rhythmisches System, das sich lange Zeit großer Beliebtheit erfreute. Dem Bogen kommt dabei die eigentliche Stützfunktion zu, während die Säulen zu rein dekorativen Elementen werden. Dieser Fassadentypus wurde vor allem für Theater und Amphitheater verwendet.

**Querschnitt durch die Maxentius-Basilika**
Wie der Schnitt zeigt, ist der Obergaden mit den »Thermen«-Fenstern, bei denen der Segmentbogen sich oben in den Bogen des Gewölbes einfügt, durch Strebewerk verstärkt.

**Maxentius-Basilika**
(▲ *145*) Das Gebäude war seinerzeit das Äußerste, was Architekten und Ingenieure aufgrund ihrer Erfahrungen mit riesigen Thermensälen leisten konnten. Sie brachen mit der traditionellen Anordnung von Säulen zu Galerien oder Peristylen. Die Kontinuität des als Halle konzipierten Raumes ersetzt hier das Nebeneinander der durch rhythmische Ordnungen getrennten Schiffe, wie es in früheren Basiliken üblich war.
Von der kostbaren Ausstattung (Fußbodenbelag und Wandverkleidung aus polychromem Marmor in *opus sectile*) geben nur noch die Kassetten in den Gewölbebögen der Exedren einen Eindruck.

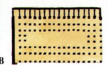
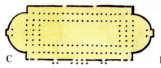

## Die antiken Basiliken

In augusteischer Zeit weisen die Basilica Aemilia (▲ *136,* **A**) und die Basilica Julia (▲ *141,* **B**) das Fassadensystem auf, das für das Tabularium beschrieben wurde. Das Mittelschiff der Basilica Ulpia (▲ *165,* **C**), der größten je gebauten Basilika, war von einem mächtigen Dachstuhl überspannt; die großen seitlichen Exedren hatten Halbkuppeln aus *opus caementicium,* deren Stabilität durch Metallgurte im Mauerwerk erhöht wurde. Die Maxentius-Basilika (**D**) schöpfte alle Möglichkeiten des Gußmörtel-Gewölbes aus. Die dadurch von den Zwängen der klassischen Ordnungen befreiten riesigen Innenräume bildeten große Hallen mit Exedren.

### Lehrgerüst
Da der Bogen freien Raum überspannen sollte, mußte zunächst ein Stützgestell die Bogenkrümmung vorgeben: das Lehrgerüst. Es bestand aus zwei durch dreieckige Verstrebungen verstärkten Kreisbogenteilen. Darauf wurden Formsteine gesetzt (**a**) oder das Mauerwerk direkt gegossen (**b**).

### Architrav und Archivolte
Da die Römer bereits im 3. Jh. v. Chr. die Technik des Bogens aus keilförmigen Steinen entwickelt hatten, ersetzten sie den klassischen Architrav (**1**) als Stützkonstruktion bald durch die Archivolte (**2**). Sie setzte sich nach kurzer Zeit in allen Bereichen der Architektur durch.

### Exedra
Eine meist halbrunde, oft mit Sitzbänken ausgestattete Nische.

### Seitliche Exedra
Sie wirkt der Schubkraft entgegen, die auf den Pfeilern mit den Gewölbeanfängern lastet.

### Schnitt durch die Caracalla-Thermen (▲ *319*)
Die Zeichnung zeigt die strukturelle Ähnlichkeit zwischen den Gebäuden trotz ihrer unterschiedlichen Funktionen: Thermensäle, Prunkräume und Empfangssäle von Palästen und Basiliken weisen eine in etwa ähnliche Raumaufteilung auf, da vom 2. Jh. n. Chr. an überall gemauerte Gewölbe und Kuppeln eingesetzt wurden.

# FREIZEITEINRICHTUNGEN

Die Gebäude für öffentliche Veranstaltungen im alten Rom kann man nur verstehen, wenn man den religiösen Aspekt der dort stattfindenden Schauspiele – Theaterstücke, Gladiatorenkämpfe und Wagenrennen – und ihre soziale Bedeutung berücksichtigt. Meist gibt es die Spiele länger als die entsprechenden Bauwerke: Theateraufführungen waren in Rom bereits im 3. Jh. v. Chr. üblich, feste Theaterbauten jedoch erst gegen Ende der republikanischen Zeit. Und die *Circenses* entwickelten sich aus etruskischen Leichenfeiern.

**Das Amphitheater** Es ist eine rein römische Erfindung. Die ovale oder elliptische Form der Arena ermöglichte es einer großen Zahl von Zuschauern, mehreren gleichzeitig ablaufenden Gladiatorenkämpfen zuzusehen.

**Der Aufbau.** 80 strahlenförmig verlaufende Mauern, Durchgänge, Treppen, überwölbte Korridore, Galerien, der erste Balkon sowie die Halbsäulen und Außenarkaden dienten dazu, die enorme Schubkraft der *cavea* aufzufangen.

**Die Ränge.** Das Gebäude besteht aus zwei gegenüberliegenden Halbkreisen mit Sitzrängen. (Das Wort *theatrum* bezeichnet wie das griechische Pendant den Ort, wo die Zuschauer sitzen.)

**Kolosseum (flavisches Amphitheater)** (▲ *170*). Es handelt sich um das größte je gebaute Amphitheater. Die mit Entlastungsbögen verstrebten Travertinpfeiler bilden das Gerüst für die Mauern aus Ziegeln, massivem Stein oder Gußmörtel. Die spitzwinkligen Blöcke sind mit Metallklammern zusammengefügt. Das Ganze besteht aus nebeneinanderliegenden gleichartigen Einzelmodulen (**A**).

**Zugänge** Durch die Arkaden im Erdgeschoß erreichte man die verschiedenen Bereiche der *cavea* (Unterkonstruktion und Ränge), die, wie erhaltene Inschriften über den einzelnen Stufen zeigen, jeweils bestimmten sozialen Klassen vorbehalten waren. Dank des komplexen Netzes von Rampen und Gängen, das notfalls auch eine schnelle Evakuierung erlaubte, und der Nummern über den Eingängen und auf den Eintrittskarten gab es kaum Gedränge.

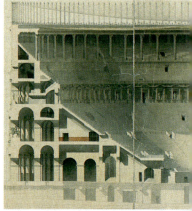

### Der Circus
Circus-Anlagen waren in Bau und technischer Ausstattung weniger kostspielig als Amphitheater. Da sie in enger Verbindung mit den Triumphzügen standen, nahmen der Circus Maximus und der Circus Flaminius bereits im 4. und 3. Jh. v. Chr. eine wichtige Rolle ein.

### Das Theater
Zwischen 50 und 30 v. Chr. wurde das römische Theater insgesamt erneuert, wobei man auf Vorläufer der hellenistischen Epoche in Sizilien und Süditalien zurückgreifen konnte. Während die in einen Erdhügel oder Hang hineingebaute *cavea* des griechischen Theaters offen war, handelt es sich in Rom um Bauwerke auf Unterkonstruktionen. Den Abschluß des Halbkreises bildet die gewaltige Bühne.

**Grundriß und Schnitt des Maxentius-Circus** (▲ 328)
Circus-Anlagen wurden um eine Hauptachse herum gebaut, die *spina* (▲ 178), die den Mittelstreifen der Rennbahn bildete. An ihren Enden standen riesige, kegelförmige Entfernungsmesser, die *metae*.

**Bühne und Schnitt durch das Pompejus-Theater** (▲ 248)

**Außenmauer.** In Amphitheatern und Theatern besteht die Außenfassade der *cavea* aus übereinanderliegenden Arkaden, die mit Halbsäulen und Gesimsen eingefaßt sind.

Die ersten drei Geschosse der Kolosseums-Fassade zeigen von unten nach oben toskanische, ionische und korinthische Ordnung; das vierte Geschoß bildet eine durch Pilaster gegliederte Attika.

**Grundriß und Schnitte durch das Kolosseum**
Die Zeichnungen zeigen die innere und äußere Struktur des Gebäudes.

**Grundriß des Marcellus-Theaters** (▲ 157)
Die *cavea* römischer Theater ist nie größer als ein Halbkreis.

In der Kaiserzeit verbreitete sich das Modell des Marcellus-Theaters überall in den Westprovinzen.

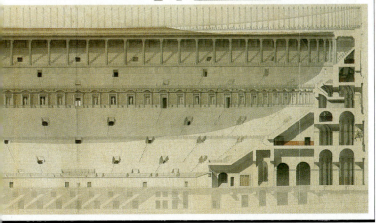

# ● WASSER IN DER ANTIKEN STADT

Die kontinuierliche Wasserversorgung gehört zu den bedeutendsten Errungenschaften römischer Stadtentwicklung. Nichts änderte die Lebensgewohnheiten in der Stadt so nachhaltig wie das im Überfluß zur Verfügung stehende Wasser mit allen damit verbundenen öffentlichen und privaten Annehmlichkeiten.
Römische Ingenieure haben zwar nicht das Aquädukt erfunden, aber ihre Anstrengungen, etwa zum Erschließen weit entfernter Quellen, führten zu Bauwerken und Konstruktionen, die alles bisher Dagewesene in den Schatten stellten.

**»Castellum divisorium« (Verteiler)**
Mit diesen Einrichtungen konnte das Wasser innerhalb der Stadt verteilt werden. Sie bestanden aus einem runden Becken, in das durch einen Filter das Wasser vom Aquädukt einströmte. Von diesem Becken aus führten Bleirohre in die einzelnen Viertel.

**Rohrleitungen**
Die Zuflußrohre wurden meist aus Bleiplatten hergestellt, die um ein Rohrmaß gerollt und dann mit einem Verbindungsstück aus Blei zusammengeschweißt wurden, das von zwei Tonraupen gesäumt war. Die Autoren Vitruv und Frontin überlieferten uns exakte Angaben zu den vorgeschriebenen Kalibern.

**Thermen**
Im *tepidarium* und *caldarium* ruhen Fußboden und Beckengrund auf Ziegelstapeln, zwischen denen die von einer Feuerstelle erwärmte Luft hindurchstreicht. Einen solchen Zwischenraum nennt man *hypocauston*. Unter den Wandverkleidungen liegt eine dicke Schicht Verputz über den rechteckigen Keramik-Hohlziegeln, den *tubuli*, durch die heiße Luft oder Rauch abziehen können.

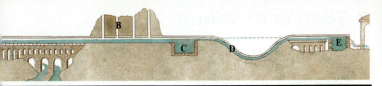

### Schema eines Aquädukts

Von der Quelle *(sorgente)* zum *castellum divisorium* wechselten sich Teilstücke auf Arkaden mit unterirdisch verlaufenden Strecken ab, die mit Hilfe von Kontrollschächten *(lumina)* repariert oder überprüft werden konnten. Die Klärbecken *(piscinae limariae)* dienten der Reinigung des Wassers aus dem *specus*, der Wasserleitung des Aquädukts, bevor es die Stadt erreichte. Senken ließen sich bis zu einem gewissen Grad mit Saughebern überwinden, doch meist vermied man, das Wasser unter Druck zuzuleiten.

**A.** *Sorgente* (Quelle)
**B.** *Lumina* (Kontrollschächte)
**C.** *Piscina limaria* (Klärbecken)
**D.** *Sifone rovescio* (Saugheber)
**E.** *Castellum divisorium* (Verteiler)

### Öffentliche Brunnen

Sie waren selten mehr als 80 m voneinander entfernt; die Anwohner hatten deshalb höchstens 40 m zurückzulegen. Das Bleirohr, aus dem das Wasser floß, trat aus einem auf dem Gehweg installierten Hydranten aus. Das Wasser floß in ein gekacheltes Becken und auf die Straße.

### Domus

Dieses pompejanische Haus ist ein Beispiel für den Typ der Domus mit einem Atrium und einem Peristyl, das als Garten genutzt wurde.

### Insula

(▲ *410*) Die Wohnungen dieses antiken Mehrfamilienhauses in Ostia lagen übereinander, waren durch Treppen verbunden und zu einem von Arkaden umgebenen Innenhof hin offen. Das Haus war mit einer öffentlichen Thermenanlage verbunden, zu der die Bewohner direkten Zugang hatten.

Das Gebäude lag einem öffentlichen Brunnen gegenüber und verfügte außerdem über eine Regenwasserzisterne, die von einem *impluvium* (**1**) versorgt wurde. Auch fließendes Wasser war vorhanden, so daß es im Peristyl (**2**) sogar einen Springbrunnen gab.

### Abwassersystem

Bei weitem nicht alle römischen Städte verfügten über ein unterirdisches Abwassersystem. Auch die schon in der Antike angelegte *Cloaca Maxima* (▲ *156*) in Rom verlief lange Zeit offen. Die Abwässer aus der Stadt wurden in den Tiber gespült.

# TEMPEL UND DENKMÄLER

**Die Trophäen des Marius**
Die Trophäen, Waffen und Beutestücke, sind auf einer Art Vorführpuppe als Siegeszeichen ausgestellt.

In Rom wie in allen übrigen Großstädten des Kaiserreichs hatten Sakralbauten die Funktion, im Stadtgebiet eine gewisse Ordnung und Hierarchie zu schaffen. Sie waren die prachtvollsten und vielfältigsten aller antiken Monumente. Die Triumphbögen, ebenfalls ein vertrauter Anblick in der *urbs,* markierten alle Brennpunkte des städtischen Straßennetzes. Die Stadt prunkte darüber hinaus mit Mausoleen, die die Kaiser hellenistischen Herrschern gleichsetzten.

**Tempel des etruskischen Typs**
Die ältesten dieser Tempel gehörten zum etrusko-italischen Kulturkreis, so beispielsweise der Tempel des Jupiter Capitolinus (▲ *128):* Drei Kulträume *(cellae)* lagen hinter einem tiefen Portikus mit weit auseinanderstehenden Säulen.

**Rechteckiger Tempel nach griechischem Vorbild**
Dabei setzte man alle plastischen Modelle aus der griechischen Architektur ein, wenn auch in rein dekorativer Weise, wie hier beim Portunus-Tempel (▲ *155).*

**Rundtempel**
Der Herkules-Tempel (▲ *155)* auf dem Forum Boarium ist das älteste Beispiel des rein griechischen Ringhallentempels *(Tholos peripteros).*

**Triumphbogen**
Die auffälligsten Symbole römischer Waffengewalt sind die Triumphbögen mit drei Durchgängen, wie hier der Konstantins-Bogen (▲ *169).*
Er weist alle traditionellen Merkmale auf: korinthische Säulen auf Sockeln zwischen den Durchgängen, eine hohe Attikazone und vor allem Reliefs auf allen verfügbaren Flächen.

**A.** Grundriß des Tempels des Jupiter Capitolinus

 **B.** Grundriß des Portunus-Tempels

 **C.** Grundriß des Tempels der Venus und Roma

 **D.** Grundriß des Herkules-Tempels

**Das Augustus-Mausoleum** (▲ 309)
Der Tumulus mit einem Durchmesser von 87 m hatte drei Ebenen: ein großes zylindrisches Podium mit einem ›Heiligen Hain‹, den durch Säulen gegliederten zylindrischen Tambour des eigentlichen Mausoleums und schließlich einen Pyramidenstumpf mit der Kolossalstatue des Kaisers. Den Eingang zu diesem Grabtempel flankierten zwei Obelisken.

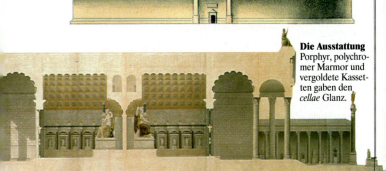

**Die Ausstattung**
Porphyr, polychromer Marmor und vergoldete Kassetten gaben den *cellae* Glanz.

**Der Tempel der Venus und Roma** (▲ 146)
Bei diesem Doppeltempel liegen zwei Tempel auf derselben Längsachse. Es handelte sich um das größte Sakralgebäude der griechisch-römischen Antike.

**Das Pantheon** (▲ 264)
Es ist ein riesiger Rundbau mit einem davorliegenden quadratischen Portikus *(Pronaos)* aus sechzehn mächtigen Säulen.

**Der Innenraum des Pantheons**
Die Schlichtheit des Gebäudes entspringt dem harmonischen ›Ineinander‹ zweier geometrischer Körper, des Zylinders und der Kugel (die Gesamthöhe entspricht dem Durchmesser der gedachten Kugel), die die Kuppel bildet.

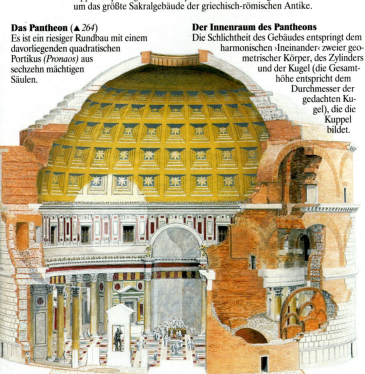

# MITTELALTERLICHE TURMHÄUSER UND FESTUNGEN

Vom 11./12. Jh. an entwickelte der Adel ein architektonisches Muster, bei dem befestigte Anlagen wie Türme und Umfassungsmauern direkt an die eigentlichen Wohnräume angrenzten. Der Palast, um den herum die Häuser der Verwandten und Vertrauten lagen, und der Turm (dessen militärische Funktion schon früh deutlich zum Ausdruck kam), gehörten bis zum Ende des Mittelalters zu den Wohnstätten der großen Familien.

**Casa dei Crescenzi**
Das Haus wurde im 11. Jh. von Nicolo di Crescenzio gebaut, um das »antike Dekor Roms zu erneuern«, wie eine Inschrift über der Eingangstür mitteilt. Das Haus steht beispielhaft für die Wiederverwendung von Baustoffen und architektonischen sowie dekorativen Elementen antiker Bauwerke (Spolien) bei mittelalterlichen Wohnhäusern.

**Torre Anguillara** (▲ 356)
Der Turm entstand im 13. Jh. in Trastevere und wurde um 1455 restauriert. Die zinnenbewehrte Kurtine wurde erst 1900 wiederhergestellt.

**Grabmal der Caecilia Metella** (▲ 330)
Einige antike Grabmäler an der Via Appia antica wurden im Mittelalter als Fundamente für befestigte Burgen verwendet.

**Befestigung des Grabmals**
Das Mausoleum der Caecilia Metella ist ein großer zweigeschossiger Rundbau. Er wurde von 1299 an von Pietro Caetani in einen gewaltigen Bergfried umgewandelt und erhielt einen ghibellinischen Zinnenkranz. Allerdings machten ein Balkon und große Fenster die Festung durchaus bewohnbar.

**Torre delle Milizie**
(▲ *168*)
Dieser sehr hohe Turm, das Symbol der ›Roma turrita‹, entstand Anfang des 13. Jh. über Resten der Trajans-Märkte. 1348 zerstörte ein Erdbeben die oberen Stockwerke.

**Torre dei Capocci**
Dieser Turm wurde im 13. Jh. in einer der größten Festungen errichtet. Als Material verwendete man u.a. Ziegel aus den Trajans-Thermen.

**Mittelalterliches Haus**
Das Haus Nr. 14 in der Via dell'Atleta in Trastevere ist eines der besterhaltenen Beispiele mittelalterlicher Architektur in Rom. Die Fassade aus Ziegeln und Tuff-Bruchstein ist mit einer Loggia verziert, deren zwei Arkaden auf Marmorsäulen ruhen. Den oberen Abschluß bildet ein Spitzbogenfries über Travertin-Kragsteinen.

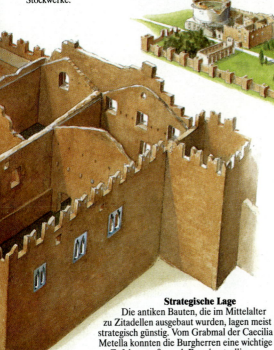

**Aufbau der Befestigungsanlage**
Die Festung um das Grab der Caecilia Metella mit der rechteckigen Umfassungsmauer, in die 16 ursprünglich vorspringende Wachtürme eingefügt waren, erstreckte sich diesseits und jenseits der von der Festung beherrschten Via Appia. Die Aufteilung betonte den ›Privatcharakter‹ der Straße, die auf der einen Seite von dem Palast und auf der anderen Seite von der Nikolaus-Kapelle gesäumt war.

**Strategische Lage**
Die antiken Bauten, die im Mittelalter zu Zitadellen ausgebaut wurden, lagen meist strategisch günstig. Vom Grabmal der Caecilia Metella konnten die Burgherren eine wichtige Zufahrtsstraße nach Rom kontrollieren.

# MITTELALTERLICHE KIRCHEN

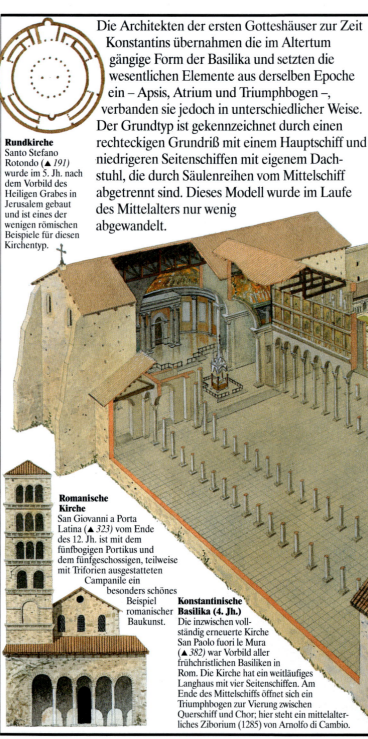

**Rundkirche**
Santo Stefano Rotondo (▲ *191*) wurde im 5. Jh. nach dem Vorbild des Heiligen Grabes in Jerusalem gebaut und ist eines der wenigen römischen Beispiele für diesen Kirchentyp.

Die Architekten der ersten Gotteshäuser zur Zeit Konstantins übernahmen die im Altertum gängige Form der Basilika und setzten die wesentlichen Elemente aus derselben Epoche ein – Apsis, Atrium und Triumphbogen –, verbanden sie jedoch in unterschiedlicher Weise. Der Grundtyp ist gekennzeichnet durch einen rechteckigen Grundriß mit einem Hauptschiff und niedrigeren Seitenschiffen mit eigenem Dachstuhl, die durch Säulenreihen vom Mittelschiff abgetrennt sind. Dieses Modell wurde im Laufe des Mittelalters nur wenig abgewandelt.

**Romanische Kirche**
San Giovanni a Porta Latina (▲ *323*) vom Ende des 12. Jh. ist mit dem fünfbogigen Portikus und dem fünfgeschossigen, teilweise mit Triforien ausgestatteten Campanile ein besonders schönes Beispiel romanischer Baukunst.

**Konstantinische Basilika (4. Jh.)**
Die inzwischen vollständig erneuerte Kirche San Paolo fuori le Mura (▲ *382*) war Vorbild aller frühchristlichen Basiliken in Rom. Die Kirche hat ein weitläufiges Langhaus mit vier Seitenschiffen. Am Ende des Mittelschiffs öffnet sich ein Triumphbogen zur Vierung zwischen Querschiff und Chor; hier steht ein mittelalterliches Ziborium (1285) von Arnolfo di Cambio.

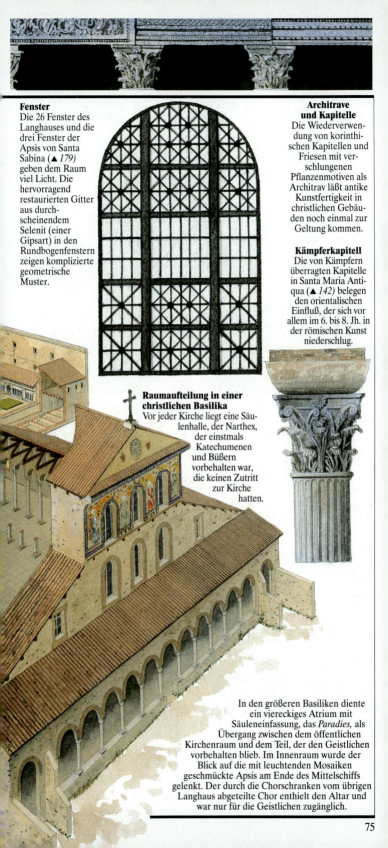

### Fenster
Die 26 Fenster des Langhauses und die drei Fenster der Apsis von Santa Sabina (▲ *179*) geben dem Raum viel Licht. Die hervorragend restaurierten Gitter aus durchscheinendem Selenit (einer Gipsart) in den Rundbogenfenstern zeigen komplizierte geometrische Muster.

### Architrave und Kapitelle
Die Wiederverwendung von korinthischen Kapitellen und Friesen mit verschlungenen Pflanzenmotiven als Architrav läßt antike Kunstfertigkeit in christlichen Gebäuden noch einmal zur Geltung kommen.

### Kämpferkapitell
Die von Kämpfern überragten Kapitelle in Santa Maria Antiqua (▲ *142*) belegen den orientalischen Einfluß, der sich vor allem im 6. bis 8. Jh. in der römischen Kunst niederschlug.

### Raumaufteilung in einer christlichen Basilika
Vor jeder Kirche liegt eine Säulenhalle, der Narthex, der einstmals Katechumenen und Büßern vorbehalten war, die keinen Zutritt zur Kirche hatten.

In den größeren Basiliken diente ein viereckiges Atrium mit Säuleneinfassung, das *Paradies,* als Übergang zwischen dem öffentlichen Kirchenraum und dem Teil, der den Geistlichen vorbehalten blieb. Im Innenraum wurde der Blick auf die mit leuchtenden Mosaiken geschmückte Apsis am Ende des Mittelschiffs gelenkt. Der durch die Chorschranken vom übrigen Langhaus abgeteilte Chor enthielt den Altar und war nur für die Geistlichen zugänglich.

# DIE COSMATEN

**Fußboden.** Prachtvolle geometrische Muster winden sich hier um Porphyrscheiben, die man aus den Schäften antiker Säulen schnitt.

Die Cosmaten waren eine ursprünglich aus Süditalien stammende Künstlergruppe, die in römischen Kirchen Glockentürme, Fußböden, Kreuzgänge und Mobiliar mit kunstvollen und kostbaren Mosaiken verzierten und zum Teil auch als Bildhauer arbeiteten. Sie betrachteten sich stolz als Erben der antiken und frühchristlichen Kunst und bezeichneten sich selbst als ›hochgelehrte römische Meister‹. Der Name der Gruppe erklärt sich aus vielen Inschriften, die den Vornamen Cosmas nennen.

**Bischofsthron von San Lorenzo fuori le Mura** (▲ *381*)

Der Mitte des 13. Jh. entstandene Thron war dem Papst als Bischof von Rom vorbehalten und galt als Symbol der politischen Theologie des Papsttums. Dabei wurde zugunsten der kostbaren Dekoration und der Farbeffekte auf eine allzu deutliche Symbolik verzichtet. Die an einen Nimbus erinnernde zentrale Scheibe stellt die Heiligkeit dar, während der kleeblattförmige Abschluß die theokratischen Ideen verherrlicht, die Innozenz IV. propagierte.

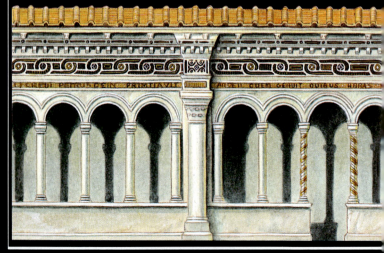

### Leiste im Kreuzgang von San Paolo fuori le Mura und Details der Einlegearbeiten

Die polychrome Verzierung, die geometrischen Muster und die Mosaiken betonen die architektonischen Elemente und lassen sie durch die Einlegearbeiten aus verschiedenen Marmorsorten, Porphyr und Serpentin schillern. Vorbilder lieferten antike Ruinen.

### Säulen im Kreuzgang von San Paolo fuori le Mura

Die römischen Marmorschleifer schöpften bei der Gestaltung von Säulen alle dekorativen Möglichkeiten aus: Oft finden sich Zwillingssäulen, gewundene und gerade Formen; der Formenreichtum wird durch das bewegte Spiel der Inkrustationen bestens ergänzt.

### Kreuzgang von San Paolo fuori le Mura (▲ 382)

Der Kreuzgang, eines der bedeutendsten architektonischen und dekorativen Werke des römischen 13. Jh., stammt wohl von einem Mitglied der Familie Vassalletti. Auffallend ist die Vielfalt der Säulenformen, wobei sogar die Zwillingssäulen sich voneinander unterscheiden.

### Marmorner Osterleuchter

Die Cosmaten stellten auch sakrale Gerätschaften her.

# ● Die Architektur der Gegenreformation

Wappen des Jesuitenordens

Die Blütezeit der Kirchenarchitektur zu Anfang des 16. Jh. wurde nach dem Konzil von Trient (1545-1563) noch gefördert von durchsetzungsfähigen jungen Orden wie den Jesuiten. Der Kreis als perfekte Grundrißform wurde zwar nicht allein, aber in Kombination mit dem lateinischen Kreuz eingesetzt, um den neuen liturgischen Anforderungen der Predigerkirche gerecht zu werden. Das Raumkontinuum aus Langhaus, Querschiff und schlichtem Chor der von 1568 an entstandenen Jesuitenkirche Il Gesù wurde für lange Zeit stilbildendes Vorbild aller Kirchen, die eine große Zahl von Gläubigen aufnehmen sollten.

**Il Gesù**
(▲ 257)
Für die erste große Jesuitenkirche griff Vignola Albertis berühmten Grundriß für Sant'Andrea in Mantua auf. Er betonte den Kontrast zwischen Langhaus und Kuppel, die durch die Fenster im Tambour hell erleuchtet wird. Das große Langhaus mündet in ein nicht vorspringendes Querschiff und bildet mit ihm eine harmonische Einheit; der Eindruck des großartigen Chors sollte bei den Gläubigen so noch gesteigert werden. Die bewußt karge Ausstattung (Marmoraltäre, Fresken in der Kuppel und den Zwickeln) wurde Ende des 17. Jh. großzügig ergänzt.

| Renaissance | Gegenreformation | Barock |
|---|---|---|

**B. Sant'Ignazio**
(● 82, ▲ 261) Grundriß und Fassade von Il Gesù dienten als Vorbild für diese von 1650 an gebaute Kirche. Das auffälligste Charakteristikum der Fassade ist die deutliche Trennung der beiden Geschosse, im Innenraum besticht die berühmte Trompel'œil-Kuppel.

**C. Sant'Andrea al Quirinale** (▲ 296)
Berninis kleine Kirche, ein spätes Werk (1658 begonnen), unterscheidet sich von Zentralbauten der Renaissance, deren Grundriß gewöhnlich ein Kreis war, durch die ovale Form.

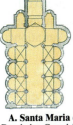

**A. Santa Maria del Popolo** (▲ 306)
Durch den Grundriß in Form eines lateinischen Kreuzes und die Fassade, die bereits die Aufteilung des Innenraums in Mittel- und Seitenschiffe spiegelt, verweist dieses Gebäude auf die Florentiner Renaissancekirche Santa Maria Novella, deren Fassade Alberti 1458 vollendete.

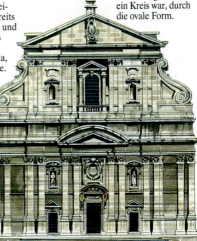

**Die Fassade von Il Gesù**
Giacomo della Porta knüpfte hier an die klaren Formen der Frührenaissance an. Die Aufteilung des Innenraums ist schon von außen erkennbar: Die drei Türen führen in eine einschiffige Halle, die Seitenteile entsprechen den Kapellen. Diese Einteilung spiegelt sich im unteren Teil der Fassade in der Anordnung der Pilaster und Säulen, die den doppelten Giebel über dem Portal abstützen. Damit wird die Mittelachse stark hervorgehoben.

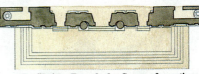

**Profil einer Fassade der Gegenreformation**
Im Gegensatz zu den späteren Barockkirchen ist die Fassade von Il Gesù flach und weist nur andeutungsweise zurückspringende Elemente auf.

# KIRCHEN DES BAROCK

**Pantheon** (▲ 265)
Die Kuppel (2. Jh. n. Chr.), deren Gewölberücken zugleich das Dach bildet, wurde zum Vorbild für die Bögen und Gewölbe aus Gußmörtel.

Obwohl sie beide von Antike und Renaissance ausgingen und von demselben Wunsch beseelt waren, der Architektur eine neue Dynamik zu verleihen, unterschieden sich Bernini und Borromini in ihrer Interpretation der Tradition ganz erheblich: Der eine faßte sie eher dekorativ, der andere eher architektonisch auf. Als wesentliches Element der neuen Sakralarchitektur entstanden nun Kuppeln in bisher ungeahnten Formen und Variationen.

**Die Kuppel**
Über dem Tambour von Sant'Ivo erhebt sich die leicht getreppte Kuppel mit einer Laterne, in der die Rippen zusammenlaufen. Eine aufgesetzte Spirale betont die Aufwärtsbewegung.

**Sant'Ivo della Sapienza** (▲ 272)
Bei seinem 1643 begonnenen Meisterwerk treibt Borromini die Spannung zwischen den abwechselnd konkaven und konvexen Flächen ganz bewußt auf die Spitze. Von außen erscheint der Tambour um so mächtiger, als er das konvexe Gegenstück zur konkaven Fassade bildet, deren Arkaden sich in den Seitenflügeln des Hofes fortsetzen. Im Innenraum bilden die sechs Apsiden, von denen sich je zwei nach demselben Konkavkonvex-Muster abwechseln, im Fußboden einen Stern.

Die *monti* aus dem Wappen Papst Alexanders VII. schmücken die Fassade.

## Kuppeltypen

**Sant'Andrea al Quirinale** (▲ 296)
Die Kuppel überdeckt den gesamten Kirchenraum. Der originelle Entwurf mit ovalem Grundriß versetzte den Gläubigen in den Mittelpunkt der Zeremonie und konzentrierte alle Farb- und Lichteffekte auf die Raummitte.

**A. Peterskirche** (▲ 210)
Doppelschalige Kuppel mit Rippen, die die Last auf den Tambour verteilen.

**B. Il Gesù** (▲ 257)
Durch Gewölbe abgestützte Kuppel mit Überdachung und doppelschaligem Tambour, außen achteckig und innen rund.

**C. San Carlo alle Quattro Fontane** (▲ 295) Ovale, kassettierte Kuppel mit ebenfalls ovaler Laterne aus einschwingenden Wänden.

Bei der Fassade von Sant'Andrea wird das Spiel der ein- und ausschwingenden Bögen noch durch einen steinernen Baldachin und eine konvexe Freitreppe mit zwei konkaven Mauereinbuchtungen betont, ähnlich wie bei Santa Maria della Pace (▲ 280).

Über dem zentral gelegenen Altar fällt das Tageslicht durch eine verborgene Laterne auf das Bild des Märtyrers Andreas. Eine Außenlünette beleuchtet indirekt die Himmelfahrt des Heiligen.

Der Barock zieht vor- und zurücktretende Elemente und gebogene Linien planen Wänden vor.

# TROMPE-L'ŒIL-MALEREI

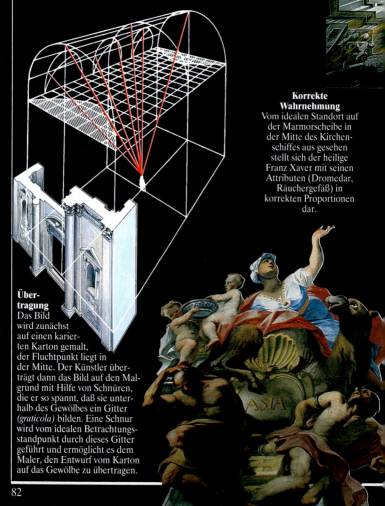

Erster Entwurf für eine Trompe-l'œil-Malerei. Die Fläche ist in Quadrate unterteilt, der Fluchtpunkt liegt zentral.

Im 17. Jh. schmückte man zahlreiche Decken in Rom mit den Apotheosen der fürstlichen Auftraggeber, himmlischen Glorien und *quadrature* (»Scheinarchitektur«). Eines der überwältigendsten Beispiele für diese Illusionskunst ist die Kirche Sant'Ignazio (▲ *258),* in der Andrea Pozzo mittels Trompe-l'œil-Technik die Illusion einer hohen Kuppel schuf, die von einem Punkt nicht im Zentrum, sondern nahe dem Eingang zu betrachten ist. Im Langhaus scheint die irdische Architektur nahtlos in die Glorie des Paradieses überzugehen.

**Korrekte Wahrnehmung**
Vom idealen Standort auf der Marmorscheibe in der Mitte des Kirchenschiffes aus gesehen stellt sich der heilige Franz Xaver mit seinen Attributen (Dromedar, Räuchergefäß) in korrekten Proportionen dar.

**Übertragung**
Das Bild wird zunächst auf einen karierten Karton gemalt, der Fluchtpunkt liegt in der Mitte. Der Künstler überträgt dann das Bild auf den Malgrund mit Hilfe von Schnüren, die er so spannt, daß sie unterhalb des Gewölbes ein Gitter *(graticola)* bilden. Eine Schnur wird vom idealen Betrachtungsstandpunkt durch dieses Gitter geführt und ermöglicht es dem Maler, den Entwurf vom Karton auf das Gewölbe zu übertragen.

»Ich bin entschlossen, alle Linien in einem Punkt zusammenlaufen zu lassen: der Herrlichkeit Gottes.«

Andrea Pozzo

**Gesamtansicht des Gewölbes**
Die perspektivisch exakte Scheinarchitektur fügt sich nahtlos in die Apotheose der Jesuitenmission ein und bildet einen scheinbar realen Rahmen für die zahlreichen Figuren.

**Projektion eines Kreises**
Pozzo mußte, um die Illusion eines Kreises zu schaffen, tatsächlich ein vertikal stehendes Oval malen – die gigantisch wirkenden Säulen sind nur wenige Zentimeter lang ...

**Verzerrte Wahrnehmung**
Sobald man den idealen Standpunkt verläßt, wird die Schönheit deformiert, der Heilige droht im freien Fall von der Decke zu stürzen.

# BAROCKE INSZENIERUNGEN

Einheitlichkeit definierte Bernini (1598-1680) nicht mehr als statische Komposition, sondern als Harmonie der Gegensätze. Indem er ihnen gemeinsame Bühnenwirksamkeit verlieh, bezog Bernini in seinen architektonischen Werken verschiedene Kunstgattungen ein, die er zu eindrucksvollen Szenarien kombinierte. Sie fordern vom Gläubigen als Zuschauer aktive Auseinandersetzung mit den dargestellten Inhalten: Er wird in das Spiel der Mehrdeutigkeiten verwickelt, das die Regeln von Raum, Licht und figürlichen Elementen vorgeben.

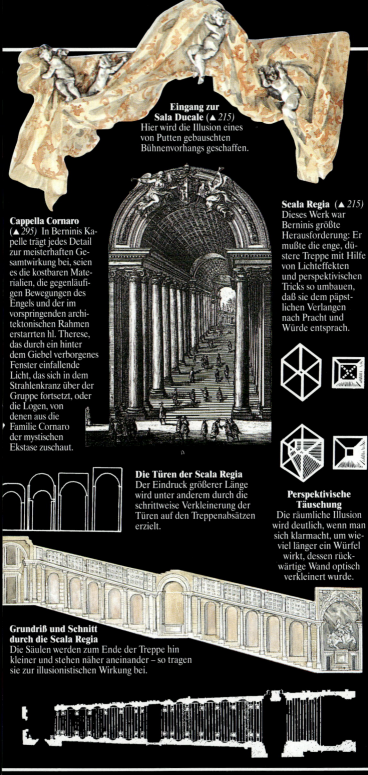

**Eingang zur Sala Ducale** (▲ 215)
Hier wird die Illusion eines von Putten gebauschten Bühnenvorhangs geschaffen.

**Cappella Cornaro**
(▲ 295) In Berninis Kapelle trägt jedes Detail zur meisterhaften Gesamtwirkung bei, seien es die kostbaren Materialien, die gegenläufigen Bewegungen des Engels und der im vorspringenden architektonischen Rahmen erstarrten hl. Therese, das durch ein hinter dem Giebel verborgenes Fenster einfallende Licht, das sich in dem Strahlenkranz über der Gruppe fortsetzt, oder die Logen, von denen aus die Familie Cornaro der mystischen Ekstase zuschaut.

**Scala Regia** (▲ 215)
Dieses Werk war Berninis größte Herausforderung: Er mußte die enge, düstere Treppe mit Hilfe von Lichteffekten und perspektivischen Tricks so umbauen, daß sie dem päpstlichen Verlangen nach Pracht und Würde entsprach.

**Die Türen der Scala Regia**
Der Eindruck größerer Länge wird unter anderem durch die schrittweise Verkleinerung der Türen auf den Treppenabsätzen erzielt.

**Perspektivische Täuschung**
Die räumliche Illusion wird deutlich, wenn man sich klarmacht, um wieviel länger ein Würfel wirkt, dessen rückwärtige Wand optisch verkleinert wurde.

**Grundriß und Schnitt durch die Scala Regia**
Die Säulen werden zum Ende der Treppe hin kleiner und stehen näher aneinander – so tragen sie zur illusionistischen Wirkung bei.

# ● Renaissance- und Barockpaläste

Nach den Päpsten bauten in Renaissance und Barock auch die römischen Adligen und Kardinäle prunkvolle Paläste, die ihre Macht zur Schau stellen sollten. Nicht alle haben die schlichte Größe des Palazzo Farnese, ihres wichtigsten Vorbildes. Die meisten der vom 15. bis 17. Jh. entstandenen Paläste ähneln sich im Grundriß: Es sind rechteckige Gebäudekomplexe mit einem von Arkadengalerien umgebenen Innenhof. Die Gliederung der Fassaden zeugt von einer strengen Konzeption der römischen Architekten.

**Cancelleria** (▲ 249). Der rationale Charakter dieses nach dem Goldenen Schnitt angelegten Renaissance-Meisterwerks (1483-1513), das lange Bramante zugeschrieben wurde, darf nicht vergessen lassen, daß der Palast auch völlig neuartige Züge aufweist, vor allem den Einsatz von Vorsprüngen an den Eckjochen, mit denen die horizontale Gliederung stärker betont wurde.

**Die klassischen Säulenordnungen** (▲ 94)
Im Hof des Palazzo Farnese sieht man wie beim Kolosseum dorische, ionische und korinthische Halbsäulen übereinander. Dieses Stilmittel basiert auf der proportionalen Abstufung der Ordnungen.

Der Entwurf dieser Tür nach dem Goldenen Schnitt ist von dem Architekten Serlio (1475-1555).

**Palazzo Farnese** (▲ 244)
Für den Grundriß und die strenge Fassade, die nur durch die abwechselnden Segment- und Dreiecksgiebel und das Profil des Gesimses gegliedert ist, griff Antonio da Sangallo auf Florentiner Vorbilder zurück. Im Innern finden sich dagegen eine Vorhalle mit großartigem Kassettengewölbe und der originelle *cortile* (1513-1546), die wiederum an die Architektur des antiken Rom erinnern.

**Manieristische Fassadendekoration des Palazzo Spada**
Der klassischen Strenge der Gesamtkomposition steht die überbordende Ornamentik gegenüber. Die ganz und gar manieristische Fülle der Stuckverzierungen (1556-1560) war vielleicht eine der ersten römischen Reaktionen auf die plastischen Arbeiten Rossos in Fontainebleau.

**Palazzo Spada**
(▲ 246)
Die Fassade dieses Palastes vom Ende der Gegenreformation zeigt noch eine klassische Gliederung mit Rustika im Erdgeschoß, Beletage und Attika.

**Barockes Fenster**
Carlo Maderno belebt dieses Fenster am Palazzo Barberini durch das Spiel von Licht und Schatten und eine illusionistische Perspektive; der Effekt wäre Berninis würdig.

**Aufteilung des Palazzo Farnese**
Der Haupteingang führt in den Innenhof *(cortile),* von dem aus die Ehrentreppe zur ersten Etage führt, dem *piano nobile.* Dort waren die wichtigsten Wohnräume untergebracht. Die Wirtschaftsräume liegen im Erdgeschoß, in der zweiten Etage die Schlafzimmer.

**Attika-Fenster am Palazzo Barberini**
(▲ 291). Dieses Werk des jungen Borromini zeigt bereits alle Merkmale seines reifen Stils: Die dynamische Konzeption der Details vermittelt eine eigenartige Spannung bei diesem eigentlich noch klassizistisch konzipierten Fenster.

# VILLEN UND GÄRTEN

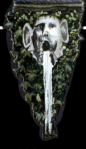

Einer der Brunnen der Villa d'Este

Die Villa als Architekturtyp der Antike kam kurz vor 1500 in Florenz zu neuer Blüte. Doch erst in Rom entstanden nach antiken Vorbildern, die aus der Erforschung der Hadrians-Villa oder der Texte des Plinius bekannt waren, die großartigen humanistisch geprägten Anlagen. Bald wurden das Belvedere Bramantes, Raffaels Villa Madama und Vignolas Villa Giulia und Caprarola zu Vorbildern für ganz Europa. Hier frönte man dem müßigen, kontemplativen Leben *(otium);* Terrassen, Loggien und Aussichtspunkte gaben Gelegenheit, sich an einer künstlerisch gestalteten Natur zu erfreuen, mit der sich der Mensch in völligem Einklang fühlte.

**Belvedere-Hof im Vatikan (um 1505)**
Der Hof (▲ *214*) war ursprünglich als Terrassengarten angelegt. Im unteren Bereich fanden Schauspiele aller Art statt, vor allem Turniere zu Wasser.

**Die Farnesina** (▲ *360*)
Agostino Chigi ließ die Villa 1509-1511 von Peruzzi bauen, einem von dem antikisierenden Prunk eines Bramante oder Raffael weit entfernten Toskaner. Die Anlage ging später in den Besitz der Farnese über. Sie war eine der ersten Vorortvillen der Renaissance.

**Grundriß der Farnesina**
Die Loggia mit den beiden seitlichen Risaliten, die Trennung zwischen den nach Süden liegenden Repräsentationsräumen für den Winter und den nach Norden liegenden Privaträumen gehörten ebenso wie die scheinperspektivisch gemalte Landschaft bald zur gängigen Ausstattung.

**Die Villa d'Este**
**(1560 bis um 1570, ▲ *392*)**
Wie viele andere Villen liegt auch die Villa d'Este an einem Hang. So thront sie über ihren herrlichen Gärten und öffnet sich der Umgebung. Die Hanglage erleichterte überdies die Wasserversorgung der Brunnen und sorgte dafür, daß Besucher, die damals von unten zur Villa emporstiegen, ganz und gar von dem Eindruck überwältigt wurden. Ein Spaziergang durch die zauberhaften Gärten wurde als eine Art Abenteuerreise aufgefaßt, wobei man anders als in den traditionell geometrisch angelegten Gärten über unzählige Umwege durch Boskette, an Grotten und Nymphäen vorbeigeführt wurde.

**Villa Medici (um 1570-1576, ▲ 315).** Die Villa wurde über den antiken Gärten des Sallust für Kardinal Ricci da Montepulciano erbaut und durch Kardinal Ferdinando de' Medici ausgebaut. Die Gartenfassade bildete früher den Haupteingang zur Residenz. Sie umfaßt eine großartige Loggia zum Garten und reiche antikisierende Ornamente, die sie einem römischen Triumphbogen oder einer Theaterbühne ähnlich lassen.

**Schnitt durch das Gelände der Villa d'Este**
Der steil abfallende Hang bestimmte die Innenaufteilung des Gebäudes ebenso wie die Anlage des Gartens. Der Stil läßt bereits den Übergang von der Renaissance zum Barock erkennen. Von Montaigne bis Liszt waren unzählige Reisende von der Schönheit dieser Villa begeistert.

**Diana von Ephesus**
Die Skulptur wurde nach einem antiken Vorbild aus der Sammlung Farnese angefertigt. Sie ziert einen Brunnen im Garten der Villa d'Este.

**Wasserspiele in der Villa d'Este**
Wenn man wie vorgeschrieben durch die querverlaufenden Wege spaziert, stößt man auf viele der originellen Brunnen. Dieses Ballett aus tanzendem Wasser, Laubwerk, Maskenköpfen und Statuen unter dem wohlwollenden Blick der ›nährenden Erde‹ (Diana) mit ihren tausend Brüsten gehört zu einem ikonographischen Programm, das auf dem Mythos des Herakles, des legendären Gründers der Familie d'Este, und der Geschichte vom Garten der Hesperiden basiert.

# Neoklassizismus und Eklektizismus

Erst mit der französischen Besatzung ab 1808 wurde auch in Rom der Neoklassizismus populär. Nach der nationalen Einigung ging man auf die Suche nach einem italienischen »Nationalstil«; die Debatte darüber mündete in einen Eklektizismus, also die Wiederverwendung früherer Architekturformen. Der Stil der Neorenaissance setzte sich in der privaten und öffentlichen Architektur rasch durch, zugleich gewann auch der italienische Jugendstil *(Stile Liberty)* Anhänger unter den Architekten. Der Neoklassizismus blieb in einer wuchtigen, degenerierten Form weiter in Mode. Moderne Bauten aus Stahl und Glas finden sich noch sehr selten.

**Piazza del Popolo und Pincio (1813-1820)**
Der große Baumeister des römischen Neoklassizismus, Giuseppe Valadier (1762-1839), legte die Terrassen am Pincio-Hügel (▲ *316*) an und schuf auch die aus zwei Halbkreisen bestehende Piazza del Popolo (▲ *306*).

**Magazzini Bocconi (Rinascente, ▲ *267*)**
Bei der Fassade dieses Gebäudes (1886) im Stil der Neorenaissance wurde bereits viel Glas verwendet. Gußeiserne Säulen im Innern tragen die Stockwerke, die nach dem Vorbild anderer europäischer Kaufhäuser als Galerien um eine zentrale Halle angeordnet sind.

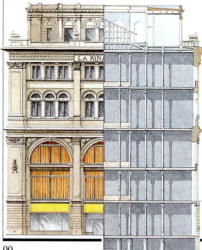

**Galleria Sciarra (1883, ▲ *301*)**
Bei dieser Ladenpassage mit den charakteristischen Jugendstil-Fresken nach Art pompejanischer und präraffaelitischer Wandmalereien war vor allem die Beleuchtung problematisch. Der Architekt, Giulio de Angelis, verwendete eine leichte Gußeisen-Konstruktion und bedeckte das Gebäude mit einem Glasdach.

**Testaccio** (▲ *184*)
In diesem volkstümlichen Wohnviertel wurden Anfang des 20. Jh. die Häuserzeilen an vielen Stellen durchbrochen, um den Verkehr leichter fließen zu lassen. Damit wurde auch der kompakte, langweilige Eindruck der fortlaufenden Fassaden abgemildert.

Übersicht über die heutige Anlage der Piazza del Popolo und des Pincio

**Vittoriano (1885-1911, ▲ *160*)**
Dieser gewichtige Prototyp der im vereinten Italien so beliebten Monumentalarchitektur zeigt die für das Ende des 19. Jh. typische Stilmischung. Der neoklassizistische Entwurf basierte auf hellenistischen Vorbildern, die sich in der Verwendung des weißen Marmors und auch in der gigantischen Anlage mit Kolonnaden und Treppen spiegeln. Das Reiterstandbild des Königs ist dagegen von einem schwerfälligen Neorealismus, während die übrigen Figuren eher symbolistisch beeinflußt wirken.

Die Form des Vittoriano brachte ihm den Spitznamen »große Schreibmaschine« ein.

# ● FASCHISMUS UND NACHKRIEGSZEIT

Mussolinis Regime gelang es mühelos, die zeitgenössischen modernen Strömungen mit der Vorliebe für die glorreiche Vergangenheit des römischen Imperiums zu vereinbaren. Rationalismus und antikisierende Tendenzen wurden vom Faschismus gleichermaßen gefördert, da er den Volksgeschmack auf breiter Ebene zu treffen suchte. Die Rückbesinnung auf die Antike eignete sich gut für die Inszenierung von Massenveranstaltungen, während sich der Rationalismus für Wohnbauten und öffentliche oder Bürogebäude anbot. Die rationalistische Strömung wurde auch in der Nachkriegszeit weiterverfolgt.

**San Pietro e Paolo, im EUR (1937-1941, ▲ *388*)**
✝ Diese aus streng geometrischen Körpern zusammengesetzte Kirche stammt von Arnaldo Foschini. Er griff als Grundriß das griechische Kreuz mit der darübergesetzten Kuppel (72 m hoch) wieder auf, das typisch für die römische Renaissance gewesen war. Die mit Kassetten verzierte, auf einem Tambour mit Okuli-Fenstern ruhende Kuppel bezieht sich auf die klassische antike Formensprache.

**Palazzo della Civiltà del Lavoro, im EUR (1939, ▲ *387*)**
Die Architekten Giovanni Guerrini, Ernesto Bruno La Padula und Mario Romano bauten dieses rationalistische Gebäude, das wohl der schönste der für die Weltausstellung 1942 (▲ *386*) errichteten Bauten sein dürfte.

**Die Außenverkleidung**
Die Stahlbetonkonstruktion ist in fünf Etagen durch Pilaster und rechteckige Joche gegliedert; davor setzte man eine fortlaufende Reihe von Arkaden aus Travertin, die an das Kolosseum erinnern sollten.

**Die faschistischen Statuen**
Diese Skulpturengruppe in der für den Faschismus typischen pathetischen Pose nimmt das antike Thema der Dioskuren als Rossebändiger auf.

**Stadio dei Marmi (1932)**
Das Stadion gehört zu einem großen Sportkomplex, dem Foro Italico (▲ *377*). Hier wurden alle faschistischen Werte ins Spiel gebracht: der Kult der Jugend, der Kraft und des Sports. Man erkennt den typischen Verzicht auf jegliche dekorative Feinarbeit. Die weißen Marmorstatuen vor den ockergelben Fassaden schaffen den gewollten Eindruck von Monumentalität.

**Der Obelisk des Foro Italico (1932)**
Der enorme Marmor-Monolith am Eingang zum Foro Italico wiegt 300 t und ist über 17 m hoch. Costantino Costanini errichtete ihn als ›Obelisken des neuen Rom‹ und widmete ihn Mussolini mit einer Inschrift, die auch später nicht wieder entfernt wurde.

**Stazione Termini (1938-1950, ▲ *338*)**
Der Hauptbahnhof von Rom wurde in der Übergangsphase zwischen Faschismus und Nachkriegszeit gebaut und zeigt deshalb unabhängig von den politischen Machtverhältnissen den architektonischen Stilwandel. Die beiden zuerst gebauten starren Seitenflügel mit Travertinbögen erinnern deutlich an die in den Gemälden Giorgio de Chiricos gezeigte Architektur. Die erst 1950 fertiggestellte riesige Bahnhofshalle beeindruckt durch den großzügigen Schwung des Daches mit seinen wellenförmig verlaufenden Graten.

**Palazzetto dello Sport (1956-1958)**

Unten ein Querschnitt des Sportpalastes und das Raster der Kuppel

Den Sportpalast bauten Annibale Vitellozzi und Pier Luigi Nervi, der als Meister des italienischen Rationalismus gilt.

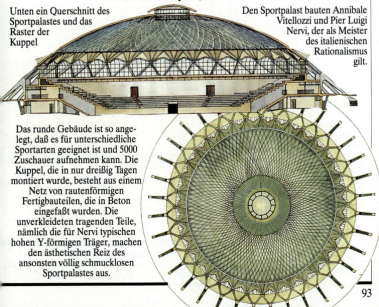

Das runde Gebäude ist so angelegt, daß es für unterschiedliche Sportarten geeignet ist und 5000 Zuschauer aufnehmen kann. Die Kuppel, die in nur dreißig Tagen montiert wurde, besteht aus einem Netz von rautenförmigen Fertigbauteilen, die in Beton eingefaßt wurden. Die unverkleideten tragenden Teile, nämlich die für Nervi typischen hohen Y-förmigen Träger, machen den ästhetischen Reiz des ansonsten völlig schmucklosen Sportpalastes aus.

# DIE SÄULENORDNUNGEN

**2**  **3**  **4**  **5**

Die Griechen entwickelten den dorischen, ionischen und korinthischen Stil, um ästhetisch ansprechende Lösungen für jeden Bautyp zu ermöglichen. Nach der Erfindung von Bögen und Gewölben spielten Säulen zwar eine eher dekorative Rolle. Doch die Abhandlung des römischen Theoretikers Vitruv (1. Jh. n. Chr.) machte die von ihm beschriebenen Säulenordnungen zu grundlegenden Stilformen der europäischen Architektur.

### Vertikale Gliederung
Die Gliederung ist in allen Epochen gleich. Von unten nach oben stehen dorische bzw. toskanische (**1** und **2**), ionische (**3**), korinthische (**4**) und Kompositordnung (**5**) übereinander.

Dorisches Kapitell mit Eierstäben

## II. Gebälk
**1. Architrav:** Er ist bei der dorischen Ordnung glatt, bei der ionischen und korinthischen Ordnung jedoch in drei Bänder oder *fasces* unterteilt.
**2. Leiste**
**3. Fries:** (von links nach rechts)
– Ionisch: Der Fries kann ganz fehlen oder glatt sein.
– Dorisch: Es wechseln sich Relieffelder, *Metopen* (**a**), und dreifach gestreifte Felder, *Triglyphen* (**b**), ab. Darüber sind *Mutuli* angebracht, die sich unter der *Sima* in Form einer Zierleiste mit Tropfen *(Guttae)* fortsetzen.
– Korinthisch: Der Fries kann vollständig mit Tier- und Pflanzenreliefs bedeckt sein (**c**).
**4. Kranzgesims**

## III. Säulen
Eine Säule besteht aus drei Teilen: der Basis (**a**), dem glatten oder kannelierten Schaft (**b**) und dem Kapitell (**c**). Proportionen und Verzierungen sind je nach Ordnung unterschiedlich:
**1. Dorisch:** Die Säule hat keine Basis.
**2. Toskanisch**
**3. Ionisch**
**4. Korinthisch**
**5. und 6.** Kompositordnung

### I. Giebelfeld und Dach
**1.** Tympanon  **2.** Simae  **3.** Akroterien als Bekrönung von Giebelfirst und Giebelecken. Eck-Akroterien dienten eigentlich dazu, Regenwasser vom Dach abzuleiten. Bei den Römern wurden sie zu Sockeln für Skulpturen.

**I. Giebel**

**II. Gebälk**

**III. Säulen**

### IV. Sockel
**1.** Krepis, **2.** Podium: Im Gegensatz zu den Griechen stellten die Römer ihre Tempel größtenteils auf massive Plattformen.

# Rom – von Malern gesehen
## von Antonio Del Guercio

# ROM – VON MALERN GESEHEN

Der Maler und Architekt Gian Paolo Panini (ca. 1693-1765) war ein für das 18. Jh. sehr typischer Künstler. Wie viele seiner Zeitgenossen betrachtete er Malerei als Mittel zur Darstellung der Wirklichkeit: Städte, Paläste, die großen Wohnräume von Fürsten, Ruinen, Feste des Adels und des Volkes. In seinen *Ansichten des antiken Rom* (1) und den *Ansichten des modernen*

»Wie man geht und steht [...] Paläste und Ruinen, Gärten und Wildnis, Fernen und Engen, Häuschen, Ställe, Triumphbögen und Säulen, oft alles so nah, dass es auf ein Blatt Papier gebracht werden könnte.« Goethe

*Rom (2)* geht dieser dokumentarische Eifer sogar bis zur Darstellung von Gemälden im Bild. Die Stadtansichten werden in einem durch die barocken römischen Paläste inspirierten märchenhaften Rahmen präsentiert – eine Sammlung von Eindrücken und Erinnerungen an die Station Rom auf der großen Italien-Bildungsreise. Solche Veduten fanden unter den Reisenden eine begeisterte Kundschaft. Unabhängig von dem wirtschaftlichen Aspekt kann man sie aber auch als Vorläufer einer Entwicklung sehen, die eines Tages in die Fotografie mündete.

# ● ROM – VON MALERN GESEHEN

Selbst wenn er seinen real existierenden Ort darstellte – wie in seiner *Ansicht der Académie de France in Rom* (1) –, bestätigte Gustave Moreau (1826-1898) damit doch wieder nur sein eigentliches Anliegen: die Darstellung dessen zu liefern, was jenseits alles Sichtbaren liegt. Als monochrome Komplexe strukturiert, bieten sich die einzelnen Teile dieser Darstellung – Bäume, Boden, Gebäude – eher als ›Vision‹ dar denn als ›Ansicht‹. So gewinnt ein berühmter und vielfach dargestellter Ort etwas Geheimnisvolles, unterstrichen und mit einem zusätzlichen Zauber versehen durch die von Moreau gewählte Tageszeit – eine sanfte Dämmerung. Während Goethe (1749-1832) bei seinem kurzen Aufenthalt in Rom 1748 noch den *Schwur der Horatier* von David, ein neoklassizistisches Gemälde, bewunderte, vermittelte er selbst in der *Cestius-Pyramide in Rom* (2) eine zutiefst romantische Sicht von Rom und Italien. Die Tuschezeichnung des Dichters zeigt eine merkwürdig und exotisch anmutende nächtliche Szenerie, ähnlich der Ruinenpoesie eines Mantegna im 15. Jh. Genau diese Auffassung wurde von den Romantikern wieder aufgenommen.

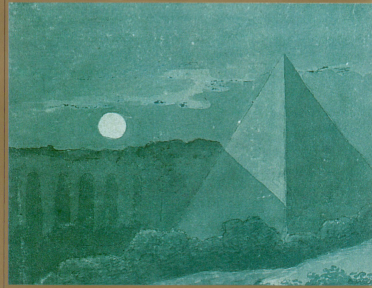

1

2

# Rom – von Malern gesehen

1

2

# Corot

In seinem 1826 entstandenen Bild *Kolosseum von den Farnese-Gärten des Palatin aus* (1) offenbart Jean-Baptiste Camille Corot (1796-1875) die Quintessenz seiner Kunst: Das Zusammenspiel von natürlichen Lichteffekten und einer von anekdotischen Details unbelasteten Geometrie. Hinter der üppigen Vegetation im Vordergrund öffnet sich der Raum bis zum fernen Horizont. Dreh- und Angelpunkt der Komposition ist das aufgebrochene Rund des Kolosseums.

Vor seiner Entwicklung zum Futuristen war Giacomo Balla (1871-1958), wie viele Künstler seiner Generation, Divisionist. Zu Beginn des 20. Jh. malte er die *Villa Borghese* (2) mehrmals in dieser auf Farbtupfen reduzierten ›Schrift‹ – ein letzter Nachhall der Kunst des 19. Jh. verbunden mit einer Bildeinteilung, die bereits von der Fotografie beeinflußt ist.

# Rom – von Malern gesehen

> DIE PETERSKUPPEL »ZEICHNET SICH AB GEGEN DEN REINEN HIMMEL EINER ORANGEROTEN DÄMMERUNG, ÜBERSTRAHLT VON EINEM STERN, DER GERADE HOCH OBEN AM HIMMEL ERSCHEINT.«
> STENDHAL

Die langen Aufenthalte Corots in Italien blieben nicht ohne Einfluß auf einige italienische Künstler zu Beginn des 19. Jh. Dieser Einfluß manifestiert sich vor allem in der Aufgabe der dokumentarischen Sichtweise zugunsten einer freieren und tiefergehenden Gestaltung der Formen, grob strukturiert und befreit von zweitrangigen Details. Ippolito Caffi (1809-1866) war einer derjenigen Maler, die es verstanden, als Schüler von Corot zu lernen. Er hat uns einige römische Landschaften hinterlassen. Zwar wirkt diese *Sicht auf Rom vom Pincio-Garten* – in höherem Maße als andere Werke des Künstlers – geprägt durch eine romantische Atmosphäre. Trotzdem bleibt diese Komposition den neuen, durch das Beispiel Corots propagierten Ideen treu: Im Gegenlicht werden nahezu schemenhafte Personen dargestellt, während in der Ferne rötlich, unter einem flammenden Sonnenuntergang, Sankt Peter erscheint.

# Rom – von Malern gesehen

Yves Brayer (1907-1990) war begeistert von den Farben Roms, besonders vom Rot. Gouachen mit Momentaufnahmen und stärker ausgearbeitete Ölbilder lassen ihn zum ironischen Zeugen der 30er Jahre dieses Jahrhunderts werden. Das Bild zeigt *Deutsche Seminaristen auf dem Ponte Sant'Angelo* (Engelsbrücke).

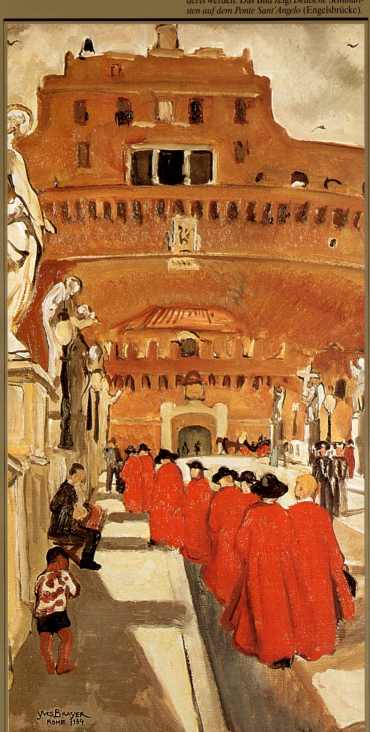

# Rom
## in der
## Literatur

# ROM IN DER LITERATUR

## DER AUFSTIEG ROMS

*Mit seiner »Ars Amatoria« schuf Ovid (43 v. Chr. - 17 n. Chr.), der freimütige und zugleich bedeutendste Dichter zur Zeit des Kaisers Augustus, ein Gemälde antiker Sinnenfreude und ein farbenprächtiges Bild der römischen Gesellschaft der klassischen Epoche.*

"Einfach waren die Väter, du aber, goldene Roma
Prangst in des Weltall Glanz, den du machtvoll erobert.
Kapitolinischer Hügel, glorreich verändert,
Thront dir zu Häupten wohl der alte Gott noch der Ahnen?
Wo die sabinischen Hütten rauchten, ragen Paläste,
Wo zu Apollos Dienst sich herrliche Bauten erheben,
Graste dereinst, wirst du es glauben, geduldig das Rind.
Mögen das Alter andere preisen,
ich lobe die Jetztzeit,
Schätze mich froh,
in diesem Jahrhundert geboren,
Alles nach meinem Sinn
in höchster Blüte zu finden."

OVID, LIEBESKUNST, ÜBERSETZT VON
ALEXANDER VON GLEICHEN-
RUSSWURM, WIESBADEN O.J.,
VOLLMER

## DIE GÄRTEN

Am 22. Juni 1580 verließ Michel Eyquem, Seigneur de Montaigne (1533-1592), sein Schloß bei Bordeaux und reiste über Deutschland und die Schweiz nach Italien, um in Baden und Lucca sein Blasenleiden zu kurieren. Sein Hauptwerk, die »Essais«, war gerade erschienen. *Das Tagebuch dieser Badereise wurde posthum erstmals 1774 veröffentlicht.*

"Rom ist ganz Hof und Adel, und jedermann hat seinen Anteil an dem kirchlichen Müßiggang. Es gibt keine dem Verkauf dienende Straße, wenigstens ist sie unbedeutender als in einer kleinen Stadt: es gibt nur Paläste und Gärten. [...]
Ich weiß nicht, wie andere sich in der römischen Luft fühlen; ich fand sie sehr angenehm und gesund. Der Herr von Vialard sagte, er habe hier seine große Neigung zu Kopfschmerzen verloren; das bestätigt die Volksmeinung, daß Rom für die Füße schädlich und für den Kopf vorteilhaft sei. Die größten Feinde meiner Gesundheit sind Langeweile und Müßiggang; hier fand ich stets irgendeine Beschäftigung, die zwar nicht immer meinen Anforderungen an Unterhaltsamkeit völlig gleichkam, aber doch ausreichte, um die Langeweile zu verscheuchen: ich besuchte z.B. die Zeugen des Altertums oder die Weingärten, welche wirkliche Gärten mit Lusthäusern sind und sich durch besondere Schönheit auszeichnen; hier lernte ich auch, was Kunst aus einem höckerigen, bergigen und ungleichmäßigen Ort machen kann; der Römer entlockt ihm Reize, an die in unseren ebenen Anlagen gar nicht zu denken ist, und weiß sich die Verschiedenheit mit der größten Geschicklichkeit zunutze zu machen. Zu den schönsten gehören die Gärten der Kardinäle Este (auf dem Monte Cavallo), Farnese (auf dem Palatin), Ursino, Sforza, Medicis, der des Papstes Julius, der Madames, der Farnesische Garten, der des Kardinals Riario in Trastevere und der Cesios fuora della porta del popolo. Das sind Schönheiten, die jedem geöffnet sind, der sie genießen will und wozu er

will, sei es noch zum Schlafen und in Gesellschaft – wenn die Herren nicht da sind, die das nicht gerade gern sehen."

MICHEL DE MONTAIGNE, *TAGEBUCH EINER REISE DURCH ITALIEN, DIE SCHWEIZ UND DEUTSCHLAND IN DEN JAHREN 1580 UND 1581* (POSTHUM), ÜBERSETZT VON OTTO FLAKE, FRANKFURT/MAIN 1988, INSEL

## MYTHOS ROM

*»In Italien! In Italien! Paris wird meine Schule sein, Rom meine Universität; wer es gesehen hat, hat alles gesehen.«* Die Reise, die Johann Wolfgang Goethe (1749-1832) in den Jahren 1786-1788 nach Italien führte, nahm entscheidenden Einfluß auf sein Leben und sein Werk. Rom sehen zu wollen, erklärte Goethe, wurde »zu einer Art Krankheit, von der mich nur der Anblick und die Gegenwart heilen konnte«.

"Rom, den 1. November 1786 – Ja ich bin endlich in dieser Hauptstadt der Welt angelangt! Wenn ich sie in guter Begleitung, angeführt von einem recht verständigen Manne, vor funfzehn Jahren gesehen hätte, wollte ich mich glücklich preisen. Sollte ich sie aber allein, mit eignen Augen sehen und besuchen, so ist es gut, daß mir diese Freude so spät zu Theil ward.
Über das Tyroler Gebirg bin ich gleichsam weggeflogen. Verona, Vicenz, Padua, Venedig habe ich gut, Ferrara, Cento, Bologna flüchtig und Florenz kaum gesehen. Die Begierde, nach Rom zu kommen, war so groß, wuchs so sehr mit jedem Augenblicke, daß kein Bleibens mehr war, und ich mich nur drei Stunden in Florenz aufhielt. Nun bin ich hier und, wie es scheint, auf mein ganzes Leben beruhigt. Denn es geht, man darf wohl sagen, ein neues Leben an, wenn man das Ganze mit Augen sieht, das man theilweise in- und auswendig kennt. Alle Träume meiner Jugend seh' ich nun lebendig; die ersten Kupferbilder, deren ich mich erinnere (mein Vater hatte die Prospecte von Rom auf einem Vorsaale aufgehängt), seh' ich nun in Wahrheit, und alles, was ich in Gemählden und Zeichnungen, Kupfern und Holzschnitten, in Gyps und Kork schon lange gekannt, steht nun beisammen vor mir, wohin ich gehe, finde ich eine Bekanntschaft mit einer neuen Welt; es ist alles wie ich mir's dachte und alles neu."

JOHANN WOLFGANG VON GOETHE, *ITALIÄNISCHE REISE*, IN *GOETHES WERKE – WEIMARER AUSGABE*, BD. 30 (WEIMAR 1903)

## SOZIALES ELEND

*In den Jahren 1801/02 unternahm Johann Gottfried Seume (1763-1810) eine Reise zu Fuß von Leipzig nach Sizilien. Ein Jahr später veröffentlichte er seine Aufzeichnungen in Briefform. Seumes Italien-Besuch galt weniger dem Bildungserlebnis auf den Spuren der Antike, wie es Goethe suchte, als überzeugter Republikaner richtete er sein Augenmerk auf*

# ROM IN DER LITERATUR

*das ökonomische, soziale und politische Elend der italienischen Gegenwart.*

"Ich habe hier etwas von einem Manuskript gesehen, das in kurzem in Deutschland, wenn ich nicht irre, bey Perthes, gedruckt werden soll, und das ein Gemälde vom jetzigen Rom enthält. Du wirst dich wundern, wenn ich dir sage, daß fast alles darin noch sehr sanft gezeichnet ist. [...] Die Hierarchie wird wieder in ihrer größten Ausdehnung eingeführt; und was das Volk eben jetzt darunter leiden müsse, kannst du berechnen. Die Klöster nehmen alle ihre Güter mit Strenge wieder in Besitz, die eingezogenen Kirchen werden wieder geheiligt, und alle Prälaten behaupten fürs allererste wieder ihren alten Glanz. Da mästen sich wieder die Mönche, und wer bekümmert sich darum, daß das Volk hungert? Die Straßen sind nicht allein mit Bettlern bedeckt, sondern diese Bettler sterben wirklich daselbst vor Hunger und Elend. Ich weiß, daß bey meinem Hierseyn an einem Tage fünf bis sechs Personen vor Hunger gestorben sind. Ich selbst habe Einige niederfallen und sterben sehen. Rührt dieses das geistliche Mastheer? Der Ausdruck ist empörend, aber nicht mehr als die Wahrheit. Als die Leiche Pius des Sechsten prächtig eingebracht wurde, damit die Exequien noch prächtiger gehalten werden könnten, erhob sich selbst aus dem gläubigen Gedränge ein Fünkchen Vernunft in dem dumpfen Gemurmel, daß man so viel Lärm und Kosten mit einem Todten mache, und die Lebendigen im Elende verhungern lasse. Rom ist oft die Kloake der Menschheit gewesen, aber vielleicht nie mehr als jetzt."

JOHANN GOTTFRIED SEUME, *SPAZIERGANG NACH SYRAKUS IM JAHRE 1802*, LEIPZIG ³1911, HARTKNOCH

## DER VATIKAN

*Stendhals (1783-1842) »Wanderungen in Rom« (1829) wurden von zwei Gefühlen dominiert: seiner Entrüstung über die Auswüchse des Papsttums und seiner Begeisterung für die Stadt. Neben den Eindrücken eines Touristen von den Meisterwerken Roms und politischen Anmerkungen enthält das Werk immer wieder lange Abschnitte über das Kunstideal der Antike.*

"*7. März 1828.* – Heute früh wollten wir nach Ostia, entschieden uns dann aber für den Vatikan. Hier befinden sich die vier großen Werke Raffaels: die Stanzen, die Arazzi oder Tapisserien und schließlich die Transfiguration, die Madonna mit Stifter, sowie fünf oder sechs andere Meisterwerke. Der Vatikan birgt auch das Jüngste Gericht und die Deckenmalerei der Sixtinischen Kapelle. Wie der Reisende diese Bilder auch bewerten mag, die Umstände ihrer Entstehung sind ein Kapitel in der Geschichte des menschlichen Geistes.

Der Vatikan hat mehrere sehr schöne Gebäude, zehntausend Zimmer und keine Fassade. Die Tür, die zu ihm führt, muß man unter der Kolonnade des Petersplatzes suchen. Der Fremde erblickt am Ende des rechten Halbrunds merkwürdige Gestalten, die Kleider aus roten, gelben und blauen Tuchstreifen tragen: es sind die guten Schweizer, mit Hellebarden bewaffnet, in der Tracht des 15. Jahrhunderts. Damals bildeten die Schweizer die Hälfte aller europäischen Heere, und zwar die tapferere; daher der Brauch, Schweizer zu halten.

Eine dunkle, sehr schöne Treppe *(la Scala regia)* am Ende der Kolonnade führt in den Vatikan. In der Osterwoche ist sie prachtvoll erleuchtet, im übrigen Jahr öd und leer. An einer wurmstichigen Tür klingelt man; nach zehn Minuten öffnet eine alte Frau, und man steht in einem riesigen Vorsaal, der *Sala regia*, die als Vestibül der Sixtinischen und Paulinischen Kapelle dient. […]

*8. März 1828.* – Die Fremden besuchen die Sixtinische Kapelle am Sonntag, um den Papst im Kreise der Kardinäle zu sehen. Es ist ein prachtvoller Anblick: Messe mit Kastratenmusik und bisweilen lateinische Predigt. Die Rückwand nimmt Michelangelos Jüngstes Gericht ein; die Decke ist mit Fresken desselben Malers bedeckt. Der Fremde, der sie aus großer Nähe zu sehen wünscht, kann sich den schmalen Umgang längs der Fenster öffnen lassen; man sollte nicht hinaufsteigen, wenn man Kaffee getrunken hat: man hätte die ganze Zeit Angst hinunterzufallen. […] In der nach dem Erbauer Paul III. benannten Cappella Paolina findet die prachtvolle Vierzigstundenfeier statt. Der Kerzenrauch hat zwei große Bilder von Michelangelo unsichtbar gemacht: die Bekehrung des Paulus und die Kreuzigung des Petrus.
Nach der Cappella Paolina gelangt man durch mehrere leere Säle, die dem Publikum immer offen stehen, in die berühmten Loggien Raffaels. Es ist dies eine Säulenhalle, die auf den großartigen Damasushof geht; man überschaut von dort ganz Rom und die Albaner Berge sowie die Abruzzen. Dieser Blick ist großartig und, wie mir scheint, einzig auf Erden."

STENDHAL, *WANDERUNGEN IN ROM* (1829), ÜBERSETZT VON BERNHARD FRANK, BERLIN O. J., PROPYLÄEN

## MICHELANGELO

*Mark Twains (1835-1910) Reiseberichte aus Nordamerika, »Durch Dick und Dünn« und »Leben auf dem Mississippi«, sind weitaus bekannter als sein »Bummel durch Europa« und »Die Arglosen im Ausland«, eine Rundreise durch die Mittelmeerländer. Gibt sich der Autor im ersteren weltläufig und ironisch, so bezieht der zweite Band seinen Titel aus der charakteristischen Pose des Verfassers: dem naiv und arglos sich gebenden Amerikaner, dem Sitten und Gebräuche der Europäer Anlaß zu Spott geben und dem Kunstwerke und Institutionen nicht selbstverständlich staunende Ehrfurcht abnötigen.*

"In diesem Zusammenhang möchte ich ein Wort über Michelangelo Buonarotti sagen. Ich habe den machtvollen Geist Michelangelos immer verehrt – jenes Mannes, der groß war in Poesie, Malerei, Bildhauerei, Architektur – groß in allem, was er unternahm. Aber ich mag nicht Michelangelo zum Frühstück – zum Mittagessen – zum Tee – zum Abendbrot – zwischen den Mahlzeiten. Ich liebe gelegentlich eine Abwechslung. In Genua hat er alles entworfen; in Mailand haben er oder seine Schüler alles entworfen; er entwarf den Comer See; über wen anders hörten wir in Padua, Verona, Venedig, Bologna jemals als über Michelangelo? In Florenz hat er alles gemalt, hat er fast alles entworfen, und wenn er etwas nicht entworfen hatte, so hatte er es sich zur Gewohnheit gemacht, sich auf einen Stein

# Rom in der Literatur

davor zu setzen und es zu betrachten, und man zeigte uns den Stein. In Pisa hat er alles außer dem alten Schiefen Turm entworfen, und man hätte ihm auch diesen zugeschrieben, wenn er nicht so furchtbar von der Senkrechten abwiche. Er hat die Kais von Livorno entworfen und die Zollvorschriften von Civita Vecchia. Aber hier – hier ist er schrecklich. Er hat die Peterskirche entworfen; er hat den Papst entworfen; er hat das Pantheon, die Uniform der päpstlichen Garde, den Tiber, den Vatikan, das Kolosseum, das Kapitol, den Tarpejischen Felsen, den Palazzo Barberini, die Kirche San Giovanni in Laterano, die Campagna, die Via Appia, die Sieben Hügel, die Thermen des Caracalla, die Aqua Claudia, die Cloaca Maxima entworfen – der ewig langweilige Mensch hat die Ewige Stadt entworfen, und wenn nicht alle Menschen und Bücher lügen, so hat er alles, was in ihr ist, gemalt! Dan sagte neulich zum Fremdenführer: »Genug, genug, genug! Hören Sie auf! Fassen Sie das Ganze zusammen! Sagen Sie, der Schöpfer schuf Italien nach Entwürfen Michelangelos!«

Ich hatte noch nie das Gefühl einer so inbrünstigen Dankbarkeit, einer so tiefen Besänftigung und Ruhe empfunden, noch nie einen so gesegneten Frieden in mir getragen wie gestern, als ich erfuhr, daß Michelangelo tot sei.

Aber wir haben es diesem Fremdenführer ausgetrieben. Er ließ uns an meilenweiten Reihen von Bildern und Plastiken in den weiten Gängen des Vatikans vorbeiziehen; und an meilenweiten Reihen von Bildern und Plastiken in zwanzig anderen Palästen; er hat uns das große Bild in der Sixtinischen Kapelle gezeigt und genügend Fresken, um die Himmel damit zu befresken – so gut wie alle von Michelangelo. Daher haben wir mit ihm jenes Spiel getrieben, mit dem wir viele Fremdenführer fertiggemacht haben – Geistesschwäche und idiotische Fragen. Diese Kreaturen schöpfen nie Verdacht – sie haben keinen Sinn für Sarkasmus.

Er zeigt uns eine Figur und sagt: »Statuh brunzo.« (Bronzestatue.)
Wir schauen sie gleichgültig an, und der Doktor fragt: »Von Michelangelo?«
»Nein, weiß nicht, wer.«
Dann zeigt er uns das altrömische Forum. Der Doktor fragt: »Michelangelo?«
Ein starrer Blick des Fremdenführers. »Nein – tausend Jahr, bevor er wird geboren.«
Dann ein ägyptischer Obelisk. Wieder: »Michelangelo?«
»Oh, mon dieu, meine Herren! Dies ist zweitausend Jahr, bevor er wird geboren!«"

MARK TWAIN, *DIE ARGLOSEN IM AUSLAND* (1869),
ÜBERSETZT VON ANA MARIA BROCK, MÜNCHEN 1966, HANSER

## Das Kolosseum

*Über seine Reise im Jahre 1844 berichtet Charles Dickens (1812-1870) in den »Bildern aus Italien«, in denen er seiner Begeisterungsfähigkeit wie seinem satirischen Humor gleichermaßen freien Lauf läßt. Rom erreicht der englische Schriftsteller im Januar und landet unvermittelt im Karnevalstreiben. Der erste Eindruck enttäuscht ihn – bis er mit der Besichtigung beginnt.*

"Es ist kein Hirngespinst, sondern schlichte, nüchterne, ehrliche Wahrheit, wenn ich sage: Noch heute ist das Kolosseum derart suggestiv und eindeutig, daß jeder phantasiebegabte Mensch im Augenblick des Betretens den ganzen Riesenbau in seinem ehemaligen Zustand vor sich haben kann mit Tausenden gieriger Gesichter, die in die Arena starren, und einem Wirbel von Kampf, Blut und Staub, für den es keine Worte gibt. In der nächsten Minute wird ihn dessen Leere, schauerliche Schönheit und gänzliche Verödung in seinem Schmerze trösten, und er wird womöglich nie wieder in seinem Leben von einem Anblick, an dem er nicht unmittelbar fühlend oder leidend beteiligt ist, so bewegt und überwältigt werden.

"Es so zu sehen, wie es Jahr für Jahr einen Zoll abbröckelt, wie seine Mauern und Bogen mit Grün überwuchert sind, wie seine Gänge das Tageslicht einlassen, wie in den Portalen hohes Gras sprießt, wie junge Bäume auf seinen ausgefransten Gesimsen wachsen und Früchte tragen als Zufallsprodukte aus Samen, die von den in den Ritzen und Spalten nistenden Vögeln dort fallengelassen wurden; seine Arena zu sehen, die mit Erde aufgefüllt wurde, und das friedliche Kreuz, das in ihrer Mitte aufgepflanzt ist; zu den oberen Rängen hinaufzusteigen und hinabzublicken auf Ruinen über Ruinen ringsum, auf die Triumphbogen des Konstantin, des Septimius Severus und des Titus, auf das Forum Romanum, auf den Palatin, auf Bruchstücke von Tempeln der alten Götter; all das bedeutet das Gespenst des antiken Rom, dieser verderbten, wundervollen Stadt, zu sehen, ein Gespenst, das noch immer am gleichen Ort umgeht, wo seine Bewohner einst ihr Wesen oder Unwesen trieben. Man kann sich keinen eindrucksvolleren, grandioseren und traurigeren Anblick vorstellen. Selbst in seinem blutigsten Glanze kann das Bild des riesigen Kolosseums, voll und übervoll des lebhaftesten Treibens, ein Herz nicht so ergriffen haben, wie es jetzt alle ergreifen muß, die es als Ruine sehen. Gott sei Dank als Ruine!"

CHARLES DICKENS, *BILDER AUS ITALIEN* (1846),
ÜBERSETZT VON ULRICH C.-A. KREBS, FRANKFURT/MAIN, WIEN, ZÜRICH 1981,
BÜCHERGILDE GUTENBERG

## TOURISTEN

*In den »Racconti romani« (1954) schildert Alberto Moravia (1907-1991) nicht das mondäne Rom, sondern das der Vorstädte, der einfachen Leute. Schlagartig bekannt wurde der italienische Autor 1929 mit seinem ersten Roman »Die Gleichgültigen«. Die folgenden Werke, kritische Analysen der italienischen Gesellschaft, machten ihn zu einem der erfolgreichsten Schriftsteller Italiens.*

"Kennen Sie Giorgio? Als ich ihm zum ersten Mal begegnete, war er ein junger Kerl mit einem Engelsgesicht, blond und rosig; das war zur Zeit der Alliierten, und er, in Windjacke und Militärhosen, hüpfte an Tramontana-Tagen auf den Gehsteigen von Tritone hin und her und flüsterte den Passanten zu: »Amerika.« Auf diese Weise hatte er, teils durch dieses Amerika, teils durch andere Dinge, angefangen, englisch zu sprechen, und als die Alliierten dann abzogen, blieb er in jenem Viertel zwischen Tritone und der Via Veneto. Er arbeitete als Touristenführer, am Tag zu den Sehenswürdigkeiten, nachts durch die Tanzlokale, wie er sagte. Sicher, er hatte sich gemausert: immer den Kapuzenmantel über der Schulter, engsitzende Hosen, Schuhe mit Messingschnalle; doch dafür war er ziemlich häßlich geworden und war nicht mehr der Engel, der er in den Schwarzmarktzeiten gewesen war: kahl bereits über der Stirn und an den Schläfen, die Augen blau und wie aus Glas, eingefallene, blasse Wangen, zu rot der Mund, hatte er etwas Unmanierliches und Wildes an sich. Giorgio stellte mich also als Freund vor, und die beiden Südamerikaner fingen sofort an, in einer Sprache auf mich

# ● Rom in der Literatur

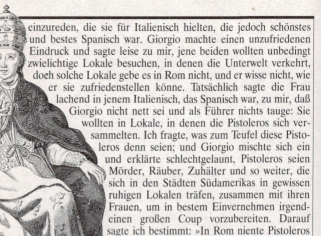

einzureden, die sie für Italienisch hielten, die jedoch schönstes und bestes Spanisch war. Giorgio machte einen unzufriedenen Eindruck und sagte leise zu mir, jene beiden wollten unbedingt zwielichtige Lokale besuchen, in denen die Unterwelt verkehrt, doch solche Lokale gebe es in Rom nicht, und er wisse nicht, wie er sie zufriedenstellen könne. Tatsächlich sagte die Frau lachend in jenem Italienisch, das Spanisch war, zu mir, daß Giorgio nicht nett sei und als Führer nichts tauge: Sie wollten in Lokale, in denen die Pistoleros sich versammelten. Ich fragte, was zum Teufel diese Pistoleros denn seien; und Giorgio mischte sich ein und erklärte schlechtgelaunt, Pistoleros seien Mörder, Räuber, Zuhälter und so weiter, die sich in den Städten Südamerikas in gewissen ruhigen Lokalen träfen, zusammen mit ihren Frauen, um in bestem Einvernehmen irgendeinen großen Coup vorzubereiten. Darauf sagte ich bestimmt: »In Rom niente Pistoleros ... in Rom gibt es den Papst, und die Römer sind alle Familienväter ... capito?« [...]
Ihr Mann fragte: »Aber was machen die Römer dann nachts in Rom?« Ich antwortete aufs Geratewohl: »Was sie machen? Sie gehen in die Trattoria, essen dort Spaghetti all'amatriciana und Lammbraten ... dann gehen sie ins Kino ... Manche gehen auch zum Tanzen.«"
ALBERTO MORAVIA, RÖMISCHE ERZÄHLUNGEN (1954), ÜBERSETZT VON MICHAEL VON KILLISCH-HORN, MÜNCHEN 1991, LIST

## Halbstarke

*Vita Violenta (1959), der berühmteste Roman von Pier Paolo Pasolini (1922-1975), zeichnet mit der Geschichte einiger Heranwachsender – Arbeitslosen, Herumtreibern, Halbstarken – ein bitteres und gewalttätiges Bild Roms und seiner Vorstädte in den fünfziger Jahren. Wie in seinem Film »Accatone« (1961) zeigt der Roman frappierend naturalistische Bilder, ein bewegendes Sozialdrama aus dem Milieu des Subproletariats.*

"Rom triefte vor Nässe. Vor allem um den Tiber herum, an der Lungaretta, von Testaccio bis zur Porta Portese. Der Regen fiel so dicht und gleichzeitig so dünn, daß er verdunstete, ehe er das Pflaster erreichte. Straßen und Gassen waren voll von diesem warmen Nebel, in dem auf der einen Seite der Aventin, auf der anderen Monteverde schwammen.
Es war sechs oder sieben Uhr abends, und deshalb sah man kaum Leute auf der Straße, als Lello, Tommaso und Cagone bei den Anlagen vor dem Ponte Quattro Capi aus dem Dreizehner stiegen; nur die ersten Straßenmädchen machten sich auf den Weg, und Motorroller ratterten vom Ponte Garibaldi zu den Caracallathermen. Kaum aber hatten sie die Brücke hinter sich und betraten die Lungaretta, da wimmelte es auch schon von Menschen um sie herum, die den Sonntagabend genießen wollten. Die Halbstarken zogen in Gruppen vorüber, aus den größeren Kinos kommend, aus dem »Reale«, »Esperia« oder dem »Fortuna«, oder aus irgendeiner Flohkiste, die den Priestern unterstand, um vor dem Abendessen etwas frische Luft zu schnappen.
Mäntel und Schals trug man nur, um gute Figur zu machen; Lello war klug genug gewesen, ohne Mantel oder sonst einen Überwurf auszugehen, abgesehen von der Tatsache, daß er so etwas gar nicht besaß. Er machte trotzdem eine flotte Figur in seinem rot und blau gestreiften Sweater und dem grauen Seidentuch, das er sich eng um den Hals geschlungen hatte.

Der Sitz der neofaschistischen Partei MIS befand sich im Vicolo della Luce. Aber Tommaso und die zwei anderen brauchten nicht bis dorthin zu gehen, sie trafen Ugo am Eingang der Gasse. […] Schritt für Schritt legten sie die Strecke vom Ponte Rotto bis zum Largo Argentina zurück. Hier trafen sie auf andere Gruppen, die mit ebenso gleichgültiger Miene wie sie aus den umliegenden Vierteln anmarschierten, aus Borgo Pio, oder Ponte, oder Panigo; auch von weiter weg, aus Monteverde oder Alberone, denn es fuhren mehrere Busse hierher. Untereinander machten sie ganz auf amerikanisch, das heißt, sie taten, als wären sie füreinander Luft; jeder schien seinen eigenen Weg zu gehen. […]

Ugo, Salvatore, der Verrückte und die anderen standen herum und spuckten auf die Katzen, die sich auf den großen Steinfliesen neben dem Pantheon räkelten. Schon war aus den verschiedenen Gruppen eine kompakte Masse geworden. Man grüßte einander, fing an sich zu necken, sich zusammenzurotten, einander anzurufen […]. Zwischen den Reihen der Autos und Kutschen, vor den Bars, die ihre Läden herabzulassen begannen, hatten sich allmählich an die hundert Burschen eingefunden: Faschisten. Auf den Bürgersteigen, an den Straßenecken, auf den Stufen des Brunnens, überall fingen sie an zu pfeifen, ihr Konzert zu organisieren. Immer neue Mannschaften trafen ein, der kleine Platz war schon fast überfüllt, stärker und durchdringender erscholl das Pfeifen. Die Taxichauffeure und Kutscher hatten sich neben den Zeitungskiosk zurückgezogen und stießen, weiß im Gesicht und schwach in den Knien, leise Verwünschungen aus; sie blickten alle nach einer Seite des Platzes, dorthin, wo die Via del Seminario begann. Da stand ein nicht sehr großes Hotel, das *Albergo del Sole*. […] Coletta stellte sich vor der Hoteltür auf, ehe der Besitzer sie schließen konnte: Er versuchte es zwar, aber die anderen waren stärker. Mit einem Zigarettenstummel brannte Coletta die Zündschnur an, lief noch ein paar Schritte und warf das Paket in den verkommenen Korridor. Man hörte einen Knall und sah eine Flamme emporschlagen. Im selben Augenblick heulte auch schon die Polizeisirene. »Die Bullen, die Bullen!« schrien diejenigen, die am weitesten entfernt standen. Ein hastiges Rennen setzte ein; manche pfiffen und schimpften weiter, andere bahnten sich stoßend und schlagend einen Fluchtweg. Die Stadtpolizisten kamen von beiden Seiten, von der Via del Seminario und von der Piazza della Minerva; also versuchten die in der Mitte eingekeilten »Missini«, sich durch die übrigen Gäßchen zu retten. Einige wurden gefaßt, ein Dutzend etwa, bei anderen gab es eine Schramme oder ein Loch im Kopf, aber die meisten entwichen, machten sich dünn und verliefen sich eilig in dem unübersichtlichen Viertel. ❞

PIER PAOLO PASOLINI, *VITA VIOLENTA* (1959),
ÜBERSETZT VON GUR BLAND, MÜNCHEN 1963, PIPER

## DIE RÖMER

*Wolfgang Koeppen (1906 geb.) erregte im Nachkriegsdeutschland Anstoß mit seinen Romanen »Tauben im Gras«, »Das Treibhaus« und »Der Tod in*

# ● Rom in der Literatur

Rom«, *weil er Vergangenheitsbewältigung und Restaurationsklima kritisch in Frage stellte. In seinen später erschienenen Reiseberichten erweist er sich als minutiöser und kluger Beobachter, dessen Notizen den Leser durch ihren pointillistischen Scharfsinn in Bann ziehen.*

"Sie lieben das alte, das antike, das römische Rom, sie lieben die Foren mit ihrer zerschlagenen Größe, sie lieben den Blick am Abend über die alten Hügel, über die Zypressen, die einsamen Pinien, sie lieben die sinnlos gewordenen nichts mehr tragenden Säulen, die nirgendwohin führen, die gespaltenen Bogen über den zugeschütteten Abgründen der Bildung gewordenen Siege, sie lieben das Haus des Augustus und nennen Horaz und Vergil, sie bewundern die Rotunde der Vestalinnen, und sie beten im Tempel des Glücks. Ich höre ihnen zu, wie sie unterrichtet von neuen Funden sprechen, mit Kennerschaft von Ausgrabungen und Museumsschätzen; auch ich liebe sie, liebe die alten Götter, liebe die Schönheit, die, lange in der Erde verborgen, wieder ans Licht kam, liebe das Maß und die glatte kühle Steinhaut der alten Gestalten, aber noch mehr liebe ich Rom, wie es lebt, wie es ist und mir sich zeigt, ich liebe seinen Himmel, Jupiters unergründliches Meer, und ich denke, wir sind versunken, sind Vineta, und droben über dem Element, das uns umschließt, ziehen auf blendender Woge nie von uns gesehene Schiffe, und der Tod wirft sein unsichtbares Netz über die Stadt, ich liebe die Straßen, die Winkel, die Treppen, die stillen Höfe mit Urnen, Efeu und Laren und die lauten Plätze mit den tollkühnen Lambrettafahrern, ich liebe das Volk am Abend vor den Haustüren; seine Scherze, seine ausdrucksvollen Gesten, seine Begabung für die Komödie, sein Gespräch, das ich nicht verstehe, ich liebe die rauschenden Brunnen mit ihren Meergöttern, Nymphen und Tritonen, ich liebe die Kinder auf dem Brunnenrand aus Marmelstein, die gaukelnden bekränzten grausamen kleinen Neronen, ich liebe das Drängen, Reiben, Stoßen, Schreien, Lachen und die Blicke auf dem Corso und die obszönen Worte, die den Damen im Vorübergehen zugeflüstert werden, und ich liebe die starre leere Larve des Damenantlitzes, die der Schmutz mitformt, und ich liebe ihre Antworten, die Beschämungen und ihre Lust an geiler Huldigung, die sie eingegraben auf ihrem wirklichen Gesicht, verborgen unter der Straßenmaske, nach Hause und in ihre Frauenträume tragen, ich liebe die strahlenden Schaufenster des Reichtums, die Auslagen der Juweliere und die Vogelhüte der Modistinnen, ich liebe die kleine hochmütige Kommunistin der Piazza della Rotonda, ich liebe die lange blanke Espressobar mit der zischenden dampfspeienden Maschine und die Männer davor, die aus den kleinen Tassen den heißen starken bittersüßen Kaffee trinken, ich liebe Verdis Musik, wenn sie in der Passage vor der Piazza Colonna aus dem Lautsprecher des Fernsehstudios schallt und ihr Echo zurückschlägt von den Stuckfassaden der Jahrhundertwende, ich liebe die Via Veneto, die Kaffeehäuser des Jahrmarkts der Eitelkeit, ihre lustigen Stühle, ihre bunten Markisen, ich liebe die hochbeinigen schmalhüftigen Modemädchen, ihr brandrot gefärbtes Haar, ihre blassen Gesichter, ihre großen staunenden Augen, Feuer, das ich nicht greifen kann, ich liebe die wartenden glücklichen dummen athletischen Gigolos, die von den wohlhabenden Elastikformdamen eingehandelt werden, ich liebe die würdigen amerikanischen Senatoren, die der Heilige Vater empfängt und die sich alles kaufen können, ich liebe die weißhaarigen sanften Automobilkönige, die ihr Vermögen herschenken, die Wissenschaft, die Kunst und die Dichtung zu fördern, ich liebe die homosexuellen Poeten in engen Röhrenhosen und spitzen dünnsohligen Schuhen, die von den Stiftungen leben und ihre klingenden silbernen Armbänder kokett aus den überlangen Manschetten ihrer Hemden schütteln, ich liebe das alte faulende Badeschiff, verankert auf dem trüben Tiber vor der Engelsburg, und seine roten unbeschirmten Glühbirnen in der Nacht, ich liebe die kleinen heimlichen weihrauchdurchzogenen, mit Kunst und Schmuck ausgepolsterten Kirchen, [...] ich liebe die Priester in ihren schwarzen, roten, violetten und weißen Gewändern, die lateinische Sprache der Messe, die Priesterschüler und die Angst in ihrem Gesicht, die alten Kanoniker in befleckter Soutane und schönem speckigen Monsignorehut mit lustiger roter Kordel und die Angst in ihrem Gesicht, die alten Frauen, die vor den Beichtstühlen knien, und die Angst in ihrem Gesicht, die armen rilligen Hände der Bettler vor den geschnitzten und geschmiedeten Portalen der Kapellen und ihre Angst dort, wo die Schlagader zittert im Hals, ich liebe die kleinen Lebensmittelhändler in der Straße der Arbeiter, der die großen Scheiben der Mortadella aufschneidet, als wären sie Blätter eines Baumes, ich liebe die kleinen Märkte, die Stände der Fruchthändler grün rot orange, der Fischhändler Bottiche mit den unverstandenen Wesen der See und alle Katzen Roms, die längs den Mauern streichen."

WOLFGANG KOEPPEN, *DER TOD IN ROM*,
STUTTGART 1954, SCHERZ & GOVERTS

## ABERGLAUBEN

*In Michel Butors (1926 geb.) Roman »Paris – Rom oder Die Modification« (1957) reist ein Pariser Geschäftsmann nach Rom, um seiner Geliebten mitzuteilen, daß er bereit ist, seine Frau zu verlassen. Auf der Zugreise tauchen Bilder aus der Vergangenheit auf, das heidnisch-antike Rom, für das die Geliebte Cécile steht, und das christlich-katholische Rom der Ehefrau Henriette.*

"Ein Wochenende hatte unter dem Zeichen Borrominis gestanden, ein anderes war Bernini gewidmet gewesen, eines Caravaggio, andere Guido Reni, den Fresken des hohen Mittelalters oder den frühchristlichen Mosaiken; an anderen habt ihr besonders die verschiedenen Epochen des Imperiums durchforscht, die Epoche Konstantins (seinen Triumphbogen, die Maxentius-Basilika, die Fragmente seiner Kolossalstatue im Capitolinischen Museum) oder die der beiden Antoninus, der Flavier, der Caesaren (ihre Tempel, ihre Paläste auf dem Palatin , das goldene Haus Neros), Wochenenden, während deren ihr versuchtet, anhand der gewaltigen zerstreuten Ruinen die Bauwerke zu rekonstruieren, so wie sie ursprünglich gewesen sein mochten, das Bild der Stadt, wie es sich in seiner ganzen Kühnheit gezeigt haben mochte; und so bewegtet ihr euch bei euren Spaziergängen auf dem Forum nicht nur zwischen armseligen Steinen, geborstenen Kapitellen, wuchtigen Quadern oder mächtigen Grundmauern, sondern inmitten eines gewaltigen Traumes, der euch gemeinsam war und der mit jedem Besuch gefestigter wurde und immer bestimmtere Formen annahm.

Einmal führten euch eure Wanderungen und Pilgerfahrten von Obelisk zu Obelisk, und du wußtest wohl, daß ihr, um diese systematische Durchforschung römischer Themen fortzusetzen, auch eines Tages von der Kirche St. Paul zur Kirche St. Paul, von St. Johannes zu St. Johannes, von St. Agnes zu St. Agnes, von St. Lorenzo zu St. Lorenzo gehen müßtet, um die mit diesem Namen verbundenen Vorstellungen genauer zu erfassen, zu präzisieren und zu vertiefen, was sicher die merkwürdig-

# ROM IN DER LITERATUR

sten Entdeckungen über die nur in so verfälschter Weise bekannte christliche Welt zulassen würde, über eine Welt, die noch immer im Verfall ist, sich zersetzt, über dir einstürzt und aus deren Ruinen und Trümmern du dich in ihrer eigenen Hauptstadt zu retten versuchst; aber du wagtest nicht, mit Cécile davon zu sprechen, weil du wußtest, daß sie ablehnen würde, dich zu begreifen, aus Angst vor einer Ansteckung, aus echt römischem Aberglauben."

MICHEL BUTOR, *PARIS – ROM ODER DIE MODIFIKATION (1957)*,
ÜBERSETZT VON HELMUT SCHEFFEL, MÜNCHEN 1958, BIEDERSTEIN

## HOCHSOMMER

*Die Buchhändlerin und Schriftstellerin Marie Luise Kaschnitz (1901-1974) hat – mit Unterbrechungen – für längere Zeit in Rom gelebt, das immer wieder in Erzählungen und Gedichten auftaucht. Sie debütierte als Lyrikerin, wandte sich aber später mehr und mehr auch der Prosa zu.*

"Rom im Hochsommer, das sind die langen Alleen von Oleanderbäumen, weiß und rosa blühend. Die blauen, von der Sonne aufgeweichten Asphaltstraßen zwischen rostroten Mauern, die kühlen Schluchten der Altstadtgassen, dröhnend von heftigen Geräuschen, die Wasserschleier über den Brunnenschalen, von kleinen Stücken Regenbogen überglänzt. Das sind auf den Landstraßen dem Meer oder dem Gebirge zu die grellen Reklameschilder, feuerspeiende Hunde, beständig sich vergießende Riesenflaschen, gigantische Autoreifen, die vom Abhang herunterrollen, und die drei roten Blechrosen des Stoffgeschäftes Cohen –, ewig wiederholte Mittagsgespenster, die auf den Fahrenden zuschießen und durch ihn hindurchgleiten, körperlos in der zitternden Glut. Das sind die Sonntage am Strand von Tor San Lorenzo, wo Hunderte von Kindern in Zelten im Pinienwald mittagschlafen, wo an Baumstümpfen zum Trocknen angeknotete Laken phantastisch aufgebläht im Sturm knattern, wo über opalglänzende Sande die kleine, rote Gefahrenfahne weht. Die heißen Stadtnächte, kein Luftzug auf dem Grunde der Straßen, nur Staub und Brodem der Motoren und ruheloses Rasen der Räder ums Geviert. Die Mitternachtsstunde am Fluß, bei der Brunnenmulde der Acqua Acetosa, in der dicken Feuchtigkeit der Tibernebel, Opernarien aus dem Lautsprecher, magisch grün angestrahlt der uralte Stamm einer Pappel, unter der man, auf Liegestühlen ruhend, die Hände hinterm Kopf verschränkt, zwischen einer Grammophonplatte und der andern ein paar Augenblicke der Stille atemlos gierig genießt."

MARIE LUISE KASCHNITZ, *ENGELSBRÜCKE*, IN: GESAMMELTE WERKE BD. 2,
(HG.) C. BÜTTRICH UND N. MILLER, FRANKFURT/MAIN 1981, INSEL

AEDILIS·FAMILIA·GLADIATORIA·PVGNABIT
POMPEIS·PR·K·IVNIAS·VENATIO·ET·VELA·

### RÖMISCHE DACHLANDSCHAFT

*Italo Calvino (1923-1985), bekannt für seine literarischen Verwirrspiele und kunstvoll angelegten Leselabyrinthe hatte mit »Die unsichtbaren Städte« (1972) eine Art Atlas fiktiver Städte geliefert, Städte, die sich verdoppeln, im Müll ersticken, auf Pfählen erbaut sind. Das reale Rom dagegen betrachtet der fiktive »Herr Palomar«.*

"Die wahre Form der Stadt erweist sich in dem Auf und Ab von Dächern, alten und neuen Ziegeln, Hohl- oder Flachpfannen, schlanken oder gedrungenen Kaminen, Lauben aus Schilfrohr oder mit welligen Eternitüberdachungen, Brüstungen, Balustraden, kleinen Pfeilern mit Vasen darauf, erhöhten Wasserbehältern aus Wellblech, Luken, Mansarden, gläsernen Oberlichtern – und über allem erhebt sich die Takelage der Fernsehantennen, krumm oder gerade, blank oder rostig, Modelle verschiedener Generationen, vielfach verzweigt und gehörnt und beschirmt, doch alle dürr wie Skelette und dräuend wie Totenpfähle. Getrennt durch unregelmäßig gezackte Buchten von Leere, belauern einander proletarische Dachterrassen mit Leinen voll bunter Wäsche und Tomatenstöcken in Zinkwannen, herrschaftliche Terrassen mit Kletterpflanzenspalieren auf Holzgerüsten und weißlackierten Gartenmöbeln aus Gußeisen unter einrollbaren Markisen, Glockentürme mit Glockengeläut in der Glockenstube, Giebelfronten öffentlicher Gebäude in Frontalansicht oder im Profil, Gesimse, Zierfassaden und Zinnen, Attiken mit Figurenaufsatz, gesetzwidrige und nicht strafbare Aufbauten, Stahlrohrgerüste von laufenden oder halbfertig abgebrochenen Bauarbeiten, breite Salonfenster mit Gardinen und schmale Klofenster, ocker- und sienafarbene Mauern, schimmelfarbene Mauern, aus deren Ritzen Grasbüschel wachsen mit hängenden Halmen, klobige Fahrstuhltürme, gotische Kirchtürme mit durchbrochenen Doppel- und Dreibogenfenstern, nadelspitze Fialen auf Strebepfeilern mit Madonnen darauf, Pferdestatuen und Quadrigen, Dachbehausungen, die zu Schuppen verfallen sind, Schuppen, die zu Maisonetten ausgebaut wurden – und überall wölben sich Kuppeln zum Himmel, in jeder Richtung und jeder Entfernung, wie um die Weiblichkeit, das junonische Wesen der Stadt zu bekräftigen: Kuppeln in Weiß oder Rosa oder auch Violett, je nach der Tageszeit und dem Licht, geädert mit feinem Rippenwerk und gekrönt mit Laternen, auf denen sich wiederum kleinere Kuppeln erheben. Nichts von alledem ist zu sehen für jene, die sich zu Fuß oder auf Rädern über das Pflaster der Straße bewegen."

ITALO CALVINO, *HERR PALOMAR*, ÜBERSETZT VON BURKHARD KROEBER, MÜNCHEN 1985, HANSER

### DIE EWIGE STADT

*Julien Gracq (geboren 1910) beschreibt seine Begegnung mit der Stadt der sieben Hügel in »Rom« als eine Enttäuschung – im Vergleich mit Venedig, mit Griechenland,*

# ROM IN DER LITERATUR

*vor allem aber im Vergleich mit dem durch die Literatur vermittelten Rom-Bild, hinter dem die Realität stets ein wenig blaß scheint – eine Enttäuschung, die er mit vielen anderen teilt, gerade weil die Romliteratur so umfangreich ist und die Realität dem über Jahrhunderte tradierten Mythos kaum standhält: »Immer dieses Strandgut von Wörtern, das Rom zudeckt wie die Plakate einen Lattenzaun.«*

"Und alles ist Anspielung: Der kulturelle Humus, der die Stadt zudeckt, ist noch dicker und unergründlicher: Das Forum, das Kapitol und alles, was folgt, ist unter den Wörtern noch tiefer vergraben als unter den aufgeschütteten Erden. Keine Stadt hat sich unter dem Gewicht einer so erdrückenden Masse von Betrachtungen (vornehmlich über Größe und Niedergang) je so gebogen. Als ich hinfuhr, verspürte ich nicht die geringste Lust, dem noch was hinzuzufügen. [...]

Um mich zeitweilig restlos hinzureißen, fehlt es Rom an dieser monumentalen Bündelung, die die Phantasie um eine einzige und große Erinnerung zentriert und einen Zeitpunkt plötzlich zum Glühen bringt, an einem auserwählten Jahrhundert: das 15. in Florenz, das 16. in Venedig, das 17. in Delft. Rom ist ein *work in progress*, ein prächtiger Trödelladen mit urbanem Gerümpel im Zustand der Montage oder Weiterverwertung; nur betreibt diese rumorende Baustelle vor allem die vernichtende Arbeit der Zeit. Oder vielmehr: Man hat den gezeitenhaften Wechsel von Bauen und Zerstören, der der intime Puls jeder Stadt ist, den man aber nie lebhaft zu greifen bekommt, hier vor Augen und in Händen bis zur Besinnungslosigkeit, denn scheinbar blieb bei jedem Denkmal, das man aus dem Boden stampfte, ein Rest von dem, das es ersetzt, bestehen: Die Stadt gleicht einem vollgestopften Kaufhaus, das die unverkaufte Ware niemals aussortiert, sondern sie nur ein wenig beiseite schiebt, um Platz für neue Lieferungen zu machen."

JULIEN GRACQ, *ROM. UM DIE SIEBEN HÜGEL* (1988),
ÜBERSETZT VON REINHARD PALM, ZÜRICH 1993, AMMANN

## DER PETERSDOM

*Uwe Timm (geb. 1940) wurde in den 70er Jahren bekannt durch engagierte Literatur, etwa 1974 »Heißer Sommer«, als Reflex und Kritik gesellschaftlicher Entwicklung, als Positionsbestimmung. Mit »Vogel, friß die Feige nicht«, erschienen 1989, veröffentlichte Timm seine ›römischen Aufzeichnungen‹.*

"Der Tramontana weht. Der Himmel ist von einem eisigen Blau. Unten die verschachtelten Dächer des Vatikans. Mönch auf Nonne heißt das Dachdeckerverfahren, bei dem halbrunde Ziegel aufeinandergelegt werden. Ein enger, schneckenförmiger Gang führt in die Kuppel von St-Peter hoch, zum Tambur, der von unten so klein aussieht, tatsächlich aber, steht man oben, riesig ist.

Es ist kurz vor vier, und nur wenige Neugierige stehen noch hier oben. Am Horizont sinkt die Sonne in einen schmalen bräunlichen Wolkenstreif, der dicht über den Hügeln im Westen liegt. Kurz danach taucht sie darunter wieder auf, gestaucht und dunkelrot, dann versinkt sie hinter den Hügeln, die nochmals deutlich in einem violetten Licht hervortreten.

Plötzlich klettern vermummte Japaner aus der Turmtür und beginnen stumm und in einem feierlichen Ernst, ihre kanonenartige Teleobjektive auf die Stadt zu richten. Ein Japaner photographiert mit dem gleichen Ernst die anderen beim Photographieren. Seit drei Tagen ist die Stadt von Japanern überlaufen, und man glaubt an der Spanischen Treppe und an der Piazza Navona, in Kioto zu sein. [...]

Unten, in den vatikanischen Gärten, auf einer Wiese vor einem bombastischen Buchsbaumwappen, das in einem dunklen Grün die Schlüssel Petri zeigt, spielen Priester in schwarzen Soutanen Fußball. Zwei Kardinäle gehen purpurn über die Wiese. Das Spiel wird unter-

brochen. Einer der Priester steigt in das Buchsbaum-Papstwappen. Die beiden Kardinäle bleiben stehen. Der Priester kriecht zwischen den Hecken herum. Dann hat er den Ball gefunden und schießt ihn aus der Hand zu den anderen hinüber.
Unten, neben dem Petersdom, im Campo santo teutonico, diesem winzigen Rest vom Heiligen Römischen Reich deutscher Nation, einer Enklave in der vatikanischen Enklave, sammelt sich das Dunkel, aus dem noch hell ein paar Punkte leuchten, die Marmor-Grabsteine, zwischen denen ich vorhin noch umhergegangen bin."
UWE TIMM, *VOGEL, FRISS DIE FEIGE NICHT. RÖMISCHE AUFZEICHNUNGEN*, KÖLN 1989, KIEPENHEUER & WITSCH

## SPANISCHE TREPPE

*In seinem 1979 posthum veröffentlichten Collage-Band »Rom, Blicke« montierte Rolf Dieter Brinkmann (1940-1975) aus Fotos, Briefen, Postkarten, Skizzen, Stadtplänen, Zeitungsausschnitten und eigenen Texten eine vielschichtige Momentaufnahme – als Erweiterung der sprachlichen Ausdrucksmöglichkeiten zu einer multimedialen und multiperspektivischen Sprechweise.*

"Machte gegen Viertel nach 9 meinen ersten größeren Spaziergang, Wochenende, Samstagabend, Vergnügungszeit, – ist das ein altes Verhalten? Oben ein abnehmender Mond, weiße Wolkenschollen, Platanenlaub, ein grüner Bus, der in einer wirklich sichtbaren Bleiwolke eine große Verkehrsallee heruntergerast kam, Linie 60, Richtung Piazza Barberini, wo ein Brunnengeriesel steht, von Bernini 1640, na ja, weißt Du, ist eben alt, und von dem aus die Via Veneto in einer Schleife sich hochzieht bis an den Rand der Villa Borghese.

Busfahrten sind billig; sie kosten 50 Lire, was etwa 25 Pfennig heißt. – Der erste Eindruck, noch im Bus während der Fahrt, an einem Tor, das Porta Pia heißt und so'n Heiligengemälde trägt, gegen das ein Krieger anstürmt, Garibaldi, waren die geparkten Wagen, ein mattschimmerndes leicht gewölbtes Meer von Autodächern überall. Dazwischen einzelne Schattenrisse von Menschen. Und lungernde Soldaten, die ich hier sehr häufig gesehen habe mit allen möglichen Hüten zu der immer gleichen Nato-Oliv-grünen Uniform, mit Federn am Hut, mit roten Bommeln an dem Käppi, oder in torerohaftem breiten schwarzen Hut, der schief aufgesetzt wird, Kinnband, und schwarze Hahnenfedern hat. [...] – Also am Platz Barberini raus, und zuerst eine überdimensional große Unterwäsche-Reklame, da kniet eine Nuß, streckt den Hintern raus gepanzert in Loveball, für Loveable oder wie das Zeug heißt, darüber: Disney on Parade und Mickey-Mouse. 1 Mann in weißem Hemd mit Schlips holt sich Wasser aus einem Brunnen, eine große Baustelle, Flugblätter auf dem Asphalt, Flugblätter im Brunnen, dann Berninis Triton schwarz angelaufen der Brustkorb, als hätte der 'n inneren Brand, die Ränder gelb, trug irgendwas krümeliges auf dem Triton-Steinhaupt. Rundum geparkte Wagen. [...]

Wieder zurück am Platz mit der Baustelle gehe ich die Via Sistina hoch bis zu der Spanischen Treppe, die, das ist nun ernsthaft mir sehr spanisch vorgekommen, äußerst un-imposant war, die Postkarten davon sind beeindruckender. Oben eine Säule plus Kirche, die man nirgendwo hier vergessen kann. Die Säule ist viereckig und läuft flach nach oben zu,

# ROM IN DER LITERATUR

also ein Obelisk. Oben drauf ein freches Grünspan-Kreuz. Als hätte der Christus-Typ ausgerechnet über die ägyptische Kunst und Kriegsberichterstattung gesiegt.
Und runter die Treppe, mit wieder so amerikanischen Lauten eines abgewrackten US-Ehepaars im Ohr – Achtung! Stufen! – die ausgetreten und abschüssig sind, Hippie-Mist auf Samtdeckchen, auch 'n Bauzaun auf halber Höhe dieser 17 Hundert&Soundsoviel Rokoko-Treppe, als ich unten war und an wieder so einem Brunnengeplätscher stand, in dem aufgeweichtes Zeitungspapier und Flugblätter schwammen, stand, mich umdrehte und hochsah, dachte ich: lächerlich! Dafür war so viel Aufhebens gemacht worden?"

ROLF DIETER BRINKMANN, *ROM, BLICKE*, REINBEK 1979, ROWOHLT

## DER TIBER

*Die österreichische Schriftstellerin Ingeborg Bachmann (1926-1973) lebte seit 1953 in Zürich und in Italien, auf der Insel Ischia, in Neapel und Rom, 1965 siedelte sie ganz nach Rom über. Die Lyrikerin, die mit 27 Jahren den ersten renommierten Literaturpreis erhielt, Mitglied der Gruppe 47 war und auch Hörspiele, Erzählungen, Romane und Essays schrieb, war der literarische Star der fünfziger Jahre, bevor ihr früher Tod sie zum Mythos werden ließ.*

"In Rom sah ich, daß der Tiber nicht schön ist, aber unbekümmert um seine Kais, aus denen Ufer treten, an die keiner Hand legt. Die rostgebräunten Frachtschiffe benützt niemand, auch die Barken nicht. Sträucher und hohes Gras sind mit Schmutz beworfen, und auf den einsamen Balustraden schlafen in der Mittagshitze die Arbeiter regungslos. Noch nie hat sich einer umgedreht. Nie ist einer hinuntergestürzt. Sie schlafen, wo die Platanen ihnen einen Schatten aufschlagen, und ziehen sich den Himmel über den Kopf. Schön ist aber das Wasser des Flusses, schlammgrün oder blond – wie das Licht ihn strählt. Den Tiber soll man entlanggehen und nicht von den Brücken sehen, die als Wege zur Insel gedacht sind. Die Tiberina bewohnen die Noiantri – wir anderen. Das ist so zu verstehen, daß sie, die Insel der Kranken und Toten seit alter Zeit, von uns anderen mitbewohnt werden will, mitbefahren, denn sie ist auch ein Schiff und treibt ganz langsam im Wasser mit allen Beladenen, in einem Fluß, der sie nicht als Last empfindet."

INGEBORG BACHMANN, *WAS ICH IN ROM SAH UND HÖRTE*, IN: GEDICHTE, ERZÄHLUNGEN, HÖRSPIELE, ESSAYS, MÜNCHEN 1981, PIPER

# Spaziergänge in Rom

Kapitol, Forum Romanum, Palatin *127*
Vom Forum Holitorium
zum Kolosseum *153*
Circus Maximus und Aventin *175*
Celio *185*
Der Vatikan, *201*
Von der Engelsbrücke zum
alten Ghetto *237*
Von Il Gesù zum palazzo Madama *255*
Piazza Navona und Umgebung *273*
Quirinal *287*
Tridente *303*
Die Via Appia antica *317*
Von den thermen des Diocletian
nach San Pietro in Vincoli *331*
Trastevere *349*
Von der villa Giulia
zum Foro Italico *367*
Ausserhalb der
Mauern *379*
Tivoli, Palestrina *389*
Ostia *403*

*Adressen und Öffnungszeiten
der Sehenswürdigkeiten
finden Sie auf Seite 444 f.*

▲ Blick vom Gianicolo

▲ Via della Conciliazione  Palazzo della Civiltà del Lavoro im EUR. ▼

▲ Ponte Vittorio Emanuele

▲ Das Kolosseum

Neptunbrunnen auf der Piazza Navona

▲ Eine Bar im Viertel Trastevere

▲ Die römische U-Bahn　　　　　　　　　　Pilger im Vatikan ▼

▲ Markt in der Nähe des Campo dei Fiori

▲ Blumenmarkt auf dem Campo dei Fiori

Carabinieri

▲ Die Via Appia Antica　　　　Die Farben Roms ▼

▼ Laden mit kirchlichen Gewändern im Vatikan

# Kapitol – Forum – Palatin

Das Kapitol  *128*
Kapitolinische Museen  *132*
Forum Romanum  *136*
Der Palatin  *146*

# Kapitol – Forum – Palatin
## Das Kapitol

**Der Tarpejische Fels**
Der Sage nach öffnete die Römerin Tarpeia den Sabinern, die nach dem Raub der Sabinerinnen (▲ 177) das Kapitol

belagerten, das Tor unter der Bedingung, daß sie alles erhalte, was die Soldaten am linken Arm trügen. Doch erhielt sie keine Goldreifen, sondern wurde von den Männern mit ihren Schilden erschlagen. Man benannte nach ihr den Felsen, von dem man Hochverräter herabstieß.

Dieser Teil Roms ist durch die stromabwärts gelegene Furt geprägt, an der die aus Etrurien, dem Land der Sabiner und Süditalien kommenden Straßen zusammenliefen. Der Fluß selbst bildete ebenfalls einen wichtigen Verkehrsweg. Rom war deshalb von Anfang an eine Brücken- und Hafenstadt. Die durch Erosion einer dicken Schicht vulkanischen Gesteins entstandenen sieben Hügel wurden um 600 v. Chr. zu einem Stadtgefüge zusammengefaßt, also zur Zeit des ersten Etruskerkönigs Tarquinius Priscus. Sein Nachfolger Servius Tullius soll die ersten Stadtmauern gebaut haben, von denen noch einige wenige Fragmente erhalten sind, doch erst unter Aurelianus (270-275 n. Chr.) wurde die Bedrohung durch immer wieder angreifende Barbaren-Stämme so ernst, daß man eine neue, etwa 19 km lange befestigte Stadtmauer (▲ 323) baute, die großenteils erhalten ist.

### Das Kapitol (Campidoglio)

Der Hügel besteht aus zwei Kuppen, getrennt durch eine Talsenke, das sogenannte *Asylum* (heute Piazza del Campidoglio). Auf der nördlichen, der *Arx* (»Fluchtburg«), stand der Tempel der Juno Moneta nahe dem Tarpejischen Felsen. Auf der südlichen Kuppe, dem Kapitol, stand der Tempel des Jupiter Capitolinus, der größte Tempel Roms, der angeblich noch unter Tarquinius Priscus begonnen, doch erst zu Beginn der Republik eingeweiht wurde. Unter dem Konservatorenpalast sieht man noch einige Reste vom Sockel dieses Tempels, und hinter dem Senatorenpalast haben sich Spuren vom Tempel des Veiovis erhalten, eines jugendlichen Unterweltsgottes. Auf dem Hügel pflegte man noch weitere Kulte, von denen jedoch wenig erhalten ist. Das Kapitol war aber auch ein politisches Machtzentrum. Ein Teil der Staatsarchive wurde im *Tabularium* aufbewahrt, dessen Fassade zum Forum hin erhalten ist. Hier fanden auch Staatsakte statt wie die Ernennung der Konsuln und höchsten Beamten und die Triumphfeiern. Zu diesen glanzvollen Ehrenbezeugungen, die in republikanischer Zeit den größten Generälen und später nur dem Kaiser vorbehalten waren, gehörte ein Triumphzug, der vor dem Jupiter-Tempel endete. Das Kapitol nahm in der Stadtgeschichte stets eine Sonderstellung ein. Im Mittelalter wurde das inzwischen befestigte Tabularium Sitz des neuen römischen Senats. Noch heute sind auf dem Hügel die wichtigsten Behörden der Stadt Rom angesiedelt; er ist überdies seit dem 16. Jh. eine Hochburg der schönen Künste.

## PIAZZA DEL CAMPIDOGLIO ♥

Der Kapitolsplatz war die erste moderne Platzanlage Roms. Sie öffnet sich wie eine große Terrasse zur Stadt hin. Anläßlich des Besuchs Karls V. im Jahr 1536 beauftragte Papst Paul III. Michelangelo mit dem Bau eines monumentalen Komplexes, der dem Zentrum des Papsttums würdig sein sollte. Als Michelangelo 1564 starb, führte Giacomo della Porta die Arbeiten nach seinen Entwürfen fort. Leider veränderte er den Fassadenplan des Konservatorenpalasts, indem er das große zentrale Fenster hinzufügte. Insgesamt ist das Bild jedoch durch die Kolossalpilaster und die mit Statuen verzierten Balustraden über den Simsen sehr einheitlich. Der wundervolle Platz mit dem großen Stern in der Mitte ist bis heute ein bei den Römern aller Altersgruppen höchst beliebter Treffpunkt.

1/2 Tag

1. Kapitol
2. Kirche Santa Maria in Aracoeli
3. Mamertinischer Kerker
5. Forum
6. Maxentius-Basilika
7. Palatin

**Der Triumphzug**
Auf einem von vier Pferden gezogenen Streitwagen defilierte der Triumphator mit seinen Soldaten inmitten eines langen Festzuges durch die Stadt. Die Kriegsbeute, die in Ketten gelegten Gefangenen und sogar Modelle der unterworfenen Städte wurden mitgeführt. Neben dem Triumphator mußte ein Sklave hergehen und ihn ständig ermahnen, daß er als Mensch Demut üben müsse: »Denke daran, daß auch du nur ein Sterblicher bist!«

# KAPITOL – FORUM – PALATIN
## DAS KAPITOL

**Die Treppe**
Man steigt über die von Michelangelo entworfene gewaltige Rampentreppe (genannt *Cordonata*) zum Platz hinauf. An beiden Enden sind antike Statuen aufgestellt: Am Fuß der Treppe thronen zwei ägyptische Basaltlöwen aus dem Isis-Tempel im Marsfeld auf den Brunnen, während oben zu beiden Seiten die Dioskuren Castor und Pollux wachen, römische Marmorkopien nach griechischen Vorbildern, die einst den Tempel des Circus Flaminius schmückten. Neben ihnen sind die ›Trophäen des Marius‹ (▲ *341*) aufgestellt, die vom Nymphäum an der heutigen Piazza Vittorio Emanuele II stammen. Schließlich gibt es noch zwei Kaiser-Statuen aus den Konstantins-Thermen und zwei Meilensteine von der Via Appia – überall auf den römischen Straßen wurde die Entfernung zum Forum angegeben.

**Die Statue Marc Aurels**
Lange hielt man sie für eine Statue des christenfreundlichen Kaisers Konstantin, so daß sie im Lateran das Mittelalter überdauerte, bevor man sie 1538 zum Kapitol brachte.

**Das Reiterstandbild Marc Aurels.** Der Platz wurde früher von der Reiterstatue des Kaisers Marc Aurel (161-180 n. Chr.) beherrscht. Michelangelo war strikt dagegen, doch Papst Paul III. ließ sie 1538 hier aufstellen. Trotz seines Widerstandes baute Michelangelo damals den heute verwaisten Sockel. 1981 wurde die Figur zwecks Restaurierung (● *54*) entfernt, nun steht sie hinter Glas im Hof der Kapitolinischen Museen.

**Die Paläste.** Den hinteren Teil des Platzes nimmt der Senatorenpalast ein. Der linke Risalit enthält den Turm Martins V. (1417-1431), der rechte einen der Türme Bonifaz' IX. (1389-1404). Die Mittelachse der Fassade wird durch den von Longhi 1578-82 errichteten Turm und Michelangelos Treppe mit ihren beiden Aufgängen betont. Davor steht ein Brunnen mit den liegenden Figuren des Nil (links) und des Tiber, die wohl aus den Konstantins-Thermen am Quirinal stammen, sowie einer antiken Minerva, die zur Göttin Roma umgedeutet wurde. Die symmetrischen Fassaden des Konservatorenpalastes (rechts) und des Palazzo Nuovo (links, erbaut zwischen 1644 und 1655 von Girolamo Rainaldi) verbergen Gebäude ganz unterschiedlicher Größe, in denen die Kapitolinischen Museen (▲ *132*) untergebracht sind. (Rechts vom Palazzo Nuovo führt eine Treppe zur Kirche hinunter.)

**Santa Maria d'Aracoeli ♥.** Nach der Legende soll die Tiburtinische Sibylle Kaiser Augustus prophezeit haben, das Kind einer Jungfrau werde die römischen Götter bezwingen – darauf habe Augustus hier einen Altar *(ara)* bauen lassen. Im 13. Jh. errichteten die Franziskaner das heutige Gebäude. Über dem Portal zeigt ein sehr schönes Mosaik von Schülern Cavallinis eine Jungfrau mit Kind. Als 1348 die Pestepidemie ein Ende fand, weihten die Römer der Muttergottes die große Marmortreppe, die zur Kirche hinaufführt. Sie diente auch als Grabkirche für Mitglieder adliger Familien; ihre

Grabplatten sind in den Cosmatenfußboden aus dem 13./14. Jh. eingelassen. Die Fresken in der Kapelle des hl. Bernhardin von Siena (erste rechts) schuf Pinturicchio um 1486. Als die in einer Kapelle neben der Sakristei aufbewahrte Holzpuppe des Jesuskindes aus dem 15. Jh. Anfang 1994 gestohlen wurde, verursachte dies unter den Römern, die ihr »Santo Bambino« sehr verehren, aber auch über die Stadt hinaus viel Aufregung. (Beim Abstieg über die Via del Campidoglio rechts vom Senatorenpalast bietet sich ein herrlicher Blick. Es geht um den Senatorenpalast herum zum Forum hinab.)

**Der Mamertinische Kerker (Tullianum).** Die Kirche San Giuseppe dei Falegnami, der Zimmerleute und Tischler, entstand 1598 über dem römischen Staatsgefängnis, zwei übereinanderliegenden Räumen. Die runde Öffnung im Fußboden des oberen Raums war der einzige Zugang zum eigentlichen Kerker darunter. Hier wurden Staatsgefangene eingesperrt und später hingerichtet (darunter Jugurtha und Vercingetorix). Die alte Legende, hier seien auch die Apostel Petrus und Paulus gefangengehalten worden, ist nicht belegbar.

**Santi Luca e Martina.** Die alte Kirche Santa Martina al Foro wurde 1588 der Accademia di San Luca (▲ 299) überlassen, seither ist sie auch nach Lukas, dem Schutzheiligen der Maler benannt. Bei Restaurierungsarbeiten fand Pietro da Cortona, 1634 den Leichnam der hl. Martina, und das Interesse des Papstes Urban VIII. und seines Neffen, des Kardinals Francesco Barberini, richtete sich auf die Kirche. Die beiden Prälaten ließen den Künstler eine neue Kirche über der alten errichten. Trotz des schlichten Dekors ist dies eine der architektonisch interessantesten Barockkirchen Roms. Der Grundriß hat die Form eines griechischen Kreuzes, doch die Fassade wurde auf die Breite des Querschiffes verlängert. (Der Eingang liegt in der Via dei Fori Imperiali.)

Die Fragmente der Kolossalstatue Konstantins (der Kopf ist 2,60 m hoch, der Fuß 2 m lang) im Hof des Konservatorenpalasts wurden 1487 in der Maxentius-Basilika (▲ 145) entdeckt.

**Die Legende vom Santo Bambino**
Die Figur des Jesuskindes soll aus dem Holz eines Ölbaums aus dem Garten Gethsemane geschnitzt worden sein. Nach dem Volksglauben heilt sie Kranke und erweckt Tote zum Leben. Noch heute sagt man über einen besonders hübschen Knaben, er sei »bello come il pupo dell'Aracoeli« (schön wie das Bübchen vom Aracoeli).

# KAPITOLINISCHE MUSEEN

Das erste öffentliche Museum der Welt wurde 1734 eingeweiht. Grundstock der Sammlungen war eine Schenkung: 1471 überließ Sixtus IV. dem Kapitol einige bedeutende Werke aus dem Lateran: die Wölfin, den Dornauszieher und andere. Die inzwischen überragende Antikensammlung wird ergänzt durch Meisterwerke der europäischen Malerei vom 14. bis 17. Jh. und eine Porzellansammlung (Meißen, 18. Jh.).

**Konstantin**
Die 12 m hohe Statue des Kaisers (4. Jh. n. Chr.) war – um Gewicht zu sparen – in Akrolith-Technik gefertigt: Nur die unbekleideten Körperteile bestanden aus Marmor, der Rest war aus Holz und mit Bronze verkleidet.

**Grabstele**
Die Griechen stellten auf Gräbern schon in archaischer Zeit Stelen auf, seit dem 6. Jh. v. Chr. zeigen sie Abbilder des Toten oder eines Verwandten. Dieses Fragment aus dem 5. Jh. v. Chr. zeigt ein junges Mädchen, das in der Hand eine Taube hält.

**Der Dornauszieher**
Der Jüngling ist damit beschäftigt, einen Dorn aus seiner Fußsohle zu entfernen. Der Realismus und die ausgewogene Komposition dieser Bronzefigur (wohl aus dem 1. Jh. v. Chr.) läßt an hellenistische Vorbilder des 2. Jh. v. Chr. denken. Der Kopf hingegen erinnert eher an den strengen Stil des 5. Jh. v. Chr. Das Interessante an der Figur ist gerade dieser Eklektizismus, doch erschwert er die Datierung. Der Dornauszieher war in Antike und Renaissance gleichermaßen beliebt, wie zahlreiche Nachahmungen bezeugen.

**Büste des Commodus als Herakles verkleidet**
Der Künstler stellte seine Meisterschaft in den Dienst des Kaisers, der sich gegen Ende seiner Herrschaft mit Herakles identifizierte. Die Büste mit den Emblemen des ›Weltbeherrschers‹ (Löwenfell, Keule) scheint auf den von Siegesgöttinnen auf einer Weltkugel gehaltenen Füllhörnern zu schweben.

**Kopf eines Mannes, sogenannter Brutus**
Elfenbein und Glaspaste beleben die Augen dieses Porträts (3. Jh. v. Chr.), in dem man zu Unrecht Brutus – den ersten Konsul Roms – zu erkennen glaubte. Der Bronzekopf wurde auf eine moderne Büste aufgesetzt. Das ruhige, ernste Gesicht entspricht dem Idealbild des Römers in republikanischer Zeit.

**Kapitolinische Wölfin**
Diese Bronzefigur vom Beginn des 5. Jh. v. Chr. ist das Wahrzeichen Roms, denn sie verkörpert eine der bedeutendsten Legenden über die Gründung der Stadt. Naturalismus und Abstraktion gehen Hand in Hand: Die geblähten Nüstern, die aufgerissenen Augen und die drei Stirnfalten lassen die Wölfin sehr real erscheinen, während der Körper stark stilisiert ist. Die Zwillinge Romulus und Remus wurden erst in der Renaissance hinzugefügt.

# KAPITOLINISCHE MUSEEN

**Der Triumphzug des Bacchus**
Von den Bildern, die Pietro da Cortona um 1620 für seinen Gönner, den Marchese Sacchetti malte, verrät der Triumphzug des Bacchus wahrscheinlich am ehesten den Einfluß von Tizians Bacchanal; Pietro hatte bei Kardinal Ludovisi Gelegenheit gehabt, es zu bewundern.

**Der sterbende Gallier**
Die hellenistische Kunst bildete mit Vorliebe bestimmte ethnische Typen ab, so beispielsweise die Galater, deren rauhe Züge und struppige Haare die Bildhauer von Pergamon (Kleinasien) hervorragend wiedergaben. Dieser verwundete Gallier (es handelt sich um die römische Kopie eines griechischen Originals) entspricht dem Geschmack des 3. Jh. v. Chr. Die Statue wurde im Garten der Villa Ludovisi gefunden.

### Kapitolinische Venus
Die beim Verlassen des Bades überraschte nackte Göttin (2. Jh. n. Chr.) ist eine von zahlreichen Kopien der berühmten *Knidischen Aphrodite* des Praxiteles aus dem 4. Jh. v. Chr.

### Johannes der Täufer
Dieses Werk Caravaggios stammt aus den Jahren zwischen 1600 und 1603. Schon Leonardo da Vinci hatte Johannes den Täufer als schönen Jüngling dargestellt (das Bild hängt im Louvre), doch Caravaggio nimmt dem Thema hier jeden religiösen Anklang. Das Bild wurde in einem abgedunkelten Atelier direkt nach dem Modell gemalt, wobei als einzige Lichtquelle eine Deckenlampe diente.

### Bronzeschale mit trinkenden Tauben
Diese Genreszene auf einem Mosaikemblem aus der Hadrians-Villa (▲ *394*) ist die Kopie eines berühmten Mosaiks von Sosos von Pergamon und zeigt die anhaltende Vorliebe der Römer für die hellenistische Kunst.

# Kapitol – Forum – Palatin
## Das Forum Romanum

> "Offenbar besaß das Forum im 7. Jahrhundert noch all seinen Glanz; doch im Jahr 1084 […] wurden die Gebäude […] dem Erdboden gleichgemacht […]. Später wurde das Forum zu einem Rindermarkt und trug bis zur Epoche der von Napoleon angeordneten Grabungen den unwürdigen Namen *Campo Vaccino*."
> — Stendhal, *Wanderungen in Rom*

Das Forumstal bildete sich, indem ein kleiner Fluß, der zwischen Palatin und Kapitol verlaufende Velabro, eine Tuffschicht vulkanischen Ursprungs erodierte. Schon im 10./11. Jh. v. Chr. lag hier eine eisenzeitliche Nekropole, unter den etruskischen Königen wurde die Gegend dann entwässert und bewohnbar gemacht: Tarquinius Priscus ließ der Sage nach den Lauf des Velabro kanalisieren und eine Reihe öffentlicher Bauvorhaben ausführen. Das wichtigste davon war die *Cloaca Maxima*, der große Entwässerungskanal der Stadt. Rom entwickelte sich von dieser Stelle aus, die während der republikanischen Zeit politisches, administratives und religiöses Zentrum bleiben sollte. Im Mittelalter, nachdem sich die Besiedelung mehr zum Marsfeld hin verlagert hatte, wurde das verfallende Forum zu einer schuttbedeckten Grünfläche, daher sein Beiname *Campo Vaccino* (»Kuhweide«). Nachdem es in der Renaissance als Steinbruch gedient hatte, begannen im 19. Jh. Archäologen, die teilweise 20 m tief liegenden Ruinen freizulegen.

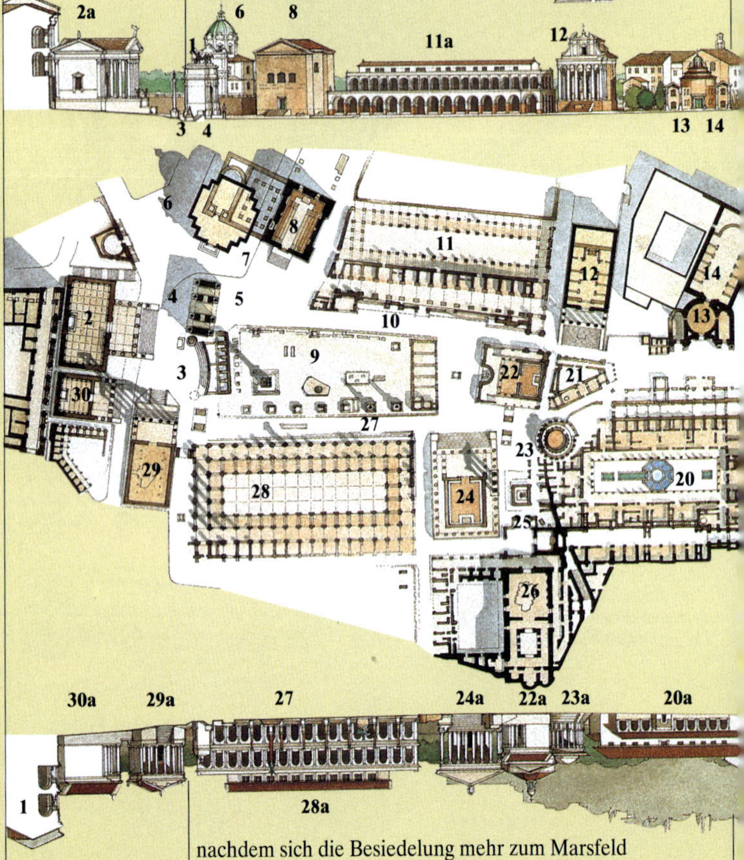

## Basilica Aemilia

Die antike Basilika war ein großer, mehrschiffiger, überdachter Raum, der im Winter die Funktion des Forums übernahm:

> »Man trifft Spuren einer Herrlichkeit und einer Zerstörung, die beide über unsere Begriffe gehen. Was die Barbaren stehenliessen, haben die Baumeister des neuen Roms verwüstet.«
>
> J.W. v. Goethe

Gerichtsverhandlungen, politische und geschäftliche Aktivitäten fanden bei schlechtem Wetter hier statt. Später baute man christliche Kirchen nach dem Vorbild der römischen Halle. Sie wurde 179 v. Chr. durch die Zensoren Marcus Aemilius Lepidus und Marcus Fulvius Nobilior gegründet; im Zuge mehrerer Umbauten durch die Aemilier in augusteischer Zeit erhielt sie ihre endgültige Gestalt. An der Ostseite sieht man noch die große Weiheinschrift an »*Lucius Caesar, Princeps*

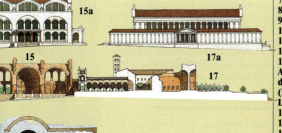

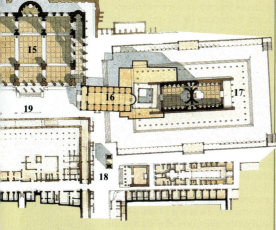

*iuventutis*«, den Enkel des Augustus. Bei einem Brand im Jahre 410 wurde die Basilika beschädigt und wenig später zum letzten Mal wiederhergestellt. Zum Platz hin besaß das Gebäude eine monumentale Fassade mit zwei Geschossen von 16 auf Halbpfeilern aufliegenden Bögen. Hinter dem Portikus lagen Ladenlokale *(tabernae),* die überwiegend von Bankiers genutzt wurden. Der Innenraum (70 x 29 m) war durch Säulen aus sogenanntem afrikanischem Marmor, die zugleich das Dach trugen, in vier Schiffe unterteilt. An der Eingangsseite zeigt der Abguß eines Reliefs die Entstehung Roms. Es schmückte die Basilika im 1. Jh. v. Chr.

1. Tabularium
2. Concordia-Tempel
2a. Rekonstruktion
3. Rostra
4. Bogen des Septimius Severus
5. Lapis Niger
6. Kirche Santi Luca e Martina
7. Comitium
8. Kurie
9. Forumsplatz
10. Via Sacra
11. Basilica Aemilia
11a. Rekonstruktion
12. Tempel des Antoninus Pius und der Faustina (Kirche San Lorenzo)
12a. Rekonstruktion
13. Romulus-Tempel
14. Kirche Santi Cosma e Damiano
15. Maxentius-Basilika
15a. Rekonstruktion
16. Kirche Santa Francesca Romana
17. Tempel der Venus und Roma
17a. Rekonstruktion (Aufriß)
17b. Rekonstruktion (Schnitt)
18. Titus-Bogen
19. Portikus Margaritaria und republikanische Gebäude
19a. Rekonstruktion
20. Haus der Vestalinnen
20a. Rekonstruktion
21. Regia
22. Caesar-Tempel
22a. Rekonstruktion
23. Vesta-Tempel
23a. Rekonstruktion
24. Dioskuren-Tempel
24a. Rekonstruktion
25. Juturna-Quelle
26. Kirche Santa Maria Antiqua
27. Säulen des Diokletian
28. Basilica Julia
28a. Rekonstruktion
29. Saturn-Tempel
29a. Rekonstruktion
30. Tempel des Vespasian und Titus
30a. Rekonstruktion

# Kapitol – Forum – Palatin
## Das Forum Romanum

**Die Kurie**
Marmorplatten und Stuck verzierten die Hauptfassade von Caesars Kurie, welche die bei einem Brand im Jahr 52 v. Chr. zerstörte Curia Hostilia ersetzte.

**Die Reliefs in der Kurie**
Die sogenannten *Plutei* waren Brüstungen eines Rednerpultes. Das linke ist unvollständig; es zeigt den Erlaß von Steuerschulden der Bürger

(man verbrannte die Verzeichnisse im Beisein des Kaisers); rechts (oben) ist die Einsetzung der *alimenta* dargestellt, günstiger Darlehen für die Landwirtschaft, deren Zinsen bedürftigen Kindern zugute kamen. Die Reliefs sind eine der frühesten Darstellungen des Forums; sogar der Baum in der Mitte ist abgebildet.

Westlich der Treppe zur Basilika zeigt eine runde Marmorbasis die Stelle an, wo das Heiligtum der Venus Cloacina lag. Es wurde dort errichtet, wo die Cloaca Maxima (▲ 156) in das Forum einmündete. Auf dem *Argiletum* (der Straße zwischen Basilika und Kurie) stand der berühmte kleine Janus-Bogen mit seiner zweiköpfigen Statue in der Mitte des Durchgangs. Die Türen des vollständig verschwundenen Heiligtums standen in Kriegszeiten offen und wurden im Frieden verschlossen.

## Comitium und Kurie

**Das Comitium.** Die Anlage war ein getreues Spiegelbild der republikanischen Verfassung (● 34) und ihrer drei Elemente: Auf den Stufen des runden Comitiums und auf dem Platz versammelte sich das Volk, um die Reden der Magistrate zu hören. Diese standen auf einer Rednertribüne, die *Rostra* genannt wurde, weil man sie zur Erinnerung an die Seeschlacht von Antium (338 v. Chr.) mit den Schnäbeln erbeuteter Schiffe – *rostra* – verziert hatte. Auf der anderen Seite grenzte das Comitium an die Kurie, wo der Senat zusammentrat. In spätrepublikanischer Zeit verlor dieser Komplex allmählich seine Bedeutung, weil die Wahlversammlungen auf das Marsfeld verlegt wurden und wegen der von Caesar veranlaßten Bauarbeiten. Zwischen 54 und 44 v. Chr. wurden die alte Curia Hostilia und die Rostra abgerissen.

**Lapis Niger.** Der einzige Überrest des alten Comitiums ist ein etwa quadratisches Stück schwarzen Marmorfußbodens mit weißer Einfassung. Der Schriftsteller Festus sprach von einem »schwarzen Stein im Comitium« *(lapis niger in Comitio)* der möglicherweise das Grab des Romulus kennzeichnete. Die Ausgrabungen unter der Platte legten einen Komplex aus dem 6. Jh. v. Chr. frei: einen Altar, einen Säulenstumpf und einen *Cippus* (zylindrischen Stein) mit einer Inschrift in archaischem Latein, die in Form eines Bustrophedons geschrieben ist: eine Zeile liest sich von links nach rechts, die nächste von rechts nach links. Mit einiger Sicherheit handelt es sich um eine *Lex sacra,* die den uralten Kultplatz vor Entweihungen schützen sollte.

**Die Kurie.** Der Senat konnte zwar in einem beliebigen Tempel tagen, offizieller Sitz war jedoch die Kurie. Das große Ziegelgebäude zwischen dem Argiletum und dem Comitium ist die Curia Julia, deren Bau als Bindeglied zu seinem eigenen Forum Caesar anordnete, nachdem die Curia Hostilia

abgebrannt war. Augustus weihte sie 29. v. Chr. Der heutige Zustand ist das Ergebnis der Erneuerungen unter Diokletian nach dem Brand von 283 n. Chr. Aus dieser Zeit stammen die beiden bronzenen Türflügel, die seit dem 17. Jh. das Mittelportal von San Giovanni in Laterano schmücken, und der Fußboden im Innenraum. Die Kurie wurde im 7. Jh. in eine Kirche umgewandelt (Sant'Adriano) und 1930 zum letzten Mal restauriert. Sie ist 21 m hoch, 18 m breit und 27 m lang und besitzt damit die Proportionen, die Vitruv, Architekt zur Zeit des Augustus, für den Bau einer Kurie empfahl. Der großartige Innenraum hat eine flache Decke, allerdings ist die Holzdecke modern. Zu beiden Seiten waren auf den drei breiten, flachen Stufen die etwa 300 Sitze der Senatoren aufgestellt. Zwischen den beiden rückwärtigen Türen war ein großes Podest für den Vorsitzenden der Versammlungen angebracht. Die beiden Flachreliefs in der Kurie wurden in der Mitte des Forums ausgegraben; sie stellen die wohltätigen Werke des Kaisers Trajan dar (Beginn des 2. Jh. n. Chr.).

## AM FUSS DES KAPITOLS

**Der Bogen des Septimius Severus.** Der 20,88 m hohe Bogen entstand 203 n. Chr. An beiden Seiten wird eine Inschrift in riesigen Buchstaben wiederholt. Sie weiht den Bogen Kaiser Septimius Severus und seinem Sohn Caracalla. Die vierte Zeile, die den Namen von Septimius' zweitem Sohn Geta enthielt, ließ Caracalla löschen und überschreiben, nachdem er seinen Bruder nach dem Tode des Vaters ermordet hatte. An den Säulenbasen sind die wichtigsten Ereignisse der beiden siegreichen Orientfeldzüge dargestellt, insbesondere römische Soldaten mit gefangenen Parthern.

**Septimius Severus** (193-211)
Der in Afrika geborene Kaiser heiratete Julia Domna, die ihm die Söhne Caracalla und Geta schenkte.

**Der Bogen des Septimius Severus**
Von den vielen Reliefs an diesem Bogen sind vor allem die Tafeln oberhalb der beiden kleineren Bögen interessant. Sie stellen die beiden Feldzüge gegen die Parther dar: Aufbruch des römischen Heeres, Ansprache des Kaisers, Sieg über die feindlichen Städte usw. Im Zentrum des Hauptbogens Mars mit Siegesgöttinnen, zu ihren Füßen die vier Jahreszeiten.

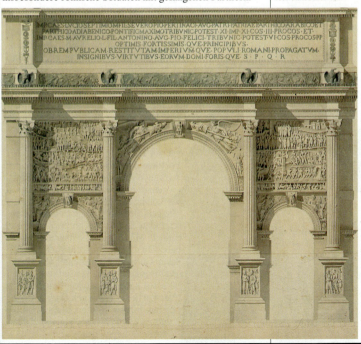

# Kapitol – Forum – Palatin
## Das Forum Romanum

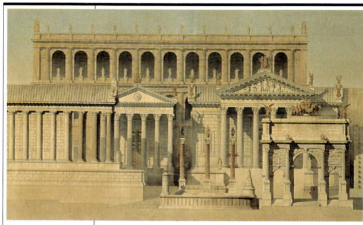

**Rekonstruktion**
Die Bedeutung dieser aufschlußreichen Nachbildung von 1865/66 liegt vor allem darin, daß sie die räumlichen Verhältnisse zwischen den Gebäuden wiedergibt, die recht nah beieinander lagen: der Bogen des Septimius Severus, der Concordia-Tempel sowie die Tempel des Vespasian und des Saturn, überragt vom massigen Tabularium.

**Die kaiserlichen Rostra.** Nach der Zerstörung des Comitiums (▲ *138*) wurden die halbkreisförmigen Rostra an der Nordwestseite des Forums aufgestellt. Es sind noch die Löcher zu erkennen, die der Befestigung der Schiffsschnäbel dienten: Augustus ließ auch an den neuen Rostra (entsprechend der republikanischen Tradition) die Vorderteile der Schiffe aus der Seeschlacht bei Antium anbringen. An einem Ende der Rostra bezeichnet ein runder Ziegelkern, anknüpfend an einen griechischen Brauch, den *Umbilicus urbis,* den »Nabel der Stadt« als symbolischen Mittelpunkt Roms. Am anderen Ende sieht man die Reste des *Miliarium aureum,* des von Augustus errichteten »goldenen Meilensteins«, welcher den gedachten Schnittpunkt aller Straßen des Reiches anzeigte und auf dem die Entfernungen zu den wichtigsten Städten des Reiches angegeben waren.

**Saturn-Tempel.** Das aus den ersten Jahren der jungen Republik (ca. 498 v. Chr.) stammende Gebäude enthielt den Staatsschatz und die Staatsarchive *(Aerarium).* Ab 42 v. Chr. wurde es von Munatius Plancus neu gebaut und von Carinus nach dem Brand von 283 n. Chr. nochmals restauriert. Geweiht wurde der Tempel am 17. Dezember, dem Fest Saturns. Bei den ausgelassenen Saturnalien beschenkte man sich und tauschte die sozialen Rollen: Die Herrschaft bewirtete die Sklaven am eigenen Tisch …

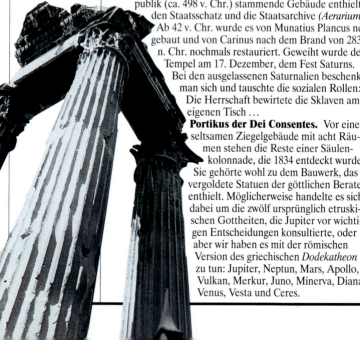

**Portikus der Dei Consentes.** Vor einem seltsamen Ziegelgebäude mit acht Räumen stehen die Reste einer Säulenkolonnade, die 1834 entdeckt wurden. Sie gehörte wohl zu dem Bauwerk, das vergoldete Statuen der göttlichen Berater enthielt. Möglicherweise handelte es sich dabei um die zwölf ursprünglich etruskischen Gottheiten, die Jupiter vor wichtigen Entscheidungen konsultierte, oder aber wir haben es mit der römischen Version des griechischen *Dodekatheon* zu tun: Jupiter, Neptun, Mars, Apollo, Vulkan, Merkur, Juno, Minerva, Diana, Venus, Vesta und Ceres.

**Tempel des Vespasian und Titus.** Der Tempel war den nach ihrem Tod zu Göttern erhobenen Kaisern Vespasian und Titus geweiht und wurde später unter Septimius Severus und Caracalla restauriert. Das Gebäude hatte außen auf jeder Seite sechs Säulen; übriggeblieben sind nur drei Marmorsäulen mit korinthischen Kapitellen, ein Fragment des Architravs mit einem Bruchstück der Inschrift – *[r]estituer(unt)* – sowie ein Relief mit Opfergeräten. Die Außenseite des Tempels war mit weißem Marmor verkleidet.

**Concordia-Tempel.** Camillus gründete 367 v. Chr. den Tempel zur Feier der Beendigung der Zwistigkeiten zwischen Patriziern und Plebejern. In republikanischer Zeit fanden hier Senatssitzungen statt. Zwischen 7 v. Chr. und 10 n. Chr. ließ Tiberius ihn mit Hilfe der aus Germanien mitgebrachten Kriegsbeute restaurieren. Er enthielt zahlreiche Kunstwerke und war schon in der Kaiserzeit eine Art Museum.

## Der mittlere Teil des Forums

**Phokas-Säule und Lacus Curtius.** Das heutige Pflaster des Forums ist durch eine Inschrift in großen Lettern datiert, die teilweise restauriert neben der Phokas-Säule zu lesen ist: *L. Naevius Surdinus pr[aetor]* (9 v. Chr.). Die Säule ist das jüngste Ehrenmal auf dem Forum. Sie wurde im Jahr 608 unserer Zeitrechnung dem byzantinischen Kaiser Phokas geweiht. Etwas weiter östlich liegt ein runder, in der Mitte offener Sockel, der den Lacus Curtius bezeichnet. Um die Stelle ranken sich verschiedene Legenden: Ursprünglich soll es sich um eine Felsspalte gehandelt haben, in die im sagenhaften Kampf zwischen Römern und Sabinern der Sabinerhauptmann Mettius Curtius mit seinem Pferd stürzte. Das Relief aus griechischem Marmor, das diese Episode illustriert, muß zu der Anlage gehört haben (ein Abguß ist hier zu sehen, das Original steht in den Kapitolinischen Museen, ▲ *132*).

**Basilica Julia.** Zwischen Vicus Jugarius und Vicus Tuscus markieren Sockel und Säulenbruchstücke die Stelle, an der die Basilica Julia stand. Caesar und Augustus errichteten sie anstelle der 170 v. Chr. gegründeten Basilica Sempronia. Plünderungen ließen nur wenig von dem antiken Gebäude übrig, das Diokletian im 3. Jh. wiederherstellen ließ; selbst die noch sichtbaren Ziegelpfeiler sind Rekonstruktionen des 19. Jh.

**Das Tabularium**
An der Rückwand des Platzes sieht man noch den riesigen Sockel aus großen Tuffquadern. Darüber öffnet sich eine von dorischen Pfeilern eingerahmte Arkadengalerie zum Forum hin.

**Castor und Pollux**
Der Ritterstand sah die Dioskuren als persönliche Schutzgötter an und feierte ihren Festtag jedes Jahr am 15. Juli.

Im Concordia-Tempel, hier auf einer Münze aus der Zeit Caligulas, hielt Cicero seine vierte Rede gegen Catilina.

# Kapitol – Forum – Palatin
## Das Forum Romanum

Der Dioskuren-Tempel

**Die Juturna-Quelle**
Die Nymphe Juturna war berühmt für ihre Schönheit. Aus Liebe schenkte ihr Jupiter Unsterblichkeit und Macht über alle Quellen in Latium. Vergil macht aus ihr die »göttliche Schwester des Turnus«, der ein Feind des Äneas war, und läßt sie in den Kampf eingreifen. Einer anderen Sage nach war sie die Gattin des Janus und Mutter des Quellgottes Fontus.

**Der Dioskuren-Tempel.** Östlich des Vicus Tuscus stehen noch drei korinthische Säulen vom Tempel der Zwillinge Castor und Pollux (▲ *289*). Ihr ursprünglich in Griechenland beheimateter Kult breitete sich zu Beginn des 5. Jh. v. Chr. in Rom aus. Nach der Sage tauchten in der Schlacht zwischen Römern und Latinern am Lacus Regillus (499) zwei geheimnisvolle Reiter auf und verhalfen den Römern zum Sieg. Bald danach sah man diese Männer ihre Pferde an der Juturna-Quelle tränken; sie verkündeten dann den Sieg in der Stadt und verschwanden. Das Volk erkannte in ihnen die Dioskuren. Der zu ihren Ehren im 5. Jh. v. Chr. errichtete Tempel wurde unter Tiberius restauriert.

**Die Juturna-Quelle.** Vor dem Bau der Aqua Appia, des ersten römischen Aquädukts, Ende des 4. Jh. v. Chr., nahmen die Römer das Wasser aus dem Tiber, den Brunnen und den wenigen Quellen der Stadt. Die wichtigste davon entsprang am Fuß des Palatin. Man brachte sie mit der Nymphe Juturna in Verbindung, die ebenso wie alle übrigen Quellgöttinnen Heilkräfte besaß. In der Mitte des quadratischen, mit Marmor verkleideten Beckens stand auf einem Sockel die Skulpturengruppe der Dioskuren vom Ende des 2. Jh. v. Chr., deren Bruchstücke man im Becken fand. Heute steht sie im Antiquarium des Forums. Nicht weit von hier liegt ein kleiner Tempel mit einer Weihinschrift an Juturna. Hinter dem Brunnen lag die *Statio aquarum* (»Aquädukt-Verwaltung«), die 328 n. Chr. vom Marsfeld hierher verlegt wurde.

**Oratorium der Vierzig Märtyrer.** Es handelt sich um einen Saal aus trajanischer Zeit, der durch Anbau einer Apsis in ein christliches Oratorium umgewandelt wurde. An der Rückwand zeigt ein Fresko, vermutlich aus dem 8. Jh., das Martyrium von 40 christlichen Soldaten während der Verfolgungen unter Diokletian (Ende des 3. Jh. n. Chr.).

**Domitianische Gebäude und Santa Maria Antiqua.** Südlich der Juturna-Quelle erstreckt sich ein großer Gebäudekomplex, bestehend aus einem zum Forum hin gelegenen Portikus, Ladenlokalen zum Vicus Tuscus und einem großen Ziegelsaal, den ursprünglich ein Gewölbe abschloß. Östlich davon liegt hinter weiteren Räumen ein überdachter, bis zu den Kaiserpalästen am Palatin verlaufender Gebäudeteil. Die Deutung ist nicht ganz gesichert, vermutlich handelt es sich um eine Art Eingangstrakt zu den Palästen. Die Kirche Santa Maria Antiqua wurde im 6. Jh. darin errichtet. Die Fresken (6.-8. Jh.) bieten ein einzigartiges Zeugnis des römischen Frühmittelalters. Das älteste aus dem frühen 6. Jh. (rechts von der Apsis) zeigt Maria, die von einem Engel verehrt wird. Besonders schön sind die unter Johannes VII. (705-708) entstandenen Bilder an den Seitenwänden des Presbyteriums. Südlich der Kirche ist die Ruine der Horrea Agrippiana zu sehen, der Getreidespeicher des Agrippa, Freund und Schwiegersohn des Augustus. In der Nähe liegt die Kirche San Teodoro.

## Santa Maria Antiqua

Das linke Seitenschiff schmücken oben Szenen aus dem Alten Testament, unten Christus und Heilige.

Von der Dekoration des rechten Seitenschiffs sind nur einige Fragmente erhalten. In einer Nische sieht man eine *Jungfrau mit Kind,* in der Apsis *Christus am Kreuz;* darunter den *Segnenden Christus,* zu seiner Rechten Papst Paul I. (757-767).

San Teodoro

**Caesar-Tempel und Augustus-Bogen.** Nach Caesars Ermordung in der Kurie des Pompejus (▲ *248)* wurde sein Leichnam zum Forum gebracht und dort verbrannt. An dieser Stelle errichtete man eine Säule mit der Inschrift *Parenti patriae* (»dem Vater des Vaterlandes«) und später einen Tempel, den Augustus 29 v. Chr. weihte. Dies war das erste Mal, daß ein römischer Staatsmann nach seinem Tod vergöttlicht wurde. Von dem Gebäude sind Teile des Podiums und Reste der davorliegenden Tribüne erhalten, an der man Schiffsschnäbel von der Flotte von Marc Anton und Kleopatra anbrachte, die Augustus 31 v. Chr. in Actium erbeutet hatte. Gleich daneben sind die Überreste des Augustus-Bogens zu erkennen, den der Senat 29 v. Chr. errichten ließ, um die Rückgabe von Feldzeichen zu feiern, die an die Parther verloren worden waren.

**Die Regia.** Der Bau des »königlichen Hauses« wird dem zweiten König von Rom zugeschrieben, Numa Pompilius, der darin gewohnt haben soll. Die Regia stand in enger Beziehung zum Haus der Vestalinnen und zum Haus des *Rex sacrorum,* der in republikanischer Zeit die priesterlichen Funktionen der früheren Könige ausübte. Später wohnte hier der

# Kapitol – Forum – Palatin
## Das Forum Romanum

Statue einer Vestalin

*Pontifex maximus,* der römische Oberpriester. Nach einem Brand und zweimaligem Wiederaufbau erhielt das Gebäude zu Beginn der republikanischen Zeit seine charakteristische Form, die es bis in die Kaiserzeit behielt.

**Tempel der Vesta und Haus der Vestalinnen ♥.** Gegenüber der Regia stand der Tempel der Göttin Vesta. Das Heiligtum und das Haus der Vesta-Priesterinnen bildeten das *Atrium Vestae*. Stellvertretend für das Herdfeuer im Haus des Königs, das Symbol des ideellen Staatsmittelpunktes, hütete man hier das heilige Feuer der Stadt. Die Unterhaltung des Feuers, die zunächst den Töchtern des Königs oblag, wurde in republikanischer Zeit sechs Priesterinnen anvertraut, den Vestalinnen. Sie stammten aus Patrizierfamilien und wurden im Alter zwischen sechs und zehn Jahren ausgewählt. Während der Zeit ihrer Priesterschaft, dreißig Jahre lang, mußten sie keusch bleiben. Verstieß eine Vestalin gegen ihr Gelübde, wurde sie auf dem Campus Sceleratus am Quirinal lebendig begraben und ihr Liebhaber im Comitium (▲ *138*) öffentlich zu Tode geprügelt. Das Heiligtum enthielt auch die Insignien, die Äneas aus Troja mitgebracht haben soll und die das ewige Bestehen des Reiches garantieren sollten; der wichtigste Gegenstand, das *Palladium,* ein archaisches Minerva-Bild, sicherte angeblich die Unversehrtheit der Stadt, die es besaß. Die Reste des Vesta-Tempels stammen vom Ende des 2. Jh., ebenso die des Hauses der Vestalinnen, eines mehrstöckigen Gebäudes, dessen Räume an einem Hof mit drei Wasserbecken und Statuen der obersten Vestalinnen lagen.

## Die andere Seite der Via Sacra

Die Via Sacra ist die älteste und vornehmste Verkehrsachse des Forums. Der Triumphzug der siegreichen Generäle führte über diese Straße zum Tempel des Jupiter Capitolinus.

**Romulus-Tempel.** Der kleine Rundtempel galt als dem Sohn des Maxentius, Romulus, geweiht, war aber wohl ein Penaten- oder ein Jupiter-Stator-Tempel. Die Bronzetür ist noch original (4. Jh.). Der Bau stand einst auf Straßenniveau, heute sind jedoch die Fundamente zu sehen, die bei Ausgrabungen im 19. Jh. freigelegt wurden. Ein Teil der Kirche Santi Cosma e Damiano (▲ *168*) wurde in das Heiligtum hineingebaut.

**Tempel des Antoninus Pius und der Faustina**
Er wurde in eine Kirche umgewandelt und entging so der Zerstörung. Die Motive des Frieses über der *cella* (geflügelte Greifen zwischen geschwungenen Kandelabern) gehören zu den schönsten erhaltenen Beispielen römischer Ornamentik.

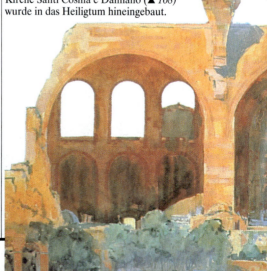

## Tempel des Antoninus und der Faustina ♥.

Der große Tempel, in den die Kirche San Lorenzo in Miranda hineingebaut wurde, ist anhand der Inschriften am Architrav gut identifizierbar: Den Tempel errichtete Antoninus Pius 141 n. Chr. zum Andenken an seine Frau, die in demselben Jahr verstorbene und vergöttlichte Faustina. Als er selbst 161 n. Chr. starb, wurde der Tempel auch ihm geweiht. Von der Fassade sind schöne korinthische Säulen aus Cipollino mit Marmorkapitellen erhalten.

**Die archaische Nekropole.** Rechts vom Tempel entdeckte man 1902 die Reste einer Nekropole, 40 Gräber aus der Eisenzeit. Die ältesten sind Aschengräber; sie bestehen aus einem *Dolium,* dem Gefäß mit den Grabbeigaben, und der Urne, die *Cabana* genannt wird, weil sie einer Hütte nachgebildet ist. Die Erdbestattungsgräber sind jünger. Die Fundstücke sind im Antiquarium des Forums zu sehen (▲ *147).*

**Die Maxentius- bzw. Konstantins-Basilika.** Die Basilika ist eines der großartigsten Gebäude des kaiserzeitlichen Rom. Der von Maxentius im Jahr 306 begonnene und von Konstantin 310 n. Chr. vollendete Bau bedeckte eine Fläche von 6.000 m². Das große Mittelschiff war mit einem 35 m hohen Gewölbe versehen, dessen drei gewaltige Vierungen auf acht Säulen ruhten. Der Mittelteil überragte die niedrigeren Seitenschiffe, die jeweils in drei große Nischen mit Tonnengewölben unterteilt waren. Das Dach war mit Ziegeln aus vergoldeter Bronze gedeckt, die im 7. Jh. für die Peterskirche wiederverwendet wurden. Der mittlere Raum auf der erhaltenen Nordseite endete in einer Apsis; hier hielt der Kaiser Gericht. Im Süden lag der gewaltige Eingangsbereich mit einem vorgesetzten Portikus aus vier Porphyrsäulen, zu dem man von der Via Sacra aus über eine mittig gelegene Treppe emporstieg. Die Innenausstattung der Basilika umfaßte vielfarbige Marmorinkrustationen an den Wänden und auf dem Fußboden, vergoldete Stuckkassetten an den Gewölben und Säulen aus Porphyr und Marmor, dazu zahlreiche Statuen, die heute verschwunden sind. In der westlichen Apsis fand man die Überreste der Kolossalfigur des Kaisers Konstantin (▲ *131, 132),* die heute im Hof des Konservatorenpalasts zu sehen sind.

Unten eine Ansicht des Forums und die untere Pflasterung der Via Sacra

**Die Maxentius-Basilika**
Lange Zeit wurde die Ruine (ein Flügel der Basilika) als Friedenstempel bezeichnet. Sie konnte erst zu Anfang des 19. Jh. durch den Archäologen Nibby identifiziert werden, als man sie aus dem Schutt herausgeschält hatte. Der Rest des Gebäudes wurde vermutlich bei Erdbeben zerstört, vielleicht bei dem Beben von 1349, das auch das Kolosseum (▲ *169)* und das Turmhaus der Conti (▲ *168)* schwer beschädigte.

# KAPITOL – FORUM – PALATIN
## DER PALATIN

**Haus von Livia und Augustus**
1. Apollo-Tempel
2. Bibliothek

**Domus Tiberiana**
3. Erweiterungen Caligulas
4. Kryptoportikus

**Titus-Bogen ♥.** Dieses Bauwerk ist vermutlich unter Kaiser Domitian entstanden. Es blieb zum Teil erhalten, weil man es in die mittelalterlichen Befestigungsanlagen der Familie Frangipani einbezog; 1822 wurde es restauriert. An der Ostseite ist noch eine Originalinschrift zu sehen: »Der Senat und das römische Volk dem vergöttlichten Titus, Sohn des vergöttlichten Vespasian, Kaiser Vespasian«.

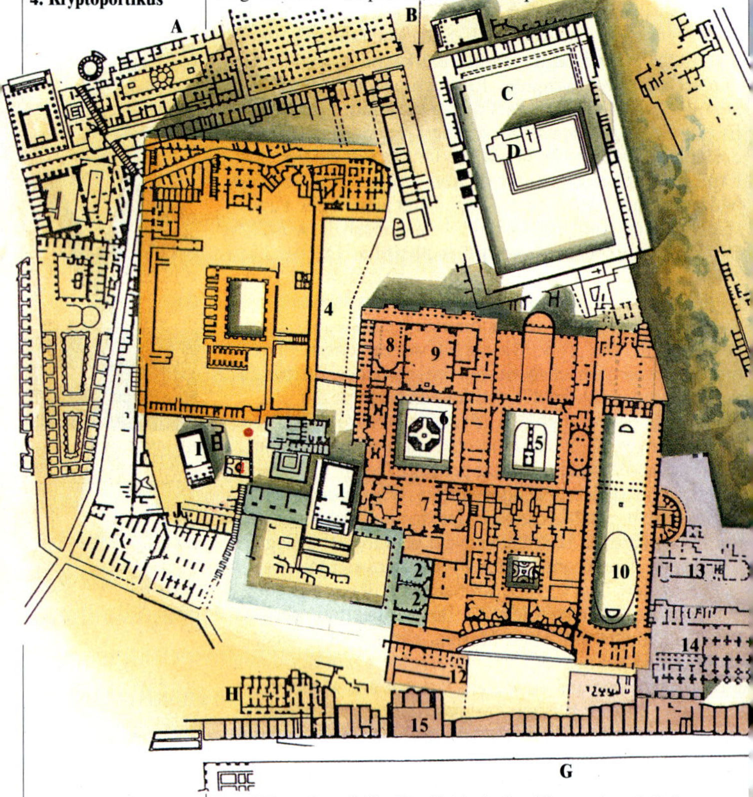

**Domus Flavia und Augustana**
5. Peristyl der Domus Augustana
6. Peristyl der Domus Flavia
7. Coenato Jovis
8. Basilika
9. Aula Regia
10. Domitians-Stadion
11. Tribüne
12. Paedagogium

**Severische Bauten**
13. Thermen
14. Domus Severiana
15. Domus Praecorum

Der Hinweis auf die Göttlichkeit des Titus zeigt, daß der Kaiser zum Zeitpunkt der Errichtung des Bogens bereits verstorben war. Das Relief im Mittelteil zeigt Titus auf einem Adler gen Himmel reitend. Das kleine Relief in der Mitte der Ostseite schildert den Sieg Vespasians und seines ältesten Sohnes 71 n. Chr. über die Juden.

**Tempel der Venus und Roma.** An dieser Stelle, wo das Atrium von Neros Domus Aurea (▲ *174*) lag, stand auch seine Kolossalstatue. Hadrian brauchte 24 Elefanten, um den Bronzegiganten (▲ *171*) zum Kolosseum zu bringen, bevor er diesen Tempel bauen konnte. Er soll selbst der Architekt gewesen sein, sehr zum Ärger des Apollodorus von Damaskus, der sich scharfer Kritik an dem Werk nicht enthalten konnte und seine Kühnheit mit dem Leben bezahlte. Das 135 n. Chr. geweihte Gebäude besaß zwei *cellae,* deren Rückwände aneinandergrenzten, mit je einer Apsis. So blickte Roma zum Forum, Venus zum Kolosseum. Die Idee, eine Stadt zu vergöttlichen, war von einem hellenistischen Ritus abgeleitet, der seit dem 2. Jh. v. Chr. in Rom eingeführt war.

A. Forum
B. Mündung des Clivus Palatinus
C. Tempel des Elagabal
D. Kirche San Sebastiano
E. Aqua Claudia
F. Septizodium Severianum
G. Circus Maximus
H. Kirche Sant'Anastasia
I. Kybele-Tempel
J. Archaische Hütten
• Archaische Zisternen

**Das Antiquarium des Forums.** Es wurde im ehemaligen Kloster von Santa Francesca Romana eingerichtet und zeigt neben den wichtigsten Ausgrabungsfunden des Forums Stücke aus der archaischen Nekropole sowie Fragmente eines Marmorreliefs aus der Basilica Aemilia (▲ *136*), auf dem die Gründungsmythen der Stadt Rom zu sehen sind.

"Schon vor der Geburt Jupiters wohnten die Arkadier in ihrem Land, und das Volk soll älter als der Mond sein."
Ovid

## DER PALATIN ♥

Mit den Rasenflächen und Schirmpinien ist der Palatin nach wie vor einer der anziehendsten Teile der Stadt.
**Die Wiege Roms.** Dank der zentralen Lage war dieser Hügel sicherlich am besten für Siedlungen geeignet. Nach der Legende sollen sich hier sehr früh Griechen niedergelassen haben. Sie waren unter der Führung ihres Königs Euandros und seines Sohnes Pallas aus Arkadien gekommen. Auch Vergil berichtet in der *Äneis* von den Arkadiern, die Herkules und später Äneas hier angetroffen hätten. In republikanischer Zeit wurde der Hügel zu einem Wohnbezirk für die herrschende Klasse Roms. Die Tatsache, daß Augustus sich entschloß, hier zu wohnen, war für die Geschichte des Palatin von ausschlaggebender Bedeutung, denn in der Folge erbauten alle Kaiser hier ihre Wohnhäuser: Tiberius, dessen Palast von Caligula und Domitian erweitert wurde, Nero, die Flavier (Domus Flavia und Domus Augustana) und Septimius Severus. Der Name *Palatium* (Palatin) bezeichnete schließlich sowohl den Hügel als auch den »Palast« des Kaisers. Im Mittelalter errichteten die Frangipani hier eine Burg, die den Päpsten bei Gefahr Zuflucht bot. Im 16. Jh. legte Vignola für die Familie Farnese wundervolle Gärten an. Die Anlagen sind zum Teil erhalten, und der Familie verdanken wir auch die ersten Grabungen am Domitians-Palast im 18. Jh.

**Der Titus-Bogen**
Zwei Ereignisse von Titus' Triumph sind auf den beiden großen Relieffeldern an der Innenseite des Bogens dargestellt; die südliche Tafel zeigt den Triumphzug beim Durchschreiten der Porta Triumphalis. Die mitgeführten Gegenstände sind die Silbertrompeten und der siebenarmige Leuchter, die man aus dem Tempel von Jerusalem geraubt hatte. An der Nordseite erscheint Titus in der Quadriga, ihm voran die Liktoren. Die Göttin Roma hält die Pferde am Zaumzeug fest, während die Siegesgöttin den Kaiser krönt. Hinter ihm sind die allegorischen Figuren des römischen Volkes und Senats zu erkennen.

**Mythos und Religion.** Jedes Jahr am 21. April wurden die *Palilia* gefeiert, Fest der Göttin Palas und Jahrestag der Gründung Roms. Bei den *Lupercalia* (einem weiteren Fest auf dem Palatin) begann ein Umzug am Fuße des Hügels bei dem zum Tiber hin gelegenen *Lupercal*, der Grotte der Wölfin, die der Legende nach die Stadtgründer Romulus und Remus säugte. Mit Ziegenfellen als Wölfe vermummte Priester *(»Luperci«)* zogen bei dem Reinigungsritus rund um den Hügel und schlugen alle Frauen, die ihnen auf dem Weg begegneten, mit Peitschen aus Ziegenhaut, um ihnen Fruchtbarkeit zu verleihen. Verschiedene andere Kulte wurden während der Republik und der Kaiserzeit auf dem Palatin gepflegt, insbesondere die der Kybele und des Apollo. (Steigen Sie über den Clivus Palatinus hinauf; rechter Hand liegen die Farnesischen Gärten.)

147

# Kapitol – Forum – Palatin
## Der Palatin

Von den drei 1948 freigelegten Hütten war die größte 4,90 m lang. Die Löcher für die Pfosten, die Wände und Dach trugen, sind heute noch zu sehen.

**Transport der Göttin Kybele**
Das Götterbild der Kybele (der schwarze Stein) wurde per Schiff nach Rom gebracht. Bei den jährlich am 11. April stattfindenden Feierlichkeiten zu Ehren der Großen Mutter *(Ludi Megalenses)* führte man Theaterstücke auf. Dabei wurden auch einige der größten Werke von Plautus und Terenz gespielt.

**Das Haus der Livia** ♥
Die rechte Wand des Tablinums ist am besten erhalten. Die bemalte Fläche ist durch korinthische Säulen in drei Felder unterteilt. Im Mittelfeld sind die von Argos bewachte Io und Merkur dargestellt, der kommt, um sie zu befreien (wahrscheinlich handelt es sich um eine Kopie des berühmten Bildes von Nikias).

### Rund um das Haus der Livia

**Casa Romuli.** An dieser Stelle vermutete man die Hütte des Romulus, und Augustus ließ daneben sein eigenes Haus bauen. 1948 ergaben Ausgrabungen Reste von drei eisenzeitlichen Hütten. Es handelt sich um Wohnhäuser, die in den Tuff des Hügels gegraben und durch einen kleinen Entwässerungskanal vor Regenwasser geschützt waren. Zwischen den Hütten und dem Haus der Livia fand man auch zwei archaische Zisternen, von denen eine besonders gut erhalten ist.

**Tempel der Magna Mater.** Eine der wichtigsten Etappen des religiösen Umbruchs, den der Krieg gegen Hannibal auslöste, war die Übernahme des Kybele-Kultes im Jahr 204 v. Chr. (Die Große Mutter wurde in Pessinus im nördlichen Kleinasien in Form eines schwarzen Steins verehrt, vermutlich eines Meteoriten.) Diesen Schritt unternahm man nach Befragung der Sibyllinischen Bücher, einer Sammlung von Orakelsprüchen und Prophezeiungen griechisch-etruskischer Herkunft, die eng mit dem Gott Apollo verknüpft war und von Tarquinius Superbus nach Rom gebracht wurde. Der Tempel wurde erst 191 v. Chr. fertiggestellt; die Reste sind zwischen den archaischen Hütten und der Domus Tiberiana gut sichtbar, ebenso eine Statue der Göttin (rechts).

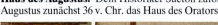

**Haus der Livia.** Östlich des Kybele-Tempels liegt eine Häusergruppe aus spätrepublikanischer Zeit. Eines der Gebäude ist wahrscheinlich der Teil von Augustus' Palast, der seiner Gattin vorbehalten war. Durch einen geneigten Gang gelangt man in einen rechteckigen, von Pfeilern umgebenen Hof. Im Tablinum und zwei seitlich davon gelegenen Räumen sind sehr schöne Wandmalereien des Zweiten Stils erhalten, wahrscheinlich um 30 v. Chr. entstanden. Gegenüber dem Eingang erkennt man auf einem leider fast völlig verblaßten Bild noch Polyphem und Galathea. In einem anderen Raum besteht die sehr schlichte Dekoration aus einer Girlande aus Früchten und Laub; weiter oben sind auf gelbem Grund Szenen aus dem Leben der Ägypter zu sehen. Ein einfaches schwarzweißes Mosaik dient in allen Räumen als Fußbodenbelag.

**Haus des Augustus.** Dem Historiker Sueton zufolge kaufte Augustus zunächst 36 v. Chr. das Haus des Orators

Bemalte Terrakotta-Platten bedeckten die Wände des Apollo-Tempels. Die schillernden Farben sind typisch für die augusteische Zeit.

Hortensius, an das er später zahlreiche weitere Gebäude anbauen ließ. Die kleinen Zimmer im Westteil scheinen Wohnräume gewesen zu sein, während die im Ostteil um einen großen Saal herum gelegenen Räume wohl eher offiziellen Anlässen vorbehalten waren.

**Der Apollo-Tempel.** Er wurde lange für den Tempel des Jupiter Victor gehalten und erst 1956 identifiziert. Erhalten sind lediglich der gemauerte Kern, Reste des Marmorfußbodens und Fragmente korinthischer Kapitelle. Augustus soll den Tempel zwischen 36 und 28 v. Chr. in einem Teil seines Hauses gebaut haben. Apollo, der Gott der Ordnung, der Klarheit und der Jugend, war sein persönlicher Schutzherr; ihm schrieb er vor allem seinen Sieg über Marc Anton im Jahr 31 zu. Auch später blieb er dem griechischen Gott treu, was sich beispielsweise bei den Säkularfeiern des Jahres 17 v. Chr. und auch in der Pracht des ganz aus lunensischem Marmor erbauten Tempels ausdrückte. Drei griechische Bildhauer, nämlich Skopas, Kephisodot und Timotheos, schufen die drei Kultfiguren (Apollo, Diana und Leto). In der Basis der Apollo-Statue wurden in einem Schrein die Sibyllinischen Bücher aufbewahrt, die man bis dahin im Tempel des Jupiter Capitolinus gehütet hatte. Dies verlieh dem Haus des Augustus eine Bedeutung als religiöses Zentrum der Stadt, die noch deutlicher zutage trat, als der Kaiser beschloß, in seinem Haus eine Statue und einen Altar der Vesta aufzustellen.

**Domus Tiberiana.** Das Haus des Augustus-Nachfolgers Tiberius war der erste von vornherein als solcher konzipierte Kaiserpalast. Er stand zwischen dem Kybele-Tempel und dem Abhang zum Forum. Im 16. Jh. wurde dieser Bezirk mit den Farnesischen Gärten überbaut. Der erforschte Teil umfaßt 18 Räume an der Südseite, ein ovales Wasserbecken und einen langen Kryptoportikus (unterirdischen Gang), in dem noch Reste der Bemalung, des Mosaikfußbodens und an der Decke ein Stuckfragment mit Eroten zu sehen ist – das Original ist im Antiquarium (▲ *151*) des Palatin. Rechts führt ein jüngerer Trakt zur Domus Augustana (▲ *150*). Caligula erweiterte den Palast zum Forum hin, und Domitian ließ ihn vollständig erneuern.

# KAPITOL – FORUM – PALATIN
## DER PALATIN

Am Westhang des Palatin ersetzten die Paläste ältere Gebäude und veränderten damit völlig die Topographie des Hügels.

**Casa dei Grifi ♥**
Die interessantesten Wandmalereien (100 v. Chr.) aus dem unter dem sogenannten Lararium gefundenen Haus wurden abgenommen und in das Antiquarium des Palatin gebracht.

Das von Sixtus V. zerstörte Septizodium

## DER PALAST DES DOMITIAN

**Domus Flavia.** Bis zum Ende der Kaiserzeit war dieser Palast der offizielle Wohnsitz der Kaiser. Die von dem Architekten Rabirius geleiteten Arbeiten wurden zu Beginn der Herrschaft Domitians aufgenommen und 92 n. Chr. abgeschlossen. In der Mitte der Domus Flavia umgibt ein riesiges rechteckiges Peristyl einen großen achteckigen Brunnen und führt zu einigen prachtvoll ausgestatten Räumen. Im Norden lag eine Halle, die von den Archäologen des 18. Jh. wegen ihrer imposanten Dimensionen *Aula regia* (»Thronsaal«) genannt wurde. Hier fanden wohl öffentliche Audienzen statt. Die Nischen waren mit riesigen Statuen aus farbigem Marmor geschmückt. Die Apsis war dem Kaiser vorbehalten, der in allem Prunk als *Dominus et Deus* (»Herr und Gott«) in Erscheinung trat – so hatte Domitian sich als erster titulieren lassen. Westlich der Aula liegt ein viereckiger, dreischiffiger Saal von etwas bescheideneren Ausmaßen mit einer tiefen Apsis; vermutlich diente der Saal als Auditorium für Versammlungen des kaiserlichen Rats. Östlich davon liegt ein weiterer Raum, der willkürlich als »Lararium« bezeichnet wurde. Darunter fand man den interessantesten republikanischen Bau Roms, die Casa dei Grifi oder Haus der Greifen, so benannt nach den Stuckdekorationen in einer Lünette. Im Süden des Peristyls lag ein großer Saal, von dessen doppeltem Marmorfußboden ein Teil erhalten ist; er war für eine Warmluftheizung eingerichtet. In diesem fußbodengeheizten Saal vermutet man die *Coenatio Jovis,* einen grandiosen Speisesaal.
**Domus Augustana.** Sie war die Privatresidenz des Kaisers. Die Räume der Nordseite lagen um ein großes Peristyl; darin befand sich ein dekoratives Wasserbecken mit einem kleinen Tempel, vermutlich Minerva geweiht, auf einem hohen Podium in der Mitte, zu dem man über eine Brücke gelangte. Im viel tiefer gelegenen südlichen Teil lagen die Räume um einen viereckigen Hof, an den eine große Exedra als Fassade zum Circus Maximus (▲ *177*) angrenzte. Die obere Etage ist

Links eine Rekonstruktion der Palastfassade zum Circus Maximus (▲ *177*). Oben der heutige Zustand (Zeichnung von 1886)

teils kaum erhalten, teils völlig restauriert; der Grundriß ist recht komplex, mit zahlreichen meist kleineren Räumen.

**Das Stadion.** Der einem Circus ähnelnde Bau war mit einer zweistöckigen Kolonnade umgeben und bildete den dritten Bereich des Domitians-Palastes. Es diente wohl als Reitbahn und als Garten. Solche Anlagen mit zentral gelegener Tribüne fanden sich gelegentlich in großen Privatvillen. Hier handelt es sich vermutlich um den *Hippodromus Palatii,* der nach der Geschichte der Märtyrer im Zusammenhang mit dem Martyrium des hl. Sebastian eine Rolle spielte.

**Domus Severiana.** So nennt man den gegen Ende des 2. Jh. unter Septimius Severus im Rahmen einer Erweiterung entstandenen Teil der Domus Augustana. Von dem gigantischen Bau sind nur die nackten Ziegelfundamente erhalten. Zwischen dem Palast und der Exedra des Stadions lag eine Thermenanlage. Sie wurde durch einen Abzweig der Aqua Claudia mit Wasser versorgt, die mittels (teilweise erhaltener) grandioser Bögen über die Senke zwischen Caelius und Palatin geführt wurde. In dem zur Via Appia hin gelegenen Teil des Palatin stand das Septizodium (links unten), ein monumentales Nymphäum, mit dem Septimius Severus aus seiner Heimat Afrika kommende Besucher beeindrucken wollte.

Eine Säule in der Domus Flavia

**Elagabal (auch Heliogabalus)** (218-222) Der Oberpriester des Sonnengottes aus Emesa (Syrien) wurde mit 14 Jahren römischer Kaiser, jedoch von Gegnern einer Orientalisierung bald wieder vertrieben.

**Das Antiquarium auf dem Palatin.** Es ist im ehemaligen Kloster der Suore della Visitazione untergebracht und enthält archäologische Funde vom Hügel, also Stücke aus den archaischen Hütten sowie Wandmalereien aus den antiken Gebäuden.

**Die Kirchen am Palatin und der Tempel des Elagabal.** Der Ostteil des Palatin war mit einer riesigen künstlichen Terrassenanlage überzogen, die ein einzelnes Bauwerk abstützen sollte; sie entstand wahrscheinlich zugleich mit dem an den Domitians-Palast angrenzenden Palast. In der Mitte steht die schöne Kirche San Sebastiano, die seit dem 11. Jh. den Benediktinern gehört; der heutige Zustand stammt aus dem 17. Jh. Südlich der Kirche sind Reste eines Tempels zu sehen; vielleicht war es derjenige, den Kaiser Elagabal dem Sonnengott gleichen Namens errichten ließ, um schon zu Lebzeiten verehrt zu werden. Am Ende der Via di San Bonaventura liegt das 1677 gegründete Kirchlein San Bonaventura.

# ▲ Kapitol – Forum – Palatin

**S.P.Q.R. – Senatus Populusque Romanus**
»Senat und Volk Roms« – so lautet die offizielle Bezeichnung Roms seit der Antike. Rabelais legte die Abkürzung anders aus: *Si peu que rien* – »So gut wie nichts«. Nichtrömische Italiener übersetzen: *Sono pazzi questi romani* – »Die spinnen, die Römer« …

# Vom Forum Holitorium zum Kolosseum

Forum Holitorium und
Forum Boarium *154*
Marcellus-Theater *157*
Piazza Venezia *160*
Kaiserforen *162*
Trajans-Säule *166*
Trajans-Märkte *167*
Kolosseum *170*
Die Spiele *172*
Domus Aurea *174*

# ▲ Vom Forum Holitorium zum Kolosseum

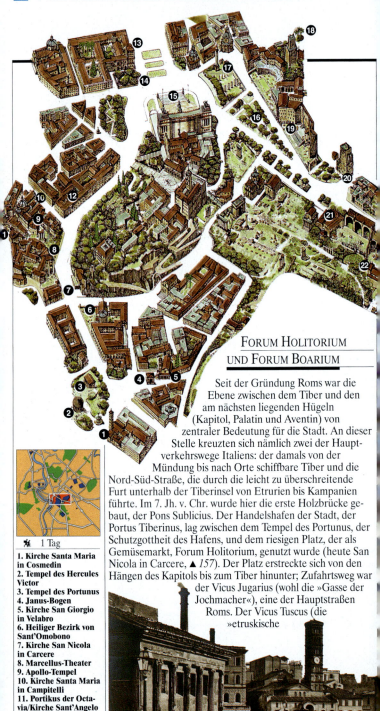

## Forum Holitorium und Forum Boarium

Seit der Gründung Roms war die Ebene zwischen dem Tiber und den am nächsten liegenden Hügeln (Kapitol, Palatin und Aventin) von zentraler Bedeutung für die Stadt. An dieser Stelle kreuzten sich nämlich zwei der Hauptverkehrswege Italiens: der damals von der Mündung bis nach Orte schiffbare Tiber und die Nord-Süd-Straße, die durch die leicht zu überschreitende Furt unterhalb der Tiberinsel von Etrurien bis Kampanien führte. Im 7. Jh. v. Chr. wurde hier die erste Holzbrücke gebaut, der Pons Sublicius. Der Handelshafen der Stadt, der Portus Tiberinus, lag zwischen dem Tempel des Portunus, der Schutzgottheit des Hafens, und dem riesigen Platz, der als Gemüsemarkt, Forum Holitorium, genutzt wurde (heute San Nicola in Carcere, ▲ *157*). Der Platz erstreckte sich von den Hängen des Kapitols bis zum Tiber hinunter; Zufahrtsweg war der Vicus Jugarius (wohl die »Gasse der Jochmacher«), eine der Hauptstraßen Roms. Der Vicus Tuscus (die »etruskische

✼ 1 Tag

1. Kirche Santa Maria in Cosmedin
2. Tempel des Hercules Victor
3. Tempel des Portunus
4. Janus-Bogen
5. Kirche San Giorgio in Velabro
6. Heiliger Bezirk von Sant'Omobono
7. Kirche San Nicola in Carcere
8. Marcellus-Theater
9. Apollo-Tempel
10. Kirche Santa Maria in Campitelli
11. Portikus der Octavia/Kirche Sant'Angelo in Pescheria
12. Kloster Santa Francesca Romana in Tor de' Specchi
13. Palazzo Venezia
14. Basilika San Marco

**Das Forum Boarium**
Oben links: Der berühmte »Mund der Wahrheit«; rechts der Rundtempel

Gasse«, die ihren Namen möglicherweise dort ansässigen etruskischen Händlern verdankt) ging ebenfalls vom Forum Romanum aus und führte am Palatin entlang zum Rindermarkt, dem Forum Boarium (heute Piazza Bocca della Verità).

**Santa Maria in Cosmedin.** Die Kirche wurde im 6. Jh. über den Resten einer Säulenhalle aus flavischer Zeit errichtet, die Säulen integrierte man in die Sakristei der Kirche. Im 8. Jh. wurde sie unter Papst Hadrian I. erweitert und der griechischen Gemeinde überlassen, die sich in der Nähe des Tibers im Viertel Ripa Grecae niedergelassen hatte. Seit damals heißt die Kirche nach einem Stadtviertel Konstantinopels Santa Maria in Cosmedin. Im Portikus ist noch der berühmte antike Brunnenmund (● 47) erhalten. Er stellt einen Tritonen dar; wenn ein Lügner die Hand in den »Mund der Wahrheit« steckt, wird sie darin festgehalten, so der Volksglaube, der dem Brunnen seinen Namen gab. Die Kirche wurde mehrfach restauriert, vor allem im 12. und 13. Jh. Beachtenswert sind der Portikus, der schlanke romanische Campanile, die *Schola Cantorum* (der den Klerikern vorbehaltene Bereich), der Cosmatenfußboden (● 76) und das reiche Mobiliar sowie der gotische Baldachin über dem Hochaltar. In der Sakristei ist ein Fragment eines goldgrundigen Mosaiks des 8. Jh. aus der alten Peterskirche zu sehen, es zeigt einen der Heiligen Drei Könige. Die Krypta wurde in die Fundamente der antiken Säulenhalle gegraben. Ende des letzten Jahrhunderts gab der Architekt Giovanni Battista Giovenale der Kirche ihr ›mittelalterliches‹ Aussehen wieder – mit einiger Übertreibung.

**Die Tempel des Portunus und des Hercules Victor** (● 70). Im Süden des Forum Holitorium lag an der Stelle des heutigen Standesamtes einst der Tiberhafen, der *Portus Tiberinus*. Daneben steht der rechteckige Tempel des Portunus (Hafengott), auch Fortuna-Virilis-Tempel genannt. Der Tempel wurde im 4. oder 3. Jh. v. Chr. gegründet, das heutige, mehrfach restaurierte Gebäude stammt aus dem 1. Jh. v. Chr. Der Tempel aus Tuff und Travertin war einst vollständig mit Stuck überzogen. Noch weiter südlich, direkt am Tiber, liegt der Rundtempel des Hercules Victor (Herkules besiegte den feuerschnaubenden Riesen Cacus, nachdem dieser ihm einige seiner Rinder gestohlen hatte). Der Tempel, der lange Zeit fälschlicherweise für einen Vesta-Tempel gehalten wurde, ist das älteste erhaltene Marmorgebäude Roms.

an der Piazza Bocca della Verità. Der Tempel war dem Hercules Victor geweiht und wurde auch als Hercules-Olivarius-Tempel bezeichnet, vermutlich weil ihn ein reicher römischer Ölhändler gestiftet hatte. Herkules (Herakles) war nämlich Schutzpatron der *olearii* (Ölhändler). Der Architekt war mit Sicherheit Grieche, möglicherweise Hermodorus von Salamis, der in der zweiten Hälfte des 2. Jh. in Rom tätig war.

15. Denkmal für Vittorio Emanuele II
16. Kaiserforen
17. Trajans-Säule
18. Torre delle Milizie
19. Casa dei Cavalieri di Rodi
20. Torre dei Conti
21. Kirche Santi Cosma e Damiano
22. Kirche Santa Francesca Romana
23. Konstantins-Bogen
24. Kolosseum
25. Domus Aurea
26. Trajans-Thermen

# ▲ Vom Forum Holitorium zum Kolosseum

Oben: das Haus der Crescenzi (● 72)

**Amazonen**
Der Figurenschmuck der römischen Tempel war häufig von griechischen Vorbildern beeinflußt. In den Kapitolinischen Museen (▲ 132) ist u.a. diese reitende Amazone zu sehen, die nach jüngsten Ergebnissen aus dem Giebelfeld des Apollo-Tempels stammt.

**San Giorgio in Velabro.** Die Kirche wurde im 7. Jh. in einem Viertel mit stark byzantinischem Einfluß gebaut. Im Laufe der Jahrhunderte wurde sie mehrfach restauriert und hat ihr mittelalterliches Aussehen inzwischen wiedererhalten (Ziborium aus dem 11. Jh., Portikus und Campanile aus dem 12. Jh.).

**Arco degli Argentari.** (Wechslerbogen). Der massige Bogen neben der Kirche wurde einer Inschrift aus dem Jahr 204 n. Chr. zufolge von den Geldwechslern und Viehhändlern dem Septimius Severus und seiner Familie gewidmet. Auf einem Relief an der Innenseite sieht man Septimius Severus und Julia Domna mit Opferhandlungen beschäftigt, gegenüber ihren Sohn Caracalla bei Trankopfer. Einst waren auch Caracallas Bruder Geta und seine Frau Plautilla dargestellt, doch ließ Caracalla ihre Bilder entfernen, nachdem er beide umgebracht hatte.

**Janus-Bogen.** Er steht dem Wechslerbogen gegenüber und soll im 4. Jh. unter Constantius II. errichtet worden sein. Unter dem Bogen verlief ein wichtiger Verkehrsweg, deshalb glaubte man lange zu Unrecht, er sei dem doppelgesichtigen Janus, Gott der Türen, geweiht. In Wirklichkeit handelte es sich wohl um eine überdachte Straßenkreuzung und einen Treffpunkt der Geschäftsleute am Forum Boarium. Neben dem Bogen liegt hinter einem Gitter ein gut erhaltener Teil der Cloaca Maxima (● 69), des wichtigsten Entwässerungskanals im alten Rom. (Gehen Sie von hier aus in die Via di San Giovanni Decollato und biegen Sie links in den Vico Jugario ab.)

**Der Heilige Bezirk von Sant' Omobono.** Neben der kleinen Kirche Sant'Omobono liegt ein archäologisches Grabungsfeld mit einzigartigen Zeugnissen der etruskischen Kultur in archaischer Zeit. Es handelt sich um eine *Area sacra* mit zwei kleinen Tempeln, die der Fortuna und der Mater Matuta (einer altsabinischen Göttin, Mutter des Portunus) geweiht waren. Der Überlieferung nach sollen sie unter König Servius Tullius (579-534 v. Chr.) erbaut worden sein. Die Funde stützen diese Datierung und liefern Belege dafür, daß das Heiligtum gegen Ende des 6. Jh. v. Chr. zerstört wurde. Etruskische Tempel wurden offenbar bei der Vertreibung der Könige vor der Ausrufung der Republik (510 v. Chr.) bewußt niedergerissen. (Es geht über die Via del Teatro di Marcello.)

Rekonstruktion der steinernen Ränge und Galerien des Marcellus-Theaters von Vaudoyer (1786)

**San Nicola in Carcere.** Der Name der Kirche soll daher kommen, daß einer der älteren Tempel an dieser Stelle offenbar im 8. Jh. zeitweilig als Kerker *(carcere)* gedient hat. Die heutige Kirche entstand 1128 unter Papst Honorius II. über der alten Kultstätte. Giacomo della Porta restaurierte sie und gestaltete auch die Fassade (1599). Die Tür an der rechten Seite ist eines der seltenen Beispiele gotischer Baukunst des 15. Jh. in Rom. Die Säulen zwischen den drei Kirchenschiffen stammen alle aus antiken Tempeln. Die Kirche nahm den Platz dreier Tempel aus republikanischer Zeit ein, die vermutlich dem *Janus,* der *Juno Sospita* (der »Retterin«) und der *Spes* (Hoffnung) geweiht waren. Die Kirche entstand über dem mittleren, also wahrscheinlich dem Juno-Tempel, von dem in der Krypta noch Reste erhalten sind. Die Säulen der beiden anderen Tempel, soweit sie zu den zum mittleren gelegenen Seiten gehörten, sind in die Mauern der Kirche eingefügt.

## DAS VIERTEL UM DEN CIRCUS FLAMINIUS

Der im Jahr 221 v. Chr. vom Volks-»Führer« Caius Flaminius Nepos gebaute Circus, in dem Spiele zu Ehren Jupiters stattfanden, erstreckte sich im Süden des Marsfeldes am Tiber entlang. Es ist nichts mehr von ihm erhalten, doch konnte man seine Lage durch die Entdeckung der *Forma Urbis* (▲ *164)* rekonstruieren. Von hier aus setzten sich die Triumphzüge zum Kapitol (▲ *128)* in Bewegung. Deshalb wurde in diesem Viertel von den siegreichen Generälen viel gebaut (Tempel, Portiken etc.), vor allem gegen Ende der Republik.
**Marcellus-Theater** (● *67).* Es wurde unter Caesar begonnen und unter Augustus vollendet. Man wählte den Bauplatz bewußt in der Nähe des Apollo-Tempels, weil die Aufführungen zu Ehren dieses Gottes stattfanden.

**Das Marcellus-Theater**
Wie viele antike Bauwerke wurde auch das Theater des Marcellus im Mittelalter in eine Festung verwandelt und damit vor der Zerstörung bewahrt. Im 16. Jh. beauftragte die vornehme Familie Savelli den Sienesen Baldassare Peruzzi, in das obere Stockwerk einen Palast hineinzubauen. Die Orsini ließen ihn im 18. Jh. erneuern.

# ▲ Vom Forum Holitorium zum Kolosseum

Die drei Säulen des Apollo-Tempels

Offiziell wurde das Theater 13 oder 11 v. Chr. Marcellus, dem früh verstorbenen Neffen, Schwiegersohn und designierten Nachfolger Augustus' geweiht. Zuvor diente es 17 v. Chr. bereits als Schauplatz der ›Säkularspiele‹, die alle hundert Jahre zur Feier des Beginns einer neuen Ära stattfanden. Das Theater war nach dem des Pompejus (▲ 248) das zweitgrößte Roms und konnte bis zu 20 000 Zuschauer aufnehmen. Heute ist noch ein Teil des ersten und zweiten Stockwerks mit dorischer und ionischer Säulenordnung sichtbar, während die dritte Etage mit korinthischen Säulen fast vollständig verschwunden ist. Von der Bühne ist fast nichts mehr erhalten. Sie diente ab dem 4. Jh. als Marmorsteinbruch für den Bau der Cestius-Brücke. Um 1930 wurde das Theater wieder aus den umliegenden Anbauten herausgelöst und restauriert.

**Die Tempel des Apollo Sosianus und der Bellona.** Der erste Tempel entstand nach einer Pestepidemie und wurde 431 v. Chr. dem ›Apollo Medicus‹ geweiht. Es war der einzige bedeutendere Tempel, der in jenen Krisenjahren in Rom gebaut wurde. 34 v. Chr. begann eine umfassende Restaurierung auf Veranlassung des Konsuls C. Sosius. Auf dem Podium stehen noch drei herrliche korinthische Säulen mit einem darüberliegenden Fries, auf dem Stierschädel und Girlanden aus Olivenlaub abgebildet sind. Im Osten des Apollo-Tempels liegt das Fundament des Tempels der römischen Kriegsgöttin Bellona, der ab 296 v. Chr. unter Appius Claudius Caecus (der 312 auch die Via Appia, ▲ 318, anlegen ließ) begonnen wurde. In den beiden Tempeln versammelten sich die Senatoren, wenn sie darüber zu entscheiden hatten, welchem siegreichen General ein Triumphzug zustand. In der Kaiserzeit fanden solche Sitzungen im Tempel des Mars Ultor auf dem Augustus-Forum (▲ 163) statt. (Biegen Sie rechts vom Marcellus-Theater in die Via del Portico d'Ottavia.)

**Portikus der Octavia.** Von den großen Portiken an der Nordseite des Circus Flaminius ist dieser als einziger erhalten geblieben. Die weiten, von Säulenreihen begrenzten Plätze entstanden nach hellenistischen Vorbildern und dienten als Schauplatz religiöser Zeremonien und politischer Staatsakte, doch auch

**Der Portikus der Octavia**
Die noch sichtbaren Reste (der Torbau und ein Teil des Portikus, fünf korinthische Säulen sowie die große Inschrift am Architrav) stammen von den Restaurationsarbeiten, die Septimius Severus nach einem Brand im Jahre 191 unter Commodus durchführen ließ.

einfach zum Lustwandeln. Der Portikus der Octavia ersetzte den Portikus des Metellus (146 v. Chr.), zu dem zwei Tempel gehörten. Der eine war der Juno Regina geweiht, der andere – das erste ganz aus Marmor bestehende Bauwerk Roms – dem Jupiter Stator. Unter Augustus wurde der Portikus 33 bis 23 v. Chr. restauriert und ebenso wie die beiden Bibliotheken (griechisch und lateinisch) in dem Komplex feierlich der Schwester des Kaisers, Octavia, geweiht. Der Senat versammelte sich in der an die Tempel angrenzende Kurie. Von den Bronzestatuen, die das Gebäude zierten, stellten allein 34 Alexander den Großen und seine in der Schlacht am Granikos 334 v. Chr. gefallenen Offiziere dar. Eine weitere Statue – das erste in Rom öffentlich aufgestellte Frauenstandbild – war die der Cornelia, der Mutter der Gracchen, die damals das Ideal der Weiblichkeit verkörperte.

**Sant'Angelo in Pescheria.** Papst Stephan III. gründete die Kirche 770 über dem zerfallenen Portikus der Octavia. Sie verdankt ihren Namen dem Fischmarkt, der seit dem Mittelalter auf dem Vorplatz abgehalten wurde. Im linken Kirchenschiff ist ein Fresko von Benozzo Gozzoli zu sehen: *Thronende Jungfrau mit Engeln.* Einst mußten in dieser Kirche römische Juden zwangsweise christliche Predigten anhören – zu den erwünschten Bekehrungen führte dieses Verfahren allerdings nicht. (Biegen Sie in die Via della Tribuna di Campitelli ein.)

**Santa Maria in Campitelli (▲ 263).** Die Kirche ließ Papst Alexander VII. ab 1663 für das Gnadenbild der *Madonna del Portico* (11. Jh.) errichten, die der Überlieferung zufolge die Pestepidemie von 1656 beendete. Auf dem Grundriß in Form eines griechischen Kreuzes schuf Carlo Rainaldi ein Gebäude mit quadratischem Chor, darüberliegender Kuppel und mit kannelierten Säulen und korinthischen Pilastern. (Es geht nach links wieder in die Via del Teatro di Marcello.)

**Kloster Santa Francesca Romana in Tor de' Specci.** Über dem Eingang des Klosters (Haus-Nr. 32) der Ordensgründerin (▲ 169) ist das Relief *Santa Francesca e l'Angelo* zu sehen, das Filippo Valle zugeschrieben wird. Hier lebte die Heilige von 1436 bis 1440. (Es geht nach links in die Via d'Aracoeli und dann in die Via Tribuna di Tor de' Specchi.)

**Piazza Margana.** Der schöne kleine Platz besticht wegen der Ebenmäßigkeit der Paläste und Häuser aus dem 15. und 16. Jh. und der interessanten Pflasterung. Am Platz steht das mittelalterliche Turmhaus der Margani; das Portal der Festung ist mit Pfeilern und einem Sturz aus antiken Gesimsfragmenten verziert. (Am Ende des Platzes gehen rechter Hand zwei Gassen in Richtung Piazza Venezia ab.)

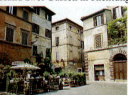

### Portikus der Octavia

Die Zeichnung von Felix Duban, dem Stipendiaten der französischen Akademie im Jahr 1827, zeigt den monumentalen Eingang des Portikus mit den Säulenreihen und – mit leichten Anachronismen rekonstruiert – den zwei dahinter liegenden älteren Tempeln. Rechts der Tempel des Jupiter Stator aus dem 2. Jh. v. Chr. von dem griechischen

Architekten Hermodorus von Salamis, links der der Juno Regina, von dem in den Kellern der mittelalterlichen Häuser in der Via Sant'Angelo in Pescheria Nr. 5 und Nr. 28 noch einige Reste zu sehen sind.

### Eine große Römerin

Octavia war die Schwester Octavians, des späteren Kaisers Augustus. In zweiter Ehe heiratete sie 40 v. Chr. Marc Anton. Eine Weile konnte sie zwischen ihrem Mann und ihrem Bruder vermitteln, doch nach achtjähriger Ehe verstieß Marc Anton sie wegen Kleopatra.

# ▲ Vom Forum Holitorium zum Kolosseum

## Piazza Venezia

Die Piazza Venezia ist in ihrer heutigen Form weitgehend ein Produkt des ausgehenden 19. Jh. und der Mussolini-Ära. Aus diesen Zeiten stammen das Nationaldenkmal für Vittorio

Emanuele II., der Versicherungspalast, die Einmündungen der Via dei Fori Imperiali und der Via del Teatro di Marcello, die Wiederherstellung des Platzes vor Santa Maria in Aracoeli. Der Platz ist einer der wichtigsten Verkehrsknotenpunkte Roms, denn hier beginnt auch die Via del Corso (▲ 308), die schnurgerade zur Piazza del Popolo (▲ 306) führt.

**Das Nationaldenkmal für Vittorio Emanuele II (● 90).** Es wurde zwischen 1885 und 1911 zum Andenken an den ersten italienischen König Viktor Emanuel II. erbaut. Um das gigantische Gebäude rankten sich endlose urbanistische, künstlerische und politische Debatten. Von Anfang an wurde es wegen des ›nordisch‹ weißen Marmors kritisiert und unter anderem von Mussolini angegriffen, der das ganze Denkmal abreißen lassen wollte, es dann aber doch lieber für seine faschistischen Massenveranstaltungen nutzte. Es erhielt unzählige ironische bis verächtliche Spitznamen (die ›Große Schreibmaschine‹, das ›Größte Pissoir Italiens‹ etc.), bis eine aus Architekten, Kunsthistorikern, Journalisten und Politikern gebildete Kommission das Gebäude ein für allemal absegnete. Giuseppe Sacconi war 1885 die zweifelhafte Auszeichnung zugefallen, zu Ehren des 1878 verstorbenen Monarchen »ein Reiterstandbild, ggf. mit architektonischem Hintergrund« zu entwerfen. Zur Einweihung des noch unvollendeten ›Vittoriano‹ wurde 1911 im Bauch des Pferdes ein Festbankett mit zehn Personen abgehalten. Später kamen die Quadrigen und der Altar des Vaterlandes hinzu, in dem sich auch das Grab des Unbekannten Soldaten befindet. Die größten Künstler des ausgehenden 19. Jh. waren an der Ausstattung des Denkmals beteiligt: Dem an Erschöpfung verstorbenen Sacconi folgte ein künstlerisches Triumvirat nach,

**Ein symbolträchtiger Ort**
Für das Denkmal wurden die Reste der Arx, der nördlichen Hügelkuppe des Kapitols, abgetragen und ein Gutteil des mittelalterlichen Roms zerstört. Rechts noch Spuren antiker und mittelalterlicher Bauwerke. Auf der anderen Seite liegt das aus republikanischer Zeit stammende Grab des Publicius Bibulus an der Servianischen Stadtmauer am Beginn der alten Via Flaminia.

**Viktor Emanuel II.** (1820-1878). Er half, die österreichische Herrschaft in Norditalien zu beenden, und brachte mit Unterstützung Cavours die Einigung Italiens zuwege.

bestehend aus Gaetano Koch, Manfredo Manfredi und Pio Piacentini. Die beiden allegorischen Gruppen zu Füßen des Monuments sind aus vergoldeter Bronze und stellen die *Gedanken* und die *Tat* dar. Sie werden von zwei Brunnen eingerahmt, dem *Tyrrhenischen* und dem *Adriatischen Meer.* Oberhalb der Brunnen stehen die Marmorstatuen der *Kraft,* der *Einheit,* des *Opfers* und des *Rechts.* Auf dem ersten Treppenabsatz des Altars des Vaterlandes (von Angelo Zanelli) bewegen sich die *Triumphzüge der Arbeit* und der *Vaterlandsliebe* auf die *Göttin Roma* zu. Über allem schließlich thront das riesige bronzene Reiterstandbild Vittorio Emanueles von Enrico Chiaradia. Den Portikus beherrschen Verkörperungen der italienischen Regionen. Als Krönung dieser gigantischen Huldigung an das geeinte Italien stehen über den Propyläen zwei große, von geflügelten Siegesgöttinnen (der *Freiheit* und der *Einheit*) gelenkte bronzene Viergespanne. Im Innern des Gebäudes befindet sich das Museo Centrale del Risorgimento mit Ausstellungsstücken zur Geschichte der italienischen Einigungsbewegung und das Fahnenmuseum.

Garibaldinische Tracht im Museo Centrale del Risorgimento

**Palazzo delle Assicurazioni Generali di Venezia.** Das Gebäude erbaute Guido Cirilli zwischen 1906 und 1911 anstelle des alten Palazzo Torlonia. Der an die Renaissance anknüpfende Baustil orientierte sich am Palazzo Venezia. An der Fassade ist ein geflügelter Löwe aus dem 16. Jh. zu sehen, das Wappentier der Serenissima Repubblica di Venezia.

**Prunkreden**
Vom Balkon in der ersten Etage aus hielt Mussolini seine bombastischen Reden an das italienische Volk. Er hatte von 1929 bis 1943 seine Arbeitszimmer in diesem Palast untergebracht.

**Palazzo Venezia.** Als der Venezianer Pietro Barbo 1451 Kardinal von San Marco wurde, beschloß er den Bau dieses Palastes, und nach seiner Wahl zum Papst (Paul II., 1464) sollte sein Palast dann zu einer würdigen Papstresidenz werden. Die Arbeiten zogen sich über seinen Tod hinaus bis ins 16. Jh. hinein. Pius IV. überließ einen Teil des Palastes der Republik Venedig, die fortan von 1564 bis 1797 ihre Botschafter hierherschickte – daher der heutige Name. 1806 ließ sich die französische Verwaltung hier nieder. Der mächtige Eckturm und die Zinnen sind noch mittelalterliches Erbe, während die mit Marmorkreuzen versehenen Fenster des *piano nobile,* das große Portal zur Piazza Venezia, der elegante *cortile* und die Innenausstattung der Säle bereits die verfeinerten Züge der Renaissance tragen. Das Museum in den Gemächern Pauls II. und in einem Teil des Palazzetto Venezia, der von diesem Papst am Fuße des Turms erbaut und 1911 verlegt wurde, um die Sicht auf den

Der Hof des Palazzo Venezia

# ▲ Vom Forum Holitorium zum Kolosseum

1. Trajans-Säule
2. Trajans-Märkte
3. Caesar-Forum
4. Augustus-Forum
5. Nerva-Forum
6. Friedenstempel

»Riconciliazione«
Auf den Kaiserforen defilieren die Kaplane an der Spitze der faschistischen Jugendorganisationen an Mussolini vorbei.

neuen Platz freizugeben, enthält Tapisserien, Waffen, Skulpturen, Silber- und Goldschmiedearbeiten, Porzellan und zahlreiche Gemälde. Sehenswert sind vor allem die Sala Regia, wo sich einst die Botschafter zur Papstaudienz einfanden, die Sala del Consistorio, dem Versammlungsort der Kardinäle, und die Sala del Mappamondo, die Mussolini als Arbeitszimmer nutzte. An der Piazza San Marco steht der obere Teil einer zerbrochenen Frauenstatue, die unter dem Namen ›Madama Lucrezia‹ (● 47) zu einer der ›sprechenden‹ Statuen Roms wurde.

**Basilika San Marco.** Sie wurde 336 von Papst Markus gegründet und dem gleichnamigen Evangelisten geweiht. Im 9. Jh. wurde sie von Gregor IV. fast völlig neugebaut. Im 12. Jh. erhielt die Basilika einen Campanile und wurde nochmals verändert, als Papst Paul II. sie in den neuen Palazzo Venezia einfügen ließ. Aus dieser Epoche stammt der Portikus mit den eleganten Arkaden und der sogenannten ›Benediktionsloggia‹. Im Inneren der dreischiffigen Basilika ist noch ein Teil des Cosmatenfußbodens (● 76) zu sehen; die schöne Kassettendecke mit dem Wappen Pauls II. stammt aus dem 15. Jh., die Stuckverzierungen und Fresken im Mittelschiff aus dem 18. Jh. Die Fresken zeigen die Geschichte der persischen Märtyrer Abdon und Sennen. Dem großen Mosaik in der Apsis diente das Mosaik in der Kirche Santi Cosma e Damiano (▲ 168) aus dem 9. Jh. als Vorbild.

## Die Kaiserforen

Caesar, Kaiser und Gott

Bereits gegen Ende der Republik wurde deutlich, daß das alte Forum den Ansprüchen der Hauptstadt des riesigen römischen Reiches nicht mehr gerecht wurde. Julius Caesar wollte das bestehende Forum (▲ 136) zunächst wohl nur erweitern, die Anlage wurde dann jedoch zum ersten der Kaiserforen. Augustus, die Flavier und Trajan fügten neue monumentale Plätze hinzu, so daß letztlich ein gigantischer Komplex öffentlicher Bauten entstand, der sich von den Ausläufern des Quirinal bis zur Velia erstreckte. Hier lag das

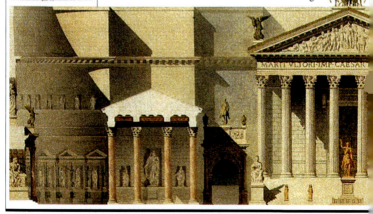

Zentrum der politischen, administrativen, juristischen und wirtschaftlichen Macht der Stadt. Mit dem Niedergang Roms wurden auch die Foren nicht mehr benutzt und im Laufe des Mittelalters immer mehr sich selbst überlassen. Der Komplex wurde eigentlich erst im 20. Jh. wiederentdeckt, als auf Anordnung Mussolinis das mittelalterliche Viertel für den Bau der neuen Via dell'Impero (der heutigen Via dei Fori Imperiali) abgerissen wurde. Auf diesem breiten Boulevard zwischen Piazza Venezia und Kolosseum, der Nord- und Südteil der Stadt miteinander verbinden sollte, fanden die großen Aufmärsche statt, mit denen die Faschisten ihre Wiederanknüpfung an den Glanz des römischen Reiches feierten.

**Caesar-Forum.** In einem Brief aus dem Jahr 54 v. Chr. berichtete Cicero seinem Freund Atticus, er sei von Caesar beauftragt worden, das Gelände für den Bau eines neuen Forums zu kaufen. Dafür mußten die Kurie und das Comitium (▲ *138*) verlegt, die bestehenden Häuser aufgekauft und abgerissen werden. Allein für den Grund und Boden wurde die ungeheure Summe von sechzig Millionen Sesterzen ausgegeben. Im Jahr 48 v. Chr. hatte Caesar auf dem Schlachtfeld von Pharsalus gelobt, einen Tempel zu Ehren von Venus zu errichten (von der er und seine Familie, die Julier, angeblich über Äneas abstammten), wenn sie ihm zum Sieg über Pompejus verhelfe. So baute er auf dem nach ihm benannten Forum den Tempel der Venus Genetrix (der »Gebärerin«), der 46 v. Chr. geweiht wurde. Übriggeblieben sind davon nur das Podium und drei Säulen. Der ideologische Sinn einer solchen Anlage liegt auf der Hand: Nach dem Muster hellenistischer Heiligtümer für die zu Göttern erhobenen Herrscher wollte Caesar die Göttin ehren, die als Stammutter seines Geschlechts und damit seiner selbst galt. Der Tempel wurde mehrfach umgebaut, bevor er 113 am selben Tag wie die Trajans-Säule erneut geweiht wurde.

**Augustus-Forum.** Das zweite der Kaiserforen stammt samt dem Tempel des Mars Ultor (des »Rächers«) von Augustus aufgrund eines

### Das Caesar-Forum
Der Platz hatte die Form eines langgezogenen Rechtecks (160 m), das an drei Seiten eine doppelte Säulenhalle mit Ladenlokalen umgab (heute auf dem Clivus Argentarius); in der Mitte des Platzes stand das Reiterstandbild des Diktators.

### Der Tempel des Mars Ultor
Vom Augustus-Forum führt eine von zwei Brunnen eingerahmte majestätische Treppe zum Tempel hinauf, dessen Tuffsteinpodium mit Carrara-Marmor verkleidet war. Acht riesige korinthische Säulen bildeten die Fassade, acht weitere standen an den Seiten; geblieben sind nur drei. Die *cella* schloß mit einer Apsis ab, wo Statuen der Venus, des Mars und des zum Gott erhobenen Caesar standen.

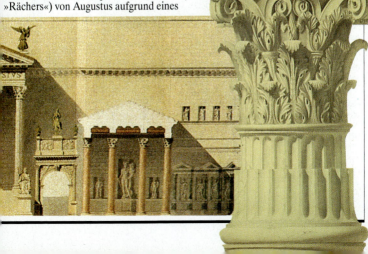

# ▲ Vom Forum Holitorium zum Kolosseum

**Kaiser Augustus**
Er ist hier als Pontifex dargestellt und hat deshalb den Kopf mit einem Zipfel seiner Toga verhüllt, wie es beim Opfer üblich war. Er trug auf Lebenszeit den Titel *Pontifex maximus* (Oberpriester), der ihn zum Oberhaupt der römischen Staatsreligion machte und seine Macht religiös legitimierte. Später führten die Päpste diesen Titel weiter.

**Die »Forma Urbis«**
Die noch vorhandenen Teile dieser für die topographische Kenntnis des antiken Roms unerläßlichen Quelle werden im Palazzo Braschi (▲ 279) aufbewahrt. Der marmorne Stadtplan umfaßte 235 m², nur ein Zehntel davon ist bisher aufgefunden worden.

Rechts die sogenannten *Colonacce* des Nerva-Forums mit dem Minerva-Relief in der Attika

Gelübdes, das er 42 v. Chr. vor der Schlacht von Philippi ablegte. Die Anlage sollte den Menschen, die sich auf den alten Foren drängten, neuen Raum geben, und den Kaiser als militärischen Triumphator verherrlichen. Um das Forum gegen das Armeleuteviertel *Subura* abzugrenzen und zugleich vor den dort häufigen Bränden zu schützen, ließ Augustus eine riesige Mauer aus Peperinquadern bauen. Statuen großer Persönlichkeiten der römischen Geschichte wurden in den seitlichen Säulenhallen aufgestellt, und in den Exedren an den Enden standen Statuen des Äneas, des Romulus und ihrer Nachkommen. Ein Standbild des Augustus auf einer Quadriga wurde in der Achse des Tempels aufgestellt.

**Der Friedenstempel.** Er wurde von Vespasian 71-75 zur Feier seines Sieges über die Juden erbaut. Septimius Severus ließ den Tempel Ende des 2. Jh. nach einem verheerenden Brand wiederherstellen. Im 5. Jh. wurde er nochmals so schwer beschädigt, daß er aufgegeben werden mußte, wie der byzantinische Geschichtsschreiber Prokop im 6. Jh. berichtete. Am und im Friedenstempel befand sich der große marmorne Stadtplan, die ebenfalls unter Septimius Severus angefertigte *Forma Urbis,* sowie zahlreiche Kunstwerke aus dem Tempel von Jerusalem, so beispielsweise der siebenarmige Leuchter und die Silbertrompeten, die auf dem Titus-Bogen (▲ *146*) dargestellt sind.

Rechts vom Tempel sind noch die Reste von zwei Sälen zu sehen. Zwischen der Maxentius-Basilika (▲ *145*) und dem Eingang zur Kirche Santi Cosma e Damiano (▲ *168*) steht eine Ziegelmauer des ersten Saals, an deren Außenseite noch die Löcher zur Befestigung der *Forma Urbis* zu erkennen sind. Bruchstücke davon wurden bereits 1562 am Fuß der Mauer gefunden. Der am besten erhaltene Teil des Friedenstempels befindet sich auf der anderen Seite der Mauer, also im Innenraum der Kirche: Es handelte sich vermutlich um eine der Bibliotheken.

Oben eine Rekonstruktion des Trajans-Forums: Von links nach rechts sieht man den Triumphbogen, den Portikus, die Basilika (Mitte), die Trajans-Säule, die Bibliotheken und den Tempel.

**Nerva-Forum oder Forum Transitorium.**
Der Bau dieses Forums wurde von Domitian begonnen und fast vollendet, eingeweiht wurde es jedoch erst nach seinem Tod durch Nerva (97 n. Chr.). Der Platz verband die älteren Foren mit dem Friedenstempel und wurde daher auch Forum Transitorium (»Übergangs-Forum«) genannt. Er ist lang und schmal und wurde an einer Seite von einem Minerva-Tempel überragt, von dem heute nur noch wenig übriggeblieben ist. Papst Paul V. ließ nämlich im 17. Jh. den Marmor für den Bau des Brunnens der Acqua Paola (▲ *364*) verwenden und zerstörte damit den Tempel fast vollständig. Vom seitlichen Portikus sind noch zwei Säulen und die rückwärtige Mauer zur Via Cavour erhalten. Auf dem Relief in der Attika ist Minerva zu sehen. Der Fries darunter zeigt arbeitende Frauen; möglicherweise handelt es sich um die Sage von Arachne, der jungen Weberin aus Lydien, die Athene zum Wettstreit im Weben herausforderte und wegen ihres Hochmuts in eine Spinne verwandelt wurde.

**Basilica Ulpia**
Man sieht hier die Reste dieser großartigen Anlage auf dem Trajans-Forum; im Hintergrund der mittelalterliche Miliztum.

**Trajans-Forum.** Es ist das jüngste, größte und am besten erhaltene der Kaiserforen. Trajan ließ es zwischen 107 und 113 errichten und verwendete hierzu die Beute, die er bei den Dakern (im Gebiet des heutigen Rumänien) gemacht hatte. Die Entwürfe stammten von dem berühmtesten Architekten seiner Zeit, dem Syrer Apollodoros von Damaskus. Ihm gelangen für den damaligen Stand der Technik atemberaubende Dinge: Er mußte, um Platz für die grandiosen Gebäude zu schaffen, den Sattel zwischen Kapitol und Quirinal abtragen, wie die Inschrift am Sockel der Trajans-Säule belegt, und dafür fast 800 000 m³ Erde bewegen. Vom Augustus-Forum aus gelangte man durch einen Triumphbogen auf den riesigen Platz, in dessen Mitte das Reiterstandbild des Kaisers aus vergoldeter Bronze stand; zu beiden Seiten lagen sich Säulenhallen und dahinter zwei halbrunde Exedren gegenüber. Die Attikazone der Portiken war mit Statuen gefangener Daker und Rundschilden mit Porträts verziert. An der Rückseite des Platzes lag die Basilica Ulpia, die größte je in Rom erbaute Basilika. Zwei Bibliotheken, eine lateinische und eine griechische, rahmten Trajans berühmte Marmorsäule ein.

**Ein großer General**
Kaiser Trajan (98-117) war ein großer Eroberer. Nach seinen Feldzügen gegen die Daker griff er die Parther an (ein altiranisches Volk), starb jedoch auf dem Rückweg nach Rom.

# Vom Forum Holitorium zum Kolosseum

**Die Trajans-Säule.**
Trajan berichtete in den *Commentarii* von seinen siegreichen Kriegen gegen die Daker (101-106). Auf der fast 40 m hohen Säule scheinen die in Spiralen nach oben laufenden Reliefs eine Übersetzung dieses Textes in Bilder liefern zu wollen.

Nach Trajans Tod kam ein dem zum Gott erhobenen Kaiser und seiner Gattin Plotina geweihter Tempel hinzu. Wegen der vielfältigen Funktionen des Forums (Verkündung von Gesetzen, Verteilung von Geld an das Volk, Bildungseinrichtungen) wurde es zu einem wichtigen Regierungs- und Verwaltungszentrum. Darüber hinaus war es ein so beeindruckend schöner Komplex, daß – so der Geschichtsschreiber Ammianus Marcellinus – Kaiser Constantius II. bei seinem ersten Besuch in Rom sprachlos vor dem »unter diesem Himmel einzigartigen und selbst von den Göttern bewunderten Bauwerk« stand.

**Trajans-Säule.** Vor den Bibliotheken des Trajans-Forums lagen Terrassen, von denen aus man einen hervorragenden Blick auf die damals farbigen Flachreliefs der Säule hatte. Sie besteht aus 17 blauen Marmorblöcken aus Luni und ruht auf einem würfelförmigen Sockel, auf dem dakische Waffen in Flachrelief abgebildet sind. Die Treppe im Inneren der Säule, über die man bis zur Spitze gelangt, wird durch 45 Schlitze erhellt, die von außen praktisch nicht zu sehen sind. Eine von zwei Siegesgöttinnen gehaltene Inschrift schmückt den Eingang; sie verkündet, die Funktion der Säule bestehe darin »zu

zeigen, welche Höhe der Berg hatte, der unter soviel Mühen abgetragen wurde«. Die Säule markierte aber auch das Grab des Kaisers, dessen Asche in einer goldenen Urne im Sockel aufbewahrt wurde. Die Flachreliefs, die sich spiralförmig in einer Gesamtlänge von 200 m über die Säule ziehen, stellen die Siege der kaiserlichen Truppen über die Daker dar – ein einzigartiges historisches Dokument und zugleich ein Meisterwerk der Bildhauerei. Von der Überquerung der Donau (unten) bis zur Verschleppung des dakischen Volkes (oben) sind alle Phasen des Krieges nacheinander dargestellt: Lagerbau, Ansprachen an die Truppen, Schlachten, Angriffe, Hinrichtungen und Unterwerfung der Daker-Fürsten. Trajan erscheint insgesamt sechzigmal auf den Reliefs. Sein Standbild, das die Säule krönte, wurde unter Sixtus V. durch eine Statue des hl. Petrus ersetzt.

**Santa Maria di Loreto.** Die Kirche links hinter der Säule wurde von Antonio da Sangallo d. J. begonnen und von Jacopo del Duca vollendet. Im Innenraum sind Fresken von Pomarancio zu sehen (zweite Kapelle rechts), eine Statue der *Heiligen Susanna* von François Duquesnoy (1630) und zwei Engel von Stefano Maderno. (Rechts von der Kirche Santissimo Nome di Maria aus den Jahren 1736-1738 führt eine steile Treppe zu den Trajans-Märkten hinauf.)

## VON DEN TRAJANS-MÄRKTEN ZUM KOLOSSEUM

**Die Märkte.** Zwischen dem Trajans-Forum und den letzten Ausläufern des Quirinal legte der Architekt Apollodoros von Damaskus eine Reihe von Nutzgebäuden an, die man bei ihrer Wiederentdeckung als Märkte des Trajan bezeichnete. Hinter der halbkreisförmigen Ziegelfassade liegen drei Etagen von Ladenlokalen. Die Eingänge der Geschäfte im dritten Stock lagen an einer noch gut erhaltenen Straße, der Via Biberatica (rechts). Von hier aus führt eine Treppe zu einer riesigen Halle, die das Kernstück der Anlage gebildet haben dürfte (heute der Eingang zu den Märkten). Sie reicht über zwei Stockwerke und ist mit einer kühnen Gewölbekonstruktion aus sechs Kreuzgewölben auf großen Travertinkonsolen überspannt. Sie enthielt vermutlich Ladenlokale und Büros. Die Marktanlage diente wahrscheinlich teils als Lager für die enormen Lebensmittelvorräte des Staates, vor allem für die kostenlosen Zuwendungen an die Plebs, teils aber auch dem Einzelhandel. Hier wurden alle möglichen Waren gehandelt, von Wein und Öl bis hin zu Mittelmeerfischen, die lebend in Wasserbecken gehalten wurden.

**Apostel statt Kaiser**
Die Bronzestatue des hl. Petrus wurde 1587 auf die Trajans-Säule aufgesetzt. Für den Guß wurden eine halbe Kanone von der Engelsburg, drei Bronzetüren (Sant' Agnese, Scala Santa und Peterskirche) und Teile eines antiken Pfeilers vom Pantheon eingeschmolzen. Auf die Säule des Marc Aurel (▲ *267*) setzte man wenig später eine Paulus-Statue.

# ▲ Vom Forum Holitorium zum Kolosseum

**Torre dei Conti**
Der Geschlechterturm, genannt *Turris major* oder *Turris urbis*, war einst der höchste Turm Roms. Wie beim Torre delle Milizie wurden drei sich nach oben verjüngende Etagen übereinander gebaut.

Campanile von Santa Francesca Romana

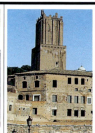

**Torre delle Milizie** (● *73*). Vom 11. bis 14. Jh. ließ sich die Aristokratie – Feudalherren und vornehme Städter – vorwiegend in Festungen nieder, die von einem hohen Turm überragt wurden. In der *Roma turrita,* dem turmbestückten Rom, wurden mehr als 300 solcher Geschlechtertürme gezählt, von denen heute noch viele Beispiele erhalten sind (Torre degli Arcioni, dei Capocci, dei Frangipani, degli Annibaldi, del Grillo, dei Margani, degli Orsini in der Nähe des Campo dei Fiori, Tor Millina und andere). Der Torre delle Milizie entstand im 12.-13. Jh. über den Ruinen der Trajans-Märkte auf dem Grund der Familie Arcioni. Im 14. Jh. wurde das oberste Stockwerk nach einem Erdbeben abgetragen und der Turm mit einem Zinnenkranz versehen. Er gehörte später den Annibaldi und danach den Caetani, den großen Familien, die sich im Mittelalter wechselseitig die Herrschaft über die Stadt streitig machten. (Es geht rechts in die Salita del Grillo.)

**Casa dei Cavalieri di Rodi** (● *50*). Der Malteserorden (damals Johanniter) richtete gegen Ende des 12. Jh. sein Priorat, das Haus der Rhodos-Ritter, im nördlichen Halbrund des Augustus-Forums ein. Die Loggia zu den Kaiserforen wurde 1470 von Papst Paul II. hinzugefügt. Im Inneren sind Skulpturen und Flachreliefs aus dem Augustus-Forum und der nicht erhaltenen Kirche San Basilio ausgestellt. (Am Ende der Salita del Grillo befindet sich rechter Hand der Eingang zum Augustus-Forum. Biegen Sie dann in die Via Tor de' Conti ein.)

**Torre dei Conti.** Dieser Turm wurde 1198 von Innozenz III. Conti über einem älteren Gebäude errichtet. Vom ihm aus überblickte man das ganze Viertel und konnte auch den Verlauf der päpstlichen Prozessionen gut übersehen. 1203 ging der Turm an die Gemeinde über und wurde dann 1349 bei einem Erdbeben teilweise zerstört. (Gehen Sie rechts in die Via Cavour und zurück auf die Via dei Fori Imperiali.)

**Santi Cosma e Damiano.** Die Kirche wurde von Papst Felix IV. (526-530) in einen Saal der Biblioteca Pacis und den Romulus-Tempel (▲ *144*) hineingebaut und den beiden Märtyrer-Ärzten Kosmas und Damian geweiht. Im 16.-17. Jh. wurde sie umgebaut. Diese erste Kirche auf den Foren verdankt ihre Bekanntheit den Mosaiken aus dem 6. und 7. Jh., die leider bei den Arbeiten unter Clemens VIII. leicht beschädigt wurden. In der Apsis sind die Apostel Petrus und Paulus abgebildet, wie sie die beiden Heiligen Christus vorstellen; neben ihnen stehen der hl. Theodor und Papst Felix mit einem Modell der Kirche. Der Triumphbogen zeigt das Lamm Gottes zwischen

sieben Kandelabern, vier Engeln und den Symbolen der Evangelisten Johannes und Lukas.

**Santa Francesca Romana.** Die Kirche wurde im 10. Jh. über einem Teil des Tempels der Venus und der Roma (▲ *146*) errichtet und hieß zunächst Santa Maria Nova, im Gegensatz zu der wegen Überschwemmungen aufgegebenen Kirche Santa Maria Antiqua (▲ *142*). Erst 1608 erhielt die Kirche ihren heutigen Namen nach der Heiligsprechung der Francesca Buzzi dei Ponziani. Sie gründete die Kongregation der Oblatenschwestern (1421) und liegt hier begraben. Der schöne romanische Glockenturm ist mit Majolikastücken und Porphyrscheiben verziert. Die Apsis schmücken Mosaiken aus dem 12. Jh. Sie zeigen die Jungfrau Maria mit dem Jesuskind zwischen Petrus, Andreas, Jakobus und Johannes. Im rechten Arm des Querschiffs sind noch die Bodenplatten zu sehen, auf denen Petrus gekniet haben soll, als er Gott bat, den Flug Simons des Zauberers zu beenden: Nach der Überlieferung zerschellte er in der Nähe dieser Kirche.

**Der Konstantins-Bogen** (● *70*). Es handelt sich um einen der größten erhaltenen Triumphbögen; er erinnert an den Sieg Konstantins über seinen Mitkaiser Maxentius an der Milvischen Brücke im Jahr 312. Das Besondere an diesem imposanten Bauwerk ist, daß es aus Skulpturen und Dekorationen verschiedener anderer Gebäude besteht. In dieser Epoche war Rom schon im Niedergang begriffen und hatte seine Machtposition an Byzanz abtreten müssen. Die für die öffentliche Hand tätigen Handwerker wie Bildhauer und Maurer dürften miserabel bezahlt worden sein.

**Naturalistische Mosaiken**
Links das berühmte Apsismosaik aus dem 6. Jh. in der Kirche Santi Cosma e Damiano. Es zeigt Christus zwischen Petrus und Paulus, Kosmas und Damian, dem hl. Theodor und dem Papst Felix IV. Thema ist die Übergabe der Gesetzesrolle an Petrus und Paulus.

**Landkarten**
Mussolini ließ in der Nähe des Kolosseums fünf riesige steinerne Landkarten anbringen, die die ungeheure Expansion des römischen Reiches seit seinen Anfängen dokumentieren sollten. Nur die vier auf die antike Entwicklung bezogenen Karten sind erhalten.

**Die Meta Sudans**
Vor dem Bogen stand ein Brunnen aus der Zeit um 80 n. Chr. Er wurde 1936 abgerissen, weil er die Aufmärsche der Faschisten behinderte.

# Vom Forum Holitorium zum Kolosseum

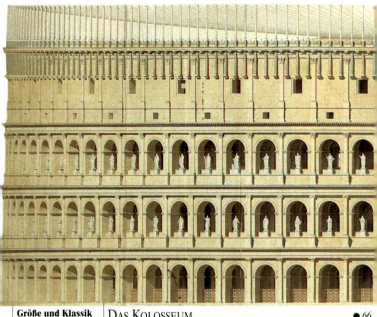

## Das Kolosseum ● 66

**Größe und Klassik**
Über 100 000 m³ Travertin und 300 t Eisen wurden für diese Fassade aufgewendet. Die Arkaden der drei Stockwerke sind mit Halbsäulen entsprechend der klassischen Vertikalordnung gestaffelt: dorisch, ionisch und korinthisch. Dem oberen, geschlossenen Geschoß sind korinthische Pilaster vorgesetzt.

**Das erste steinerne Amphitheater.** Ursprünglich fanden Gladiatorenkämpfe auf dem Forum statt, wo man für die Zuschauer jeweils provisorische Ränge errichtete. Erst unter Augustus wurden die Spiele vom Stadtzentrum auf das Marsfeld verlagert. 29 v. Chr. baute Statilius Taurus hier das erste ständige Amphitheater. Als es 64 n. Chr. abbrannte, ließ Nero es durch ein hölzernes ersetzen. Es dauerte dann noch fast zehn Jahre bis zur Errichtung eines Gebäudes, das der Hauptstadt des Kaiserreichs würdig war und den Ansprüchen des römischen Volkes gerecht werden konnte. Das schönste und größte Amphitheater der römischen Welt wurde unter Vespasian (von 72 an) erbaut und von dessen Sohn Titus vollendet. Es stand an der Stelle, wo der zu Neros Villa (Domus Aurea, ▲ *174*) gehörende künstliche See gelegen hatte. Im Jahr 80 fanden zur Einweihung des Amphitheaters hunderttägige Spiele statt, bei denen 5000 wilde Tiere abgeschlachtet wurden. Die letzten bekannten Spiele fanden 523 n. Chr. unter Theoderich statt. Obgleich ungewiß ist, ob überhaupt Christen im Kolosseum den Märtyrertod starben, wurde im 19. Jh. rund um die Arena ein Kreuzweg angelegt, den der Papst jährlich abschreitet. Die Umdeutung in eine Gedenkstätte christlicher Märtyrer bewahrte das Gebäude vor weiteren Plünderungen, denn schon seit dem Mittelalter war ein großer Teil der Marmor- und Travertinverkleidungen für andere Gebäude wiederverwendet worden.

Das Kolosseum von innen

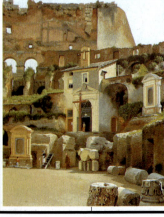

**Eine reibungslose Organisation.** Das Amphitheater bildet eine Ellipse von 188 m Länge und 150 m Breite; die Fassade war 50 m hoch. Oben befand sich eine Reihe Konsolen, auf denen die Stäbe für das Sonnensegel *(velum)* ruhten. Es wurde bei Bedarf über dem offenen Amphitheater ausgebreitet, und zwar von Matrosen, die

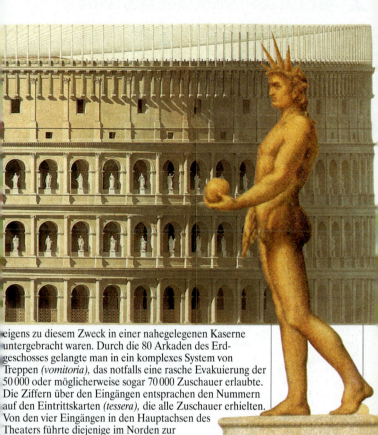

eigens zu diesem Zweck in einer nahegelegenen Kaserne untergebracht waren. Durch die 80 Arkaden des Erdgeschosses gelangte man in ein komplexes System von Treppen *(vomitoria)*, das notfalls eine rasche Evakuierung der 50 000 oder möglicherweise sogar 70 000 Zuschauer erlaubte. Die Ziffern über den Eingängen entsprachen den Nummern auf den Eintrittskarten *(tessera)*, die alle Zuschauer erhielten. Von den vier Eingängen in den Hauptachsen des Theaters führte diejenige im Norden zur kaiserlichen Loge, die drei anderen waren besonderen Besuchern wie Staatsbeamten, Vestalinnen und Ehrengästen vorbehalten. Vom äußeren Mauerring sind nur etwa zwei Fünftel erhalten.

**Die Innenausstattung.** Der größte Teil der Ausstattung ist zerfallen und gibt heute nur noch ein recht ungenaues Bild vom ursprünglichen Zustand. Unter der Arena lagen, von Holzbrettern bedeckt, die für die Spiele notwendigen Einrichtungen wie Maschinerien, Tierkäfige, Waffen und dergleichen. In den 30 Nischen in der unterirdischen Umfassungsmauer beförderten vermutlich Lastenaufzüge die Tiere und Gladiatoren in die Arena. Über schiefe Ebenen aus Tuffblöcken konnte man mit Hilfe von Rollen, Scharnieren und Gegengewichten Kulissen für Tierhetzen *(venationes)* in der Mitte der Arena auftauchen lassen, komplette künstliche Landschaften mit Wäldern und Hügeln. Die Zuschauerränge *(cavea)* waren streng in fünf übereinanderliegende Bereiche unterteilt: Jeder Bevölkerungsgruppe waren feste Plätze zugewiesen, die nicht vom Preis abhingen – der Eintritt war frei –, sondern von der Zugehörigkeit zu einer sozialen Schicht. Dem Geschichtsschreiber Sueton zufolge ließ Kaiser Augustus den ersten Rang den Senatoren zuweisen; verheiratete Plebejer und junge Männer mit purpurgeränderter *Toga praetexta* (als Zeichen ihrer Altersgruppe) erhielten bestimmte Plätze, und die obersten (schlechtesten) Plätze waren für Frauen reserviert. Zwischen Via Labicana und Via San Giovanni in Laterano sind noch die Reste des Ludus Magnus zu sehen, der wichtigsten Gladiatorenschule und -kaserne, die über einen unterirdischen Gang mit der Arena verbunden war.

**»Sonnenkaiser«** Neben dem Amphitheater stand eine 35 m hohe Bronzestatue Neros als Sonnengott Helios. Der seit dem Mittelalter gebräuchliche Name »Kolosseum« bezog sich nicht auf die Größe der Anlage, sondern auf diese Kolossalstatue.

**Unterirdische Welt** Die Gänge unter der Arena beleuchteten Öffnungen, durch die man auch die Lastenaufzüge bediente.

# ▲ »AVE CAESAR! MORITURI TE SALUTANT!«

Die Kaiser buhlten stets um die Gunst der Plebs: Sie ließen Getreide und Geld verteilen, bauten öffentliche Bäder und veranstalteten vor allem Schauspiele, sei es im Theater, im Circus (Wagenrennen) oder im Amphitheater, wo Gladiatorenkämpfe und Tierhatzen stattfanden – kostspielige Vorführungen, die den Glanz des Herrschers deutlich zum Ausdruck brachten.

Im 1. Jh. wurden die Helme mit einem Gitter versehen.

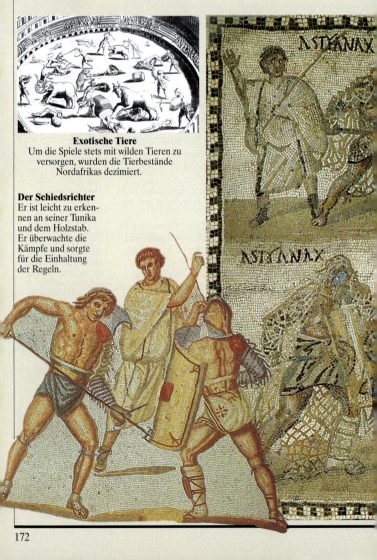

**Exotische Tiere**
Um die Spiele stets mit wilden Tieren zu versorgen, wurden die Tierbestände Nordafrikas dezimiert.

**Der Schiedsrichter**
Er ist leicht zu erkennen an seiner Tunika und dem Holzstab. Er überwachte die Kämpfe und sorgte für die Einhaltung der Regeln.

### Schutzkleidung der Gladiatoren
Die Rüstungsteile der Kämpfer, Schulterstücke und Beinschienen, schützten Körperteile, deren bereits geringfügige Verletzung den Gladiator beim Kampf behindert hätte.

### Der Gruß der Gladiatoren
Zu Beginn der Spiele zogen die Gladiatoren in einem grandiosen Aufmarsch hinter den Magistraten und Liktoren durch die *porta triumphalis* in die Arena ein. Der Wortlaut ihres pathetischen Grußes war vorgeschrieben: »Ave, Caesar! Die Todgeweihten grüßen dich!«

Um das Sonnensegel mit Hilfe des Windes ausspannen zu können, bediente man sich eines Windmessers.

### Die Kämpfe
Es fanden immer mehrere Zweikämpfe zugleich in der Arena statt. Das Publikum ergriff Partei für die eine oder andere Gruppe von Gladiatoren. Der *Secutor* war mit Langschild und Schwert, einer Beinschiene links und einem randlosen Helm ausgestattet. Er kämpfte gegen den *Retiarius,* der ihn mit Hilfe eines Dreizacks und eines an seinem Gürtel befestigten Netzes angriff. Der Netzkämpfer war lediglich durch ein großes Schulterstück sowie Schienen an den Knöcheln und am linken Arm geschützt.

# ▲ Vom Forum Holitorium zum Kolosseum

**Grandioser Kaiserpalast**
Um zum heutigen Eingang zu gelangen, geht man zunächst an der großen gemauerten Apsis vorbei, die noch zu den Trajans-Thermen gehört. Im hinteren Teil des Komplexes gibt es einen an drei Seiten von Portiken umgebenen großen Innenhof, an dessen vierter Seite ein Kryptoportikus liegt, ein unterirdischer Gang. Die wichtigsten Räume liegen im Süden. Es handelt sich um zwei Gemächer, die an einen zweigeschossigen Saal grenzen; zwei kleine Räume mit Alkoven dürften mit einiger Sicherheit die *cubicula* (Schlafzimmer) des Kaiserpaares gewesen sein.

Unten ein Stich der Trajans-Thermen

## Domus Aurea

**Neros Palast.** Da bei dem verheerenden Brand 64 n. Chr. auch der Kaiserpalast zerstört wurde, ließ ihn Nero durch ein weit größeres Gebäude ersetzen, das »Goldene Haus«. Das Gebäude war mit Statuen geschmückt, die Nero überall in Griechenland und Kleinasien ›gesammelt‹ hatte, und stand in einem riesigen Parkgelände. Die astronomische Ausrichtung des Gebäudes bestätigt alte Darstellungen, nach denen Nero die Gestirns- und Sonnensymbolik betont sehen wollte. In der Tat sah Nero sich selbst als Sonnengott und verwendete das Motiv der Sonne und des Goldes immer wieder: Der Kopf seiner Kolossalstatue war mit einem Strahlenkranz umgeben, und der große runde Saal seines Palastes drehte sich um sich selbst als Imitation des himmlischen Kreislaufs.

**Architektur und Innenausstattung.** Anfang des 16. Jh. fand man bei Arbeiten am Hügel unterirdische Räume mit bemalten Gewölben. Es handelte sich um Neros Palast, der 104 abgebrannt und von den Trajans-Thermen überdeckt worden war. Die Räume nannte man damals Grotten, und die Bemalung aus Arabesken und mythologischen Figuren entsprechend ›Grotesken‹. Die Künstler der Renaissance ließen sich von den Fresken inspirieren, allen voran Raffael bei den Loggien des Vatikans (▲ *228*). Im rechteckigen Nymphäum östlich des großen Hofes sind noch Teile der herrlichen Dekoration zu sehen, vor allem am Gewölbe: Ein Mosaik-Medaillon stellt den Zyklopen Polyphem dar, der von Odysseus eine Schale Wein entgegennimmt.

## Die Trajans-Thermen

Die Thermen sind das Werk des Apollodoros von Damaskus. Sie waren damals die ersten großen Kaiserthermen (● *68*) Roms und demonstrierten die Großzügigkeit des Kaisers gegenüber der Stadtbevölkerung. Im Parco Oppio sind noch Reste eines Nymphäums und einer Bibliothek erhalten. Auf der anderen Seite der Via delle Terme di Traiano sind noch die riesigen Zisternen der Thermen zu sehen, die ›Sette Sale‹.

# Circus Maximus und Aventin

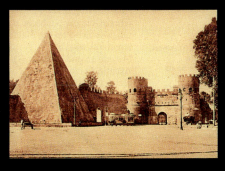

Circus Maximus  *177*
Der Aventin  *179*
Santa Sabina  *179*
Piazza dei Cavalieri di Malta  *180*
Santa Prisca  *181*
Der Kleine Aventin  *182*
San Saba  *182*
Die Pyramide des Cestius  *182*
Monte Testaccio  *184*

# ▲ Circus Maximus und Aventin

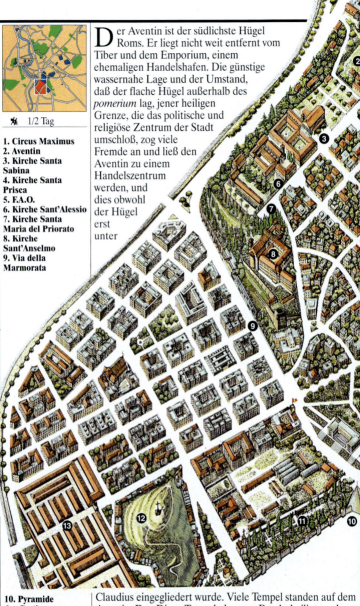

🚶 1/2 Tag

1. Circus Maximus
2. Aventin
3. Kirche Santa Sabina
4. Kirche Santa Prisca
5. F.A.O.
6. Kirche Sant'Alessio
7. Kirche Santa Maria del Priorato
8. Kirche Sant'Anselmo
9. Via della Marmorata

Der Aventin ist der südlichste Hügel Roms. Er liegt nicht weit entfernt vom Tiber und dem Emporium, einem ehemaligen Handelshafen. Die günstige wassernahe Lage und der Umstand, daß der flache Hügel außerhalb des *pomerium* lag, jener heiligen Grenze, die das politische und religiöse Zentrum der Stadt umschloß, zog viele Fremde an und ließ den Aventin zu einem Handelszentrum werden, und dies obwohl der Hügel erst unter

10. Pyramide des Cestius
11. Protestantischer Friedhof
12. Testaccio
13. Schlachthof

Claudius eingegliedert wurde. Viele Tempel standen auf dem Aventin. Den Diana-Tempel, der zum Bundesheiligtum der Latiner wurde, soll König Servius Tullius im 6. Jh. v. Chr. errichtet haben. Zu Beginn des 5. Jh. v. Chr. hatte sich am Aventin eine Bevölkerung angesiedelt, die vorwiegend aus Bauern, kleinen Händlern und Handwerkern bestand und die sich schließlich zur Gruppe der Plebejer zusammenschloß. Gegenüber dem besitzenden Patriziat hatte die *plebs* keinerlei politische Rechte. Als der Republik wirtschaftliche und politische Schwierigkeiten drohten, war sie mehr denn je der herrschaftlichen Willkür der Patrizier ausgesetzt. Mit dem Auszug auf den Aventin (*secessio plebis*) oder den Heiligen

Berg (*Sacer Mons*) gelang es der *plebs*, politische Rechte zu erwirken, die durch die Wahl von Volkstribunen manifestiert wurden. Dies ermöglichte es, sich gegen Willkürakte des Magistrats zu schützen. Übrigens knüpften antifaschistische Abgeordnete 1924 an die Tradition dieses Auszugs an, als sie das Parlament verließen und auf den Aventin zogen, um gegen die Ermordung Giacomo Matteottis zu protestieren. In der Kaiserzeit verlagerten sich die Armenviertel mehr in die südliche Ebene nahe dem Emporium und an das andere Tiberufer, nach Trastevere (▲ *349*). Der Aventin verlor allmählich seinen Charakter als Viertel der kleinen Leute und wurde zum aristokratischen Viertel. Als die Goten unter Alarich Anfang des 5. Jh. Rom plünderten, fanden sie in den vornehmen Häusern auf diesem Hügel reiche Beute.

Auf dem Aventin

**Der Raub der Sabinerinnen**
In Rom fehlte es an Frauen, die Bevölkerung drohte auszusterben. Deshalb stellte Romulus seinen Nachbarn, den Sabinern, eine Falle: Er lud sie samt Frauen und Töchtern zu einem Fest ein. Auf Romulus' Zeichen ergriffen die Römer die Sabinerinnen und entführten sie. Als die Sabiner einen Rachefeldzug gegen die Römer unternahmen, stellten sich die Sabinerinnen vermittelnd dazwischen und verhinderten den Kampf, wie es das berühmte Gemälde von J. L. David (unten) zeigt.

## CIRCUS MAXIMUS

Bereits Tarquinius Priscus (7. Jh. v. Chr.) soll zwischen Palatin und Aventin (*Vallis Murcia*) die erste Arena für Wagenrennen errichtet haben; einer der Wettkämpfe diente der Überlieferung nach als Vorwand für den Raub der Sabinerinnen.

# ▲ CIRCUS MAXIMUS UND AVENTIN

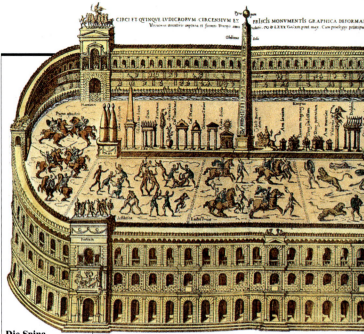

**Die Spina**
Auf dieser Mittellinie standen zwei Gestelle, auf denen Eier und bronzene Delphine aufgebaut waren. Sie dienten bei den Wagenrennen zum Zählen der gelaufenen Runden.

Später wurden die Holzsitze durch Steinstufen ersetzt. Caesar ließ 46 v. Chr. die Anlage erweitern, doch die wichtigste Neuerung war die Errichtung des aus Heliopolis stammenden Obelisken von Ramses II. auf der Mittellinie. 1587 ließ ihn Sixtus V. auf die Piazza del Popolo (▲ *306*) bringen. Im 4. Jh. n. Chr. ließ Constantius II. einen zweiten Obelisken hinzufügen. Dieser stammte von Tuthmosis III. aus Theben (er wurde ebenfalls 1587 auf der Piazza di San Giovanni in Laterano, ▲ *196,* aufgestellt). Der Circus war etwa 600 m lang und konnte den Quellen zufolge über 300 000 Zuschauer aufnehmen. Die einzigen Reste der *cavea* (Sitzreihen) sind noch an der gebogenen Seite beim Palatin zu sehen. Sie stammen aus der Zeit Hadrians (117-138 n. Chr.).

**Die Spiele.** Caesar ließ von etwa 1000 Infanteristen, 600 berittenen Soldaten und 40 Elefanten Schlachten vorführen. Die Mittellinie, um die die Viergespanne sieben Runden entgegen dem Uhrzeigersinn zurücklegen mußten, war etwa 340 m lang. Die wichtigsten Wagenrennen fanden während der *Ludi Romani* jeweils vom 4. bis 18. September statt. Die vier *factiones* (»Mannschaften«, links) der Wagenlenker – Albata, Russata, Prasina und Veneta, benannt nach ihren Farben weiß, rot, grün, blau – entwickelten sich im Laufe der Zeit zu regelrechten politischen Parteien. Die letzten Wagenrennen fanden 549 n. Chr. unter Totila statt.

**Am Fuß des Aventin.** In der Verlängerung des Circus Maximus sieht man die modernen Gebäude der F.A.O. (Food and Agricultural Organisation) sowie den Obelisken von Axum aus dem 4. Jh., der 1937 aus der äthiopischen Stadt nach Rom gebracht wurde. Das Denkmal des Giuseppe Mazzini (1805-1872) auf dem Piazzale Romolo e Remo hat eine bewegte Geschichte hinter sich: 1890 wurde es bei dem Bildhauer und Freimaurer Ettore Ferrari in Auftrag gegeben, doch erst am 2. Juni 1949 enthüllt. Grund für diese Verzögerung war, daß Mazzinis radikaler Republikanismus zu seiner Zeit politisch sehr umstritten war. (Es geht zum Tiber zurück und links in den Clivo di Rocca Savella.)

# CIRCVS

## DER AVENTIN

Zum Aventin sollte man frühmorgens hinaufsteigen. Wenn man vom Tiber aus dem engen, gepflasterten Clivo Rocca Savella folgt, gelangt man zu einer stillen Oase mit öffentlichen Parks und Klostergärten, die zum Verweilen einladen. Von hier aus hat man einen wundervollen Blick auf den Circus Maximus und den Palatin. (Gehen Sie durch den Parco Savello und biegen Sie rechts in die Via Santa Sabina.)

**Santa Sabina** (● 75)**.** Der Legende nach soll die Kirche an Stelle des Hauses der reichen Römerin Sabina errichtet worden sein. Eine andere Überlieferung will, daß die sterblichen Überreste einer Heiligen aus Umbrien, wo sie unter Vespasian den Märtyrertod erlitten hatte, hierhergebracht wurden. Die Kirche wurde von Petrus von Illyrien unter dem Pontifikat Cölestins I. (422-432) gegründet und über den Fundamenten zweier kleiner Tempel und eines Hauses aus dem 3.-4. Jh. n. Chr. erbaut. Die Biographie der Päpste, *Liber Pontificalis,* bezeugt, daß die Arbeiten in der Amtszeit Sixtus' III. (432-440) weitergeführt wurden. Ein Portikus und eine Taufkapelle, die heute verschwunden sind, vervollständigten die Basilika, die im 8./9. Jh. restauriert und später von Alberich, einem römischen Adligen fränkischer Herkunft und Rivalen von Papst Johannes X., in seine Festung auf dem Aventin eingliedert wurde. Hier legte 1222 der hl. Dominikus dem Papst Honorius III. die Regeln des von ihm gegründeten Predigerordens vor (die Kirche gehört bis heute den Dominikanern). Später wurde die frühchristliche Basilika durch den Anbau mehrerer Kapellen verändert, die man 1914 im Zuge einer Restaurierung wieder entfernte. Die Eingangstür aus geschnitztem Zedernholz stammt aus dem 5. Jh. und ist ein seltenes Beispiel der Ikonographie jener Epoche. Das Mosaik an der Innenseite des Portals stellt zwei Frauen dar, von denen die eine die ›Kirche aus den Heiden‹ (*Ecclesia ex gentibus,* Neues Testament) die andere die ›Kirche aus den Juden‹ (*Ecclesia ex circumcisione,* Altes Testament) verkörpert. Sie rahmen eine Inschrift ein, die an die Errichtung der Kirche durch Petrus von Illyrien und Papst Cölestin erinnert. In der Pflasterung des Mittelschiffs liegt der Mosaik-Grabstein von Muñoz de Zamora, dem 1300 verstorbenen Generaloberen der Dominikaner. Glockenturm und Kreuzgang des Klosters stammen aus dem 13. Jh.

**Parco Savello**
Der Park, der 1932 der Öffentlichkeit zugänglich gemacht wurde, grenzt an das Castello der Familie Savelli. Der mit Orangenbäumen, Rosen, Pinien und Zypressen bepflanzte Garten über dem Tiber bietet einen der schönsten Ausblicke über Rom.

**Das Hauptportal von Santa Sabina**
Diese holzgeschnitzte Tür aus dem 5. Jh. besaß 28 Bildfelder, von denen noch 18 erhalten sind. Sie zeigen Themen aus dem Alten und Neuen Testament: die Kreuzigung, die Berufung Moses, Jesus vor Pilatus, Christi Himmelfahrt (oben), um nur einige zu nennen.

# ▲ CIRCUS MAXIMUS UND AVENTIN

**Santi Bonifacio e Alessio.** Die Kirche ist nach jenem hl. Alexius benannt, der am Vorabend seiner Hochzeit aus der Stadt floh und 17 Jahre auf Pilgerfahrten im Orient verbrachte. Nach seiner Rückkehr

Santi Bonifacio e Alessio

Rechts ein Ausschnitt der Fresken aus San Clemente (▲ 193). Dargestellt ist die Alexius-Legende.

**Der Malteserorden**
Es handelt sich um den letzten der Kreuzritterorden des Mittelalters. Der Großmeister wird mit Eminenz und Hoheit angesprochen und international als Staatschef anerkannt, dem die Ehrentitel eines Souveräns zustehen (● 50).

stellte er sich seinen Eltern als Sklave vor, die ihn nicht wiedererkannten. Er starb unter der Treppe des Elternhauses, nur dem Papst Clemens I. hatte er seine wahre Identität preisgegeben, die sein Vater erst nach seinem Tode erfahren sollte. Die Legende war im Mittelalter sehr beliebt; Mitte des 11. Jh. entstand beispielsweise das altfranzösische Alexiuslied. Im 17. Jh. wurde das Thema von dem italienischen Komponisten Steffano Landi nach einem Libretto von Kardinal Rospigliosi vertont. Auch auf den Fresken in San Clemente (▲ 193) ist die Legende dargestellt. Vor dem 10. Jh. stand an der Stelle von Sant'Alessio eine dem hl. Bonifatius geweihte Kirche. Sie wurde 977 Erzbischof Sergius von Damaskus geschenkt, der hier ein griechisches Kloster gründete. Otto III. und Bischof Adalbert von Prag sollen um das Jahr 1000 mehrfach hier gewesen sein. 1216 ließ Papst Honorius III. die Kirche wiederherstellen, und 1715 wurde die Bausubstanz mit Ausnahme des schlanken Glockenturms aus dem 13. Jh. völlig verändert. In der romanischen Krypta werden Reliquien des hl. Thomas Becket und die Säule aufbewahrt, an die der Legende nach der hl. Sebastian gefesselt war.

**Piazza dei Cavalieri di Malta** (♥, ● 50). Der Platz der Malteserritter und die Ordenskirche Santa Maria del Priorato (entstanden 1764-66) sind die einzigen architektonischen Werke des berühmten Kupferstechers Piranesi (● II) in Rom. Den Platz schmücken Trophäen, die an die militärische Bedeutung des Ordens erinnern. Das Priorat ist leider nur mit einer Ausnahmegenehmigung zu besichtigen, doch ein Blick durch das Schlüsselloch des Gartentores lohnt sich: Man schaut genau auf die Kuppel der Peterskirche. Piranesis Fassade von Santa Maria del Priorato

# SOVRANO MILITARE ORDINE DI MALTA
## POSTE MAGISTRALI

gliedern Pilaster, die paarweise um ein großes Rundfenster gruppiert sind. Es handelt sich um die erste klassizistische Fassade Roms. (Biegen Sie in die Via Santa Sabina ein und dann rechts in die Via Sant'Alberto Magno. Am Largo Arrigo VII. gehen Sie in die Via di Santa Prisca.)

**Santa Prisca.** Die Kirche ist das älteste christliche Heiligtum auf dem Aventin. Sie wurde über den Resten eines römischen Hauses errichtet, dessen Spuren noch in den unteren Schichten zu erkennen sind. Angeblich soll hier die junge Prisca gelebt haben, die Tochter des Aquila und der Priscilla, bei denen der hl. Petrus Unterschlupf fand. Prisca wurde mit 13 Jahren getauft. Unter Claudius wurde sie den Löwen vorgeworfen; ein Wunder rettete sie, doch enthauptete man sie schließlich. Im 4.-5. Jh. entstand eine einfache Kirche, die zwischen dem 8. und 10. Jh. mehrfach erneuert wurde. Nachdem sie bei der Plünderung Roms im Jahre 1084 erhebliche Schäden erlitten hatte, ließ Paschalis II. sie wiederherstellen. Zu Beginn des 15. Jh. wurde sie bei einem Brand teilweise zerstört und in der Folgezeit grundlegend restauriert. Die Barockfassade (1660) stammt von Carlo Lambardi. In der Apsis zeigen Fresken des 17. Jh. Szenen aus dem Martyrium der hl. Prisca. Das Altarbild stellt ihre Taufe durch Petrus dar (von Passignano, um 1600). Eine Treppe im rechten Seitenschiff führt zum Mithräum hinab.

**Das Mithräum von Santa Prisca.** Bei den 1934 begonnenen und nach dem Krieg von niederländischen Archäologen fortgesetzten Ausgrabungen entdeckte man das Mithräum, das in die Räume eines älteren Wohnhauses hineingebaut war. Nach den Ziegelstempeln ergibt sich eine Datierung des Gebäudes auf um 95 n. Chr. Zunächst betritt man ein kleines Museum, in dem Ausgrabungsfunde ausgestellt werden. In den beiden Nischen am Eingang standen die Statuen der beiden traditionellen Begleiter des Mithras, Cautes und Cautopates. Die Figuren symbolisierten mit erhobener bzw. mit gesenkter Fackel die aufgehende Morgensonne bzw. die untergehende Abendsonne. Ein Torso der Cautes-Statue ist noch erhalten und kann im Mithräum besichtigt werden. In der Nische an der rückwärtigen Wand befindet sich ein einzigartiges Relief: Neben der üblichen Darstellung des stiertötenden Gottes Mithras ist ein liegender Saturn zu sehen, dessen Körper aus Amphoren besteht, die mit Stuck überstrichen sind. Die Malereien im Hauptraum an der rechten Wand über den Sitzbänken zeigen sieben Gestalten, die die sieben Initiationsstufen des Kultes repräsentieren: *Corax* (Rabe), *Nymphus* (Gatte), *Miles* (Soldat), *Leo* (Löwe), *Perses* (Perser), *Heliodromus* und *Pater* (Vater). (Es geht weiter die Via Santa Prisca entlang, über den Viale Aventino und von der Piazza Albania aus in die Via di San Saba. Hier liegt der sogenannte Kleine Aventin, dessen Charakter familiärer und nicht so aristokratisch ist wie der des Nachbarhügels.)

Für die Dekoration der Stelen an der Piazza dei Cavalieri di Malta fertigte Piranesi mehrere Entwürfe an. Er hielt sich an die militärisch geprägte Ikonographie des Ordens und an die Embleme der Familie Rezzonico und wählte Motive aus der antiken Formensprache.

**Der Mithras-Kult**
Gegen Ende des 1. Jh. n. Chr. etablierte sich der Kult des persischen Gottes Mithras in Italien und in den Garnisonsstädten der weströmischen Welt. Zunächst mit dem Christentum konkurrierend, geriet er Ende des 4. Jh. in Vergessenheit. Der Mithras-Kult war eine Religion des Lichts, er versprach den Eingeweihten ewiges Heil im Jenseits. Von den zahlreichen Ritualen war das Stieropfer das wichtigste. Es symbolisierte den Sieg des Lebens über das Böse.

# CIRCUS MAXIMUS UND AVENTIN

## DER KLEINE AVENTIN

Der kleinere Hügel ist von der übrigen Erhöhung durch eine Senke abgetrennt und war in der Kaiserzeit ein vornehmes Wohnviertel. Die etwas weiter unten liegenden Villen mußten später den Caracalla-Thermen (▲ *319*) weichen. Ausgrabungen haben jedoch einige beeindruckende Reste freigelegt, vor allem die eines großen kaiserlichen Hauses, die heute im Hospiz von Santa Margherita aufbewahrt werden.

**San Saba.** Die Gründung dieser Kirche geht auf Papst Gregor I. den Großen und seine Mutter Silvia zurück. Die schon im 7. Jh. belegte christliche Gemeinde wurde zunächst von orientalischen Mönchen geführt, an deren Stelle im 10. Jh. die Benediktiner von Montecassino, im 12. Jh. die Kluniazenser und im 16. Jh. die Zisterzienser traten. Kurz danach überließen die Mönche die Kirche den Kanonikern. Die Ausgrabungs- und Restaurierungsarbeiten an der Kirche begannen Ende des letzten Jahrhunderts. In der Sakristei sind Fresken aus dem 7. und 8. Jh. mit Bildnissen von Mönchen erhalten. Vor der romanischen Fassade steht ein Portikus mit einer schönen Renaissance-Loggia. (Biegen Sie links in die Via Annia Faustina und dann in die Via della Piramide Cestia ein.)

## PORTA OSTIENSIS

**Die Pyramide des Cestius.** Die in die Aurelianische Stadtmauer einbezogene Pyramide des Gaius Cestius ist seit dem Mittelalter bekannt als *Meta Remi*, Grab des Remus. Ebenso wie die *Meta Romuli* im Vatikan (nahe der heutigen Via della Conciliazione) ist die Pyramide ein Grabmal – die auf beiden Seiten wiederholte Inschrift bestätigt es: »Dem Gaius Cestius, Sohn des Lucius,

---

**Sant'Anselmo**
Gehen Sie nach Verlassen von Santa Sabina die Via di Sant'Anselmo hinab; im Schatten der Palmen ist dies ein schöner Spaziergang. Sie erleben hier die fast ländliche Atmosphäre des Aventin, »dieses verborgenen, grünen, luftigen, stillen Viertels, das stets den Eindruck vermittelt, von unsichtbaren Augen beobachtet zu werden, und das vor dem Spaziergänger mehr als die anderen

Viertel geschützt zu sein scheint.«
(Julien Gracq)
Eine Ruhepause im Garten Sant'Anselmo sollte man nicht versäumen.

**Die Pyramide**
Sie mißt 29,50 m an der Basis und ist 36,40 m hoch. Das Grabmal orientiert sich an ägyptischen Vorbildern, die nach dem Sieg über Ägypten (30 v. Chr.) in Rom in Mode kamen. Das Mauerwerk wurde mit Marmorplatten verkleidet.

aus der Tribus Poblilia, Praetor, Volkstribun und Septemvir epulonum« (Mitglied eines Priesterkollegiums zur Ausrichtung kultischer Gastmahle). An der Ostseite steht eine Inschrift in kleineren Buchstaben. Sie besagt, daß der Bau aufgrund einer testamentarischen Verfügung in nur 330 Tagen fertiggestellt wurde. An der Westseite liegt die kleine Tür zur Grabkammer (nicht zugänglich). Auf dem Verputz befinden sich prächtige Dekorationen des Dritten Stils, die leider größtenteils kaum noch erkennbar sind. Neben der Pyramide sieht man noch die alte Straße, die vom Tor der Aurelianischen Stadtmauer ausging (es wurde später abgerissen).

**Der protestantische Friedhof.** Neben der Cestius-Pyramide liegt der den fremden Nichtkatholiken vorbehaltene Friedhof. Im Schatten der Pinien leisten heute nur noch zahlreiche Katzen den Toten Gesellschaft: Hier ruhen neben anderen bekannten Persönlichkeiten der Dichter Percy Bysshe Shelley (der 1822 im Mittelmeer ertrank), John Keats, Gottfried Semper, Hans von Marées, Goethes unehelicher Sohn August und Antonio Gramsci, einer der Gründer der Kommunistischen Partei Italiens.

**Porta Ostiensis.** An der Aurelianischen Stadtmauer (▲ *323*) steht neben der Cestius-Pyramide die Porta San Paolo, die alte, mehrfach veränderte Porta Ostiensis, das mit der Porta Appia am besten erhaltene Stadttor. Von hier aus führte die Via Ostiensis zum alten Hafen. Zunächst hatte das Tor zwei Eingänge, die von halbrunden Türmen umgeben waren. Unter Maxentius entstanden im 4. Jh. n. Chr. zwei zangenförmig angelegte Mauern mit einem Gegentor, das ursprünglich aus zwei Travertin-Bögen bestand. Im Jahr 594 n. Chr. drangen hier die Goten unter Führung Totilas in die Stadt Rom ein. Im Gebäude befindet sich ein Museum, in dem Modelle des antiken Ostia und der unter Claudius und Trajan gebauten Hafenanlagen zu sehen sind, ferner Abgüsse von Reliefs und Inschriften, die den Verlauf der Straße und ihre Bauwerke dokumentieren.

**John Keats** (▲ *313*) Der englische Dichter John Keats (1795-1821) hoffte, in Rom von der Tuberkulose geheilt zu werden, jener Krankheit, die ihm schon Mutter und Bruder geraubt hatte. Er starb drei

Monate nach seiner Ankunft. Auf dem Grabstein ist zu lesen: »Here lies one whose name was writ in water.«

# CIRCUS MAXIMUS UND AVENTIN

Ein Schlachthofarbeiter aus dem letzten Jahrhundert

**Via della Marmorata.** Hinter der Cestius-Pyramide und dem Bahnhof Roma Ostiense (den übrigens Mussolini für den offiziellen Empfang Hitlers 1938 bauen ließ, er war aber bei dessen Ankunft noch nicht ganz fertig, so daß er mit Farbe und Geschick auf Travertin getrimmt werden mußte) führt die Via della Marmorata zum Tiber hinab. Dies war das Viertel der Marmorschleifer, wo Blöcke aus antiken Ruinen neu zugeschnitten wurden. Rechts liegt das moderne Postgebäude. Es wurde 1933 von Adalberto Libera und Mario de Renzi erbaut; vorausgegangen war ein Wettbewerb. Neben diesem Bau entstanden drei weitere; an der Piazza Bologna, in der Via Taranto und an der Piazza Mazzini. (Biegen Sie links in die Via Galvani ein.)

**Der Schlachthof.** Der *Mattatoio* von Rom wurde zwischen 1887 und 1892 von G. Ersoch errichtet. Das monumentale Eingangstor ist mit einem sehr realistisch dargestellten Ochsen geschmückt, der gerade getötet wird (oben). Der Schlachthof ist seit den 80er Jahren nicht mehr in Betrieb, und es gibt verschiedene Pläne, was mit den Gebäuden geschehen soll. Im Gespräch sind ein Kulturzentrum oder ein Konzertsaal. Im Umkreis des ehemaligen Schlachthofs bekommt man noch heute die besten Innereien-Gerichte von Rom serviert.

## MONTE TESTACCIO

**Der Scherbenberg.** Der etwa 30 m hohe künstliche Hügel *Mons Testaceus* hat einen Umfang von 1000 m, seine Oberfläche beträgt etwa 20 000 m$^2$. Der Berg besteht, wie sein Name verrät, aus Millionen von zerbrochenen Amphoren, die für die Einfuhr von Waren benutzt wurden und aus den nahegelegenen Lagerhäusern des Hafens (Emporium) stammten. Die oberste Schicht bilden Öl-Amphoren, die aus der Zeit zwischen 140 und der Mitte des 3. Jh. n. Chr. stammen dürften.

**Das Viertel.** Bis zur Einigung Italiens wohnten hier Angehörige verschiedener sozialer Schichten Tür an Tür. Später beschloß man, im Viertel Handwerker und Arbeiter anzusiedeln. Die Bautätigkeit begann 1883, blieb aber wegen der Immobilienspekulation bis 1907 unvollendet. Nachdem man 1903 das Amt für Sozialen Wohnungsbau eingerichtet hatte, konnten die Gebäude, alle nach dem gleichen Muster, endlich fertiggestellt werden. Heute ist dies ein lebhaftes Viertel mit einem schönen Markt auf der Piazza Santa Maria Liberatrice. Die römisch-byzantinische Kirche gleichen Namens stammt aus dem Jahr 1908 und ersetzte die barocke Kirche, die auf dem Forum stand und 1899 abgerissen wurde, um Santa Maria Antiqua (▲ *142*) freizulegen. (In 2 km Entfernung von der Porta San Paolo liegt die Basilika San Paolo fuori le Mura, ▲ *382*.)

**Die Amphoren**
Mit Hilfe ihrer Inschriften (Herstellungszeichen, Name des Exporteurs, Kontrolldaten etc.) läßt sich anhand mancher Amphoren das römische Wirtschaftsleben von der späten Republik bis zur Kaiserzeit nachvollziehen.

# Celio

San Gregorio Magno *187*
Santi Giovanni e Paolo *188*
Santa Maria in Domnica *190*
Villa Celimontana *190*
Santo Stefano Rotondo *191*
Santi Quattro Coronati *192*
San Clemente *193*
Der Lateran *196*
Santa Croce in Gerusalemme *200*

# ▲ CELIO

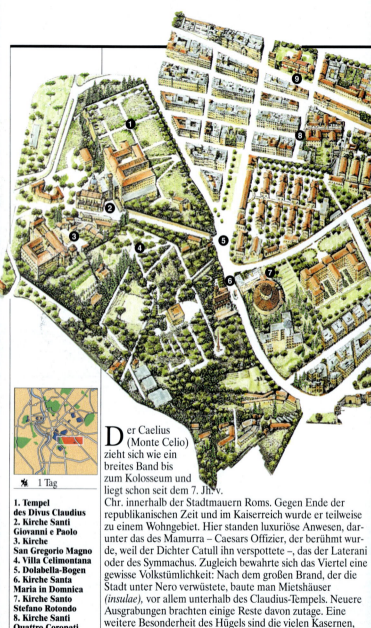

**🍴 1 Tag**

1. Tempel
des Divus Claudius
2. Kirche Santi
Giovanni e Paolo
3. Kirche
San Gregorio Magno
4. Villa Celimontana
5. Dolabella-Bogen
6. Kirche Santa
Maria in Domnica
7. Kirche Santo
Stefano Rotondo
8. Kirche Santi
Quattro Coronati
9. Kirche
San Clemente
10. Kirche
San Giovanni
in Laterano
11. Scala Santa

Der Caelius (Monte Celio) zieht sich wie ein breites Band bis zum Kolosseum und liegt schon seit dem 7. Jh. v. Chr. innerhalb der Stadtmauern Roms. Gegen Ende der republikanischen Zeit und im Kaiserreich wurde er teilweise zu einem Wohngebiet. Hier standen luxuriöse Anwesen, darunter das des Mamurra – Caesars Offizier, der berühmt wurde, weil der Dichter Catull ihn verspottete –, das der Laterani oder des Symmachus. Zugleich bewahrte sich das Viertel eine gewisse Volkstümlichkeit: Nach dem großen Brand, der die Stadt unter Nero verwüstete, baute man Mietshäuser *(insulae)*, vor allem unterhalb des Claudius-Tempels. Neuere Ausgrabungen brachten einige Reste davon zutage. Eine weitere Besonderheit des Hügels sind die vielen Kasernen, etwa die der 5. Kohorte der *Vigiles* in der Nähe von Santa Maria in Domnica, die beiden Kasernen der *Equites singulares* (der »berittenen Kaisergarde«) und die *Castra peregrina* (Kirche Santo Stefano Rotondo), in der Soldaten der Provinzarmeen untergebracht wurden, die in Rom mit Sonderaufgaben betraut waren, etwa mit Polizei- oder Postdienst. Ab dem Ende der Antike erhielt das Viertel wegen der zunehmenden

Bedeutung seiner religiösen Zentren ein völlig neues Gesicht. Die Kirche San Giovanni in Laterano und der Papstpalast am Ostzipfel des Viertels bildeten einen bedeutenden Kernpunkt. Bei Krönungen oder bestimmten liturgischen Feierlichkeiten bewegten sich lange Prozessionszüge durch die Via Maggiore zwischen dem Kolosseum und dem Lateran. Nach der Plünderung Roms durch die Normannen 1084 (● *30*), bei der ein Großteil des Viertels zerstört wurde, und vor allem wegen der Umsiedelung der Bewohner an die Tiberufer und der Verlegung der päpstlichen Verwaltung in den Vatikan (1377) entvölkerte sich das Viertel so, daß die Stadt den Bewohnern der Via Maggiore wichtige Privilegien einräumte, jedoch nur mit wenig Erfolg. Der Celio und die angrenzenden Gebiete wurden bis Ende des 19. Jh. vorwiegend als Wein- und Obstgärten genutzt. Die Landschaft hat sich bis heute nur wenig verändert, jedenfalls in dem zum Palatin gelegenen Teil: Die Kamaldulenser, die seit 1573 das Kloster San Gregorio besitzen, bauen noch immer ihr Gemüse an den Hängen des Celio an, und zwischen den Pflastersteinen des Clivus Scauri wächst Gras.

Die mächtige Fassade von San Gregorio Magno, die durch die Treppe noch gewaltiger wirkt, ist ebenso wie das Atrium ein Werk Sorias. Sie beherrscht die von Pinien gesäumte Via di San Gregorio, die früher einmal als Via Triumphalis Schauplatz der Triumphzüge der siegreichen Feldherren war.

## SAN GREGORIO MAGNO

Das Kloster San Gregorio wurde im 6. Jh. von Papst Gregor dem Großen in seinem eigenen Vaterhaus gegründet. Es wurde im Mittelalter mehrfach erweitert, doch die heutigen Gebäude stammen überwiegend

# CELIO

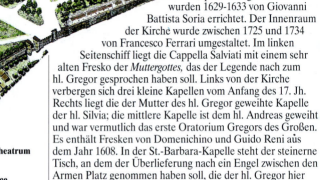

**1. Amphitheatrum Castrense**
**2. Kirche Santa Croce in Gerusalemme**

aus der Zeit des Kardinals Scipione Borghese und wurden 1629-1633 von Giovanni Battista Soria errichtet. Der Innenraum der Kirche wurde zwischen 1725 und 1734 von Francesco Ferrari umgestaltet. Im linken Seitenschiff liegt die Cappella Salviati mit einem sehr alten Fresko der *Muttergottes,* das der Legende nach zum hl. Gregor gesprochen haben soll. Links von der Kirche verbergen sich drei kleine Kapellen vom Anfang des 17. Jh. Rechts liegt die der Mutter des hl. Gregor geweihte Kapelle der hl. Silvia; die mittlere Kapelle ist dem hl. Andreas geweiht und war vermutlich das erste Oratorium Gregors des Großen. Es enthält Fresken von Domenichino und Guido Reni aus dem Jahr 1608. In der St.-Barbara-Kapelle steht der steinerne Tisch, an dem der Überlieferung nach ein Engel zwischen den Armen Platz genommen haben soll, die der hl. Gregor hier bewirtete.

## CLIVUS SCAURI

Die Straße, die zwischen San Gregorio und San Giovanni bergauf führt, folgt dem Verlauf des antiken Clivus Scauri. Insgesamt hat sie auch dessen Aussehen beibehalten. An mehreren Stellen säumen sie Gebäude aus der Kaiserzeit, deren bis zu einer beträchtlichen Höhe erhaltene Fassaden durch mittelalterliche Bögen verbunden sind. (Am Ende des Clivus durchschreitet man die Arkaden des mittelalterlichen Strebewerks der Kirche Santi Giovanni e Paolo.)

**Santi Giovanni e Paolo.** Der stille Platz mit seinen roten Ziegelhäusern, den hohen, fensterlosen Klostermauern und dem Campanile, der auf Teilen vom Fundament des Claudius-Tempels errichtet wurde, erinnert an Bilder Giorgio de Chiricos. Die Kirche ist den hll. Johannes und Paulus geweiht, die als Offiziere Konstantins unter Julian Apostata den Märtyrertod starben (362 n. Chr.). Über ihrem Haus wurde

Der Glockenturm von Santi Giovanni e Paolo

im 5. Jh. diese Kirche gegründet, die allerdings bei den Plünderungen im 11. Jh. (● *30*) beschädigt und unter Paschalis II. im 12. Jh. teilweise erneuert wurde, wobei man auch den Campanile hinzufügte. Der Narthex entstand wenig später. Die Restaurierungsarbeiten der 50er Jahre unseres Jahrhunderts gaben der Kirche äußerlich ihr mittelalterliches Aussehen wieder, im Innenraum behielt sie jedoch die Dekoration des 18. Jh.

**Das Haus der hll. Johannes und Paulus.** Man steigt über eine kleine Treppe rechts vom Chor hinunter. Das antike Gebäude vermittelt einen bewegenden Einblick in die allmählich sich vollziehende Verwurzelung des jungen Christentums in der heidnischen Bevölkerung: Darstellungen aus der antiken Mythologie stehen unmittelbar neben christlichen. Ende des letzten Jahrhunderts

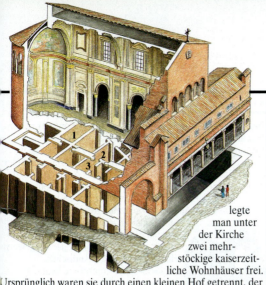

legte man unter der Kirche zwei mehrstöckige kaiserzeitliche Wohnhäuser frei. Ursprünglich waren sie durch einen kleinen Hof getrennt, der aber später in ein Nymphäum mit einem Springbrunnen umgewandelt wurde. Die Wände bedeckten Malereien: Rechts sieht man noch einen festlichen Zug von Eroten auf Seeungeheuern. Bemerkenswert ist aber vor allem das große Fresko, das *Proserpina bei ihrer Rückkehr aus dem Hades* zeigt. Vom Hof des Nymphäums gelangt man in das zum Clivus Scauri gelegene Erdgeschoß (1). Auf einem gut erhaltenen Bogen ist eine in zwölf Abschnitte unterteilte Bemalung zu sehen. In einer Lünette bezeugt eine *Orans-Figur* mit ausgebreiteten Armen, daß das Haus schon damals von Christen bewohnt war. Oberhalb einer kleinen Treppe liegt die *Confessio*, eine Nische, die vollständig mit Fresken aus der zweiten Hälfte des 4. Jh. ausgemalt ist. Sie zeigen Szenen eines Martyriums (Verhaftung, Enthauptung etc.) und erinnern an die Texte antiker Passionsgeschichten, die das Martyrium der hll. Johannes und Paulus beschreiben, aber auch das des Crispin, des Crispian und der Benedicta, die ebenfalls unter Julian Apostata hingerichtet und hier bestattet worden sein sollen.

**Tempel des Divus Claudius.**
An der Westspitze des Celio, gegenüber dem Palatin, lag ein Tempel, der dem Claudius geweiht war, jenem Kaiser, der sofort nach seinem Tod im Jahr 54 von seiner Witwe Agrippina zum Gott erhoben wurde. Der Tempel stand auf einer großen Plattform, von der noch Reste erhalten sind. Der westliche Teil, in den Glockenturm und das Kloster Santi Giovanni e Paolo integriert, gehört zur ältesten Bauphase. Den östlichen Teil, dessen Mauern beim Abstieg zum Kolosseum noch an der Via Claudia zu sehen sind, wandelte Nero als würdigen Hintergrund für den Park der Domus Aurea ▲ *174)* in ein Nymphäum um.

**Das Haus der hll. Johannes und Paulus**
Schöne weißgrundige Malereien zeigen Epheben mit einer Girlande, auf der Pfauen und andere große Vögel abgebildet sind. Der Bogen ist mit Rankenornamenten geschmückt, in denen sich Eroten und Vögel tummeln. Eine spätere Dekoration, die auf die erste Hälfte des 4. Jh. n. Chr. datiert wird, ist in den Räumen (2) und (3) zu sehen.

**Claudius**
Kaiser Claudius (41-54) wurde von seinen Zeitgenossen zwar häufig verspottet, war jedoch in Wahrheit ein gelehrter Mann, ein sorgfältiger Historiker und geschickter Staatsmann. Militärisch führte er die Politik des Augustus fort und bewährte sich dort, wo Caesar gescheitert war: Er besiegte Britannien. Doch der ohnehin mit Hinken und Stottern geschlagene Mann hatte das Unglück, zuerst Messalina zu heiraten, die für ihre Ausschweifungen berüchtigt werden sollte, und später die Kölnerin Agrippina, die ihn ermorden ließ, um ihren Sohn Nero auf den Thron zu bringen.

## CELIO

### SANTA MARIA IN DOMNICA

**Der Dolabella-Bogen und das Viertel um Santa Maria in Domnica.** Von der Piazza Santi Giovanni e Paolo geht die Via San Paolo della Croce ab. Sie verläuft zwischen hohen, strengen Mauern an der Villa Celimontana entlang und unter einem Travertinbogen hindurch, der Neros Aquädukt stützt. In der Attika nennt eine Inschrift (10 n. Chr.) die Namen der Konsuln P. Cornelius Dolabella und C. Junius Silanus. Der Bogen, ein unter Augustus erneuertes Tor der Servianischen Stadtmauer, *Porta Caelimontana,* öffnet sich auf eine typisch römische Landschaft: Links steht isoliert der Ziegelkern eines Pfeilers vom Claudischen Aquädukt; im Hintergrund liegt vor Bäumen Santo Stefano und in der Mitte das Marmorschiff, *Navicella* genannt, vielleicht eine Weihgabe an Isis, das im 16. Jh. unter Papst Leo X. in einen Brunnen umfunktioniert wurde. Durch einen Portikus von Sansovino betritt man die Kirche Santa Maria in Domnica.

Der Abzweig der Aqua Claudia, den Nero (54-68) zur Wasserversorgung der Domus Aurea bauen ließ, begann an der Porta Maggiore. Domitian verlängert ihn bis zum Palatin.

❝Der Park [der Villa Celimontana] mit seiner in Rom wohl einzigartigen Vielfalt und Phantasie, schmiegt sich an alle Windungen des Caelius an, dessen äußerste Spitze er bedeckt.❞
Gabriel Fauré

**Santa Maria in Domnica.** Die Kirche wird unter Leo III. (795-816) zum ersten Mal erwähnt, vermutlich aber wurde sie über den Resten der Kaserne der 5. Kohorte der *Vigiles* schon im 7. Jh. gegründet. Das heutige Gebäude stammt aus der Zeit Paschalis' I. (817-824), ebenso wie das schöne Apsismosaik. Auf dem Triumphbogen ist der Heiland dargestellt, der zwischen zwei Engeln auf dem Himmelsbogen sitzt, neben sich die von Petrus und Paulus angeführten Apostel und darunter Moses und Elias. Im Zentrum der Halbkuppel thront eine *Jungfrau mit Kind* inmitten einer Schar von Engeln, während der Papst mit dem quadratischen Nimbus der Lebenden demütig ihren Fuß berührt. Links von der Kirche führt ein mächtiges Portal (Ende 16. Jh.) zur Villa Celimontana.

**Jungfrau mit Kind**
Wegen der lebhaften Farben und der freien Behandlung des Motivs, in der sich hellenistische und byzantinische Züge vereinen, ist dieses Mosaik eines der schönsten römischen Werke aus karolingischer Zeit.

**Villa Celimontana.** Der herrliche Baumbestand der Villa lädt an schönen Tagen zu Spaziergängen inmitten von Blumenbeeten und Springbrunnen ein. Der heute öffentliche Park existiert bereits seit dem 15. Jh. und gehörte damals zur Villa Mattei, die als Landhaus angelegt und mit antiken Skulpturen geschmückt war. Das Kasino baute 1581-1586 Jacopo del Duca; im Garten stellte man einen Obelisken auf, der zuvor auf dem Kapitol gestanden hatte und den der römische Senat dem Prinzen Mattei für seine Verdienste geschenkt hatte. Vom 16. Jh. bis zum Ende des 19. Jh. stand die Villa einmal im Jahr Besuchern offen, wenn im Verlauf des Pilgerweges zu den sieben Kirchen, der 1552 unter dem hl. Filippo Neri (▲ *281*) wieder zu Ehren kam, die Gläubigen

Papst Leo X. ließ seinen Namen und sein Wappen in die Fontana della Navicella meißeln.

**Martyrologium**
Die 34 Fresken von Pomarancio, Tempesta und anderen zeigen die grausamen Quälereien, denen die christlichen Märtyrer zur Zeit der Verfolgungen ausgesetzt waren.

zur Villa kamen, um sich auszuruhen, zu erfrischen und sich von den Prinzen Mattei und den Oratorianern eine Stärkung anbieten zu lassen. Das Grundstück fiel 1856 an einen bayrischen Baron, wurde 1918 vom italienischen Staat beschlagnahmt und ging 1925 in städtisches Eigentum über. Heute ist die Villa Sitz der Italienischen Geographischen Gesellschaft.

## SANTO STEFANO ROTONDO

Die erste Rundkirche Roms baute Papst Simplicius (468-483) als Nachbildung der von Konstantin geschaffenen Grabkirche in Jerusalem. Einst hielt man die Kirche für den Umbau eines antiken Rundtempels, was jedoch Untersuchungen des Mauerwerks widerlegt haben. Die Arbeiten wurden im 6. Jh. unter den Päpsten Johannes I. und Felix IV. fortgesetzt; Innozenz I. (1130-1143) fügte die Eingangshalle und die drei quer verlaufenden Arkaden im Innern an. An die Wände, welche die Außenarkaden schlossen, ließ Gregor XIII. (1572-1585) Fresken malen, die von der Frömmigkeit der Gegenreformation zeugen. (Biegen Sie vom Largo della Sanità Militare rechts auf die Piazza und dann in die Via Celimontana ein und gehen Sie bis zur Via dei Santi Quattro Coronati.)

**Eine gewaltige Kirche**
Die ursprüngliche Aufteilung von Santo Stefano Rotondo umfaßte einen Zentralraum mit zwei konzentrischen Säulenumgängen, der innere aus 22, der äußere aus 34 antiken Säulen. 1453 riß man bei Restaurierungsarbeiten den einsturzgefährdeten äußeren Umgang ab. Der Durchmesser der Kirche wurde dadurch beträchtlich verkleinert. Ausgrabungen legten unter der Kirche die Reste eines Mithräums aus dem 2.-3. Jh. n. Chr. frei und, südlich, die einer Kaserne, der sogenannten *Castra peregrina*.

## ▲ Celio

## Santi Quattro Coronati

**Der Kreuzgang**
Hinter dem festungsähnlichen Äußeren verbirgt sich die wunderschöne Kirche Santi Quattro Coronati mit ihrem Kreuzgang, der zu den romantischsten

Roms gehört; er entstand zu Beginn des 13. Jh. Das Wasserbecken in der Mitte schmückte unter Paschalis II. das Atrium der Kirche.

Diese Kirche wird im Jahr 595 zum ersten Mal genannt, gegründet wurde sie jedoch bereits im 4. Jh. Papst Leo IV. (847-855) ließ sie erweitern, doch wurde sie bei den Normanneneinfällen von 1084 (● 30) schwer beschädigt und 1111 unter Paschalis II. wiederaufgebaut. Dabei wurden die Seitenschiffe verkleinert und das Gebäude insgesamt stark verkürzt.

Aus dieser Zeit stammt auch der herrliche Cosmatenfußboden (● 76) des Mittelschiffs. 1630 ließ Kardinal Millini das Apsismosaik durch Fresken von Giovanni da San Giovanni ersetzen, auf denen die Legende der Soldaten Severus, Severianus, Carpoforus und Victorinus zu sehen ist. Sie erlitten unter Diokletian den Märtyrertod, weil sie sich weigerten, den heidnischen Gott Äskulap zu verehren. 1912 und noch einmal 1957 legten umfangreiche Arbeiten an der Kirche ältere Gebäudeteile frei: die Säulen und die Krypta der karolingischen Kirche. Das Kloster, bereits zur Zeit Leos IV. belegt, wurde im 13. Jh. zu einer mächtigen Festung ausgebaut, denn der Gebäudekomplex diente im Mittelalter als Verteidigungsposten für den Lateranpalast (▲ 197) und als Zufluchtsort der Päpste.
**Oratorio di San Silvestro.** Vom ersten Innenhof aus gelangt man durch einen Raum mit einem im 13. Jh. gemalten liturgischen Kalender in das Oratorium des hl. Sylvester. Es wurde 1246 mit einem schönen Freskenzyklus ausgemalt. Dargestellt ist die Legende Konstantins: Der an Lepra erkrankte Kaiser sieht im Traum die Apostel Petrus und Paulus und schickt Boten zu Papst Sylvester, der sich auf den Berg Sorakte zurückgezogen hat.

**»Der Triumph des Kreuzes« ♥**
Die goldschimmernde, leuchtend farbige Apsis schmückt eines der schönsten römischen Mosaiken des 12. Jh. Über dem Kreuz sieht man die Hand Gottes (links). Die Tauben stellen die Apostel dar, Maria und Johannes stehen neben dem Kreuz.

Der Papst läßt ihn die Bildnisse der Apostel verehren und heilt ihn durch die Taufe von der Lepra. Daraufhin empfängt der Kaiser den Papst endlich als Kirchenfürsten in Rom. Die Fresken haben neben der kunstgeschichtlichen auch politisch-historische Bedeutung: Sie konstatieren die Vorherrschaft des Papsttums über die weltliche Macht, eine im Mittelalter zeitweise hitzig diskutierte Frage. Vom zweiten Innenhof aus betritt man die heutige Kirche, wo an den Wänden der Seitenschiffe Fresken des 14. Jh. zu sehen sind. Durch das linke Seitenschiff gelangt man in den Kreuzgang. Daran grenzt die Kapelle der hl. Barbara aus dem 9. Jh. an.

## SAN CLEMENTE ♥

**Basilika San Clemente.** Die Kirche war dem dritten Nachfolger Petri geweiht, Papst Clemens I. (88-97), und wurde vor 385 über älteren Gebäuden erbaut. Im 8. und 9. Jh. wurde sie mehrfach umgebaut und schließlich bei den Plünderungen von 1084 (● *30)* zerstört. Unter Paschalis II. (1099-1118) wurde die Ruine des alten Gebäudes mit Bauschutt aufgefüllt und darüber eine neue Basilika errichtet. Carlo Fontana führte zwischen 1715 und 1719 weitere Umbauten durch. Die frühchristliche Unterkirche wurde erst 1857 wiederentdeckt.

**Die Oberkirche.** Äußerlich hat die Kirche ihr mittelalterliches Erscheinungsbild mit der Halle, dem Portalvorbau und dem Atrium bewahrt. Der Innenraum gibt in etwas verkleinertem Maßstab die Aufteilung der Unterkirche wieder. Die Chorschranken aus dem 12. Jh. im Mittelschiff umfassen Teile des Vorgängerbaus, beispielsweise ein Ziborium aus dem 6. Jh. und einen Osterleuchter aus dem 12. Jh. Die Apsis schmückt das berühmte Mosaik vom Beginn des 12. Jh., der *Triumph des Kreuzes.* Rechts vom Haupteingang liegt die Cappella di Santa Caterina mit Fresken von Masolino da Panicale, entstanden vermutlich 1428-1431.

**Die Unterkirche.** Durch die Sakristei gelangt man in eine regelrechte Pinakothek. Im Narthex finden sich zwei schöne Fresken des 11. Jh., ein *Wunder des hl. Clemens* und eine *Überführung seines Leichnams vom Vatikan in die Basilika* (oben). Im Mittelschiff sieht man eine *Himmelfahrt* (9. Jh.) und die *Legende des hl. Alexius* (▲ *180).* Ein weiterer Freskenzyklus (11. Jh.) erzählt die burleske Geschichte, wie der hl. Clemens von Dienern des heidnischen Präfekten Sisinnius verfolgt wurde. Die Häscher fesselten eine Säule, die sie – von Gott geblendet – für den Papst hielten, und versuchten, sie mit sich fortzuführen. Die derben Worte, mit denen der Präfekt sie antreibt, sind wie bei einem Comic an der Wand zu lesen: *Fili dele pute, traite ...* (zieht, ihr Hurensöhne). Die berühmte Inschrift gehört zu den frühesten Zeugnissen des Vulgärlateinischen.

Darunter trinken zwei Hirsche aus den Bächen, die dem Kreuz entspringen. Sie stellen diejenigen dar, die sich auf die Taufe vorbereiten.

**Masolino** (um 1430)
»Die Beredtheit Katharinas ist hier überzeugend und rein. Die Heilige ist noch nicht die betörende Prinzessin geworden, die Pinturicchio an die Wände des Appartamento Borgia malte.«
Y. und E.-R. Labande, *Rom*

## ▲ CELIO

Die viele Jahrhunderte umfassende Geschichte der Kirche San Clemente ist anhand der einzelnen Schichten im Erdreich gut rekonstruierbar: Die mit einer Barockfassade (18. Jh.) versehene Kirche aus dem 13. Jh. steht über einer frühchristlichen Basilika, die ihrerseits über antiken römischen Gebäuden errichtet wurde.

Die frühchristliche Basilika war mit zahlreichen Fresken geschmückt. Dieses Fragment aus dem nördlichen Seitenschiff gehörte wohl zu einem *Jüngsten Gericht*.

**Das Wunder des hl. Clemens**
Nach der Legende wurde der Papst mit einem Anker an den Füßen ins Schwarze Meer geworfen. Bei der jährlichen Prozession der Gläubigen zu dieser Stelle vergaß eine Mutter ihr Kind. Es verschwand in den Fluten, tauchte aber im Jahr darauf wohlbehalten wieder auf.

Mithras (▲ *181*) wurde aus Stein geboren, so wie Flammen aus Feuerstein entstehen. Das symbolisiert die Statue dieses Gottes in der Nische an der Rückwand des Mithräums.

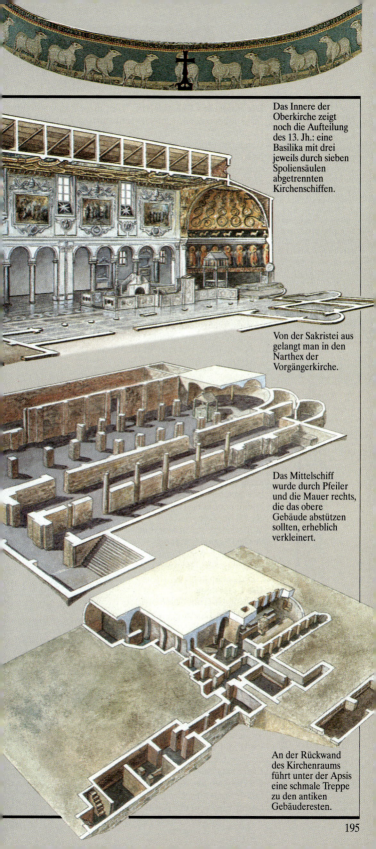

# ▲ CELIO

**Der Obelisk aus rosa Granit**
Es handelt sich um den ältesten und höchsten Obelisken Roms (mit Sockel 47 m). Er wurde von Tuthmosis III. im 15. Jh. v. Chr. vor dem Tempel des Ammon in Theben errichtet und von Constantius II. im Jahr 357 nach Rom gebracht und auf der *Spina* des Circus Maximus (▲ *178*) aufgestellt. Dort wurde er 1587 wiederentdeckt. Im Jahr darauf ließ Sixtus V. ihn durch Domenico Fontana auf den Lateransplatz bringen.

**Die römischen Gebäudeteile.** Die untere Basilika stützt sich auf bedeutende römische Reste aus der Zeit des Kaisers Domitian (81-96 n. Chr.), die ihrerseits auf den Resten von Gebäuden errichtet waren, die bei der Feuersbrunst zur Zeit Neros ausbrannten. Es handelt sich um zwei Gebäude, die durch einen schmalen Gang getrennt sind. Das eine ruht auf groben Tuffsteinblöcken; möglicherweise war es einmal die kaiserliche Münzanstalt. Das andere Gebäude liegt westlich der Kirche, stammt ebenfalls aus der Zeit Domitians und war ganz aus Ziegeln errichtet. Ursprünglich war der Mittelhof von einem durchbrochenen Gewölbe überspannt. Die Funktion dieses Gebäudes ist unbekannt, vielleicht war es ursprünglich ein Mietshaus, in dessen Hof dann das Mithräum eingerichtet wurde.

**Das Mithräum.** Es dürfte Ende des 2./Anfang des 3. Jh. n. Chr. entstanden sein, als orientalische Kulte in Rom ausgesprochen florierten. Die Türen zum Hof wurden später vermauert und das Tonnengewölbe mit Sternen geschmückt, eine Anspielung auf die Mithras-Symbolik (▲ *181*). Entlang den Seitenwänden verlaufen die üblichen zwei Sitzbänke für die Gläubigen. (Nehmen Sie die Via San Giovanni in Laterano.)

## DER LATERAN

Dieses Viertel erlebte Weltgeschichte: Von hier aus lenkten einst die Päpste die Geschicke der Christenheit, später scharten sich auf der Piazza die kommunistischen Massen um Palmiro Togliatti (Mitbegründer der KP) und Enrico Berlinguer (den früheren Generalsekretär der KP). Doch hat es auch eine volkstümliche Seite; jedes Jahr in der Johannisnacht (23./24. Juni), stellen die Bewohner lange Tische auf und feiern ein Fest mit *lumache* (Schnecken) und viel Weißwein. Auf dem Markt in der Via Sannio hinter der Aurelianischen Stadtmauer kann man Kleidung zu Spottpreisen kaufen.

**Die Ursprünge.** In der Antike gehörte das Grundstück der Familie der Laterani, bis Nero es wegen ihrer Beteiligung an der Pisonischen Verschwörung (65 n. Chr.) beschlagnahmte. Später ließ Septimius Severus hier eine Kaserne der *Equites singulares,* der berittenen Kaisergarde, errichten. Nach dem Sieg über Maxentius 312 und dem Mailänder Edikt von 313 schenkte Konstantin dem Papst Miltiades (oder Melchiades) das Gelände zwecks Errichtung einer Kirche und des *Patriarchium,* des Vorläufers des Lateranspalastes, der bis zur Rückkehr der Päpste

**Das Mithräum** (links)
Auf dem Altar ist Mithras abgebildet, der einen Stier tötet. An den Seiten sieht man seine Schutzgeister Cautes und Cautopates mit ihren nach oben bzw. unten gerichteten Fackeln.

aus Avignon im Jahr 1377 ihr offizieller Amtssitz war. Die Basilika wurde 327 fertiggestellt und zunächst dem Heiland geweiht. Bei neueren Ausgrabungen fanden sich einige Fresken des Laterani-Palastes sowie Reste der Kaserne und der Mauern der ersten Basilika.

**Die Erweiterung des Palasts.** Ab dem 5. Jh. bemühten sich die Päpste um Erweiterung des Patriarchiums mit Bauten, die den Anforderungen einer zentralisierten Verwaltung gerecht werden sollten. Es gelang ihnen jedoch niemals, aus dem Lateran einen echten Mittelpunkt der Stadt zu machen. Für den Empfang Karls des Großen nach seiner Kaiserkrönung in der Peterskirche am Weihnachtstag des Jahres 800 ließ Papst Leo III. ein Triclinium (für offizielle Bankette) errichten und mit prunkvollen Mosaiken verzieren. Im 11. und 12. Jh. entwickelte sich der Lateran zu einer Art Dorf. Neben der Basilika und dem Palast standen die Häuser der Chorherren des Lateran und der bei der Kurie beschäftigten Geistlichen. Die schweren Brände von 1308 und 1361 und das Exil der Päpste im 14. Jh. führten zu einem solchen Verfall des Palastes, daß Gregor XI. bei seiner Rückkehr nach Rom 1377 den Papstsitz in den Vatikan verlegte, der ohnehin leichter zu verteidigen war. Nach den Restaurierungsarbeiten unter den Päpsten Martin V. (1417-1431), Leo X. (1513-1521) und Paul IV. (1555-1559) beauftragte Sixtus V. (1585-1590) den Architekten Domenico Fontana mit dem vollständigen Wiederaufbau des Palastes. Das Patriarchium wurde abgerissen. Sixtus V. verschonte lediglich die Cappella San

**Die Johannisnacht**
1969 wurde das Johannisfest zum letzten Mal im Freien auf der Piazza di San Giovanni in Laterano gefeiert.

# CELIO

**Das Kirchenschiff**
Den theatralischen Eindruck, den das Mittelschiff der Laterankirche vermittelt, bewirken die Kolossalpilaster, die abwechselnd einen Rundbogen und einen Pfeiler einrahmen, der jeweils mit einer Nische aus grauem und Säulen aus grünem Marmor aus dem Vorgängerbau versehen ist. Die Nischen nahmen Anfang des 18. Jh. die riesigen Statuen der zwölf Apostel auf.

Lorenzo in Palatio, die *Scala Santa* (Heilige Treppe) und die Reste des Tricliniums von Leo III. Der Lateranspalast ist heute Sitz der römischen Bistumsverwaltung. Hier wurden am 11. Februar 1929 die Lateranverträge zwischen dem Heiligen Stuhl und Mussolini geschlossen.

**Die Basilika.** Die möglicherweise älteste Kirche Roms ist die Kirche des Papstes als Bischof von Rom; die Inschrift auf dem Portikus *omnium ecclesiarum urbis et orbis mater et caput* verweist auf die Stellung dieser römischen Kathedrale als Mutter und Haupt aller Kirchen der Stadt Rom und der Erde. Über dem Portikus ist die Benediktionsloggia angebracht, von der aus der Papst seinen traditionellen Segen am Himmelfahrtstag erteilt. Alessandro Galilei baute 1735 die Fassade, die von fünfzehn Kolossalstatuen überragt oder – wie böse Zungen sagten – erdrückt wird. Unter dem Portalvorbau steht eine Statue Konstantins aus den kaiserlichen Thermen am Quirinal. Die linke der fünf Türen, die *Porta Santa,* wird ebenso wie bei der Peterskirche jeweils nur im Heiligen Jahr geöffnet (● *52).* Die Mitteltür besitzt die antiken Türflügel aus der Kurie des Forums (▲ *138).* Der heutige Zustand der fünf Kirchenschiffe entspricht in etwa dem Bild, das Borromini ihnen bei den Arbeiten zwischen 1646 und 1649 verlieh. Das Mittelschiff hat eine geschnitzte und vergoldete Kassettendecke aus dem 16. Jh., die niedrigeren Seitenschiffe sind mit Stuck verziert. Das Querschiff wurde Ende des 16. Jh. vollständig umgebaut und unter der Leitung von Cavalier d'Arpino mit Fresken ausgemalt. Das gotische Tabernakel in der Vierung überragt den Altar, an dem nur der Papst die Messe liest. Er wurde unter Pius IX. 1851 umgestaltet, dabei behielt man jedoch einige Fragmente des Altars bei, auf dem die ersten Päpste

**Die Lateranverträge**
(● *33)*
Mit den Lateranverträgen wurde der Vatikanstaat geschaffen und nach dem 59 Jahre dauernden Zwist die Versöhnung zwischen der Kirche und dem Königreich Italien besiegelt. Der Lateran gehört zum Vatikan und genießt Extraterritorialität.

Roms, also von Petrus bis zum hl. Sylvester, die Messe zelebrierten. Auch im Chor und in der Apsis, die unter Leo XIII. 1884 erneuert und neu dekoriert wurden, wurden Reste der älteren Mosaiken von Jacopo Torriti (13. Jh.) wiederverwendet. Vom linken Querschiff aus gelangt man in den Kreuzgang aus dem 13. Jh. mit seinen fragilen Doppelsäulen von den Cosmaten (● *76),* durch das rechte auf die Längsseite des Platzes hinaus; die Benediktionsloggia und der Portikus sind Werke Domenico Fontanas (1586). Unter der Säulenhalle steht eine Bronzestatue Heinrichs IV. von Nicolas Cordier (1608). Seit dieser König dem Kapitel großzügige Spenden zukommen ließ, werden alle französischen Staatschefs ehrenhalber zu Chorherren der Basilika ernannt.

**Das Baptisterium San Giovanni in Fonte.** Es wurde unter Konstantin errichtet, im 5. Jh. restauriert und 1637 unter Urban VIII. sowie später noch einmal von Borromini im Auftrag Alexanders VII. umfassend erneuert. Der Innenraum, dessen achteckige Form vier Kapellen ergänzen, verherrlicht das Sakrament der Taufe (in der Kuppel Szenen aus dem *Leben Johannes' des Täufers* von Sacchi) und zeigt die *Bekehrung Konstantins* (Fresken von Schülern Sacchis).

Der Kreuzgang der Basilika ist ein Werk von Vater und Sohn Vassalletto.

Die Fassade krönen fünfzehn Statuen: Christus, der Evangelist Johannes, Johannes der Täufer und die Kirchenväter.

Die Mosaiken der Kapellen Johannes' des Täufers (5. Jh.) und des hl. Venantius (7. Jh.) bezeugen, daß es sich um ein sehr altes Gebäude handelt. In der Mitte des Achtecks steht ein großes Becken aus grünem Basalt mit einem Deckel aus vergoldeter Bronze (1677/1678), in das einst die Täuflinge eingetaucht wurden. Die Säulen um das Becken sind aus Porphyr.

**Scala Santa und Sancta Sanctorum.**
Der Legende nach stammt die Treppe aus dem Palast des Pontius Pilatus, und Christus betrat sie am Tag seines Prozesses; die hl. Helena brachte sie später nach Rom. Die Gläubigen legen die 28 Stufen auf Knien zurück. Die Treppe wurde von Sixtus V. als Zugang zur Hauskapelle der Päpste (San Lorenzo in Palatio) eingebaut. Die stets geschlossene Kapelle (einen Blick in den Innenraum erhascht man durch die Gitter) verdankt ihren Beinamen Sancta Sanctorum den kostbaren Reliquien, die hier aufbewahrt werden, vor allem dem Bildnis Christi, das nach der Überlieferung »nicht von Menschenhand geschaffen« ist. Innozenz III. (1198-1216) ließ es mit Silberplatten versehen. (Gehen Sie rechts in den Viale Carlo Felice.)

# ▲ CELIO

## SANTA CROCE IN GERUSALEMME

Die bedeutendsten antiken Überreste in dieser Gegend sind das Amphitheatrum Castrense, die Thermen der Helena, der später in die Kirche umfunktionierte Saal und der Circus Varianus. Sie gehörten sämtlich zu einer Kaiservilla, dem von Septimius Severus begonnenen und von Elagabal im 3. Jh. n. Chr. fertiggestellten Sessorium. Die Thermen der Helena schüttete man unter Sixtus V. (● *61*) zu, um die Via Felice zu bauen.

**Santa Croce in Gerusalemme.** Nach der Überlieferung ließ Kaiser Konstantin Santa Croce, eine der größten Basiliken, 320 als würdigen Aufbewahrungsort der Reliquien bauen, die seine Mutter Helena aus Jerusalem mitgebracht hatte. Die im Mittelalter mehrfach umgestaltete Kirche wurde ab 1743 von Domenico Gregorini praktisch vollständig erneuert. Hinter der konvexen Fassade befindet sich ein ungewöhnliches ovales Atrium mit einem ebenso geformten Umgang (links). Zwischen den antiken Säulen, welche die drei Schiffe abtrennen, sind barocke Pfeiler eingefügt. Der gesamte Innenraum wurde mit Stukkaturen neu verziert. Corrado Giaquinto bemalte 1745 das Gewölbe der Kirche und die Wände des Chors mit Fresken. Das Chorgewölbe trägt noch den Schmuck vom Ende des 15. Jh. Der Baldachin (Mitte des 18. Jh.) ruht auf den Säulen des mittelalterlichen Ziboriums. Rechts neben der Apsis geht es zur unterirdischen Kapelle der hl. Helena mit einem prachtvollen Mosaik nach Entwürfen von Melozzo da Forlì (15. Jh.). Unter den Platten soll Erde vom Hügel Golgatha aufgeschüttet worden sein.

**Die Reliquienkapelle.** Santa Croce besitzt einen der reichsten und bedeutendsten Reliquienschätze der römischen Kirchen. Er wird in einer 1930 von Florestano da Fausto erbauten Kapelle aufbewahrt, die man über eine Treppe links vom Chor erreicht. Es gibt drei Stücke vom Kreuz Jesu, einen Nagel, ein Teil der Tafel mit der Aufschrift INRI, zwei Dornen von der Dornenkrone Christi, ein Stück vom Schwamm, den man ihm reichte, einer der dreißig Silberlinge, die Judas erhielt, der Finger, mit dem der hl. Thomas die Wunden Christi berührte, sowie das Querstück vom Kreuz des reuigen Schächers.

**Amphitheatrum Castrense**
Der Name stammt von der spätantiken Bedeutung des Wortes *castrum* (»Kaiserpalast«). Es ist erhalten, weil es in die Aurelianische Stadtmauer eingefügt war, allerdings mit nur einem der drei Stockwerke.

**Circus Varianus**
Der Name stammt von der Familie der Varii. Der Circus wurde erst kürzlich wiederentdeckt. Auf der *Spina* (▲ *178*) erhob sich ein Obelisk, der später das Grab von Hadrians Günstling Antinous schmückte und heute auf dem Pincio (▲ *316*) steht. In der ehemaligen Grenadier-Kaserne im Norden der Kirche (oben) sieht man weitere Reste, insbesondere der Rückwand einer großen Exedra aus der Zeit Konstantins.

Rechts die Kirche Santa Croce in Gerusalemme

# Der Vatikan

Peterskirche *209*
Sixtinische Kapelle *218*
Raffaels Stanzen *222*
Vatikanische Museen *224*
Via della Conciliazione *232*
Die Engelsburg *233*
Prati *236*

# DER VATIKAN

Die heutigen Grenzen des Kirchenstaates, mit weniger als einem halben Quadratkilometer der kleinste Staat der Welt, legten am 11. Februar 192. die Lateranverträge fest. Sie erkannten die Souveränität des Papstes in seinem Hoheitsgebiet an und garantierten mehreren Gebäuden Extraterritorialitätsrecht, nämlich den drei übrigen großen Patriarchalbasiliken Roms (San Giovanni Laterano, San Paolo fuori le mura und Santa Mar Maggiore), dem päpstlichen Sommersitz Castel Gandolfo und dem Palazzo della Cancelleria.

**1 Tag**

1. Petersplatz
2. Peterskirche
3. Sixtinische Kapelle
4. Cortile del Belvedere
5. Cortile della Pigna
6. Eingang zu den Vatikanischen Museen
7. Pinakothek
8. Casina Pius' IV.
9. Vatikanische Bibliothek
10. Gouverneurspalast
11. Radio Vatikan
12. Bahnhof
13. Audienzhalle des Papstes
14. Passetto
15. Via della Conciliazione
16. Engelsburg
17. Justizpalast
18. Piazza Cavour

**Die Schlüssel des hl. Petrus**
Das Papstwappen zeigt die Tiara (die dreifache Krone des Papstes als Anspielung auf Priester-, Hirten- und Lehrgewalt) und die Schlüssel des Himmelreichs, die Jesus dem Apostel Petrus anvertraute.

**Die Schweizergarde**
Die Institution der Schweizergarde (*Cohors pedestris Helvetorium a sacra custodia Pontificis*) geht auf Julius II. zurück. Er unterhielt ab 1505 eine ständige persönliche Garde aus 200 Schweizer Söldnern. Die Truppe erlebte beim Sacco di Roma (● 36) am 6. Mai 1527 eine schreckliche Feuertaufe: Fast die gesamte Garde fiel, um der Papst sicher in die Engelsburg zu bringen. Jedes Jah am 6. Mai wird in einer prunkvollen Zeremonie an die Schlacht und den geleisteten Treuee erinnert. Die pittoreske gelb-rot-blau Uniform hat nicht wie oft behauptet wird, Michelangel entworfen, sonder einer der Offiziere der Garde selbst (nach alten Bilder

Der Vatikanstaat ist ein autonomer Staat mit diplomatischen Vertretungen, Staatsangehörigkeit, Polizei, Armee und Justiz. Er gibt eigenes Geld heraus und verfügt über alle modernen Kommunikationsmittel wie Eisenbahn, Post, Radio und Zeitungen. Der 1861 gegründete *Osservatore Romano* (der »Römische Beobachter«) erscheint in der Vatikanstadt und ist Mitteilungsblatt des Heiligen Stuhls. Die in italienischer Sprache herausgegebene Tageszeitung wird durch eine mehrsprachige Wochenzeitschrift und eine wöchentlich erscheinende Illustrierte ergänzt, den *Osservatore della Domenica*.

### Der »Passetto«
So nennt man den Gang auf der Mauer, der vom Vatikan zur Engelsburg führt.

### Die Stadtmauern
Nach der Plünderung von 846 ließ Papst Leo IV. eine erste Stadtmauer errichten, die später mehrfach erweitert wurde. Die Bastionen aus der Zeit Nikolaus' V. (1447-1455) bilden die heutigen Stadtgrenzen.

1481 ließ Sixtus IV. eine Bibliothek für die 2527 Bände umfassende Sammlung einrichten. Beim Sacco di Roma 1527 gingen über 400 Manuskripte verloren, doch wegen der Erweiterung der Bestände ließ Sixtus V. eine neue Bibliothek errichten, die inzwischen Hunderttausende von Büchern und Handschriften enthält.

**Die Bibliothek**
Nikolaus V. besaß 824 lateinische Manuskripte. Er richtete eine Bibliothek dafür ein, die Gelehrten offenstehen sollte.

**Die vatikanische Flagge**
Ursprünglich war das Banner der Kirche rot mit einem Bild des hl. Petrus. Innozenz III. ersetzte die Figur durch die symbolischen Schlüssel mit einem weißen Kreuz. Unter Bonifaz VIII. war die Fahne aus roter, mit goldenen Sternen bestickter Seide. So blieb sie bis 1824, als Leo XII. die heutigen Farben Gelb und Weiß einführte. Über den Schlüsseln ist seither die Tiara dargestellt.

## Die Epoche des grossen Umbaus geht zu Ende, als Bernini seine herrlichen Kolonnaden baut und damit den Petersplatz zur schönsten Bühne der Welt macht.

Der Ager Vaticanus, also die Ebene zwischen dem Tiber und dem Vatikanhügel, war ursprünglich ein ungesundes, morastiges Gebiet, das wie alle tiefliegenden Teile der Stadt mehrfach Opfer katastrophaler Überschwemmungen wurde. Es blieb lange Zeit schwach besiedelt, während sich die Stadt im wesentlichen am linken Tiberufer ausdehnte.

**Rund um ein Grabmal.** In diesem außerhalb der Stadtmauern gelegenen Gebiet, von mehreren gräbergesäumten Straßen durchschnitten, lagen die Gärten Domitians und Agrippinas. Hier stand auch der Circus Caligulas und Neros, der neben der Naumachia Trajans und dem Hadrians-Mausoleum das größte Gebäude in dieser Gegend war. In diesem Circus wurden blutige Spektakel veranstaltet und viele christliche Märtyrer den wilden Tieren vorgeworfen. Da man außerdem glaubte, daß in unmittelbarer Nachbarschaft das Grab des Petrus liege, erhielt das Gelände in christlicher Zeit eine ganz neue Bedeutung. Nach 313 ließ Konstantin eine Kirche über dem Apostelgrab errichten und von der Pons Aelius aus einen Zufahrtsweg anlegen, an dem entlang bald zahlreiche Häuser gebaut wurden. Ein Jahrhundert später entstanden die ersten Klöster im Umkreis der Kapelle, und Papst Symmachus (498-514) ließ einen ersten kleinen Bischofspalast bauen. Ab dem 8. Jh. führte der stete Zustrom nordeuropäischer Pilger, die nach Rom kamen, um an den Gräbern der Apostel und Märtyrer zu beten, zur Einrichtung von Hospizen *(Scholae Francorum, Frisonorum, Saxonum, Langobardorum)*. Unter dem Einfluß der Karolinger erlebte das Viertel einen weiteren Aufschwung. Auf Anordnung Pippins des Kurzen wandelte Papst Stephan II. das Mausoleum des Theodosius in eine Kapelle der hl. Petronilla um, einer römischen Jungfrau, die von den Franken besonders verehrt wurde. Karl der Große baute 781 anläßlich seines zweiten Aufenthaltes in Rom einen Kaiserpalast, und Leo II. errichtete eine neue Papstresidenz.

**Die Stadt Leos IV.** Das gesamte Viertel, das die Plünderungen der Goten und Vandalen unbeschadet überstanden hatte, lag außerhalb der Aurelianischen Stadtmauer (▲ *323*), nur geschützt durch die imposante Anlage der Engelsburg (▲ *233*). Als die Peterskirche und ihre Umgebung 846 von den Sarazenen überrannt wurde, empörte sich darüber die ganze Christenheit. Mit Hilfe von Kaiser Lothar ließ Papst Leo IV. eine Befestigungsanlage bauen. Das so geschaffene neue Viertel wurde nach ihm benannt (auch *Porticus Santi Petri*). Den Namen ›Leoninische Stadt‹ trug es während des gesamten Mittelalters; dann wurde es 1586 zum *borgo* (»Burg«), als es in die Kommunalverwaltung Roms einbezogen wurde. Innerhalb der Mauern entwickelten die Päpste ab dem 12. Jh. eine umfangreiche Bautätigkeit. Doch erst 1377, im Jahr der Rückkehr der Päpste aus Avignon, siedelten sie selbst und die Kurie aus dem Lateran (▲ *196*) in den Vatikan über.

Das Grab des hl. Petrus

**Der Borgo**
Ende des 15. Jh. wurde die Stadtmauer verstärkt und der Zugang zur Basilika und zum Palast erleichtert: Zwischen Via di Borgo Santo Spirito und Via di Borgo Vecchio liegt seither die Via di Borgo Nuovo. Gleichzeitig begann der Bau der Peterskirche, und nach dem Sacco di Roma 1527 (● *36*) wurde das Viertel erneut befestigt. Die Zeit der großen Umbauten endete eineinhalb Jahrhunderte später mit der Errichtung von Berninis herrlichen Kolonnaden.

Der Apostel Petrus

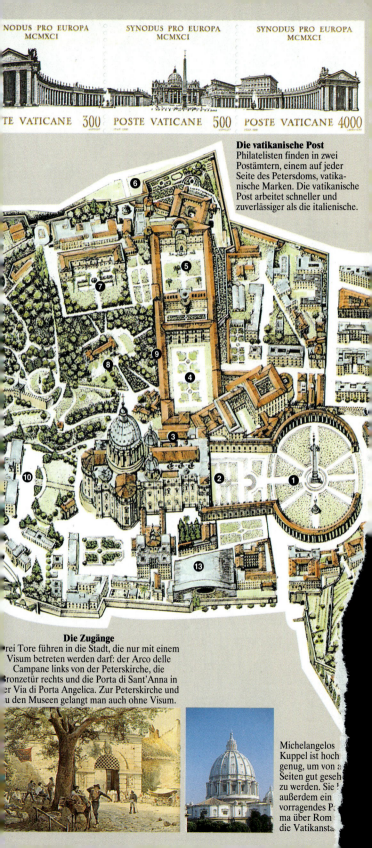

**Die vatikanische Post**
Philatelisten finden in zwei Postämtern, einem auf jeder Seite des Petersdoms, vatikanische Marken. Die vatikanische Post arbeitet schneller und zuverlässiger als die italienische.

**Die Zugänge**
rei Tore führen in die Stadt, die nur mit einem Visum betreten werden darf: der Arco delle Campane links von der Peterskirche, die ronzetür rechts und die Porta di Sant'Anna in er Via di Porta Angelica. Zur Peterskirche und u den Museen gelangt man auch ohne Visum.

Michelangelos Kuppel ist hoch genug, um von a Seiten gut geseh zu werden. Sie ! außerdem ein vorragendes P. ma über Rom die Vatikansta.

Links von der heutigen Peterskirche lag der Circus Caligulas und Neros. Hier starben zahlreiche Christen den Märtyrertod, unter Nero wurden sie gar – so ist es schriftlich überliefert – mit Pech übergossen und als lebende Fackeln verbrannt. Im Jahre 64 soll Petrus hier gestorben sein.

**Die christliche Nekropole** (2.–3. Jh.) Im Norden des Circus entstand aus einer beidseitigen Richtung Nekropole (200 ▲), die ebenso wie der Circus in Ost-West-Richtung angelegt wurde. Unter Pius XII. (1939–59) lagen Anschüttungen Mausoleen und offene Gräber frei.

### Die christliche Nekropole (2.-3. Jh.)

Im Norden des Circus entstand aus einer bereits vorhandenen heidnischen eine christliche Nekropole (▲ 209), die ebenso wie der Circus in Ost-West-Richtung angelegt wurde. Unter Pius XII. (1939-58) legten Ausgrabungen Mausoleen und offene Gräber frei.

### Die Basilika Konstantins (4.-8. Jh.)
Über dem hier vermuteten Grab des Apostels Petrus ließ Konstantin eine große fünfschiffige Basilika (120 x 64 m) mit einem Rundbogen, von Säulengängen umgebenen Atrium errichten. Das Grab selbst lag für die Gläubigen sichtbar in der Mitte des Chors.

## Die Basilika Konstantins (4.-8. Jh.)

Über dem hier vermuteten Grab des Apostels Petrus ließ Konstantin eine große fünfschiffige Basilika (120 x 64 m) mit einem grandiosen, von Säulengängen umgebenen Atrium errichten. Das Grab Petri lag für die Gläubigen sichtbar in der Mitte des Chors.

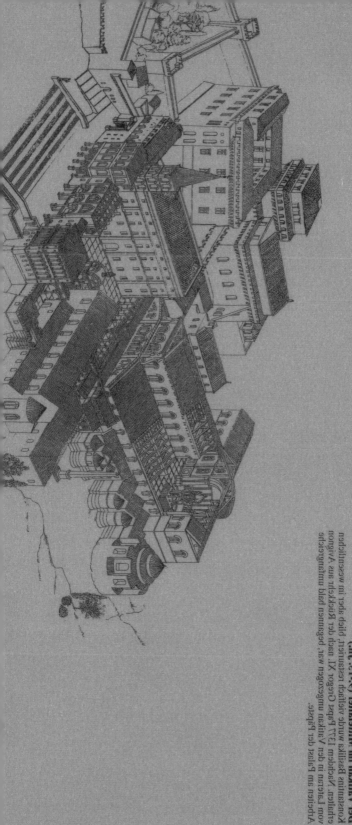

**Der Vatikan im Mittelalter (9.-15. Jh.)**
Konstantins Basilika wurde vielfach restauriert, blieb aber im wesentlichen erhalten. Daneben 1377 Papst Gregor XI. nach der Rückkehr aus Avignon arbeiten am Palast der Päpste.

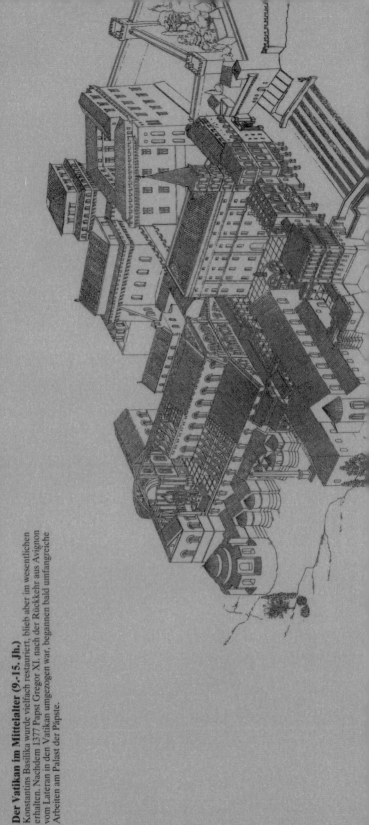

**Der Vatikan im Mittelalter (9.-15. Jh.)**
Konstantins Basilika wurde vielfach restauriert, blieb aber im wesentlichen erhalten. Nachdem 1377 Papst Gregor XI. nach der Rückkehr aus Avignon vom Lateran in den Vatikan umgezogen war, begannen bald umfangreiche Arbeiten am Palast der Päpste.

**Der große Umbau (16.-17. Jh.)**
Die eigentliche Baugeschichte der heutigen Peterskirche beginnt, als Papst Julius II. 1506 dem Architekten Bramante den Auftrag zum Neubau gab und man mit Zerstörung der konstantinischen Basilika begann. Am 18. November 1626 weihte Papst Urban VIII. die neue Petersbasilika.

## Der große Umbau (16.-17. Jh.)

Die eigentliche Baugeschichte der heutigen Peterskirche begann, als Papst Julius II. 1506 dem Architekten Bramante den Auftrag für den Neubau gab und man mit der Zerstörung der konstantinischen Basilika begann. Am 18. November 1626 weihte Papst Urban VIII. die neue Peterskirche.

# DER VATIKAN

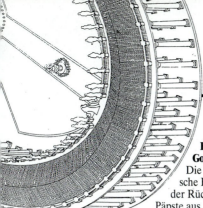

## PETERSKIRCHE

### Ein neues Gotteshaus.

Die konstantinische Basilika, bei der Rückkehr der Päpste aus Avignon immerhin über tausend Jahre alt, war akut einsturzgefährdet. Punktuelle Maßnahmen erwiesen sich als unzureichend. Schließlich erteilte Julius II. dem Architekten Bramante den Auftrag, eine ganz neue Kirche zu entwerfen. Abriß und Neubau begannen 1506 und dauerten eineinhalb Jahrhunderte. Trotz der Vielzahl von Architekten, die sich bei den Arbeiten ablösten und häufig genug die Entwürfe ihrer Vorgänger änderten, ist das Gebäude letztlich erstaunlich einheitlich gestaltet.

### Bedenken über den Entwurf.

Da er »das Pantheon auf die Kirche Konstantins setzen« wollte, sah Bramante eine Kirche in Form eines griechischen Kreuzes vor, die von einer Kuppel überragt sein sollte. Von ihm stammt die Idee, die Kuppel durch vier Rundbögen abzustützen. Nach Bramantes Tod 1514 schlugen seine Nachfolger Raffael, Giuliano da Sangallo, Baldassare Peruzzi und Antonio da Sangallo abwechselnd Grundrisse in Form eines lateinischen und eines griechischen Kreuzes vor. Michelangelo übernahm 1547 die Bauleitung. Er entschied sich für das griechische Kreuz und entwarf eine neue Kuppel. Zu seinen Lebzeiten wurde allerdings nur der Tambour gebaut, die Kuppel mußte nach seinen Entwürfen und einem von ihm gefertigten Modell vollendet werden. Schließlich setzte sich doch das lateinische Kreuz als Grundriß durch: Nicht aus ästhetischen Überlegungen, sondern aus Platzgründen ließ Paul V. das Kirchenschiff durch Carlo Maderno um drei Joche verlängern, was allerdings einen unangenehmen Nebeneffekt hat: Die Kuppel ist vom Platz unmittelbar vor der Kirche kaum noch zu sehen.

### Eine umstrittene Fassade.

Paul V. beauftragte Maderno auch mit der Gestaltung der Fassade. Sie entstand zwischen 1607 und 1614 und wurde sofort Zielscheibe zeitgenössischer Kritiker: Sie sei zu breit und lasse die beiden von einer Attika überragten Etagen allzu deutlich hervortreten, was sich eher für einen Palast als für eine Kirche schicke, hieß es. Bernini baute 1629 die beiden Türme, die nach Madernos Entwurf die äußeren Joche überragen sollten, jedoch zunächst nicht gebaut worden waren. Da Bernini aber statische Fehler gemacht hatte, stürzte ein Turm ein. Valadier ersetzte die Türme schließlich 1786 durch die beiden großen Uhren, die noch heute zu sehen sind.

### Die Nekropole

Die Ziegelmausoleen unter der Kirche waren entlang einer Gräberstraße aufgereiht. Die Gräber der

Nordseite stammen aus dem 2. Jh., die im Süden aus dem 3. Jh. Im Westen, wo die meisten Christengräber liegen, entdeckt man einen kleinen rechteckigen Platz, der als Grab des Apostels Petrus gilt. Ein Besuch (nur mit Genehmigung

durch die Reverenda Fabbrica) der heidnischen und später christlichen Nekropole, die vom 1. bis zum 4. Jh. n. Chr. in Gebrauch war, also bis zum Bau der konstantinischen Basilika, vermittelt eine gute Vorstellung vom Urchristentum.

Oben: der Innenraum der alten Basilika

# Der Vatikan

**Der Obelisk**
Unter Sixtus V. wurde der Obelisk aus Neros Circus von Domenico Fontana vor der Basilika aufgestellt. Der Papst

**Die Bühne der Kolonnaden ♥.** 1626 beauftragte Urban VIII. Bernini mit der Fortführung der Arbeiten, insbesondere mit der Neugestaltung der Fassade. Der Architekt fiel unter Innozenz X. in Ungnade, wurde aber von Alexander VII. erneut berufen und entwarf nun den Platz vor der Basilika. Er mußte Madernos Fassade verlängern, unregelmäßige Gebäude kaschieren, den Obelisken berücksichtigen und dafür sorgen, daß noch mehr Gläubige den Papst bei seinem Segen *urbi et orbi* (● 52) sehen konnten. Ergebnis ist ein von vierfachen Kolonnaden umrahmter ovaler Platz; die Durchgänge zwischen den Säulen mußten ausreichen, um Kutschen durchfahren zu lassen. Die beiden Brennpunkte der Ellipse rechts und links der Brunnen sind mit Marmorscheiben markiert: Wer sich daraufstellt, sieht nur eine Reihe Säulen anstelle von vier. Die Kolonnaden führen rechts von der Kirche zur Scala Regia (● 83), die man durch den Portone di Bronzo einsehen kann, und links zum Arco delle Campane (einem der Stadttore).

## Die grösste Kirche der Christenheit

**Die Säulenhalle.** Unter Madernos Portikus stehen zwei Standbilder: Sie zeigen Konstantin (von Bernini, 1669,

hatte angeordnet, daß dies in völliger Stille geschehen solle, und für den Fall der Mißachtung die Todesstrafe angedroht. Als einer der Arbeiter jedoch erkannte, daß die Seile jeden Moment reißen würden, schrie er über den Platz: »Wasser auf die Seile!«, was sofort geschah und eine Katastrophe verhinderte. Der Papst ließ Gnade vor Recht ergehen und belohnte den Mann sogar.

Mitte: Entwurf für die Fassade der Peterskirche

**Michelangelos Kuppel**
Die Kuppel der Peterskirche beherrscht die Silhouette der Stadt und war einst aus kilometerweiter Entfernung zu sehen. Am Tambour rahmen Zwillingssäulen Fenster ein, die abwechselnd Spitz- und Rundgiebel tragen. Die Dimensionen sind so riesig, daß in der Kugel über der Laterne ohne weiteres mehrere Personen Platz finden würden.

rechts) und Karl den Großen (von Cornacchini, 1725, links). Damit wird die Kirche symbolisch unter den Schutz des ersten christlichen Kaisers und des ersten Kaisers des Heiligen Römischen Reiches gestellt. Fünf Türen führen in die Kirche. Die ganz rechts gelegene Heilige Pforte, *Porta Santa* (● *52)*, wird nur alle 25 Jahre im Heiligen Jahr geöffnet. Das Mittelportal stammt aus dem 15. Jh. und wurde von Antonio Averulino, genannt Filarete, noch für die alte Peterskirche angefertigt. Als weiterer Überrest der Vorläuferkirche findet sich über dem Mittelportal ein Mosaik; es handelt sich um ein Fragment der *Navicella* (Petrus wandelt auf dem Wasser), die Giotto 1298 für die konstantinische Kirche schuf.

**Das Mittelschiff.** Obwohl die Peterskirche das größte Sakralgebäude der Christenheit ist, erscheint sie auf den ersten Blick gar nicht so gigantisch, und zwar aufgrund der ausgewogenen Proportionen und der ungeheuren Größe aller darin enthaltenen Einzelwerke. Riesig sind beispielsweise die Statuen der wichtigsten Ordensgründer, die über die ganze Länge des Mittelschiffes oben in den Nischen stehen. Die Statuen wurden von den jeweiligen Orden selbst in Auftrag gegeben und in der Reihenfolge ihrer Fertigstellung aufgestellt, wobei die ältesten nahe dem Chor stehen. Da die Basilika das ewige Fortbestehen der Kirche als

**Portal des Todes**
(erstes links)
Den Auftrag dafür erhielt Giacomo Manzù (1908-1991) von Papst Johannes XXIII., der sich dem Künstler eng verbunden fühlte. Dargestellt sind die *Kreuzabnahme* und der *Marientod.* Auf der Innenseite begrüßt Johannes XXIII. Bischöfe und Kardinäle zum 2. Vatikanischen Konzil.

Weihwasserbecken am Eingang zum Mittelschiff

**Titanische Größe**
Putten, die größer sind als jeder Besucher; ein Baldachin, so hoch wie der Palazzo Farnese; diese Angaben vermitteln einen Eindruck von den Dimensionen des Gebäudes. Um die ungewöhnliche Länge des Kirchenraumes (186,3 m) zu verdeutlichen, ist zudem auf den Bodenfliesen in Buchstaben und Zahlen aus Goldbronze die Länge der größten Kirchen angegeben.

# DER VATIKAN

Berninis Glorie über der *Cathedra Petri*

**Michelangelos »Pietà«**
Kardinal Jean Bilhère de Lagraulas bestellte die Skulpturengruppe 1498 bei Michelangelo, als dieser sich zum ersten Mal in Rom aufhielt. Der Vertrag sah vor, daß es »das schönste in Rom bis dato existierende Werk« werden sollte. Es heißt, Michelangelo sei wütend geworden, als man die Statue einem anderen Künstler zuschrieb, und habe eines Nachts seinen Namen in den Mantelgurt der Muttergottes gemeißelt. Jedenfalls ist sie die einzige von ihm signierte Skulptur. Die Madonna erscheint ebenso jung wie ihr Sohn. Der Künstler war sichtlich bemüht, makellose, ideale Schönheit zu schaffen.

Institution symbolisieren soll, wurden nur ›unvergängliche‹ Materialien verwendet. Die Bilder, die einst hier hingen – viele von ihnen werden heute in Santa Maria degli Angeli (▲ 334) aufbewahrt – wurden ab dem Ende des 17. Jh. durch Mosaiken ersetzt. Hinzu kamen Kopien der berühmtesten Gemälde, die früher in anderen Kirchen Roms hingen, wie Raffaels *Trasfigurazione* (▲ 228) und die *Letzte Kommunion des hl. Hieronymus* (▲ 231) von Domenichino (Originale in der Pinakothek der Vatikanischen Museen).

**Berninis Einfluß.** Die Kirche verdankt ihren Charakter zum guten Teil Bernini. Unter Urban VIII. legte er die Vierung an, wo an vielen Stellen die drei Bienen aus dem Wappen der Barberini (▲ 292) auftauchen. In der Vierung spannte er über den Papstaltar, der über dem Grab des hl. Petrus steht, einen enormen Baldachin auf gedrehten Säulen aus, für den man Bronzeverzierungen aus dem Pantheon einschmolz. Außerdem legte er in den Pfeilern unter der Kuppel Nischen an, in die er vier Heiligenstatuen stellte; jede davon nimmt Bezug auf die kostbarsten Reliquien der Peterskirche. Dreißig Jahre später schuf er im Auftrag Alexanders VII. für die Apsis die *Cathedra Petri*, eine Art bronzenen Reliquiar-

TU ES PETRUS ET SUPER HANC PETRAM AEDIFICABO ECCLESIAM MEAM
ET TIBI DABO CLAVES REGNI CAELORUM.
(»DU BIST PETRUS, UND AUF DIESEN FELSEN WERDE ICH MEINE KIRCHE
BAUEN, UND DIR GEBE ICH DIE SCHLÜSSEL DES HIMMELREICHES.«)

### Die Kuppel (▲ 262)
Damit die Proportionen innen wie außen harmonisch wirken, ist die Kuppel zweischalig. Im Raum zwischen den beiden Schalen verläuft eine Treppe.

### Heilige und Reliquien
Die von Bernini vorgesehenen vier Heiligenstatuen in den Nischen der Kuppelpfeiler nehmen Bezug auf die Reliquien, die in den direkt darüberliegenden Kammern aufbewahrt werden. Unten: Berninis *hl. Longinus* mit der Lanze, die den Körper Christi durchbohrte, und der *hl. Andreas* mit seinem Kreuz von François Duquesnoy.

Sessel; er sollte den Holzthron schützen, der als Stuhl des hl. Petrus gilt. Die Stützen der *Cathedra* bilden vier Statuen von Kirchenlehrern; darüber befindet sich eine riesige Glorie mit zahlreichen vergoldeten Bronzefiguren um ein Alabasterfenster, in dem die Taube als Symbol des Heiligen Geistes erstrahlt. Bernini schuf außerdem das Grabmal Urbans VIII. (das Pendant dazu ist der Altar Pauls III. von Guglielmo della Porta hinten in der Apsis) und das großartige Grabmal Alexanders VII. (links hinter dem Querschiff): Der ins Gebet versunkene Papst wird vom Tod gerufen, der eine goldene Sanduhr trägt. (Die Tür zur Vatikanstadt unter dem Monument wurde geschickt in die Komposition einbezogen.) Bernini schuf damit zwei Grundtypen von Grabmalen, die beide von späteren Künstlern häufig nachgeahmt wurden.

**Bildhauerkunst in Vollendung.** Nur wenige Werke aus der Vorgängerkirche hielt man für würdig, in den Neubau übernommen zu werden. Dazu gehören das 1498 von Pollaiuolo geschaffene *Grabmal Innozenz' VIII.* (zweiter Pfeiler links), die mittelalterliche *Petrusstatue*, an deren Fuß von den Küssen der Gläubigen die Bronze ganz abgeschliffen ist (erster Kuppelpfeiler rechts), und die *Pietà* Michelangelos. Das *Denkmal der Königin Maria Clementina Sobieska,* Gattin Jakob Stuarts, schuf 1739 Pietro Bracci, es steht zwischen dem ersten und zweiten Pfeiler links, gegenüber der *Stele der letzten Stuarts* von Antonio Canova. Im rechten Seitenschiff findet man zwischen dem zweiten und dritten Pfeiler das *Grabmal Gregors XIII.,* der 1585 starb. Das Grab entstand – wie andere Grabmonumente auch – erst lange nach dem Tod des Papstes (18. Jh.); zeitlich liegt es näher an dem berühmten *Denkmal Clemens' XIII.* von Canova rechts hinter dem Kuppelraum.

# ▲ DER VATIKAN

Das schneckenförmige
Treppenhaus zu den
Vatikanischen Museen

**Die Casina Pius' IV.**
Die Sommervilla wurde von dem Architekten Pirro Ligorio als Ersatz für das Belvedere entworfen, welches eigentlich schon ein richtiger Palast geworden war. Sie sollte den Päpsten als Urlaubsdomizil dienen. Der anmutige Komplex umfaßt zwei sehr schön ausgestattete Gebäude. Die Anlage liegt in den Vatikanischen Gärten. Sie beherbergt heute die Päpstliche Akademie der Wissenschaften und steht zur Besichtigung frei (oben: das Giebelfeld der Casina).

Unten ein Fresko aus der Vatikanischen Bibliothek: *Domenico Fontana präsentiert Sixtus V. die Entwürfe für die Bibliothek*

Sehenswert ist auch Berninis 1630 im Auftrag Urbans VIII. geschaffenes *Denkmal der Gräfin Mathilde von Tuszien*; sie hatte im 11. Jh. Papst Gregor VII. gegen Heinrich IV. verteidigt und ihre Besitzungen dem Heiligen Stuhl hinterlassen (zweiter Pfeiler rechts). Am ersten Pfeiler rechts ist das *Denkmal für Königin Christine von Schweden* zu sehen, das Carlo Fontana 1696-1702 schuf; die Königin starb ebenso wie Maria Sobieska im römischen Exil, das sie wegen ihres Übertritts zum Katholizismus antreten mußte. Gleich neben dem Eingang steht, durch Panzerglas geschützt, die berühmte *Pietà*, die Michelangelo für das Jubeljahr 1500 schuf.

**Von den Grotten zur Kuppel.** Beim Besuch der Peterskirche sollten Sie auch die reichgeschmückte Sakristei und die Grotten nicht versäumen (Zugang von der Vierung aus), wo man neben Resten der konstantinischen Basilika zahlreiche Gräber von Päpsten vorfindet – nicht alle fanden in der neuen Kirche Platz. Der Aufstieg zur Kuppel ist wegen der herrlichen Aussicht auf Peterskirche, Vatikan und die Stadt ebenfalls ein Muß.

## IM INNEREN DES VATIKAN

**Der mittelalterliche Kern.** Bis zur Rückkehr der Päpste aus Avignon war der Lateranspalast (▲ 197) im Mittelalter offizielle Papstresidenz. Neben der Peterskirche gab es zwei kleine Gebäude, eines im Süden, das Papst Symmachus im 5. Jh. hatte errichten lassen, und eines im Norden, das aus dem 9. Jh. stammte. Da beide vom Verfall bedroht waren, ließ Eugen III. (1145-1153) einen Palast erbauen, vielleicht über dem Gebäude des 5. Jh., von dem nichts erhalten ist. Einige Jahre später ließ Innozenz III. (1198-1216) dann nördlich der Kirche eine neue Festung errichten. Sie besaß einen Turm, der heute in einer Ecke des Papageienhofes erhalten ist. Dies ist der Kern des Vatikanspalastes. Nikolaus III. (1277-1280) und seine Nachfolger wandelten die Festung in eine luxuriöse Residenz um, indem sie nach und nach weitere Flügel anbauten.

**Von der Festung zum Palast.** Vor allem seit der Zeit Nikolaus' V. (1447-1455) wurde der Palast erheblich erweitert. Der Papst beauftragte Fra Angelico, seine Privatkapelle zu gestalten, die oben im Turm Innozenz' III. lag. Piero della Francesca malte die Privaträume *(Stanze)* mit Fresken aus, die später durch die Raffaels ersetzt wurden. Sixtus IV. ließ dann zwischen 1473 und 1484 eine Kapelle bauen, die seinen Namen erhielt *(Cappella Sistina),* und vertraute die Ausstattung der Bibliothek Melozzo da Forlì an (die Fresken, ▲ *226,* sind heute in der Pinakothek zu besichtigen).

**Weitere Expansion.** Nördlich des Palastes liegt ein großer Garten. Innozenz VIII. berief den Architekten Giacomo da Pietrasanta und der Maler Antonio del Pollaiuolo zum Bau des Palazzo del Belvedere (1484-1487). Diese schlichte Villa wurde kurze Zeit später durch zwei lange, parallel verlaufende Flügel mit dem eigentlichen Palast verbunden, so daß der

Hof des Belvedere entstand. Unter Julius II. erstellte Bramante den östlichen Gebäudeteil, während der rechte Teil erst unter Pius IV. (1558-1565) von Pirro Ligorio gebaut wurde.

**Überwältigendes 16. Jahrhundert.** Unter Paul III. restaurierte Antonio da Sangallo den ältesten Flügel und baute die Cappella Paolina sowie die Sala Regia. Sixtus V. beauftragte Domenico Fontana mit der Errichtung des Bibliotheken-Flügels (1585-1590), der den Hof des Belvedere durchschnitt und einen neuen Hof bildete, den Cortile della Pigna. Sixtus V. ließ außerdem östlich des mittelalterlichen Palastes einen neuen grandiosen Flügel errichten, wobei der Damasus-Hof entstand (1589).

*Oben, von links nach rechts: der Gouverneurspalast, der Bahnhof des Vatikans und der Apostolische Palast*

*Die Vatikanischen Gärten*

**Drei Jahrhunderte Ausgestaltung.**
Unter den Renaissance-Päpsten begannen die Verschönerungsarbeiten. Alexander VI. Borgia ließ seine Privaträume von Pinturicchio ausmalen. Julius II. beauftragte Michelangelo mit den Deckenfresken für die Sixtinische Kapelle (1508-1512, ▲ *218*) und Raffael mit der Ausmalung der Privaträume *(Stanze,* ▲ *222)*. Letzterer vollendete sein Werk erst unter Leo X., der ihm auch die Loggien (▲ *228)* anvertraute. Unter Paul III. malte Michelangelo in der Sixtinischen Kapelle das *Jüngste Gericht* und in der Cappella Paolina zwei weitere Fresken. Viele Künstler standen im 16. und 17. Jh. im Dienst der Päpste, um ihre Macht durch äußere Prachtentfaltung zu dokumentieren, etwa mit der *Sala Regia* und der *Sala Ducale*. Diese Arbeiten zogen sich bis ins 19. Jh. hin.

*Korridor zur Sala Regia und die Ausstattung des »Königssaals«*

**Zeitalter der Museen.** Nach der Beendigung der großen Arbeiten des 16. und 17. Jh. wurde der Vatikan nur noch wenig verändert. Abgesehen von der *Scala Regia* (● *83)*, Berninis monumentaler Treppenanlage aus dem 17. Jh., fanden die meisten Umbauten Ende des 18. und zu Beginn des 19. Jh. im Zusammenhang mit der Gründung von Museen statt. Der von Clemens XIV. vergrößerte Belvedere-Palast wurde zum Museum, das unter Pius VI. den Namen Museo Pio-Clementino erhielt. Pius VII. (1800-1823) ließ seinerseits den antikisierenden *Braccio Nuovo* errichten, der parallel zum Bibliothekenflügel verläuft und zum Museo Chiaramonti gehört. Er ließ auch die berühmte *Aldobrandinische Hochzeit* in den Vatikan umsiedeln, eine römische Kopie des berühmten Freskos aus dem 4. Jh. v. Chr.

*Kopf des jungen Augustus im Cortile della Pigna. Vermutlich war die zugehörige Kolossalfigur wie die des Kaisers Konstantin (▲ 132) eine Akrolith-Arbeit.*

**Das 20. Jahrhundert.** Die Umgestaltung ging nach Unterzeichnung der Lateranverträge (● *33,* ▲ *198)* zügig voran, und es entstanden nicht nur Nutzbauten. Pius XI. ließ Giuseppe Momo eine monumentale Treppe und Luca Beltrami die Pinakothek bauen, in der Gemälde und einige Wandteppiche aus dem 11. bis 20. Jh. ausgestellt sind.

**Entdeckungsreise durch den Vatikan.** Nur ein Teil der Gebäude steht zur Besichtigung offen. Außer den Sälen und Galerien sind auch einst für die Päpste gebaute Palastbereiche zu sehen, die für ihre reiche Dekoration berühmt sind, etwa die Sixtinische Kapelle; die Museen liegen im wesentlichen rund um den Belvedere-Hof.

# DER VATIKAN
## VATIKANISCHE MUSEEN

1. Sixtinische Kapelle
2. Sala Regia
3. Sala Ducale
4. Damasus-Hof
5. Papageien-Hof
6. Wachhof
7. Kapelle Pius' V.
8. Appartamento Borgia
9. Aldobrandinische Hochzeit
10. Museo Sacro
11. Galerie Urbans VIII.
12. Galleria Lapidaria
13. Cortile del Belvedere
14. Biblioteca Apostolica Vaticana
15. Hof der Bibliothek
16. Braccio Nuovo
17. Sala Alessandrina
18. Galleria Clementina
19. Cortile della Pigna
20. Museo Chiaramonti
21. Treppe Bramantes
22. Museo Pio-Clementino
23. Museo Egizio
24. Eingang
25. Cortile delle Corazze
26. Museo Gregoriano Profano, Museo Pio Cristiano (obere Ebene), Museo Missionario Etnologico (untere Ebene)
27. Pinakothek
28. Cappella di Nicolo V
29. Loggien Raffaels
30. Stanzen Raffaels
31. Sala dell'Immacolata Concezione
32. Sala Sobieski
33. Galleria delle Carte Geografiche
34. Galleria degli Arazzi
35. Galleria dei Candelabri
36. Sala della Biga
37. Museo Etrusco
38. Salette degli Originali Greci

**Erste Etage**

**Die Loggien Raffaels**
Die Loggien des Vatikans wurden von Bramante begonnen, vollendet jedoch von Raffael, der ab 1514 Hofarchitekt des Vatikans war. Er übernahm auch die Ausgestaltung der Loggien. Nach seinen Entwürfen wurden die Fresken und die (leider inzwischen ersetzte) Pflasterung angefertigt. Die zum Damasus-Hof gelegenen Loggien lockerten die ansonsten strenge Architektur des ersten Papstpalastes auf.

> »ICH VERIRRE MICH IN DIESEN VATIKANISCHEN MUSEEN MIT IHREN ELFTAUSEND SÄLEN UND ACHTZEHNTAUSEND FENSTERN. WELCHE EINSAMKEIT DER MEISTERWERKE!«
>
> CHATEAUBRIAND

**Zweite Etage**

**Die Niobide von Chiaramonti**
Die Statue einer fliehenden Frau wurde 1550 in der Hadrians-Villa (▲ *394*) entdeckt. Die Figur orientiert sich an einem hellenistischen Zyklus, der das Massaker zeigt, das Apollo und Artemis mit ihren Pfeilen unter Niobes Kindern anrichteten (▲ *337*).

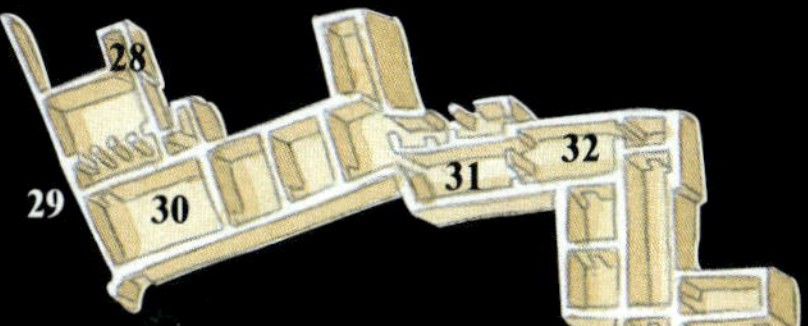

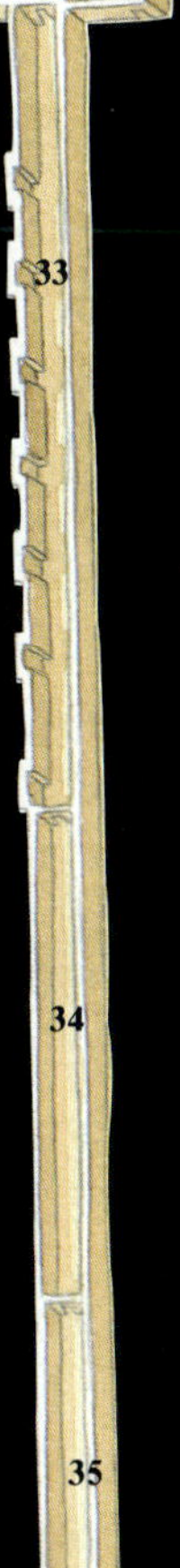

**Die Landkarten**
Die Dekoration der *Galleria delle Carte Geografiche* wurde 1580 unter Gregor XIII. begonnen. Ignazio Danti, einer der besten Kartographen der Zeit, wurde mit dem Werk beauftragt. Die Karten zeigen die dem Heiligen Stuhl unterstehenden Territorien. Die Stuckdecke ist mit kleinen religiösen bzw. allegorischen Szenen geschmückt, in denen die Tugenden der Kirche gepriesen werden.

## ▲ SIXTINISCHE KAPELLE

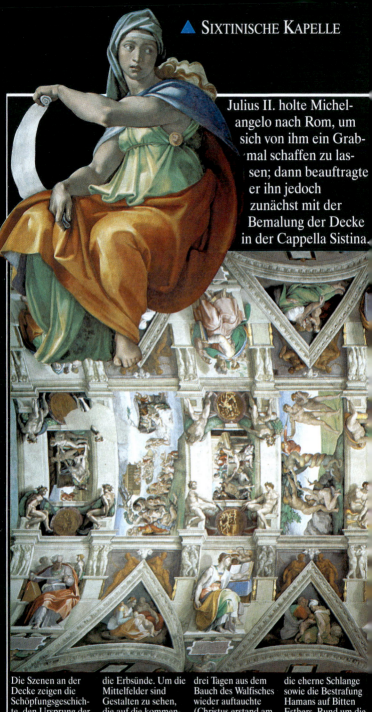

Julius II. holte Michelangelo nach Rom, um sich von ihm ein Grabmal schaffen zu lassen; dann beauftragte er ihn jedoch zunächst mit der Bemalung der Decke in der Cappella Sistina.

Die Szenen an der Decke zeigen die Schöpfungsgeschichte, den Ursprung der Menschen und ihren Sündenfall. In der Mitte sieht man die drei Ereignisse, welche die Menschwerdung Christi notwendig machten: die Erschaffung Adams, die Erschaffung Evas und die Erbsünde. Um die Mittelfelder sind Gestalten zu sehen, die auf die kommende Erlösung vorausweisen: Propheten und Sibyllen, die das Kommen der Jungfrau Maria und Jesu voraussagten oder Episoden seines Lebens vorwegnahmen, wie Jonas, der nach drei Tagen aus dem Bauch des Walfisches wieder auftauchte (Christus erstand am dritten Tage auf). In den Lünetten sind die Ahnen Christi dargestellt. Die Eckzwickel zeigen die wunderbaren Errettungen des Volkes Israel: Judith und Holofernes, David und Goliath, die eherne Schlange sowie die Bestrafung Hamans auf Bitten Esthers. Rund um die Szenen der Schöpfungsgeschichte halten 20 nackte Jünglinge *(Ignudi)* mit Hilfe von Bändern und Festons bronzefarbene Medaillons mit alttestamentarischen Szenen.

Zwischen 1508 und 1512 bevölkerte Michelangelo die 1000 Quadratmeter Decke der Kapelle mit über 300 Figuren. Bevor er begann, ließ er die blaue Sternendecke übertünchen, die bisher die Sistina schmückte, und die Gerüste so anlegen, daß er keine Lücken zu lassen brauchte.

Zunächst führte er die Fresken über dem Eingang auf der dem *Jüngsten Gericht* gegenüberliegenden Seite aus und arbeitete sich dann zum Altar hin vor. Dort beschränkte er sich auch auf weniger Farben.

Die kürzlich erfolgte Restaurierung (● 55) gab dem Werk die Leuchtkraft wieder, die dem Fresko eigen sind, da die Pigmente im frischen Putz eingeschlossen werden.

»Das Gewölbe ist besiegt von der Kunst des Zeichners. O wahrhaft glückliches Zeitalter unserer Gegenwart!«

Vasari

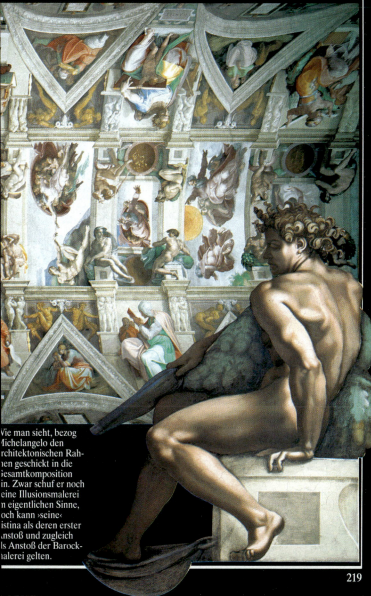

Wie man sieht, bezog Michelangelo den architektonischen Rahmen geschickt in die Gesamtkomposition ein. Zwar schuf er noch keine Illusionsmalerei in eigentlichen Sinne, doch kann ›seine‹ Sistina als deren erster Anstoß und zugleich als Anstoß der Barockmalerei gelten.

# Sixtinische Kapelle

**Moses und die Töchter Jethros**
Als der Bau der Kapelle 1481 abgeschlossen war, ließ Sixtus IV. sie durch Maler aus der Toscana (Botticelli, Domenico Ghirlandaio, Cosimo Rosselli) und Umbrien (Signorelli, Perugino, Pinturicchio) mit Fresken ausmalen, die Parallelen zwischen dem Leben Moses' und Jesu aufzeigen sollten. Botticelli schuf die *Prüfungen Mose*.

Das Werk liest sich von rechts nach links: Moses tötet einen Ägypter, flieht zu den Madianiten, trifft dort die Töchter Jethros und vertreibt die Hirten, die sie hindern, ihre Herden zu tränken. Oben links erscheint ihm Jahwe, unten verläßt er Ägypten mit den Juden. In Marcel Prousts *Auf der Suche nach der verlorenen Zeit* erkennt Swann die Ähnlichkeit Odettes mit Sephora, der Tochter Jethros (links ein Ausschnitt) und verliebt sich deshalb in sie. »Er bewunderte die großen Augen, das zarte Gesicht, das auf die Unvollkommenheit der Haut schließen ließ, das Haar, das in herrlichen Locken an den müden Wangen niederhing [...].«

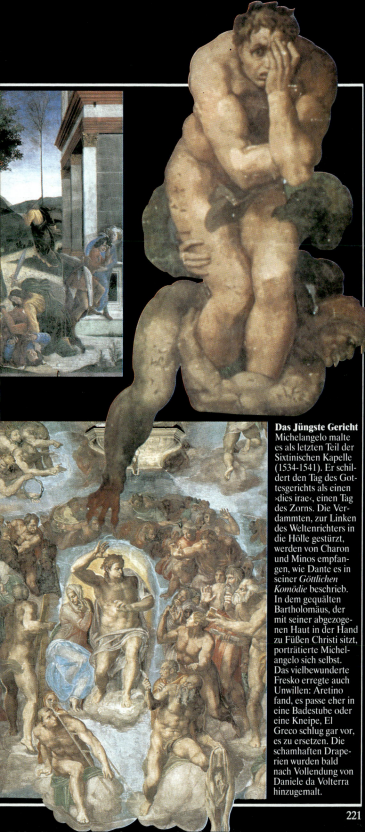

**Das Jüngste Gericht**
Michelangelo malte es als letzten Teil der Sixtinischen Kapelle (1534-1541). Er schildert den Tag des Gottesgerichts als einen ›dies irae‹, einen Tag des Zorns. Die Verdammten, zur Linken des Weltenrichters in die Hölle gestürzt, werden von Charon und Minos empfangen, wie Dante es in seiner *Göttlichen Komödie* beschrieb. In dem gequälten Bartholomäus, der mit seiner abgezogenen Haut in der Hand zu Füßen Christi sitzt, porträtierte Michelangelo sich selbst. Das vielbewunderte Fresko erregte auch Unwillen: Aretino fand, es passe eher in eine Badestube oder eine Kneipe, El Greco schlug gar vor, es zu ersetzen. Die schamhaften Draperien wurden bald nach Vollendung von Daniele da Volterra hinzugemalt.

# Raffaels Stanzen

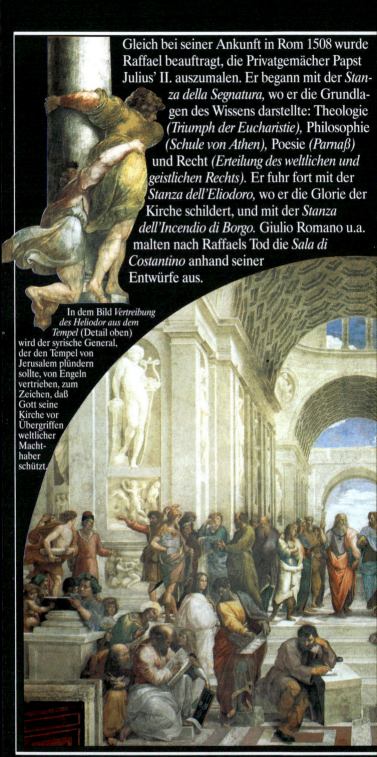

Gleich bei seiner Ankunft in Rom 1508 wurde Raffael beauftragt, die Privatgemächer Papst Julius' II. auszumalen. Er begann mit der *Stanza della Segnatura,* wo er die Grundlagen des Wissens darstellte: Theologie *(Triumph der Eucharistie),* Philosophie *(Schule von Athen),* Poesie *(Parnaß)* und Recht *(Erteilung des weltlichen und geistlichen Rechts).* Er fuhr fort mit der *Stanza dell'Eliodoro,* wo er die Glorie der Kirche schildert, und mit der *Stanza dell'Incendio di Borgo.* Giulio Romano u.a. malten nach Raffaels Tod die *Sala di Costantino* anhand seiner Entwürfe aus.

In dem Bild *Vertreibung des Heliodor aus dem Tempel* (Detail oben) wird der syrische General, der den Tempel von Jerusalem plündern sollte, von Engeln vertrieben, zum Zeichen, daß Gott seine Kirche vor Übergriffen weltlicher Machthaber schützt.

**Parnaß** (Ausschnitt)
Das Fresko des *Parnaß* zeigt Apollo in Begleitung der neun Musen, der die berühmtesten antiken und modernen Dichter inspiriert (u.a. Dante, dessen Profil oben links auf dem Fresko zu sehen ist). In der rechts abgebildeten Gruppe erkennt man Erato (Liebesdichtung) neben Melpomene (Tragödie, angedeutet durch die Maske), Terpsichore (Tanz) und Urania (Sternkunde). Vasari meinte, diese Musen und Apoll seien »so göttlich, daß sie Leben und Lieblichkeit atmen«.

**Die Schule von Athen**
Dieses 1510/1511 ausgeführte Fresko zeigt als Würdigung des antiken Wissens die bedeutendsten Philosophen der Antike in einem riesigen Gebäude versammelt, das an Bramantes Entwürfe für die Peterskirche erinnert. In der Mitte sieht man Platon mit seinem (der Natur Gottes gewidmeten) Dialog *Timaios;* er weist zum Himmel, während neben ihm Aristoteles, seine *Nikomachische Ethik* (Abhandlung über Moral) in der Hand haltend, zum Erdboden zeigt. Links und rechts von ihnen sieht man Pythagoras und Euklid, der sich über eine Schiefertafel beugt. Auf den Treppenstufen liegt Diogenes. Die Philosophen und Mathematiker tragen die Züge von Zeitgenossen Raffaels; sich selbst bildete Raffael ganz rechts neben seinem Meister Perugino ab.

# ▲ VATIKANISCHE MUSEEN

Die Vatikanischen Museen entstanden aus einer ersten Skulpturensammlung – *Apollon, Laokoongruppe* und *Ariadne* –, die Papst Julius II. (1503-1513) erweiterte und im Hof des Palazzo del Belvedere aufstellen ließ. Im 16. Jh. war dies bereits eine der berühmtesten Antikensammlungen Europas.

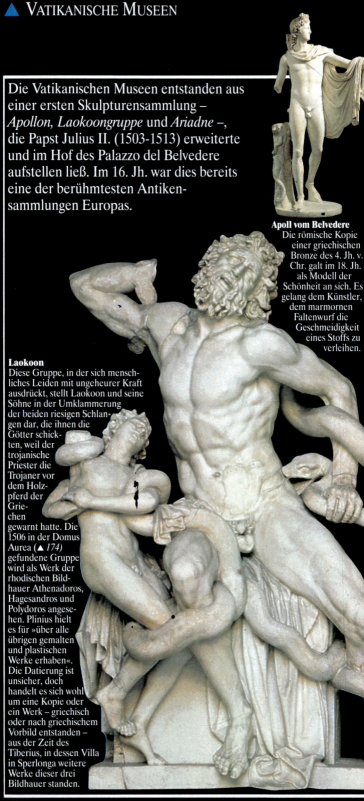

**Apoll vom Belvedere**
Die römische Kopie einer griechischen Bronze des 4. Jh. v. Chr. galt im 18. Jh. als Modell der Schönheit an sich. Es gelang dem Künstler, dem marmornen Faltenwurf die Geschmeidigkeit eines Stoffs zu verleihen.

**Laokoon**
Diese Gruppe, in der sich menschliches Leiden mit ungeheurer Kraft ausdrückt, stellt Laokoon und seine Söhne in der Umklammerung der beiden riesigen Schlangen dar, die ihnen die Götter schickten, weil der trojanische Priester die Trojaner vor dem Holzpferd der Griechen gewarnt hatte. Die 1506 in der Domus Aurea (▲ *174*) gefundene Gruppe wird als Werk der rhodischen Bildhauer Athenadoros, Hagesandros und Polydoros angesehen. Plinius hielt es für »über alle übrigen gemalten und plastischen Werke erhaben«. Die Datierung ist unsicher, doch handelt es sich wohl um eine Kopie oder ein Werk – griechisch oder nach griechischem Vorbild entstanden – aus der Zeit des Tiberius, in dessen Villa in Sperlonga weitere Werke dieser drei Bildhauer standen.

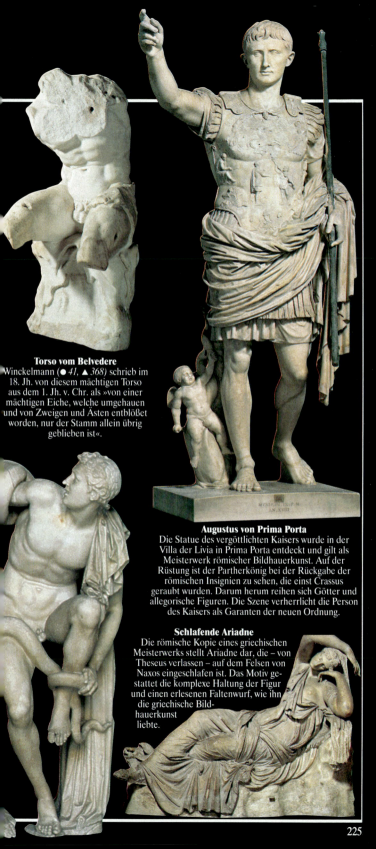

**Torso vom Belvedere**
Winckelmann (● *41*, ▲ *368*) schrieb im 18. Jh. von diesem mächtigen Torso aus dem 1. Jh. v. Chr. als »von einer mächtigen Eiche, welche umgehauen und von Zweigen und Ästen entblößet worden, nur der Stamm allein übrig geblieben ist«.

**Augustus von Prima Porta**
Die Statue des vergöttlichten Kaisers wurde in der Villa der Livia in Prima Porta entdeckt und gilt als Meisterwerk römischer Bildhauerkunst. Auf der Rüstung ist der Partherkönig bei der Rückgabe der römischen Insignien zu sehen, die einst Crassus geraubt wurden. Darum herum reihen sich Götter und allegorische Figuren. Die Szene verherrlicht die Person des Kaisers als Garanten der neuen Ordnung.

**Schlafende Ariadne**
Die römische Kopie eines griechischen Meisterwerks stellt Ariadne dar, die – von Theseus verlassen – auf dem Felsen von Naxos eingeschlafen ist. Das Motiv gestattet die komplexe Haltung der Figur und einen erlesenen Faltenwurf, wie ihn die griechische Bildhauerkunst liebte.

# VATIKANISCHE MUSEEN
## DAS QUATTROCENTO

**Jungfrau mit Kind**
Dieser *Tondo* (ein Ende des 15. Jh. sehr beliebtes Format) stammt von Pinturicchio (um 1454-1513), einem von drei Päpsten mit Aufträgen reich bedachten Maler: von Sixtus IV., Innozenz VII. und Alexander VI., für den er die Privaträume der Borgia ausmalte. Vasari beurteilte ihn recht kritisch: »Bernardino pflegte bei seinen Bildern viele vergoldete Reliefzierrathen anzubringen, um zu[r] Befriedigung Solcher, die wenig von der Kunst verstanden, ihnen mehr Glanz und Ansehen zu geben; eine Sache, die in der Malerei ganz ungeschickt ist.« Allerdings erkennt man in diesem Bild auch den Wunsch, den von Engeln umgebenen göttlichen Figuren Leben einzuhauchen, der lächelnden Jungfrau Maria ebenso wie dem ganz in die Lektüre vertieften Jesuskind.

**Musizierender Engel**
Dieses Werk von Melozzo da Forlì (1438-1495) war bis 1711 Teil eines Himmelfahrts-Freskos in der Apsis der Kirche Santi Apostoli. Der Heiligenschein war vergoldet und der Himmel in Ultramarinblau gemalt.

**Sixtus IV. ernennt Platina zum Präfekten der Vatikanischen Bibliothek**
Dieses Fresko von Melozzo da Forlì stammt aus der Bibliothek des Vatikans. Vor dem Papst steht sein Neffe, der spätere Julius II., während der Humanist Bartolomeo Sacchi, genannt Platina, vor ihm kniet.

**Der hl. Lorenz wird vom hl. Sixtus zum Diakon geweiht**
Das Fresko gehört zum Bilderzyklus, den Nikolaus II. bei Fra Angelico für seine Kapelle bestellte (um 1450). Der hl. Sixtus trägt die Züge des Auftraggebers. Der Maler verband die räumliche Darstellung seiner Florentiner Zeitgenossen mit der gotischen »Süße« der zarten Farbgebung.

**Der hl. Benedikt**
Peruginos Darstellung des hl. Benedikt gehörte zur Predella des Altarbildes der Himmelfahrt, das er 1495 für die Kirche San Pietro in Perugia anfertigte.

# VATIKANISCHE MUSEEN
## RAFFAEL

Im Vatikan schuf Raffael (1483-1520) seine wichtigsten Werke, die Fresken in den Loggien und in den sogenannten *Stanzen* (Privaträumen). In der Pinakothek werden drei Schlüsselwerke des Meisters aufbewahrt, die seinen künstlerischen Werdegang verdeutlichen.

**Madonna von Foligno**
Das Bild entstand um 1512 als *Ex voto* für Sigismondo dei Conti. Dargestellt ist die Jungfrau Maria mit dem Kind. Zu ihren Füßen um den hübschen Putto verehren sie der hl. Franziskus, Johannes der Täufer und der hl. Hieronymus mit dem Stifter (dessen Heimat Foligno im Hintergrund). Es ist eines der Hauptwerke Raffaels aus der ersten Zeit seines Rom-Aufenthaltes.

**»Trasfigurazione«**
Dieses im Auftrag des Kardinals Giulio de' Medici gemalte Bild war das letzte Werk Raffaels vor seinem Tod. Der hier gezeigte obere Teil stellt den schwebenden Christus zwischen Moses und Elias in einem überirdischen Licht dar; die drei Apostel drücken sich angsterfüllt auf den Boden. Der untere Teil zeigt das den übrigen Jüngern verweigerte Wunder: In Abwesenheit Christi waren sie nicht in der Lage, den vom Teufel besessenen jungen Mann zu heilen. Das Bild wird einstimmig als einer der Höhepunkte abendländischer Kunst eingestuft. Eine kürzliche Restaurierung stellte die ursprünglich starken Kontraste wieder her und gab ihm seine ganze Ausdruckskraft zurück.

**Die Loggien Raffaels**
(Nur mit Sondergenehmigung zu besichtigen.) Die Loggien wurden von Schülern Raffaels, der damals Superintendent der Altertümer war, nach seinen Entwürfen ausgemalt. In den Arkaden sind Szenen aus dem Alten Testament dargestellt, nur die 13. zeigt Motive aus den Evangelien. Die Grotesken und Stukkaturen orientieren sich an den Dekorationen der Domus Aurea (▲ *174*).

Die hier abgebildeten Fresken zeigen die *Vertreibung aus dem Paradies* (2. Arkade), *Isaak segnet Jakob* (5. Arkade), den *Zug durch das Rote Meer* (8. Arkade) und den *Bau der Arche Noah* (3. Arkade). Diese Werke, die vielfach kopiert wurden, bilden das, was man als »Bibel Raffaels« bezeichnet. Bildende Künstler aus ganz Europa haben sich bei der Behandlung alttestamentarischer Szenen in vieler Weise auf seine Werke bezogen.

# VATIKANISCHE MUSEEN
## DAS SEICENTO

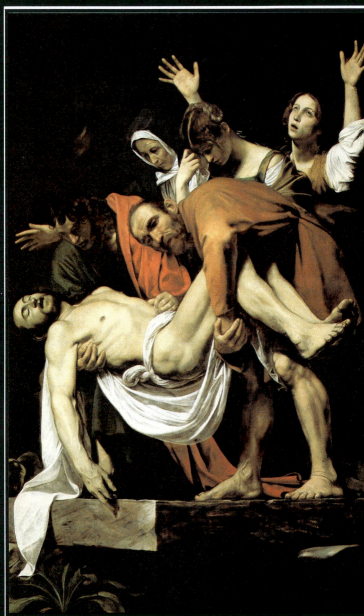

**Grablegung**
Dieses zwischen 1602 und 1604 entstandene Bild hatten die Oratorianer in Auftrag gegeben, es hing in der Chiesa Nuova (▲ *281*). 1797 wurde es trotz des Mißfallens an Caravaggio im 18. Jh. von den Franzosen konfisziert. Die Ausdruckskraft des Bildes beruht auf dem starken Kontrast zwischen dem bleichen, leblosen Körper Christi und dem Halbdunkel, in das die Heiligen Frauen und der hl. Johannes getaucht sind. Die emphatische Geste der Maria Magdalena betont den Schmerz, in den einzustimmen der Blick des Nikodemus auffordert. Der dunkle Hintergrund betont die räumliche Wirkung der Figurengruppe. Beim Leichnam Christi nähert sich Caravaggio mehr als sonst dem klassischen Idealbild an, indem er einen sehr schönen Körper malt, dessen Muskulatur stark hervorhebt.

Bilder des 17. Jh., einer Epoche, in der religiöse Themen (nachdem in der Renaissance die Antike dominiert hatte) in Rom besonders beliebt waren. Die Pinakothek enthält bedeutende Werke aus verschiedenen Kirchen, die 1797 von den Franzosen konfisziert und 1815 zurückgegeben wurden.

### Pietà

Pietro Berrettini, genannt Pietro da Cortona (1596-1669) war Lieblingsmaler Urbans VIII., der ihm in den 40er Jahren des 17. Jh. die Ausmalung seines Oratoriums im Vatikan übertrug. Die dafür geschaffene *Pietà* ist weit weniger dramatisch als die Caravaggios; die zarten Farben zeigen Pietros Vorliebe für die venezianische Malerei; die Figuren wirken elegant und anmutig.

### Die Jungfrau Maria zwischen dem hl. Thomas und dem hl. Hieronymus

(1625, Ausschnitt: der hl. Thomas) Das Werk stammt aus der Reifephase Guido Renis, in der er sich um weichere Farben und Formen bemühte.

### Die Letzte Kommunion des hl. Hieronymus

Das Bild Domenichinos (1614) zeigt den Heiligen, der seine Schwäche zugibt und seinen Glauben an die Auferstehung bezeugt. Zwei Jahrhunderte lang galt dieses Werk als unübertrefflich in seiner Ausdruckskraft.

# Der Vatikan

Der Borgo vor und nach dem Anlegen der Schneise

Wenn man die Via della Conciliazione hinabgeht, liegen rechts der Palazzo Cesi (1575; Haus-Nr. 51) und der Palazzo Serristori (1555), der ehemalige Sitz der toskanischen Botschaft. Auf derselben Seite steht der Palazzo dei Penitenzieri (15. Jh., Nr. 33), den Baccio Pontelli für Kardinal della Rovere baute. Gegenüber der Palazzo Torlonia und etwas weiter links Santa Maria in Traspontina (1566-1637).

## Borgo und Via della Conciliazione

**»Straße der Versöhnung«.** Einst mußte der Besucher erst eine lange Odyssee durch enge, gewundene Straßen hinter sich bringen, bevor er unvermittelt auf den Petersplatz trat. Die Kolonnaden mit dem Obelisken und den Brunnen hoben sich deutlich vom umgebenden Viertel ab. Dieser im Barock so beliebte Überraschungseffekt entfiel mit dem Bau der Via della Conciliazione, der ästhetische Eindruck wird nun schon von weitem vorbereitet. Wie der Name andeutet, ist dieser breite Boulevard ein Symbol der Versöhnung zwischen dem Heiligen Stuhl und dem italienischen Staat, die in den Lateranverträgen (● 33, ▲ 198) formell besiegelt wurde. Der Bau der Straße führte zu tiefgreifenden Veränderungen der alten Viertel zwischen dem Petersplatz und der Engelsburg.
**Eine alte Idee.** Von allen Prachtstraßen, die in Rom wie überall in Italien zur Zeit des Faschismus entstanden, ist dies vielleicht die bekannteste. Das Projekt wurde scharf kritisiert doch die Idee war eigentlich schon alt, genauer gesagt stammte sie aus dem 15. Jh., denn schon Nikolaus V. (1447-

1455) hatte mit Leon Battista Alberti (1404-1472) über die Möglichkeit einer vollständigen Sanierung des Viertels verhandelt. Das Projekt sah den Abriß einer langen Häuserreihe vor, die sich zwischen der Festung und dem Petersplatz durch den Borgo zog. Die Idee wurde im 16. Jh. unter Sixtus V. und später im 18. und 19. Jh. wieder aufgegriffen, allerdings nicht ausgeführt.

**Ein hoher Preis.** Das von Mussolini selbst vorangetriebene Projekt wurde den Architekten Piacentini und Spaccarelli übertragen. Am 28. Oktober 1936 führte der Duce persönlich den ersten Spatenstich aus. Obwohl die Abrißarbeiten in rasender Eile durchgeführt wurden, konnte das Projekt erst 1950 fertiggestellt werden. Der Preis indes war hoch: Zwar blieben einige Häuser erhalten, viele ehrwürdige Gebäude mußten jedoch geopfert werden (die Kirchen San Giacomo a Scossacavalli, San Michele Arcangelo und Santa Maria delle Grazie) oder wurden an anderer Stelle wiederaufgebaut (das Haus des Giacomo di Bartolomeo da Brescia, des Arztes Leos X., dessen Haus jetzt in der Via Rusticucci Nr. 14 steht, und die Annunziata-Kirche aus dem 18. Jh., die ans Tiberufer versetzt wurde).

Links eine Ansicht des Borgo im 19. Jh. von Roesler

**Das Mausoleum Hadrians**
Soweit man weiß, war es folgendermaßen aufgebaut: Auf einem quadratischen Sockel mit einer Kantenlänge von etwa 89 m ruhte der gigantische marmorverkleidete Rundbau, über dem ein Tumulus aus Erde um einen viereckigen Bauteil aufgehäuft war. Dieser diente als Podium für eine vom Kaiser gelenkte Bronze-Quadriga. Ab dem 17. Jh. wurde vielfach versucht, das Gebäude zu rekonstruieren. Vaudremer (1829-1914), der später als Architekt in Paris zu Ehren kam, versuchte bei seinem Romaufenthalt als Stipendiat der Französischen Akademie ebenfalls sein Glück und stellte seine Rekonstruktion des Mausoleums (1857) mit Grundrissen, Schnitten und Fassade vor (unten ein Ausschnitt).

## DIE ENGELSBURG

Die Burg blickt auf eine bewegte Vergangenheit zurück. Geplant wurde sie als Grabmal des Kaisers Hadrian, später wurde sie Festung, dann Adelsschloß und schließlich Papstresidenz. Zwischendurch diente sie als Kaserne, als Gefängnis und neuerdings als Museum.

**Das Hadrians-Mausoleum.** Im Garten Domitians ließ Hadrian ab 130 n. Chr. ein neues Grabmal bauen, das der Dynastie der Antoninen als Familiengrab dienen sollte. Die Arbeiten wurden erst 139, nach dem Tode des Kaisers, vollendet. Die Pons Aelius (die heutige Engelsbrücke, ▲ *239*) wurde 134 eingeweiht. Sie verband das Grabmal mit dem Marsfeld.

**Die Grabkammer.** Der Eingang liegt heute drei Meter über dem antiken Zugang. Durch einen kurzen Korridor gelangt man in einen viereckigen Vorraum. In der Rückwand liegt eine halbrunde Nische, in der wohl eine Statue Hadrians stand. Rechts geht eine spiralförmige Rampe ab, die zur Grabkammer im Mittelpunkt des Gebäudes führt. In diesem quadratischen Raum, der einst mit Marmor verkleidet war,

# DER VATIKAN

**Der »Passetto«**
(oben)
Ein Teil der Stadtmauer Leos IV. wurde durch Papst Nikolaus III. (1277-1280) zu einem Gang ausgebaut, der den Vatikan direkt mit der Engelsburg verbindet.

wurden die Urnen mit der Asche Kaiser Hadrians und seiner Frau Sabina sowie aller Kaiser aus der Dynastie der Antoninen und Severer bis Caracalla bestattet.

**Vom Mausoleum zur Festung.** Das Grabmal wurde bald – unter Honorius 403 n. Chr. – in eine vorgeschobene Bastion der Aurelianischen Stadtmauer umgewandelt. Im Jahr 537 widerstand das Gebäude zwar dem Ansturm der Ostgoten unter Witigis, fiel jedoch kurze Zeit später Totila in die Hand, der daraus eine Zitadelle machte. Die mächtige Festung diente ab dem 10. Jh. als Kerker, aber auch als Zufluchtsort: Gregor VII. etwa zog sich im 11. Jh. bei der Einnahme Roms durch Heinrich IV. hierher zurück, der Volkstribun Cola di Rienzo (● *XV*) suchte hier im 14. Jh. Zuflucht, und viel später, nämlich 1527, hielt Clemens VII. sechs Monate lang der Belagerung durch die Truppen Karls V. stand (● *36*). Jahrhundertelang bedeutete der Besitz der Engelsburg, der einzigen echten Festung Roms, zugleich praktisch den Besitz der ganzen Stadt; deshalb spiegelt die Geschichte der Burg auch alle inneren Unruhen der Stadt. Zwischen dem 10. und dem 14. Jh. fiel sie beispielsweise an die mächtigsten Fürstenfamilien Roms, bis sie 1379 von den römischen Massen berannt wurde, die entschlossen waren, sie abzureißen.

Feuerwerk über der Engelsburg

**Der Kerker der Engelsburg**
Im unteren Teil des Schlosses lag bis 1870 ein Gefängnis von entsetzlichem Ruf. Zu den Opfern, die hier schmachteten, gehörten die Cenci (▲ 254), der Philosoph Giordano Bruno (▲ 249), Graf Cagliostro (● 47) und nicht zuletzt der Goldschmied und Bildhauer Benvenuto Cellini, obwohl er doch 1527 (● 36) die Burg heroisch verteidigt hatte (jedenfalls nach eigener Einschätzung in seinen Memoiren).

**Spätere Befestigungen und Umbauten.** Unter Nikolaus III. kam die Burg in den Besitz der Päpste. Nikolaus V. (1447-1455) und Urban VIII. (1623-1644) wappneten das Gebäude für seine militärische Funktion: Man schloß die Eingänge zu den unterirdischen Kasematten, baute zwei Türme neben dem Eingangstor und an den Ecken vier Bastionen, legte einen Wassergraben an, baute eine fünfeckige Umfassungsmauer mit Ecktürmen (nicht erhalten) und befestigte schließlich den *Passetto* oder *Corridoio*, um bei Gefahr unbehelligt von der Peterskirche zur Engelsburg gelangen zu können.

**Prunkvolle Gemächer.** Mit Nikolaus V. begannen die Päpste, die Wohnräume in der Burg zu verschönern; die prächtigsten sind die Gemächer Pauls III., die zum Tiber hin liegen. Vor allem die *Sala Paolina* (auch »Ratssaal«) ist sehenswert wegen

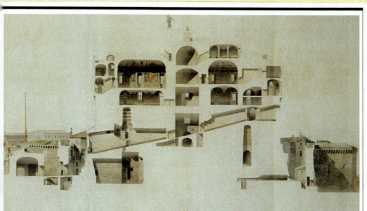

der Fresken, auf denen die Parallelen im Leben des hl. Paulus und Alexanders des Großen gezeigt werden (Papst Paul III. hieß mit bürgerlichem Namen Alessandro Farnese). Die Fresken entstanden unter der Leitung von Pierin del Vaga, ebenso die Dekoration der *Camera di Perseo* und der *Camera di Amore e Psiche*. Die Wohnräume des Papstes verbinden ein kleiner Vorraum und einige Stufen mit der schönen Kolonnaden-Loggia Julius' II. von Bramante. Sie bildet das Pendant zur Loggia Pauls III. (1543), mit Ausblick über den Garten und den Passetto (oben).

**Unter dem Schutz des Erzengels Michael.** Wenn man die Haupttreppe zur Engelsburg hinaufsteigt, gelangt man auf die obere Terrasse, die von dem riesigen bronzenen Engel des Flamen Verschaffelt überragt wird (1753). Die Statue trat an die Stelle des älteren Marmorengels von Raffaelo da Montelupo (1544), der heute im sogenannten Engelshof steht. Die Statuen erinnern wie der Name der Burg an ein Wunder, das sich unter Papst Gregor dem Großen ereignet haben soll. Danach sei der Erzengel Michael 590 auf dem Gebäude erschienen und habe vor dem Volk, das herbeigeströmt war und um Beendigung der Pestepidemie betete, als Zustimmung sein Schwert in die Scheide gesteckt. Nach der Besichtigung kann man von der kleinen Bar oben in der Burg den Blick auf Marsfeld, Peterskirche und Gianicolo genießen.

Schnitt durch das Hadrians-Mausoleum

Seit Beginn des 7. Jh. fanden in der Grabkammer des Kaisers

christliche Messen statt; man verehrte hier den Erzengel Michael. Im Jahr 852 wurde das *Sepulcrum Hadriani* umbenannt in *Castellum Sancti Angeli*.

# DER VATIKAN

## PRATI

**Viertel der Piemonteser.** Prati, der Stadtteil hinter dem Vatikan, ist ein typisches ›Piemonteser Viertel‹. Man wollte hier ab 1870 möglichst viel Wohnraum für die vielen Turiner Beamten des jungen italienischen Staates schaffen. Die Bauarbeiten gaben zunächst Anlaß für hektische Immobilienspekulation, als landwirtschaftliche Nutzflächen von einem Bankenkonsortium zu Spottpreisen gekauft und mit beachtlichem Gewinn weiterverkauft wurden. Hochhäuser entstanden an den Straßen im Schachbrettmuster. Das neue Viertel grenzt zwar an den Vatikan, kehrt ihm aber sozusagen den Rücken zu, denn man sieht von keiner Straße aus die Kuppel der Peterskirche – angesichts des erbitterten Widerstandes der Päpste gegen die Truppen des vereinigten Italien (● 33) könnte man sich fragen, ob dies ein Zufall ist. Alle Gebäude sind nach demselben Schema gebaut: Große Innenhöfe mit Palmen, riesige Wohnungen mit fensterlosen Korridoren. Der Film *Die Familie* (1987) von Ettore Scola vermittelt eine Vorstellung vom Innenleben dieser Gebäude.

**Der Justizpalast.** Das Gebäude schließt das Viertel zum Tiber hin ab. Die überdimensionale neubarocke Anlage (1889-1911) baute Guglielmo Calderini, sie kostete damals (anstelle der veranschlagten acht) vierzig Millionen Lire. Als man feststellte, daß das Gebäude auf sumpfigem, statisch bedenklichem Grund stand, gab es einen handfesten Skandal. Die Außenseite des Justizpalastes zieren Statuen berühmter italienischer Rechtsgelehrter, auf dem Dach steht eine bronzene Quadriga von Ettore Ximenes. Innen ist das Gebäude mit schönen Fresken von Cesare Maccari ausgestattet.

**Rund um den Palast.** Links vom Justizpalast liegt das Haus der Kriegsversehrten, ein Beispiel faschistischer Monumentalarchitektur, das 1928 von Marcello Piacentini errichtet wurde. Die Dekoration dreht sich ausschließlich um das Thema Krieg. Auf der anderen Seite des Justizpalastes steht die neugotische Chiesa del Sacro Cuore del Suffragio (1890), deren Kustos in das bemerkenswerte »Museum der Seelen der Verstorbenen« *(Museo delle Anime dei Defunti)* führt, eine kuriose Sammlung von Gegenständen, die Finger- oder Handabdrücke Verstorbener tragen sollen …

❝Die neuen Viertel, vor allem Prati di Castello. Weite Gelände, auf denen ganze Viertel aus dem Boden gestampft wurden. Straßen im Schachbrettmuster, Plätze. Große viereckige Häuser, Kasernen ähnlich. Fünf Etagen. Die einen, an der Vorderfront und, in bestimmten Vierteln, stark verziert: Pilaster, Balkons, Skulpturen. Die anderen, weiter hinten, einfacher, für kleine Haushalte. Und es sind dort alle Phasen zu sehen, von den Erdarbeiten für die Fundamente, die man so liegenließ, bis zu fertigen, bewohnten Häusern. […] Schließlich ganz bewohnte Häuser, wundervolle Häuser, aber mit niederem Volk besiedelt, aus den Fenstern quellender Schmutz, wo Lumpen auf gemeißelten Balkons hängen, Armut und Gestank, in den Fenstern ungekämmte Frauen, kaum bedeckt von einem schmutzigen Miedertuch. Alle zahlen kaum jemals ihre Miete. Man sagte mir, daß arme Familien sich in diesen Häusern niedergelassen haben, als gebe ihnen allein die Eroberung ein Recht dazu. Sie kamen einfach, und man hat sie gewähren lassen.❞

Émile Zola,
*Rom*

# Von der Engelsbrücke zum Ghetto

Engelsbrücke *239*
Via Giulia *240*
San Giovanni dei Fiorentini *241*
San Girolamo della Carità *243*
Palazzo Farnese *244*
Palazzo Spada *246*
San Carlo ai Catinari *247*
Theater des Pompejus *248*
Campo dei Fiori *249*
Sant'Andrea della Valle *250*
Largo Argentina *250*
Das Ghetto *252*

# ▲ Von der Engelsbrücke zum Ghetto

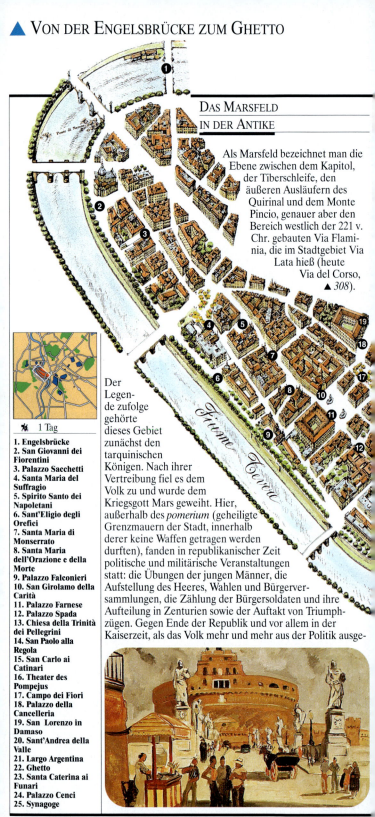

## Das Marsfeld in der Antike

Als Marsfeld bezeichnet man die Ebene zwischen dem Kapitol, der Tiberschleife, den äußeren Ausläufern des Quirinal und dem Monte Pincio, genauer aber den Bereich westlich der 221 v. Chr. gebauten Via Flaminia, die im Stadtgebiet Via Lata hieß (heute Via del Corso, ▲ *308*).

Der Legende zufolge gehörte dieses Gebiet zunächst den tarquinischen Königen. Nach ihrer Vertreibung fiel es dem Volk zu und wurde dem Kriegsgott Mars geweiht. Hier, außerhalb des *pomerium* (geheiligte Grenzmauern der Stadt, innerhalb derer keine Waffen getragen werden durften), fanden in republikanischer Zeit politische und militärische Veranstaltungen statt: die Übungen der jungen Männer, die Aufstellung des Heeres, Wahlen und Bürgerversammlungen, die Zählung der Bürgersoldaten und ihre Aufteilung in Zenturien sowie der Auftakt von Triumphzügen. Gegen Ende der Republik und vor allem in der Kaiserzeit, als das Volk mehr und mehr aus der Politik ausge-

✴ 1 Tag

1. Engelsbrücke
2. San Giovanni dei Fiorentini
3. Palazzo Sacchetti
4. Santa Maria del Suffragio
5. Spirito Santo dei Napoletani
6. Sant'Eligio degli Orefici
7. Santa Maria di Monserrato
8. Santa Maria dell'Orazione e della Morte
9. Palazzo Falconieri
10. San Girolamo della Carità
11. Palazzo Farnese
12. Palazzo Spada
13. Chiesa della Trinità dei Pellegrini
14. San Paolo alla Regola
15. San Carlo ai Catinari
16. Theater des Pompejus
17. Campo dei Fiori
18. Palazzo della Cancelleria
19. San Lorenzo in Damaso
20. Sant'Andrea della Valle
21. Largo Argentina
22. Ghetto
23. Santa Caterina ai Funari
24. Palazzo Cenci
25. Synagoge

chlossen blieb, diente das Marsfeld mit Theater, Amphitheater und öffentlichen Bädern dem Volk als Ort der Zerstreuung und der Verehrung des Kaisers und seiner Familie.

**Phasen der Besiedlung.** Der Grundriß der antiken Stadt ist in groben Zügen noch immer deutlich zu erkennen, obwohl sich viele damalige Gebäude nicht erhalten haben. In der *area sacra* am heutigen Largo Argentina finden sich noch zahlreiche Tempel aus der Zeit zwischen dem Ende des 4. und dem Beginn des 1. Jh. v. Chr. Im 2. Jh. v. Chr. entstanden vor allem rund um den Circus Flaminius viele Gebäude, später kann in der Mitte der Ebene das Theater des Pompejus und der Friedensaltar des Augustus *(Ara Pacis Augustae)* und sein Mausoleum. Nachdem 80 n. Chr. ein Brand das Viertel verwüstet hatte, begann eine neue Phase reger Bautätigkeit. Domitian ließ ein Stadion (die heutige Piazza Navona, ▲ *276*) und ein Odeon (▲ *277*) errichten. Unter dem Palazzo Farnese wurden Überreste großer öffentlicher Gebäude aus dieser Zeit gefunden. Sie enthalten zum Teil schöne Mosaiken mit Darstellungen von *desultores* (Reiterakrobaten). Ein Jahrhundert später wurde unter Hadrian und den Antoninen die städtebauliche Entwicklung des Viertels abgeschlossen. Ab 273 ließ Aurelianus im Osten der Via Lata einen gro-

**Feierliche Tieropfer** Jeweils am 15. Oktober veranstalteten die Römer ein Wagenrennen. Zum Schluß wurde das rechte Zugpferd des Siegerwagens auf dem Marsaltar geopfert. Das Ritual schloß das militärische Jahr ab, das im März mit verschiedenen Zeremonien begonnen hatte: Waffentänze der Salier (Marspriester), rituellen Reinigungen der Pferde und die *Suovetaurilia*, also das Dreitieropfer eines Schweins, eines Hammels und eines Stiers.

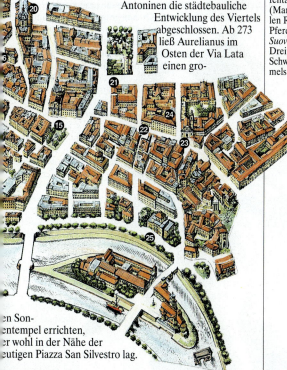

en Sonnentempel errichten, der wohl in der Nähe der heutigen Piazza San Silvestro lag.

## NGELSBRÜCKE

ie Verbindung zwischen der Engelsburg und dem Marsfeld ar lange die einzige Brücke nördlich des Ponte Sisto (▲ *363*). e wurde im 2. Jh. als Übergang zum Hadrians-Mausoleum ▲ *309* ) gebaut. Als Teil des Prozessionswegs zur Petersirche besaß sie früher zwei Kapellen, die während der Belagerung der Burg 1527 (● *36)* den Armbrustschützen als

# ▲ Von der Engelsbrücke zum Ghetto

**»Via Crucis«**
Im September 1667 begann Clemens IX., erst seit zwei Monaten Papst, mit den Zahlungen an seinen langjährigen Freund Bernini für »acht weiße Marmorstatuen«. Man wählte als Thema die Passion Christi: Jeder Engel trägt eines der Leidenswerkzeuge (Nagel, Kreuz etc.); später wurde die Zahl der Engel auf zehn erhöht.

Schießstände dienten. Clemens VII. ließ sie 1530 abreißen und durch die Statuen der hll. Paulus (von Paolo Romano) und Petrus (von Lorenzetto Lotti) ersetzen. 1667-1669 ließ Clemens IX. zehn Engelsstatuen hinzufügen. Sie wurden von Schülern Berninis nach dessen Entwürfen angefertigt. Auf der Marsfeldseite wurde die Brücke Ende des 19. Jh. im Zuge der Bauarbeiten am Ufer und des Durchbruchs des Corso Vittorio Emanuele stark verändert. Von hier gehen zwei Straßen ab, die einst die Achsen durch das Marsfeld bildeten: die Via del Banco di Santo Spirito und die Via Paola, die vor der Kirche San Giovanni dei Fiorentini die Via Giulia kreuzt.

## VIA GIULIA

**Die Straße Julius' II.** Zu Beginn des 16. Jh. ließ Papst Julius II. die gewundenen Gassen zwischen dem Vatikan und dem Kapitol durch eine breite, schnurgerade Straße ersetzen, die seinen Namen erhielt. Ihr Glanz verblaßte nur zeitweilig, als Innozenz X. um 1655 das staatliche Gefängnis in der Nr. 52 unterbringen ließ (heute Museum für Kriminologie). Die Via Giulia war über Jahrhunderte die prachtvolle Hauptachse Roms, von Palästen und Kirchen gesäumt. Heute lädt sie mit ihren zahlreichen Antiquitätengeschäften und Kunstgalerien zum Flanieren ein.

**Ein abwechslungsreiches Viertel.** Diese herrschaftliche, stille Straße grenzt seit Jahrhunderten an die lärmende, bunte Welt der Händler, Reisenden und frommen Pilger. Die von Sixtus IV. angelegte Via del Pellegrino führte Pilger zur Peterskirche, und die vergnügten Anhänger des hl. Filippo Neri zogen durch die Via Monserrato, um in den sieben Kirchen zu beten (▲ 381). Hier trafen sich auch Fremde: Spanier (S. Maria di Monserrato), Bologneser, Sieneser und Neapolitaner hatten ihre Nationalkirchen in der Via Giulia. Sie übernachteten in den zahllosen Herbergen am Campo dei Fiori (▲ 249), seien es noble *alberghi* oder bescheidene *locande*, und kauften bei den Druckern und Buchhändlern, die sich in diesem Viertel niedergelassen hatten. Auch Handwerker gab es hier in großer Zahl: *baullari* (Koffermacher), *cappellari* (Hutmacher), *giubbonari* (Schneider), *chiavari* (Schlosser) und viele

> »TATSÄCHLICH IST DAS AUSSEHEN DER VIA GIULIA SÜSS UND TRAGISCH. ZWISCHEN DIESEN ZWEI REIHEN VON BESCHÄDIGTEN UND BLENDENDEN PALÄSTEN VERFLIEGT SICH UNSERE PHANTASIE WIE EINE SCHWALBE.«
> VINCENZO CARDARELLI

...ndere. Die alten Traditionen leben weiter: In der Via dei ...aullari kann man noch Koffer erstehen, und in der Via dei ...iubbonari gibt es ebenso viele Textilgeschäfte wie Häuser. ...er Markt auf dem Campo dei Fiori besteht seit 1869 und ist ...och heute ein Treffpunkt der Einwohner. Im »Vino e olio«, ...eute »Vineria«, diskutieren junge Leute bis tief in die Nacht, ...nd eine kleine Buchhandlung ist bis Mitternacht geöffnet.

**...an Giovanni dei Fiorentini.** Die Via Giulia war einst das ...entrum der toskanischen Kolonie in Rom. Die Kirche ist ...ohannes dem Täufer, dem Schutzpatron von Florenz, ...eweiht und wurde auf Wunsch des ...edici-Papstes Leo X. errichtet. Den von ...ichelangelo, Peruzzi und Raffael für ...en Wettbewerb eingereichten Entwür- ...en zog der Papst die Pläne Jacopo ...ansovinos vor, die später allerdings von ...essen Nachfolgern stark verändert ...urden. Zu ihnen gehörten Antonio da ...angallo d. J. (1520), Giacomo della ...orta (1583-1602) und Carlo Maderno, ...er den Bau 1608-1620 zur Vollendung ...rachte. Der Grundriß des dreischiffigen ...ebäudes ist ein lateinisches Kreuz, ...berragt von einer Vierungskuppel. Die ...assade (1734) stammt von Alessandro ...alilei, der zwei Jahre später auch mit ...er Fassade von San Giovanni in Latera- ...o (▲ 198) betraut wurde. Im Auftrag ...es Prinzen Falconieri gestaltete Borro- ...ini den Hochaltar. Die Kirche beher- ...rgt unter anderem die Gräber von ...arlo Maderno (1556-1620) und Borro-

**San Giovanni dei Fiorentini** (unten rechts) Für die Kuppel wollte man zunächst Michelangelo verpflichten, es war jedoch Carlo Maderno, der sie fertigstellte (1614).

Details in der Via Giulia

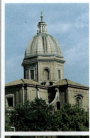

# ▲ Von der Engelsbrücke zum Ghetto

Rechts der Palazzo Sacchetti, vom Tiber aus gesehen

**Der Ruhm Davids**
Der Manierist Francesco Salviati (1510-1563) war einer der besten Dekorationsmaler seiner Zeit. Seine Fresken im Palazzo Sacchetti zeigen meisterhaft die für großformatige Bilder des 16. Jh. typische epische Gestaltung. Sie stellen Szenen aus dem Leben Davids dar (oben ein Ausschnitt). Die kriegerischen Erfolge, abenteuerlichen Lebensumstände und Liebschaften dieses Königs der Israeliten, der zugleich Hirte, Musiker und Dichter war, inspirierten zahlreiche Künstler.

mini (1599-1667). Von den zahlreichen Gemälden beeindrucken diejenigen in der Kapelle des hl. Hieronymus (der dritten rechts) und das große Gemälde im rechten Querschiff, *Martyrium der hll. Cosmas und Damian* von Salvatore Rosa (1669). (Gehen Sie die Via Giulia weiter bis Nr. 66.)

**Palazzo Sacchetti.** Kardinal Ricci di Montepulciano ließ den Palast von Nanni di Baccio Bigio dort bauen, wo das Haus des Architekten Antonio da Sangallo d.J. (1483-1546) gestanden hatte. Im 17. Jh. ging das Haus in den Besitz der Florentiner Familie Sacchetti über, die sich im Jahrhundert zuvor in Rom niedergelassen hatte. Die langgestreckte nüchterne Fassade besitzt verzierte Fenster, und das Hauptportal führt in einen *cortile* und kleinen Garten. Der ›Globen-Saal‹ im ersten Stock zeigt Fresken (1553-1554) von Salviati mit Szenen aus dem Leben Davids.

**Santa Maria del Suffragio.** Ein Stück weiter steht rechter Hand diese 1669 von Carlo Rainaldi (1611-1691) gebaute Kirche. In der nächsten Straße (Via del Gonfalone) befindet sich auf der rechten Seite das Oratorio di Santa Lucia del Gonfalone, das heute als Konzertsaal dient. Das Oratorium ist mit einer Folge von Fresken vom Ende des 16. Jh. bemalt, die Themen der Passion Christi zeigen.

**Spirito Santo dei Napoletani.** Wenn man die Via Giulia weitergeht, kommt man zur Nationalkirche der Neapolitaner (Bild links). Sie wurde 1701-1709 von Carlo Fontana umgebaut und von Antonio Cipolla Mitte des 19. Jh. vollständig erneuert, der auch die Fassade schuf. Hier liegen die letzten Herrscher des mit Neapel vereinigten Königreichs beider Sizilien begraben, König Franz II. und Königin Maria-Sofia. (Biegen Sie nun rechts in die Via Sant'Eligio degli Orefici ein.)

**Sant'Eligio degli Orefici.** Dieses äußerst schlichte und dabei sehr gelungene Gebäude wurde 1509 von Raffael für die Zunft der Goldschmiede errichtet. Der hl. Eligius, im 7. Jh. Bischof von Noyon in Frankreich, ist der Schutzpatron der Gold- und Hufschmiede. Die Fassade stammt ebenso wie die Fresken und das Altarbild vom Anfang des 17. Jh. (Von hier aus gehen Sie bis Spirito Santo zurück und biegen in die Straße gegenüber der Kirche ein.)

**Palazzo Ricci.** Man erreicht einen kleinen Platz, der von der Fassade des Ricci-Palastes beherrscht wird. Es sind noch die Grisaillefresken zu erkennen, die Polidoro da Caravaggio und Maturino da Firenze Mitte des 16. Jh. schufen. (Biegen Sie rechts in die Via Monserrato ein, die verwinkelter als die Via Giulia, dafür jedoch malerischer ist.)

**Santa Maria di Monserrato.** Die von Antonio da Sangallo d. Ä. 1495 begonnene Kirche ist seit 1875 Nationalkirche der Spanier. Die zweistöckige Fassade stammt von Francesco da Volterra und entstand im 16. Jh. Sie zeigt ein Flachrelief, auf dem die Jungfrau mit dem Kind dargestellt ist. Das Jesuskind zersägt einen Berg – eine Anspielung auf das Kloster Montserrat (»zersägter Berg«) in Katalonien. Annibale Carracci schuf das Bildnis des *San Diego* in der ersten Kapelle rechts, wo auch die sterblichen Überreste des Borgia-Papstes Alexander VI. und des spanischen Königs Alfonso XIII. (gest. 1941) ruhen. Auf dem Altar der dritten Kapelle links steht eine schöne Statue des hl. Jakobus, ein Werk von Jacopo Sansovino. (Überqueren Sie die malerische Piazza di Santa Caterina della Rota.)

**San Girolamo della Carità.** Die Kirche war einst berühmt wegen des Altarbilds, *Die Letzte Kommunion des hl. Hieronymus*, das heute in der Pinakothek des Vatikans aufbewahrt wird (in der Kirche sieht man eine Kopie). Der Bau wurde Mitte des 17. Jh. von Domenico Castelli neu errichtet. Zwei der Kapellen sind besonders beeindruckend: Die auf der rechten Seite gelegene Cappella Spada wurde lange Borromini zugeschrieben, stammt jedoch von Virgilio Spada, vielleicht in Zusammenarbeit mit Borromini. Die Medaillons an den mit gelbem und braunem Marmor verkleideten Wänden zeigen Porträts verstorbener Mitglieder der Familie Spada. Als Brüstung halten zwei Engel mit abnehmbaren Flügeln ein Marmortuch. Die elegante Cappella Antamoro (links vom Hochaltar) ist das einzige römische Werk des spanischen Architekten Filippo Juvara (1678-1736). (Folgen Sie weiter der Via Giulia.)

**Finestre »inginocchiate«**
Im Erdgeschoß des Palazzo Sacchetti sind als Besonderheit »kniende«, das heißt auf Konsolen ruhende Fenster zu sehen.

Fassade von Santa Maria di Monserrato

*Die Letzte Kommunion des hl. Hieronymus* von Domenichino (im Vatikan)

# ▲ Von der Engelsbrücke zum Ghetto

Fontana del Mascherone

**Piazza Farnese**
Auf dem Platz stehen zwei große Brunnen, deren Becken aus ägyptischem Granit von den Caracalla-Thermen stammen. Sie sind mit Lilien geschmückt, der Wappenblume der Farnese.

**Ein berühmtes Dekor**
Annibale Carracci (1560-1609), jüngster und brillantester Sproß der Künstlerfamilie Carracci, studierte zunächst die Fresken Michelangelos in der Sixtinischen Kapelle und begann dann mit seiner Arbeit am Gewölbe der Großen Galerie im Palazzo Farnese. Es zeigt zwischen Scheinarchitektur heitere Szenen aus dem Liebesleben der antiken Götter.

**Palazzo Falconieri.** Orazio Falconieri, der zwei nebeneinanderliegende Paläste gekauft hatte, beauftragte Borromini mit der Verbindung beider Gebäude. Die Fassade zur Via Giulia ist um die zwei Portale mit Rustikaeinfassungen aufgebaut. Eine große Loggia öffner sich zum Tiber. Die Ecken des Palastes zieren Pilaster mit Falken, den Wappentieren der Falconieri, einer mächtigen Familie aus der Toskana.

**Oratorio Santa Maria dell'Orazione e della Morte.** Das Oratorium der ›Bruderschaft des Guten Todes‹, die es sich zur Aufgabe gemacht hatte, Bedürftigen ein christliches Begräbnis zukommen zu lassen, entstand nach Plänen von Ferdinando Fuga 1733-1738. An der nach innen gewölbten Fassade wechseln auf zwei Etagen Pfeiler und Säulen – eine offenbar von Borromini inspirierte Aufteilung (● 80). Die hohe Kuppel ist sehr gelungen. Die überall an der Fassade, vor allem über dem Türsturz, angebrachten kleinen Totenschädel erinnern an die Aufgabe der Bruderschaft. Die Kirche ruht auf einer Verbindungsbrücke zwischen den auf beiden Seiten der Straße gelegenen Gärten des Palazzo Farnese. Eine zweite Brücke sollte diesen und den am anderen Tiberufer gelegenen Palazzo Farnesina (▲ 360) verbinden, wurde jedoch nie ausgeführt. Von der Via Giulia hat man eine schöne Sicht auf die Loggia des Palazzo Farnese. Etwas weiter steht die aus antikem Marmor errichtete Fontana del Mascherone. Der Name des Brunnens bezieht sich auf die Maske, die ihn schmückt. (Biegen Sie gegenüber in die Via del Mascherone.

## Palazzo Farnese ● 8

**Piazza Farnese.** Die Piazza Farnese wirkt heute recht nüchtern, war aber früher Schauplatz zahlreicher Feste. Nur kurz, während des alljährlichen Sommerfestivals *Estate Romana* (»Römischer Sommer«) geht es auf dem Platz lebendiger zu.

**Der Bau des Palastes.** Der Palazzo Farnese ist das größte Privatgebäude Roms. Der Bau wurde 1510 von Antonio da Sangallo d. J. im Auftrag des Kardinals Alessandro Farnese begonnen, die Anlage jedoch 1534, als dieser Papst (Paul III.) wurde, beträchtlich vergrößert. 1546 wurde Michelangelo mit

der Fortführung der Arbeiten beauftragt. Er entwarf die zweite Etage, das Kranzgesims und die beiden oberen Säulenordnungen der Hofseite. Nach Michelangelos Tod 1564 vollendete Giacomo della Porta den Palast; von ihm stammt die Fassade und vor allem die zur Via Giulia hin gelegene Loggia. Das Gebäude ging später in den Besitz der Bourbonen in Neapel über und beherbergt heute die französische Botschaft. Seit 1875 ist im Palast die erstklassige Bibliothek der École Française de Rome untergebracht, ein Archäologen und Historikern vorbehaltenes Forschungsinstitut.

**Architektur.** Das Material ist zum Teil antiken Ruinen entnommen. So sollen zum Beispiel die Travertineinfassungen der Fenster vom Kolosseum stammen. Die 13achsige Fassade zum Platz hin ist recht streng. Den einzigen Schmuck bilden die Fensterlaibungen und der Rustikarahmen des Eingangsportals mit der darüberliegenden Loggia. Im eleganten Hof waren früher die Antiken der Sammlung Farnese ausgestellt. Die Hoffassade zeigt die klassische Vertikalordnung: dorische, ionische und korinthische Säulen übereinander. Die Wand ist rhythmisch gegliedert von Arkaden und Fenstern. Die Gartenseite nimmt die drei Säulenordnungen wieder auf. Sehenswert im Innern ist der ›Salotto dipinto‹ mit Fresken von Francesco Salviati und Federico Zuccari, ebenso der Gardesaal mit einer Kopie des *Ercole Farnese* (▲ *320*, Original in Neapel). Nicht verpassen sollte man die 1567-1604 unter anderem von Annibale und Agostino Carracci bemalte Galerie. (Biegen Sie in die Via dei Venti ein.)

**Der Innenhof**

»Der wundervolle Innenhof ist das Meisterwerk des Gebäudes. Jede Etage hat einen eigenen Wandelgang, seinen Säulengang, und jede Säule ist in einen starken Bogen eingefügt; doch die Baluster, die Verschiedenheit der Etagen, die eine dorisch, die andere ionisch […], verleihen dieser Strenge eine bezaubernde Schönheit.«

Hippolyte Taine, *Reise in Italien*

Eingangsportal der Französischen Botschaft

*Der Triumph von Bacchus und Ariadne* von Annibale Carracci

**Palazzo Spada**
In den Nischen an der Fassade des Palazzo Spada stehen acht Stuckplastiken. Sie stellen die großen Männer der römischen Antike dar (oben: Marcellus und Caesar). Die Fassade zum Innenhof ist mit mythologischen Figuren geschmückt (u. a. Pluto, Venus, Mars).

**Borrominis Kolonnade ♥**
Der Eindruck von Tiefe, den dieser nur 9 m lange Korridor hinterläßt, entsteht dadurch, daß die Säulen nach hinten immer kürzer und schmaler werden. Durch das Spiel mit der Scheinperspektive, das den Raum optisch verkürzt bzw. dehnt, entsteht die Illusion, der Korridor sei etwa 37 m lang. In Wirklichkeit ist jedoch ein aufrecht stehender Mensch größer als die Statue (einschließlich Sockel), die als optischer Endpunkt der Perspektive dient.

Brunnen vor dem Pfandhaus

RUND UM DEN PALAZZO SPADA ● 87

Nach Überqueren der winzigen Piazza della Quercia gelangt man vor den Palazzo Spada. Die Fassade ist mit Medaillons, Festons und Statuen aus Stuck von Giulio Mazzoni (1525-1618) verziert.
**Palazzo Spada.** Der Palast, seit 1927 Sitz des italienischen Staatsrats, wurde 1549-1559 zunächst im Auftrag des Kardinals Girolamo Capo di Ferro gebaut und dann 1632 von Kardinal Bernardino Spada gekauft. Die Fassaden sind mit Stuckfiguren dekoriert: große Männer der römischen Antike (Platzseite) und antike Gottheiten (Hofseite). Im 17. Jh. wurde das Gebäude für die Familie Spada umgebaut. Im Hof befindet sich links vom Eingang ein bemerkenswerter scheinperspektivischer Gang, den Borromini 1653 entwarf. Zu besichtigen ist auch die Gemäldegalerie mit einer der bedeutendsten Sammlungen von Werken des 17. Jh. (Valentin, Honthorst, Il Guercino, Reni u.a.). Im Großen Saal fällt die Pompejus-Statue auf. (Gehen Sie rechts weiter.)
**Chiesa della Trinità dei Pellegrini.** Zur Feier des Jubeljahrs strömen seit 1475 alle 25 Jahre Massen von Pilgern nach Rom. Überall in der Stadt wurden daher Anlaufstellen für die Gäste eingerichtet. Neben einer solchen Beratungsstelle entstand zwischen 1603 und 1616 diese Kirche. Die verputzte Ziegelfassade wurde nach Entwürfen von Francesco de

# Von der Engelsbrücke zum Ghetto

Sanctis (1723) gebaut. Das Gemälde über dem Hochaltar, die *Heilige Dreifaltigkeit* von Guido Reni (1624), wirkt wie ein Relief.

**San Paolo alla Regola.** Nach der Legende wurde die Kirche dort gebaut, wo das Haus des hl. Paulus stand. Den Grundriß bildet ein griechisches Kreuz, die Fassade wurde Anfang des 18. Jh. von Giacomo Cioli und Giuseppe Sardi konzipiert. (Über die Piazza San Paolo alla Regola und die Piazza San Salvatore in Campo gelangt man zum Pfandhaus.)

**Pfandhaus.** Die Institution des Monte de Pietà wurde von Paul III. ins Leben gerufen, um gegen Pfänder Geld an die Römer zu verleihen. Das Finanzsystem des Vatikanstaates beruht zum guten Teil auf treuhänderisch verwaltetem Geld. Deshalb besitzt er bis heute große wirtschaftliche Bedeutung. Das jetzige Gebäude stammt aus dem 17./18. Jh. und wurde von Nicolò Salvi (1697-1751) vollendet, der auch den Trevi-Brunnen (▲ *298)* baute. In der ersten Hälfte des 18. Jh. erhielt die Kapelle eine schöne Barockausstattung. (Biegen Sie in die Via dei Specchi ein und nehmen Sie dann die erste Straße links.)

## Rund um den Campo dei Fiori

**San Carlo ai Catinari** (▲ *263).* Diese Kirche wurde vom Barnabiterorden errichtet – der Name des Ordens leitet sich von seiner ersten Ordenskirche in Mailand, San Barnaba, ab. San Carlo ai Catinari entstand zwischen 1611 und 1646 nach Plänen von Rosato Rosati. Die Fassade ist ein Werk von Soria. Die mit antikem Marmor verkleidete Kirche besitzt eine stuckverzierte Kuppel. Die Zwickel zeigen Darstellungen der vier Kardinaltugenden (Mut, Gerechtigkeit, Klugheit und Mäßigung) von Domenichino. Auf dem mit antiken Säulen verzierten Hochaltar befindet sich ein Gemälde von Pietro da Cortona. Es trägt den Titel *Der hl. Karl Borromäus während der Pest in Mailand* (1667).

**Via dei Giubbonari.** Die Straße ist bekannt für die Vielfalt der Geschäfte, die Betriebsamkeit und das kleine Restaurant am Largo dei Librai, wo man Gerichte aus der gutbürgerlichen Küche bekommt, zum Beispiel *filetti di baccalà* (Dorschfilets). Dazu wird der trockene weiße Frascati serviert. (Biegen Sie in die zweite Straße rechts ein, die Via dei Chiavari. Die Häuser in der ersten Straße links, Via di Grotta Pinta, stehen auf dem einstigen Pompejus-Theater.)

**Karl Borromäus** (geb. 1538 in Arona) Sein Onkel, Papst Pius IV., machte ihn zum Kardinal und später zum Erzbischof von Mailand. 1584 starb er und wurde bereits 1610 heiliggesprochen. In der ihm gewidmeten Kirche San Carlo ai Catinari zeigt ein Fresko von Guido Reni sein Bildnis.

**Die »catinari«** Die Kirche erhielt ihren Namen nach den Herstellern von hölzernen Waschbecken *(catinari),* die in der Umgebung arbeiteten. In den angrenzenden Straßen pflegen auch heute noch einige Handwerker die Tradition des Viertels.

*Die Verkündigung* (San Carlo ai Catinari, links) mit ihren leuchtenden Farben und Chiaroscuro-Effekten ist eines der schönsten Werke von Giovanni Lanfranco. Bemerkenswert ist das vom Licht des Heiligen Geistes beleuchtete Gesicht der Jungfrau.

# ▲ Von der Engelsbrücke zum Ghetto

**Theater und Portikus des Pompejus.** 61 v. Chr. begannen die Arbeiten am ersten ständigen Theater Roms. Bis dahin hatte man sich mit provisorischen Holzrängen begnügt, zumal man befürchtete, das Volk würde durch dauerhafte Einrichtungen verleitet, die Vorführungen (▲ *172*) allzu häufig zu besuchen. Gegen diese Regel ließ der

Der innere Bogen des Theaters wird von den Häusern der Via di Grotta Pinta exakt nachvollzogen – eines der besten Beispiele für die kontinuierliche Stadtentwicklung Roms. In den Kellern einiger Häuser sind noch die Mauern des Theaters zu sehen, beispielsweise im Restaurant *Pancrazio* am anderen Ende der Biscione-Passage. Die Mauern gehören zu den frühesten Beispielen des *opus reticulatum* (Mauerwerk mit netzförmig angeordneten Steinen, ● *63*).

triumphierend aus Asien (wo er rund vierzehn Völker unterworfen hatte) zurückgekehrte Pompejus auf einem seiner Grundstücke einen massiven Theaterbau errichten, dessen Ränge von einem Tempel der Venus Victrix (der »Siegreichen«) überragt wurden. So wirkten die Ränge wie eine gigantische Treppe, die hinauf zum Tempel führte. Das Gebäude diente im Grunde nur dazu, den Ruhm seines Erbauers zu mehren, des glanzvollen Siegers Pompejus, der sich damit an die Seite hellenischer Könige stellte. Das Theater bot bis zu 17 000 Zuschauern Platz und wurde im Jahr 55 mit literarischen und musikalischen Aufführungen und vor allem mehrtägigen Tierkämpfen eingeweiht: 500 Löwen, 20 Elefanten und mehrere Luchse wurden dabei abgeschlachtet. Hinter der Bühne befand sich ein Portikus von riesigen Ausmaßen (180 x 135 m), der mit zahlreichen weiblichen Statuen verziert und auf dessen Rückseite eine große Exedra angebracht war, die als Kurie für die Zusammenkünfte des Senats diente. Hier wurde am 15. März 44 v. Chr. Julius Caesar ermordet (● *28*). Reste der Kurie sind in der *Area sacra* am Largo Argentina zu sehen (▲ *250*). In ihrem Innern stand in der Achse des Venus-Victrix-Tempels eine Statue des Pompejus mit einer Weltkugel in der Hand.

Markt auf dem Campo dei Fiori

**Campo dei Fiori.** Das »Blumenfeld« ist nach den Blumenwiesen benannt, die es vor der Bebauung im 15. Jh. bedeckten. Hier entstanden zahlreiche Herbergen, Buchhandlungen und ein bunter Markt, der noch immer täglich (außer sonntags) abgehalten wird. Auf dem Platz fanden früher öffentliche Hinrichtungen statt. Am 17. Februar 1600 wurde hier der Philosoph Giordano Bruno als Ketzer verbrannt. (Von der gegenüberliegenden Seite des Platzes aus gelangen Sie zur Piazza della Cancelleria.)

**Palazzo della Cancelleria.** Der Palast wurde Ende des 15. Jh./Anfang des 16. Jh. für Kardinal Raffaele Riario errichtet und wird meist Bramante (1444-1514) zugeschrieben, der aber wohl nur an der Gestaltung des Hofes beteiligt war. Der Kardinal verlor den Palast an Leo X., weil er eine Verschwörung gegen den Papst angezettelt hatte. Das Gebäude wurde Sitz der Prälaten und beherbergt auch die *Cancelleria*, von der die päpstlichen Schriften herausgegeben werden; durch die Lateranverträge (● *33*, ▲ *198*) erhielt er außerstaatlichen Status wie die Vatikanstadt. Der Palast entstand an Stelle einer frühchristlichen Kirche, der Basilika San Lorenzo in Damaso, von der die Granitsäulen im Hof stammen. Bei Ausgrabungen unter dem Pflaster fand man auch Reste der Grundmauern. Die lange Travertinfassade des Palastes ist durch Pilaster gegliedert; das Portal schuf Domenico Fontana. 1546 bemalte Vasari den Großen Saal mit Fresken, die Szenen aus dem Leben des damaligen Papstes Paul III. zeigen. Der Saal heißt auch ›Saal der Hundert Tage‹, nach der Zeit, die für seine Ausmalung zur Verfügung stand. »Man sieht's«, soll Michelangelo trocken bemerkt haben.

**San Lorenzo in Damaso.** Rechts der Fassade der *Cancelleria* befindet sich das von Vignola entworfene Portal des Neubaus der Kirche San Lorenzo in Damaso. Die Ausstattung der im Auftrag des Kardinals Riario errichteten dreischiffigen Basilika wurde zwischen dem 17. und 19. Jh. mehrmals verändert. (Gehen Sie weiter bis zum Corso Vittorio Emanuele.)

**Museo Barracco.** In dem 1523 von Sangallo d. J. errichteten Palast (›Piccola Farnesina‹) ist heute eine Sammlung antiker Skulpturen eingerichtet, die Senator Giovanni Barracco 1902 der Stadt schenkte. Die Palastfassade schuf Enrico Gui Ende des 19. Jh. Neben ägyptischen, assyrischen, etruskischen und römischen Plastiken gehören seltene griechische Originale dazu. (Gehen Sie wieder den Corso Vittorio Emanuele hinauf.)

**Giordano Bruno**
Die Enthüllung der Statue des 1600 als Ketzer verbrannten Philosophen löste noch 1889 Streit zwischen Republikanern und Papsttreuen aus.

**Die Lilien**
An der Fassade des Museo Barracco finden sich die Lilien des französischen Wappens: Der Palast wurde im 16. Jh. für den bretonischen Prälaten Thomas Le Roy erbaut. Wegen der Ähnlichkeit mit dem Wappen der Familie Farnese trägt das Gebäude den Spitznamen ›Piccola Farnesina‹ (»Kleiner Farnese«).

Kopf eines Priesters, früher irrtümlich für Caesar gehalten (Museo Barracco)

# ▲ Von der Engelsbrücke zum Ghetto

## »Tosca«

Als Ort der Handlung für den 1. Akt seiner Oper *Tosca* wählte Puccini eine Kapelle von Sant'Andrea. Das ganze Drama spielt im Viertel zwischen dem Palazzo Farnese und der Engelsburg, wo die tragische Geschichte ihr Ende findet. Im Juli 1992 entstand eine Fernsehproduktion der Oper an den Originalschauplätzen, wobei man sich sogar an die im Libretto vorgegebenen Uhrzeiten hielt.

## Die Kuppel von Sant'Andrea

Neben Maderno wirkten weitere große Künstler des 17. Jh. an der imposanten Kuppel mit: Von Borromini stammt die Laterne, von Lanfranco und Domenichino die Bemalung im Innern.

**Sant'Andrea della Valle** ♥ (▲ *262*). Die Kirche ist architektonisch ebenso gelungen wie Il Gesù (▲ *257*) und besitzt nach der Peterskirche (▲ *210*) die zweithöchste Kuppel Roms. Sie ist das Werk Carlo Madernos, von dem auch die Entwürfe für die von Rainaldi 1662-1664 vollendete Fassade stammen. Der Bau entstand ab 1591 für den 1524 von Cajetan von Thiene gegründeten Theatinerorden. Der Grundriß ist ein Kompromiß zwischen dem Entwurf des vom Orden ausgewählten Architekten Pater Francesco Grimaldi und den Plänen von Giacomo della Porta, der vom Hauptgeldgeber, Kardinal Gesualdo, protegiert wurde. Das nüchterne Kirchenschiff mit seiner Ausstattung aus dem 19. und 20. Jh. unterscheidet sich deutlich von der reichverzierten Vierung und Apsis. Die Fresken zeigen zwei verschiedene Tendenzen: Lanfrancos *Paradiesfresko* (1621-1625) im Innern der Kuppel füllt die ganze Wandinnenfläche mit Trompe-l'œil-Darstellungen. Es war das erste Fresko dieser Art in Rom; zuletzt war der Trompe-l'œil ein Jahrhundert zuvor von Correggio in Parma eingesetzt worden. Bei Domenichinos Werken in den Zwickeln (die *Evangelisten*) und im Chorgewölbe (*Szenen aus dem Leben des hl. Andreas*) ist dagegen das zeichnerische Element und ein Hang zur idealisierten Form zu spüren. Im Chor stellte Mattia Preti 1650 das *Martyrium des hl. Andreas* in drei Fresken dar. Von den Gräbern sind vor allem die der Piccolomini-Päpste, Pius II. und Pius III., interessant, die aus der Peterskirche stammen und sich seit 1614 auf beiden Seiten des Kirchenschiffs befinden.

## Area sacra del Largo Argentina

Der unterhalb des Straßenniveaus gelegene Komplex umfaßt vier Tempel aus republikanischer Zeit, die mangels gesicherter Zuordnung nach ihrer Lage von Nord nach Süd mit den Buchstaben A bis D bezeichnet werden.

**Tempel C.** Der älteste Tempel C entstand zu Beginn des 3. Jh. v. Chr. und war vermutlich Feronia geweiht, einer Quell- und Waldgöttin. Ihr Kult war bei den Sabinern verbreitet und wurde 290 v. Chr. von den Römern übernommen.

**Tempel A.** Man hält ihn für den von Gaius Lutatius Catulus nach seinem Sieg über die Karthager 241 v. Chr. erbauten Tempel.

Tempelanlagen der *Area sacra* am Largo Argentina

r war wohl der Quellnymphe Juturna geweiht (▲ *142*). Im Mittelalter wurde die Kirche San Nicola darübergebaut; von r sind noch die beiden Apsiden mit Freskenspuren erhalten. stlich des Tempels sind die Reste des *hecatostylum* zu sehen, n riesiger Portikus mit 100 Säulen aus dem 1. Jh. v. Chr.

**empel D.** Vermutlich war der Tempel den *Lares Permarini*, chutzgottheiten der Seefahrer, geweiht; er wurde 179 v. Chr. on Marcus Aemilius Lepidus nach seinem Sieg in der Seechlacht gegen König Antiochus gestiftet.

**empel B.** Neben diesem Rundtempel mit rückwärtiger Traertintreppe wurden die Fragmente einer weiblichen Kolosalstatue aus griechischem Marmor gefunden. Sie werden eute im Kapitolinischen Museum aufbewahrt (Braccio Nuo, ▲ *132*). Es handelte sich sicherlich um die Kultstatue des empels, den man als den *aedes Fortunae huiusque diei* (»Tempel der Glücksgöttin des heutigen Tages«) ansieht, den Quin- s Lutatius Catulus, im Jahre 101 v. Chr. Amtskollege des onsuls Gaius Marius, anläßlich des Sieges über die Kimbern Vercellae (heute Vercelli in Piemont) errichten ließ.

**ortikus Minucia Frumentaria.** Im Osten des Largo Arentina befand sich in der Antike ein offener Platz mit einem ebäude, das als *Villa publica* bezeichnet wurde. Hier fanden ie Volkszählungen statt. Kaiser Claudius ersetzte die Anlage urch einen großen, von Portiken gesäumten Platz, den *Portius Minucia Frumentaria*, auf dem kostenlos Getreide an die

mischen Plebejer ausgeeben wurde. In der Mitte and ein Tempel aus republikanischer Zeit, der verutlich den Nymphen geeiht war und als Archiv er die Getreidezuwenungen diente. Zwei seier Säulen mit korinthihen Kapitellen sind noch eute in der Via delle Botghe Oscure zu sehen, wo e 1938 bei Ausgrabungen efunden wurden.

**Die Premiere des »Barbier von Sevilla«**
»Es fing damit an, daß Rossini einen baumwollenen Rock trug, dessen Farbe allgemeine Heiterkeit erregte […]. Figaro erscheint mit seiner Mandoline; kaum hat er sie angerührt, als alle Saiten springen. Basilio tritt auf und fällt auf die Nase […], das Stampfen, das Gejohle und Pfeifen […]

**eatro Argentina.** An der elle des früheren Privattheaters der Herzöge Cesariniorza entstand später das öffentliche Teatro Argentina, wo 316 der *Barbier von Sevilla* uraufgeführt wurde. Heute stehen f dem Spielplan vor allem klassische Stücke des prechtheaters. Hinter dem Largo Argentina lag früher das hetto.

übertönen Orchester und Gesang; Rossini verläßt das Klavier, läuft nach Hause und schließt sich ein.«
Stendhal, *Wanderungen in Rom*

# ▲ Von der Engelsbrücke zum Ghetto

**»Löwe mit erlegtem Damhirsch«**
Das Relief befindet sich an der Fassade des 1497 erneuerten Hauses von Laurentius Manilius in der Via del Portico d'Ottavia.

## Das Ghetto

**Die Juden in Rom.** Die jüdische Gemeinde in Rom ist seit dem 1. Jh. v. Chr. belegt; in der Kaiserzeit war sie in Trastevere so stark angewachsen, daß das Viertel als »Festung des römischen Judentums« galt. Obwohl die Juden sich später an anderen Stellen ansiedelten, im Marsfeld, in Subure (▲ 347) und auf dem Aventin (▲ 175) – seit damals wird die Pons Fabricius *Pons Iudaeorum* (»Judenbrücke«) genannt –, lagen die wichtigsten Synagogen weiterhin in Trastevere, wo die Juden nach den Statuten der Stadt von 1363 gezwungen waren, ihre Toten in der Nähe von San Francesco a Ripa (▲ 354) zu bestatten. Da sich in diesem Viertel immer mehr Juden niederließen, sprach man ab 1309 von der *Contrada Iudaeorum* (»Judenviertel«), obwohl hier auch viele Christen lebten. Die Juden mußten eine bestimmte Kleidung tragen, und je nachdem, welcher Papst gerade regierte, durften sie ihre Religion mehr oder weniger frei ausüben. Nach der Vertreibung der Juden aus Spanien und Portugal 1492-98 vergrößerte sich die Gemeinde; Borgia-Papst Alexander VI. nahm 9000 Juden in Rom auf – gegen Zahlungen in Gold.

**Die Einrichtung des Ghettos.** Mit der Bulle *Cum nimis absurdium* richtete Papst Paul IV. Carafa (1555-1559), der sich zuvor als Großinquisitor im Königreich Neapel einen zweifelhaften Namen gemacht hatte, das Ghetto ein: Die jüdische Gemeinde, die sich seit dem 14. Jh. nach und nach an das linke Tiberufer verlagert hatte, wurde in den Gren-

n des *rione* (Viertels)
nt'Angelo eingeschlossen.
as bedeutete, daß mehrere
usend Menschen auf einer
äche von weniger als einem
ektar zusammengepfercht
urden. Die Mauer begann
a der Piazza Giudea, heute
ne namenlose Fläche oberhalb der Piazza delle Cinque
cuole (früher Via del Processo), zog sich parallel zur
eutigen Via del Portico
Ottavia weiter und reichte
f Höhe der Piazza
escheria bis an den Tiber. Sixtus V. erweiterte das Ghetto,
dem er das linke Flußufer einbezog, wo sich die ärmsten
milien ansiedelten. Hier stiegen die Tiberfluten bei jedem
ochwasser bis zur dritten Etage der Häuser. Ein Deichbau
ostete die jüdische Gemeinde 100 Taler pro Maurer. Täglich
ei Sonnenuntergang wurden die Tore zum Ghetto an der
azza Pescheria und der Piazza Giudea geschlossen und erst
ei Sonnenaufgang wieder geöffnet.

**ie Öffnung des Ghettos.** Nach einer 1823 von Leo XII. gehmigten letzten Vergrößerung wurden die Mauern 1848
ann endlich abgerissen, und 1883 wurde das Ghetto im Rahen der Hauptstadtentwicklung Roms vollständig zerstört. Es
hlt dem Viertel heute eine einheitliche architektonische
nie; seine bewegte Geschichte zeigt sich in den modernen,
illosen Kirchen, den heruntergekommenen Häusern und
n namenlosen Plätzen, alles Ergebnisse planloser Zerstöng. Doch das einstige Ghetto hat nichts von seiner Eigenart
rloren, und man sollte unbedingt die Via del Portico d'Ottaa hinuntergehen, wo römische Inschriften in die Mauern
ittelalterlicher Häuser eingefügt sind, direkt neben Schilern, auf denen koschere Lebensmittelläden und Trattorien
re delikaten *carciofi alla Giudea* anpreisen: Artischocken,
e wie vergoldete Blüten aussehen.

**ia della Botteghe Oscure und Palaz-**
**o Mattei.** Die Straße verdankt den
amen (»der dunklen Läden«) den fenerlosen Werkstätten der Kalkbrenner,
e hier im Mittelalter lebten und aus
tikem Marmor Baukalk herstellten.
Venn man in die Via Paganica einbiegt,
elangt man in das Viertel der Mattei.
nks liegt der Palazzo Caetani, der 1564
r Alessandro Mattei erbaut wurde, und
was weiter der Palazzo Mattei-Paganica,
r 1541 für Ludovico Mattei entstand.
er Palast ist heute Sitz der italienischen
nzyklopädie-Gesellschaft. Im Keller
nd man Reste des kleinsten antiken
heaters auf dem Marsfeld. Das Theater
es Balbus wurde 32 v. Chr. von der
eim Volk der Garamanten in Afrika
machten reichen Beute erbaut. Hinter
er Bühne fand man eine große Säulenlle, die Crypta Balbi.

**Die Razzia von 1943**
Am 16. Oktober 1943
zwang der berüchtigte
deutsche Polizeichef
von Rom, Herbert
Kappler – der später
den Befehl zum Massaker in den ardeatinischen Höhlen gab
–, die römischen Juden, ein Lösegeld von
50 kg Gold pro Person zu zahlen. Obwohl die Summe
gesammelt werden
konnte, riegelten die
Nationalsozialisten
das Ghetto ab und
deportierten alle
Juden, die sie vorfanden. Elsa Morantes
Buch *La Storia*
erzählt von diesem
traurigen Ereignis,
ebenso wie der Film
von Carlo Lizzani,
*L'Oro di Napoli*
(1950).

Koscheres Geschäft
im Ghetto (Bild
unten)

Alessandro Mattei

# ▲ Von der Engelsbrücke zum Ghetto

**Piazza Mattei.** Die an das Ghetto angrenzende Piazza Mattei wird von dem berühmten Schildkrötenbrunnen, der Fontana delle Tartarughe (1581-1584), beherrscht. Er wurde von Taddeo Landini nach Entwürfen von Giacomo della Porta angefertig Der Brunnen steht gegenüber dem Palazzo Costaguti (Nr. 10), der für seine Fresken berühmt ist, unter anderem von Il Guercino, Federic und Taddeo Zuccari. In der Via dei Funari steht links der dritte Palast der Mattei, der Palazzo Mattei di Giove, den Maderno 1598-1611 baute. Der Palast ist das größte und am reichsten ausgestattete Gebäude des ganzen Viertels. In den beiden Innenhöfen sind die Reste einer der schönsten Sammlungen antiker Marmorplastiken zu sehen. Der Palast ist heute Sitz de *Centro Italiano di Studi Americani* und der *Biblioteca della Storia Contemporanea.* Der Eingang ist links in der Via Caetani. In dieser Straße fand man am 9. Mai 1978 die Leiche des von den Rote Brigaden ermordeten Vorsitzenden de Democrazia Cristiana, Aldo Moro, in exakt der gleichen Entfernung vom Sitz der italienischen KP (Via delle Botteghe Oscure) und dem der Christdemokraten (Piazza del Gesù).

Der Schildkrötenbrunnen ist einer der berühmtesten und schönsten Brunnen Roms

**Santa Caterina ai Funari.** Die im 12. Jh. gegründete Kirch wurde 1560-1564 erneuert. Guidetto Guidettis Fassade ist ei gutes Beispiel für Renaissancearchitektur. Der Name der Kirche erinnert daran, daß früher in der Gegend Seilmacher *(funari)* wohnten. (Gehen Sie zur Piazza Mattei zurück und dann um den Palazzo Costaguti herum Richtung Tiber.)

**Palazzo Cenci.** Die Erhebung, auf der dieser Palast gebaut wurde, bilden die Ruinen des Circus Flaminius. Das Gebäude besteht aus vier Trakten; die Hauptfassade zeigt auf einen kleinen Platz, an dem auch die Familienkapelle liegt, die im 12. Jh. gegründete Cappella San Tommaso dei Cenci. 1575 ließ sie der Tyrann der Familie, Francesco Cenci, erneuern und als Grabkapelle für seine Kinder Beatrice und Giacomo herrichten. (Biegen Sie in die Via Catalana ein.)

**Die Cenci**
Mit Hilfe ihrer Schwiegermutter und ihrer Brüder tötete die junge Beatrice Cenci ihren Vater am 9. September 1598. Das gewalttätige und tyrannische Familienoberhaupt hatte seine Tochter zur Blutschande zu zwingen versucht. Seine Mörder wurden ein Jahr später auf der Engelsbrücke hingerichtet.

**Synagoge.** Die neue, 1904 eingeweihte Synagoge wurde von Costa und Armanni erbaut. Es handelt sich um ein großes Travertingebäude mit einer Aluminiumkuppel im assyrisch-babylonischen Stil, die man bis zum Aventin sieht. Neben de Synagoge befindet sich das Museum der jüdischen Gemeind

# Das Marsfeld von Il Gesù bis zum Palazzo Madama

Il Gesù *257*
Palazzo Doria-Pamphili *258*
Santa Maria in Via Lata *260*
Santa Maria sopra Minerva *260*
Piazza Sant'Ignazio *261*
Römische Kuppeln *262*
Das Pantheon *264*
Piazza Colonna *267*
Montecitorio *269*
San Luigi dei Francesi *270*
Sant'Ivo della Sapienza *272*

# MARSFELD VON IL GESÙ BIS PALAZZO MADAMA

🍴 1 Tag

1. Il Gesù
2. Palazzo Doria-Pamphili
3. Fontanella del Facchino
4. Sant'Ignazio
5. Santa Maria sopra Minerva
6. Pantheon
7. Palazzo della Sapienza und Sant'Ivo
8. Palazzo Madama
9. San Luigi dei Francesi
10. Santa Maria Maddalena
11. Santa Maria in Campo Marzio
12. Palazzo di Montecitorio
13. Marc-Aurels-Säule
14. Palazzo Chigi
15. Galleria Colonna

Die vielen großartigen Bauten in diesem Viertel – antike wie das Pantheon, barocke Kirchen wie Il Gesù und Sant' Ignazio und grandiose Paläste wie der Montecitorio und Palazzo Chigi – könnten den Eindruck erwecken, es handle u eine vornehme Gegend. Doch das ist lange her. Zwar ist dies kein Arbeiterviertel mehr, und am Brunnen auf der Piazza della Rotonda versammeln sich keine Landarbeiter auf Arbeitssuche in der Stadt, doch die verwinkelten Straßen und Gassen dieses Viertels bergen viele Überraschungen, beispielsweise den riesigen Fuß einer antiken Kolossalstatue in der Via Piè di Marmo, den witzigen Elefant Berninis vor der strengen Fassade von Santa Maria sopra Minerva oder die st len Innenhöfe und fast ländlich wirkenden Piazzali.

## DAS MARSFELD IM MITTELALTER

**Die Kirchen.** Gegen Ende der Antike und zu Beginn des frühen Mittelalters war das Marsfeld nur dünn besiedelt. Lediglich drei Titelkirchen wurden gebaut: San Marco, San Lorenzo in Damaso und San Lorenzo in Lucina. Die Goteneinfälle in der ersten Hälfte des 6. Jh. und die lombardische Belagerungen bewirkten einen katastrophalen Bevölkerungsrückgang und eine grundsätzliche Umverteilung innerhalb des aurelianischen Stadtgebiets (▲ *323*). Auf dem Forum ur

> IL GESÙ »GLEICHT DEM GROSSARTIGEN BANKETTSAAL EINES KÖNIGLICHEN STADTPALAIS, DER SICH MIT DEM GESAMTEN SILBER GESCHMÜCKT HAT [...], UM EINEN MONARCHEN ZU EMPFANGEN.«
> HIPPOLYTE TAINE

dem Marsfeld entstanden neue Wohngebiete. 609 wandelte Bonifaz IV. mit Einwilligung des Kaisers Phokas das Pantheon in die Kirche Santa Maria ad Martyres um. In der Folgezeit wurden im Gebiet zwischen Tiber, Quirinal und Kapitol zahlreiche weitere Kirchen gegründet.

**Das Wohnviertel.** Das im 10. und 11. Jh. noch dünn besiedelte Areal begann sich schließlich an den Tiberufern und im Umkreis einiger Kirchen und Klöster zu entwickeln. Im Norden des Marsfeldes entstanden im 12. und 13. Jh. ganze Siedlungen im Schatten der Klöster San Silvestro in Capite, Santa Maria in Campo Marzio und San Ciriaco in via Lata. Es bildeten sich neue Viertel heraus, regelmäßig angelegt und mit einer recht homogenen Bevölkerung der unteren sozialen Schichten. Im Gegensatz dazu standen im mittleren Teil des Marsfeldes, der schon länger besiedelt war, die Türme und Paläste der Adligen und Bankiers neben den etwas bescheideneren Häusern ihrer Kunden und Vertrauten.

## IL GESÙ ● 78, 81

**Architektur der Gegenreformation.** Nach Anerkennung ihrer Ordensregeln durch den Farnese-Papst Paul III. 1540 stand den Jesuiten in Rom eine kleine Kirche zur Verfügung, die sie gemäß ihrer Bedeutung als einflußreichster Orden der Gegenreformation umbauen wollten. Kardinal Alessandro Farnese, der die 1568 begonnenen Arbeiten finanziell unterstützte, bestimmte Vignola als Architekten. Die 1582 fertiggestellte Kirche war zunächst eher schlicht ausgestattet. Bei der pilastergegliederten Fassade bilden üppige Voluten den Übergang von den Seitenteilen zum schmaleren, höheren Mittelteil. Wie die gerippte niedrige Kuppel stammt sie von Giacomo della Porta. Zuerst blieb die tonnengewölbte Langhausdecke ohne Verzierung, die Pfeiler wurden statt aus Marmor aus Travertin gefertigt. Manieristische Künstler wie Pomarancio, Federico Zuccari und Francesco Bassano prägen die Ausstattung der Kapellen.

### Ignatius von Loyola (1491-1556) und die Jesuiten

Im Alter von 30 Jahren bekehrte sich der spanische Adlige zu einem religiösen Leben, unternahm eine Pilgerfahrt nach

Jerusalem und widmete sich schließlich ganz seinen Studien. 1534 schlossen sich in Paris erste Schüler an. Zu den Regeln seines Ordens gehören lebenslange Keuschheit, ein Leben in Armut und die Bereitschaft, dem Papst überall zu dienen. Der 1540 von Papst Paul III. approbierte Jesuitenorden etablierte auf Bitten der Könige von Spanien und Portugal erste Missionsstationen in Ostindien, Brasilien, im Kongo und in Äthiopien. Damit sie ihre Missionsaufgaben besser erfüllen könnten, regte Ignatius seine Ordensbrüder zur Einrichtung von Schulen und zum Studium von Sprache und Geschichte des jeweiligen Landes an.

### Die erste Jesuitenkirche

Die Jesuitenkirche Il Gesù ist ganz darauf eingerichtet, große Massen von Gläubigen aufzunehmen. Der Altar ist von jedem Punkt in der Kirche sichtbar, so daß alle Anwesenden die Messe verfolgen können.

# ▲ MARSFELD VON IL GESÙ BIS PALAZZO MADAMA

**Die barocke Ausstattung.** Dem Wunsch des neuen Jesuitengenerals Pater Olivia in der zweiten Hälfte des 17. Jh. entsprechend, sollte Il Gesù den Triumph der katholischen Kirche und des Ordens selbst spiegeln. Er beauftragte die berühmtesten römischen Maler: Giovanni Battista Gaulli, genannt Il Baciccia, schuf die Deckenfresken im Langhaus (*Triumph des Namens Jesu*, 1676-1679), in der Kuppel, den Zwickeln und im Apsis- und Chorgewölbe. Die allegorischen Stuckfiguren stammen von Antonio Raggi. Pietro da Cortona entwarf den Altar im rechten Querschiff, auf dem ein Gemälde von Carlo Maratta, *Der Tod des hl. Franz Xaver* (1679), zu sehen ist.

**Altar des hl. Ignatius**
Die Silberstatue des Ignatius von Loyola ließ Pius VI. für die Reparationszahlungen an Napoleon I. einschmelzen. Heute sieht man eine Kopie, die 1814 in der Werkstatt Canovas entstand.

**»Der Triumph des hl. Ignatius«.** Auch einige Mitglieder des Ordens wurden zu den Arbeiten herangezogen, unter ihnen Pater Andrea Pozzo. Von ihm stammt der riesige Altar (1696-1700) im linken Querschiff über dem Grab des Ordensgründers, der dem hl. Ignatius von Loyola geweiht ist – einer der prächtigsten Altäre Roms. Er zeigt die Gruppe der Dreifaltigkeit, die dem Heiligen erscheint: Gottvater und Christus thronen auf einer mit Lapislazuli verkleideten Weltkugel. Das Original der Heiligenfigur von Pierre Legros bestand aus massivem Silber, die heutige Statue ist versilbert und mit vergoldeter Bronze und Lapislazuli verziert. Zwei Gruppen allegorischer Figuren zu beiden Seiten des Grabes stellen die Schwerpunkte der Jesuitenmission dar: rechts *Die Religion besiegt die Häresie* von Legros und links *Der Glaube besiegt den Götzendienst* von Jean-Baptiste Théodon. Beim Hinausgehen sollte man unbedingt im einstigen Kolleg rechts der Kirche die Studierzimmer des hl. Ignatius besichtigen. Neben einer Ausstellung zur Entstehungsgeschichte des Ordens sind hier ein bemerkenswertes Trompe-l'œil-Fresko von Pater Pozzo und Fresken von Jacques Courtois, genannt Il Borgognone, zu sehen. An der Piazza steht der Palazzo Cenci-Bolognetti (1737), heute Sitz der Democrazia Cristiana. (Gehen Sie die Via del Plebiscito in Richtung Piazza Venezia und biegen links in die Via della Gatta ein.)

**Perfekte Illusion.** In diesem Trompe-l'œil-Korridor ließ Pater Pozzo die Kunst der perspektivischen Darstellung zur Entfaltung kommen und schuf einen phantastischen Raum voller optischer Überraschungen.

**Collegio Romano.** Das ab 1582 errichtete Gebäude war bis 1870 das erste große Jesuitenkolleg in Rom. Pater Athanasius Kircher, einer der berühmtesten Gelehrten des Ordens, lebte hier 1635-1680 und stellte ein Kuriositätenkabinett zusammen. 1875, als Rom Hauptstadt Italiens war, wurde die Nationalbibliothek Vittorio Emanuele II. hierher verlegt und teilweise um den Bestand der Jesuiten ergänzt. Heute befindet sich die Bibliothek im Castro Pretorio im Bahnhofsviertel.

## PALAZZO DORIA-PAMPHILI

**Der Palast.** Gegenüber dem Collegio Romano steht der riesige Palazzo Doria-Pamphili, der in mehreren Etappen von den jeweiligen Besitzern erbaut und erweitert wurde. Die Familie von Papst Julius II. kaufte ihn im 16. Jh. und veräußerte ihn 1601 an Kardinal Pietro Aldobrandini,

*Die Flucht nach Ägypten –* eine der vier Lünetten der Sammlung Aldobrandini, von Annibale Carracci

en Neffen Clemens' VIII. Durch Erbfolge fiel er 1647 an Camillo Pamphili, den Neffen Innozenz' X., der den Flügel an der Piazza del Collegio Romano errichten ließ. Baumeister war Antonio del Grande. Der Palast beherbergt die bedeutende Gemäldesammlung der Pamphili und Aldobrandini. 1731-1735 errichtete Gabriele Valvassori die zum Corso gelegene Fassade und schloß die obere Loggia zur Hofseite, um Raum für die Galerie zu schaffen. Die Fassade zur Via del Plebiscito entstand um 1740 unter Paolo Ameli. Noch heute gehört der Palast einem Zweig der Familie Doria-Pamphili.
**Galleria Doria Pamphili.** Die wichtigsten Stücke der Sammlung gehörten zum Teil den Aldobrandini, so etwa die ›Aldobrandini-Lünetten‹, historische Landschaften mit biblischen Szenen. Sie stammen von Annibale Carracci und Francesco Albani und hingen wie die Gemälde von Tizian *(Salome)* und Parmigianino *(Anbetung der Hirten)* ursprünglich in der Kapelle. Im Laufe des 17. Jh. erwarben die Pamphili u. a. das berühmte *Bildnis des Papstes Innozenz X.* von Velázquez, die Gemälde von Caravaggio *(Magdalena, Ruhe auf der Flucht nach Ägypten)*, Werke der Bologneser Schule sowie eine Anzahl von Landschaften (vor allem von Claude Lorrain). Die Doria-Pamphili bereicherten die Sammlung mit Bildern von Bronzino, der Primitiven und Tapissien. Der Eingang zur Galerie liegt an der Piazza del Collegio Romano; sie ist an drei Tagen der Woche der Öffentlichkeit zugänglich. Auch die Privaträume der Familie können besichtigt werden.

### Die Schätze des Palazzo Doria-Pamphili

*Salome* (unten) ist ein Frühwerk von Tizian (ca. 1490-1576). Der Farbenreichtum und die Behandlung des Lichts zeigen bereits die Meisterschaft des Malers. Die *Landschaft mit Tänzern* (ganz unten) des Franzosen Claude Lorrain (1600-1682) entstand als Auftragsarbeit für Camillo Pamphili in Rom. Das Bild zeigt keine tatsächlich existierende, sondern das Ideal einer Landschaft.

# MARSFELD VON IL GESÙ BIS PALAZZO MADAMA

An der Kirche Santa Maria sopra Minerva sind die Pegel der Tiberüberschwemmungen angezeigt.

Michelangelos *Auferstandener Christus* (1519-21) in Santa Maria sopra Minerva ist schön wie ein klassischer Apoll. Er steht fast lässig an das Kreuz gelehnt. Das Lendentuch wurde später hinzugefügt.

## SANTA MARIA IN VIA LATA

Auf einem Abstecher von der Piazza del Collegio Romano zum Corso entdeckt man linker Hand den hübschen Brunnen Fontanella del Facchino mit einem Wasserträger in der Tracht des 16. Jh. Die Römer behaupteten, es sei ein Bildnis Luthers. Es handelt sich um eine der ›sprechenden Statuen‹ (● *46*). An der Ecke zum Corso steht die Kirche Santa Maria in Via Lata (nach dem früheren Namen des Corso, Via Lata), ein sehr altes, bis zum 17. Jh. mehrfach umgebautes Gebäude. Bernini entwarf zwischen 1636 und 1643 Hochaltar und Chor, Cosimo Fanzago stattete das Kirchenschiff mit Marmorinkrustationen aus, und die schöne Fassade (1658-1663) stammt von Pietro da Cortona. Doppelstöckige Kolonnaden stehen frei vor der Kirchenwand und schaffen so einen bemerkenswerten Eindruck von Transparenz. Es handelt sich um die Pfarrkirche der Bonaparte, und so sind einige Mitglieder dieser bekannten Familie hier begraben. Im Untergeschoß sind noch die Reste des früheren Baus mit mittelalterlichen Fresken zu sehen. Das schönste, die *Sieben Schläfer von Ephesus*, stammt aus dem 7. Jh.

## RUND UM DIE PIAZZA DELLA MINERVA

**Via Piè di Marmo.** Diese Straße verdankt ihren Namen dem riesigen Fuß einer antiken römischen Marmorstatue (Bild oben), die vermutlich zu einem alten Isis- und Serapistempel gehörte (der heutigen Kirche Santo Stefano del Cacco, die im Mittelalter erbaut und im 18. Jh. restauriert wurde). Zum Isis-Heiligtum gehörten auch die kleinen Obelisken, die in diesem Viertel gefunden wurden. Je einer davon ist noch an der Piazza Rotonda und an der Piazza della Minerva zu sehen.

**Santa Maria sopra Minerva.** Die Markierungen an der Fassade zeigen die Wasserstände der Tiberüberschwemmungen im 16.-19. Jh. an; in diesem Viertel, das zu den am tiefsten gelegenen Roms gehört, stieg das Wasser bis zu 20 m hoch. Die Kirche wurde auf den Resten eines antiken Minerva-Tempels errichtet und gehört dem Dominikanerorden. Sie wurde um 1280 erbaut und ist die einzige gotische Kirche Roms. Um ihren gotischen Charakter wiederherzustellen, wurde Mitte des 19. Jh. das Gewölbe ausgemalt und die Pfeiler mit Marmornachbildungen verkleidet. Die Kirche ist eng mit dem Wirken einiger berühmter Toskaner verbunden: Unter dem Hochaltar ruhen in einem Sarkophag die Gebeine der hl. Katharina von Siena, die sich nicht scheute, den in Avignon im Exil lebenden Papst zu schelten, und die 1380 in Rom starb. Über den Tod hinaus besaß sie einen derartigen Einfluß, daß zahlreiche Päpste wünschten, neben ihr begraben zu werden. Sie wurde zur Schutzpatronin Italiens. Ende des 15. Jh. wurde der Florentiner Maler Filippino Lippi nach Rom berufen, um die Fresken der Cappella Carafa (im rechten Querschiff) zu gestalten. Von Michelangelo stammt der berühmte *Auferstandene Christus* (1519-21), der vor dem linken Chorpfeiler steht (Bild links). Fra Angelico, dem 1455 verstor-

Piazza della Minerva: Berninis Elefant mit dem Obelisken (1667) war so klein geraten, daß er den Spitznamen ›Küken der Minerva‹ erhielt.

benen Maler und Dominikaner aus dem Kloster San Marco in Florenz, wurde ein Epitaph errichtet. Er steht in einem düsteren Gang links vom Chor. (Verlassen Sie die Kirche durch den Korridor links vom Chor, gehen Sie die Via Beato Angelico entlang und biegen Sie links zur Piazza Sant'Ignazio ab.)

## Piazza Sant'Ignazio

**Der Platz.** Die Piazza di Sant'Ignazio birgt eine der vielen Überraschungen, die Rom zu bieten hat: Wie aus einer Theaterkulisse heraus tritt man vor die überwältigende Kirchenfassade. Der 1727/1728 von Raguzzini entworfene Platz ist einer der gelungensten und originellsten Roms. Die symmetrisch angeordneten Straßeneinmündungen sind hinter Häuserfassaden verborgen.

**Die Kirche.** Die zweigeschossige Fassade dieser Kirche arbeitet mit ähnlichen Effekten wie Il Gesù (▲ 257). Sie wurde Algardi zugeschrieben, stammt aber wohl von Orazio Grassi, dem Architekten der Kirche. Da die finanziellen Mittel für die ursprünglich vorgesehene Kuppel fehlten, fand man eine andere Lösung: Pater Andrea Pozzo, ein Meister der Perspektive, von dem auch der Altar von Il Gesù stammt, malte eine Scheinkuppel in Trompe-l'œil-Manier (1684-1685, ● 82). Auch die Fresken im Chor und im Langhaus stammen von ihm (1694 vollendet). Dargestellt sind der *Eingang ins Paradies des hl. Ignatius* und die *Ausstrahlung des Ordens auf die vier Erdteile* in perfekter Illusion: Die Wände sind durch Scheinsäulen verlängert, die sich bis in den Himmel zu erstrecken scheinen. Eine beigefarbene runde Fliese am Boden zeigt die Stelle an, von der aus man die perspektivischen Effekte der Scheinarchitektur am besten sehen kann. Das rechte Querschiff ist mit einem prächtigen Altar ausgestattet, von Pater Pozzo entworfen und dem hl. Ludwig von Gonzaga geweiht. Filippo Valle schuf als Pendant dazu den Verkündigungsaltar im linken Querschiff (1750). Gehen Sie nun links die Via del Seminario zur Piazza della Rotonda.)

**Sant'Ignazio**
»Geht und entflammt die Welt.« Die Deckenmalerei von Sant'Ignazio in Trompe-l'œil illustriert diese Worte Ignatius' von Loyola.

Unten: die berühmte Scheinkuppel

# ▲ RÖMISCHE KUPPELN

**Peterskirche** (▲ *210*)
Die durch sechzehn Rippen gegliederte
elliptische Kalotte leuchtet in Blau und Gold.

**San Luigi dei Francesi** (▲ *270*)
Kontrastwirkung: bewegte Figuren und
streng geometrische Kassetten

**Sant'Andrea della Valle** (▲ *250*)
Sechzehn Fenster in Tambour und Laterne
erhellen die von Maderno entworfene Kuppel.

**Sant'Ivo** (▲ *272*)
Reinheit und Bewegtheit der Formen: Die
Architektur ist Schmuck genug.

**San Bernardo alle Terme** (▲ *295*)
Die Kuppel wird wie die des Pantheons nur
durch das Okulusfenster im Zenit erhellt.

**Santa Maria del Popolo** (▲ *306*)
Inmitten des strengen Achtecks breitet sich
überschwengliches Trompe-l'œil aus.

**Die Lehrmeister der Renaissance.** Ein sphärischer Körper mit nach oben zusammenlaufenden Rippen, der auf einem Tambour ruht und von einer Laterne gekrönt wird – das war die typische Kuppel der Renaissance, wie sie von Brunelleschi und später Bramante, Antonio da Sangallo d. J. und schließlich Michelangelo konzipiert wurde. Die Künstler des Manierismus und des Barock schufen vielfältige Variationen zu diesem Thema.

**San Rocco**
Beeindruckendes Farbenspiel von den Zwickeln bis in die dunkle Kuppel.

**Santa Maria Maggiore (▲ *342*)**
**(Cappella Paolina)**
Cigolis Fresko füllt die gesamte Kuppel aus.

**Santa Maria in Campitelli (▲ *159*)**
Durch gleichmäßigen Lichteinfall und Monochromie wirkt die Kuppel schlicht.

**Santi Ambrogio e Carlo al Corso (▲ *309*)**
Hier entschied man sich für eine Farbgebung in warmen, leuchtenden Tönen.

**San Carlo ai Catinari (▲ *247*)**
Tiefe entsteht durch kleiner werdende Kassetten und verkürzte Darstellungen.

**Santa Maria della Vittoria (▲ *294*)**
Architektur als Hintergrund für üppiges Barockdekor in Stuck und Malerei.

# ▲ Marsfeld von Il Gesù bis Palazzo Madama

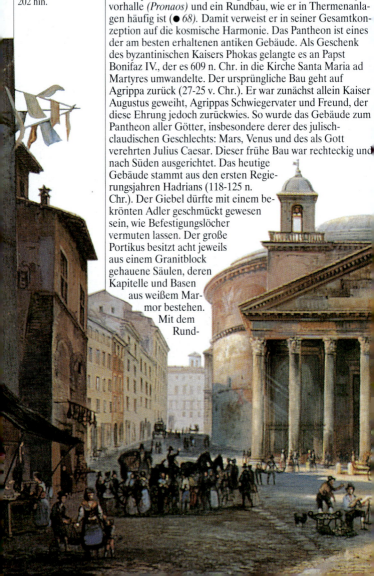

## Das Pantheon ♥

Kaiser Hadrian ließ am Architrav folgende Inschrift anbringen: *M(arcus) Agrippa L(uci) f(ilius) co(n)s(ul) tertium fecit* (»erbaut von Marcus Agrippa, Sohn des Lucius, zum dritten Mal Konsul«). Darunter weist eine zweite Inschrift in viel kleineren Lettern auf die Erneuerung durch Septimius Severus und Caracalla im Jahr 202 hin.

**Piazza della Rotonda.** Auf dem berühmten Platz vor dem Pantheon wimmelt es stets von Menschen. Die Piazza entstand unter Clemens XI., als mehrere Gebäude abgerissen wurden. Damals erneuerte Giacomo della Porta (1578) auch den Brunnen. Man fügte ihm einen Obelisken aus dem nahegelegenen Isis-Heiligtum hinzu, wie dies auch auf der Piazza della Minerva (▲ 260) geschah. Der Brunnen erhielt einen Sockel mit Delphinmotiven und dem Wappen des Papstes.

**Der Tempel des Agrippa.** Das Pantheon ist ein aus verschiedenen geometrischen Körpern (Quader, Zylinder und Kugel) genial konstruierter Bau, in dem unterschiedliche Architekturkomponenten harmonisch gruppiert werden: eine Tempelvorhalle *(Pronaos)* und ein Rundbau, wie er in Thermenanlagen häufig ist (● 68). Damit verweist er in seiner Gesamtkonzeption auf die kosmische Harmonie. Das Pantheon ist eines der am besten erhaltenen antiken Gebäude. Als Geschenk des byzantinischen Kaisers Phokas gelangte es an Papst Bonifaz IV., der es 609 n. Chr. in die Kirche Santa Maria ad Martyres umwandelte. Der ursprüngliche Bau geht auf Agrippa zurück (27-25 v. Chr.). Er war zunächst allein Kaiser Augustus geweiht, Agrippas Schwiegervater und Freund, der diese Ehrung jedoch zurückwies. So wurde das Gebäude zum Pantheon aller Götter, insbesondere derer des julisch-claudischen Geschlechts: Mars, Venus und des als Gott verehrten Julius Caesar. Dieser frühe Bau war rechteckig und nach Süden ausgerichtet. Das heutige Gebäude stammt aus den ersten Regierungsjahren Hadrians (118-125 n. Chr.). Der Giebel dürfte mit einem bekrönten Adler geschmückt gewesen sein, wie Befestigungslöcher vermuten lassen. Der große Portikus besitzt acht jeweils aus einem Granitblock gehauene Säulen, deren Kapitelle und Basen aus weißem Marmor bestehen. Mit dem Rund-

durch eine massive Ziegelkonstruktion verbunden. Die in das Marmorportal eingefügte Bronzetür ist durch Restaurierungen stark verändert. Papst Urban VIII. ließ die Bronzeverkleidung des Portals abnehmen und für den Baldachin in der Peterskirche einschmelzen (▲ 212). Er erntete dafür den berühmten Pasquinaten-Spottvers (● 46): *Quod non fecerunt Barbari, fecerunt Barberini* (»Was die Barbaren nicht getan, taten die Barberini«). Die Säulenkapitelle zeigen Papstwappen, die Bienen der Barberini (▲ 292) und den Stern der Chigi.

**Die Kuppel.** Der Rundbau – die *cella* des Tempels – besteht aus einem riesigen Zylinder, auf dem die Kuppel ruht. Die 6 m dicke Wand ist in drei Ordnungen übereinander gegliedert. Die Kuppel wurde in einem Stück ohne Verstärkung auf einer Holzverschalung aus Mörtel gegossen. Die Harmonie der Raumwirkung beruht auf den Proportionen: Der Raumdurchmesser von 43,30 m entspricht der Höhe der Kuppel, die größte je ohne Armierung entstandene (mit 42 m ist selbst die Kuppel der Peterskirche etwas kleiner). Die in fünf konzentrischen Kreisen angeordneten Kassetten an der Kuppelinnenseite werden zum Zenit hin kleiner, was den Blick in die Mittelöffnung lenkt.

**Die Nischen.** Gegenüber dem Eingang liegt die

›**Himmelsgewölbe**‹
So nannte der Historiker Cassius Dio Cocceianus die Pantheon-Kuppel. Die fast 9 m breite Öffnung ist die einzige Lichtquelle.

❝Der offene und doch so geheimnisvolle Tempel war als Sonnenuhr angelegt. Die sorgsam von griechischen Maurern geglätteten Felder der Decke zeigten die kreisenden Stunden an; die lichte Scheibe des Tages sollte wie ein goldener Schild darüber hängen, der Regen auf dem steinernen Boden seine reine Lache bilden und das Gebet wie Rauch in jene Leere steigen, wo wir die Götter wohnen lassen.❞

Marguerite Yourcenar,
*Ich zähmte die Wölfin*

**Die ›Eselsohren‹ des Bernini**
So bezeichnete der Volksmund die beiden Türmchen, die Bernini im 17. Jh. hinter dem Giebelfeld aufsetzte. Sie wurden 1883 entfernt.

# Marsfeld von Il Gesù bis Palazzo Madama

**Der Portikus der Argonauten**
Links vom Pantheon verläuft die Grundmauer des nach den dort aufbewahrten Kunstwerken ›Portikus der Argonauten‹ genannten Säulengangs, der auf der Abbildung oben rekonstruiert wurde. Er trennte das Pantheon von der *Saepta*, einem großen Platz, der in republikanischer Zeit für Wahlversammlungen und in der Kaiserzeit für öffentliche Vergnügungen genutzt wurde.

halbrunde, von einem Bogen überspannte Hauptnische, davor zwei Säulen aus *Pavonazzetto*, einem , violettgeäderten Marmor. Auf jeder Seite gibt es drei weitere Exedren, abwechselnd halbrunde und rechteckige, vor denen ebenfalls aus einem Block gehauene Säulen aus tunesischem Marmor (*Giallo Antico*) stehen. Das Spiel mit verschiedenfarbigem Marmor setzt sich bei den Bodenplatten fort. Die Ädikulen zwischen den Nischen bestehen aus den gleichen Materialien: Säulen aus rotem Porphyr, *Giallo Antico* und Granit tragen spitze oder runde Tympani. Ihr regelmäßiger Wechsel wurde zum Vorbild vieler Renaissancefassaden, etwa des Palazzo Farnese (▲ *244*).

**Basilika und Thermen des Agrippa.** Hinter dem Pantheon finden sich entlang der Via della Palombella Reste einer Neptuns-Basilika: Säulen, Ziegelwände und Fragmente eines Marmorfrieses mit Delphinen und Dreizacken. In der Nähe des Corso Vittorio Emanuele standen einst die ältesten öffentlichen Thermen, die 19 v. Chr. eingeweiht wurden. Hier lag auch der künstliche See *Stagnum Agrippae*. Thermen und See wurden durch die Aqua Virgo gespeist (▲ *298*).

**Das Pantheon als Grabstätte**
In den Exedren standen einst Götterstatuen, heute dienen sie als Kapellen. Zwischen der fünften und sechsten Nische liegt das Grab Raffaels (1483-1520). Im Pantheon ruhen neben weiteren Künstlern wie Giovanni da Udine, Pierin del Vaga, Annibale Carracci, Taddeo Zuccari und Peruzzi die italienischen Könige Vittorio Emanuele II. und Umberto I. Anhänger des Hauses Savoyen fordern die Überführung der sterblichen Überreste auch der im Exil verstorbenen Herrscher ins Pantheon.

**Tempel der Matidia.** Nicht nur die Kaiser, auch Mitglieder ihrer Familie wurden zu Gottheiten erhoben. Hadrian machte sogar seine Schwiegermutter Matidia zur Göttin und errichtete ihr nach ihrem Tode 119 n. Chr. einen Tempel. Er lag in der Nähe der heutigen Piazza Capranica, zu der man durch die Via degli Orfani gelangt. Ein Säulenstumpf findet sich noch im Vicolo della Spada d'Orlando. (Gehen Sie durch die Via dei Pastini zur Piazza di Pietra.)

Hadrians-Tempel

**Der Hadrians-Tempel.** Nach Hadrians Tod ließ sein Adoptivsohn Antoninus Pius ihm einen Tempel errichten, der 145 n. Chr. geweiht wurde. Elf weiße Marmorsäulen, die heute in die Nordseite des Börsengebäudes an der Piazza di Pietra eingefügt sind, zeugen von der Großartigkeit dieses Bauwerks. Reliefs mit Personifikationen der römischen Provinzen, die sich mit Trophäendarstellungen abwechselten, werden heute im Konservatorenpalast (▲ *130)* und im Museo Nazionale in Neapel aufbewahrt. (Gehen Sie von hier aus zur Piazza Colonna.)

Seit 1886 gibt es an der Piazza Colonna das ehemalige Kaufhaus Bocconi (● *90,* heute *La Rinascente*). Das Gebäude aus Eisen und Glas orientiert sich an anderen europäischen Warenhausbauten der Zeit, etwa in Paris.

## PIAZZA COLONNA

Die Besiedlung dieses Teils des Marsfeldes begann im 2. Jh. unter den Antoninen.

**Marc-Aurels-Säule.** In der Mitte des Platzes steht die Marc Aurel gewidmete Säule, deren Säulenschaft 29,60 m hoch ist. Sie wurde nach dem Tod des Kaisers zwischen 180 und 196 zur Erinnerung an seine Feldzüge an der Donaugrenze errichtet. Der untere Teil zeigt die Siege über die Germanen, der obere die über die Sarmaten. Am ursprünglich 10,50 m hohen Sockel waren Reliefs mit girlandentragenden Siegesgöttinnen und unterworfenen Barbaren zu sehen, die jedoch 1589 unter Sixtus V. zerstört wurden, als der Sockel teilweise unter Bodenniveau kam. Die Säule selbst weist 20 Reihen spiralförmig verlaufender Reliefbänder auf, etwas weniger als das Vorbild, die Trajans-Säule (▲ *166).* Auch im Stil unterscheidet sie sich von der älteren Säule: Die Figuren treten stärker hervor und besitzen markantere Züge. Die Reliefs sind weniger komplex und auch nicht so fein gearbeitet. Mit ihrer Neigung zur Vereinfachung und den starken Kontrasten sind sie bereits Vorläufer des dramatischen Stils des 3. Jh. Der Philosophenkaiser Marc Aurel ist meist frontal abgebildet, vermutlich,

**Die Marc-Aurels-Säule**
Im Innern führen 190 Stufen bis hinauf zur Spitze der Säule, wo ursprünglich die Statue des Kaisers stand. 1589 ersetzte sie Domenico Fontana auf Anordnung von Papst Sixtus V. durch eine Apostelstatue – ähnlich wie bei der Trajans-Säule.

# ▲ MARSFELD VON IL GESÙ BIS PALAZZO MADAMA

**Während der Kaiser mit zwei Offizieren spricht, überqueren die Legionäre den Fluß.**

**Hilfstruppen decken die vorrückende Armee.**

**Schlachtszene: Barbaren werden von den Legionären niedergemetzelt.**

Die Zeichnungen der Flachreliefs fertigte Giovanni Guerra bei der Restaurierung 1589 an.

**Die Säule des Antoninus Pius**
Die Sockelreliefs stellen die Apotheose des Kaisers und seiner Gattin Faustina dar, die von einem geflügelten Genius in den Himmel getragen werden.

um seine Erhabenheit besser zum Ausdruck zu bringen. Ranuccio Bianchi Bandinelli, ein Kenner römischer Kunst, kommentiert diese Kaiserdarstellungen so: »Aus den Bildern von Tod und Zerstörung [..] taucht immer wieder das faszinierende, wirklichkeitsnahe Gesicht des Kaisers auf, tief gezeichnet von der Angst, der Müdigkeit und dem Alter. Er muß damals 54 Jahre alt gewesen sein.« Der Brunnen rechts von der Säule stammt von Giacomo della Porta. Ihm gegenüber liegt der Palazzo Chigi; der Eingang zur Galleria Colonna befindet sich auf der anderen Corso-Seite.

**Palazzo Chigi.** Der 1562 begonnene Palast entstand im Rahmen der Gegenreformation unter Mitwirkung von Carlo Maderno und Felice della Greca, wurde jedoch erst 1630 fertiggestellt. Der barocke Innenhof ist mit Stukkaturen und einem Brunnen verziert, der das Wappen der Chigi trägt. Der Palast wurde 1917 vom Staat übernommen und war zunächst Sitz des Außenministeriums, später offizieller Amtssitz des Ministerpräsidenten.

**Galleria Colonna.** Nach dem Abriß des Palazzo Piombino durch die Stadt Rom im Jahr 1889 fragte man sich, was mit dem Grundstück geschehen sollte. Langwierige Verhandlungen

führten zur Entscheidung, an dieser Stelle nach dem Muster von Mailand eine große überdachte Galerie zu errichten, in der unter anderem die Banca Italiana di Sconto untergebracht werden sollte. Das Gebäude wurde 1922 eingeweiht. Nebenan, am Largo Chigi, liegt das Kaufhaus Bocconi, heute Rinascente, bei dem 1886 als einem der ersten Bauten Roms die modernen Baustoffe Eisen und Glas verwendet wurden, allerdings im Stil der Neorenaissance. Der Architekt Giulio de Angelis ist einer der wichtigsten Vertreter des römischen Eklektizismus. (Überqueren Sie wiederum den Corso, ▲ *308*, und die Piazza Colonna; Sie gelangen zur Piazza di Montecitorio.)

## MONTECITORIO

**Piazza di Montecitorio.** Wo heute die italienische Abgeordnetenkammer tagt, fanden im Altertum die feierlichen Einäscherungen der Kaiser statt. Man entdeckte Überreste von *ustrina* (Scheiterhaufen), die im Thermenmuseum (▲ *335*) aufbewahrt werden, und im Jahr 1703 den Sockel der Säule des Antoninus Pius, der jetzt im Cortile della Pigna im Vatikan (▲ *215*) zu sehen ist. Weitere Bruchstücke der Granitsäule wurden verwendet, um den Obelisken des Pharao Psammetich II. (6. Jh. v. Chr.) wiederherzurichten, der 10 v. Chr. aus Heliopolis nach Rom gebracht worden war. Augustus ließ ihn im Marsfeld aufstellen, wo er als Gnomon (senkrecht stehender Zeiger) der riesigen Sonnenuhr diente, die 1748 zwischen Piazza del Parlamento und Piazza di San Lorenzo in Lucina wiederentdeckt wurde.

**Palazzo di Montecitorio.** Er bietet zwei recht unterschiedliche Ansichten: Die eine Fassade stammt von Bernini, während die andere von Ernesto Basile im Jugendstil gestaltet wurde. Die schöne, harmonische Barockseite wurde 1650 unter Innozenz X. begonnen und sollte ursprünglich das Wohnhaus der Familie Ludovisi schmücken. Das Projekt wurde erst 1694 von Carlo Fontana vollendet. Innozenz XII. brachte in dem Palazzo das Päpstliche Gericht *(Curia Innocenziana)* unter. Und als Rom 1870 Hauptstadt Italiens wurde, benötigte man einen Sitz für die neue Abgeordnetenkammer. Das Parlament tagte zunächst im mit einem Glasdach überdeckten Halbrund in dem großen Hof. Doch schon bald wurden Erweiterungen nötig. Ein erster Wettbewerb wurde 1883 ausgeschrieben, ein zweiter 1887. Ernesto Basile erhielt den Zuschlag für seinen Entwurf, ein gutes Beispiel

Oben links und Mitte der Palazzo Montecitorio. Rechts der Platz mit dem Palazzo Chigi. Oben die Galleria Colonna.

**Palazzo di Montecitorio**
Die beiden Fassaden sind ganz unterschiedlich gestaltet: Gegenüber dem grandiosen Stil Berninis wirkt die andere Seite, die heute den Eingang zum Parlament bildet, streng und unterkühlt.

# ▲ Marsfeld von Il Gesù bis Palazzo Madama

**Piazza delle Coppelle**
Der kleine Platz mit dem malerischen Markt lädt zu einem Bummel ein (unten).

Santa Maria in Campo Marzio

für den eklektischen Stil, der in Italien wegen der überreichen Pflanzenmotive *Stile Floreale* (oder Liberty) genannt wird. Den Hintereingang flankieren zwei Statuen (1911) von Domenico Trentacoste. Der Plenarsaal ist ganz mit Eiche verkleidet und mit einem monumentalen Fresko von Giulio Aristide Sartorio versehen. Es stellt die *Italienische Zivilisation,* die *Tugenden des italienischen Volkes* und die bedeutendsten Phasen der italienischen Geschichte dar. Ein bronzenes Flachrelief von Davide Calandra zeigt die Apotheose des Königshauses Savoyen. (Durch die Via degli Uffici del Vicario, wo Sie Roms beste Eisdiele, *Giolitti,* finden, gelangen Sie zur Kirche Santa Maria in Campo Marzio.)

**Santa Maria in Campo Marzio.** Die Existenz der Kirche ist seit dem 7. Jh. belegt, sie wurde jedoch zwischen 1670 und 1685 von Giovanni Antonio de Rossi erneuert. Von der Straße aus sieht man lediglich die erst kürzlich in ihrer ursprünglichen Farbe (zartblau) gestrichenen Mauern des Klosters. Bei den Restaurierungsarbeiten der letzten Jahre wurde versucht, die in zahlreichen Archiven belegten hellen Farbtöne wiederherzustellen, die ähnlich nordeuropäischen Städten bis zum 19. Jh. in Rom für Fassaden verwendet wurden. Der Portikus der Kirche liegt an einem hübschen Hof, und die zierliche Kuppel besitzt eine gedrückte ovale Form. (Von hier aus kann man einen Umweg über die malerische Piazza delle Coppelle machen und im *Hemingway*, einem seit Jahren als In-Treffpunkt bekannten Lokal, einen Espresso trinken. Gehen Sie dann durch die Via delle Coppelle zur Via della Maddalena).

**Santa Maria Maddalena.** Der Vorgängerbau aus dem 15. Jh. wich im 17. Jh. einem Neubau von Carlo Fontana. Die geschwungene Fassade mit dem krönenden Rundgiebel markiert den Übergang vom Barock zum Rokoko. Sie wurde im ersten Drittel des 18. Jh. von Giuseppe Sardi entworfen, der deutlich unter dem Einfluß von Borromini stand. Im Innern setzt sich der lebhafte Stil in einer üppigen Dekoration fort; sehenswert ist die Orgelempore mit vergoldetem Holzdekor, Statuen und Engelchen. Die Sakristei ist eine der schönsten Roms.

(Kehren Sie zur Piazza della Rotonda zurück und biegen rechts in die Via Giustiniani ein, die zu San Luigi dei Francesi, der Nationalkirche der Franzosen, führt.)

## San Luigi dei Francesi

**Cappella Santa Cecilia**
Der Freskenzyklus zur Legende der hl. Cäcilie in der Kirche San Luigi dei Francesi stammt von Domenichino (oben *Glorie der hl. Cäcilie*).

Das Viertel wird von besonders vielen Franzosen besucht, die hier direkt vor der Kirche eine französische Buchhandlung

Der Salamander, Wappentier des französischen Königs Franz I., ziert die Fassade von San Luigi dei Francesi.

### Revolution des Lichts
Die drei 1599-1602 entstandenen Meisterwerke für die Cappella Contarelli stellen einen radikalen Wendepunkt in Caravaggios Schaffen dar: Die realistische Deutung des religiösen Themas zeigt sich besonders im ausdrucksvollen Einsatz des Lichts; es läßt die wesentlichen Kompositionselemente sichtbar werden und schafft dadurch, daß die Szene in ein dramatisches Helldunkel getaucht wird, eine enorme Spannung.

nd das katholische Kulturzentrum orfinden.
**Die Nationalkirche der Franzosen ♥ ▲ 308).** Die Pläne zum Wiederaufbau er kleinen Kirche, die 1478 von der ranzösischen Kolonie in Rom gekauft vurde, stammen aus der Regierungszeit on Franz I. (1515-1547). Zunächst war in Rundbau vorgesehen, von dem man inige Elemente später wieder aufgriff, eispielsweise im unteren Bereich der Fassade die Salamander als Wappentiere des Königs. Doch dann änderte man iesen Plan, und fast ein Dutzend Architekten folgten im aufe des 16. Jh. aufeinander, bis die Kirche um 1589 ertiggestellt war. Der Innenraum wurde 1756-1764 unter der eitung von Dérizet neu gestaltet. Doch auch dem Gewölbefresko von Natoire (dem damaligen Direktor der Académie de France in Rom), das die *Apotheose Ludwigs des Heiligen* (1756) zeigt, und der großen *Himmelfahrt Mariä* von Bassano (1580) am Hochaltar gelingt es nicht, den unterühlten Gesamteindruck der Kirche aufzulockern. Die dem nken Seitenschiff angegliederte Cappella Contarelli birgt llerdings drei Gemälde, die zum Schönsten zählen, was Caravaggio in Rom schuf: links die *Berufung des hl. Matthäus*, echts das *Martyrium* des Heiligen und das Altarbild *Der vangelist Matthäus*. Sehenswert sind auch die Fresken

An vielen Straßenecken finden sich Nischen mit Heiligenbildern, die von römischen Bürgern verehrt werden.

271

# ▲ Marsfeld von Il Gesù zum Palazzo Madama

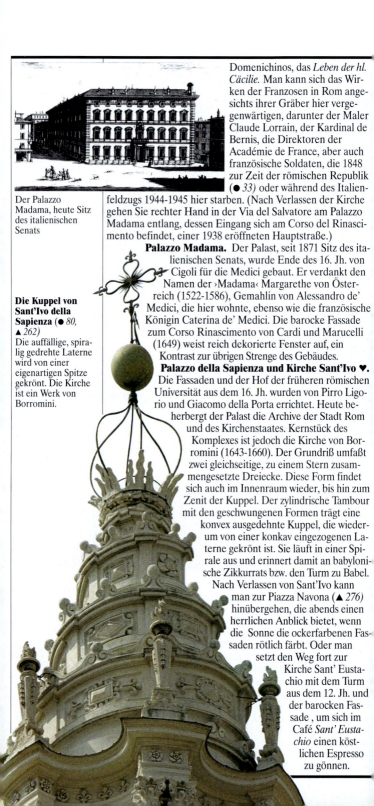

Der Palazzo Madama, heute Sitz des italienischen Senats

**Die Kuppel von Sant'Ivo della Sapienza** (● *80,* ▲ *262*)
Die auffällige, spiralig gedrehte Laterne wird von einer eigenartigen Spitze gekrönt. Die Kirche ist ein Werk von Borromini.

Domenichinos, das *Leben der hl. Cäcilie.* Man kann sich das Wirken der Franzosen in Rom angesichts ihrer Gräber hier vergegenwärtigen, darunter der Maler Claude Lorrain, der Kardinal de Bernis, die Direktoren der Académie de France, aber auch französische Soldaten, die 1848 zur Zeit der römischen Republik (● *33*) oder während des Italienfeldzugs 1944-1945 hier starben. (Nach Verlassen der Kirche gehen Sie rechter Hand in der Via del Salvatore am Palazzo Madama entlang, dessen Eingang sich am Corso del Rinascimento befindet, einer 1938 eröffneten Hauptstraße.)

**Palazzo Madama.** Der Palast, seit 1871 Sitz des italienischen Senats, wurde Ende des 16. Jh. von Cigoli für die Medici gebaut. Er verdankt den Namen der ›Madama‹ Margarethe von Österreich (1522-1586), Gemahlin von Alessandro de' Medici, die hier wohnte, ebenso wie die französische Königin Caterina de' Medici. Die barocke Fassade zum Corso Rinascimento von Cardi und Marucelli (1649) weist reich dekorierte Fenster auf, ein Kontrast zur übrigen Strenge des Gebäudes.

**Palazzo della Sapienza und Kirche Sant'Ivo ♥.** Die Fassaden und der Hof der früheren römischen Universität aus dem 16. Jh. wurden von Pirro Ligorio und Giacomo della Porta errichtet. Heute beherbergt der Palast die Archive der Stadt Rom und des Kirchenstaates. Kernstück des Komplexes ist jedoch die Kirche von Borromini (1643-1660). Der Grundriß umfaßt zwei gleichseitige, zu einem Stern zusammengesetzte Dreiecke. Diese Form findet sich auch im Innenraum wieder, bis hin zum Zenit der Kuppel. Der zylindrische Tambour mit den geschwungenen Formen trägt eine konvex ausgedehnte Kuppel, die wiederum von einer konkav eingezogenen Laterne gekrönt ist. Sie läuft in einer Spirale aus und erinnert damit an babylonische Zikkurrats bzw. den Turm zu Babel.

Nach Verlassen von Sant'Ivo kann man zur Piazza Navona (▲ *276*) hinübergehen, die abends einen herrlichen Anblick bietet, wenn die Sonne die ockerfarbenen Fassaden rötlich färbt. Oder man setzt den Weg fort zur Kirche Sant'Eustachio mit dem Turm aus dem 12. Jh. und der barocken Fassade, um sich im Café *Sant' Eustachio* einen köstlichen Espresso zu gönnen.

# Piazza Navona und Umgebung

Piazza Navona  *276*
Sant'Agnese in Agone  *278*
Palazzo Massimo alle Colonne  *279*
Santa Maria della Pace  *280*
Chiesa Nuova  *281*
Via dei Coronari  *283*
Sant'Antonio dei Portoghesi  *284*
Sant'Agostino  *284*
Sant'Apollinare  *285*

# Piazza Navona und Umgebung

## Das Marsfeld
### Während der Renaissance

Zwischen den Pontifikaten Martins V. (1417-1431) und Pauls III. (1534-1549) veränderte sich das Marsfeld nachhaltig und nahm in etwa seine heutige Gestalt an. Als eigentlicher Stadtkern Roms wurde es zur Zeit der Renaissance von vier Fünfteln der Römer bewohnt (nach 1527 etwa 30 000 Einwohner).

**Päpste als Stadtplaner.** An die Stelle der punktuellen Eingriffe in das Stadtgefüge in der ersten Hälfte des 15. Jh., beispielsweise der Restaurierung des Pantheons (▲ 264) durch Eugen IV., trat nun eine politische Stadtplanung, die zwei grundsätzliche Interessen verfolgte: gute Verkehrsverbindungen quer durch die Stadt, vor allem zum Vatikan, zu schaffen und das Straßennetz zu verbessern. So wurden die Verkehrswege Richtung Engelsbrücke (▲ 239) gefördert; Sixtus IV. ließ die alte Via Recta (Via dei Coronari) verbreitern, hier entstanden allmählich immer mehr großartige, mit Camaieu-Malereien verzierte Gebäude. Im 16. Jh. ließ Julius II. die Via Giulia (▲ 240) anlegen, die die kurz zuvor von Sixtus IV. erbaute Ponte Sisto mit San Giovanni dei Fiorentini (▲ 241) verbinden sollte. Bald entstanden Paläste und Kirchen (Palazzo Sacchetti, San Biagio della Pagnotta) entlang dieser Hauptverkehrsstraße. Allerdings beschränkte sich die Stadtplanung nicht allein auf die Zufahrtswege zur Peterskirche, die zu dieser Zeit mitten im Umbau war: Papst Paul II. (1464-1471), der auch den späteren Palazzo Venezia (▲ 161) errichtete, verbreiterte und begradigte den Corso (▲ 308). Um die Zufahrt zur Stadt zu erleichtern, ließen Leo X. und in seiner Nachfolge Clemens VII. und Paul III. die Piazza del Popolo (▲ 306) vergrößern, neue Verkehrswege anlegen und bestehende Straßen ausbauen: Via Leonina (Ripetta), Via del Babuino (▲ 308), Via Flaminia. Das übrige Straßennetz wurde wesentlich verbessert. Da das mittelalterliche Straßensystem von Portiken, in denen sich Abfälle ansammelten, Außentreppen und allerlei Auskragungen eingeengt und der Durchgang behindert wurde, bemühte man sich ab der Regierungszeit Sixtus' IV., die Vorsprünge zu beseitigen. Man begann, Plätze und Straßen zu pflastern, die mittelalterliche Stadt hörte nach und nach auf zu existieren.

**Handelszentrum.** Weitere Maßnahmen hatten zum Ziel, das Marsfeld zum wirtschaftlichen Zentrum Roms zu machen. Auf Initiative des Kardinals d'Estouteville, des damaligen Gouverneurs der Stadt, wurde der Markt, der bisher zu

Via dei Coronari

"Die Navona hatte im Jahre 1500 wohl ihre heutige Ausdehnung, ohne ganz von Häusern umschlossen zu sein; denn manche Gärten lagen noch umher. Sitzreihen des Stadium sah noch Andreas Fulvius. Sixtus IV. hatte den Stadtmarkt nach der Navona verlegt, und hier dauerte er bis 1869 fort. Dieser größte Platz Roms war zum Circus Maximus der Renaissance geworden, wo man Karnevalspiele, selbst Wettrennen, Turniere und theatralische Szenen aufführte, so daß das alte Stadium seiner Bestimmung zurückgegeben war."
Ferdinand Adolf Gregorovius, *Geschichte der Stadt Rom im Mittelalter*

Stadtplan von Rom aus dem Jahr 1637

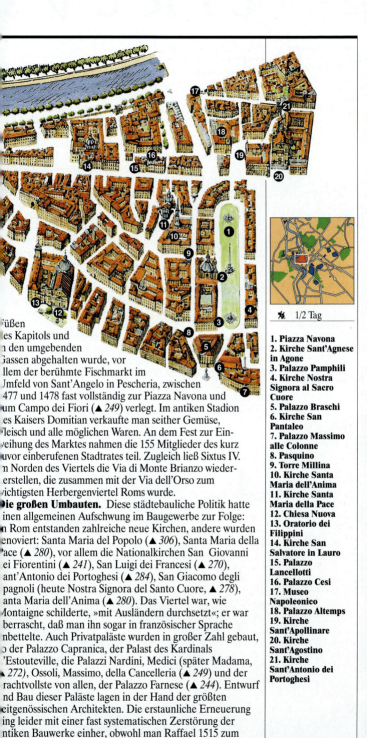

**½ Tag**

1. Piazza Navona
2. Kirche Sant'Agnese in Agone
3. Palazzo Pamphili
4. Kirche Nostra Signora al Sacro Cuore
5. Palazzo Braschi
6. Kirche San Pantaleo
7. Palazzo Massimo alle Colonne
8. Pasquino
9. Torre Millina
10. Kirche Santa Maria dell'Anima
11. Kirche Santa Maria della Pace
12. Chiesa Nuova
13. Oratorio dei Filippini
14. Kirche San Salvatore in Lauro
15. Palazzo Lancellotti
16. Palazzo Cesi
17. Museo Napoleonico
18. Palazzo Altemps
19. Kirche Sant'Apollinare
20. Kirche Sant'Agostino
21. Kirche Sant'Antonio dei Portoghesi

Füßen
des Kapitols und
in den umgebenden
Gassen abgehalten wurde, vor
allem der berühmte Fischmarkt im
Umfeld von Sant'Angelo in Pescheria, zwischen
1477 und 1478 fast vollständig zur Piazza Navona und
zum Campo dei Fiori (▲ 249) verlegt. Im antiken Stadion
des Kaisers Domitian verkaufte man seither Gemüse,
Fleisch und alle möglichen Waren. An dem Fest zur Einweihung des Marktes nahmen die 155 Mitglieder des kurz
zuvor einberufenen Stadtrates teil. Zugleich ließ Sixtus IV.
in Norden des Viertels die Via di Monte Brianzo wiederherstellen, die zusammen mit der Via dell'Orso zum
wichtigsten Herbergenviertel Roms wurde.

**Die großen Umbauten.** Diese städtebauliche Politik hatte
einen allgemeinen Aufschwung im Baugewerbe zur Folge:
In Rom entstanden zahlreiche neue Kirchen, andere wurden
renoviert: Santa Maria del Popolo (▲ 306), Santa Maria della
Pace (▲ 280), vor allem die Nationalkirchen San Giovanni
dei Fiorentini (▲ 241), San Luigi dei Francesi (▲ 270),
Sant'Antonio dei Portoghesi (▲ 284), San Giacomo degli
Spagnoli (heute Nostra Signora del Santo Cuore, ▲ 278),
Santa Maria dell'Anima (▲ 280). Das Viertel war, wie
Montaigne schilderte, »mit Ausländern durchsetzt«; er war
überrascht, daß man ihn sogar in französischer Sprache
anbettelte. Auch Privatpaläste wurden in großer Zahl gebaut,
so der Palazzo Capranica, der Palast des Kardinals
d'Estouteville, die Palazzi Nardini, Medici (später Madama,
▲ 272), Ossoli, Massimo, della Cancelleria (▲ 249) und der
prachtvollste von allen, der Palazzo Farnese (▲ 244). Entwurf
und Bau dieser Paläste lagen in der Hand der größten
zeitgenössischen Architekten. Die erstaunliche Erneuerung
ging leider mit einer fast systematischen Zerstörung der
antiken Bauwerke einher, obwohl man Raffael 1515 zum
Antiken-Kommissar berufen hatte.

# ▲ Piazza Navona und Umgebung

# CIRCVS

**Die Naumachien**
Bis ins 19. Jh. bildete die Piazza Navona auch den Rahmen für Wasservergnügen, nach den antiken Gladiatorenkämpfen *Naumachien* genannt. Der Boden des Platzes ist konkav und konnte überflutet werden, indem man die Abflüsse der Brunnen verschloß. Um den entstanden See herum verlief der erhöhte Fahrweg. Mancher soll sogar in dem riesigen Becken gebadet haben …

## Piazza Navona ♥

**Eine barocke Inszenierung.** Bei dieser Anlage vereinte sich das Genie der beiden rivalisierenden Barock-Meister Bernini und Borromini zu einem der schönsten Plätze des päpstlichen Rom. Mit seinen harmonischen Proportionen und Farben ist er elegant und zugleich volkstümlich. Der Reiz liegt allein schon in dem Kontrast zwischen nüchternen Wohnhäusern und den dazwischen eingestreuten Prachtbauten.

**Herzstück der Stadt.** Die Piazza ist Fußgängerzone und einer der lebendigsten Plätze Roms. Bei den Römern war die Piazza schon immer beliebt, früher wegen des Marktes, der Prozessionen und der Feste – vor allem der *Naumachien*. Heute trifft man sich auf den Terrassen der Cafés oder anläßlich einer Messe (beispielsweise zur Spielzeugmesse im Dezember und im Januar zum Fest der Fee *Befana*, die traditionell den italienischen Kindern ihre Weihnachtsgeschenke bringt). Im Sommer bevölkert den Platz eine fröhliche Menschenmenge, die sich von Karikaturisten, Malern, Kartenlegern und Musikern bis tief in die Nacht unterhalten läßt.

**Das Stadion des Domitian.** Die Piazza Navona ist ein hervorragendes Beispiel städtebaulicher Kontinuität in Rom (● *60*): Der Platz entspricht der Arena des ersten römischen Stadions, das Domitian (81-96) erbaute. Erhalten ist davon die langgestreckte Form mit der gebogenene Schmalseite im Norden. Die Gebäude rund um den Platz stehen über den Sitzreihen der alter *cavea*, auf der 30 000 Zuschauer

# AGONALIS

...latz fanden. Neben dem Stadion, wo ...ferderennen und Darbietungen griechi... ...cher Kampfarten stattfanden, ließ Do... ...nitian ein Odeon für musikalische Auf... ...ührungen errichten. Wettkämpfe und ...usikalische Wettstreite trug man beim ...benfalls von Domitian gegründeten ...ertamen Capitolinum (Wettkampf zu ...hren des Jupiter Capitolinus) aus.

**...nitiative Innozenz' X.** Nach seiner ...ahl im Jahr 1645 beschloß Papst Inno... ...enz X. Pamphili, den Platz zum Ruhm ...einer Familie zu erneuern, wie dies vor ...m schon Urban VIII. zu Ehren der ...arberini mit einem Teil des Quirinals ...etan hatte (▲ 290). Innozenz X. ließ den ...amilienpalast und die Kirche ...ant'Agnese in Agone erneuern, die ...eiden von Gregor XIII. aufgestellten ...runnen restaurieren und die riesige ...ontana dei Fiumi errichten.

**...er Zauber des Wassers ♥.** Die drei ...on der Aqua Virgo (▲ 298) gespeisten Brunnen bilden den ...esentlichen Schmuck des Platzes. Der überragende Vier... ...trömebrunnen (1651), Fontana dei Fiumi, ist eines der ge... ...ungensten Werke Berninis. Nach dem Wunsch Innozenz' X. ...ollte das Bauwerk das Zentrum des Platzes betonen, ohne ...eine Einheitlichkeit zu stören. Ein Obelisk aus dem Maxen... ...us-Circus (▲ 329) steht auf einer Muschelgrotte, aus der ein ...öwe und ein Seeungeheuer treten. Am Obelisken steht in ...ieroglyphen die offizielle Version der Machtübernahme Do... ...nitians im Jahr 81 n. Chr. Dem Bildhauer gelang das Kunst... ...tück, den Brunnen insgesamt sehr leicht wirken zu lassen. ...er Obelisk scheint fast zu schweben. An künstliche ...elsen gelehnt, beherrschen die Statuen der vier großen ...tröme der damals bekannten Kontinente die Brunnenschale: Donau, Rio de la Plata, Ganges und Nil
(dessen Gesicht verhüllt ist, wohl um anzudeu-
ten, daß seine Quellen noch unbekannt waren
– böse Zungen behaupten, Bernini habe
ihm den Anblick von Borrominis

**Eine Bedrohung?**
Berninis *Rio de la Plata* erhebt die Hand wie abwehrend gegen Sant'Agnese, angeblich aus Furcht, die von Borromini stammende Fassade könne auf ihn herabstürzen ...

# ▲ Piazza Navona und Umgebung

Nostra Signora del Sacro Cuore

Längsschnitt durch Sant' Agnese in Agone

Kirchenfassade ersparen wollen …). Rund um den Brunnen und auf der Spitze des Obelisken ließ der Papst die Tauben mit dem Ölzweig aus seinem Familienwappen anbringen. Die beiden anderen Brunnen, im 16. Jh. von Giacomo della Porta entworfen, erhielten erst im 19. Jh. ihr endgültiges Aussehen. Im Süden zeigt der Mohrenbrunnen (Fontana del Moro) einen Äthiopier im Kampf gegen einen Delphin; die Skulptur schuf Giovanni Antonio Mari nach einem Entwurf Berninis. Die umgebenden Tritonen von della Porta wurden durch Kopien ersetzt, die Originale sind im Giardino del Lago in der Villa Borghese (▲ *372*). Der Neptunbrunnen im Norden des Platzes erhielt erst 1878 eine Statue als Aufsatz.

**Sant'Agnese in Agone.** Nach der Volksüberlieferung steht die Kirche über dem Bordell, wo Agnes, nackt an den Pranger gestellt, durch ein Wunder der Schande entging (▲ *380*).

Bevor Innozenz X. beschloß, die Kirche zu renovieren, lag der Eingang des weit kleineren Vorgängerbaus zur Via dell'Anima hin. Der Papst ließ die Kirche vergrößern und so ausrichten, daß die Fassade nun zum Platz zeigt. Zwischen 1652 und 1670 folgten mehrere Architekten aufeinander (Girolamo Rainaldi, Borromini, Carlo Rainaldi, Bernini und Pietro da Cortona), wobei jeder die Entwürfe seiner Vorgänger veränderte. Die konkave Fassade, die Kuppel und die beiden Glockentürme bilden ein dynamisches Ganzes; sie sind überwiegend Borrominis Werk. Auch der Innenraum ist bewegt und ästhetisch einheitlich. Obwohl man das von Girolamo Rainaldi vorgesehene griechische Kreuz als Grundriß beibehielt, ist die Kirche eher typisch für Borrominis Stil. Bemerkenswert sind die Fresken in den Zwickeln (von Baciccia im Auftrag Berninis gemalt) und in der Kuppel (von Ciro Ferri, einem Schüler des Pietro da Cortona). Auch die Marmoraltäre und das strenge Grabmal Innozenz' X. über dem Portal, ein Werk von Maini (1729), sind sehenswert.

**Palazzo Pamphili.** Der heutige Sitz der brasilianischen Botschaft grenzt westlich an den Platz. Der Wiederaufbau des Gebäudes ab 1646 wurde auf Wunsch des Papstes Girolamo Rainaldi übertragen. Borromini sollte ihn später ablösen und legte neue Entwürfe vor, die allerdings größtenteils nicht übernommen wurden. Man beauftragte ihn lediglich mit der Gestaltung des Großen Saals und dem Bau der Galerie. Sie wurde von Pietro da Cortona um 1650 in Freskotechnik mit Szenen aus der *Äneis*, dem römischen Nationalepos von Vergil, ausgeschmückt.

**Nostra Signora del Sacro Cuore.** Diese alte Kirche steht gegenüber dem Palazzo Pamphili. Die Fassade zur Piazza Navona stammt aus der Zeit Alexanders VI. (1492-1503), die Seite mit dem Haupteingang zum Corso Rinascimento hin ist jedoch älter. Die Kirche wurde mehrfach restauriert, unter anderem im 16. Jh. durch Antonio Sangallo d. J. Erst kürzlich gab man ihr ebenso wie den angrenzenden Häusern die ursprünglichen Farben wieder. Hier sind auch einige bemerkenswerte Trompe l'œil-Fenster zu sehen.

**Palazzo Braschi.** Das Gebäude schließt die Piazza Navona nach Süden hin ab. Es ist der letzte in Rom für eine Papstfamilie errichtete Palast. Cosimo Morelli baute ihn ab 1792 für den Neffen Pius' VI. Er wurde 1871 an den Staat verkauft und war lange Zeit Sitz des Innenministeriums. 1930 ließ sich der faschistische Bund Roms hier nieder. Erst 1949 überließ man ihn der Stadt, die das Museo di Roma darin einrichtete. Die hier ausgestellten Skulpturen, Gemälde und Stiche zeigen die Geschichte Roms vom Mittelalter bis in unsere Zeit, unter anderem eine Reihe sehr hübscher Veduten Roms von Ippolito Caffi sowie Werke Canovas.

## Rund um San Pantaleo

**San Pantaleo.** Die im 12. Jh. gegründete Kirche ist dem Schutzheiligen der Ärzte geweiht und wurde im 17. Jh. durch Giovanni Antonio de Rossi erneuert. Besonders sehenswert ist der Hochaltar von Carlo Murena (1713-1764).

**Palazzo Massimo alle Colonne.** Im Süden der Piazza Navona führt die Via di Posta Vecchia zur Rückseite dieses Palastes, die Hauptfassade liegt am Corso Vittorio Emanuele. Sie wurde über der *cavea* des Domitian-Odeons erbaut und weist noch die typische Krümmung auf. Der manieristische Palazzo Massimo entstand anstelle der beim Sacco di Roma 1527 (● *36*) abgebrannten Gebäude der alteingesessenen Familie Massimo 1532-1536 unter der Leitung von Baldassare Peruzzi. Die einzige erhaltene Säule des antiken Odeons wurde vor der Fassade des älteren Palazzetto Massimo im Innenhof gestellt, die als eine der wenigen in Rom noch ihre monochrome Renaissancebemalung aufweist (rechts); sie soll von Schülern des Daniele da Volterra stammen.

**»Pasquino«** (● *46*). Das Fragment einer hellenistischen Menelaos-Patroklos-Gruppe aus Pergamon steht an der Ecke Via del Pasquino/Via San Pantaleo. Der Platz hieß wegen der zahlreichen Verlage, Druckereien und Buchhandlungen auch ›Platz der Buchhändler‹. Hier erschien der erste fremdsprachige Romführer (auf deutsch) bei Maurizio Bona. (Gehen Sie in die Via dell'Anima.)

**Torre Millina.** Der mittelalterliche Turm ist mit Vögeln als Wahrzeichen der Guelfen, der Parteigänger des Papstes, geschmückt. Die mit ihnen verfeindeten Ghibellinen standen auf Seiten des Kaisers. Der vor allem in Florenz wütend ausgefochtene Streit sprang im Mittelalter rasch auch auf andere italienische Städte über.

Oben links: der Palazzo Pamphili

Oben rechts: Neptun kämpft mit einem Polypen auf dem Brunnen im Norden der Piazza Navona.

Links: Innozenz X.

**Das Wunder des 16. März**
In der zweiten Etage des Palazzetto Massimo (unten) wurde eine Kapelle in dem Raum eingerichtet, wo der hl. Filippo Neri am 16. März 1584 Paolo, den Sohn des Fabrizio

Massimo, vom Tode erweckte. Jedes Jahr an diesem Tag wird im sonst nicht zugänglichen Palast eine öffentliche Messe gefeiert, da das Andenken an das Wunder beim Volk noch sehr lebendig ist.

**»Pasquino«**
Bernini bewunderte ihn, das Volk nutzte ihn für seine Zwecke: Pasquino war lange Zeit die berühmteste und schwatzhafteste aller ›sprechenden‹ Statuen Roms (● *46*).

# ▲ Piazza Navona und Umgebung

Fassade der Kirche Santa Maria della Pace

**Santa Maria dell'Anima.** (Eingang Piazza della Pace Nr. 20) Die Kirche der Deutschen (im 16. Jh. auch der Flamen und Holländer) entstand zwischen 1501 und 1523. Das Tympanon über dem Mittelportal zeigt Andrea Sansovinos *Madonna zwischen zwei Seelen*, die der Kirche den Namen (›der Seele‹) gab. Der dreischiffige Innenraum ist in der Art deutscher Hallenkirchen angelegt und für Rom, wo die Gotik nur wenig Ausdruck fand, recht ungewöhnlich. In der Kirche liegen zahlreiche Pilgergräber aus der Zeit zwischen dem 16. und 19. Jh. Im Chor steht Peruzzis imposantes Grabmal Hadrians VI. aus Utrecht, des letzten nicht-italienischen Papstes (1522-1523) vor Johannes Paul II. Am Hochaltar befindet sich eine *Heilige Familie mit Heiligen* von Giulio Romano. Gegenüber der Kirche liegt San Nicola in Agone oder dei Lorinesi (der Lothringer) mit Fresken von Corrado Giaquinto aus dem Jahre 1731.

## Santa Maria della Pace

**Die »Sibyllen«** Raffaels vier *Sibyllen* (die cumaeische, persische, phrygische und tiburtinische) stehen unter dem Einfluß der Fresken Michelangelos in der Sixtinischen Kapelle (▲ *218*). Die Komposition ist meisterhaft rhythmisch gegliedert und zieht sich wie eine Girlande an der Krümmung des Bogens entlang.

**Santa Maria della Pace ♥.** Die Fassade der Kirche zeigt zu der hübschen Piazza della Pace, die Pietro da Cortona unter Papst Alexander VII. Chigi anlegte. Die Kirche selbst wurde ab 1482, vermutlich von Baccio Pontelli, im Auftrag Sixtus' IV. erbaut. Sie heißt nach der heute noch hochverehrten *Madonna della Pace* auf dem Hochaltar, die, nachdem sie von einem Stein getroffen worden war, geblutet haben soll. Alexander VII. ließ die Kirche im 17. Jh. von Pietro da Cortona erneuern und mit einer neuen Fassade versehen. Sie ist sehr originell: Korinthische Säulen und Pfeiler gliedern den oberen Teil, während vor dem unteren eine halbkreisförmige Vorhalle mit dorischen Säulen in den

Platz hineinragt. So wird die Kirche in das Geschehen auf der Straße einbezogen; der Architekt schuf einen sehr wirkungsvollen szenischen Effekt. Im Innenraum liegen sich zwei Kapellen gegenüber, deren Besuch besonders zu empfehlen ist: Die Cappella Chigi ♥ (rechts), enthält Raffaels berühmtes Fresko der *Vier Sibyllen*, die

Oben, von links nach rechts: Kreuzgang von Santa Maria dell'Anima, Piazza della Pace und Fontana della Terrina

Cappella Ponzetti (auf der gegenüberliegenden Seite) gestaltete Baldassare Peruzzi. Links führt ein Korridor zur Sakristei und weiter zum Kreuzgang, dem ersten römischen Werk Bramantes (1500-1504), dem es hier gelang, durch die geschickte Anordnung der Proportionen ein ausdrucksvolles Spiel von Licht und Schatten zu schaffen. (Es geht weiter in die Via della Pace. An der Ecke zur Via di Tor Millina gibt es zwei Cafés, in denen es abends sehr lebhaft zugeht. Der Weg führt in die Via del Parione und dann rechts.)

**Via del Governo Vecchio.** Im Haus Nr. 39 liegt der Palazzo del Governo Vecchio (1473-1477), der ab 1624 Sitz des Gouverneurs von Rom war. Als Benedikt XIV. (1740-1758) die Regierung in den Palazzo Madama (▲ 272) verlegte, erhielt dieser Palast den Beinamen ›der alten Regierung‹. Er ist in schlechtem Zustand und deshalb nur von geringem Interesse. Dafür besitzt die Straße mit ihren Antiquitätengeschäften und Trödelläden durchaus ihre Reize, und es gibt ein ausgezeichnetes Weinlokal. (Biegen Sie in die Straße ein, die an der Kirche entlangführt.)

## CHIESA NUOVA ♥

Vor dem Bau des Corso Vittorio Emanuele war die kleine Piazza der einzige freie Raum vor der Kirche. Die Fontana della Terrina verdankt ihren Namen dem seltsamen Aufbau in Form einer zugedeckten Suppenterrine. Sie stand ursprünglich auf dem Campo dei Fiori (▲ 249), mußte aber der Statue des Giordano Bruno weichen.

**Die Kirche der Oratorianer.** Gregor XIII. schenkte die Kirche Santa Maria in Vallicella dem Oratorianerorden, der 1575 mit ihrer Erneuerung begann. Das zunächst einschiffige Gebäude wurde durch niedrige Seitenschiffe erweitert. Die Architekten waren Matteo da Città di Castello, später Martino Longhi d. Ä. Die Fassade schuf Fausto Rughesi 1605.

**Der Oratorianerorden**
Der Florentiner Heilige Filippo Neri gründete die Gesellschaft 1561. Sie war das Aushängeschild der Gegenreformation und wurde 1575 durch Papst Gregor XIII. offiziell

anerkannt. Die Priester versammelten sich zur Meditation und zu Konzerten. Sie schufen eine neue musikalische Form, das *Oratorium*.

**Innenraum.**
Zur Zeit der Gegenreformation war das Innere sehr nüchtern gehalten, doch erhielt es nach 1640 eine reiche Barockausstattung, die erst im 18. Jh. vollständig fertiggestellt wurde. Federico Barocci, ein vom hl. Filippo Neri besonders geschätzter Künstler, malte für die Kirche die *Heimsuchung Mariä* (vierte Kapelle links) und den

# ▲ Piazza Navona und Umgebung

Detail der Kirche San Salvatore in Lauro

*Tempelgang Mariä* (linkes Querschiff). Von Caravaggio stammt die *Grablegung*, die später in den Vatikan gebracht wurde; hier ist nur noch eine Kopie zu sehen (zweite Kapelle rechts). Im Chor befinden sich drei römische Meisterwerke (1606-1608) des jungen Rubens: Bei dem mittleren fügte er ein altes Gnadenbild der Muttergottes ein. Die herrlichen Fresken in der Apsis, der Kuppel und im Mittelschiff (1650-1665) stammen von Pietro da Cortona. Die im Mittelschiff werden von ›Stuck-Engeln‹ getragen und stellen ein Wunder dar, das die Jungfrau Maria während der Arbeiten an der Kirche vollbracht haben soll: Auf das Gebet des hl. Filippo Neri hin stützte die Muttergottes Gerüste ab, die zusammenzubrechen drohten.

**Oratorio dei Filippini.** Die Oratorianer veranstalteten 1637 eine Ausschreibung für den Bau eines Oratoriums, das nur musikalischen Aufführungen dienen sollte. Borromini ging als Sieger aus dem Wettbewerb hervor und kam zügig mit der Arbeit voran; nur drei Jahre später wurde der Bau eingeweiht. Die Fassade bildet einen Kontrast mit der strengeren Front der benachbarten Kirche, was auf den Wunsch der Oratorianer zurückgeht, der Bau solle mit der Ziegelfront hinter der Steinfassade der Kirche zurückstehen, um nicht mit ihr zu konkurrieren. Gegliedert wird die Front durch zwei Etagen von Pfeilern. Die Gesamtfläche ist konkav gebogen, das mittlere Joch schwingt jedoch im Erdgeschoß in entgegengesetzter Richtung aus und bildet ein konvexes Gegenstück zu der wiederum konkaven Nische im ersten Stock. Das mächtige Frontispiz ist stark geschwungen, die Fenster sind reich verziert. (Es geht in die Via dei Filippini.)

**Um die Chiesa Nuova.** Borromini vollendete sein Werk in diesem Viertel mit dem Bau des grazilen Uhrenturms (1647-1649) an der Piazza dell'Orologio gleich um die Ecke. (Es geht in die Via degli Orsini und dann links in die Via di Panico.) Der Palazzo Taverna di Monte Giordano wurde im 15. Jh. über den Ruinen der alten Festung der Orsini erbaut, die das ganze Viertel bis zum

**Die Bibliothek des Oratoriums**
Im Innern des Oratoriums führt eine majestätische Treppe von Borromini zur überragenden Biblioteca Vallicelliana, die ebenfalls Borromini gestaltete. Neben der Biblioteca Angelica rechts von Sant' Agostino (▲ 284) war dies eine der ersten öffentlichen Bibliotheken Roms.

Borrominis Uhrenturm wird von einer Eisenkonstruktion überragt, zu der ein großer Stern mit 24 Spitzen gehört.

über beherrscht hatte. Beim Eintritt in den Hof ist man überrascht über die Vermengung verschiedenster Stile: Renaissanceverzierungen und ein Brunnen vom Anfang des 17. Jh. stehen neben mittelalterlichen Elementen, die im 19. Jh. rekonstruiert wurden.

## Via dei Coronari ♥

Die vielen Antiquitätengeschäfte, die sich auf den über fünfhundert Metern aneinanderreihen, haben seit langem die Hersteller von Rosenkränzen (*corone*) verdrängt, die früher entlang der alten Pilgerstraße ihre Läden hatten.
**San Salvatore in Lauro.** Die mittelalterliche Kirche brannte 1591 ab und mußte nach Entwürfen Ottaviano Mascherinos vollständig rekonstruiert werden. Guglielmettis Fassade (1862) schmückt ein Flachrelief von Rinaldo Rinaldi, die *Übertragung des heiligen Hauses aus Nazareth nach Loreto*. Mit seinen korinthischen Travertin-Säulen erinnert der Kirchenraum in Form eines lateinischen Kreuzes an die Kirchen Palladios in Venedig. In der dritten Kapelle rechts ist eine sehr schöne *Anbetung der hl. Drei Könige* zu sehen, das erste Altarbild von Pietro da Cortona (um 1628). Kuppel, Campanile und Sakristei fügte Ludovico Rusconi Sassi im 18. Jh. hinzu. Im ehemaligen Kloster neben der Kirche liegt ein eleganter Renaissance-Kreuzgang. Die Rückwand des Refektoriums schmückt ein großes Fresko Francesco Salviatis, die *Hochzeit zu Kanaan*. (Es geht zurück zur Via dei Coronari; dort liegt die reizende kleine Piazza San Simeone mit einem Brunnen von Giacomo della Porta; von dort führt der Weg links in die Via Lancellotti.)
**Palazzo Lancellotti.** Der Bau wurde 1591 von Francesco da Volterra begonnen und von Maderno vollendet. Die Säulen zu beiden Seiten des Portals tragen einen kleinen Balkon; dieser Entwurf stammt von Domenichino, der sich hier ein einziges Mal in seinem Leben als Architekt betätigte. Der Innenhof ist mit Marmor und Stuck prachtvoll verziert, der Palast selbst mit Fresken von Agostino Tassi und Guercino versehen. (Biegen Sie in die Via Maschera d'Oro ein.)

## Rund um die Piazza Tor Sanguigna

Via dei Coronari

**Ein bewegter Aufenthalt**
Chateaubriand behielt schlechte Erinnerungen an seinen Aufenthalt im Palazzo Lancellotti im Jahr 1803 zurück: »Eine so ungeheure Zahl von Flöhen sprang mir an die Beine, daß meine weiße Hose ganz schwarz davon wurde. Ich glaubte mich in meinen Hundezwinger in der New Road zurückversetzt.«

**Palazzo Cesi.** Der große Palast aus dem 16. Jh. (Haus-Nr. 21) beherbergt heute das Oberste Militärgericht (der Eingang liegt in der Via degli Acquasparta Nr. 2). 1603 war er der erste Sitz der Accademia dei Lincei (▲ 362) und Wohnhaus Galileis.

# Piazza Navona und Umgebung

**Torre della Scimmia**
Der ›Affenturm‹ verdankt seinen Namen einer Legende: Ein Affe hatte ein Kind der Familie Frangipani entführt, legte es aber dank des Eingreifens der Muttergottes an der heutigen Stelle des Marienbildes nieder.

**»Der Prophet Jesaja«**
Vasari behauptet, Raffael habe sich für dieses Bild Michelangelo zum Vorbild genommen, nachdem Bramante ihm ohne Wissen des Meisters die Decke der Sixtinischen Kapelle (▲ 220) gezeigt hatte.

Die Camaieu-Fresken an der Außenseite sind verschwunden, dagegen sind die am gegenüberliegenden Palazzo Milesi recht gut erhalten. (Es geht die Via Arco di Parma entlang und dann zur Via di Tor di Nona hinunter.) In dieser hinter einer hohen Mauer verborgenen, noch sehr volkstümlichen Straße lag früher eines der berühmtesten Theater Roms, in dem von 1670 bis zum Abriß 1889 ständig Aufführungen stattfanden. Hier wurde 1853 Verdis *Troubadour* und 1859 sein *Maskenball* uraufgeführt. (Der Weg führt zur Via degli Acquasparta, die in die Piazza Ponte Umberto mündet. Hier liegt das Museo Napoleonico.)

**Museo Napoleonico.** Der Palast wurde im 16. Jh. begonnen, doch erst um 1820 von der Familie Primoli fertiggestellt. 1909 wurde er von Raffaele Ojetti restauriert. Dieser berücksichtigte dabei die tiefgreifenden Veränderungen des Viertels (Bau der Via Zanardelli und des Ponte Umberto). Im Palast richtete man ein Museum ein, das sich ganz auf das erste und zweite französische Kaiserreich konzentriert; außerdem ist das Gebäude Sitz der Primoli-Stiftung. Interessant ist auch die Sammlung mit Fotografien vom Anfang des 19. Jh. (Es geht von hier aus in die Via dei Soldati.)

**Palazzo Altemps.** Der Bau des Palastes begann Ende des 15. Jh., er wurde jedoch 1578 von Martino Longhi d. Ä. umgebaut. Von ihm stammen vor allem die schöne Aussichtsterrasse und der arkadengeschmückte *cortile*. Die Altemps waren sehr an Kunst und Literatur interessiert, wovon die Reste einer Antikensammlung im Innenhof und eine umfangreiche Bibliothek zeugen, die heute im Vatikan steht.

**Via dell'Orso.** Im Mittelalter und in der Renaissance lagen in diesem Viertel einige der berühmtesten Herbergen Roms. Heute ist davon nur der Albergo dell'Orso geblieben, in dem unter anderem schon Rabelais, Montaigne und Goethe abstiegen.

**Sant'Antonio dei Portoghesi.** Die erst kürzlich restaurierte Fassade bildet zusammen mit dem Palazzo Scapucci und der Torre Frangipani (della Scimmia) einen für das alte Rom typischen Anblick. Die Nationalkirche der Portugiesen stammt aus dem 15. Jh., wurde aber zwei Jahrhunderte später erneuert. An der Fassade (ab 1631) von Martino Longhi d. J. sind die beiden Etagen statt mit den üblichen Voluten durch Cherubim verbunden. Der Innenraum erstrahlt von Gold, Stuck und Marmor. In der ersten Kapelle rechts liegt das *Grabmal des Alessandro de Souza*, das Canova zwischen 1806 und 1808 schuf. Gegenüber der Kirche liegt ein Augustinerkloster. (Es geht in die Via dei Pianellari.)

**Sant'Agostino ♥.** Diese Kirche ist das Werk von Giacomo da Pietrasanta und Sebastiano Fiorentino (1483). Die Treppe verstärkt den Eindruck von Monumentalität,

## »Die Madonna der Pilger« ♥

Auf diesem Werk Caravaggios von 1603-1605 wird die statuenhafte Schönheit der Jungfrau belebt durch die mitfühlende Zärtlichkeit, mit der sie sich ihren demütigen Anbetern im stillen Dialog widmet. Der Kontrast zwischen der Darstellung der Muttergottes als vornehme römische Dame und der Armut der betenden Bauern ist frappierend.

## »Madonna del Parto« ♥

Die Statue (1521) ist an der Innenseite der Fassade von Sant'Agostino aufgestellt. Sie ist das Werk Jacopo Sansovinos. Ein anderes Werk dieses Meisters, die *Jungfrau mit Kind und der hl. Anna* (1512) wurde wieder in der Nische des dritten Pfeilers rechts aufgestellt. Vasari gehörte zu den großen Bewunderern dieser Skulptur: »Der Ausdruck der alten Frau verrät eine große, sehr natürliche Fröhlichkeit, die Jungfrau ist von göttlicher Schönheit, und das reizende Jesuskind ist von einer unvergleichlichen Perfektion.«

len schon die breite Fassade vermittelt. Der dreischiffige Innenraum ist durch Pfeiler abgeteilt, die früher Nischen enthielten. Sie wurden 1760 bei der Restaurierung durch Luigi Vanvitelli geschlossen. Über den dritten Pfeiler links malte Raffael 1512 eines seiner berühmtesten Fresken, den *Propheten Jesaja*. In der ersten Kapelle hängt eines der Meisterwerke Caravaggios, die hinreißende *Madonna dei Pellegrini* (oben, Ausschnitt). Den auf derselben Seite gelegenen Arm des Querschiffs weihten die Pamphili dem hl. Thomas von Villanova, 1660-1669 wurde er unter der Leitung von Giovanni Maria Baratta ausgeschmückt. Die erste Kapelle links vom Hochaltar ist mit Fresken von Lanfranco dekoriert; in der zweiten Kapelle befindet sich das Grab der hl. Monika, der Mutter des hl. Augustinus; das Grabmal soll von Isaia da Pisa stammen (15. Jh.). Über dem Hochaltar von Torriani thront eine byzantinische *Madonna* mit zwei Engeln, die 1628 nach Entwürfen Berninis entstanden. Im rechten Arm des Querschiffs schließlich sieht man einen Altaraufsatz von Guercino.

**Sant'Apollinare.** Den gesamten Komplex (Kolleg und Kirche aus dem 12./13. Jh.) überließ Papst Gregor XIII. 1574 den Jesuiten. Der Orden gründete hier das Germanische Kolleg. Die Kirche wurde zwischen 1742 und 1748 von Ferdinando Fuga erneuert. Der Grundriß sollte den Narthex, die große Vorhalle für die Gläubigen, und das Kirchenschiff für die Mitglieder des Kollegs zugleich trennen und verknüpfen. Im Narthex, der aus einem an zwei Seiten von Absiden verlängerten Quadrat besteht, wird eine *Madonna* des 15. Jh. aufbewahrt. Die Decke des Kirchenschiffs bemalte 1746 Stefano Pozzi, sie zeigt die *Glorie des hl. Apollinaris*, dessen Weihe auf dem reichgeschmückten Marmoraltar zu sehen ist (Kopie eines Gemäldes von Graziani, 1748). In der dritten Kapelle rechts steht eine schöne Statue von Legros, der *hl. Franz Xaver*.

Die Fassade von Sant'Apollinare

# Piazza Navona und Umgebung

"Hier und da findet sich ein schönes, ins Orange spielendes Ocker, das sich unter einer sehr langsam gebildeten Patina ein warmes Strahlen, eine heitere Dichte bewahrt."
Valery Larbaud, *Die Farben Roms*.

# Quirinal

Quartiere Barberini *290*
Galleria Nazionale d'Arte Antica *292*
Quattro Fontane *294*
Santa Maria della Vittoria *294*
Acqua Felice *295*
San Carlo alle Quattro Fontane *295*
Sant'Andrea al Quirinale *296*
Piazza del Quirinale *297*
Fontana di Trevi *298*
Palazzo Colonna *300*
Piazza San Silvestro *301*
Via Veneto *302*

# ▲ QUIRINAL

✈ 1 Tag

1. Kirche San Silvestro in Capite
2. Kirche San Claudio de' Borgognoni
3. Kirche Santa Maria in Via
4. Istituto della Calcografia
5. Accademia di San Luca
6. Fontana di Trevi
7. Galleria Sciarra
8. Kirche San Marcello al Corso
9. Palazzo Odescalchi
10. Basilica dei Santi Apostoli
11. Palazzo Colonna
12. Kirche San Silvestro
13. Quirinalspalast
14. Kirche Sant' Andrea al Quirinale
15. Kirche San Carlo alle Quattro Fontane
16. Kreuzung Quattro Fontane
17. Palazzo Barberini
18. Kirche San Bernardo alle Terme
19. Kirche Santa Susanna
20. Acqua Felice
21. Kirche Santa Maria della Vittoria
22. Kirche Santa Maria della Concezione

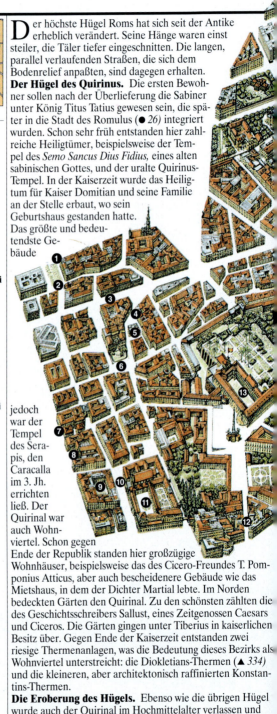

Der höchste Hügel Roms hat sich seit der Antike erheblich verändert. Seine Hänge waren einst steiler, die Täler tiefer eingeschnitten. Die langen, parallel verlaufenden Straßen, die sich dem Bodenrelief anpaßten, sind dagegen erhalten.
**Der Hügel des Quirinus.** Die ersten Bewohner sollen nach der Überlieferung die Sabiner unter König Titus Tatius gewesen sein, die später in die Stadt des Romulus (● 26) integriert wurden. Schon sehr früh entstanden hier zahlreiche Heiligtümer, beispielsweise der Tempel des *Semo Sancus Dius Fidius,* eines alten sabinischen Gottes, und der uralte Quirinus-Tempel. In der Kaiserzeit wurde das Heiligtum für Kaiser Domitian und seine Familie an der Stelle erbaut, wo sein Geburtshaus gestanden hatte. Das größte und bedeutendste Gebäude jedoch war der Tempel des Serapis, den Caracalla im 3. Jh. errichten ließ. Der Quirinal war auch Wohnviertel. Schon gegen Ende der Republik standen hier großzügige Wohnhäuser, beispielsweise das des Cicero-Freundes T. Pomponius Atticus, aber auch bescheidenere Gebäude wie das Mietshaus, in dem der Dichter Martial lebte. Im Norden bedeckten Gärten den Quirinal. Zu den schönsten zählten die des Geschichtsschreibers Sallust, eines Zeitgenossen Caesars und Ciceros. Die Gärten gingen unter Tiberius in kaiserlichen Besitz über. Gegen Ende der Kaiserzeit entstanden zwei riesige Thermenanlagen, was die Bedeutung dieses Bezirks als Wohnviertel unterstreicht: die Diokletians-Thermen (▲ *334*) und die kleineren, aber architektonisch raffinierten Konstantins-Thermen.
**Die Eroberung des Hügels.** Ebenso wie die übrigen Hügel wurde auch der Quirinal im Hochmittelalter verlassen und trug eine Zeitlang nur noch Gärten und Weinberge. Ab dem

12. und 13. Jh. wurden die Hänge erneut besiedelt, und zwar einerseits vom Bezirk am Trajans-Forum aus, andererseits vom Trevi-Viertel. Mitte des 16. Jh. standen auf der Hügelkuppe Villen und Landhäuser. 1560 ließ Papst Pius IV. die breite Via Pia anlegen, die später zur Via del Quirinale/Via XX Settembre wurde. 1585 ließ Sixtus V. die Via Felice bauen (die heutige Via Sistina/Via delle Quattro Fontane/Via A. Depretis), die den Pincio mit Santa Maria Maggiore verbindet. In beiden Straßen wurde der Wohnungsbau gefördert, und an der Kreuzung der beiden entstanden vier Brunnen. Auch ein Teil des noch aus claudischer Zeit stammenden Aquädukts wurde erneuert und versorgte als Acqua Felice (▲ 295) fortan den Bezirk mit Wasser. Inzwischen hatte auch der Bau des Quirinalspalastes als Sommerresidenz der Päpste begonnen. Im 17. Jh. ließ die Familie Barberini ihren Palast im Nordosten der Kreuzung mit den vier Brunnen errichten; der Südosthang blieb in den Händen der Jesuiten. Im folgenden Jahrhundert entstanden am Quirinal weitere Gebäude. Nach der Einigung Italiens wurde die päpstliche Sommerresidenz 1871 zum Königspalast erklärt und nach Ausrufung der Republik zum Präsidentensitz. Ab Ende des 19. Jh. ließen sich verschiedene Ministerien in der Nähe des Palastes nieder, zu ihrer Anbindung entstanden weitere Verkehrswege.

**Quirinus**
Dieser altsabinische Gott wird mit Mars und Jupiter in Verbindung gebracht. Er wurde mit kriegerischen Attributen wie Lanzen etc. dargestellt und deshalb häufig mit Mars oder Romulus verwechselt.

**Die Dioskuren**
Kastor und Pollux, die Dioskuren (»Söhne des Zeus«, ▲ 142), zeugte der Gott, in einen Schwan verwandelt, mit Leda, der Gattin des Tyndareos. Sie sind also Brüder der Klytämnestra (Gattin und Mörderin Agamemnons) und der schönen Helena. Ihre Statuen stammen aus den einst in der Nähe gelegenen Konstantins-Thermen und schmücken heute die Piazza del Quirinale.

# ▲ QUIRINAL

## QUARTIERE BARBERINI

**Piazza Barberini.** An diesem Platz an der Kreuzung zwischen den 1871 kurz nach der Einigung Italiens gebauten Verkehrsachsen Via del Tritone und Via Vittorio Veneto stehen heute überwiegend moderne Gebäude, und der Charakter der Gegend hat sich seit dem 17. Jh. vollständig gewandelt. Man kann sich kaum noch vorstellen, wie malerisch und ländlich es hier im 17. und 18. Jh. war. In dem Viertel lebten zahlreiche Künstler und trafen sich in seinen *osterie*. Von ihrer Anwesenheit zeugen noch einige Straßennamen wie Via degli Artisti und Via dei Modelli. Der Platz wurde 1625 von Piazza Grimani umbenannt in Piazza Barberini, nach der großen florentinisch-römischen Familie, deren Villa sich bis zur Via Pia erstreckte. Abgesehen von ihrem Namen hat die Familie des Papstes Urban VIII. hier nur wenige Spuren hinterlassen, etwa den Tritonenbrunnen von Bernini (1642-1643) und den Bienenbrunnen (ebenfalls von Bernini) in der Via Vittorio Veneto. (Gehen Sie die Via Veneto weiter hinunter.)

**Santa Maria della Concezione.** Diese Kirche hingegen wurde stark von den Barberini geprägt. Als Antonio Barberini, Kapuzinermönch und jüngerer Bruder des Papstes, Kardinal wurde, beschloß er, die Kirche seines Ordens neuzugestalten. Urban VIII. unterstützte die Arbeiten finanziell. Andere bedeutende Persönlichkeiten, darunter Kaiser Ferdinand II., wollten Altäre nach ihren Vorstellungen gestalten lassen, so daß die Kapuziner sich schließlich zu der Bitte veranlaßt sahen, ihre Kirche nicht allzusehr mit Pomp zu

Kutschen auf der Piazza Barberini im Jahre 1933

**»Triumph der göttlichen Vorsehung«** Das Deckenbild ist das größte zusammenhängende Fresko, das je in einem weltlichen Gebäude geschaffen wurde. Die drei Bienen aus dem Barberini-Wappen erscheinen hier in enormer Größe. Heute finden europäische Gipfeltreffen unter dieser wundervollen Decke statt.

**Palazzo Barberini** (● *87*). Der Architekt Carlo Maderno wandte sich von der klassischen römischen Palastarchitektur (Quaderform um einen Innenhof) ab und entschied sich für eine Art Landhaus (ein Mittelgebäude mit zwei vorspringenden Seitenflügeln). Die Arbeiten wurden 1627 aufgenommen und nach Madernos Tod 1629 von Bernini weitergeführt, der Francesco Borromini, den wichtigsten Mitarbeiter Madernos, weiterbeschäftigte. Von Bernini stammen die Fassade zur Gartenseite mit dem Haupteingang und das viereckige Treppenhaus im linken Flügel, über das man zur Galerie gelangt. Borromini entwarf die Treppe in Form einer ovalen Spirale im rechten Seitenflügel und die Fenster mit Trompe-l'œil-Malereien in der zweiten Etage. Die meisten Räume der ersten Etage haben bemalte Decken, ausgeführt vor allem von Andrea Camassei und Andrea Sacchi (von dem die *Göttliche Weisheit* von 1629-1633 stammt). Das überwältigendste Fresko ist allerdings an der Decke des *salone,* des großen Saals, zu sehen (links). Es ist von Pietro da Cortona und entstand in den Jahren 1632 bis 1636. Das allegorische Thema gab Francesco Bracciolini, Sekretär des Kardinals und Schützling Urbans VIII., vor: Im Zentrum triumphiert die Vorsehung über die Zeit und weist der Unsterblichkeit das Barberini-Wappen. Die seitlichen Darstellungen zeigen die Tugenden Urbans VIII. und die unter seinem Pontifikat erzielten Leistungen. Kein Gemälde verherrlichte je offener den Papst und seine Familie. Eine solche Glorifizierung, die vielleicht einem König angestanden hätte, erscheint manchem für einen Kirchenfürsten eher fehl am Platze.

überladen. Der Papst nutzte die Gelegenheit, um seine Zuwendungen einzustellen, verpflichtete jedoch gleichzeitig, ebenso wie sein Bruder, namhafte Maler für die Altarbilder. In der Krypta, die zur Besichtigung offensteht, werden die Gebeine von etwa 4000 Kapuzinermönchen aufbewahrt, die nach barockem Geschmack angeordnet und dekoriert wurden. (Überqueren Sie die Piazza Barberini und biegen Sie in die Via delle Quattro Fontane ein.)

**»Der Erzengel Michael besiegt den Dämon«**
Namhafte Maler der Bologneser Schule arbeiteten an der Kapuzinerkirche, beispielsweise Guido Reni, der die erste Kapelle rechts mit seinem berühmten *Erzengel Michael* (nebenstehendes Bild) ausstattete, Lanfranco (zweite Kapelle rechts) und Il Domenichino (dritte Kapelle). Auch Maler der jüngeren Generation wie Pietro da Cortona (erste Kapelle links) und Andrea Sacchi (fünfte Kapelle rechts) sind vertreten.

**Die Krypta der Kapuzinerkirche**
Dreihundert Wagenladungen mit den Gebeinen von Kapuzinermönchen wurden hierher gebracht. Diese Knochen verarbeitete man zu einem einzigartigen, heute vielleicht makaber anmutenden Wandschmuck und sogar zu Lampen. Auf den Fußboden der Krypta wurde Erde von den heiligen Stätten Palästinas aufgebracht.

# GALLERIA NAZIONALE D'ARTE ANTICA

Wappen der Familie Barberini

Das Haus der Barberini ging 1949 in Staatsbesitz über und birgt heute die Ende des letzten Jahrhunderts gegründete Galleria d'Arte Antica. Das Museum ist eines der bedeutendsten in Rom und nimmt fast den gesamten ersten Stock des Palastes ein. Man findet hier praktisch alle großen Namen der italienischen und europäischen Malerei des 13. bis 18. Jh. Die zweite Etage wurde zwischen 1750 und 1770 neugestaltet und bietet deshalb den passenden Rahmen für eine Reihe von Gemälden aus dem 18. Jh.

Aus der Sammlung Barberini blieben nur wenige Stücke übrig, doch wurde der Bestand durch Werke ergänzt, die aus anderen privaten Sammlungen stammen oder vom Staat erworben wurden. Deshalb kann sich das Museum heute rühmen, Werke von Filippo Lippi, Lorenzo Lotto, Andrea del Sarto, Perugino, Bronzino und Caravaggio wie auch von Quentin Massys, Hans Holbein und Nicolas Poussin zu besitzen.

**»La Fornarina«**
Das Porträt galt lange Zeit als kostbarstes Werk der Sammlung Barberini und wurde nach ihrer Auflösung vom Staat gekauft. Die dargestellte Frau hielt man für die Bäckerin *(fornarina)*, die Raffaels Mätresse war und in deren Armen er Vasari zufolge gestorben sein soll. Ob das Bild tatsächlich von Raffael stammt, ist heute allerdings umstritten.

Caravaggio (1571-1610) kam um 1591 nach Rom. 1606 mußte er schwer verletzt fliehen, nachdem er einen Gegner im Duell getötet hatte.

**»Madonna mit Kind«** (Filippo Lippi)
Im spätgotischen Rahmen ein perspektivisch sehr gelungenes Bildnis aus dem Jahr 1437. Zu dieser Zeit stand Lippi stark unter dem Einfluß Masaccios.

**»Porträt des Stefano Sciarra-Colonna«**
Ein Werk des Agnolo di Cosimo, genannt Bronzino (1503-1575). Die Säule links im Bild spielt auf den Namen des Porträtierten an. Unten ist als Entstehungsjahr 1561 angegeben.

**»Judith und Holofernes«**
Caravaggio malte diese berühmte Szene aus dem apokryphen *Buch Judith*, in der das Mädchen bei Nacht in das Zelt des Feldherrn Holofernes geht, der ihre Stadt belagert, und ihn tötet. Caravaggios Neigung, Bibelszenen möglichst wahrscheinlich und irdisch zu gestalten, die ihm in kirchlichen Kreisen häufig Ablehnung und Feindschaft eintrug, kommt hier deutlich zur Geltung.

# ▲ QUIRINAL

**Quattro Fontane**
Oben: Die Straßenkreuzung, aus zwei verschiedenen Blickwinkeln gesehen. Die Brunnenfiguren aus dem 16. Jh. verkörpern Tiber und Arno (Norden) sowie Juno und Diana (Süden). Von der Mitte der Kreuzung sieht man die Porta Pia und die drei

Obelisken von Trinità dei Monti (▲ *314*), Quirinal und Esquilin.

**»Die Verzückung der heiligen Therese von Avila«** (Mitte, ● *84*) »Bernini, der mir in der Peterskirche lächerlich erschien, hat hier zur modernen Bildhauerei gefunden, die ganz auf Ausdruck beruht, und hat als Krönung das Licht so gelenkt, daß auf dieses zarte, blasse Gesicht ein Strahl fällt, als wäre es von einer inneren Flamme beseelt. Durch den fleischgewordenen, atmenden Marmor sieht man wie eine Lampe ihre Seele hindurchschimmern, die ganz von tiefem Glück und Entzücken erfüllt ist.«
Hippolyte Taine, *Reise nach Italien*

## UM DIE QUATTRO FONTANE

**Kreuzung Quattro Fontane.** Ende des 16. Jh. wurde die Kreuzung der beiden unter Pius IV. und Sixtus V. neu entstandenen Verkehrswege (ehemals Via Pia und Via Felice) gestaltet. An den vier Seiten sind die Kanten abgeschrägt, und an jeder Seite wurde ein Brunnen mit einer Figur eingefügt. Gespeist wurden alle Brunnen aus der kurz zuvor wiederhergestellten Acqua Felice (▲ *295*). (Gehen Sie die Via XX Settembre weiter bis zur Piazza San Bernardo.)

**Santa Susanna.** Die Kapelle aus dem 4. Jh. wurde 1589 in eine Pfarrkirche für das neu entstandene Viertel auf dem Quirinal umgewandelt und bei dieser Gelegenheit vollständig umgebaut. Carlo Maderno fügte den Chor, den Hochaltar, den Beichtstuhl und die geschnitzten Holzdecken hinzu und gestaltete die harmonische Fassade. Sie stellt einen wichtigen Schritt in der Entwicklung einer neuen architektonischen Formensprache dar, die das 17. Jh. prägen sollte: Das Mauerwerk selbst ist zwar noch geradlinig, doch das Portal tritt durch die nah beieinanderstehenden Säulen bereits plastisch hervor.

**Santa Maria della Vittoria.** Die Kirche (▲ *314*) entstand zwischen 1608 und 1620 ebenfalls unter Leitung von Carlo Maderno – mit Ausnahme der Fassade, die einige Jahre später von Giovan Battista Sorio als Pendant zu Santa Susanna angelegt wurde. Der ursprünglich sehr schlichte Innenraum wurde im Laufe des 17. und 18. Jh. mit Fresken, Stuckarbeiten, Jaspis und farbigem Marmor verziert. Zu den bedeutenden Kunstwerken gehören die *Dreifaltigkeit* von Guercino (dritte Kapelle links) und drei Franziskus-Bilder von Domenichino (zweite Kapelle rechts). Sehenswert ist

jedoch vor allem die Cappella Cornaro (● 85), die Bernini 1646 vollständig erneuerte. Architektur, Malerei und Skulptur schaffen gemeinsam einen dramatischen Effekt ganz im Sinne Berninis, dem es immer darum ging, ein Gesamtkunstwerk zu schaffen. Im Zentrum steht die Vision der hl. Therese nach ihrer eigenen Darstellung: »Gott wollte, daß ich zu meiner Linken einen Engel in körperlicher Erscheinung sehe ... Er war nicht groß, aber sehr schön; sein leuchtendes Gesicht zeigte, daß er in der himmlischen Hierarchie zu einer Ordnung gehört, in der die Engel zu brennen scheinen ... In der linken Hand trug er einen langen goldenen Pfeil, aus dessen eiserner Spitze eine Flamme trat. Plötzlich bohrte er mir den Pfeil tief ins Herz ... Dann ließ er mich in höchster Verwirrung über die Liebe Gottes zurück. Der Schmerz war so stark, daß ich stöhnte, aber die Seligkeit, die damit einherging, war so groß, daß ich nicht gewollt hätte, daß dieses Leiden von mir genommen wird ...« Die Mitglieder der Familie Cornaro sind an den Seitenwänden rechts und links des Altars dargestellt. Der geschwungene Giebel verbirgt ein Fenster, das Bernini eigens anlegen ließ, um die Szene in diffuses Licht zu tauchen.

**Acqua Felice.** Der Brunnen gegenüber der Kirche wurde von Domenico Fontana im Auftrag des Papstes Sixtus V. ausgeführt. Er griff damit das Vorhaben Gregors XIII. wieder auf, den claudischen Aquädukt wiederherzustellen, der Wasser aus den Albaner Bergen zu den höchsten Punkten der Stadt leitete. Mit Hilfe dieser Arbeiten (1585-1589), die ebenfalls Fontana anvertraut wurden, standen Rom 20 000 m³ Wasser zusätzlich zur Verfügung. Am riesigen Brunnen vor Santa Maria della Vittoria trat das Wasser erstmals hervor und wurde dann zu den übrigen Brunnen am Quirinal und Kapitol weitergeleitet. Aquädukt und Brunnen wurden nach dem bürgerlichen Vornamen des Papstes (Felice Peretti) benannt.

**San Bernardo alle Terme.** Der Rundbau wurde zwischen 1598 und 1600 vom Orden der Feuillanten an einer der vier Ecken der Diokletians-Thermen errichtet. Die schöne Kuppel mit der Kassettendecke orientierte sich an der des Pantheons (● 70, ▲ 265) und wurde im letzten Jahrhundert mit Stuck überzogen.

**San Carlo alle Quattro Fontane (● 81).** Diese Kirche ist wie ihre Nachbarkirche Sant' Andrea al Quirinale typisch für den römischen Barock. 1634 erhielt Borromini von den spanischen Trinitariern seinen ersten Auftrag für ein Kloster, einen Kreuzgang und eine Kirche.

**Fontana dell'Acqua Felice**
Zu dem Brunnen gehören drei große, durch Säulen abgeteilte Nischen. Die Figuren erinnern an den alttestamentarischen Auszug der

Juden aus Ägypten unter Führung von Josua und Moses. Letzterem wurde in der Mittelnische ein riesiges Standbild (von Prospero da Brescia oder Leonardo Sormani) gewidmet.

**Die Kuppel von San Bernardo alle Terme** (▲ 262)
Die Kassetten der Kuppel (Durchmesser 22 m) werden zum Zenit hin kleiner. Das Licht fällt durch die große runde Öffnung.

# QUIRINAL

**San Carlo alle Quattro Fontane**
Die Linienführung im Mittelteil der Fassade ist in der unteren Etage konvex und wird über dem kräftigen, geschwungenen Sims konkav, ebenso wie an den Seitenteilen. Den Abschluß bildet ein großes ovales Medaillon, das von zwei Engeln gehalten wird und die Horizontale des Dachgesimses durchbricht.

Mit Hilfe eines genialen Entwurfes löste er die Probleme, die sich aus der Enge und Unregelmäßigkeit des für die Kirche vorgesehenen Grundstücks ergaben, und schuf ein winziges Gebäude, das – so heißt es – in einem einzigen Vierungspfeiler der Peterskirche Platz fände (und deshalb zärtlich San Carlino genannt wird). Die erst 1685 – Borromini war 1667 gestorben – vollendete Fassade wirkt durch ihr Wechselspiel konkaver und konvexer Elemente fast monumental. Der mit weißem Stuck verzierte ovale Innenraum ist in drei Etagen gegliedert. Die untere besteht aus mächtigen Säulen, die die Wellenlinien der Wände unterstreichen. Darüber folgt eine Verbindungszone und schließlich eine ovale Kuppel (● *81*). Die Kassetten der Kalotte werden zum Zentrum hin kleiner und verstärken so die Illusion von Raumhöhe. Licht erhält der Raum durch die Laterne und die in einige der Kassetten eingefügten Fensteröffnungen. Die Kuppel scheint über den massigen Formen, zwischen denen sich der Betrachter bewegt, schwerelos zu schweben.

**Sant'Andrea al Quirinale** (● *79, 81*). 1658 wurde Bernini beauftragt, eine neue Kirche für die Jesuiten-Novizen zu bauen. Da auch ihm nur ein begrenzter Raum zur Verfügung stand, legte er das Gebäude als Oval an und plazierte Eingang und Hochaltar so, daß zwischen ihnen der kürzeste Durchmesser liegt. Vor dem Gebäude bilden zwei Mauern einen Viertelkreis und verlängern optisch die schmale Fassade (oben rechts). Im Innenraum fällt zunächst nur die durchlaufende Reihe massiger Pfeiler auf. Die Vertiefung der Altarnische nimmt der Vorsprung des Eingangsportals wieder auf. Die dunklen, polychromen Marmordekorationen im unteren Teil des Innenraums bilden einen schönen Kontrast zu den in Altrosa, Weiß und Gold gehaltenen Stuckverzierungen der Kuppel (● *81*). Das Licht fällt durch die Fenster zwischen den Kuppelrippen und durch die Laterne ein und erhellt den Kernraum gleichmäßig, läßt die Kapellen jedoch im Schatten. Es heißt, Bernini habe diese Kirche für sein Meisterwerk gehalten und sie im Alter häufig besucht. Durch die Sakristei gelangt man in den ersten Stock des Klosters, wo der hl. Stanislas Kostka lebte (ein Pole, der in Rom als Novize bei den

**Kuppel von »San Carlino«** (● *81*)
Die Kassetten sind teils kreuzförmig, teils achteckig und sechseckig.
Das Ganze wirkt bewegt und besitzt dennoch eine schlichte geometrische Form, die entfernt an eine Bienenwabe erinnert.

Rechts: Die Piazza del Quirinale auf einer Vedute von Vanvitelli

Luftaufnahme der Piazza del Quirinale

Jesuiten aufgenommen wurde und eine Marienerscheinung hatte). Die Skulptur dieses Heiligen auf dem Totenbett von Pierre Legros (1703) in polychromem Marmor ist ein schönes Beispiel für den im Barock so geschätzten Illusionismus.

## DER QUIRINAL

**Piazza del Quirinale.** Die Neugestaltung des Platzes zog sich über mehrere Jahrhunderte hin. Im 16. Jh. ließ Sixtus V. die beiden Rossebändiger-Statuen der Dioskuren aus den Konstantins-Thermen (4. Jh.) in der Platzmitte aufstellen, deshalb heißt der Ort auch Monte Cavallo. Anfang des 17. Jh. wurde er unter der Leitung von Maderno geebnet und vergrößert. Pius VI. und seine Nachfolger ließen 1783 den Obelisken vom Augustus-Mausoleum hinzufügen und 1813 den Brunnen mit einer Schale anlegen, die man in der Nähe des Dioskuren-Tempels auf dem Forum (▲ *142)* gefunden und bis zum Ende des 18. Jh. als Tränke genutzt hatte. 1886 entstand schließlich die Balustrade, die den Platz zur Stadt hin abschließt. Man blickt über die Stadt hinweg bis zur Peterskirche. Die Heterogenität des Dioskuren-Brunnens ist Ausdruck eines wesentlichen Zuges der römischen Kunst: der Wiederverwendung von Materialien oder Teilstücken antiker Bauwerke für neue Anlagen.

**Palazzo del Quirinale.** Ursprünglich Sommerresidenz, dann Hauptsitz der Päpste, diente das Bauwerk von 1870 bis 1944 als Königspalast. Nach der Ausrufung der Republik wurde es zum Amtssitz des Staatspräsidenten. Der Bau begann Ende des 16. Jh. unter Gregor XIII., zog sich jedoch bis zum Pontifikat Clemens' XII. (1730-1740) hin. Praktisch alle namhaften Architekten der Gegenreformation und des Barock trugen dazu bei. Bernini schuf die Benediktionsloge über dem Eingangsportal. Im Umkreis des Palastes entstanden bald weitere Gebäude, so der im Norden an den Platz angrenzende Palazzo della Consultà. Er wurde 1732-1734 von Ferdinando Fuga errichtet und beherbergt heute das italienische Verfassungsgericht. (Biegen Sie in die Via 24 Maggio ein.)

Die *Corazzieri*, Wachgarden des Staatspräsidenten, im Ehrensaal des Quirinalspalastes

Links die spiralförmige Treppe, die Ottaviano Mascherino für Papst Gregor XIII. errichtete. Mit ihren glatten Zwillingssäulen wirkt sie außerordentlich elegant und gilt als eines der schönsten architektonischen Elemente des Quirinalspalastes.

## QUIRINAL

Anita Ekberg beim Bad im Trevi-Brunnen, eine Szene aus dem Fellini-Film *La Dolce Vita* (1960)

Der unter Agrippa 19 v. Chr. gebaute Aquädukt, der die Thermen speisen sollte, wurde *Aqua Virgo* genannt, weil eine Jungfrau (lat. *virgo*) den römischen Soldaten die Quelle zeigte – so lautet jedenfalls die Legende, die auf diesem Flachrelief am Brunnen dargestellt ist.

**Via 24 Maggio.** Gleich links liegt der Seiteneingang zum Palazzo Rospigliosi-Pallavicini, der zwischen 1611 und 1616 für Kardinal Scipione Borghese erbaut wurde. In den terrassenförmig angelegten Gärten liegt das Casino Pallavicini, in dem Guido Renis »*Aurora*«-Fresko (1615) zu besichtigen ist. Auf der anderen Straßenseite ziert eine imposante Balustrade den Eingang zu den Gärten der Villa Colonna, wo sich Michelangelo mit seiner verehrten Freundin, der Dichterin Vittoria Colonna, zu treffen pflegte. Hier gibt es auch noch einige Reste eines unter Caracalla gebauten Serapis-Tempels.

**San Silvestro.** Die Kirche stammt vom Ende des 16. Jh. Hinter der Fassade (19. Jh.) verbirgt sich ein reich dekorierter Innenraum. Zum Eingang führt rechts eine Treppe hinauf, da die Straße an dieser Stelle abgesenkt wurde. (Kehren Sie zur Piazza del Quirinale zurück und gehen Sie durch die Via della Dataria. Nehmen Sie dann die zweite Straße rechts, die Via San Vicenzo.)

### FONTANA DI TREVI  ● 55

**Eine glückbringende Quelle.** Am Ende der Straße liegt, angelehnt an die Fassade des Palazzo Poli, der berühmteste aller römischen Brunnen, die Fontana di Trevi. In der Mittelnische steht Neptun (von Bracci) in einem von Meerespferden gezogenen Muschelwagen, begleitet von Tritonen. Die Frauenfiguren in den Seitennischen stellen den Überfluß (links) und die Gesundheit (rechts) dar. Sie stammen von Filippo Valle. Schon Bernini wurde unter Urban VIII. beauftragt, einen monumentalen Brunnen zu bauen, das Projekt kam aber nach dem Tode des Papstes zum Erliegen. Fast ein Jahrhundert später (1732-1751) errichtete dann Nicolò Salvi den Brunnen an der Stelle, wo schon einer der ältesten Brunnen Roms mit dem Wasser der Aqua Virgo gespeist wurde. Wer mit dem Rücken zum Brunnen eine Münze über die Schulter in das Becken wirft, sichert sich damit angeblich die Rückkehr in die Ewige Stadt. (Bevor Sie weitergehen, sehen Sie sich die Kirche Santi Vicenzo e Anastasio an. Die barocke Fassade, 1641-1650, von Martino Longhi d. J. korrespondiert schön mit dem Brunnen.)

**Das Trevi-Viertel.** Beim Spaziergang durch die Straßen rund um den Platz entdeckt man eines der malerischsten Viertel Roms. Das Gebiet war schon im Altertum dicht besiedelt und blieb auch im Mittelalter und in der Renaissance stets sehr lebendig. Im 16. Jh. entstanden zahlreiche Handwerksbetriebe in den von ausländischen Besuchern wimmelnden Straßen, und auch viele Künstler ließen sich hier nieder. Selbst die späteren Trassendurchbrüche und Abrißarbeiten konnten den Charme dieses volkstümlichen Viertels nicht zerstören. Sein ganzer Reiz erschließt sich, wenn man beispielsweise die Via della Panetteria hinabschlendert, benannt nach dem hier liegenden Eingang zum Quirinalspalast mit der palasteigenen Bäckerei, oder die Via del Lavatore, wo morgens ein Markt abgehalten wird. (Biegen Sie rechts vom Brunnen in die Via della Stamperia ein.)

Die *Aurora* von Guido Reni. Charles de Brosses sagte dazu: »Es gibt nichts Einfallsreicheres, nichts Grazileres, nichts Leichteres, nichts besser Gezeichnetes; [das Bild] ist ein *incanto*.«

**Accademia di San Luca.** 1934 zog die bereits 1577 gegründete Akademie in den ehemaligen Palazzo Vaini um, der im 7. Jh. von der Familie Carpegna übernommen und von Borromini (1640) umgestaltet worden war. Die Akademie ist eine Vereinigung namhafter Künstler, die sich ursprünglich um die theoretische und praktische Ausbildung junger Maler kümmern und dafür sorgen wollten, daß die Künstler sich an die strengen Stilvorschriften der Gegenreformation hielten. Im 17. Jh. übte sie eine regelrechte Diktatur aus: Nur mit ihrer Genehmigung konnte man in Rom ein Atelier eröffnen. Die Gemäldegalerie enthält Schenkungen ihrer Mitglieder und der Päpste und zeigt unter anderem Werke von Raffael, Tizian, Bronzino, Poussin und Panini.

**Istituto della Calcografia.** (Via della Stamperia Nr. 6.) Das Kupferstichkabinett ist weltweit eine der größten Sammlungen ihrer Art. Es zählt fast 23 000 Exponate, darunter Kupferplatten aus dem 16. Jh. und alle Stiche Piranesis (● *I*). (Gehen Sie zurück zur Via San Vicenzo und folgen Sie ihrer Verlängerung – Via dei Lucchesi – bis zur Piazza della Pilotta.) Der Name Pilotta geht zurück auf spanisch *pelota,* Ball. Heute ist die Straße kein Schauplatz für Ballspiele mehr, sondern ein Ort höherer Studien, denn hier liegen die großen Jesuiten-Institute: ›Il Biblico‹ mit einer hervorragenden orientalistischen Bibliothek und die ›Pontifica Universitas Gregoriana‹, die größte katholische Universität Roms. (Biegen Sie in die Via della Pilotta ein.)

### Accademia di San Luca

Der Name erinnert daran, daß der Evangelist Lukas nach der christlichen Tradition ein begabter Maler gewesen sein soll.

*Der hl. Lukas malt die Jungfrau Maria* (Raffael)

Unten: der Trevi-Brunnen

# ▲ QUIRINAL

**Der große Salon im Palazzo Colonna**
Die prunkvolle Dekoration nach Entwürfen von Antonio del Grande und Girolam Fontana stammt aus dem 17. Jh.

**Palazzo und Galleria Colonna.** Wir befinden uns hier an der Rückseite des Palazzo Colonna, der durch vier Bögen mit den terrassenförmig angelegten Gärten verbunden ist. (Der Eingang liegt an der Piazza dei Santi Apostoli.) Das Gebäude wurde unter Papst Martin V. Colonna (1417-1431) errichtet und bis zum 18. Jh. mehrfach umgebaut. Sehenswert ist die ›Sala della Colonna bellica‹, benannt nach der roten Säule, Wahrzeichen der Familie Colonna. Die Decke ist mit einem Fresko (1700) bemalt, das den Sieg des Kommandanten der päpstlichen Flotte Marcantonio Colonna in der Seeschlacht von Lepanto (1571) darstellt. Die umfangreiche Gemäldesammlung wurde zum Teil von Lorenzo Onofrio Colonna aufgrund von Empfehlungen des Malers Carlo Maratta zusammengetragen und im 19. Jh. mit Vor-Renaissance- und Renaissancewerken ergänzt. Palast und Galerie sind noch im Besitz der alten, vornehmen römischen Familie. (Um zur Piazza dei Santi Apostoli zu gelangen, gehen Sie links um den Palast herum.)

*Der Bohnenesser* von Annibale Carracci (1560-1609) in der Galleria Colonna

Santi Apostoli

**Santi Apostoli.** Trotz der Restaurierungsbemühungen in der Renaissance mußte die erste, wohl aus dem 6. Jh. stammende Basilika wegen Einsturzgefahr zwischen 1701 und 1714 von Carlo Fontana und seinem Sohn Francesco praktisch vollständig erneuert werden. 1827 wurde sie dann von Valadier mit einer neoklassizistischen Fassade ausgestattet. Der Portikus stammt aus dem 15. Jh. und ist ein Werk von Baccio Pontelli (1450-1492). Im 17. Jh. wurde er von Carlo Rainaldi geschlossen und mit einer Balustrade und Apostelfiguren versehen.

Der dreischiffige Kirchenraum ist teils vergoldet, teils mit Stuck und Fresken nach dem Geschmack des 18. Jh. ausgestattet. Das Gewölbefresko zeigt den *Triumph des Franziskanerordens* von Baciccia (1707). An der Stirnseite des linken Seitenschiffs steht das Grabmal des Papstes Clemens XIV. von Canova (1787).
**Palazzo Odescalchi.** (Gegenüber der Basilika.) Die Fassade entwarf Bernini 1664 für Kardinal Flavio Chigi. Sie diente als Modell für zahlreiche barocke Paläste. Der Architekt bricht hier mit der römischen Tradition der Palastfassade ohne vertikale Gliederung. Das Erdgeschoß wird zum Sockel für die oberen Etagen, während monumentale Pfeiler die sieben Joche des Hauptgebäudes abteilen, an das zwei zurückspringende Seitenflügel angrenzen. Das Gleichgewicht der Fassade wurde gestört, als 1745 Nicolò Salvi im Auftrag des neuen Besitzers, des Prinzen Odescalchi, den Palast erweiterte, indem er dem Hauptgebäude die doppelte Größe gab. Dabei legte er aus Gründen der Symmetrie ein zweites Eingangsportal an. Wenn man einen kleinen Umweg nicht scheut, kann man etwas weiter am Ende einer kleinen Gasse die Kapelle der Madonna dell'Archetto von Virginio Vespignani besichtigen. In der Nähe steht auch eine der wenigen *birrerie* (Bierlokale) Roms, in der sich abends ein überwiegend junges Publikum trifft. (Es geht zur Via dei Santi Apostoli und dann zum Corso zurück.)
**San Marcello al Corso.** Diese im 4. Jh. gegründete Kirche wurde um 1520 nach einem Brand erneuert. Die Pläne stammen von Jacopo Sansovino, die barocke Fassade (1682-83) von Carlo Fontana. Ein Teil der Innenausstattung, darunter die Kassettendecke, entstand im 16. Jh. Die Grabmäler des Kardinals Giovanni Michiel und des Bischofs Antonio Orso links vom Eingang sind Werke von Andrea und Jacopo Sansovino. Die Kapellen links sind mit Fresken von Francesco Salviati (dritte), Pierin del Vaga (vierte) und Federico Zuccari (fünfte Kapelle) ausgestattet. Die vierte Kapelle rechts enthält ein Holzkreuz aus dem 15. Jh., das bei Bußprozessionen durch die Straßen getragen wurde. (Biegen Sie rechts in die Via dell'Umiltà ein.)
**Galleria Sciarra** (● *90*)**.** Ein schönes Beispiel des römischen Eklektizismus. Die kleine Galerie zwischen Via Minghetti und Via dell'Umiltà wurde 1883 von Giulio de Angelis gebaut. (Durchqueren Sie die Galerie.)

## Piazza San Silvestro

Drei Kirchen stehen an diesem Platz und seiner Verlängerung, der Piazza San Claudio.
**Santa Maria in Via.** Die erste davon, an der Ecke Via del Tritone, gehört dem Orden der Serviten. Sie wurde Ende des 16. Jh. über einer mittelalterlichen Kapelle neu gebaut. Der obere Teil der Fassade soll von C. Rainaldi stammen (1681). Im Innenraum befindet sich in der dritten Kapelle rechts eine *Verkündigung* des Cavalier d'Arpino (Giuseppe Cesari).

**Galleria Sciarra**
Hier verbindet sich Architektur der Jahrhundertwende mit hübschen Dekorationen von Giuseppe Cellini im Stil der Wandmalereien in Pompeji. Neben anderen Inschriften steht rechts ein Vers der vierten Ekloge Vergils: *Incipe, parve puer, risu cognoscere matrem* (»Beginne, kleiner Knabe, lächelnd deine Mutter zu erkennen«).

Die Via della Pilotta, die zu den Gärten des Palazzo Colonna führt

**Das Wunder von Santa Maria in Via**
Ein Wunder soll der Gründung dieser Kirche zugrundeliegen: Eine Leinwand mit einem Marienbildnis fiel in einen Brunnen; dieser floß über und gab das Bild wieder frei. Zahlreiche Gläubige strömten in der Folge herbei, um das Wasser des berühmten Brunnens zu trinken und die *Madonna del Pozzo* (›Brunnenmadonna‹) zu verehren.

## ▲ QUIRINAL

**San Silvestro in Capite**
Die Kirche entstand über den Ruinen eines dem Sonnengott geweihten aurelianischen Tempels. Als Reliquie wird hier seit Jahrhunderten das Haupt Johannes' des Täufers aufbewahrt, daher der Name »in capite«.

**San Claudio de' Borgognoni.** Die von Antoine Derizet zwischen 1718 und 1731 erneuerte Kirche war Nationalkirche der Burgunder aus dem Franche-Comté.

**San Silvestro in Capite.** Das Atrium vor der Kirche stammt ebenso wie der Glockenturm aus dem 13. Jh. Das Hauptgebäude wurde Ende des 16. Jh. von Francesco da Volterra begonnen und von Carlo Maderno vollendet. Die Fassade stammt von Domenico de Rossi, der Ende des 17. Jh. zusammen mit seinem Bruder Mattia auch den Innenraum gestaltete. Das Fresko im Mittelschiff (1680-1684) ist von Giacinto Brandi, das in der Vierung (1605) von Pomarancio. Im angrenzenden ehemaligen Kloster ist heute die Hauptpost untergebracht.

### VON DER VIA VENETO ZUR PORTA PINCIANA

Die Via Vittorio Veneto, Anfang des Jahrhunderts Zentrum der Caféhauskultur, in der Folge Touristenattraktion und nach dem Zweiten Weltkrieg auch Treffpunkt italienischer und ausländischer Literaten und Intellektueller, in den 60er Jahren Inbegriff römischen Lebens und Kulisse zahlreicher Filme, beehrt von Filmstars wie Ava Gardner, Anita Ekberg, Liz Taylor, Marcello Mastroianni und vielen anderen, ist in den letzten Jahrzehnten verkommen. Straßenstrich, Touristennepp, endlose Blechlawinen: Der Glanz war verblaßt. Das soll jetzt anders werden: Die Straße ist neuerdings für den Verkehr gesperrt, Anlieger und Stadtverwaltung sind zuversichtlich, daß sie mit vereinten Kräften die Straße der *dolce vita* wieder zum Leben erwecken werden. Der Weg ins Ludovisi-Viertel, benannt nach einer herrlichen, aber nicht mehr existierenden Villa, führt vorbei am faschistischen Bau des Ministeriums der Zünfte (heute Industrie- und Handelsministerium) und dann an der Banca Nazionale del Lavoro entlang (heute Sitz der US-Botschaft). Durch die die Via Bussolati gelangt man zum Largo Santa Susanna und zum Geologischen Museum, das 1873 von R. Canevari erbaut wurde.

Walter Santesso spielte den Paparazzo in Fellinis *La Dolce Vita* – hier eine Szene auf der Via Veneto.

# Tridente

Piazza del Popolo  *306*
Via del Corso  *308*
Das Augustus-Mausoleum  *309*
Ara Pacis Augustae  *310*
Piazza di Spagna  *313*
Trinità dei Monti  *314*
Villa Medici  *315*
Der Pincio  *316*

# ▲ Tridente

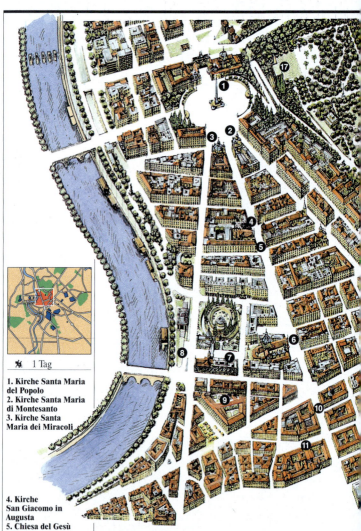

🚶 1 Tag

1. **Kirche Santa Maria del Popolo**
2. **Kirche Santa Maria di Montesanto**
3. **Kirche Santa Maria dei Miracoli**
4. **Kirche San Giacomo in Augusta**
5. **Chiesa del Gesù e Maria**
6. **Kirche Santi Ambrogio e Carlo al Corso**
7. **Augustus-Mausoleum**
8. **Ara Pacis Augustae**
9. **Palazzo Borghese**
10. **Palazzo Ruspoli**
11. **Kirche San Lorenzo in Lucina**
12. **Piazza di Spagna**
13. **Palazzo di Propaganda Fide**
14. **Kirche Sant'Andrea delle Fratte**
15. **Chiesa della Trinità dei Monti**
16. **Villa Medici**
17. **Pincio**

## Das Marsfeld heute

Heutzutage gehört das Marsfeld zu den modernsten Stadtvierteln Roms. Elegante Geschäfte laden zu einem Bummel ein, und zahlreiche Luxushotels verleihen ihm ein internationales Flair. Im 19. und sogar noch in der ersten Hälfte des 20. Jh. war es dagegen Schauplatz typisch römischer Veranstaltungen, etwa der Pferderennen auf der Via del Corso oder des Feuerwerks, das ab 1851 zunächst jeden Ostermontag und von der Vereinigung Italiens bis zum Zweiten Weltkrieg jeweils am Tag der Unterzeichnung des *statuto albertino* (5.3.1848, Vorläufer der italienischen Verfassung) vom Monte Pincio aus abgebrannt wurde. Unter der französischen Besatzung hatte eine eineinhalb Jahrhunderte dauernde Phase radikaler Veränderungen für das Viertel eingesetzt. Die Anlage des Pincio-Parks (1809-14) und die Erneuerung der Piazza de

### »Via Peregrinorum«

In der Via Laurina (Ecke Via del Babuino) hängt eine Marmortafel mit der Inschrift *Via peregrinorum* und einem Medaillon, auf dem Pilgergestalten zu sehen sind. Sie erinnert daran, daß hier die von Norden kommenden Pilger in Rom eintrafen.

...opolo (1816-24) waren die ersten Etappen. Später wurde die ...iazza di Spagna zum Touristenzentrum. Es entstanden noble ...otels, die alten Häuser wurden entweder durch neue Ge...äude ersetzt oder restauriert und aufgestockt. Schon unter ...ius IX. (1846-1878) hatte man mehrere Paläste des Viertels ...rneuert, so beispielsweise den Palazzo Lepri (Via Condotti) ...der den Palazzo Nunez (Via Borgognona), andere wurden ...m diese Zeit gebaut (z.B. das Hotel D'Inghilterra, 1842).

Mitte des 19. Jh. baute Antonio Sarti in der Via di Ripetta an der Stelle, wo der Palazzo Camerale gestanden hatte, die Akademie der Schönen Künste. Seit jeher betraten Pilger, die über die Via Flaminia bzw. Via Cassia von Norden her in Rom eintrafen, hier die Stadt. Als der neue Bahnhof Termini (▲ *338*) fertig war, wurden die bescheideneren Hotels mehr zum Esquilin hin verlegt, während das Marsfeld einem wohlhabenderen Publikum vorbehalten blieb. Die Regierung siedelte hier zudem einige Institutionen und Staatsbehörden an, so zum Beispiel das neue Parlament (▲ *269*). An der Piazza San Silvestro zog das Postministerium in ein ehemaliges Kloster, das Malvezzi 1878 umgebaut hatte. Zur Anbindung des Marsfeldes an das neue Wohngebiet Prati (▲ *236*) am linken Tiberufer wurden die Ponte Cavour und die Ponte Margherita gebaut. All dies führte zu einem tiefgreifenden Wandel in dem Viertel zwischen dem Corso und der Via di Ripetta. Verkehrsachsen wie die Via Tomacelli und der Largo Goldoni wurden verbreitert, und 1934 brachte die Wiederherstellung des Augustus-Mausoleums (▲ *309*) eine völlige Veränderung des Stadtteils mit sich: Das faschistische Regime feierte mit allem Pomp das Andenken an Kaiser Augustus – in dem Wunsch, selbst an die Größe des römischen Reiches anzuknüpfen.

> **"Wie merkwürdig ist doch die Naturgeschichte Roms in der modernen Zeit! [...] Der Traum von Rom als Hauptstadt besteht seit 1860. Und alles wird dieser patriotischen, notwendigen, fatalen Idee geopfert. Der Kampf gegen die Natur, die Stadt, die man trotz aller physischen Widerstände wiederbeleben möchte. Die bleierne Last der Antike. [...] Und der plötzliche Enthusiasmus, aus dem Hochmut der Planung geboren. Der Rausch, dann das Debakel, wenn die Dinge sichtbar werden: Die erträumte Hauptstadt, eine ungeheuer große Stadt, gebaut für eine Bevölkerung, die es nicht gibt, ist illusorisch verglichen mit der realen Stadt mit ihren fehlenden Verkehrsverbindungen, dem tödlichen Gürtel unfruchtbaren Landes, dem toten Fluß. Der Stolz hat sich erträumt, was die Realität nicht verwirklichen kann. Welch erstaunlicher, interessanter Fall ist dieses Kapitel aus der Naturgeschichte einer Stadt!"**
>
> Émile Zola, *Rom*

Die Kirchen Santa Maria dei Miracoli und Santa Maria di Montesanto am Beginn des Corso

## ▲ Tridente

### Piazza del Popolo

Büste Giuseppe Valadiers (1762-1839)

**Ein triumphaler Einzug**
Als Schwedens Königin Christine 1654 zum Katholizismus konvertierte, bewertete Papst Alexander VII. dies als »Genugtuung der Kirche«, die im Westfälischen Frieden 1648 durch die Anerkennung der Calvinisten als Konfession eine schwere Niederlage erlitten hatte. Im folgenden Jahr bereitete Rom ihr einen triumphalen Empfang: Die Königin zog zu Pferde über den Corso bis zur Peterskirche.

**Porta del Popolo.** Das Tor in der Aurelianischen Stadtmauer ersetzte die antike Porta Flaminia. Reisenden, die aus dem Norden über die Via Flaminia nach Rom kommen, bereitet der Triumphbogen einen prunkvollen Empfang. In der Attika begrüßt eine Inschrift die Besucher: *Felici faustoque ingressui MDCLV* (»Für eine glückliche, gesegnete Ankunft, 1655«). Sie wurde anläßlich des Eintreffens von Christine von Schweden (▲ 362) eingraviert. Außerdem beauftragte man damals Bernini mit der Gestaltung der Fassade zur Stadt. In der Mitte des Platzes erhebt sich der Obelisk des ägyptischen Pharaos Ramses II. (1290-1224 v. Chr.), der zuvor im Circus Maximus (▲ 178) stand. Sixtus V. ließ ihn 1587 hier aufstellen. Die Brunnenschalen und Löwen wurden 1823 von Valadier im Auftrag Leos XII. hinzugefügt.

**Neugestaltung durch Valadier.** Nachdem er schon den Pincio-Park angelegt hatte (▲ 316), ging der Architekt Giuseppe Valadier auch an die Neugestaltung des Platzes (1816-1824). Er mußte die bestehenden Gebäude einbeziehen, nämlich die Kirchen Santa Maria del Popolo, Santa Maria di Montesanto (1662-1675) und Santa Maria dei Miracoli (1675-1679), den Obelisken, die Porta Flaminia und natürlich die Via del Corso. Indem er die Ostseite offenließ, konnte er den Blick auf die malerischen Pinienhänge des Parks in sein Konzept einbeziehen, was zu seiner Zeit eine geradezu revolutionäre Idee war. Den Höhenunterschied zwischen Platz und Pincio-Hügel überwand er mit Rampen und Treppen. Von den Terrassen der beiden berühmten Cafés *Rosati* und *Canova* gewinnt man den besten Eindruck von der Gesamtanlage.

**Santa Maria del Popolo** ♥ (● 79). Die Kirche liegt vor den Bäumen des Pincio-Parks an die Aurelianische Stadtmauer geschmiegt, die wegen ihres windungsreichen Verlaufs *muro torto* (»gewundene Mauer«) genannt wird. Zur Renaissance-Fassade führt eine Treppe hinauf. Seit der Restaurierung, die

Baccio Pontelli und Andrea Bregno im 15. Jh. unter Sixtus IV. durchführten, wurde die Kirche mehrfach umgebaut – Bramante verlängerte ihre Apsis – und von namhaften Künstlern ausgestaltet. Die Cappella della Rovere (die erste rechts) beeindruckt vor allem durch die wundervollen Fresken des umbrischen Malers Pinturicchio (1454-1513) und seiner Schüler. Gegenüber liegt die Cappella Chigi, die Agostino Chigi (▲ 360) 1513 nach Plänen seines Freundes Raffael errichten ließ. Die Mosaiken an der Kuppelinnenseite ▲ 262), die nach seinen Entwürfen angefertigt wurden, zeigen Gottvater auf seinem Thron, umgeben von den Symbolen der Sonne und der sieben Planeten in der Konstellation, die sie zum Zeitpunkt der Geburt Chigis einnahmen. Weitere herausragende Werke sind das Altarbild *Geburt Mariä* von Sebastiano del Piombo, die Statuen der Propheten *Jonas* und *Elias* von Lorenzetto (1490-1541) und die Fresken Salviatis zwischen den Fenstern. Bernini versah die beiden Grabpyramiden mit bronzenen Reliefmedaillons und schuf die beiden weiteren Propheten-Statuen *Habakuk* und *Daniel* (rechts). 1682 bis 1687 baute Carlo Fontana für Kardinal Lorenzo Cybo, den Neffen Innozenz' VIII., die Cappella Cybo (die zweite links). Die schnörkellose Linienführung bildet einen interessanten Kontrast zur prächtigen Marmordekoration und den Säulen. Carlo Marattas *Immaculata mit Heiligen* schmückt den Hochaltar. Links vom Chor liegt die Cappella Cerasi (♥, 1601), eine der Kostbarkeiten der Kirche. Zwei Bilder Caravaggios hängen hier, die *Kreuzigung des Petrus* und die *Bekehrung des Paulus*. Die *Himmelfahrt Mariä* (am Altar) stammt von Annibale Carracci.

**Die Zwillingskirchen.** Den Beginn des Corso flankieren die beiden Kirchen Santa Maria di Montesanto und Santa Maria dei Miracoli wie eine pompöse Bühnendekoration. Carlo Rainaldi baute sie im Auftrag Alexanders VII. Die feierliche Symmetrie der beiden Gebäude sollte Reisenden aus dem Norden schon bei ihrer Ankunft in Rom Ehrfurcht vor der Papststadt einflößen.

**Kirche des Volkes**
Einer mittelalterlichen Legende zufolge wurde die Kirche über Neros Grab errichtet. Dessen Seele soll in einem Nußbaum gehaust haben, der auf dem Grab wuchs. 1099 hatte Papst Paschalis II. eine Vision und ließ den Baum kurzerhand abholzen, verbrennen und die Asche in den Tiber

streuen. An seiner Stelle baute man eine Marien-Kapelle – die spätere Kirche Santa Maria del Popolo.

# ▲ TRIDENTE

Der Silen am Brunnen bei Sant'Atanasio

**Die Cafés**
In diesem Viertel lagen viele feine Cafés – die meisten gibt es mittlerweile nicht mehr: das von Piranesi gestaltete *Caffè degli Inglesi*, das *Caffè del Buon Gusto*, dessen Besitzer das Sandwich in Italien populär machte, das *Caffè delle Nocchie*, das von drei überaus häßlichen Schwestern geführt wurde, und das berühmte *Caffè Argano* in der Nähe der Piazza Colonna, einstiger Künstler-Treffpunkt.

Pferderennen im Karneval

**Die Verkehrsachsen.** Drei Straßen gehen fächerförmig von der Piazza del Popolo ab. Deshalb nennen die Römer dieses Viertel *Tridente* (Dreizack). Links verläuft die Via del Babuino mit ihren Antiquitätengeschäften bis zur Piazza di Spagna. Sie verdankt ihren Namen einer unförmigen Statue, einem Silen, der heute einen Brunnen in der Nähe von Sant'Atanasio ›ziert‹ und wegen seiner Häßlichkeit im Volksmund *babuino* (»Affe«) heißt. Rechts geht die Via di Ripetta ab, die früher zum Stadthafen führte. Er wurde inzwischen abgerissen, doch sind zahlreiche Abbildungen von ihm erhalten. In der Mitte schließlich liegt der Beginn der Via del Corso.

## VIA DEL CORSO

**Die Straße Alexanders VII.** »Die Via del Corso ist vielleicht die schönste Straße der Welt.« Dem heutigen Besucher dürfte es schwerfallen, sich Stendhals Urteil anzuschließen, vor allem am späten Nachmittag, wenn man sich seinen Weg durch die Menschenmenge bahnen muß, die sich an dieser Hauptverkehrsstraße entlangschiebt. An der schnurgeraden, recht schmalen Straße reihen sich fast nur noch einfallslose Modegeschäfte aneinander. Sie folgt dem Verlauf der antiken Via Flaminia und zieht sich dann über eine Länge von mehr als 1,5 km zwischen mehrgeschossigen Wohnhäusern und Kirchen bis zur Piazza Venezia hin. Papst Alexander VII. ließ sie begradigen und dazu alle Gebäude abreißen, die sich ihrem Verlauf in den Weg stellten. Er zwang alle Hausbesitzer, die Fassaden zu erneuern. Die Straße wurde Via del Corso genannt, weil hier im Karneval häufig sonderbare Wettrennen *(corse)* stattfanden, wobei Menschen und Tiere (Esel, Büffel) um die Wette liefen. Das wichtigste Ereignis war jedoch das Rennen der Berberpferde – die ohne Reiter durch die Straße jagten. Zahlreiche Zuschauer

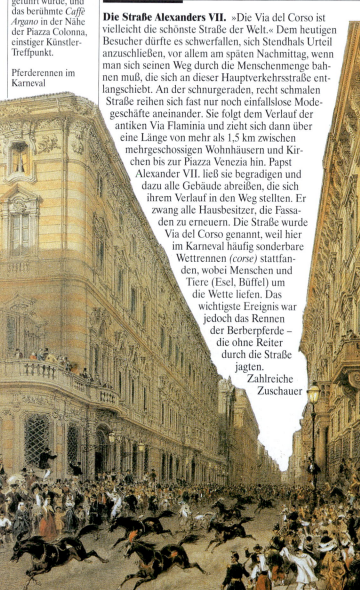

In der Via Margutta können die in Rom ansässigen Künstler ihre Werke ausstellen, in der Hoffnung, sich so einen Namen zu machen.

sahen von den Fenstern der flaggengeschmückten Häuser aus den Festzügen und Karnevalsumzügen zu. Weitgereiste Dichter und Schriftsteller wie Goethe und Charles Dickens waren vom römischen Karneval sehr beeindruckt. Heute ist der erste Teil der Via del Corso Fußgängerzone. Leider kann man die meisten Paläste nicht besichtigen, denn viele wurden von Banken aufgekauft und renoviert und stehen Besuchern nicht offen, beispielsweise der Palazzo Bonaparte, in dem Letizia Bonaparte, die Mutter Napoleons I., bis zu ihrem Tode lebte.

**Goethe-Museum.** In der Nr. 20 der Via del Corso, gleich am Anfang von der Piazza del Popolo aus, steht das Haus, in dem Goethe während seines Romaufenthaltes 1786 gewohnt hat. Hier schrieb er u.a. seine *Römischen Elegien* und die *Iphigenie auf Tauris,* die er im Haus der Malerin Angelica Kauffmann erstmals in einem größeren Kreis vortrug. Von 1973 bis 1980 war hier ein kleines Museum eingerichtet, das Goethes Italienreisen gewidmet war. Seine Wohnung im zweiten Stock kaufte die Bundesrepublik Deutschland vor einigen Jahren – es besteht Hoffnung, daß das Museum bald seine Pforten wieder öffnen wird.

**San Giacomo in Augusta und Gesù e Maria.** Die Kirche San Giacomo in Augusta gehört zu dem gleichnamigen Hospital. Sie entstand Ende des 16. Jh. unter der Leitung von Francesco da Volterra und Carlo Maderno als erstes Sakralgebäude Roms mit elliptischem Grundriß. Gegenüber liegt die Kirche Gesù e Maria (1633). Ihre schöne Fassade (1670-1675) von Carlo Rainaldi orientiert sich – in Rom selten – an Entwürfen Palladios. Überwältigend ist die reiche Innenausstattung aus polychromem Marmor und sizilianischem Jaspis. Die Deckenfresken von Giacinto Brandi zeigen Mitglieder der Familie Bolognetti von Balkon zu Balkon in eine lebhafte Unterhaltung vertieft.

**Santi Ambrogio e Carlo al Corso.** Die Nationalkirche (rechts) der Lombarden ist dem hl. Ambrosius geweiht, dem Schutzpatron Mailands. Sie wurde ab 1612, zwei Jahre nach der Heiligsprechung des hl. Karl Borromäus, des Erzbischofs von Mailand (▲ *247),* erneuert. Der von Onorio und Martino Longhi stammende Grundriß ist typisch mittelalterlich und für Rom eher ungewöhnlich, vor allem wegen des Chorumgangs. Der Architekt Pietro da Cortona schuf 1668 die elegante Kuppel (▲ *263)* – nach denen des Pantheons (▲ *264)* und der Peterskirche (▲ *210)* eine der größten Roms. (Es geht rechts in den Vicolo del Grottino und weiter bis zur Piazza Augusto Imperatore.)

# DAS AUGUSTUS-MAUSOLEUM ● *71*

**Die ägyptische Mode.** Bei seiner Rückkehr aus Alexandria im Jahr 29 v. Chr. und nach seinem Sieg über Antonius und Kleopatra ließ Octavian (Kaiser Augustus) sich ein grandioses Grabmal auf dem Marsfeld errichten. Als Vorbild diente wohl das Mausoleum Alexanders des Großen in Alexandria.

"Das Römische Karneval versammelt sich in dem Korso. Diese Straße ist beschränkt und bestimmt die öffentliche Feierlichkeit dieser Tage. An jedem andern Platz würde es ein ander Fest sein; und wir haben daher vor allen Dingen den Korso selbst zu beschreiben. Er führt den Namen wie mehrere lange Straßen italienischer Städte von dem Wettrennen der Pferde, womit zu Rom sich jeder Karnevalsabend schließt und womit an andern Orten andere Feierlichkeiten als das Fest eines Schutzpatrons, ein Kirchweihfest, geendigt werden."

J.W. v. Goethe
*Italienische Reise*

# ▲ TRIDENTE

RES · GESTAE · DIVI · AVGVSTI

Mitte der 30er Jahre wurde inmitten von Zypressen ein rundes Gebäude von 87 m Durchmesser freigelegt, das aus konzentrischen Mauern bestand. Der Eingang auf der Südseite war nach Art ägyptischer Pharaonengräber mit zwei Obelisken geschmückt (heute auf der Piazza del Quirinale und Piazza dell'Esquilino).

**Der Innenraum.** Ein mit drei Grabnischen versehener Gang zog sich ringförmig um die zentrale *cella*. In der Mitte lag das Grab des Kaisers Augustus, genau unterhalb seiner Bronzestatue, die auf dem Gipfel des Hügelgrabes aufgestellt war. Augustus' 23 v. Chr. verstorbener Neffe Marcellus (▲ *157*) wurde als erster hier beigesetzt. Seine Grabinschrift fand man neben der seiner Mutter Octavia auf demselben Marmorblock. Im Mittelalter geriet das Grabmal in Vergessenheit und wurde später von der Familie Colonna in ein Kastell umgewandelt. Um 1780 diente es als Amphitheater und im 19. Jh. unter dem Namen ›Augusteum‹ als Konzertstätte.

Das Augustus-Mausoleum

**Die »Res gestae«**
Die offizielle Autobiographie des Augustus *(Res gestae)* war auf Bronzetafeln aufgezeichnet, die an zwei Pfeilern zu beiden Seiten des Eingangs hingen. Eine Kopie von Augustus' Rechenschaftsbericht wurde an der Eingangswand des Augustus- und Romatempels in Ankara wiederentdeckt. Eine moderne Abschrift befindet sich an der Fassade des Pavillons über der Ara Pacis.

Detail der Opferprozession (Nordseite der Ara Pacis)

## ARA PACIS AUGUSTAE

**Der Friedensaltar.** Am 30. Januar des Jahres 9 v. Chr. wurde er zur Feier des Friedens geweiht, den Augustus durch seine Siege in Gallien und Spanien gesichert hatte. Das Bauwerk stand zunächst weiter südlich, in der Nähe der Via Flaminia. Schon im 16. Jh. fanden sich erste Bruchstücke, doch erst Ende der 30er Jahre dieses Jahrhunderts konnte der Altar anläßlich der Zweitausendjahrfeiern zu Ehren des Augustus rekonstruiert werden. In dieser Zeit entstand auch der häßliche Betonbau, der den Altar vor Witterungseinflüssen schützen soll. Die Anlage besteht aus einer rechtwinkligen Umfassungsmauer auf einem Podium mit einer Treppe. Die beiden breiten Eingänge liegen an den Längsseiten. Im Inneren befindet sich der eigentliche Altar, zu dem drei Stufen hinaufführen.

**Ein Meisterwerk römischer Bildhauerkunst ♥.** Die marmorne Umfassungsmauer zeigt eine Fülle von Reliefs. Der untere Teil ist an allen vier Seiten mit den gleichen Akanthusranken versehen, die jeweils von einem einzigen Busch in der Mitte des Bildfeldes ausgehen. Der obere Fries ist vielfältiger gestaltet: Neben den Eingangstüren befinden sich vier Reliefs mit mythologischen und allegorischen Szenen, unter anderem eine fast völlig zerstörte Darstellung des *Lupercals,* der Höhle, in der die Wölfin Romulus und Remus (● *26*) gesäugt haben soll. Das andere Relief auf dieser Seite zeigt Äneas, der die Sau mit den dreißig Frischlingen den Penaten opfert; nach einem Orakel sollte er an dieser Stelle eine neue Stadt bauen. An der gegenüber-

> "Nach meiner Rückkehr aus Spanien und Gallien [...] ließ der Senat einen Altar des augustäischen Friedens weihen und wies die Magistraten, Prätoren und Vestalinnen an, dort jedes Jahr ein Opferfest zu feiern."
>
> Augustus
> *Res gestae*, 12

liegenden Seite ist die Göttin *Tellus* (Erde) als üppige Frau mit zwei Kindern dargestellt (rechts). Zwei halbnackte Frauenfiguren personifizieren die übrigen Elemente: Rechts das *Wasser* auf einem Seeungeheuer, links die *Luft* auf einem Schwan. Das rechte Bildfeld ist fast völlig zerstört, vermutlich war hier die Göttin Roma abgebildet. An den übrigen Seiten sind historische Szenen zu sehen. Der Fries an der Südseite (zur Via di Ripetta gelegen) ist am besten erhalten. Dargestellt sind die wichtigsten Mitglieder der Kaiserfamilie, die in streng hierarchischer Ordnung vorbeidefilieren. Man erkennt unter anderen Augustus, Agrippa, Livia (die Kaisergattin), Drusus d. Ä., Tiberius und Gaius Julius Caesar. Die Ara Pacis ist ein bedeutendes Zeugnis des offiziellen augustäischen Kunststils, symbolisiert zugleich aber auch das politische Selbstverständnis der Herrschenden: Legende, Geschichte und Religion werden herangezogen, um Augustus und den Frieden unter römischer Herrschaft zu feiern. (Es geht weiter durch die Via di Ripetta und nach links in die Via dell'Arancio.)

## Von der Piazza Borghese zum Largo Goldoni

**Palazzo Borghese.** Das um 1590 von Martino Longhi d.Ä. begonnene Gebäude kaufte 1604 Kardinal Camillo Borghese, der spätere Papst Paul V., der es nach seiner Wahl 1605 seinen Brüdern schenkte. Flaminio Ponzio baute den Palast aus, um 1670 gestaltete Carlo Rainaldi ihn neu. Aufgrund des unregelmäßigen Grundrisses wird die Anlage im Volksmund auch als *cembalo* bezeichnet. An den Bücherständen auf der Piazza Fontanella Borghese vor dem Palast kommen Liebhaber antiquarischer Bücher und Stiche auf ihre Kosten. (Es geht durch die Via Fontanella Borghese auf den Corso zurück.)

An der Piazza Fontanella Borghese kann man Druckgraphiken erstehen.

**Palazzo Borghese**
Der Garten des Palastes ist einer der schönsten und besterhaltenen aller römischen Barockgärten. Der stille, friedvolle Innenhof ist mit antiken Statuen, Girlanden, Putten und Brunnen geschmückt. Das Bild zeigt die Loggia der Villa Borghese.

▲ TRIDENTE

# Caffè Greco
### A.D. 1760
### Roma, via Condotti 86

**Antico Caffè Greco** (Via Condotti Nr. 86) Das älteste und lange Zeit glänzendste aller römischen Cafés (1760 eröffnet) wird immer schon von einem illustren und internationalen Publikum besucht. Neben vielen anderen verkehrten hier Wagner, Stendhal, Goethe, D'Annunzio, Modigliani, Toscanini und Berlioz und sogar Buffalo Bill.

**Palazzo Ruspoli.** Das Gebäude am Largo Goldoni gehörte ursprünglich den Rucellai, einer reichen Florentiner Familie. Für ihr Haus in Rom beauftragten sie um 1556 zwei Künstler aus ihrer Heimatstadt: Bartolomeo Ammannati, von dem der Hof des Palazzo Pitti in Florenz stammt, sollte die Bauarbeiten leiten und Jacopo Zucchi einen allegorischen Freskenzyklus malen. Heute ist nur noch das Erdgeschoß zu besichtigen (Eingang Via del Corso Nr. 418A). Darin befindet sich die Stiftung Memmo, die vielbeachtete Ausstellungen veranstaltet. (Biegen Sie in die Via del Leoncino ein und gehen Sie bis zur Piazza San Lorenzo in Lucina.)

**San Lorenzo in Lucina.** Die Kirche wurde vermutlich unter Papst Sixtus III. (432-440) an der Stelle errichtet, wo das Haus der reichen römischen Matrone Lucina gestanden hatte (die Märtyrern ein würdiges Begräbnis verschafft hatte). Sie war dem hl. Laurentius geweiht. Papst Paschalis II. ließ sie Anfang des 12. Jh. renovieren, aus dieser Zeit sind noch der Portikus und der Glockenturm erhalten. Um 1650 erneuerte man das gesamte Gebäude von Grund auf und fügte die Seitenkapellen hinzu. Auf der rechten Seite fällt die schöne Cappella Fonseca auf, ein Werk Berninis. In der Kirche ist u.a. Nicolas Poussin (1594-1665) beigesetzt, dem Chateaubriand 1830 ein Grabmal setzen ließ. In der vierten Kapelle links ist eine *Versuchung des hl. Franziskus* (1624) von Simon Vouet zu sehen. (Es geht den Corso ein Stück zurück und nach rechts in die Via Condotti.)

Detail der Fassade des
Palazzo di Propaganda Fide

# PIAZZA DI SPAGNA

**Eine der schönsten Szenerien Roms.** Die Piazza di Spagna ist noch immer beeindruckend schön. Die Straßen des Viertels, das sich einst Spanier (Spanische Botschaft) und Franzosen (Trinità dei Monti) teilten, sind heute von Luxus-Boutiquen, Juwelierläden und anderen ›hochkarätigen‹ Geschäften gesäumt. Die Piazza di Spagna besteht aus zwei Dreiecken, deren Spitzen ineinandergreifen, und verdankt ihren Namen der ersten in Rom fest eingerichteten Botschaft, dem Palazzo di Spagna. Er stammt von Antonio del Grande aus dem Jahr 1674 und liegt zwischen der Via Borgognona und der Via Frattina. Bis heute ist er Sitz der spanischen Gesandtschaft beim Heiligen Stuhl. Im 17. Jh. zog das Viertel viele Künstler an – darunter Claude Lorrain, Poussin und Van Laer – und wurde deshalb gelegentlich mit dem Pariser Montparnasse der Nachkriegszeit verglichen. Vor wenigen Jahren wurde hier die erste McDonalds-Filiale der Stadt eröffnet, begleitet von lautstarken Protesten der Römer, doch vielleicht möchten Sie lieber eine stilvollere Erfrischung in der viktorianischen Atmosphäre von Babington's Tea Room zu sich nehmen. In dem Haus Nr. 26 starb 1821 der englische Dichter John Keats (▲ *183*). Es enthält ein kleines Museum, das ihm und und seinem Dichterfreund Shelley gewidmet ist.

**Palazzo di Propaganda Fide.** Er ist Sitz der von Gregor XV. gegründeten »Kongregation für die Verbreitung des Glaubens«, die seit 1622 junge Missionare ausbildet. Das Gebäude wurde zunächst von Bernini erneuert, von dem u.a. die Hauptfassade stammt, 1646 übernahm Berninis Erzrivale Borromini die Leitung der Arbeiten. Zu dem Komplex gehört eine kleine Dreikönigskirche, ebenfalls von Borromini. Vor dem Palast steht die Colonna dell'Immaculata (Säule der unbefleckten Jungfrau), eine antike Säule, der unter Pius IX. eine Marienstatue aufgesetzt wurde. Kurz zuvor hatte der Papst 1854 das Dogma der unbefleckten Empfängnis verkündet. Seither segnet der Papst jedes Jahr am 8. Dezember die Gläubigen, die zum Fest der Jungfrau Maria herbeiströmen. (Es geht weiter bis zur Via Capo le Case.)

**Sant'Andrea delle Fratte.** Diese Kirche stand früher außerhalb des Stadtkerns, daher ihr Name: *fratte* heißt Dickicht. Bereits 1370 stand an dieser Stelle eine dem hl. Andreas geweihte Kapelle. Nach diversen Umbauarbeiten übernahm 1653 Borromini die Leitung der notwendigen Restaurierung. Von ihm stammen die Apsis, der beeindruckende schlanke Glockenturm, dessen Stockwerke alle unterschiedlich verziert sind, und vor allem die geschwungene Kuppel, die vom Kreuzgang aus gut zu sehen ist. In dieser Kirche (beim linken Seiteneingang) liegt die deutsche Malerin und Goethe-Freundin Angelika Kauffmann (1714-1807) begraben. (Es geht zurück zur Piazza di Spagna.)

**Congregazio di Propaganda Fide**
Fest der unbefleckten Empfängnis: Jedes Jahr am 8. Dezember begibt sich der Papst auf die Piazza di Spagna. Er reicht den Feuerwehrmännern eine Girlande an, mit der sie die Madonnenstatue oben auf der Säule schmücken. Die Gläubigen legen zu Füßen der Säule Blumen nieder.

Das Keats-Museum und die Kirche San Lorenzo in Lucina

# TRIDENTE

**Spanische Treppe** Am Anfang der berühmten Travertin-Treppe erinnern die Adler aus dem Wappen des Papstes Innozenz XIII. und die französischen

Lilien daran, daß es um den Bau dieser Treppe heftige diplomatische Auseinandersetzungen zwischen Frankreich und dem Heiligen Stuhl gab. Die Kosten für ihren Bau wurden zum Teil aus dem Legat eines französischen Botschaftsangehörigen finanziert. Offiziell heißt die Treppe denn auch Scalinata della Trinità dei Monti nach der französischen Nationalkirche, zu der sie hinaufführt. Während seiner Rom-Zeit stieg Goethe fast täglich die 138 Stufen hinauf, denn das Viertel um die Via Sistina bildete damals eine Art deutscher Künstlerkolonie, und dort wohnten auch Angelica Kauffmann und Hofrat Reiffenstein, die er häufig besuchte.

## TRINITÀ DEI MONTI

**Fontana della Barcaccia.** Am Fuß der Spanischen Treppe steht ein seltsam flacher Brunnen, der wie ein gestrandeter Kahn aussieht. Er knüpft vermutlich ebenso wie die Fontana della Navicella auf dem Caelius-Hügel (▲ 190) an antike Brunnenformen an. Urban VIII. entschloß sich 1627 zum Bau dieses von der Aqua Virgo (▲ 298) gespeisten Brunnens. Neueren Forschungen zufolge schuf ihn nicht Pietro Bernini, sondern sein Sohn Gian Lorenzo.
**Eine majestätische Treppe.** Die Arbeiten an der Piazza di Spagna endeten im 18. Jh. mit dem Bau der schwungvollen Treppe, die in mehreren Rampen zur Kirche Trinità dei Monti hinaufführt. Ludwig XV. von Frankreich finanzierte das Projekt zum Teil. Schon Ludwig XIV. wollte hier eine Treppe errichten, die mit seinem Reiterstandbild gekrönt werden sollte, doch widersetzte sich der Papst diesem Entwurf, den er als unerträgliche Selbstdarstellung eines fremden Herrschers im päpstlichen Machtgebiet empfand. Das Projekt wurde erst unter Innozenz XIII. wieder aufgegriffen. Zwischen 1723 und 1726 durfte der Architekt Francesco de Sanctis eine Treppe bauen, mußte jedoch das Reiterstandbild weglassen. Vor allem im Frühling, wenn blühende Azaleen die Treppe schmücken, wirkt die spätbarocke Anlage zauberhaft.
**Trinità dei Monti.** Die Kirche wurde ab 1502 im Auftrag Ludwigs XII. auf Kosten der französischen Krone erbaut und dem Orden der Minimen überlassen. Die Freitreppe von Domenico Fontana (1587) führt zu Carlo Madernos eleganter Fassade mit den beiden Glockentürmen hinauf. Im Innenraum enthält die zweite Kapelle links eines der berühmtesten Fresken Roms, die *Kreuzabnahme* (1541) von Daniele da Volterra, die auf einer Zeichnung Michelangelos beruhen soll. Im angrenzenden Kloster leben die Schwestern des Sacro Cuore. In die Piazza Trinità dei Monti, in deren Mitte seit 1789 ein Obelisk aus den Gärten des Sallust (▲ 288) steht, mündet rechts die alte Via Felice, die sich über Quirinal, Viminal und Esquilin bis hin zu Santa Maria Maggiore (▲ 342) erstreckt. Ebenfalls rechts geht vom Platz die Via Gregoriana ab, in der eines der seltsamsten Gebäude des 16. Jh. steht, der Palazzo Zuccari, den sich der manieristische Maler Federico Zuccari, Mitglied der Accademia di San Luca (▲ 299), als Wohnhaus und Atelier baute. Türen und Fenster sind von den aufgerissenen Mäulern seltsamer steinerner Ungeheuer umgeben. Jacques-Louis David malte hier den *Schwur der Horatier* (1784-85, Louvre). Heute ist der Palast Sitz der Bibliotheca Hertziana, des kunstgeschichtlichen Instituts der Max-Planck-Gesellschaft.

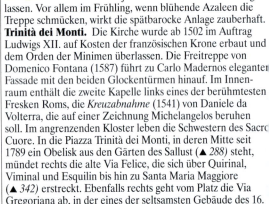

(Biegen Sie in den Viale Trinità dei Monti ein, der zum Pincio hinaufführt. Hier sehen Sie eine Büste Chateaubriands, der 1828/1829 Botschafter in Rom war, und kommen am Konvent der Sacro-Cuore-Schwestern und am Park der Villa Medici vorbei, der die Stelle der Lukullischen Gärten aus dem 1. Jh. v. Chr. einnahm.)

## VILLA MEDICI ● 89

**Eine Renaissance-Villa.** Das Vorläufergebäude wurde 1564 von Annibale Lippi im Auftrag des Kardinals Giovanni Ricci di Montepulciano vollständig umgebaut. Der Palast ging später in den Besitz der Familie Medici über, nach der er benannt ist. Ebenso wie die Villen des 16. und 17. Jh. zeigt sie der Stadt eine nüchterne, fast militärisch strenge Front, während die mit einer Loggia versehene Gartenseite eine heitere, reich gegliederte Fassade aufweist. In die Gartenmauer sind Flachreliefs eingelassen, die zum Teil von der Ara Pacis (▲ 310) stammen; sie belegen, daß die großen römischen und Florentiner Familien Ende des 16. Jh. bedeutende Antikensammlungen besaßen.

**Ein italienischer Garten.** Der Park der Villa wurde zwar mehrfach verändert, zeigt jedoch noch immer Züge der typisch italienischen Gartenanlage: Alleen, halbrunde Freiflächen, *giardini secreti* (»geheime Gärten«), Brunnen, Boskette und überall Statuen. Hinten im Garten steht an der *muro torto* (▲ 306) das Studierzimmer *(studiolo)* von Ferdinando de' Medici. Bei der Restaurierung fand man manieristische Fresken aus dem 16. Jh. und eine wunderschöne Voliere. Neuere Ausgrabungen haben ergeben, daß zwischen der Villa Medici und Trinità dei Monti ein riesiges, unter Kaiser Claudius erbautes Nymphäum mit unregelmäßigem Grundriß lag.

**Académie de France.** Die französische Akademie wurde 1666 von Ludwig XIV. gegründet, um jungen Künstlern Gelegenheit zum Studium der klassischen Kunst zu geben. 1803 verlegte Napoleon sie in die Villa Medici. (Es geht weiter auf dem Viale Trinità dei Monti.)

Von links nach rechts: Via Gregoriana und Ansichten der Villa Medici

**Hector Berlioz**
1830 wurde Berlioz von der französischen Akademie der Grand

Prix de Rome verliehen. In seinen *Mémoires* berichtet er, vermutlich mit romantischer Übertreibung, wie er die Scalinata della Trinità dei Monti zur Villa Medici hinaufstieg und sich mit dem Messer gegen Räuber zur Wehr setzen mußte, die ihm die Geldbörse abnehmen wollten.

# ▲ TRIDENTE

## DER PINCIO ♥ ● 90

Der Park des Pincio oberhalb der Piazza del Popolo ist ein magischer Ort, an dem man dem Gewühl entfliehen kann und der zahllose lauschige Plätzchen für Liebespaare bietet. Im 4. Jh. gehörte das Grundstück der Familie Pinci. Giuseppe Valadier machte daraus eine klassizistische Parkanlage, die seit 1828 für die Öffentlichkeit zugänglich ist. Von der Aussichtsterrasse hat man einen einzigartigen Blick über die Stadt. Mit den schattigen Alleen von Schirmpinien, Palmen und Eichen fand der Park sofort einstimmigen Anklang nicht nur bei den Römern selbst, sondern auch bei Künstlern und Fremden, die sich in der Ewigen Stadt aufhielten. Der Zeitgeschmack forderte eine an städtische Bedürfnisse angepaßte Natur, schöne Aussichtspunkte und die Gelegenheit zu gesellschaftlichem Umgang auf gepflegten Spaziergängen: All dies bot der Pincio. Zu Fuß oder im Wagen fand sich die ›bessere‹ Gesellschaft Roms hier regelmäßig ein. Reisende, Chronisten und Schriftsteller preisen die Schönheit dieses Parks.

**Casina Valadier.** Im Viale Mickiewicz steht dieses kleine Lokal, wo man *granita al caffè* mit Aussicht auf die Stadt genießen kann. Das Haus entstand 1813 und war schon bei der Eröffnung 1817 als Restaurant vorgesehen. Es wirkt wie ein Gartenpavillon nach dem Geschmack des 18. Jh. Eine Zeitlang geriet es aus der Mode, ist aber seit der Renovierung 1922 wieder sehr beliebt.

**Denkmäler.** Zahlreiche Porträtbüsten zieren die Alleen des Pincio-Parks. Dekorationen dieser Art waren schon bei antiken Villen beliebt und erinnern hier an große Italiener und edle Patrioten. Neben den Büsten des Metastasio, Canova und Tizian findet sich ein Denkmal (1911), das an die Schlacht von Legnano gemahnt (Sieg des Lombardischen Städtebundes über Barbarossa, 1176). Etwas weiter stehen Denkmäler von Raffael (1838) und Enrico Toti (1918), dem einbeinigen Bersagliere, der auf Krücken an der Schlacht von 1916 teilnahm. 1822 wurde der Obelisk, den Hadrian seinem geliebten Antinous errichtet hatte, hier aufgestellt.

"Der Garten des Pincio ist nicht vergraben wie die Tuilerien, sondern erhebt sich achtzig oder hundert Fuß den Tiber und das umliegende Land. Der Blick ist prachtvoll. Im Winter um zwei Uhr sieht man hier oft genug die jungen Römerinnen ihren Wagen verlassen und spazierengehen; der Pincio ist ihr Bois de Boulogne."

Stendhal, *Wanderungen in Rom*

Denkmal des Enrico Toti

**Das Denkmal der Brüder Cairoli**
Am Ende des Viale Gabriele D'Annunzio steht dieses 1883 von Ercole Rosa errichtete Denkmal zur Erinnerung an die Brüder Cairoli, die 1867 in der Schlacht bei Mentana fielen, als Garibaldis Marsch auf Rom (● *33*) von päpstlichen und französischen Truppen blutig niedergeschlagen wurde.

316

# Die Via Appia antica

Caracalla-Thermen *319*
Die Scipionen-Gräber *322*
Die Aurelianische Stadtmauer *323*
Die Katakomben *324*
San Sebastiano *326*
Der Maxentius-Komplex *328*
Grabmal der Caecilia Metella *330*

# ▲ Die Via Appia antica

1. Caracalla-Thermen
2. Santi Nereo e Achilleo
3. San Sisto Vecchio
4. San Cesareo
5. San Giovanni a Porta Latina

✻ 1 Tag

**Die Via Appia**
Die Straße war so breit, daß zwei Fahrzeuge in entgegengesetzter Richtung nebeneinander passieren konnten. Die Fahrbahn war mit Basaltplatten gepflastert und von Gehwegen aus gestampftem Lehm gesäumt. Sie war 4,10 m breit, in der Antike das Standardmaß für Überlandstraßen. Alle 9 oder 10 Meilen konnte der Reisende Halt machen, die Pferde wechseln und sich erfrischen.

Die Via Appia erhielt als erste römische Straße den Namen ihres Erbauers. Appius Claudius Caecus, der den Römern auch das erste Aquädukt bescherte, ist uns deshalb als einer der ersten römischen Beamten bekannt. Der Bau der wegen ihrer Länge, ihres Alters und ihres fast schnurgeraden Verlaufs ›Königin der Straßen‹ genannten Verkehrsverbindung begann 312 v. Chr. Sie sollte Rom mit Capua, der Hauptstadt Kampaniens verbinden, als sich zwischen den beiden Städten eine politische Union abzeichnete. Später wurde sie bis Brindisi, dem ›Tor zum Orient‹, verlängert. Es dauerte 13 bis 14 Tage, um die Gesamtstrecke von 530 km zurückzulegen, doch nur fünf, um bis Capua zu gelangen. Die Via Appia begann an der Porta Capena, ein Stück vor den Caracalla-Thermen. Heute liegt das besterhaltene Stück jenseits der Stadtmauern, und nur hier gewinnt man eine Vorstellung von den Vororten der antiken Stadt, den Dörfern, den Gräbern, den Aquädukten und den großen kaiserzeitlichen Landhäusern. Im Mittelalter entvölkerte sich die Via Appia und fiel unter die Herrschaft der Caetani, einer aus Gaeta stammenden vornehmen Familie. Erst im 16. Jh. wuchs wieder das Interesse für die Gegend: Raffael, Pirro Ligorio und Michelangelo beklagten den schlechten Zustand der Straße und der Bauwerke und schlugen eine Restaurierung vor. Doch erst Pius VI. im 18. Jh. und den Archäologen des 19. Jh. gelang es, die Straße wiederherzustellen.

**Eine lange Reihe von Gräbern.** Seit frühester Zeit bestattete man die Toten außerhalb des *Pomerium*, der geheilig-

7. Porta Latina  8. Porta San Sebastiano  9. Kirche Domine Quo Vadis  10. Katakomben des Calixtus  11. Via Appia antica  12. San Sebastiano  13. Mausoleum des Romulus  14. Grabmal der Caecilia Metella  15. Maxentius-Circus

n Grenze der Stadt. Die antiken römischen Landstraßen nd deshalb regelrechte Nekropolen, die je nach sozialer ugehörigkeit der Benutzer und den jeweiligen Begräbnisten ganz unterschiedlich aussehen. Erd- und Feuerbestattung wurden nebeneinander praktiziert, wobei je nach Epohe die eine oder andere Methode überwog. In republikanischer Zeit war die Einäscherung häufiger anzutreffen, wovon ele Kolumbarien (Kammern mit Nischen, in denen Tausende von Graburnen aufbewahrt werden) und Altäre mit der Asche der Verstorbenen zeugen, während in der Kaiserzeit eher die Erdbestattung verbreitet war, was die Einrichtung von Katakomben

Die Via Appia

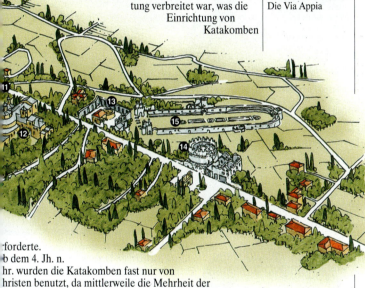

forderte.
b dem 4. Jh. n.
hr. wurden die Katakomben fast nur von
hristen benutzt, da mittlerweile die Mehrheit der
evölkerung Roms diesen Glauben angenommen hatte.

## DIE CARACALLA-THERMEN

**Gesunder Geist in gesundem Körper«.** Seit dem Ende der epublik besuchten die Römer öffentliche Bäder, nicht nur us hygienischen Gründen oder aus Freude am Sport, sonern auch als Freizeitbeschäftigung. Die Vielzahl der angebonen Aktivitäten und ihre zunehmende soziale Bedeutung eranlaßten die Kaiser, die Thermen immer weiter zu vergröern, damit mehr Badende Einlaß fanden – die Thermen des aracalla konnten 1600 Besucher aufnehmen – und das Anbot erweitert werden konnte: Nach und nach wurden weitee Sportplätze, Konzertsäle, Vortragsräume, Bibliotheken, ärten, Brunnen, Säulenhallen und vieles mehr eingerichtet. rchitektur und Verzierung der Bauwerke wurden immer ffinierter und prachtvoller, es entstanden beispielsweise osaiken, Stuckverzierungen, Kolonnaden, Gemälde und kulpturen. Der Monumentalität der Anlage entsprach auch e große Zahl an Personal, das die Besucher bediente, wie arderobenwärter, Masseure, Haarentferner und Ärzte. Zur erstreuung der Badenden strömten auch Musiker, fliegende ändler, Schauspieler, Vorleser und Deklamatoren in die hermen. Im Gegensatz zu den griechischen Gymnasien, die

**Caracalla** (188-217) Er wurde ab 198 von seinem Vater Septimius Severus an der Macht beteiligt. 211 wurde er selbst Kaiser. Nach dem Tod seines Vaters ließ er seinen Bruder Geta umbringen und dessen Namen aus allen offiziellen Urkunden tilgen. Caracalla unternahm zahlreiche Kriegszüge gen Osten. Auf einem der Partherfeldzüge wurde er ermordet.

# ▲ Die Via Appia antica

**Die Caracalla-Thermen**
Die beiden großen Exedren seitlich des Portikus enthielten jeweils eine Palaestra (Übungsplatz für Ringer). An der Rückseite verbarg eine Exedra in Form eines halben Stadions die beiden riesigen Zisternen. Sie konnten 80 000 m³ Wasser fassen, das von der Aqua Marcia herangeführt wurde. Zu beiden Seiten der Zisternen lagen vermutlich Bibliotheken.

Der *Farnesische Herakles* aus den Thermen des Caracalla (heute in Neapel)

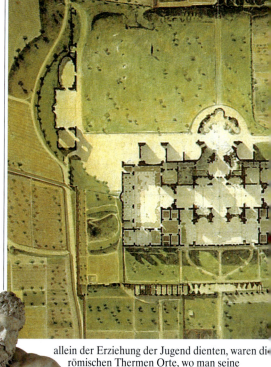

allein der Erziehung der Jugend dienten, waren die römischen Thermen Orte, wo man seine Freizeit zusammen verbringen konnte, Sport trieb und zugleich ein reiches Kulturangebot vorfand, damit nach den Worten des Dichters Juvenal »ein gesunder Geist in einem gesunden Körper« *(mens sana in corpore sano)* wohnen könne. Die Thermen standen jedermann bis Sonnenuntergang offen. Erst seit der Zeit Hadrians zu Anfang des 2. Jh. gab es unterschiedliche Öffnungszeiten für Männer und Frauen. In letzter Zeit diente das gigantische Gebäude im Sommer als Kulisse für Freiluftaufführungen von Opern und Balletten.

**Der Ablauf des Bades** (● *68*). Die Caracalla-Thermen sind die prächtigsten und am besten erhaltenen aller kaiserlichen Thermenanlagen. Sie wurden 212-216 erbaut und bilden ein fast exaktes Quadrat mit einer Fläche von 11 Hektar und einer später von Elagabal (▲ *151*) und Severus Alexander hinzugefügten Umfassungsmauer. Der rein sportlichen Zwecken vorbehaltene Mittelteil zeigt die traditionelle Aufteilung. Man betrat die Thermen durch eines der vier Portale in der Nordostfassade. Von der Eingangs-

halle aus ging man weiter in einen quadratischen Raum, vielleicht einen Umkleideraum *(Apodyterium)* und kam dann auf einen der beiden Sportplätze. Hier nahm der Rundgang der Badenden seinen Anfang: Das Baderitual begann mit sportlichen Übungen, mit denen die Muskeln gelockert und heftiges Schwitzen gefördert werden sollten. Danach wurde der Körper abgerieben und eingeölt und dann in den folgenden Sälen nacheinander Wärme und Kälte ausgesetzt: trockenes Schwitzbad im *Laconicum*, dann ein heißes Bad (Eintauchen oder Besprengen) im *Caldarium*. Dieser runde Saal von 34 m Durchmesser war mit einer großen Kuppel überspannt. Von hier aus ging der Badegast weiter in das lauwarme Bad, das *Tepidarium*, damit der Körper sich allmählich an die Kühle des *Frigidariums* gewöhnen konnte. Dabei handelte es sich um eine offene Halle mit Kaltwasserwannen und einem Schwimmbecken *(Natatio)*. Zwischen *Tepidarium*

### Das Mosaik des Athleten

Der Fußboden der Sportplätze war mit sehr schönen bunten Mosaiken bedeckt. Eines davon, das 1824 entdeckt wurde und sich mittlerweile im Vatikanischen Museum befindet, zeigt Athleten in Aktion.

und *Frigidarium* lag eine große Halle, die sogenannte Basilika, die als Ruheraum diente. Weitere Räume zwischen Halle und Umkleideräumen wurden für Massagen und ärztliche Untersuchungen, die Terrassen zum Sonnenbaden genutzt, außerdem lagen hier auch die Latrinen. In den Kellerräumen unter dem Komplex waren die Versorgungseinrichtungen der Thermen untergebracht. Sie bildeten ein regelrechtes unterirdisches Straßennetz. In einem der Kellerräume in der Nähe der großen nordwestlichen Exedra fand man ein Mithräum (▲ *181),* das größte bekannte Mithras-Heiligtum Roms. Wenden Sie sich am Ausgang der Thermen nach rechts.)

**Santi Nereo e Achilleo.** Nach der Legende verlor Petrus bei seiner Flucht aus dem Mamertinischen Kerker (▲ *131)* hier die Binde *(fasciola)*, die seinen von Ketten verletzten Fuß schützte – daher der ursprüngliche Name der Kirche *titulus fasciolae*. Später wurde die seit 337 belegte Kirche zwei frühchristlichen Märtyrern geweiht. Erstmals wurde sie unter Leo I. restauriert (ca. 800), aus dieser Zeit stammt noch ein Mosaik am Triumphbogen. Im 16. Jh. wurde sie völlig erneuert und 1597 im Auftrag von Kardinal Baronio mit Fresken versehen.

**San Sisto Vecchio.** Die auf eine ältere Gründung zurückgehende Kirche ließ Papst Innozenz III. (1198-1216) renovieren; er übergab sie dem hl. Dominikus, der hier das erste Kloster seines Ordens in Rom gründete. Kirche und Kloster wurden 1724-1730 von Filippo Raguzzini im Auftrag Benedikts XIII. vollständig umgebaut. Der romanische Campanile wurde im Zuge der Arbeiten unter Innozenz III. errichtet.

### Das Haus des Kardinals Bessarione

Neben der Kirche San Cesareo (▲ *322)* steht das Haus des Kardinals Bessarione, ein schönes Gebäude aus dem 15. Jh. Der Humanist und Theologe soll die großen Geister seiner Zeit hierher eingeladen haben. Im Innern ist ein Teil der ursprünglichen Freskenbemalung erhalten, ebenso Renaissancemöbel.

# ▲ Die Via Appia antica

Oben: die reiche Dekoration des in den Felsen geschlagenen Kolumbariums des Pomponius Hylas

**Die Scipionen-Gräber**
Von der alten, nach Nordwesten gerichteten Fassade und dem in den Felsen geschlagenen, mit Fresken bemalten Sockel ist praktisch nichts geblieben.

**Der Sarkophag des Scipio Barbatus**
(Das Original und die übrigen Inschriften werden in den Vatikanischen Museen aufbewahrt.) Die Inschrift des Sarkophags preist die Verdienste des Siegers von 298 v. Chr. über die Samniten und die Etrusker: »Lucius Cornelius Scipio Barbatus, Sohn des Gnaeus, ein tapferer und kluger Mann; er war bei euch Konsul und Aedil. Er nahm Taurasia und Cisauna in Samnium ein und unterwarf Lukanien, von wo er Geiseln mitbrachte.«

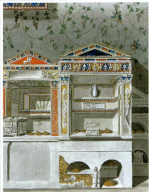

## Parco degli Scipioni

**San Cesareo.** Die Kirche wurde im 16. Jh. über einem Gebäude aus dem 2. Jh. n. Chr. errichtet. Von dem Vorgängerbau ist, teils unter dem Fußboden der Kirche verborgen, ein schwarz-weißes Bodenmosaik mit Meeresmotiven erhalten geblieben. Im Innern der Kirche fallen das Apsismosaik mit dem Abbild *Gottvaters* sowie ein Fresko am Triumphbogen mit einer *Verkündigung* auf, beides Werke des Cavalier d'Arpino.

**Die Scipionen-Gräber.** Im Jahr 1780 entdeckte man unter einem Privathaus mehrere Räume mit Sarkophagen, von denen der älteste vom Anfang des 3. Jh. v. Chr. stammt. Es handelte sich um die Grabstätte der Scipionen, einer berühmten römischen Familie, aus der bedeutende Feldherrn, darunter der Bezwinger Hannibals (202 v. Chr.), hervorgingen. Der Fund zeigte den Archäologen, daß die Römer bereits in republikanischer Zeit die Körperbestattung kannten. Der Eingang zu den Gräbern liegt heute an der Via Appia. Die Grabkammer selbst ist in einen natürlichen Tuffblock geschnitten und besteht aus sechs sich zum Teil kreuzenden Gängen. Etwa 30 Tuff-Sarkophage waren an den Wänden aufgestellt, teilweise in eigens dafür angelegten Nischen. Am Ende des Mittelgangs steht eine Kopie des ältesten gefundenen Sarkophags. Er gehörte Lucius Cornelius Scipio Barbatus, Konsul des Jahres 298 v. Chr. (unten). An der linken Wand des Mittelgangs sieht man die Reste des Originalsarkophags seines Sohnes, Konsul im Jahr 259 v. Chr.

**Kolumbarium des Pomponius Hylas.** Im Park zwischen der Via Appia und der Via Latina zeigt Ihnen der Wärter vielleicht das kleine unterirdische Kolumbarium aus den ersten

Jahrzehnten des Kaiserreichs. Man erreicht es über eine ebenso alte Treppe. Gegenüber den letzten Stufen liegt eine mosaikgeschmückte Nische mit einer Inschrift, in der zwei Namen vorkommen: *Cn[aeus] Pomponius Hyla* und *Pomponia Vitalis* (Bilder links). Der teils in den Fels hineingehauene rechteckige Raum ist mit schönen Stuckverzierungen und Malereien versehen, die fast alle aus der Zeit Neros stammen. Im letzten Jahrhundert wurden in der Nähe in der Vigna Codini (heute Privatbesitz) drei weitere Kolumbarien entdeckt.

**Oratorio San Giovanni in Oleo.** Die kleine achteckige Kapelle wurde 1509 vom französischen Prälaten Benoît Adam errichtet; der Überlieferung nach steht sie über der Stelle, wo der hl. Johannes unversehrt aus dem Kessel mit siedendem Öl stieg, in den man ihn geworfen hatte; daraufhin schickte man den Evangelisten nach Patmos ins Exil. Die Kapelle wurde 1658 von Borromini und 1716 unter Clemens XI. restauriert.

**San Giovanni a Porta Latina.** Die von Papst Gelasius (492-496) gegründete Kirche wurde nach byzantinischem Vorbild errichtet. Im 11. Jh. lebte hier eine Gemeinschaft von Priestern, die sich, von christlichem Eifer getrieben, zu Armut und Gehorsam verpflichtet hatten. Von ihnen ging der Anstoß zur gregorianischen Reform aus, die von den Päpsten Gregor VI. und Gregor VII. angestrebt wurde (● 30). Die Kirche ist seit kurzem in ihrer mittelalterlichen Form wiederhergestellt. Eine Vorhalle mit fünf Arkaden auf Spoliensäulen aus Marmor und Granit steht vor der Fassade mit dem angrenzenden eleganten sechsstöckigen Campanile. Das Mittelschiff ist mit bedeutenden Fresken des 12. Jh. ausgeschmückt, auf denen Szenen aus dem Alten und Neuen Testament dargestellt sind.

## DIE AURELIANISCHE STADTMAUER

**Porta Latina.** Kaiser Aurelianus (270-275) beschloß, Rom eine neue Stadtmauer zu geben, um es gegen Barbareneinfälle zu schützen. Alle Maurer der Stadt wurden aufgerufen, dazu beizutragen. Der Bau der Mauer begann im Jahr 271 und war beim Tode des Kaisers abgeschlossen. Die 19 km lange, 4 m dicke Mauer besitzt etwa alle 30 m einen quadratischen Wehrturm; alles in allem stellte sie ein eher bescheidenes Verteidigungswerk dar. Deshalb wurde sie mehrfach verbessert, vor allem zwischen 401 und 402, um den Gotenangriffen Einhalt zu gebieten. Die Mauer wurde dabei aufgestockt, der einfache Wehrgang durch einen gedeckten Gang mit Schießscharten ersetzt, über dem hinter Zinnen ein weiterer Wehrgang verlief. Die ebenfalls verstärkten Türme wurden zu regelrechten Festungen ausgebaut, die notfalls unabhängig von-

**Die Aurelianische Stadtmauer**
Von der Porta San Sebastiano, wo eine interessante Ausstellung zur Geschichte der römischen Stadtmauern untergebracht ist, kann man einen Teil des alten Wehrgangs begehen. Die Stadtmauer bildet eine strategische Verteidigungslinie, die teils auf den Hügeln liegt und einige große Gebäude einbezieht, so das Amphitheatrum Castrense (▲ 290), die Castra Praetoria (▲ 335) und die Cestius-Pyramide (▲ 182).

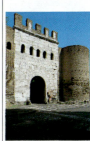

**Porta Latina**
Das Tor war doppelt gesichert, außen mit einer Flügeltür und innen mit einem Fallgitter, mit dem man im Bedarfsfall den Zugang sofort blockieren konnte. Im darüberliegenden Teil erhellten fünf Bogenfenster den Raum, von dem aus das Fallgitter bedient wurde. Sie wurden im Krieg gegen die Goten vermutlich geschlossen.

# ▲ Die Via Appia antica

**Porta San Sebastiano**
Die in den linken Torpfeiler gemeißelte Figur zeigt den Erzengel Michael und ist mit einer Inschrift in seltsamem mittelalterlichen Latein versehen – Erinnerung an den Sieg der Römer über Robert von Anjou, den König von Neapel, am 29. September 1327.

einander verteidigt werden konnten. Der zwischen der Porta Appia und der Porta Latina gelegene Teil der Mauer ist mit am besten erhalten. Die Fassade der Porta Latina aus Travertin sieht mit Ausnahme des Portals noch ungefähr so aus wie in der Antike, während der linke Turm aus dem Mittelalter stammt. (Gehen Sie zurück zur Via di Porta San Sebastiano.)
**Porta San Sebastiano.** Gleich hinter dem Drusus-Bogen, der zum Aquädukt Aqua Marcia gehörte, beginnt bei der Porta San Sebastiano (der früheren Porta Appia) der außerhalb der Stadtmauern verlaufende Teil der Via Appia. Das gewaltige Tor wurde fünfmal umgebaut. Ursprünglich öffneten sich zwei identische Bögen zwischen zwei halbrunden Türmen. Beim letzten Umbau wurden die inzwischen erweiterten und verstärkten Türme sowie der Mittelteil um eine Etage aufgestockt. Wie die Porta Latina war auch dieses Tor durch zwei Torflügel und ein Fallgitter gesichert.
**Clivus Martis.** In etwa 100 m Entfernung vom Tor steht rechts der erste Meilenstein der Via Appia – das Original befindet sich allerdings auf dem Kapitolsplatz (▲ *130*). Ein Stück weiter erhebt sich links ein Mars-Tempel, nach dem dieser Teil der Via Appia »Hügel des Mars« (*Clivus Martis*) genannt wurde. Kurz vor der Eisenbahnbrücke sind die Reste mehrerer Grabstätten aus verschiedenen Epochen zu sehen. Die Straße fällt etwas ab und überquert das Flüßchen Almone, wohin man jedes Jahr am 27. März in einer Prozession die Statue der Göttin Kybele (▲ *415*) zur rituellen Waschung trug. Rechter Hand verbirgt kurz vor der Kreuzung mit der Circonvallazione Ardeatina ein altes Gasthaus ein großes Grabmal, das meist als das identifiziert wird, das T. Flavius Abascantus, ein von Domitian freigelassener, später sehr mächtiger Mann, für seine Frau Priscilla errichten ließ. Gegenüber dem Grabmal liegt die kleine Kirche mit dem Namen *Domine Quo Vadis?* (»Herr, wohin gehst Du?«). Hier soll Jesus dem hl. Petrus erschienen sein, als dieser vor den Verfolgungen Neros aus Rom fliehen wollte. Auf die besagte Frage des Apostels soll Jesus geantwortet haben: »Ich komme, um mich ein zweites Mal kreuzigen zu lassen«. Petrus verstand und kehrte nach Rom zurück, wo er den Märtyrertod starb. In der Kirche werden die Abdrücke der Füße Christi gezeigt, die sich auf wunderbare Weise im Marmor abzeichneten (Original in der Kirche San Sebastiano, ▲ *327*).

Einer der ersten Meilensteine an der Via Appia

**Restaurant im Kolumbarium**
Wenn Sie möchten, können Sie in einem Kolumbarium speisen. Seit dem Ende des 19. Jh. gibt es nämlich ein Restaurant im Kolumbarium der Freigelassenen des Augustus (linker Hand hinter der Kreuzung mit der Via Appia Pignatelli).

## Die Katakomben

**Weitverzweigte unterirdische Friedhöfe.** Das gigantische Labyrinth der Katakomben entstand aus einfachen unterirdischen Hypogäen (Grabkammern), die nach und nach durch Gänge verbunden wurden. Die zunächst privaten Friedhöfe wurden zunehmend von Bestattungsgesellschaften geleitet, als die Praxis der Körperbestattung sich bei heidnischen, jüdischen und christlichen Römern immer mehr durchsetzte. In den Katakomben fanden

### Wiederentdeckung der Katakomben
(● 41)
De Rossi legte 26 Katakomben frei (heute sind 67 bekannt) und veröffentlichte die Ergebnisse seiner Forschungen in einem Buch, das heute noch als Standardwerk zum Thema gilt: *Roma sotterranea*.

**»Quo Vadis?«**
Nach dem Roman von Sienkiewicz (1896) drehte der amerikanische Regisseur Mervin LeRoy 1951 den berühmten Monumentalfilm.

noch bis ins 6. Jh. Beisetzungen statt; rasch entwickelten sich die Friedhöfe jedoch auch zu Kultstätten. Anders als Romane wie *Quo vadis?* es schildern, flohen die Christen nicht vor Verfolgungen hierher und versammelten sich zu Gottesdiensten, denn die wurden in der Regel im Haus eines Glaubensbruders in der Stadt abgehalten. Allerdings gedachten die Christen seit dem 3. Jh. hier der Verstorbenen, aber meist nicht in den Gängen selbst, sondern innerhalb der Friedhofsmauer. Als das Christentum 312 zugelassen und 391 zur Staatsreligion erklärt wurde, strömten die Pilger zu den Heiligengräbern. Die Katakomben wurden umgebaut, man errichtete Treppen, Altäre, schmückte die Gräber, und Reliquien auswärtiger Heiliger wurden nach Rom gebracht. So wurden die Katakomben noch lange, nachdem sie ihre eigentliche Funktion als Begräbnisstätten verloren hatten, weiter von Pilgern besucht, bevor sie in Vergessenheit gerieten und im 8. Jh. ganz verlassen wurden. Erst Antonio Bosio (1575-1629) und später Gianbattista de Rossi (1822-1894) entdeckten die Katakomben wieder. (Der Zugang liegt in der Via Appia Nr. 110 bzw. für Besucher mit Auto Nr. 102.)

# Die Via Appia antica

Die beiden griechischen Anfangsbuchstaben des Wortes »Christus«. Rechts ein Orans (Betender)

In den Katakomben finden sich zahlreiche christliche Symbole. Oben das Bild des Guten Hirten

**Calixtus-Katakomben.** Sie wurden 1849 von de Rossi erforscht und bilden den größten christlichen Gräberkomplex, der vor allem vom 3. Jh. an in Gebrauch war, als sich mehrere Päpste hier begraben ließen. Der Name stammt von dem späteren Papst Calixtus (217-222), der als Diakon Verwalter der Anlage war. Die teilweise in vier Etagen übereinander liegenden Gänge sind insgesamt weit über 20 km lang. Wie viele Anlagen entstanden auch diese Katakomben durch die allmähliche Verschmelzung mehrerer Einzelgrabstätten im Laufe des 4. Jh. Der älteste Bereich ist die an die Via Appia angrenzenden ›Krypta der Lucina‹, die wohl vom Ende des 2. Jh. n. Chr. stammt. Dieser Teil besteht wiederum aus zwei Bereichen, die bei der Bestattung von Papst Cornelius im Jahr 253 zusammengefaßt worden sein dürften. Jünger ist die Zone I, durch die man die Katakomben betritt. Man gelangt zunächst in eine *cella trichora* (Kammer mit drei Apsiden), in der ursprünglich die Leichname des Papstes Zephyrinus (gestorben 217) und des Märtyrers Tarcisus bestattet wurden.

Diese *cella* wurde zu einer unterirdischen Basilika zu Ehren Sixtus' II., der bei der Verfolgung durch Valerian im Jahr 258 in den Räumen dieser Katakomben zusammen mit vier Diakonen den Märtyrertod erlitt. Eine Treppe führt von hier aus in eine Vorhalle, deren Mauern mit Graffiti bedeckt sind, und weiter in die 1854 entdeckte ›Krypta der Päpste‹. Man sieht hier vier Nischen für die Sarkophage und sechs *loculi* (»Nischen für die Körper«) an jeder Seite. Die Krypta war für 16 Leichname vorgesehen, bestattet wurden wohl insgesamt mindestens 14 Päpste hier, allerdings sind nur fünf nach den Inschriften in dieser Krypta gesichert: Pontianus (230-235),

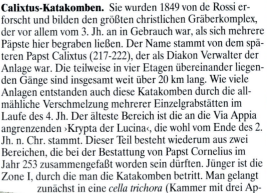

Die ›Krypta der Päpste‹

Anteros (235-236), Fabianus (236-250), Lucius I. (253-254) und Eutychianus (275-283). In der ›Cäcilien-Krypta‹ lag nach Ansicht von de Rossi das Grab der Märtyrerin, aus dem Papst Paschalis I. ihre Gebeine im 9. Jh. entfernen ließ; dies ist heute jedoch umstritten. Die Nische, in der ihr Sarkophag gestanden haben soll, enthält nun eine Kopie der Marmorskulptur von Stefano Maderno (Original in der Kirche Santa Cecilia in Trastevere, ▲ *353*). Andere Bereiche der Katakomben können ebenfalls besichtigt werden, insbesondere die fünf *cubicula* (»Grabkammern«), die als Sakramentskapellen dienten und im 3. Jh. Fresken erhielten, sowie die Krypta des 310 verstorbenen Papstes Eusebius.

Der Fisch, ein Christus-Symbol

Der trinkende Hirsch an der Quelle, ein christliches Symbol

## Basilika und Katakomben von San Sebastiano

Der Komplex liegt unmittelbar hinter der Kreuzung Via Appia / Via delle Sette Chiese, die ihren Namen von dem in früheren Jahrhunderten gepflegten Brauch ableitet, die sieben wichtigsten Kirchen, darunter San Sebastiano, auf einem Pilgerweg zu besuchen (▲ *381*).

**Die Basilika.** Die zunächst den Aposteln Petrus und Paulus geweihte Grabbasilika wurde zur Zeit Konstantins gebaut, seit dem 9. Jh. ist sie dem hl. Sebastian gewidmet, der dort den Märtyrertod starb und in den Katakomben begraben wurde. Ihre Form entspricht der eines Circus; sie enthielt drei durch gemauerte Pfeiler mit Ziegelbögen abgeteilte Schiffe. Im 17. Jh. verkleinerte man den Kirchenraum bei Restaurierungsarbeiten unter Kardinal Scipione Borghese auf ein einziges Schiff. Über dem Grab des hl. Sebastian errichtete man eine neue Kapelle (die erste links), wo sich heute die Statue des Märtyrers befindet. Sie soll nach einem Modell Berninis angefertigt worden sein. In der Mitte der Basilika befand sich oberhalb des Raumes, in dem man die Apostel verehrte, der Altar, der heute in der Reliquienkapelle steht (erste rechts). Hier werden kostbare Reliquien aufbewahrt, etwa der Stein mit dem Fußabdruck Christi (▲ *324*). Von der Apsis aus, wo ein ehemaliger Chorumgang heute als Museum genutzt wird, erreicht man hinter der Basilika das reich geschmückte Mausoleum des hl. Quirinus, die sogenannte Platonia, in der die Reliquien des Bischofs von Pannonien aufbewahrt werden.

Fresken in den Katakomben der Priscilla (Via Salaria) und der Commodilla (Via Ostiense)

Anfangs- und Endbuchstabe des Wortes »Martyr«

Die Katakomben von San Sebastiano

**Die Katakomben.** Während der gesamten Spätantike wurde dieser Friedhof einfach mit dem Ausdruck *ad catacumbas* (von griechisch *kata kymbas* »nahe den Höhlen«) bezeichnet. Der Name übertrug sich später auf alle ähnlich gearteten Nekropolen. Wie in fast allen Katakomben liegen heidnische und christliche Gräber nebeneinander. Die erste der vier Etagen mit Gängen ist fast völlig zerstört. Man besichtigt zunächst die Krypta des hl. Sebastian, wo die sterblichen Überreste des Märtyrers bis zum 9. Jh. aufbewahrt wurden. Von hier aus gelangt man in die drei heidnischen Hypogäen, die ursprünglich Kolumbarien waren und erst später der Körperbestattung dienten. Die hervorragend erhaltenen Räume weisen Stukkaturen und Bemalungen auf, auf denen sich heidnische (Gorgonenhäupter) mit christlichen Motiven mischen und die teils bis ins 1. und 2. Jh. n. Chr.

# Die Via Appia antica

**Sant'Urbano alla Caffarella**
Mehrere Gebäude im Triopius des Herodes Atticus haben die Jahrhunderte überstanden, darunter der Tempel, der im 9. Jh. in die Kirche Sant'-Urbano alla Caffarella (unten) umgewandelt wurde, und das Nymphäum der Egeria, eine Art Wasserturm mit reichen Verzierungen und einem Brunnen, der noch heute Touristen und Künstler fasziniert.

zurückreichen. Wie eine Inschrift bezeugt, gehörte M. Clodius Hermes das rechte Grab. Man geht weiter in die *Memoria Apostolorum*, einen unregelmäßig geformten Raum, dessen rot gestrichene Wände mit zahlreichen Sgraffitomalereien aus dem 3. und 5. Jh. n. Chr. bedeckt sind, mit denen die Apostel Petrus und Paulus verherrlicht werden. In diesem als *Triclia* bezeichneten Raum wurde früher das Totenmahl zu Ehren der Apostel abgehalten. Generationen von Gelehrten streiten sich schon darüber, ob die Leichname der beiden Apostel unmittelbar nach ihrem Martyrium hier bestattet und erst später umgebettet oder während der Verfolgung durch Valerian im Jahr 258 hier nur vorübergehend verborgen wurden, und es gibt offenbar letztlich keine archäologisch gesicherten Argumente zugunsten der einen oder anderen These. Gewiß ist lediglich, daß die Basilika in konstantinischer Zeit um diese Memoria herum gebaut und als Ort der Heiligenverehrung sorgfältig gepflegt und erhalten wurde.

## Der Maxentius-Komplex

Zwischen dem zweiten und dritten Meilenstein der Via Appia liegt links die großartige Anlage, die während der kurzen Herrschaft des Kaisers Maxentius (306-312) erbaut wurde und drei Komplexe umfaßt: Villa, Circus und Mausoleum.
**Der Circus.** Das Bauwerk, von dem man bereits von weitem die beiden großen Ecktürme im Westen sieht, ist der am besten erhaltene Teil der Anlage. Das Stadion ist 520 m lang und konnte fast 10 000 Zuschauer fassen. Durch einen langen Gang war es mit dem Mausoleum und dem Kaiserpalast verbunden, so daß der Kaiser sich direkt zu seiner Tribüne an der Ziellinie begeben konnte. Im Süden fand man eine weitere Tribüne für die Beamten, die für den reibungslosen Ablauf der Spiele verantwortlich waren. Die Gespanne starteten von den zwölf Boxen *(carceres)* im Westen aus, in deren Mitte das von einem Bogen überragte große Eingangstor lag. Im Osten stand ein weiterer riesiger Bogen (das Siegestor); hier fand man 1825 die Fragmente der Widmung an Romulus, den Sohn des Maxentius, anhand deren das Bauwerk zugeordnet

Der Circus des Maxentius

werden konnte. Die *spina*, um die die Gespanne herumfuhren, war wie in jedem Circus (▲ 178) mit Schmuckelementen, kleinen Gebäuden und Gefäßen verziert; in der Mitte stand der Obelisk Domitians, den man vielleicht damals aus dem Marsfeld holte und den Papst Innozenz X. 1650 auf Berninis Fontana dei Fiumi an der Piazza Navona (▲ 277) setzen ließ.

**Mausoleum.** Zur Via Appia hin liegt das sogenannte Romulus-Mausoleum, benannt nach dem im Jahre 309 verstorbenen Sohn des Maxentius, der hier begraben liegt. Es war vermutlich als Grabstätte für die gesamte Dynastie vorgesehen. In der Mitte des großartigen Quadriportikus steht das eigentliche Mausoleum, ein Rundbau von ca. 33 m Durchmesser mit einem rechteckigen Vorbau, nach dem Muster des Pantheons (▲ 264) und zahlreicher Grabmonumente. Von den zwei Etagen ist nur die untere erhalten, die teils versunken und halb von neueren Gebäuden verdeckt ist. Die Nischen für die Sarkophage sind in die Mauern eingelassen. Die obere Etage ist praktisch vollständig verschwunden. Sie war vermutlich für Begräbnisriten vorgesehen und dürfte von einer großen Kuppel überspannt gewesen sein.

**Triopius des Herodes Atticus und Maxentius-Villa.** Herodes Atticus war ein sehr reicher Grieche aus Athen. Als geschickter Rhetor wurde er in Rom zum Lehrer der Kinder Kaiser Antoninus' Pius berufen. Er heiratete die römische Adlige Annia Regilla, die eine Villa an der Via Appia besaß. Die junge Frau starb plötzlich, und ihre Familie beschuldigte Herodes des Mordes. Nach seinem Freispruch weihte er seinen Grundbesitz der Unterwelt und dem Totenkult um seine Frau. Er ließ einen Tempel zu Ehren der Göttin Demeter und der Faustina, der Gattin des Kaisers, errichten; der Grundbesitz hieß fortan »Triopius«, nach dem thessalischen Helden Triopas, dessen Kult in Knidos mit dem Demeter-Kult verknüpft war. An dieser Stelle wurde die prächtige Villa des Maxentius erbaut; von diesem Palast sind nur einige Ruinen erhalten.

**Circus-Pracht**
Alfred Recoura erhielt für seine Rekonstruktion (oben; unten der damals aktuelle Zustand) der Dekorationen des Maxentius-Circus 1894 den Grand Prix de Rome. Er wußte, daß er nicht den exakten Zustand wiedergeben, sondern nur »einen Eindruck« von der einstigen Pracht vermitteln sollte – deshalb die Fülle von Marmor und Zierat wie die Quadrigen auf beiden Türmen, die selbst mit Flachreliefs verziert sind, Statuen in den Nischen der Fassade, die vergoldete Bronzestatue des Kaisers in der Mitte. Die kaiserliche Tribüne liegt direkt neben der Villa (oben links).

TRIVMPHALIS · A · PRIMA · CERES · TRIBVNAL · IVDICVM · PORTA · LIBITINENSIS · TVRRIS

# Die Via Appia antica

## Grabmal der Caecilia Metella ● 72

Fragmente aus den 1836 ausgegrabenen Gräbern sind in die Wand am Eingang eingefügt.

Hinter dem Maxentius-Komplex steigt die Via Appia merklich zu einem großen Grabmal an, das sich links von der Straße erhebt. Es handelt sich um das bekannteste und besterhaltene der Mausoleen. Die Inschrift besagt, daß dies das Grab der Caecilia Metella sei, der Tochter des Quintus Metellus Creticus (Konsul im Jahr 69 v. Chr.) und Gattin des Crassus, vermutlich ein Sohn des gleichnamigen Zeitgenossen von Caesar und Pompejus. Das Gebäude besteht aus einem runden Tambour (Durchmesser 29,25 m, Höhe 11 m) auf einem quadratischen Zementsockel. Direkt im Anschluß stehen die Ruinen einer Festung der Caetani aus dem 12. Jh., der es als Bergfried diente. Der Marmorfries ist mit einem Relief aus Blumen, Waffen und Bukranien (Stierschädeln) verziert, deshalb hieß es lange Zeit *Capo di Bove* (»Rinderkopf«). Im Innern des Gebäudes sind in einem kleinen Antiquarium zahlreiche Bruchstücke von Inschriften und Verzierungen ausgestellt. Durch einen engen Flur gelangt man in die Grabkammer, deren oberer Teil aus einem riesigen, mit Ziegeln verkleideten Zylinder bestand.

**Der weitere Verlauf der Via Appia.** Gegenüber dem Mausoleum liegt auf der anderen Straßenseite die kleine Kirche San Nicola da Bari, die von den Caetani gebaut wurde. Der Rest der Via Appia ist stark beschädigt, und von den Villen und zahllosen Gräbern an ihren Rändern bleiben heute nur fast unkenntliche Ruinen und Fragmente. Mit dem Wagen kann man bis zum 5. Meilenstein fahren, wo früher das Grabmal der Horatier und der Curiatier vermutet wurde. In dem legendären Kampf der Drillinge aus den beiden Familien wurde der Streit zwischen Rom und Alba Longa im 7. Jh. v. Chr. entschieden. Gelehrte des 19. Jh. glaubten in einem der Tumuli, die man rechter Hand sieht, das Grab der Curiatier und in zwei weiteren die der Horatier zu erkennen. Sehr schön ist auch der romantische Anblick, den etwas weiter auf der linken Seite die Villa der Quintilier (2. Jh.), einer Adelsfamilie, bietet. Die Brüder Quintilius erlitten ein tragisches Schicksal: Unter dem Vorwand, die Brüder hätten ein Komplott gegen ihn geplant, ließ Kaiser Commodus sie 182 ermorden und ihre Villa, auf die er ein Auge geworfen hatte, konfiszieren.

**Vom Grab zur Festung**
Die Form des Grabmals der Caecilia Metella erinnert an das Mausoleum des Augustus (▲ *309*) und andere Gräber derselben Epoche in Italien. Die ghibellinischen Zinnen wurden im Mittelalter hinzugefügt, als das Grabmal in den Turm einer Burganlage umgewandelt wurde.

# Von den Diokletians-Thermen bis San Pietro in Vincoli

Piazza della Repubblica  *333*
Thermen des Diokletian  *334*
Thermenmuseum  *336*
Bahnhof Stazione Termini  *338*
Via Giovanni Giolitti  *339*
Porta Maggiore  *339*
Piazza Vittorio
Emanuele II  *340*
Santa Maria Maggiore  *342*
Santa Pudenziana und Santa
Prassede  *344*
San Pietro in Vincoli  *346*
Via Nazionale  *347*

# ▲ Diokletians-Thermen bis San Pietro in Vincoli

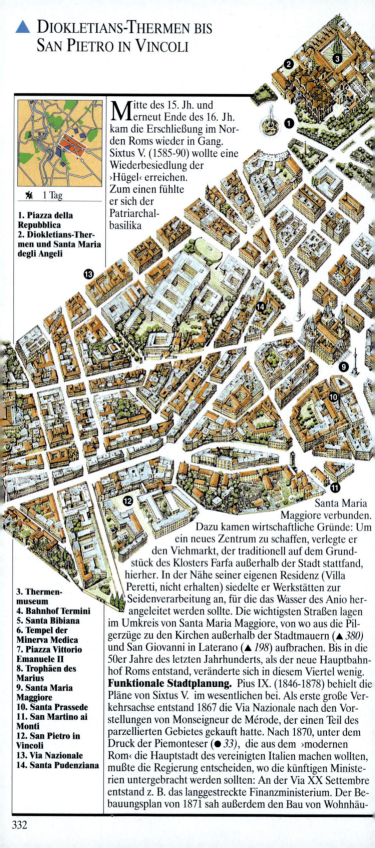

**✈ 1 Tag**

1. Piazza della Repubblica
2. Diokletians-Thermen und Santa Maria degli Angeli

3. Thermenmuseum
4. Bahnhof Termini
5. Santa Bibiana
6. Tempel der Minerva Medica
7. Piazza Vittorio Emanuele II
8. Trophäen des Marius
9. Santa Maria Maggiore
10. Santa Prassede
11. San Martino ai Monti
12. San Pietro in Vincoli
13. Via Nazionale
14. Santa Pudenziana

Mitte des 15. Jh. und erneut Ende des 16. Jh. kam die Erschließung im Norden Roms wieder in Gang. Sixtus V. (1585-90) wollte eine Wiederbesiedlung der ›Hügel‹ erreichen. Zum einen fühlte er sich der Patriarchalbasilika Santa Maria Maggiore verbunden. Dazu kamen wirtschaftliche Gründe: Um ein neues Zentrum zu schaffen, verlegte er den Viehmarkt, der traditionell auf dem Grundstück des Klosters Farfa außerhalb der Stadt stattfand, hierher. In der Nähe seiner eigenen Residenz (Villa Peretti, nicht erhalten) siedelte er Werkstätten zur Seidenverarbeitung an, für die das Wasser des Anio herangeleitet werden sollte. Die wichtigsten Straßen lagen im Umkreis von Santa Maria Maggiore, von wo aus die Pilgerzüge zu den Kirchen außerhalb der Stadtmauern (▲ 380) und San Giovanni in Laterano (▲ 198) aufbrachen. Bis in die 50er Jahre des letzten Jahrhunderts, als der neue Hauptbahnhof Roms entstand, veränderte sich in diesem Viertel wenig.

**Funktionale Stadtplanung.** Pius IX. (1846-1878) behielt die Pläne von Sixtus V. im wesentlichen bei. Als erste große Verkehrsachse entstand 1867 die Via Nazionale nach den Vorstellungen von Monseigneur de Mérode, der einen Teil des parzellierten Gebietes gekauft hatte. Nach 1870, unter dem Druck der Piemonteser (● 33), die aus dem ›modernen Rom‹ die Hauptstadt des vereinigten Italien machen wollten, mußte die Regierung entscheiden, wo die künftigen Ministerien untergebracht werden sollten: An der Via XX Settembre entstand z. B. das langgestreckte Finanzministerium. Der Bebauungsplan von 1871 sah außerdem den Bau von Wohnhäu-

ern am Esquilin, den Castra Praetoria und am Viminal vor. Heftige Immobilienspekulation war die Folge, vor allem um die Piazza Vittorio Emanuele, Santa Maria Maggiore und die Porta San Lorenzo. Anfang dieses Jahrhunderts war das ganze Stadtgebiet zwischen Bahnhof und Piazza Vittorio Emanuele neu entstanden, die Via Nazionale schon von Wohnhäusern gesäumt. In den rechtwinkligen Wohnblocks dominieren vier- bis fünfstöckige Mietshäuser mit einheitlichen ockerfarbenen Fassaden. Architektonisch interessantere Bauten und Anlagen sind wenige erhalten: die Piazza della Repubblica, das Aquarium von Bernich und die von Luca Carimini gebaute Kirche Sant'Antonio da Padova (1884-1887).

Oben die Piazza della Repubblica und Details des Najadenbrunnens

## PIAZZA DELLA REPUBBLICA

**Neugestaltung des Platzes.** Diese großartige Anlage – die früher nach der Exedra der Thermen Piazza dell'Esedra hieß – und die hier einmündende Via Nazionale kennzeichnen den Übergang vom alten

"Ich will nicht das bekannte Rom, sondern das heutige Rom mit seinem grellen Modernismus inmitten der Antike, mit seinen kleinen Leuten und seinem Bürgertum."

Émile Zola,
*Rom*

Die Piazza dell' Esedra (heute della Repubblica) zu Anfang des 20. Jh. Im Hintergrund ist der Bahnhof Termini vor dem Umbau zu sehen, der kurz vor dem Zweiten Weltkrieg erfolgte.

# DIOKLETIANS-THERMEN BIS SAN PIETRO IN VINCOLI

**Der hl. Bruno von Köln** (ca. 1030-1101) Die Statue des hl. Bruno, des Gründers des Kartäuserordens, steht am Durchgang zum Querschiff der Kirche Santa Maria degli Angeli. Sie stammt vom französischen Bildhauer Jean-Antoine Houdon (1741-1828).

zum modernen Rom. Gaetano Koch, der Baumeister des Platzes ab 1887, errichtete die beiden Paläste mit halbkreisförmigen neoklassizistischen Kolonnaden, die der Exedra der Diokletians-Thermen entsprechen. In der Mitte des Platzes steht der Najadenbrunnen *(Fontana delle Naiadi)* von Alessandro Guerrieri (1885) mit dem Figurenschmuck (1901-1916) von Mario Rutelli. Der Brunnen löste einen Skandal aus – die nackten Quellnymphen erschienen einigen zu freizügig. Doch schließlich wurde nur die Mittelgruppe verändert: Der Meeresgott Glaukos begnügt sich nun mit einem Delphin im Arm.

**Diokletians-Thermen.** Nach seiner Rückkehr aus Afrika im Herbst 298 ließ der Mitkaiser des Diokletian, Maximian, den prachtvollen Thermenkomplex errichten, in dem 3000 Badegäste zugleich die verschiedenen Kultur- und Sporteinrichtungen benutzen konnten. Fertiggestellt wurden die Thermen allerdings erst nach der Abdankung von Maximian und Diokletian 305. Die von einer Umfassungsmauer umgebene Anlage überspannte eine Fläche von 380 x 370 m, allein das Zentralgebäude maß 250 x 180 m. Der Grundriß folgt dem typischen Bauschema (● 68, ▲ 319): eine große zentrale Basilika, der Bäderkomplex *Caldarium-Tepidarium-Frigidarium (Natatio)* in der kürzeren Achse, Sportplätze *(Palaestrae)* in der Längsachse. Die zentral gelegenen Gebäude sind am besten erhalten, doch sind auch noch große Teile der Umfassungsmauer zu sehen. Zum Teil wurden die Gebäude in das Thermenmuseum einbezogen. An der westlichen Ecke zur Via Cernaia hin liegt die *Aula ottagona*, ein achteckiger Saal, der ab 1928 als Planetarium und später als Kino genutzt wurde. Seit 1991 sind hier antike Skulpturen aus anderen Thermen Roms ausgestellt, wie die Bronzestatuen *Faustkämpfer* und *Thermenherrscher*. Einer der Rundbauten an den Ecken der äußeren Mauer wurde zur Kirche San Bernardo alle Terme (▲ 295).

**Santa Maria degli Angeli e dei Martiri.** In die Überreste der Diokletians-Thermen ließ Papst Pius IV. 1561 von Michelangelo eine Kirche hineinbauen, nachdem ein sizilianischer Priester in einer Vision eine Schar Engel über den Thermen hatte auffliegen sehen. Die Kirche sollte den Engeln und den christlichen Märtyrern geweiht sein, die

1. Santa Bibiana
2. ›Tempel der Minerva Medica‹
3. Porta Maggiore

**Der Meridian in Santa Maria degli Angeli**
Auf dem Boden im Querschiff der Kirche ist seit 1702 der Meridian Roms markiert. Bis 1846 richteten sich danach die Turmuhren der Stadt.

der Legende nach beim Bau der Thermen mitarbeiten mußten. Eine der gut erhaltenen Exedren des *Caldariums* dient als Eingang zur Kirche (Bild links unten); von hier aus gelangt man in einen Rundsaal mit zwei großen quadratischen Nischen, in denen die Grabmäler der Maler Salvatore Rosa (1615-1673) und Carlo Maratta (1625-1713) stehen. Es handelt sich um das ehemalige *Tepidarium*. Schließlich gelangt man in den Hauptraum der Kirche, der in den großen Mittelsaal der Thermen, die Basilika, hineingebaut wurde. Trotz der zunächst von Michelangelo und später von Vanvitelli (1749) vorgenommenen Veränderungen strahlt die Kirche noch immer die Erhabenheit des antiken Gebäudes aus. Die Gewölbe gehörten ebenso wie die acht riesigen monolithischen Säulen aus rotem Granit zum antiken Bau. An den Wänden in Querschiff und Chor hängen großformatige Gemälde, von denen viele aus der Peterskirche (▲ 212) stammen, sehenswert vor allem *Der Sturz des Simon Magus* von Pompeo Batoni (18.Jh.), *Das Martyrium des hl. Sebastian* von Domenichino und die *Taufe Jesu* von Carlo Maratta. (Wenden Sie sich nach Verlassen der Kirche nach links. Der Museumseingang liegt an der Piazza dei Cinquecento.)

Wie eine heute am Eingang zum Thermenmuseum ausgestellte Inschrift besagt, mußten beim Thermenbau zahlreiche Gebäude weichen. In nur acht Jahren wurde der gigantische Komplex von einem Heer von Arbeitern fertiggestellt; unter ihnen sollen nach mittelalterlichen Quellen auch 40 000 Christen gewesen sein.

**Thermenmuseum.** Das Ende des 19. Jh. eröffnete Museum ist in Teilen der Thermen und des zur gleichen Zeit wie die Kirche Santa Maria degli Angeli entstandenen Kartäuserklosters untergebracht. (Biegen Sie in die Via Gaeta ein.)

**Castra Praetoria.** In den Jahren 21-23 entstanden unter Tiberius an den Nordwestgrenzen der Stadt Kasernen *(Castra)* für die Prätorianer, eine Elitetruppe, die zuerst Augustus als kaiserliche Garde eingesetzt hatte. Der Platz zwischen Kaserne und Servianischer Stadtmauer diente ihnen als Übungsterrain. Neben den Wohngebäuden enthielt das Lager militärische Zweckbauten: Waffenkammer, Lazarett und Vorratskammern *(horrea)*. Die guterhaltene Mauer ist noch im Nordosten der Stazione Termini zwischen Viale Castro Pretorio und Viale del Policlinico zu sehen. Die Biblioteca Nazionale Centrale (1965-1975) nimmt heute einen Teil des einstigen Lagers ein. (Kehren Sie durch die Via San Martino della Battaglia und die Via Solferino zum Bahnhof zurück.)

**Museo delle Terme** Bei einem Spaziergang im Kreuzgang des Klosters und ehemaligen Garten der Thermen kann man sozusagen im Vorübergehen archäologische Funde, Sarkophage und antike Inschriften bewundern.

# DAS THERMENMUSEUM

Das Museum wurde 1889 im ehemaligen Kartäuserkloster eingerichtet, um die Stücke zu beherbergen, die damals vor allem unter den Gärten der Villa Farnesina von den Archäologen gefunden wurden. Später wurden zahlreiche weitere Stücke erworben, so daß das Museum heute zu den bedeutendsten Antikenmuseen der Welt gehört. Inzwischen befindet sich ein Teil der Exponate, etwa die Sammlung des Kardinals Ludovisi aus dem 17. Jh., im Palazzo Altemps und im Palast des ehemaligen Collegio Massimo (Piazza dei Cinquecento).

**Fanciulla d'Anzio**
Ein junges Mädchen steht mit geneigtem Kopf, die Tunika ist ihr halb von der Schulter geglitten, vor sich hält sie eine Tafel. Die Anmut der Figur, die vor allem in Drehung und Kopfhaltung zum Ausdruck kommt, hat sich von streng klassischer Tradition gelöst, so daß die Skulptur auf das 3. Jh. v. Chr. datiert wird.

**Sarkophag von Portonaccio**
In der Mitte ist ein römischer General mit nur angedeuteten Gesichtszügen zu sehen, der sein Pferd gegen den Feind anrennen läßt. Um ihn herum triumphieren römische Soldaten in Panzer und Helm über Barbaren, die mit pathetischen Gesten dargestellt sind. Das hier als ergreifendes Relief gestaltete Thema des Schlachtgetümmels findet sich gegen Ende des 2. Jh. n. Chr. recht häufig auf römischen Sarkophagen.

**Grabaltar**
Der dionysische Umzug tanzender Mänaden war zu Anfang des 1. Jh. n. Chr. als Symbol des Weiterlebens im Jenseits ein beliebtes Thema in der römischen Grabplastik.

**Fresko-Tafel**
Der ›Garten‹ in der Villa der Livia, der Gattin des Kaisers Augustus, ist als ein von Mauern eingefaßter Hain mit verschiedenen Bäumen und zahlreichen Vögeln dargestellt. Die Atmosphäre dieser Wandmalerei ist schwebend leicht, fast paradieshaft.

**Verwundete Niobide**
Gerade durch seine Schlichtheit ist das Werk besonders ausdrucksvoll und wird deshalb dem strengen Stil des 5. Jh. v. Chr. zugeschrieben. Dargestellt ist der Mythos, den Ovid wiedergab: Niobe rühmte sich, mehr Kinder als Leto zu haben, und verhöhnte sie. Apollo und Artemis, die Kinder der Leto, rächten die Schmähung, indem sie alle Niobiden, die sieben Söhne und sieben Töchter Niobes, mit Pfeilen töteten.

**Geburt der Aphrodite**
Der Mittelteil des Ludovisischen Throns stellt die Göttin dar, die – von den Horen gestützt – aus dem Meer steigt, so wie Homer die Szene beschrieb. Die Qualität des Reliefs und die Darstellung der durch transparente oder nasse Kleidung sich abzeichnenden Körper deuten auf ein Werk des 5. Jh. v. Chr. aus der *Magna Graecia* (dem griechischen Teil Italiens).

# ◢ Diokletians-Thermen bis San Pietro in Vincoli

## Stazione Termini

**Piazza dei Cinquecento.** Sie diente im 19. Jh. als Exerzierplatz für die Truppen der nahegelegenen Kaserne Castro Pretorio Truppen. Am Eingang der Via delle Terme steht ein Obelisk, Denkmal für die 548 italienischen Soldaten, die 1887 bei dem Versuch starben, Eritrea zu erobern.
**Der Bahnhof von Rom** (● *93*). Erst Pius IX. setzte sich für den Anschluß des Kirchenstaats an das bis dahin als Teufelswerk abgelehnte Eisenbahnnetz ein. Gegen 1857 entschied man sich, die bislang auf verschiedene Bahnhöfe verteilten Ankunfts- und Abfahrtshallen in einem Gebäude zusammenzulegen. Das Gelände für den Kopfbahnhof wurde bereits 1860 festgelegt, doch erst 1867 nahm man den Entwurf von Salvatore Bianchi an. Er sah ein von zwei Flügeln flankiertes Gebäude vor, dessen Metallkonstruktion von Säulen in abwechselnd toskanischer, ionischer und korinthischer Ordnung verkleidet wurden. Ab 1905 entstand mit der Bildung der Staatlichen Eisenbahngesellschaft *(Ferrovie dello Stato)* auch der Wunsch nach einer Erneuerung des Bahnhofs. Ab 1938 entstand ein Neubau, von Angiolo Mazzoni del Grande im faschistischen Monumentalstil entworfen. 1967 erweiterte man ihn durch den großen Komplex mit Halle, Fahrkartenschalter und Restaurant, so daß der heutige Bahnhof die Architektur des Faschismus mit dem Stil der 60er Jahre kombiniert. (Gehen Sie die Via Giovanni Giolitti weiter, biegen rechts in die Via Cattaneo, bis zur Piazza Fanti.)

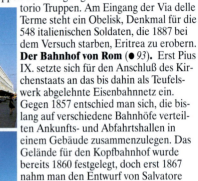

Das Aquarium von Bernich

**Der erste Bahnhof (1867)**
Die Bezeichnung ›Termini‹ erinnert an die nahegelegenen Thermen.

## Via Giovanni Giolitti

**Das Aquarium von Bernich.** Zwischen Bahnhof und Piazza Vittorio Emanuele II kann man jetzt wieder ein schönes Gebäude besichtigen (1885-1887), das lange in Vergessenheit geraten war. Als Baustoffe dienten Travertin und Gußeisen. Gemäß dem Zweck als städtisches Aquarium stammt der originelle Dekor vorwiegend aus dem maritimen Bereich. Heute finden hier kulturelle Veranstaltungen, Ausstellungen und Konzerte statt. (Über die Via Rattazzi gelangen Sie wieder zur Via Giovanni Giolitti.)

**Santa Bibiana.** Die kleine Kirche (5. Jh.), seinerzeit sehr ländlich gelegen, steht heute dicht an den Eisenbahnschienen. 1624 fand man unter dem Hochaltar die Gebeine der römischen Heiligen Bibiana, ihrer Eltern und Schwester. Urban VIII. ließ daraufhin die Kirche erneuern. Bernini entwarf die Fassade und den Hochaltar und mit der Statue der hl. Bibiana seine erste große religiöse Skulptur. Die linke Hand der Heiligen rafft das fein gearbeitete Gewand, dessen Faltenwurf der Figur Leben und Bewegung verleiht. Über den Säulenreihen im Kirchenschiff sind Fresken mit Szenen aus dem Leben der hl. Bibiana zu sehen. Sie stammen von Agostino Ciampelli (rechts) und Pietro da Cortona (links), der damit auch ein erstes großes Werk schuf. Urban VIII. beschäftigte beide Künstler fortan bei den großen Bauten seiner Amtszeit.

**›Tempel der Minerva Medica‹.** Der große zehneckige Raum mit Rundkuppel (4. Jh.) war wohl kein Tempel, sondern ein Nymphäum in den Gärten des Licinius. Den Namen verdankt er einer Minerva-Statue, die in der Nähe gefunden wurde (heute im Vatikan).

## Porta Maggiore

**Der Aquädukt des Claudius.** Die Porta Maggiore ist ein heute noch eindrucksvoller Travertinbogen mit zwei Öffnungen. Er besteht aus den Bögen zweier Aquädukte, der Aqua Claudia und des Anio Novus, beide 38 n. Chr. unter Caligula begonnen und 14 Jahre später unter Claudius vollendet. Zum Tor wurde der Bogen erst, als man ihn in die Aurelianische Stadtmauer (▲ *323*) integrierte. Im 5. Jh. ließ Honorius eine vorgeschobene Bastei hinzufügen, bei deren Abriß 1838 das Grab des Eurysaces zum Vorschein kam. In der Attikazone erscheinen auf beiden Seiten Inschriften des Claudius sowie des Vespasian und des Titus, die den Bogen 71 bzw. 81 restaurieren ließen.

---

Der Bahnhof (Bild gegenüber)

**›Tempel der Minerva Medica‹** Das kühne Bauwerk diente als Vorbild für zahlreiche Renaissancebauten. Heute hat der zwischen Bahnlinien und häßlichen Gebäuden eingezwängte Tempel viel von seinem Charme verloren, der noch Stendhal begeisterte.

**Porta Maggiore** Hinter der hohen Attika mit den drei übereinanderliegenden Zonen verliefen die Leitungen der beiden Aquädukte. Das Bauwerk spiegelt die für die Zeit Claudius' typische Manier des ›Unvollendeten‹: Man beließ viele der architektonischen Elemente bewußt unfertig und nur angedeutet.

**Das Grabmal des Eurysaces.** Die Lage des Grabes zwischen Via Labicana und Via Prenestina bedingt den merkwürdig trapezförmigen Grundriß. Das Grab entstand, wie die Inschriften besagen, um 30 v. Chr. für den Bäckereibesitzer und Staatslieferanten M. Vergilius Eurysaces und seine Frau Atistia. Die zylinderförmigen Bauteile dürften die Behälter zum Kneten des Teigs darstellen. Auf dem Relieffries sind die einzelnen Phasen der Brotherstellung abgebildet (Bild oben).

**Basilica sotterranea di Porta Maggiore.** Dieses wundervolle, leider der Öffentlichkeit nicht zugängliche Gebäude aus dem 1. Jh. wurde im April 1917 durch Zufall entdeckt. Welchem Zweck es diente, ist unbekannt, die Spekulationen reichen von einer Begräbnisstätte bzw. Grabbasilika über ein Nymphäum bis hin zu einer neupythagoreischen Kultstätte. Es besteht aus einem quadratischen Vorraum und einem großen Saal (12 x 9 m), der durch Pfeiler in drei Schiffe unterteilt ist; das Mittelschiff endet in einer Apsis. Alle Wände sind mit Stuck überzogen. Am interessantesten ist allerdings die Ausmalung von Gewölbe und Apsis mit mythologischen oder realistischen Szenen, Masken und verschiedenen dekorativen Elementen. In der Apsis ist Sappho dargestellt, wie sie sich, von einem Amoretten gedrängt, den Leukadischen Felsen hinabstürzt; unten erwarten sie unter den Augen Apollos ein Triton und Leukothea, die ihren Schleier ausspannt. Das Bild weist darauf hin, daß der Raum eine metaphysische, symbolische Bedeutung hatte, deren Geheimnis bisher jedoch noch niemand lüften konnte. (Biegen Sie in die Via di Porta Maggiore und dann in die Via Principe Eugenio.)

Grabmal des Eurysaces

Stuckdekoration im Gewölbe der unterirdischen Basilika

**Gallienus-Bogen**
(Biegen Sie in die Via Merulana und dann in die Via San Vito ein.) Es handelt sich um ein Tor der ältesten Stadtmauer, die unter Augustus vollständig erneuerte Porta Esquilina. Auf dem Gesims der Attika befindet sich die später hinzugefügte Inschrift, mit der M. Aurelius Victor dem Kaiser Gallienus und seiner Frau Salonina das Bauwerk weihte.

## PIAZZA VITTORIO EMANUELE II

**Lebendiger Mittelpunkt.** Die Umgestaltung des Esquilin war das erste große Stadtplanungsprojekt, nachdem Rom Hauptstadt geworden war (● *33*). Dabei stellt der nach dem ersten italienischen König Vittorio Emanuele II. benannte viereckige Platz einen wichtigen Knotenpunkt dar, wo die von Giovanni in Laterano, Santa Croce und der Porta Maggi-

Die Piazza Vittorio Emanuele II im letzten Jahrhundert

# DIOKLETIANS-THERMEN BIS SAN PIETRO IN VINCOLI ▲

**Trofei di Mario**
Der Brunnen dürfte in etwa so wie auf der Rekonstruktion ausgesehen haben (oben links): eine monumentale Fassade mit einer Mittelnische und zwei offenen Bögen zu den Seiten. Hier waren die ›Trophäen‹ ausgestellt, Waffen der von Domitian im Jahre 89 besiegten Barbarenvölker Chatten und Daker.

ore kommenden Straßen zusammenführen. Auf der Platzmitte wird täglich einer der buntesten Märkte der Stadt abgehalten. Die zwischen 1882 und 1887 fertiggestellten Kolonnaden spiegeln den Einfluß der Piemonteser Architektur (die erste Hauptstadt des neuen Königreichs war Turin gewesen). In der Grünfläche steht ein Brunnen von Mario Rutelli mit Tritonen, Delphinen und Kraken, die ursprünglich den Najadenbrunnen auf der Piazza della Repubblica (▲ *334*) schmücken sollten. Die Meeresmotive brachten dem Brunnen im Volksmund den Spitznamen *fritto misto* (»fritierte Meeresfrüchte«) ein.

**Die Trophäen des Marius.** In der Nordwestecke des Platzes sieht man die Ruine einer riesigen Ziegelkonstruktion, die wegen der Marmorreliefs aus dem 1. Jh. in der Renaissance ›Trophäen des Marius‹ genannt wurde. 1590 wurden die Reliefs entfernt und an der Balustrade des Kapitolsplatzes (▲ *129*) angebracht. Das Bauwerk selbst ist ein großer Brunnen aus severischer Zeit (3. Jh.), der von der Aqua Julia gespeist wurde. (Biegen Sie links in die Via Leopardi ein.)

**›Auditorium des Maecenas‹.** Der halb unterirdische, mit einer Exedra ausgestattete Saal gehörte wohl zu den Gärten des Maecenas auf dem Esquilin. Maecenas war Minister unter Augustus und ein großer Förderer der Künste (»Mäzen«). Die Exedra des Raumes war vollständig in *opus reticulatum* (● *63*) gemauert und diente vielleicht zu Lesungen, etwa des Horaz oder Vergil, die ganz in der Nähe wohnten, vielleicht aber auch als Nymphäum. Sechs tiefe rechteckige Nischen zu beiden Seiten des Saals sind mit bukolischen Szenen ausgemalt. Weitere Nischen sind mit Gartenszenen geschmückt; unterhalb der Nischen verläuft ein Fries mit Jagdszenen. (Biegen Sie in die Via Merulana ein.)

# Diokletians-Thermen bis San Pietro in Vincoli

## Santa Maria Maggiore ♥

**Marienverehrung.** Nach der Legende vom ›Schneewunder‹ soll die Jungfrau Maria selbst Papst Liberius (352-366) die Stelle gezeigt haben, wo er ihre Kirche gründen sollte: In der Nacht zum 6. August 356 ließ sie Schnee auf den Esquilin fallen, genau in Form des späteren Kirchengrundrisses. Zwar heißt die Kirche daher auch Basilica Liberiana, gebaut wurde sie aber wohl erst unter Sixtus III. (432-440), kurz nachdem 431 das Dogma von der ›Gottesgebärerin‹ Maria beim Konzil von Ephesus verkündet worden war. Die vierte Patriarchalbasilika Roms wurde also der Jungfrau Maria geweiht und wegen der unter dem Altar der Cappella Sistina aufbewahrten Reliquien der Krippe von Bethlehem zunächst Santa Maria ad Praesepe (»Muttergottes der Krippe«) genannt. Das ›Schneewunder‹ feiern die Römer jedes Jahr am 5. August, indem sie weiße Blütenblätter auf den Platz streuen.

**Die Fassade.** Zur Piazza di Santa Maria Maggiore zeigt die Basilika ihre barocke Seite: mit einer Benediktionsloggia, die Ferdinando Fuga Mitte des 18. Jh. für Papst Benedikt XIV. errichtete. Den Campanile, mit 75 m der höchste Roms, ließ Gregor XI. nach seiner Rückkehr aus Avignon im Jahr 1377 bauen. Links vom Portikus aus dem 12. Jh., den Gregor XIII. für das Heilige Jahr 1575 wieder herrichten ließ, führt eine Treppe hinauf zum Balkon. Von dort aus kann man die schönen Mosaiken bewundern, mit denen Filippo Rusuti Ende des 13. Jh. die erste Fassade versehen hatte. Von diesem Balkon aus spendete der Papst den Gläubigen seinen Segen *urbi et orbi*.

**Piazza dell'Esquilino und Piazza Santa Maria Maggiore**
Die Basilika Santa Maria Maggiore wird von zwei Plätzen eingerahmt, deren Aussehen mehrere Päpste geprägt haben: Als Pendant zum Obelisken der Piazza dell'Esquilino ließ Paul V. vor der Kirche die kannelierte Marmorsäule aus der Maxentius-Basilika (▲ *145*) aufstellen. Carlo Maderno gab ihr einen Sockel und setzte eine Madonnenstatue auf ihre Spitze.

**Innenausstattung.** Trotz der zahlreichen Veränderungen, die die Päpste im Laufe der Jahrhunderte vornehmen ließen, kommt der Innenraum dem Ursprungszustand relativ nah: 40 ionische Säulen, von denen 36 je aus einem einzigen Marmorblock herausgehauen sind, teilen die Basilika in drei Schiffe. Im 9. Jh. ließen Paschalis I. den Chor und Benedikt III. das Baptisterium wiederherstellen. Der schöne Fußboden wurde von Eugen III. (1145-1153) bei den Cosmaten in Auftrag gegeben, allerdings radikal umgestaltet, als Ferdinando Fuga im 18. Jh. mit der Restaurierung der Kirche beauftragt wurde. Die wichtigsten Veränderungen erfolgten jedoch unter Nikolaus IV. (1288-1292), der das Querschiff und eine neue Apsis anbauen ließ. Rodrigo Borgia, der spätere Papst Alexander VI. (1492-1503) beauftragte Giuliano da Sangallo mit der wundervollen Kassettendecke, die das Wappen der Borgia zeigt; allein die Rosen haben einen Durchmesser von je einem Meter, was die Dimensionen des Gebäudes erahnen läßt. Diese Decke soll mit dem ersten Gold verziert worden sein, das die Spanier aus der Neuen Welt mitbrachten.

**Die Mosaiken ♥.** Im Mittelschiff zeigen 36 Mosaikfelder aus dem 5. Jh. alttestamentarische Szenen, kostbare Zeugnisse des spätrömischen Reichs. Aus der gleichen Epoche stammen die Mosaiken am Triumphbogen, die eher byzantinisch inspiriert sind und die Geburt und Kindheit Jesu oberhalb von Darstellungen der Städte Jerusalem und Bethlehem zeigen (Bild unten). Sie verherrlichen Maria, die wie eine byzantinische Kaiserin gekleidet erscheint. Den krönenden Abschluß der Zyklen im Langhaus stellen die Mosaiken der Apsis dar. Sie stammen von Jacopo Torriti (1295), einem Schüler Cavallinis, und greifen teilweise Elemente des 5. Jh. auf. (Rankenornamente, den Jordan etc.). Sie zeigen den Triumph Marias: Zwischen den Fenstern sind Szenen aus ihrem Leben zu sehen, in der Halbkuppel die *Marienkrönung,* ein Meisterwerk Torritis.

**Die Kapellen.** Zwei kuppelüberwölbte Kapellen liegen zu beiden Seiten der Confessio: rechts die prächtige Cappella Sistina, mit deren Erstellung Sixtus V. 1586 Domenico Fontana beauftragte; sie ist mit Marmor aus dem Septizodium (▲ *150*) und Fresken geschmückt. Fontana entwarf auch die Grabmäler für Sixtus V. und Pius V., die er mit je fünf Flachreliefs verzierte. Nach diesem Vorbild ließ Paul V. von Flaminio Ponzio die Cappella Paolina (▲ *263*) bauen.

»**Marienkrönung**« Christus und Maria sitzen auf einem kostbaren Thron. Der Sohn krönt die zu seiner Rechten sitzende Mutter. Eingerahmt wird die Szene von Engeln und Heiligen, darunter die beiden Franziskanerheiligen Franziskus und Antonius und – kniend – Papst Nikolaus IV., der frühere Generalobere dieses Ordens.

In der Szene des *Marientodes* stellte der Künstler sich selbst mit seinem Gehilfen kniend zu Füßen der Muttergottes dar.

**Cappella Paolina** 1611-1615 arbeiteten die meisten der in Rom lebenden Künstler an der auch für damalige Verhältnisse prächtigen Kapelle. Es finden sich noch Werke von Cigoli (*Madonna und Apostel*, in der Kuppel), Cavalier d'Arpino (*Propheten und Sibylle*, in den Kuppelzwickeln, und *Erscheinung der Jungfrau und des hl. Johannes*, über dem Altar) ebenso wie der jüngeren Künstler, etwa Lanfranco und Guido Reni (Heiligenfiguren über den Gräbern).

# Diokletians-Thermen bis San Pietro in Vincoli

**Apsismosaik ♥**
In der Apsis von Santa Pudenziana ist Christus lehrend im Kreis der Apostel dargestellt; im Vordergrund erkennt man Petrus und Paulus, die von zwei Frauengestalten hinter ihnen gekrönt werden. Sie symbolisieren die Judenkirche und die Heidenkirche. Ein Portikus beschließt die Szene, dahinter sind die Dächer einer Stadt – Jerusalem – auszumachen. Am Himmel sind zu beiden Seiten eines Kreuzes aus Edelsteinen die Embleme der vier Evangelisten dargestellt: Adler,

**Piazza dell'Esquilino.** Sixtus V. ließ den Platz gestalten und einen der Obelisken vom Augustus-Mausoleum (▲ *309*) aufstellen. Die beiden neuen Kuppeln der Kapellen von Santa Maria Maggiore mußten optisch integriert werden. Clemens X. (1670-1676) beauftragte Carlo Rainaldi mit dem Bau der Chorapsis, zu der eine großartige Freitreppe von der Piazza dell'Esquilino führt. (Biegen Sie links in die Via Urbana ein.)

## Santa Pudenziana und Santa Prassede

**Eine christliche Familie.** Nach der Überlieferung soll der römische Senator Pudens dem hl. Petrus in seinem Haus Asyl gewährt haben. Er hatte zwei Töchter, Pudentiana und Praxedis, und zwei Söhne, Novatus sowie Timotheus, vermutlich der Gefährte des hl. Paulus. Nach dem Tod seiner Eltern und seiner Ehefrau soll Pudens sein Haus am Vicus Patricius (der heutigen Via Urbana) in eine Kirche umgewandelt haben. Einige Jahre später, nach dem Tod des Pudens, der Pudentiana und der Praxedis, ließ angeblich Papst Pius I. (140-155) zwei Kirchen errichten; diejenige am Vicus Patricius wurde der hl. Pudentiana und die andere der hl. Praxedis geweiht.

**Santa Pudenziana.** Bei Ausgrabungen fand man ein römisches Haus und darüber Thermen aus dem 2. Jh. Die Entstehung der Kirche datiert man auf das Ende des 4. Jh. Bei mehreren Umbauten wurde das Aussehen des frühchristlichen Gebäudes allerdings völlig verändert. Ende des 12. Jh. fügte man den Campanile hinzu. Die Fassade ist aus Elementen verschiedener Epochen zusammengesetzt: Sie besitzt trotz der ungeschickten Restaurierung im letzten Jahrhundert noch das schöne Portal mit der Vorhalle aus dem 16. Jh., für das ältere Bauteile benutzt wurden.

Stier, Löwe und Mensch.

Oben der Glockenturm, die Fassade und ein Ausschnitt der Fassade von Santa Pudenziana

1589 beauftragte man Francesco da Volterra mit einer umfassenden Restaurierung und dem Bau der elliptischen Kuppel. Santa Pudenziana ist vor allem berühmt wegen des Apsismosaiks vom Ende 4./Anfang 5. Jh., das zu den ältesten Roms gehört. Bei den Restaurierungsarbeiten im 16. und frühen 19. Jh. wurde es leider beschädigt. Im linken Seitenschiff liegt die Cappella Caetani, möglicherweise der erste Kultraum im Haus des Pudens, mit einer sehr schönen Dekoration aus Marmor und Stuck. (Kehren Sie auf die Piazza Santa Maria Maggiore zurück und gehen Sie in die Via di Santa Prassede.)

**Santa Prassede. ♥** Die Existenz der Kirche ist erst ab 489 belegt, und die ersten Restaurierungsarbeiten fanden unter Papst Hadrian I. (772-795) statt. Die heutige Kirche entstand

Mosaik am Triumphbogen mit dem Himmlischen Jerusalem

Links: das Apsismosaik

unter Paschalis I. (817-824); er veränderte die Ausrichtung des Gebäudes und fügte ein Kloster hinzu. Hauptattraktion der Kirche sind die prächtigen byzantinischen Mosaiken in der Apsis, vor allem aber im Chor und in der Zenokapelle. Das Apsismosaik ähnelt dem in der Kirche Santi Cosma e Damiano (▲ *168*) und zeigt Christus zwischen sechs Personen: rechts der hl. Petrus, die hl. Pudentiana und der hl. Zeno (oder Cyriakus); links der hl. Paulus, die hl. Praxedis und Papst Paschalis I., der ein Modell der Kirche in den Händen hält. Zwei Palmen (das Alte und das Neue Testament) rahmen die Szene ein; auf der linken sitzt der Vogel Phönix, Symbol der Auferstehung Christi. Unter dem Bild verläuft ein Fries mit Lämmern, die die Jünger und das Lamm Gottes verkörpern sollen. Am Triumphbogen bewegen sich die Auserwählten auf das Himmlische Jerusalem zu, wo Christus sie in Begleitung zweier Engel erwartet. Ein Teil der Mosaiken wurde für den Bau der Vorsprünge in den Widerlagern des Triumphbogens geopfert. Der hl. Karl Borromäus ließ sie zur Aufnahme von Reliquien anlegen. Vom rechten Seitenschiff geht die Cappella di San Zenone ♥ ab, die Papst Paschalis I. als Grabstätte für seine Mutter Theodora errichten ließ. Wände und Gewölbe der Kapelle mit dem Grundriß eines griechischen Kreuzes sind vollständig mit Mosaiken auf Goldgrund ausgekleidet. (Biegen Sie in die Via di San Martino ai Monti ein.)

**Die Zenokapelle**
Der Eingang ist von zwei Säulen aus Granit bzw. schwarzem Porphyr flankiert. Darüber erkennt man die Mosaiken: die Madonna mit dem Jesuskind, flankiert von den hll. Praxedis und Pudentiana, im Gewölbe vier ein Christusmedaillon tragende Engel, an den Wänden Heilige im Paradiesgarten (links: die hll. Praxedis, Pudentiana und Agnes, rechts: die Apostel Andreas, Jakobus und Johannes).

# Diokletians-Thermen bis San Pietro in Vincoli

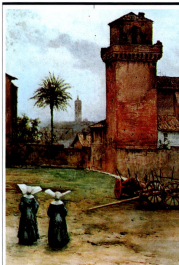

**San Martino ai Monti.** Papst Sylvester I. (314-335) errichtete ein Oratorium im Haus seines Freundes, des Priesters Equitius. Papst Symmachus (498-514) ließ an dieser Stelle eine Basilika bauen und dem hl. Martin von Tours weihen. Zwischen 1635 und 1663 wurde die Kirche von Pietro da Cortona völlig erneuert. Gaspare Dughet, Schüler und Schwager von Poussin, stattete die Seitenschiffe mit Fresken aus, darunter bemerkenswerte römische Landschaften. Hinter der Basilika stehen an der Piazza di San Martino ai Monti die beiden gut restaurierten zinnenbewehrten Wohntürme der Graziani (links) und der Capocci (● *73*), beide im Mittelalter aus Ziegeln errichtet, die man aus den Trajans-Thermen (▲ *174*) herbeischaffte. (Biegen Sie rechts vor der Kirche in die Via delle Sette Sale ein.)

**Piazza San Pietro in Vincoli**
Auf diesem Aquarell von Roesler sieht man noch den mittelalterlichen Geschlechterturm der Margani. Er wurde zu dem Campanile der Nationalkirche der Kalabreser, San Francesco di Paola.

**Die Hörner des Moses**
Die Darstellung des Moses mit zwei Hörnern auf der Stirn ist einer fehlerhaften Bibelübersetzung zuzuschreiben.

Die Salita di Borgia führt an mittelalterlichen Häusern vorbei zu San Pietro in Vincoli hinauf.

## San Pietro in Vincoli

**Die Ketten des hl. Petrus.** Die Basilika verdankt ihren Namen (»Sankt Peter zu den Fesseln«) der kostbaren Reliquie, die hier aufbewahrt wird. Es handelt sich um die Ketten, mit denen Petrus im Gefängnis in Jerusalem und in Rom gefesselt gewesen sein soll. Nach der Legende fügten die Kettenglieder sich von selbst zusammen, als man sie aneinanderhielt. Die Ketten werden in der Confessio aufbewahrt und sind Ziel vieler Pilger.
**Über Jahrhunderte gewachsen.** Über einem Haus aus dem 3. Jh. wurde im 4. Jh. eine erste, den Aposteln gewidmete Basilika errichtet. Ein Neubau der Kirche wurde im Jahr 439 von Sixtus III. geweiht. Der spätere Papst Julius II., Kardinal Giuliano della Rovere, ließ sie schließlich 1471-1503 völlig umbauen. Aber Anfang des 18. Jh. wurde das Gebäude wiederum teilweise verändert. Man betritt die Basilika durch einen Portikus mit fünf Arkadenbögen. Im Innern unterteilen 20 antike Marmorsäulen den Raum; das Deckenfresko (1706) stammt von dem Genueser Maler Giovanni Battista Parodi. Zu den Schätzen der Kirche gehören ein frühchristlicher Sarkophag (in der Krypta), Gemälde von Guercino und Domenichino, ein byzantinisches Mosaik, das den hl. Sebastian zeigt, und das Grab des Philosophen und Kardinals Nikolaus Cusanus, dem diese Basilika von 1448 bis zu seinem Tode 1464 als Titelkirche unterstand.
**Grabmal Julius II.** Michelangelos berühmtes Werk befindet sich ganz hinten im rechten Seitenschiff. Für den Bau seines gewaltigen Mausoleums

bestellte Papst Julius II. 1505 Michelangelo aus Florenz nach Rom. Ursprünglich sollte das Grabmal in der Peterskirche aufgestellt werden und über 40 Standbilder umfassen. Die Arbeiten wurden jedoch zunächst durch einen Streit zwischen dem Papst und dem Künstler unterbrochen und verzögerten sich dann wegen Michelangelos Arbeiten an der Sixtinischen Kapelle im Vatikan. Erst nach dem Tod des Papstes kam schließlich 1513 ein wesentlich schlichteres Grabmal zur Ausführung, für das Michelangelo neben den unvollendeten Sklavenfiguren (heute im Louvre, Paris, und in der Accademia, Florenz) den berühmten *Moses* fertigte. 1516 wurden die Arbeiten erneut unterbrochen, weil der neue Papst, Leo X., Michelangelo lieber für seine eigene Familie, die Medici, arbeiten lassen wollte. Erst 1542-1545 wurde das Grabmal schließlich vollendet – 40 Jahre nach Beginn der Arbeiten, die der Meister nun weitgehend seinen Schülern überließ, insbesondere Raffaello da Montelupo. Er selbst gestaltete vor allem die beiden Frauenfiguren, Jakobs Gattinnen *Rachel* (links) und *Lea* (rechts), Verkörperungen des beschaulichen bzw. tätigen Lebens. Die Standbilder des Papstes, der Sibylle, des Propheten und der Madonna mit dem Kind wurden nach Michelangelos Entwürfen gefertigt, sind allerdings nur mehr oder weniger gut gelungen. (Gehen Sie von der Via Cavour aus die Via dei Serpenti hinauf. Sie gelangen zur Piazza della Madonna dei Monti; die Kirche gleichen Namens stammt aus dem Jahr 1580 und ist eines der Meisterwerke von Giacomo della Porta.)

## ZUR VIA NAZIONALE

**Via Panisperna.** Die rechtwinklig zur Via dei Serpenti verlaufende Straße wurde unter Sixtus V. (1585-1590) gebaut und führte durch die antike Subure. Sie verbindet den Esquilin mit dem Stadtkern. Mit dem Bau der Straße begann eine umfassende Modernisierung des Viertels. Vor der seit dem 9. Jh. belegten, im 17./18. Jh. erneuerten Kirche San Lorenzo in Panisperna steht der Palazzo Cimarra von 1736. Er diente als Residenz des portugiesischen Botschafters, der hier glänzende Feste und Banketts veranstaltete. In dieser Straße lagen auch die Laboratorien, in denen Enrico Fermi und sein Mitarbeiter Majorana von

### Ein Bummel durch das Viertel

Dem *Rione Monti* ist es wie wenigen anderen Vierteln gelungen, seine einstige Atmosphäre zu

bewahren. Es ist ein besonderes Vergnügen, sich einfach durch die Via Baccina, Via dei Serpenti oder Via degli Zingari treiben zu lassen. In diesen Straßen verbrachte im 18. Jh. der französische Bettelpilger Benoît-Joseph Labre die letzten Jahre seines Lebens. »Ein Anblick, der manchen erbaulich, anderen aber skandalös erscheint«, schrieb Kardinal de Bernis. Der fromme Mann wurde in der Kirche Madonna dei Monti beigesetzt.

### Ein Physiker verschwindet

Ettore Majorana war einer der brillantesten Kernphysiker

seiner Zeit, der unter den denkbaren Folgen seiner Entdeckungen litt. 1938 kündigte er an, er wolle sich das Leben nehmen, und verschwand kurz darauf unter mysteriösen Umständen. Leonardo Sciascia verarbeitete diese Geschichte in einem seiner Kriminalromane.

# DIOKLETIANS-THERMEN BIS SAN PIETRO IN VINCOLI

**San Paolo entro le Mura**
Das Mauerwerk aus abwechselnd Travertin und Ziegeln und der elegante Campanile sollten die protestantische Kirche möglichst ›italienisch‹ aussehen lassen.

**»Est, est, est«**
Um 1100 reiste Johann Fugger aus Augsburg durch Italien. Er sandte einen Diener voraus mit dem Auftrag, bei allen Gasthöfen mit gutem Wein »Est« an die Tür zu schreiben (»er ist gut«). In Montefiascone im nördlichen Latium fand dieser einen so köstlichen Weißwein, daß er begeistert »Est! Est!! Est!!!« an die Tür des Gasthofs schrieb. Diese Anekdote gab dem Wein seinen Namen.

der Naturwissenschaftlichen Fakultät der Universität Rom in den 30er Jahren die erste Kernspaltung durchführten. (Gehen Sie zurück in die Via dei Serpenti.)

**Via Nazionale.** Die Hauptverkehrsstraße wurde zwar bereits unter Pius IX. begonnen, gehört jedoch eigentlich in die Zeit des jungen Königreiches. Auf der linken Seite befindet sich der große Neorenaissancebau der Banca d'Italia (1888/89, Architekt: Gaetano Koch). Gegenüber sieht man unmittelbar vor dem Teatro Eliseo ein Gebäude aus Gußeisen und Stahlbeton, in dem früher die Magazzini Rovatti untergebracht waren (heute Renault). Die Schaufenster und Ausstellungsräume des um 1900 entstandenen Baus zeigen schon sehr moderne Tendenzen. Zusammen mit dem Piccolo Eliseo ist dieses Bauwerk ein vollendetes Beispiel des *Stile Liberty*, des römischen Jugendstils. Auf der gleichen Seite erstreckt sich hinter der Einfahrt zum Tunnel unter dem Quirinal der Palazzo dell'Esposizione (1878-1882) von Pio Piacentini. Bei seiner Entstehung war

das Gebäude zunächst sehr umstritten: Kritisiert wurden vor allem die fensterlose Fassade, die massige Quaderanlage und der als ›unitalienisch‹ eingestufte Stil. Im Innern befinden sich helle, durch Säulenreihen abgetrennte große Räume, die einen neoklassizistischen Eindruck vermitteln. Das Gebäude wurde erst kürzlich renoviert und bemüht sich, zu einem Kulturzentrum zu werden, das Rom so dringend fehlt. Hier finden Wechselausstellungen statt, es gibt ein Filmarchiv und im obersten Stockwerk ein sehr nettes und preiswertes Selbstbedienungsrestaurant. An der Ecke zur Via Napoli steht die amerikanische Kirche San Paolo entro le Mura, die 1873 als erste nichtkatholische Kirche Roms gebaut wurde. Die

anglikanische Kirche ist das einzige Beispiel des englischen *Arts and Crafts*-Stils in Italien (Architekt: George Edmund Street). Die Mosaiken in der Apsis und im Chor wurden auf Murano bei Venedig nach Entwürfen des Präraffaeliten Edward Burne-Jones hergestellt, die Keramikplatten der Innenwände sind Werke von William Morris. Ebenfalls aus den 70er Jahren des 19. Jh. stammt der Albergo Quirinale, der durch einen unterirdischen Gang mit der Oper (Bild oben) verbunden ist. Hier wohnte Verdi bei der römischen Uraufführung des *Falstaff* 1893. Die Wohnhäuser in der Nähe der Piazza della Repubblica, die ältesten an der Via Nazionale, entstanden 1864.

# Trastevere

Die Tiberinsel  *352*
Santa Cecilia  *353*
Santa Maria dell'Orto  *354*
San Francesco a Ripa  *354*
San Crisogono  *356*
Santa Maria in Trastevere  *357*
Via della Lungara  *359*
Villa Farnesina  *360*
Palazzo Corsini  *362*
Ponte Sisto  *363*
Gianicolo  *363*

# ▲ TRASTEVERE

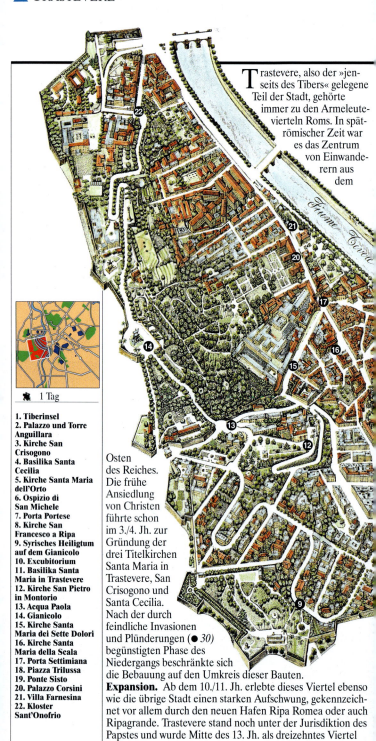

Trastevere, also der »jenseits des Tibers« gelegene Teil der Stadt, gehörte immer zu den Armeleutevierteln Roms. In spätrömischer Zeit war es das Zentrum von Einwanderern aus dem Osten des Reiches. Die frühe Ansiedlung von Christen führte schon im 3./4. Jh. zur Gründung der drei Titelkirchen Santa Maria in Trastevere, San Crisogono und Santa Cecilia. Nach der durch feindliche Invasionen und Plünderungen (● 30) begünstigten Phase des Niedergangs beschränkte sich die Bebauung auf den Umkreis dieser Bauten.

**Expansion.** Ab dem 10./11. Jh. erlebte dieses Viertel ebenso wie die übrige Stadt einen starken Aufschwung, gekennzeichnet vor allem durch den neuen Hafen Ripa Romea oder auch Ripagrande. Trastevere stand noch unter der Jurisdiktion des Papstes und wurde Mitte des 13. Jh. als dreizehntes Viertel *(rione)* in die Verwaltung der Stadt Rom einbezogen. In Trastevere residierten einige vornehme Familien (Stefaneschi, Papareschi, Alberteschi, Anguillara u.a.), erhalten sind jedoch

🚶 1 Tag

1. Tiberinsel
2. Palazzo und Torre Anguillara
3. Kirche San Crisogono
4. Basilika Santa Cecilia
5. Kirche Santa Maria dell'Orto
6. Ospizio di San Michele
7. Porta Portese
8. Kirche San Francesco a Ripa
9. Syrisches Heiligtum auf dem Gianicolo
10. Excubitorium
11. Basilika Santa Maria in Trastevere
12. Kirche San Pietro in Montorio
13. Acqua Paola
14. Gianicolo
15. Kirche Santa Maria dei Sette Dolori
16. Kirche Santa Maria della Scala
17. Porta Settimiana
18. Piazza Trilussa
19. Ponte Sisto
20. Palazzo Corsini
21. Villa Farnesina
22. Kloster Sant'Onofrio

nur die mehrfach restaurierten Paläste der Anguillara und der Mattei. Nach der Rückkehr der Päpste aus Avignon war Trastevere für kurze Zeit Sitz der Universität *(Studium Urbis)*. Damals bestanden nur zwei Übergänge zum linken Tiberufer: die Tiberinsel und ab 1475 die Brücke Ponte Sisto, die eigentlich für Pilger zum Petersdom angelegt wurde.

**Die Zufahrtswege.** Bis ins 14. Jh. hinein gab es keine größeren städtebaulichen Projekte für dieses Viertel, dessen Besiedelung sich vor allem auf das Flußufer konzentrierte. Im 16. Jh. wurden dann zahlreiche Kirchen gebaut oder erneuert, aber nur wenige Paläste gebaut. Zur gleichen Zeit entstand parallel zum Tiberverlauf die Via della Lungara, mit der die Verbindung zum Borgo (dem Viertel um die Peterskirche, ▲ *232*) erheblich verbessert wurde. Es dauerte allerdings noch bis zum Ende des 19. Jh., bis die großen Verkehrsachsen gebaut wurden: der Viale di Trastevere, der das ganze Viertel durchschneidet, und der Lungotevere, der sich am Tiber entlangzieht.

**Ein eigenwilliges Viertel.** Trastevere hat sich bis in die 60er Jahre des 20. Jh. seinen volkstümlichen Charakter bewahrt, bevor es nach und nach zu einer schicken Wohngegend mit Restaurants und Nachtclubs wurde. Frühmorgens jedoch findet man auch das Leben der einfachen Leute noch wieder, wenn man durch die engen Gassen rund um Santa Maria in Trastevere spaziert. Bis in unsere Zeit wird im Juli die *Festa de Noantri* (das »Fest von uns anderen«) gefeiert. An Sommerabenden kann man in den *vicoli* (Gassen) hinter der Via Garibaldi, fernab von den großen Plätzen Leute sehen, die einfach Stühle

> "In der Dämmerungsstunde schlenderten wir gestern durch Trastevere, dessen enge Straßen mit den zahlreichen Überresten von mittelalterlichen Burgen und Türmen lebhaft die graue Vorzeit der sich befehdenden Barone zurückzaubern, bis man dann urplötzlich durch die Augen einer schönen Trastaverin mächtig wieder in die brennendste Gegenwart zurückgezogen wird. Diese Bewohnerinnen von Trastevere sind die schönsten unter den Frauen und Mädchen Roms; man nennt sie schlechtweg die »Minenti«, eine Abkürzung von Eminenti."
>
> Kurd von Schlözer, *Briefe eines Diplomaten* (1864)

**Die Leute von Trastevere**
Sie sprechen einen eigenen Dialekt und bezeichnen sich selbst als Nachfahren der alten Römer. Von diesem Viertel gingen mehrfach Aufstände aus, und die Päpste waren ihm gegenüber stets mißtrauisch. Auch die kurzlebige Römische Republik wurde 1849 am längsten in Trastevere verteidigt.

# TRASTEVERE

**San Bartolomeo**
Von dem ursprünglichen Gebäude ist nur noch der romanische Glockenturm erhalten. Neben dem Presbyterium liegt ein Brunnen mit schönen mittelalterlichen Skulpturen. Die Kirche wurde 1624 von Martino Longhi d. J. erneuert; dabei wurden die Säulen des heidnischen Tempels beibehalten.

**Ponte Rotto**
Am Ende der Insel liegt die Ponte Rotto (die »kaputte Brücke«). Die Brücke wurde über den Resten des Pons Aemilius aus dem 2. Jh. v. Chr. errichtet, brach jedoch im 16. Jh. zusammen und wurde nie wiederhergestellt: daher der Name. An der Spitze der Insel liegt noch ein Teil vom Travertin-Bug des legendären Schiffes, als das man die Insel gestaltet hatte.

Der Tiber

vor ihre düsteren Häuser stellen, um sich mit ihren Nachbarn zu einem fröhlichen Mahl rund um eine große Schüssel *pasta* und einen Krug Weißwein zusammenzusetzen.

## DIE TIBERINSEL

**Die Legende.** Die Tiberinsel soll entstanden sein, als das Volk nach der Vertreibung von Tarquinius Superbus im 6. Jh. v. Chr. die Weizenernte des Marsfeldes (das den etruskischen Königen gehörte) in den Tiber warf. Nach einer anderen Legende wollten die Römer bei Äskulap, dem Gott der Medizin, in Epidauros Rat holen, um einer Pestepidemie ein Ende zu setzen. An Bord einer Trireme brachte man 293 v. Chr. eine Schlange nach Rom. Das dem Äskulap heilige Tier schwamm durch den Fluß bis zur Insel, wo man einen Äskulap-Tempel errichtete, und deshalb soll die Insel ihre frühere architektonische Gestaltung in Form eines Bootes bekommen haben. Über den Ruinen entstand Ende des 10. Jh. die von dem deutschen Kaiser Otto III. gestiftete, dem hl. Adalbert gewidmete Kirche. Im 12. Jh. transferierte man die Reliquien des hl. Bartholomäus hierher und weihte die Kriche um.
**Eine schwach besiedelte Insel.** Die Tiberinsel war fast unbewohnt, bis sich im Mittelalter die Pierleoni und später die Caetani hier niederließen. Am Beginn der Ponte Fabricio sieht man noch einen Turm ihrer Befestigungsanlagen.

Im 17. Jh. (vor allem während der Pestepidemie von 1656) brachte man die Kranken hierher, um die Ansteckungsgefahr in der Stadt selbst zu verringern. Die Insel ist der Medizin stets verbunden geblieben, und ein Großteil der Fläche gehört noch heute zum Krankenhaus der Fatebenefratelli. (Versäumen Sie nicht, einen Blick in die mit barockem Dekor verzierte kleine Kirche San Giovanni Calibita zu werfen.)

**Die Tiberbrücken.** Auf die Insel führen zwei Brücken. Die Ponte Fabricio, die zweitälteste Brücke Roms (62 v. Chr.), deren Inschriften viermal den Namen des Erbauers Lucius Fabricius, Sohn des Gaius nennen, verbindet die Insel mit dem Ufer am Marsfeld. Wegen der beiden vierseitigen Hermes-Köpfe am Aufgang zur Brücke wird sie im Volksmund *Ponte dei Quattro Capi* (»Brücke der vier Köpfe«) genannt. Die andere Brücke, Ponte Cestio aus dem 1. Jh. v. Chr., führt zum Trastevere-Ufer hinüber. Sie wurde 1892 unter Verwendung des Originalmaterials erneuert.

Oben: Ponte Rotto und die Kirche Santa Cecilia

## DAS RIPAGRANDE-VIERTEL

**Der Hafen Ripagrande.** Leider wurde der Hafen bei der Befestigung der Tiberufer zerstört, der Fluß fließt seither zwischen hohen Mauern *(muraglioni)* hindurch. Man hat keine Vorstellung mehr von dem bunten Treiben, das hier einmal herrschte. Die von Ostia kommenden schwerbeladenen Handelsschiffe wurden am rechten Tiberufer von starken Männern oder Büffeln getreidelt. Das Uferstück nannte man *ripa romea* wegen der Rompilger, die auf dem Weg zur Peterskirche hier an Land gingen.

Mittelalterliche Gebäude im Viertel um Santa Cecilia

**Piazza in Piscinula.** Der heutige Platz entstand Ende des letzten Jahrhunderts. Dazu wurde der Palast gegenüber dem Palazzo Mattei abgerissen, und eher willkürliche Restaurierungsversuche sollten den mittelalterlichen Charakter des Platzes wiederherstellen. Der Palazzo Mattei wird auf die Zeit Innozenz' II. (1130-1143) oder Gregors IX. (1227-1241) datiert. Im heutigen Zustand dürfte das Gebäude jedoch frühestens aus dem 14.-15. Jh. stammen. San Benedetto in Piscinula ist die kleinste romanische Kirche Roms. Neben dem Campanile und der Statue des hl. Benedikt in der Vorhalle fällt vor allem der Cosmatenfußboden (● 76) im Innenraum auf. Rund um den Platz sind noch zahlreiche Spuren des mittelalterlichen Viertels auszumachen. An den Häusern gibt es noch einige schöne Vorbauten (etwa in der Via dell'Atleta, ● 73). Auch die kleine Kirche Santa Maria in Cappella ist sehenswert. Man erreicht sie durch die Via Anicia.

**Santa Cecilia in Trastevere.** Die Kirche liegt abseits vom Trubel der Piazza dei Mercanti, wo sich das Restaurant *Do meo Patacca* bemüht, Touristen die Illusion einer volkstümlichen Taverne zu vermitteln. Vor der

**Martyrium**
Die fromme Cäcilie eröffnete ihrem Ehemann Valerianus in der Hochzeitsnacht, ihre Keuschheit werde von einem Engel bewacht; wenn er sich zum Christentum bekehre, werde er ihn sehen können. Valerianus ließ sich taufen und sah nach seiner Rückkehr tatsächlich den Engel. Die beiden wurden aber als Christen erkannt und starben den Märtyrertod. Im Jahr 1600 fand man ihre – angeblich unverwesten – Körper. Stefano Maderno schuf eine Skulptur der Heiligen in der Körperhaltung, wie man sie gefunden hatte.

# TRASTEVERE

Santa Maria dell'Orto

**Die »selige Ludovica degli Albertoni in Verzückung«**
Wie in Santa Maria della Vittoria (▲ 294) hat Bernini auch hier in der Kirche San Francesco a Ripa verschiedene Lichteffekte einkalkuliert. So fällt indirektes Licht auf die Statue der in Verzückung begriffenen Seligen und den bewegten Faltenwurf ihres Gewandes. Der Körper liegt auf einem Polster aus polychromem Marmor mit Fransen aus Goldbronze. Das Gemälde von Baciccia (*Jungfrau mit Kind und der hl. Anna,* 1675) über der Skulptur klärt den Beschauer über den Inhalt der Vision auf.

Kirche liegt ein Hof mit Rosenstöcken, der noch dazu beiträgt, daß Santa Cecilia wie eine stille Oase in diesem lebhaften Viertel wirkt. Die Kirche soll über den Resten des Hauses der hl. Cäcilie und ihres Mannes Valerianus errichtet worden sein. Das seit dem 4. Jh. nachgewiesene Heiligtum wurde unter Paschalis I. (817-824) erneuert; er ließ die Apsismosaiken anbringen und stiftete ein kostbares Ziborium. Um die Verehrung der Märtyrer weiterhin zu sichern, gründete man neben der Kirche ein Kloster, das 1100 von Paschalis II. renoviert wurde. Ende des 13. Jh. beauftragte der französische Kardinal Cholet den Maler Pietro Cavallini mit Fresken für das Kloster. Erhalten ist davon das überragende *Jüngste Gericht* (rechts), das im Jahr 1900 bei Restaurierungsarbeiten wiederentdeckt wurde. Es ist in der ersten Etage, zur Besichtigung braucht man eine Genehmigung der Ordensschwestern. Kardinal Cholet ließ außerdem von Arnolfo di Cambio im Chor ein neues Ziborium aufstellen (1293). Die Kirche wurde mehrfach umgebaut, unter anderem im Jahr 1600. Rechts vom Eingang führt ein Korridor zum Caldarium, wo man der Legende nach versuchte, die hl. Cäcilie zu ersticken, was sie jedoch schadlos überstand, so daß man sie schließlich enthauptete. Abgesehen von der Krypta mit den Sarkophagen des Valerianus und der Cäcilie sieht man im Untergeschoß bedeutende Reste römischer Bauten aus verschiedenen Epochen: Fußböden, Thermen, Säulen und Inschriften. (Biegen Sie rechts in die Via di San Michele ab und nehmen Sie die Via della Madonna dell'Orto.)

**Santa Maria dell'Orto.** Guido Guidetti baute sie 1566 im Auftrag der Gemüsegärtner und anderer Zünfte. Die Fassade führte Francesco da Volterra nach Entwürfen von Vignola aus. Interessant ist jedoch vor allem der Innenraum, denn die barocke Dekoration überwältigt den Betrachter mit einer Fülle von Girlanden, Kronen, Blumen und Früchten. Die Stuckarbeiten vom Anfang des 18. Jh. sind Stiftungen der Bruderschaften (*università*) des Viertels, nämlich der Gärtner (*ortolani*), Müller (*molinari*), Obst-, Geflügel- und Nudelhändler (*fruttaroli, pollari, vermicellari*), die damit an ihre jeweiligen Berufe erinnern wollten. Der Hochaltar von Giacomo della Porta trägt ein ausgezeichnetes Bild der Jungfrau. (Biegen Sie links in die Via Anicia ein.)

**San Francesco a Ripa.** Die Kirche liegt an der Stelle des alten Hospizes San Biagio, in dem der hl. Franz von Assisi bei seinem Aufenthalt in Rom gewohnt haben soll. Die

Kirche gehört heute noch den Franziskanern. Sie wurde ab 1682 von Mattia de' Rossi vollständig erneuert und birgt zahlreiche Kunstwerke und Grabmäler des 17. und 18. Jh. In der ersten Kapelle links ist eine *Mariengeburt* von Simon Vouet (1618-1620) mit deutlichem Einfluß Caravaggios zu sehen. In der letzten Seitenkapelle links steht das *Grabmal der seligen Ludovica degli Albertoni* (1671-1674), eine der letzten Skulpturen Berninis. Die vielen Grabmäler lassen an eine Geschichte denken, die Stendhal wiedergibt: Um Mitternacht habe in dieser mit fast tausend Kerzen erleuchteten Kirche eine römische Prinzessin die Totenmesse für ihren Liebhaber

lesen lassen, den sie selbst habe ermorden lassen. Wenn man um die Kirche herumgeht und in die Via Ascianghi einbiegt, gelangt man bis zur Piazza di Porta Portese, wo das antike Arsenal Roms liegt. Im und um das Gebäude findet sonntags morgens der berühmte römische Flohmarkt statt. An der Ecke liegt das frühere Hospiz San Michele mit seiner 334 m langen Fassade über dem Tiber. Es wurde Ende des 17. Jh. als Ausbildungsstätte für arme Jugendliche gegründet, später kamen eine Besserungsanstalt und ein Frauengefängnis hinzu. Die 1972 begonnenen Restaurierungsarbeiten stehen kurz vor dem Abschluß. Das Gebäude beherbergt heute mehrere Abteilungen des *Ministero per i Beni Culturali e Ambientali* (Ministerium für Kultur und Umwelt). Nach Durchqueren der beiden schönen Innenhöfe (der erste leider verschandelt durch eine moderne Treppe) kann man die berühmtesten Gemälde der Galleria Borghese (▲ 372) besichtigen, die mehrere Jahre lang nicht mehr ausgestellt wurden, bevor man sie bis zur geplanten Wiedereröffnung des Museums hierher brachte. (Es geht zum Viale di Trastevere zurück, in den Viale Glorioso und dann in der Via Dandolo bis zum Haus Nr. 47.)

**Das Heiligtum der syrischen Götter auf dem Gianicolo.**
Im Geschäftsviertel am Tiber hielten sich ab dem Ende der republikanischen Zeit zahlreiche Händler und Freigelassene orientalischer Herkunft auf. So wurden an beiden Flußufern Spuren von Religionen gefunden, die ursprünglich aus Anatolien (Kybele-Kult), Ägypten und Syrien stammten. Inschriften bestätigen zum Beispiel die enge Bindung der Sklavenhändler an die syrische Göttin Atargatis. Das Heiligtum auf dem Gianicolo wurde 1906 entdeckt und belegt, daß der Kult der syrischen

**Porta Portese**
Der berühmte Flohmarkt war schon oft Filmkulisse, beispielsweise für *Die Fahrraddiebe* Vittorio de Sicas (1948). Der Hauptdarsteller geht mit seinem Sohn zur Porta Portese, in der Hoffnung, dort das Fahrrad wiederzufinden, das man ihm gerade gestohlen hat. In Pasolinis *Mamma Roma* (1960) (oben) versucht der Sohn der Prostituierten Mamma Roma (Anna Magnani, ● 43), auf dem Flohmarkt eine Schallplatte zu verkaufen, die er eben erst seiner Mutter gestohlen hat.

Die langgestreckte Fassade des Ospizio di San Michele

**Ein eigenartiger Raum**
Im Heiligtum der syrischen Götter auf dem Gianicolo liegt ein achteckiger Raum mit einer Apsis. In einer Vertiefung unter dem dreieckigen Altar entdeckte man die Bronzestatuette eines Mannes, der von einer Schlange umschlungen wird (es handelt sich um Adonis, der wie der ägyptische Gott Osiris als Gott der Natur gilt).

# TRASTEVERE

**Ein »verworfenes Viertel«**
»Ein überaus verworfenes Viertel, ausgestoßen und isoliert am rechten Tiberufer; das Viertel der Arbeiter aus der Tabakmanufaktur und der Kerzenfabrik, wo die Wachslichter für die Hunderte von Kirchen der Stadt gefertigt werden [...]. Die Geschäfte mit rauchgeschwärzten Soprasporten und Türen wie Ställe, so daß Händler und Waren praktisch auf der Straße stehen [...]; Marktstände, Industrie, Arbeit: alles im Naturzustand, auf kleinen Plätzen, darüber tanzen lustig die Wäschestücke auf der Leine.« So beschrieben die Brüder Goncourt das Trastevere des 19. Jh.

Götter in Trastevere seit dem 1. Jh. n. Chr. kontinuierlich gepflegt wurde. Verehrt wurden vor allem Hadad (der oberste der Götter von Heliopolis), Atargatis (die von den Römern als *dea syria* bezeichnete Fruchtbarkeitsgöttin) und Simios (Merkur). Das Heiligtum besteht aus drei Teilen: einem rechteckigen Mittelhof (mit dem Eingang), einem achteckigen Raum mit dreieckigem Altar im Osten, und der Basilika mit Vorhalle im Westen. (Gehen Sie durch die Via Dandolo zurück zur Piazza San Cosimato.)

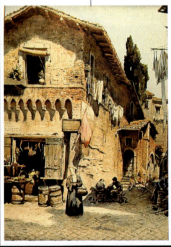

**Piazza San Cosimato.** Hier liegt ein Benediktinerkloster, das im 13. Jh. auf die Franziskaner überging und in neuerer Zeit in ein Krankenhaus umgewandelt wurde. Beachtenswert sind die beiden Kreuzgänge: Der eine ist romanisch, der andere stammt aus dem 15. Jh. (Kehren Sie zum Viale di Trastevere zurück.)

**Viale di Trastevere.** Diese breite Avenue entstand 1880 bis 1890 als Verbindung zwischen Ponte Garibaldi und dem Bahnhof von Trastevere. Sie wird nur von wenigen Gebäuden neueren Datums gesäumt, eines davon ist die Tabakmanufaktur (Antonio Sarti, 1863).

**Das »Excubitorium«.** An der Ecke Via di Montefiore und Via della VIIa Coorte liegt der Eingang zu einem Gebäude aus der Kaiserzeit, das 1865 bei Ausgrabungen in 8 m Tiefe gefunden wurde: das *Excubitorium* (Wachposten der 7. Kohorte der *Vigiles*). Das einstige Privathaus wurde gegen Ende des 2. Jh. v. Chr. in eine Kaserne umgewandelt. Es gibt Einblick in die Tätigkeit der *Vigiles*, jener von Augustus im Jahr 6 v. Chr. als Polizei und Feuerwehr eingerichteten Schutztruppe.

**San Crisogono.** Das heutige Gebäude entstand im 12. Jh. über einer frühchristlichen Kirche. 22 antike Säulengliedern die drei großen Kirchenschiffe. Der romanische Campanile stammt aus dem Jahr 1125. Die Mosaiken in der Apsis werden Pietro Cavallini zugeschrieben und entstanden ebenso wie der Cosmatenfußboden (● 76) im 13. Jh. Das übrige Gebäude wurde 1620 von Giovanni Battista Soria barock umgestaltet. Die Sakramentskapelle entwarf Bernini. Von der Sakristei aus steigt man in die untere Kirche *Titulus Chrysogoni* hinab. Sie entstand im 5. Jh. über den Resten eines kaiserzeitlichen Gebäudes, in dem das Grab des unter Diokletian enthaupteten Märtyrers lag. Die einschiffige Kirche wurde unter Gregor III. (731-741) restauriert und im 10. Jh. mit Szenen aus dem Leben des hl. Benedikt bemalt. (Gehen Sie zur Piazza Sonnino.)

**Palazzo und Torre Anguillara** (● 72). Die Familie Anguillara leitete ihren Namen von einem Lehen am Lago di Bracciano ab. Ihr Haus in Trastevere war im 13. Jh. als Stadt-Festung konzipiert. 1464 wandelte man das Gebäude in einen Wohnpalast um. Der

Turm blieb als einziger der mittelalterlichen Geschlechtertürme in Trastevere erhalten. Die Familie Anguillara starb im 18. Jh. aus, das Gebäude wurde 1887 restauriert. Heute ist darin die Casa di Dante untergebracht, ein dem Dichter der *Divina Commedia* gewidmetes Museum. Auf dem Platz steht eine Statue (1913) des Dichters Giuseppe Belli (● *43*) von Michele Tripisciano. (Gehen Sie die Via della Lungaretta wieder hinauf.)

## SANTA MARIA IN TRASTEVERE ♥

Bewohner von Trastevere

**Piazza Santa Maria in Trastevere.** Wir sind hier im Herzen von Trastevere mit vielen Plätzen und gewundenen Gäßchen, in denen ein lebhaftes Gewimmel herrscht. Auf dem Kirchplatz steht ein Brunnen von Carlo Fontana (1692) gegenüber dem Palast des hl. Calixtus (links von der Kirche), den Paul V. 1613 errichten ließ. Der Palast lehnt sich an die mittelalterliche Kirche San Callisto an, die über der Stelle errichtet wurde, wo der Heilige den Märtyrertod erlitt.

**Die Gründung der ersten Kirche.** Der Überlieferung nach soll 38 v. Chr. eine Quelle mit übelriechendem Öl (vermutlich Erdöl) hier entsprungen sein. Die jüdische Bevölkerung Roms faßte dies als Zeichen für die bevorstehende Ankunft des Messias auf. Der christliche Kult um dieses ›Wunder‹ entstand erst im 3. Jh. Nach der Legende gab es damals Streit zwischen Christen und Tavernenbesitzern. Der Kaiser gab ersteren Recht: Ihm war es lieber, daß ein öffentlicher Platz von Gläubigen bevölkert wurde als von Betrunkenen ...

**Die Fassade von Santa Maria in Trastevere**
Ein byzantinisch beeinflußtes Mosaik des 12. bis 14. Jh. schmückt noch heute die Fassade, die allerdings 1702 von Carlo Fontana verändert und mit einer Säulenvorhalle versehen wurde. Zu Füßen der Jungfrau mit dem Kind, die zwischen zehn weiblichen Heiligen thront, knien demütig die Stifter.

# ▲ TRASTEVERE

**Der »Marientod«**
Zu den Mosaiken Pietro Cavallinis *(Geburt Mariä, Verkündigung, Geburt Christi, Anbetung der Heiligen Drei Könige, Darbringung Jesu im Tempel)* gehört auch der beeindruckende *Marientod.* Links vom Totenbett steht der hl. Paulus weinend zu Füßen der Muttergottes; rechts zwischen den Aposteln und Bischöfen der hl. Petrus im römischen Pallium mit einem Weihrauchgefäß. Neben der Verstorbenen kniet der hl. Johannes. In der Bildmitte steht zwischen zwei Engeln Jesus als Erlöser mit der Seele Marias. Die Komposition basiert ganz auf vertikalen und horizontalen Linien, Cavallini geht damit bereits über die byzantinische Ikonographie hinaus.

Im Chormosaik bietet Innozenz II. der Muttergottes die Kirche dar.

Im *Liber pontificalis,* der alten Biographie der Päpste, ist eine andere Version nachzulesen: Danach lud Papst Calixtus (217-222) die Gläubigen zur Messe in seine Hauskirche *(titulus)* ein, die man später in eine Basilika umwandelte; 772-795 ließ Hadrian I. die Seitenschiffe hinzufügen. Unter Gregor IV. (827-844) wurde das Gebäude grundlegend erneuert: Er ließ den Chor erhöhen, Chorschranken sowie über dem Altar ein Ziborium anbringen und die Krypta wiederherstellen, um darin die Reliquien der Märtyrer Calixtus, Calapodius und Cornelius aufzubewahren. Er ließ außerdem in Anlehnung an Santa Maria Maggiore (▲ *342)* eine Krippen-Kapelle bauen und das angrenzende Kloster errichten.

**Die Basilika Innozenz' II.** Im 12. Jh. ließ Innozenz II., ein Sproß der in Trastevere heimischen Familie Papareschi, die Kirche erneuern. Dabei fügte man das Querschiff an und schmückte die Apsis mit herrlichen Mosaiken. Hierzu verwendete man vorwiegend Materialien aus den Caracalla-Thermen (▲ *319).* Als der Papst starb, war die neue Basilika noch unvollendet; erst Alexander III. (1159-1181) weihte sie.

**Der Innenraum.** Der dreischiffige Innenraum wurde nach der Zeit Innozenz' II. kaum noch verändert. Der Entwurf für die Kassettendecke stammt von Domenichino, ebenso wie die

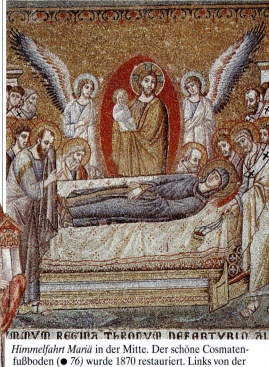

*Himmelfahrt Mariä* in der Mitte. Der schöne Cosmatenfußboden (● *76)* wurde 1870 restauriert. Links von der Apsis liegt die Altemps-Kapelle aus dem Jahr 1584, wahrscheinlich die erste Kapelle, die in der Zeit der Gegenreformation dem alten Marienkult geweiht wurde.

**Die Chormosaiken ♥.** Die Mosaiken lassen zwar noch einen deutlichen byzantinischen Einfluß erkennen, sind jedoch schon typisch römisch. Die Bilder am

# Achille Pinelli

Triumphbogen (12. Jh.) zeigen die Propheten *Jesaja* und *Jeremias,* die Symbole der vier Evangelisten, die sieben Leuchter und das von Alpha und Omega eingerahmte Kreuz. In der Kalotte der Apsis ist der *Thronende Christus mit Maria* dargestellt (oben). Links davon erkennt man die Heiligen *Calixtus* und *Laurentius* sowie Papst *Innozenz II.,* der die Kirche der Muttergottes darbietet; rechts stehen die Heiligen *Petrus, Cornelius, Julian* und *Calapodius;* darunter sind zwei Gruppen von Lämmern dargestellt, die, aus Jerusalem und Bethlehem kommend, zum Lamm Gottes hinstreben. Die Mosaiken sind Ausdruck eines wiederbelebten Marienkultes dar. Am Triumphbogen schuf Pietro Cavallini 1291 seine wohl schönsten Mosaiken: Sie zeigen sechs Episoden aus dem *Marienleben* und lassen dabei eine neuartige Raumbehandlung erkennen, die Körper sind bereits recht plastisch dargestellt. Außergewöhnlich ist auch die Farbgebung, die das Mosaik fast wie ein Fresko wirken läßt. (Biegen Sie links in die Via della Paglia und hinter der Piazza Sant'Egidio mit der gleichnamigen Kirche und dem Folkloremuseum in die Via della Scala ein.)

**Santa Maria della Scala.** Diese 1592 von Francesco da Volterra erbaute Kirche gehört dem Orden der Unbeschuhten Karmeliter. Die Leiter des Ordens wiesen zwar den *Marientod* (heute im Louvre) ab, den Caravaggio für sie gemalt hatte, doch sind mehrere Werke von Schülern des Meisters hier zu sehen, darunter die *Enthauptung Johannes' des Täufers* von Honthorst, genannt Gherardo delle Notti (erste Kapelle rechts), und ein *Marientod* von Saraceni (zweite Kapelle links). Die rechter Hand gelegene Klosterapotheke enthält noch das Mobiliar und die Ausstattung des 17. Jh. (Nehmen Sie die Via della Porta Settimiana.)

## VIA DELLA LUNGARA

**Porta Settimiana.** Der alte Triumphbogen des Septimius Severus stand ursprünglich am Eingang eines seiner Wohnhäuser und wurde im 4. Jh. als Tor in die Aurelianische Stadtmauer (▲ 323) integriert; der heutige Zustand geht allerdings auf die Restaurierung durch Alexander VI. zurück (1498).

**Via della Lungara.** Die lange, schnurgerade Straße wurde ebenso wie die Via Giulia (▲ 240) unter Papst Julius II. erbaut und war vor dem Bau der Tiber-Kais die einzige Verbindung zwischen Trastevere und dem Vatikan. Sie führt vorbei an der Villa Farnesina, dem Palazzo Corsini und etwas weiter am Gefängnis *Regina Coeli* (»Himmelskönigin«).

**Folkloremuseum**
Das kleine Museum ist dem Alltagsleben, den volkstümlichen Sitten und Gebräuchen im Rom des 18. und 19. Jh. gewidmet. Es besteht aus fünf Abteilungen (Karneval, Volkstum, die Aquarelle von Ettore Roesler Franz, das Künstlerfest in Cervara und Feuerwerke). Neben Abgüssen des großen Marmorfußes (▲ 260), des Mundes der Wahrheit (▲ 155) und des Pasquino (● 46, ▲ 279) sieht man eine Rekonstruktion des Schlafzimmers des Dichters Trilussa (▲ 363) mit einer Sammlung von Bildern, Fotos und Manuskripten des Poeten. Trotz eines Besuches hier sollten Sie das Museum für Volkskunst und Brauchtum im EUR (▲ 387) nicht versäumen.

**Achille Pinelli**
(1809-1841).
Achille, ein Sohn des Malers Bartolomeo Pinelli, wurde bereits in frühester Jugend von seinem Vater unterrichtet. Sein Werk umfaßt unter anderem zweihundert Aquarelle der Kirchen Roms (oben: Santa Maria della Scala). Sie werden im Museo di Roma (▲ 279) aufbewahrt.

# TRASTEVERE

LA FARNESINA ● 88

**Der Psyche-Mythos**
Psyche war ein so schönes Menschenkind, daß Amor, Sohn der Venus und Gott der Liebe, sich in sie verliebte. Er besuchte sie – aber nur im Schutz der Dunkelheit und ohne seinen Namen preiszugeben, denn Venus durfte nichts davon wissen. Als Psyche eines Nachts doch sehen wollte, wer da neben ihr lag, fiel ein Tropfen heißes Öl auf seine Schulter: Amor erwachte und entfloh. Venus (oben), die auf Psyches Schönheit ohnehin eifersüchtig war, erfuhr von der Liaison und verfolgte Psyche gnadenlos. Nach schweren Prüfungen, die sie bis in die Unterwelt führten, durfte sie Amor endlich mit Jupiters Erlaubnis heiraten.

Unten: Illusionistische Säulen im Salone delle Prospettive der Farnesina

**Die Villa des Agostino Chigi.** Der aus Siena stammende Bankier und Finanzier der Päpste Julius II. und Leo X. gab 1508 einem Mann aus seiner Heimatstadt, Baldassare Peruzzi, den Auftrag zum Bau eines pompösen ›Landhauses‹, dessen Gärten sich bis zum Tiber erstreckten. Chigi war eine der reichsten und glänzendsten Persönlichkeiten seiner Zeit und verfügte über einen erlesenen, vom Humanismus geprägten Geschmack. Er war Mäzen und selbst Literat, gründete sogar eine Druckerei, in der die Klassiker verlegt wurden. Mit der Gestaltung seines Wohnhauses betraute er die größten zeitgenössischen Künstler, allen voran den jungen Raffael. Die Gemälde und Fresken des Meisters und seiner Schüler ließen die Residenz zu einer wahren Perle der Renaissance-Kunst werden. Nach dem Tode Chigis (1520) wurde die Villa verlassen, leergeräumt und sogar 1527 von den Landsknechten Karls V. geplündert (● 36). Kardinal Alessandro Farnese kaufte sie um 1580, sie wurde damit zur ›Farnesina‹, dem kleinen Farnese-Palast. Ende des 19. Jh. wurden beim Bau des Lungotevere die Loggia am Fluß und ein Teil der Gärten zerstört, dabei jedoch Reste einer antiken Villa entdeckt. 1927 übernahm der Staat die Chigi-Villa, seit 1944 gehört sie der Accademia dei Lincei und beherbergt ein Kupferstichkabinett.

**Die Loggia der Psyche.** Früher lag der Eingang zur Villa nicht wie heute an der Rückseite, sondern in der Loggia zum Garten hin. Das dreigeschossige Gebäude ist durch zwei Reihen Pfeiler mit einem darüberliegenden Terrakottafries gegliedert, hinter dem das Obergeschoß liegt. Die mittlerweile verglaste Loggia wurde von Raffael und seinen Schülern mit Fresken ausgeschmückt. Sie zeigen die Sage von Amor und Psyche. Die Dekoration von Giovanni da Udine mit Girlanden aus Früchten und Blumen rahmt an der Decke zwei illusionistisch gemalte Bildteppiche ein. Die ›Bildteppiche‹ erzählen vom Rat der Götter, die darüber debattieren, ob Psyche in den Olymp aufgenommen werden soll, und dem Hochzeitsfest von Amor und Psyche. Über den Arkaden der Loggia und den falschen Fenstern sind gemalte Putten mit den Attributen der Götter zu sehen, die Lünetten zeigen die wichtigsten Episoden von Psyches Geschichte.

**Der Saal der Galathea.** Rechts von dieser Loggia liegt der sogenannte Saal der Galathea, benannt nach Raffaels berühmtem Fresko *Triumph der Nymphe Galathea;* der Maler soll behauptet haben, sich dabei keines Modells bedient, sondern das gemalt zu haben, was er unter idealer Schönheit verstehe. Peruzzi bemalte die Decke mit mythologischen

Als Ettore Roesler Franz dieses Aquarell im Jahr 1880 malte, gab es die Loggia am Tiberufer noch. Sie wurde zwischen 1884 und 1886 beim Bau des Lungotevere abgerissen.

Szenen, welche die Konstellation der Sterne zur Zeit der Geburt Agostino Chigis darstellen. Die *Metamorphosen* nach Ovid in den Lünetten schuf Sebastiano del Piombo, ebenso den *Zyklopen Polyphem,* der die Nymphe Galathea liebte.

**Der Saal der Perspektiven.** Der Raum, auch Sala delle Colonne genannt, ist berühmt für die überwältigenden Trompe-l'œil-Wandmalereien Peruzzis. Dem Künstler gelang es, die Mauern des Raumes für den Betrachter durchsichtig zu machen und den Eindruck einer überdachten Loggia zu schaffen, von der aus man die Landschaften in der Umgebung Roms und die berühmtesten Bauwerke der Stadt sieht. Der Saal ist eines der gelungensten Werke des beginnenden 16. Jh. Das Würfelmuster des Fußbodens setzt sich in der gemalten Loggia fort, die Ansichten zwischen den Säulen sind so angelegt, daß sie alle vom gleichen Standpunkt am Eingang des Saals aus zu betrachten sind.

**Alexandersaal.** Das Schlafzimmer ließ Chigi von dem Sienesen Giovanni Antonio Bazzi, genannt Sodoma, ausmalen, der um 1513 auf der rückwärtigen Wand ein großes Fresko schuf: die *Hochzeit Alexanders des Großen mit Roxane.* Sodoma orientierte sich an Lukians Beschreibung eines verlorengegangenen antiken Gemäldes von Aëtion. An der rechten Wand ist die Familie des Darius zu Füßen Alexanders zu sehen, links vom Eingang Alexander, wie er sein Pferd Bukephalos zähmt.

**Perfekte Illusion**
Die Originalität des Saals der Perspektiven von Baldassare Peruzzi liegt weder in den Dekorationen, Landschaften und Säulen noch im seinerzeit so beliebten Genre der Trompe-l'œil-Malerei (● *82*), sondern in der Anordnung traditioneller Motive zu einer perfekten räumlichen Illusion, die den Eindruck erweckt, der Raum sei nach außen offen.

**Der »Triumph Galatheas«**
Raffaels Nymphe Galathea verkörpert längst nicht mehr das kalte Wesen, das ihr die hellenistisch-römische Tradition zuschrieb, sondern gehört zur strahlenden Welt der Musen auf dem Parnaß. Der klassizistische Ansatz drückt sich hier in der großen Klarheit der Formen aus, die der Figur eine etwas steife Vitalität verleiht.

# TRASTEVERE

**Die Accademia dei Lincei**
Die 1603 gegründete Akademie der Schönen Künste, zu deren prominentesten Mitgliedern Galilei gehörte, hatte sich vorgenommen, im »Buch der Welt zu lesen, verschiedene Teile daraus zu studieren und sich des Beobachtens und Experimentierens zu befleißigen«. Als Symbol wählte sie den Luchs *(lince)* wegen seines scharfen Sehvermögens.

**»Venus und Adonis«** (1637). Giuseppe Ribera taucht die Szene in ein fahles Licht und verzichtet auf das Hell-Dunkel seiner frühen Kompositionen.

**»Rebecca am Brunnen«** (rechts). Carlo Maratta (1625-1713) bemühte sich bei diesem nüchtern komponierten Bild, Raffaels Art der Stoffdrapierung und Annibale Carraccis Charakterköpfe nachzugestalten.

## Palazzo Corsini

Der Palast steht gegenüber der Farnesina anstelle des ehemaligen Palazzo Riario. Architekt des zwischen 1736 und 1738 entstandenen Palastes war Ferdinando Fuga, Bauherr Kardinal Neri Corsini, ein Neffe Clemens' XII. Der ursprüngliche Entwurf, von dem ein Modell im Palast aufbewahrt wird, ging weit über das hinaus, was letztlich realisiert wurde. Die langgestreckte Fassade umfaßt einen breiten Mittelrisaliten mit drei Portalen, die zu drei Galerien führen. Durch das mittlere Tor konnten Kutschen in den Hof und in den Garten hineinfahren, die beiden äußeren führen zu Treppenhäusern, die sich in der Mitte trafen und zum *Piano nobile* führten. Das Gebäude ist heute Sitz der *Accademia Nazionale dei Lincei*.

**Galleria Nazionale d'Arte Antica.**
Im ersten Stock ist ein Teil der Sammlungen der Nationalgalerie ausgestellt (der Rest im Palazzo Barberini, ▲ 291). Es handelt sich vor allem um Werke, die einst der Familie Corsini gehörten. Zu den schönsten Stücken gehören *Johannes der Täufer* von Caravaggio (oben), *Salome mit dem Haupt Johannes' des Täufers* von Guido Reni sowie

Im *Orto botanico* ist eine Vielzahl an Bäumen und Blumen aus dem Mittelmeerraum zu sehen.

mehrere Gemälde der Bologneser Schule, von Schülern Caravaggios und neapolitanischen Barockmalern, darunter Salvator Rosa, dessen *Prometheus* hier zu sehen ist.

**Orto botanico.** Der frühere Stadtpark ist heute ein zur Universität Rom gehöriger, fast 12 Hektar großer botanischer Garten. Kernstück ist eine Treppe mit einem Kaskadenbrunnen. (Gehen Sie über die Via della Lungara wieder hinunter und biegen Sie in die Via Santa Dorotea ein.)

## Ponte Sisto

**Das »Haus der Fornarina«.** Im Haus Nr. 20, heute das Ristorante *Romolo*, soll die Bäckerei gewesen sein, aus der die *Fornarina* stammte, Raffaels Geliebte, deren von ihm gemaltes Porträt im Palazzo Barberini (▲ *292*) hängt. Agostino Chigi soll dem Maler erlaubt haben, das Mädchen mit in sein Haus zu bringen, damit die Arbeit schneller voranging. (Gehen Sie die Via Santa Dorotea geradeaus weiter.)

**Piazza Trilussa.** Der Platz wurde nach dem Trastevere-Dichter Carlo Alberto Salustri (1871-1950) benannt, besser bekannt unter dem Pseudonym Trilussa. Der Platz wurde Ende des 19. Jh. umgestaltet, als man die Kais am Tiberufer baute. Damals stellte man hier den Brunnen auf, den Papst Paul V. 1613 von Vasanzio für das Ende der Via Giulia am anderen Tiberufer hatte bauen lassen. Der Brunnen wurde zum Teil von der Acqua Paola (▲ *364*) gespeist.

**Ponte Sisto.** Die Brücke verbindet das Viertel mit dem linken Tiberufer. Gebaut wurde sie 1473 unter Sixtus IV. an der Stelle, wo eine ältere, damals bereits verfallene römische Brücke gestanden hatte. Ponte Sisto wurde zwar im 19. Jh. verbreitert, ist aber heute für den Autoverkehr gesperrt. Von der Mitte der Brücke aus hat man nach links einen herrlichen Blick auf den Petersdom und rechts auf den Aventin und die Acqua Paola auf dem Gianicolo. (Es geht wieder die Via Santa Dorotea und an der Kirche Santa Dorotea e San Giovanni della Malva vorbei; die Kirche entstand im 11. Jh. und wurde 1475 und nochmals 1738 erneuert; der Weg führt dann in der Via Garibaldi den Janikulushügel hinauf.)

## Gianicolo

Der Name erinnert an den uralten Kult des Gottes Janus. Vor allem ist der Janikulus jedoch geprägt vom Andenken an die Besetzung Roms 1849 und an die Kämpfe zwischen französischen Truppen und den Partisanen der römischen Republik (● *33*). Die Via Garibaldi, die sich an den Hängen hinaufwindet, hieß damals Via delle Fornaci, weil sie von Ziegeleien

**Die Dichter von Trastevere** (● *43*) Zwei bekannte Dichter stammen aus dem Viertel Trastevere: Giuseppe Gioacchino Belli und Trilussa, dem man 1954 an der Piazza Trilussa ein Denkmal setzte. Belli, der seine Sonette in römischem Dialekt schrieb, wird leider nur als Dialektautor anerkannt und hat nicht die Wertschätzung gefunden, die er verdient hätte. Durch die hellsichtige, sarkastische Ironie, mit der er das päpstliche Rom des 19. Jh. beschrieb, gibt er sich jedoch als einer der bedeutenden römischen Dichter zu erkennen. Trilussa dagegen entwarf ein weniger bissiges, leichter verdauliches Bild vom Alltagsleben der kleinen Leute in Rom.

Fontana del Ponte Sisto

# TRASTEVERE

**Blick auf Rom vom Gianicolo aus**
Von links nach rechts: Sant'Andrea della Valle, Il Gesù, Santa Maria Maggiore, San Carlo ai Catinari und das Denkmal für Viktor Emmanuel II.

Der Brunnen der Acqua Paola

gesäumt war. Wenn man ihr folgt, gelangt man zu einem der schönsten Aussichtspunkte der Stadt.

**Bosco Parrasio.** Von der Via Garibaldi geht rechts ein Weg zum früheren Sitz der 1690 gegründeten Accademia dell'Arcadia ab. Die Arkadier hatten es sich zum Ziel gesetzt, den »schlechten Geschmack auszurotten« und für die Reinhaltung der Dichtung zu sorgen, sie übten vor allem im 18. Jh. durch die Werke Metastasios einen großen Einfluß auf die italienische Literatur aus. Aus der Akademie ging 1926 die noch bestehende Accademia letteraria italiana hervor.

**Santa Maria dei Sette Dolori.** Die Kirche entstand zwischen 1647 und 1667 nach Entwürfen Borrominis (● 80). Die Ziegelfassade ist durch ein überraschendes Spiel von ein- und ausschwingenden Bögen um einen schlichten Mittelteil geprägt. Im Innenraum wird die für Borromini typische Bewegung der Formen zum Teil durch die Bemalung des 19. Jh. überdeckt. (Gehen Sie weiter die Via Garibaldi hinauf.)

**San Pietro in Montorio.** Von hier aus hat man einen wundervollen Blick auf die Stadt, die bis zu den urbanistischen Eingriffen Ende des 19. Jh. aus zwei getrennten Teilen bestand: rechts die antike Stadt (Palatin, ▲ 146) und links das moderne Rom (Marsfeld). Die nüchterne Fassade entstand Ende des 15. Jh. auf Kosten des spanischen Königspaares Ferdinand von Aragon und Isabella von Kastilien. Spanien, dem die Kirche noch immer untersteht, gehört auch das frühere Kloster, in dem heute die Spanische Akademie untergebracht ist. In der Kirche sind zahlreiche Werke des 16. Jh. zu sehen, unter anderem ein Fresko mit der *Geißelung Christi* von Sebastiano del Piombo nach einem Entwurf Michelangelos (erste Kapelle rechts). Die Ausstattung stammt großenteils aus dem 17. Jh. und ist insbesondere in der Cappella Raimondi (zweite links), an der Bernini mitarbeitete, und in der vierten Kapelle mit den Lünetten von David de Haan und einer *Kreuzabnahme* von Dirk van Baburen (beide Schüler Caravaggios) sehenswert. Rechts von der Kirche steht in der Mitte des Kreuzgangs, wo der Überlieferung nach Petrus gekreuzigt wurde, ein überaus elegantes Bauwerk der Renaissance: der Tempietto Bramantes aus dem Jahr 1502.

**Der Tempietto** (rechts).
Bramante nahm für dieses Tempelchen den Rundtempel bei der Villa Gregoriana in Tivoli (▲ 391) zum Vorbild. Mit dem zauberhaften Bau auf seinen 16 dorischen Granitsäulen begründete der ehemalige Maler die klassische Architektur der Hochrenaissance – er verzichtete zugunsten einer reinen Antike völlig auf sakrale Elemente.

**Acqua Paola.** Der Brunnen in Form eines riesigen Triumphbogens wurde von Flaminio Ponzio und Giovanni Fontana errichtet und sollte das Wasser aus dem alten Trajans-Aquädukt auffangen, den Papst Paul V. für die Versorgung Trasteveres, der Via Giulia und des Vatikans wiederherstellen ließ. Die drei Arkaden sind nach dem Vorbild der Acqua Felice (▲ *295*) angelegt und öffnen sich zu einem hübschen Garten. (Die Allee linker Hand führt zu der 1854 nach den Bombardements von 1849 wiederaufgebauten Porta San Pancrazio.)

**Passeggiata del Gianicolo.** Die Allee führt zum Piazzale Garibaldi, von wo aus täglich um zwölf Uhr mittags ein Kanonenschuß abgefeuert wird. Bei Sonnenuntergang, wenn die Stadt wie in Feuer getaucht ist, sieht man von hier aus das vielleicht eindrucksvollste Panorama Roms: Man blickt auf das grüne Band des Tiber und die Paläste der Farnese, Falconieri und Spada hinab. Besonders überwältigend sind die zahllosen Kuppeln der Stadt. In der Ferne, vor den Albaner Bergen, zeichnen sich sogar die Monumentalstatuen ab, die vor der Fassade von San Giovanni in Laterano stehen. In der Mitte der breiten Esplanade steht ein schönes Reiterstandbild Garibaldis (1807-1882), das 1895 von Emilio Gallori errichtet wurde. Der Condottiere ist von vier Statuengruppen umgeben, die an glorreiche Episoden der italienischen Geschichte erinnern. Rund um den »Helden zweier Welten« stehen Porträtbüsten seiner Anhänger. Beim Weitergehen kommt man rechts an der Villa Lante (16. Jh.), heute Sitz der Finnischen Akademie, und an einem Leuchtturm vorbei, den Argentinier italienischer Abstammung der Stadt Rom 1911 schenkten. Er wirft abends die italienischen Nationalfarben Rot, Weiß und Grün über die Stadt.

**Sant'Onofrio.** Das Kloster liegt an eine Kirche aus dem 15. Jh. gelehnt und ruft literarische Erinnerungen wach: Hier verbrachte Torquato Tasso (1544-1595), der Dichter des *Befreiten Jerusalem*, nach seiner Zeit in der Irrenanstalt von Ferrara seine letzten Tage. In der ersten Etage befindet sich ein kleines Tasso-Museum, in dem auch seine Totenmaske zu sehen ist. Im Kloster zeigen Fresken des Cavalier d'Arpino Szenen aus dem Leben des hl. Onuphrius.

**Tassos Eiche**
»Auf der Inschrift an der Tasso-Eiche heißt es, daß der Dichter dort still ›le miserie sue tutte‹ bedachte. Sein Elend, das war die Abhängigkeit für den Freiheitsliebenden [...].«
Marie Luise Kaschnitz, *Engelsbrücke*

# TRASTEVERE

Die Brunnen Roms: Manche stehen protzig auf riesigen Plätzen, manche verborgen in den Innenhöfen der Palazzi und manche einfach an irgendeiner Straßenecke

# Von der Villa Giulia zum Foro Italico

Villa Giulia *370*
Villa Borghese *372*
Galleria d'Arte moderna *376*
Monte Mario *377*
Foro Italico *377*
Villa Madama *378*

# ▲ Von der Villa Giulia zum Foro Italico

Im Mittelalter und in moderner Zeit betraf die Stadtentwicklung vor allem das Marsfeld und die tiefer gelegenen Teile Roms. Von der Renaissance an ließen sich die großen römischen Familien Lustschlösser außerhalb der Stadt oder auf den Hügeln errichten, um der jeden Sommer die Stadt heimsuchenden Malaria zu entgehen. Der Begriff ›Villa‹ bezeichnete einen großen, gepflegten Garten, in dem mehrere Pavillons lagen. Der größte davon wurde *casino* (»kleines Haus«) genannt. Die Villen waren Sommerresidenzen, enthielten aber auch reiche Antikensammlungen, die jede aristokratische Familie, die etwas auf sich hielt, ihr eigen nannte. In der zweiten Hälfte des 18. Jh. wurden sie sogar überwiegend zu diesem Zweck gebaut: Die in der Via Salaria zwischen 1756 und 1762 errichtete Villa Albani (heute Torlonia) ist der Prototyp solcher Museums-Villen, bei denen die Wertschätzung antiker Kunst mit der Liebe zur Natur Hand in Hand geht. Albani bewies überdies viel Geschick bei der Wahl seiner Freunde und Ratgeber, denn er beauftragte Anton Raphael Mengs mit Fresken für sein Haus und beschäftigte als Hüter seiner Sammlung niemand Geringeren als Johann Joachim Winckelmann (● *41*).

**Die verschwundenen Villen.** Als 1870 die Truppen des Generals Cadorna in Rom eindrangen (● *33*), wirkte die Stadt noch recht dörflich. Was man jedoch brauchte, war eine richtige Hauptstadt, und so florierte die Immobilienspekulation. Ihr fielen mehrere Villen zum Opfer: die Villa Peretti-Montalto,

**Winckelmann**
Der deutsche Archäologe und Kunstgelehrte (1717-1768) war schon seit 1755 in Rom, als ihn Kardinal Alessandro Albani 1758 mit dem Zusammentragen und Ordnen seiner Antikensammlung beauftragte. Zehn Jahre lebte er als Freund und Berater im Haus Albanis. Napoleon verschleppte einen großen Teil der bedeutenden Sammlung nach Paris, nur ein geringer Teil wurde zurückerstattet. Leider gestattet der heutige Besitzer Besichtigungen nur in Ausnahmefällen.

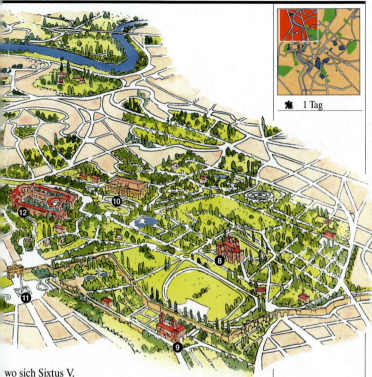

1. Monte Mario
2. Villa Madama
3. Olympiastadion
4. Foro Italico
5. Außenministerium
6. Ponte Milvio
7. Ponte Flaminio
8. Villa Borghese
9. Villa Medici
10. Galleria d'Arte moderna
11. Piazza del Popolo
12. Villa Giulia

1 Tag

wo sich Sixtus V.
zu erholen pflegte, und
die Villa Strozzi am Viminal; auch die im Norden der Stadt gelegene riesige Villa Ludovisi ist verschwunden, übrig ist nur noch etwa ein Hektar Land rund um das Casino dell'Aurora.
**Ausgrabungen.** Andere Häuser entstanden auf antiken Anlagen. Die im 16. bzw. 17. Jh. auf dem Palatin errichteten Villen Farnese und Barberini liegen heute in den Grabungsfeldern. Die dazugehörigen Gärten wurden bei den Ausgrabungen Ende des 19. Jh. zerstört oder radikal verändert.
**Die öffentlichen Parks.** Einige Villen sind heute öffentliche Parks, so zum Beispiel die Villa Mattei, die zwischen 1583 und 1586 auf dem Caelius entstand und im 19. Jh. vollständig umgebaut wurde, wobei man den Park zu einem Englischen Garten umgestaltete (heute Villa Celimontana, ▲ 190). Die jenseits des Gianicolo gelegene Villa Doria-Pamphili (● 20) besitzt einen der größten Gärten Roms (184 ha). Die Hanglage gestattete die Einrichtung von Kaskaden, Grotten, einem Teich und zahlreichen Brunnen. Im Park liegen zwei Casini, das Casino Corsini und das einst als Lustschloß und Antikenmuseum genutzte Casino di Allegrezza.
**Die Akademien und Museen.** Andere Villen wurden einer neuen Bestimmung zugeführt, bevor sie größeren Veränderungen zum Opfer fallen konnten, so zum Beispiel die Villa Medici (▲ 315), die seit 1803 Sitz der Académie de France ist. Die mit antiken Flachreliefs verzierte Fassade zur Gartenseite diente als Vorbild für die meisten später entstandenen Villen. Mehrere Häuser um den Pincio wurden in Museen umgewandelt, so etwa die Villa Giulia und die Villa Borghese.

**Die römischen Villen**
Die meisten Parks waren der Öffentlichkeit zugänglich. Am Eingang hießen den Besucher oft lateinische Inschriften willkommen. Eine der ältesten ist an der Villa Giulia zu sehen: »In dieser Villa, der schönsten, wenn nicht der Welt, so doch dieser Stadt, die zu ehrenhaften Vergnügen errichtet wurde, möge jeder nach seinem Geschmack lustwandeln oder sich ausruhen [...]. Möge er nach Gutdünken flanieren, jedoch nichts zerstören. [...] Mögen die Gäste sich am Spiel der Fische und am Gesang der Vögel ergötzen, diese aber nicht verschrecken.«

# Von der Villa Giulia zum Foro Italico
## Villa Giulia

1551 beauftragte Julius III. Vasari, Vignola und Ammanati, ihm eine Sommerresidenz zu bauen. Die Architekten, beraten von Michelangelo, errichteten ein prächtiges manieristisches Gebäude inmitten lieblicher Gärten. Durch eine Säulenvorhalle erreicht man das berühmte Nymphäum, das wie ein dreistöckiges Theater wirkt. Es besitzt zahlreiche Nischen, die mit Statuen geschmückt waren; erhalten sind die des Arno und des Tiber. Unten liegt die Fontana dell'Acqua Vergine mit Karyatiden. Die Villa Giulia ist seit 1889 Sitz des Museo Nazionale Etrusco.

**Ficoronische Ciste** (Praeneste, 4. Jh. v. Chr.) Eine Inschrift gibt den Namen des Künstlers an, der dieses Bronzegefäß schuf: Novios Plautios. Der Griff besteht aus einer Dionysos-Figur zwischen zwei Silenen, die schöne Gravur zeigt eine Szene aus der Argonautensage.

**Zwei Kratere mit Voluten** (5.-4. Jh. v. Chr.) Die griechische Keramik wurde schon früh von den Etruskern geschätzt und imitiert. In Etrurien fand man auch diese beiden rotfigurigen Vasen. Die mit der Amazone verzierte wurde in Attika, die andere – mit der Quadriga der Aurora geschmückt – in Etrurien hergestellt.

**Apollon**
(um 500 v. Chr.)
Die polychrome Terrakottastatue zierte einst mit mehreren weiteren Plastiken das Giebelfeld des Minerva-Tempels in Veji, wo Apollos Kampf mit Herkules um die Hirschkuh mit den goldenen Hörnern dargestellt war. Das ›archaische‹ Lächeln des Gottes zeigt ionischen Einfluß. Die Stilisierung des Faltenwurfs, für den sich in der griechischen Kunst kein Vorbild findet, ist vollständig an die Funktion der Statue angepaßt, denn die Figuren wurden ja von weitem und von unten gesehen.

**Eckverzierung**
(um 650 v. Chr.)
Der Bronzegegenstand mit Menschenfiguren, Kentauren und Menschenkörper verschlingenden Tierungeheuern zierte vielleicht einmal ein Totenbett.

**Deckel einer Ciste**
(Praeneste, 4. Jh. v. Chr.)
Den sorgfältig gearbeiteten Griff bilden zwei Krieger, die die Leiche eines in der Schlacht gefallenen Kameraden zwischen sich tragen.

**Sarkophag der Eheleute** (Cerveteri, um 510 v. Chr.)
Das Ehepaar ist halb liegend, halb sitzend wie bei antiken Banketten dargestellt. Die Frau goß wohl Parfüm in die Hand ihres Ehemannes. Die Gesten der beiden und die harmonische Komposition der Büsten verdeutlichen die tiefe Zuneigung, die in Etrurien häufig die Beziehung zwischen Eheleuten bestimmte.

# Von der Villa Giulia zum Foro Italico
## Villa Borghese

Der Park auf dem Pincio ist einer der größten Roms. Er wurde von Kardinal Scipione Caffarelli Borghese, dem Neffen Pauls V., angelegt und 1902 an den italienischen König verkauft, der ihn der Stadt Rom schenkte. Der Park wurde Ende des 18. Jh. im Zusammenhang mit seiner Umgestaltung in einen Englischen Garten zu einer öffentlichen Anlage. Brunnen, Pavillons und künstliche Ruinen bereichern die Landschaft. Im Mai finden hier Pferderennen statt. Das um 1615 erbaute Casino Borghese wurde in ein Museum umgewandelt. Die Exponate stammen zum größten Teil aus den Sammlungen des Kardinals Scipione Borghese.

**Zwangsverkauf**
1807 zwang Napoleon Bonaparte seinen Schwager Camillo Borghese, ihm 523 Stücke seiner Sammlung, darunter die schönsten antiken Statuen zu verkaufen; sie sind heute im Louvre zu sehen.

**»Paolina Borghese«**
Canovas berühmte Skulptur stellt Pauline Bonaparte als Venus dar. Die Schwester Napoleons war mit dem Prinzen Camillo Borghese verheiratet.

**Scipione Borghese**
Dem Kardinal war jedes Mittel recht, um seine Sammlung zu vergrößern. So ließ er 1607 Cavalier d'Arpino in den Kerker werfen, um dessen Gemäldesammlung beschlagnahmen zu können. Domenichino ließ er verhaften, um ihn zu zwingen, seine *Jagd der Diana* an ihn zu verkaufen, anstatt sie dem Auftraggeber, Kardinal Aldobrandini, auszuhändigen.

Die Linienführung läßt die Statue so zurückhaltend wirken, daß der Historiker Mario Praz Canova als »erotischen Kühlschrank« bezeichnete. Ursprünglich war sie mit einer zart gefärbten Wachsschicht überzogen, sie muß vor allem bei Kerzenlicht überwältigend gewirkt haben. Pauline, die wider alle Konvention Canova nackt Modell gesessen hatte, empörte sich später, daß ihr Gatte nach ihrer Trennung die Statue seinen Gästen zeigte.

Den Park zieren zahlreiche Statuen. Einige stellen recht abstoßende Fabelwesen dar.

**Raub der Proserpina**
Bernini arbeitete hier mit der entgegengesetzten Drehung der beiden Körper und legte die Gruppe so an, daß sie aus verschiedenen Blickwinkeln harmonisch wirkt. Die Muskulatur des Pluto zeigt Michelangelos Einfluß, während der üppige Körper der Proserpina die Absicht Berninis zeigt, eher die Natur als eine Idealschönheit abzubilden.

**Apollo und Daphne**
Diese Statue Berninis zeigt die mythische Verwandlung der Nymphe Daphne in einen Lorbeerstrauch, wie sie in Ovids Metamorphosen berichtet wird. Um den Nachstellungen Apollos zu entgehen, überzieht sie sich mit Rinde, die Haare werden zu Ästen und Zweigen. Am Sockel steht neben den Versen Ovids eine Inschrift des späteren Papstes Urban VIII., mit der er der Szene, die bei vielen Anstoß erregt hatte, eine moralisch nicht zu beanstandende Bedeutung geben wollte.

# Von der Villa Giulia zum Foro Italico
## Villa Borghese

**»Himmlische und irdische Liebe«**
Die Bezeichnung erhielt das Werk erst im 19. Jh. Marie Luise Kaschnitz schrieb dazu: »Sie führt in die Irre, zu endlosen Vermutungen, welche der beiden Frauen nun eigentlich die himmlische, welche die irdische darstellen soll. Hinter dem unterscheidenden Titel könnte man einen starken Gegensatz vermuten, Nonne und Dirne, aber die beiden, die da auf dem Brunnenrand sitzen, sind doch Schwestern, beinahe ein und dieselbe Person.«

**»Madonna dei Palafrenieri«**
Caravaggio schuf das Werk 1605 für die Kirche Sant' Anna dei Palafrenieri im Vatikan, es ging später in die Sammlung des Kardinals Borghese über, sei es nun, weil die Zunft der Reitknechte *(palafrenieri)* die Behandlung der Szene als zu respektlos empfand, oder weil der Kardinal Druck ausübte. Unter dem sinnenden Blick der hl. Anna, Schutzherrin der Zunft, treten die Jungfrau und der Jesusknabe gemeinsam auf die Schlange. Dies sollte zeigen, daß sich Maria trotz gegenteiliger Einschätzung der Protestanten um das Heil der Menschheit bemüht. Das ausgesprochen triviale Aussehen des völlig nackten Jesusknaben und der wie eine Frau aus dem Volk gekleideten Maria soll verdeutlichen, wie nah das Göttliche und das Menschliche beieinander liegen. Kein Wunder, daß diese Darstellung manche Zeitgenossen schockierte.

Tizians Frühwerk »Die himmlische und die irdische Liebe« entstand wohl um 1514 für einen Sammler aus venezianischen Humanistenkreisen. Deutlich ist noch der Einfluß Giorgiones zu erkennen.

**»Grablegung Christi«**
Raffael malte das Bild 1507 in Florenz, es ist eines der letzten vor seinem Aufbruch nach Rom. Der Auftrag kam aus Perugia von der dort herrschenden Familie Baglioni, und der Künstler sollte sich an der *Beweinung Christi* seines Lehrers Perugino orientieren. Doch hatte er sich künstlerisch bereits soweit verselbständigt, daß er sich statt dessen eher von Einflüssen Michelangelos, Signorellis und der Antike leiten ließ.

**»Danae«**
Es handelt sich um eines der Bilder aus dem Zyklus der *Liebschaften des Zeus (Danae, Leda, Io, Antiope)*, die Federico II. Gonzaga 1530 bei Correggio bestellte, um sie Karl V. zu schenken. Die Anmut dieser Gemälde brachte dem Künstler einen Ruf ein, der dem Raffaels und Tizians nicht nachstand. Bis ins 19. Jh. besaß jede große Sammlung mindestens eines seiner Werke.

# ▲ Von der Villa Giulia zum Foro Italico

Die Athletenfiguren am Stadio dei Marmi zeugen beredt vom antikisierenden Monumentalismus des faschistischen Regimes. Dabei ließ man sich auch nicht davon abschrecken, daß die Statuen zum Teil ausgesprochen lächerlich wirken.

## Galleria d'Arte Moderna

**Die Ausstellung von 1911.** Zur Feier des 50. Jahrestages der italienischen Einheit wurde 1911 eine große Ausstellung im Norden der Stadt veranstaltet. Es gab eine ethnographische und regionale Abteilung am rechten Tiberufer und eine Ausstellung der schönen Künste, die in der Valle Giulia an der Stelle der ehemaligen Villa Cartoni (linkes Ufer) stattfand. Außerdem stellte man bedeutende archäologische Funde in den Diokletians-Thermen aus und feierte Garibaldi als »Pater patriae« im Vittoriano (▲ *160*), das zu diesem Anlaß eingeweiht wurde. Die beiden wichtigsten Zentren der Ausstellung waren durch die heutige Ponte del Risorgimento miteinander verbunden, die der Architekt François Hennebique aus Stahlbeton baute. Zahlreiche ausländische Pavillons spiegelten die Koexistenz der unterschiedlichsten Stilrichtungen. Der englische Pavillon, den Lutyens in klassizistischem Stil erbaute, war auf Dauer angelegt und ist heute Sitz der britischen Akademie. Einer der interessantesten Pavillons war der österreichische, ein Werk Josef Hoffmanns mit einem von Gustav Klimt dekorierten Saal. In der Umgebung wurden zudem Akademien eingerichtet, die als Kulturzentren und zugleich als Forschungsinstitute dienen.

**Nationalgalerie für moderne Kunst.** Ebenfalls erhalten blieb der Palast der Schönen Künste von Bazzani, in dem das Museum für moderne Kunst eingerichtet wurde. Derselbe Architekt gestaltete auch die Valle Giulia mit ihren Avenuen, den weitläufigen, in eine Brunnenanlage mündenden Treppen und schattigen Plätzen. Das Museum beherbergt eine der bedeutendsten Sammlungen italienischer Kunst des 19. und 20. Jh.; vertreten sind

Klassizisten, Romantiker, Historienmaler und natürlich die Macchiaiuoli (bedeutende italienische Malerschule 1850-1860), Futuristen, die »metaphysische Malerei« (Giorgio de Chirico) und das »Novecento« (Ardengo Soffici). Auch die regionalen italienischen Schulen sind dokumentiert.

## Monte Mario

Am Ende des Prati-Viertels (▲ 236) liegt nach Norden zu der Piazzale Maresciallo Giardino (mit Auto oder Bus zu erreichen). Von hier aus gelangt man auf den 139 m hohen Monte Mario; besonders von der Kirche der Madonna del Rosario aus hat man einen herrlichen Blick über die modernen Viertel Roms und auf den nördlichen Teil der Altstadt. In der ehemaligen Villa Mellini sind heute das Astronomische und Meteorologische Observatorium und das Museo Astronomico e Copernicano untergebracht, in dem alte Sextanten, Teleskope und andere astronomische Instrumente, Armillarsphären und eine bedeutende Globensammlung zu besichtigen sind.

Ponte Milvio

**Ponte Milvio.** Ganz im Norden spannt sich die Milvische Brücke über den Tiber. Hier mündeten die Via Cassia, Flaminia, Clodia und Veientana, und hier wurde 312 n. Chr. Maxentius von Konstantin vernichtend geschlagen (● 29). Sein Sieg besiegelte den Triumph des Christentums.

## Foro Italico ● 93

Unterhalb des Monte Mario liegt inmitten von Schirmpinien das Foro Italico, früher Foro Mussolini. Der Bau dieser Sportanlage begann während des Faschismus unter Leitung des Architekten Enrico Del Debbio und wurde erst 1953 mit den letzten Arbeiten am Olympiastadion abgeschlossen. Am Eingang der Anlage steht seit 1932 ein dem Duce gewidmeter, über 17 m hoher Monolith aus Carrara-Marmor. Die Bodenmosaiken des Viale del Foro Italico zeigen die faschistischen Strafexpeditionen und den ›Marsch auf Rom‹. Hinten auf dem Platz steht der 1934 eingeweihte Globusbrunnen.
**Stadio dei Marmi.** Das Stadion war das Prunkstück des Foro Mussolini. Die imposante Anlage, die bis zu 20 000 Zuschauern Platz bietet, wird von 60 steinernen Athleten beherrscht, die nach antiken Vorbildern geschaffen und von den italienischen Provinzen gestiftet wurden. Die Bildhauer waren gehalten, antike wie moderne Sportarten darzustellen

**Der Kult der Leibesertüchtigung**
Das Foro Mussolini wurde am 4. November 1932, dem letzten Tag der Feiern zum zehnten Jahrestag des ›Marsches auf Rom‹, eingeweiht. Bei dieser Gelegenheit feierte man auch die zahlreichen Medaillen, die italienische Sportler bei den Olympischen Spielen von Los Angeles errungen hatten, in prunkvoller Form. Diese Preise wurden als glänzende Bestätigung der physischen Überlegenheit der faschistischen Jugend gepriesen.

Athleten-Statuen im Stadio dei Marmi

## Von der Villa Giulia zum Foro Italico

**Alte Rivalen**
In Rom gibt es seit Beginn dieses Jahrhunderts zwei Fußballmannschaften, nämlich »Roma« (1927) und »Lazio« (1900), und sie sind seit jeher Rivalen. Zweimal jährlich treffen sich die »Gelb-Roten« (Roma) und die »Blau-Weißen« (Lazio) zu einem Turnier, dem »derby«.

– allerdings mußten alle Athleten, wie es sich für antikisierende Figuren gehört, nackt sein. Das Ergebnis wirkt folglich – insbesondere bei den Wintersportlern – gelegentlich grotesk. Die Ehrentribüne zieren zwei bronzene Ringkämpfer. Nördlich vom Stadio dei Marmi steht das Außenministerium, das 1937 als »Palast des Liktors« vorgesehen war; fertiggestellt und eingeweiht wurde es allerdings erst 1956. Den Komplex im Westen, die *Casa Internationale dello Studente,* erbauten Del Debbio und Lugli 1960, er dient als Jugendherberge.

**Olympiastadion.** Das für die Olympischen Spiele in Rom 1960 erbaute Stadion mit 100 000 Plätzen wurde 1953 eingeweiht. Nach der Erweiterung für die Fußball-Weltmeisterschaft von 1990 stürmen es jeden Sonntag die *tifosi* (Fußballfans), die sich für einen der beiden rivalisierenden Vereine Roms, »Roma« und »Lazio«, die Kehlen heiser brüllen.

**Sportakademie.** Diese Akademie wurde 1928 gegründet, um markige Sportlehrer für das Regime heranzuzüchten. Das von Del Debbio im Jahr 1927 errichtete Gebäude erinnert an eine Kaserne. Es besteht aus zwei symmetrischen Gebäudeteilen, die durch eine Loggia verbunden und mit Athletenstatuen geschmückt sind. Die Verwendung des weiß abgesetzten pompejanischen Rots unterstreicht die gewollte Anknüpfung an das römische Reich und das antike »Gymnasium«. Heute ist der Bau Sitz des Nationalen Olympischen Komitees.

**Schwimmbäder.** Rechts steht ein weiterer Gebäudekomplex, der ein Hallenbad mit Mosaiken und Marmordekorationen enthält. Südlich davon liegt das große olympische Schwimmstadion, im Westen eine Reihe von Tennisplätzen. (Kehren Sie zum Piazzale Maresciallo Giardino zurück und biegen Sie in die Via di Villa Madama ein.)

**Villa Madama.** Kardinal Giulio de' Medici, der spätere Papst Clemens VII., war von der Residenz Agostino Chigis (▲ *360*) so beeindruckt, daß er für sich selbst etwas noch weit Prunkvolleres bauen lassen wollte, und beauftragte um 1516 Raffael. Dieser zeichnete die Entwürfe, vertraute jedoch die Ausführung Antonio da Sangallo d.J. an. Ebenso wie der Palazzo Madama (▲ *272*) verdankt auch die Villa ihren Namen der ›Madama‹ Margarethe von Österreich, die in erster Ehe mit Alessandro de' Medici, in zweiter mit Ottavio Farnese verheiratet war. Heute wird das Gebäude von der Regierung für offizielle Empfänge und Konferenzen genutzt.

**Prunkvolle Dekoration**
Die Gestaltung der Villa Madama wurde Giulio Romano, Baldassare Peruzzi, Giovanni da Udine und dem Florentiner Bildhauer Baccio Baldinelli anvertraut. Es dauerte vier Jahre, bis die Künstler ihr Werk vollendet hatten.

## Vor den Mauern von Rom

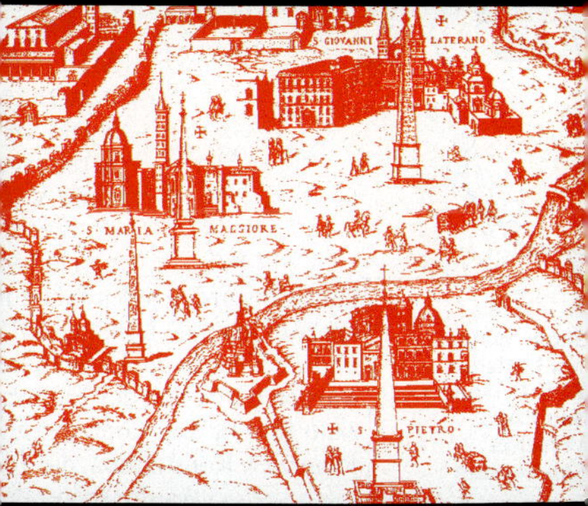

Sant'Agnese *380*
Santa Costanza *380*
San Lorenzo fuori le Mura *381*
San Paolo fuori le Mura *382*
Cinecittà *384*
Das EUR-Viertel *386*
Abbazia delle Tre Fontane *388*

# ▲ Vor den Mauern von Rom

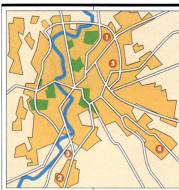

✴ 1 Tag
1. Santa Sabina, Santa Costanza
2. EUR-Gelände
3. San Paolo
4. Cinecittà
5. San Lorenzo

## Sant'Agnese und Santa Costanza

**Das Martyrium der hl. Agnes.** Nach der Überlieferung soll Agnes, die aus adliger Familie stammte, um das Jahr 250 im Alter von kaum zwölf Jahren den Märtyrertod erlitten haben. Ihre Eltern bestatteten sie auf einem ihrer Grundstücke an der Via Nomentana, an der es bereits mehrere Katakomben gab. In einer Vision erschien ihnen ihre Tochter im Kreise anderer junger Märtyrer mit einem Lamm (lat. *agnus*) an ihrer Seite. Deshalb wurden jedes Jahr zum Fest der hl. Agnes (21. Januar) zwei lebende Lämmer auf dem Altar der Kirche gesegnet und als Zins an die Lateranbasilika gezahlt. Aus ihrer Wolle wurden die Stolen der Erzbischöfe von San Giovanni in Laterano gewebt. Das Grab der hl. Agnes wurde schnell zum Pilgerziel. Konstantina, die Tochter Kaiser Konstantins I., kaufte später den Grund und ließ über dem Grab eine kleine Kirche errichten. In diesem Rundbau wollte sie selbst begraben werden.

**Sant'Agnese.** Die Kirche wurde unter Honorius I. (625-638) erneuert, unter Hadrian I. (772-795) renoviert und im 17. Jh. wesentlich verändert. Dabei gestaltete man den Chor um, legte die Kapellen an und errichtete das Ziborium über dem neuen Altar. Im 19. Jh. wurde die Basilika nochmals restauriert. In der Apsis ist ein herrliches Mosaik aus dem 7. Jh. zu sehen, ein Meisterwerk römisch-byzantinischer Kunst. Dargestellt ist in der Mitte die wie eine byzantinische Kaiserin geschmückte Heilige, zu ihren Füßen die Folterwerkzeuge Feuer und Schwert. Die Päpste Symmachus und Honorius I. stehen zu ihren Seiten und bieten ihr ein Modell der Kirche dar. Im linken Seitenschiff liegt der Eingang zu den Katakomben. Durch den Garten gelangt man zum Mausoleum Konstantinas.

**Santa Costanza.** Das Mausoleum entstand im 4. Jh. als Grabmal Konstantinas und Helenas (einer weiteren Tochter Konstantins). Es wurde später zunächst in

**Die hl. Agnes**
Über Agnes berichtet die Legende folgendes: Als man sie nackt in ein Bordell brachte, wuchs ihr Haar durch ein Wunder so schnell, daß es ihre Blöße bedeckte; zugleich brachte ihr ein Engel vom Himmel ein blendend weißes Gewand. Sie wurde zum Tode auf dem Scheiterhaufen verurteilt, doch betete sie so inbrünstig, daß die schon entfachten Flammen von selbst wieder erloschen. Der Henker mußte ihr schließlich die Kehle durchschneiden, um sie zum Schweigen zu bringen.

380

Oben, von links nach rechts: Mausoleum von Santa Costanza, Villa Torlonia und die Brauerei Birra Peroni

ein Baptisterium und dann 1254 in eine Kirche umgewandelt. Es trägt den Namen der Gründerin der benachbarten Kirche Sant'Agnese, der hl. Konstantina (italienisch *Costanza*). Der Innenraum des Rundbaus weist vollkommene, klassische Proportionen auf. Zwölf Säulenpaare tragen die Kuppel, deren Tambour von zwölf Fensteröffnungen durchbrochen ist. Um den Zentralraum verläuft ein Umgang mit Tonnengewölbe; im Innern sind Mosaiken aus dem 4. Jh. erhalten, die zu den ältesten Roms zählen. Die floralen und geometrischen Motive sind typisch für die Kunst des spätrömischen Reichs. (Fahren Sie mit dem Bus 36, 37 oder 60 bis zur Kreuzung Via Nomentana/Viale Regina Margherita zurück und nehmen Sie die Straßenbahn 19 oder 30 nach San Lorenzo bis zum Piazzale del Verano.)

**Industriedenkmäler.** Man muß schon etwas Zeit mitbringen, um das weniger bekannte, ›andere‹ Rom außerhalb der alten Stadtmauern zu besichtigen. Unterwegs kann man aussteigen, um sich abseits der Via Nomentana einige der wenigen Beispiele industrieller Architektur in Rom anzusehen, die Brauerei Birra Peroni oder die prunkvolle Jugendstilfassade des Villino Ximenes (Piazza Galeno). Auch die Gärten der Villa Torlonia (19. Jh), seit 1978 ein öffentlicher Park, sind sehenswert. Und die volkstümlichen Straßen des Viertels von San Lorenzo sind noch immer genauso, wie sie in Elsa Morantes Romans *La Storia* der kleine Useppe an der Hand seiner Mutter erlebte.

## SAN LORENZO FUORI LE MURA

**Der Diakon Laurentius.** Das Verbot, die Toten innerhalb der Stadt zu begraben, veranlaßte die Römer, ihre Verstorbenen am Stadtrand entlang den großen Ausfallstraßen zu beerdigen (▲ 319). Die Via Tiburtina war ebenso wie die anderen Straßen von Gräbern und Katakomben gesäumt. Auch den hl. Laurentius – der römische Diakon war 258 auf einem glühenden Rost zu Tode gefoltert worden – setzte man hier bei. Sein Grab wurde bald zum Pilgerziel.

**Die Basilika.** Angesichts der großen Pilgerscharen gründete Konstantin 330 über dem Grab des Märtyrers eine Kirche *(basilica minor)*, die Papst Pelagius II. im 6. Jh. restaurieren ließ. Ein Jahrhundert zuvor hatte Sixtus III. daneben eine Marienkirche gebaut *(basilica major)*; in manchen Quellen

### Pilgerweg zu den sieben Kirchen
Der Pilgerzug zu den sieben Kirchen ist ein uralter Brauch, und zahlreiche Inschriften weisen den Weg, der von der Peterskirche, vorbei an San Paolo fuori le Mura, San Sebastiano an der Via Appia (▲ 326), San Giovanni in Laterano (▲ 198), Santa Croce in Gerusalemme (▲ 200) und San Lorenzo bis Santa Maria Maggiore (▲ 342) führt. Zu neuen Ehren kam der Pilgerweg im 16. Jh. durch den hl. Filippo Neri, der am Donnerstag vor Aschermittwoch eine große Menschenmenge von Kirche zu Kirche führte. Den ganzen Tag lang wurde marschiert, gesungen, gebetet und gegessen, alles in einer festlichen Stimmung, einer Art ›spirituellem Karneval‹, bevor die Entbehrungen der Fastenzeit begannen.

San Lorenzo fuori le Mura

# ▲ Vor den Mauern von Rom

wird sie auch Hadrian I. zugeschrieben. Honorius III. (1216-1227) oder schon Hadrian I. (8. Jh.) ließ die von Pelagius errichtete Kirche vergrößern und beide Gebäude zusammenfügen, indem jeweils die Apsis abgerissen wurde. Im 13. Jh. fügte Pietro Vassalletto den Portikus mit den wunderbaren Fresken an, die Szenen aus dem Leben der hll. Laurentius und Stefan zeigen. 1864-1870 stellte Virginio Vespignani die Kirche wieder her und entfernte alle barocken Hinzufügungen. Bei dem Bombenangriff der Alliierten am 19. Juli 1943 wurde San Lorenzo ebenso wie das ganze Viertel schwer beschädigt, später jedoch sorgfältig wiederhergerichtet. Der vordere Teil der Basilika entspricht der früheren Marienkirche; er ist in drei Schiffe geteilt, während der erhöhte Chor aus dem Gebäude des 6. Jh. hervorging. Der Fußboden, bei dem die Farbgebung und die Vielzahl geometrischer Muster die Kunst der Cosmaten verraten, wirkt im Mittelschiff wie ein Teppich aus weißem Marmor, Porphyr und Serpentin. Am Triumphbogen, der beide Kirchen trennt, ist ein Mosaik aus dem 6. Jh. zu sehen, auf dem der segnende Christus zwischen Heiligen abgebildet ist. Links tritt Pelagius II. vor, um Christus, der auf einer blauen Kugel sitzt, die Kirche darzubieten. Der Altar ist von dem ältesten von römischen Steinmetzen gefertigten Ziborium (1148) überspannt, dessen Schlichtheit in Kontrast zum Prunk des Bischofsthrons (1254, ● 76) steht. Durch die Sakristei gelangt man in den romanischen Kreuzgang, über dem sich ein Campanile (12. Jh.) erhebt. Dahinter liegt der Campo Verano, ein großer Friedhof mit einem riesigen Portal (1874-1878) von Vespignani.

**Weinlese**
Das Relief des Sarkophags (5./6. Jh.) in San Lorenzo zeigt Weinranken, Trauben, Vögel und Putten bei der Lese.

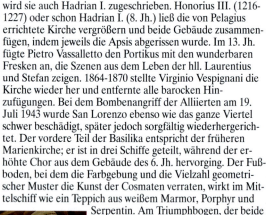

**Der Kreuzgang von San Paolo** ♥
(● 76)
Die elegante Anlage aus dem 13. Jh. ist ein Werk der Vassalletti, einer Bildhauerfamilie, die sich auf Marmorintarsien spezialisiert hatte. Der Reiz des Kreuzgangs rührt von der ungeheuren Vielfalt der Säulenformen (Zwillingssäulen, glatte und gedrehte Formen), die zusätzlich kunstvoll mit vielfarbigen Marmoreinlagen und Mosaiken verziert sind.

**Das Universitätsviertel.** Es ist ein Werk des Architekten Marcello Piacentini und entstand 1932-1935, als der Palazzo della Sapienza zu eng geworden war. Die Universitätsbibliothek Alessandrina, von Papst Alexander VII. (1655-1667) gegründet und 1670 eingeweiht, zog 1935 ebenfalls in die Città Universitaria. (Verläßt man das Gebiet in Richtung Süden, gelangt man zu zwei der sieben traditionellen Pilgerkirchen Roms: San Sebastiano an der Via Appia, ▲ 326, und San Paolo fuori le Mura an der Via Ostiense. Auf dem Pilgerweg zu den sieben Kirchen konnten die Gläubigen Vergebung für ihre Sünden erlangen.)

## San Paolo fuori le Mura  ● 74

**Die erste Basilika.** Mehr als 2 km außerhalb der Aurelianischen Stadtmauern hatte zunächst eine kleine Kapelle an den Ort erinnert, wo der Apostel Paulus nach seinem Märtyrertod (67) begraben wurde. Die unter Konstantin begonnene Kirche wurde vergrößert und erst 395 unter Honorius vollendet. Vor der Wiederherstellung der Peterskirche im 16. Jh. war sie die größte Kirche Roms. Im 13. und 15. Jh. wurde das Gebäude mit Mosaiken, Fresken und Gemälden ausgeschmückt.
**Die große Restaurierung.** In der Nacht vom 15. auf den 16. Juli 1823 verwüstete ein schreckliches Feuer die Kirche. Ge-

**Eine kostbare Bibel**
Diese Ende des 9. Jh. abgeschriebene und illustrierte Bibel wird in der Klosterbibliothek aufbewahrt. Sie ist das schönste römische Manuskript aus karolingischer Zeit.

rettet wurden nur ein Teil der Fassade, Triumphbogen, Querschiff und Kreuzgang. Nach langem Zögern beschlossen die Architekten (insbesondere Luigi Poletti), die Basilika so getreu wie möglich zu rekonstruieren, wobei ihnen als Vorlagen Abbildungen und schriftliche Zeugnisse dienten. Zur Finanzierung des Projekts wandte man sich an die Öffentlichkeit, und es kam eine Fülle von Geld- und Sachspenden zusammen: Der Vizekönig von Ägypten sandte Alabastersäulen, Zar Nikolaus II. Malachitblöcke. Die Restaurierungsarbeiten dauerten über ein Jahrhundert und waren endgültig erst 1928 mit dem vierflügeligen Portikus, der 100 Säulen umfaßt, abgeschlossen. Die großartige, majestätische Kirche wirkt allerdings recht kühl und wenig einladend.

**Schätze im Innern.** Das Unglück verschonte nur wenige Schätze der Kirche: die Fragmente der Fresken von Pietro Cavallini (heute im Museum der Kirche), das gotische Ziborium von Arnolfo di Cambio, den marmornen Osterleuchter von Nicolò di Angelo und Pietro Vassalletto (im Chor), die byzantinische Bronzetür und das Apsismosaik, für das Papst Honorius III. venezianische Künstler berufen hatte. Zu Füßen des Erlösers sieht man die im Vergleich winzige Figur des Papstes, ein Bescheidenheitsgestus. Ein Madonnenmosaik aus dem 13. Jh., heute in der Sakramentskapelle (1725), blieb ebenfalls von den Flammen verschont. Vor diesem Bild rief Ignatius von Loyola 1541 die ›Gesellschaft Jesu‹ ins Leben.

**Der Brand von San Paolo**
»Ich besuchte San Paolo am Tag nach dem Brande. Ich fand hier eine Schönheit von erhabener Strenge und erhielt den Eindruck eines Unglücks, von dem in den schönen Künsten nur Mozarts Musik eine Vorstellung geben kann. Alles spiegelte den Schrecken und die Verwüstung dieses schicksalsvollen Ereignisses; die Kirche war erfüllt von schwarzen, rauchenden und halbverbrannten Balken. Große, von oben bis unten gesprungene Säulenstücke drohten bei der geringsten Erschütterung herabzustürzen.«
Stendhal, *Wanderungen in Rom*

## ▲ VOR DEN MAUERN VON ROM CINECITTÀ

**Grundsteinlegung**
Am Morgen des 29. Januar 1936 legte Benito Mussolini den Grundstein für die Filmstudios und gab damit den Startschuß für das gigantische Projekt eines ›italienischen Hollywood‹.

Verborgen hinter hohen Mauern liegen die langgestreckten Hallen von Cinecittà zwischen dem siebten und neunten Kilometerstein der Via Tuscolana. In den Studios, die eigentlich für die Propagandafilme des faschistischen Regimes gebaut wurden, entstanden unzählige Filme, und die berühmtesten italienischen Regisseure verdienten sich hier ihre ersten Sporen. Während die Bedeutung des Films immer mehr abnimmt, werden die Studios heute überwiegend für Fernsehproduktionen und Werbespots genutzt.

»Mehr als viele andere Schwellen oder Türen hat das Tor von Cinecittà etwas Symbolisches: Für mich bedeutete es eine erste Grenzüberschreitung.«

FEDERICO FELLINI

**Das Reich von Federico Fellini**
Von allen italienischen Regisseuren nutzte der im November 1993 verstorbene Fellini die Ateliers am intensivsten. Seit 1960 wurden alle seine Filme in Studiokulissen gedreht.

**Film als ›Waffe‹**
Cinecittà wurde am 28. April 1937 nach nur 475 Tagen Bauzeit eingeweiht. Der enorme Komplex bedeckt eine Fläche von rund 600 000 m². Obwohl das Regime vorhatte, die Studios zu Propagandazwecken einzusetzen, handelten nur 17 der 279 Filme, die zwischen April 1937 und Juli 1943 hier gedreht wurden, vom Krieg oder bejubelten den Faschismus. Cinecittà hoffte, eine ebenso erfolgreiche ›Traumfabrik‹ zu werden wie das amerikanische Vorbild Hollywood.

**Hollywood am Tiber**
Nach Bombenangriffen, deutscher Besatzung und der Einquartierung von Ausgebombten brach für Cinecittà in den 50er Jahren wieder eine glanzvolle Phase an. Die Amerikaner, deren Gelder 1947 von der italienischen Regierung eingefroren worden waren, produzierten hier mehrere Monumentalfilme, 27 Filme in 15 Jahren, darunter 1963 *Kleopatra* von Mankiewicz.

# ▲ Vor den Mauern von Rom

## Das EUR-Viertel ● 92

Große leere Flächen entlang der Via Cristoforo Colombo trennen Rom vom Viertel der Weltausstellung EUR, das durch die Via Laurentina, Via Ostiense und Via del Mare eingegrenzt wird. Der Grundriß imitiert römische Stadtanlagen: Die Achsen der Via Imperiale (heute Via Cristoforo Colombo) und des Viale Europa kreuzen sich im rechten Winkel.

**Traum vom ›Dritten Rom‹.** 1942 wollte Mussolini zur Feier des 20. Jahrestags seines Marsches auf Rom eine Weltausstellung veranstalten, die »allen Wissenschaften, allen Künsten, allen Berufen und Tätigkeiten offenstehen« sollte. Man beschloß, auf dem 420 Hektar großen Gelände außerhalb des historischen Zentrums einen Verwaltungskomplex zu bauen. Das neue Viertel, zunächst mit dem Kürzel E 42 bezeichnet, später EUR *(Esposizione Universale di Roma)*, sollte der Kern einer modernen Siedlung werden, das ›Dritte Rom‹, Symbol und architektonische Verherrlichung der Macht der Diktatur. Die Planung des gigantischen Projekts lag ab 1938 in Händen des römischen Architekten Marcello Piacentini, dessen Name bereits mit mehreren Monumentalbauten des Faschismus verbunden war. Piacentini scharte Architekten unterschiedlicher Stilrichtungen um sich: Giuseppe Pagano, Luigi Piccinato, Ettore Rossi und Luigi Vietti. Doch der Krieg brachte die Arbeiten abrupt zum Stillstand, die halbfertigen Gebäude wurden von den deutschen und später von den alliierten Besatzern beschädigt.

**Ein Verwaltungszentrum.** Erst 1951 wurde das Projekt wieder aufgenommen. Es entstanden neue Gebäude, wo sich Verwaltungen, Parteien und Großkonzerne wie ENI (das italienische Energieversorgungsunternehmen) und die Fluggesellschaft Alitalia niederließen. Auch eine Reihe von Museen zogen hierher. Das EUR-Viertel entwickelte sich von

Benito Mussolini (1883–1945)

**Faschistischer Größenwahn**
Das EUR-Viertel verkörperte den Traum der Faschisten: Die *Urbs Magna*, die vom Duce erträumte Megalopolis, sollte an das kaiserliche Rom der Antike anknüpfen.

Das ›viereckige Kolosseum‹

# Giorgio de Chirico

einer historischen Stätte zu einem Verwaltungszentrum. Zugleich entstand ein Wohngebiet, so daß das Viertel nach der Anbindung an das U-Bahnnetz Roms zu einer echten Trabantenstadt mit schattigen Alleen und weitläufigen Plätzen wurde.

**Piazzale delle Nazioni Unite.** Die Esplanade wird von zwei halbkreisförmigen Gebäuden mit Säulenhallen gesäumt. Sie sind das Werk der Architekten Giovanni Muzio, Mario Paniconi und Giulio Pediconi.

**Palazzo della Civiltà del Lavoro.** Der ›Palast der Arbeit‹ (● *92;* Bild links unten) wurde 1938 von Giovanni Guerrini, Ernesto Bruno La Padula und Mario Romano begonnen und ist sicher das auffälligste und schönste Gebäude des EUR-Geländes. Die Römer nennen es auch das ›viereckige Kolosseum‹, weil der weiße Block auf der Tiberseite durch sechs Arkadenreihen gegliedert ist. In den Bögen des Erdgeschosses stehen verschiedene Statuen, die die Künste oder bestimmte Berufe verkörpern. Die riesige Treppenanlage ist mit vier Skulpturengruppen geschmückt. Am anderen Ende des Viale della Civiltà del Lavoro steht der von Adalberto Libera 1938 erbaute Kongreßpalast. Ihm ist eine immense Halle vorgelagert, an die sich der kubische Mittelteil anschließt. Die technischen Einrichtungen und die generelle Konzeption des Gebäudes sind wohldurchdacht.

**Piazza Marconi.** Die frühere Piazza Imperiale wurde umbenannt, als man die Stele (1939-1959), die an Guglielmo Marconi (1874-1937) erinnert, in der Mitte des Platzes aufstellte. Der Physiker und Nobelpreisträger gehört zu den Erfindern des Radios. Der Platz war als Kernstück der Weltausstellung und des Viertels gedacht. Um ihn herum fallen mehrere Gebäude ins Auge: das Italia-Hochhaus, in dem Büroräume und ein Hotel untergebracht sind, rechts der Palazzo delle Scienze (Prähistorisches und Ethnographisches Museum Luigi Pigorini und Museum des Hochmittelalters), links das Museo delle Arti e Tradizioni Popolari: In dem Museum für Volkskunst sind Ausstellungsstücke zu sehen, die Anfang des Jahrhunderts für die große Ethnographische Ausstellung von 1911 (▲ *376*) zusammengestellt worden waren. Das 1875 eingerichtete Museo Pigorini besitzt hochinteressante prähistorische und völkerkundliche Sammlungen, die im 18. Jh. von dem Jesuiten Athanasius Kircher zusammengetragen und von Pigorini, dem Museumsgründer, ergänzt wurden. Das 1967 eingeweihte Museum des Hochmittelalters zeigt Exponate aus dem 4.-10. Jh., die früher im Römischen Nationalmuseum zu sehen waren.

**Giorgio de Chirico** (1888-1978)
Die Gebäude der EUR ähneln in etwa den Häusern, die schon 20 Jahre zuvor in den Bildern des Meisters der ›metaphysischen Malerei‹, Giorgio de Chirico (1888-1978), auftauchten, wie beispielsweise in der *Melancholie des Politikers* (1913).

**Ordnungsliebe und Monumentalität**
Die Architektur des

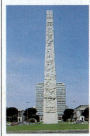

Faschismus sollte den ›neuen Menschen‹ beeindrucken und Begriffe wie Größe, Symmetrie und Ordnung verkörpern, wesentliche Bestandteile des Bildes, das die Faschisten von sich selbst zu vermitteln suchten.

## ▲ Vor den Mauern von Rom

**Ein Modell des antiken Rom**
Mit 200 m Länge ist dies das größte existierende Stadtmodell. Es stammt von Italo Gismondi aus den Jahren 1933 bis 1937 und zeigt die Stadt zur Zeit Kaiser Konstantins. Bereits 1911 hatte der französische Architekt Paul Bigot, Träger des Grand Prix de Rome,

eine plastische Rekonstruktion des antiken Rom versucht.

Das Riesenrad im Luna-Park von Rom in der Nähe der Abbazia delle Tre Fontane

**Museo della Civiltà Romana.** Die archäologischen Exponate der großen Ausstellungen der Vorkriegszeit, 1911 (▲ 376) und 1937-1938 (Mostra Augustea della Romanità), wurden in diesem 1955 eingeweihten Museum zusammengefaßt. Rekonstruktionen aller Art, Modelle, Abgüsse und Grundrisse stellen in bemerkenswerter Fülle und Vielfalt das Alltagsleben der Menschen in der Antike dar und zeigen, wie Rom als Hauptstadt des Kaiserreichs die Region geprägt hat.

**Viale Europa.** Am Ende dieses Boulevards sieht man rechts die große Kirche Santi Pietro e Paolo (1938, ● 92). Gegenüber befindet sich das Staatsarchiv, das zunächst als Armee-Museum vorgesehen war und wo nun Originalgesetze und Dekrete des italienischen Staates seit seiner Gründung aufbewahrt werden.

**Viale America.** Parallel zur Straße erstreckt sich ein künstlicher See von einem Kilometer Länge, der von einem gigantischen Bogen überspannt werden sollte. Am Wasser entlang führt die von Tausenden von Kirschbäumen gesäumte ›Japan-Promenade‹ – die Bäume sind ein Geschenk aus Fernost. In der verlängerten Achse des Viale Cristoforo Colombo steht der Palazzo dello Sport, der von Marcello Piacentini und Pier Luigi Nervi für die Olympischen Spiele von 1960 (● 33) gebaute Sportpalast. Nach einem solchen Abstecher zur modernen Architektur ist es sicher erholsam, den Tag in der Abbazia delle Tre Fontane ausklingen zu lassen.

**Abbazia delle Tre Fontane.** Diese erfrischende grüne Oase liegt an der Via Laurentina, die östlich am EUR-Viertel entlangführt. Hier soll der Apostel Paulus enthauptet worden sein. Sein Kopf schlug dreimal am Boden auf, wobei jedesmal eine Quelle entsprang. Deshalb wurden an dieser Stelle drei Kirchen errichtet: Santi Vincenzio e Anastasio, Santa Maria Scala Coeli und San Paolo alle Tre Fontane. Seit 1868 gehört das Grundstück den Trappisten, die das malariaverseuchte Land urbar machten, indem sie Eukalyptus pflanzten. Es gibt zwar kein Lokal, aber sicher einen Brunnen mit frischem Wasser und einen Laden, wo man Produkte des Klosters bekommt.

# Tivoli und Palestrina

Tibur *390*
Via Tiburtina *391*
Die Altstadt von Tivoli *391*
Villa d'Este *392*
Hadrians-Villa *394*
Palestrina *398*
Fortuna-Tempel *399*
Nil-Mosaik *400*

# ▲ Tivoli – Palestrina
## Tivoli

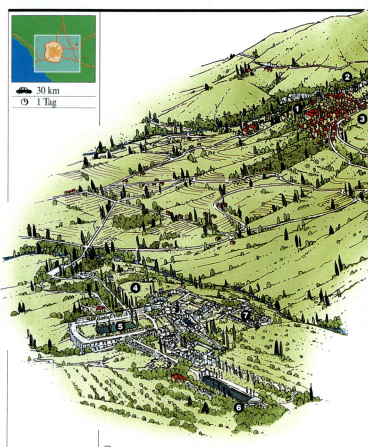

## Geschichte

**Mittelalterliche Häuser**
Mehrere von ihnen säumen noch die Via Campitelli, eine schöne Häusergruppe liegt in der Via del Colle. Die Via del Duomo und die kleinen Straßen, die rechts in sie münden, haben ihr mittelalterliches Gesicht ganz bewahrt.

**Das alte Tibur.** Tivoli (lat. *Tibur*) liegt strategisch günstig zwischen Ober- und Unterlauf der Aniene (früher: Anio). Wer aus den heutigen Abbruzzen – einem Gebirge, in dem einst Volsker, Sabiner und Samniten lebten, ins Latium will, muß durch Tivoli. Der Ursprung der Stadt ist ungeklärt. Einer Legende nach war sie eine Kolonie von Alba Longa; eine andere Tradition führt den Ort auf Tiburnus zurück, einen der Söhne des griechischen Helden Amphiaraos. Im übrigen weiß man wenig über die Stadt, außer daß sie mehrere kriegerische Auseinandersetzungen mit Rom hatte: zunächst 361 v. Chr., möglicherweise im Bunde mit den Galliern; zum letzten Mal während des Latinerkrieges, der 338 v. Chr. mit der endgültigen Unterwerfung Latiums endete. Die Geschichte Tivolis folgte seither der Geschichte Roms. Etwa ab dem 2. Jh. v. Chr. schwärmte der römische Adel von der Schönheit des Ortes, der inzwischen zum römischen Hinterland zählte. Luxuriöse Villen entstanden »unter den dichten Schatten Tiburs«, besungen von dem Dichter Horaz.

**Vom Mittelalter bis heute.** Im Mittelalter wurde Tivoli eine blühende Bischofsstadt, dann eine autonome Kommune. Oft war die Stadt dem römischen Ausdehnungsdrang ausgesetzt.

1. Villa d'Este  2. Rundtempel  3. Tivoli  4. Hadrians-Villa  5. Poikile  6. Kanopos  7. Piazza d'Oro

Aber erst 1816 verlor sie ihre Autonomie, bis 1870 war sie im Kirchenstaat eine kleine Stadt unter vielen anderen.

## VIA TIBURTINA

Heute windet sich die Via Tiburtina durch Olivenhaine nach Tivoli. Die antike Straße hingegen verlief ab Ponte Lucaro geraden Weges zur Stadt. Sie führte vorbei am Tosse-Tempel, einem großen, runden, mit einer Kuppel überdachten Saal, der im Mittelalter in eine Kirche umgewandelt wurde, und am Heiligtum des Hercules Victor, eines kriegerischen Gottes. Der Tempel aus der zweiten Hälfte des 1. Jh. v. Chr., zugleich Sitz eines Orakels, nahm den hinteren Teil eines weiten Platzes ein, der von einer Säulenhalle umgeben war. Über zwei große Seitentreppen hatte man Zugang zu ihm. Zwischen den Treppen erhoben sich die Sitzreihen eines Theaters. Die Via Tiburtina verlief hier als *via tecta,* als »überdachte Straße« zwischen den Unterkonstruktionen der gewaltigen Anlage hindurch.

## SPAZIERGANG DURCH DIE ALTSTADT

Der Streifzug durch die Gassen Tivolis beginnt an der Piazza Trento und führt an einer Reihe mittelalterlicher Häuser entlang. Die Stadt wird von der Rocca Pia beherrscht, einer Festung, die unter Papst Pius II. (1458-1464) erbaut wurde.
**Santa Maria Maggiore.** Die Kirche wurde im 5. Jh. gegründet und im 13. Jh. erneuert. Die Fassade ist romanisch mit gotischem Portal. Im Atrium gibt es ein schönes Fresko aus dem 13. Jh.: *Jungfrau mit Kind.* (Gehen Sie zum Domplatz, der teilweise auf dem Gebiet des antiken Forum liegt.)
**Duomo.** Der dem heiligen Laurentius geweihte Dom wurde um 1650 erneuert. Der romanische Glockenturm stammt dagegen noch aus dem 12. Jh. Im Inneren befindet sich in der vierten Kapelle rechts eine berühmte *Kreuzabnahme* aus dem 13. Jh., in der dritten Kapelle links das *Triptychon des Heilands* (12.-14. Jh.), das man auf Anfrage besichtigen kann.
**Villa Gregoriana.** Papst Gregor XVI. ließ sie zu Beginn des 19. Jh. bauen. Ihr Park liegt zu beiden Seiten der Aniene, die der Papst, um Überflutungen zu vermeiden, hier durch einen Tunnel leiten ließ. Am besten geht man zum *Belvedere* auf halber Höhe der *Grande Cascata* hinauf, um den Anblick des über 108 m hinunterbrausenden Aniene-Wasserfalls zu genießen.
**Tempel.** Zwei Tempel, die man durch das Restaurant *La Sibilla* erreicht, erheben sich am Gipfelpunkt des Wasserfalls. Der rechteckige ist der ältere, er stammt aus dem 2. Jh. v. Chr. Der runde Tempel in korinthischem Stil (rechts) ist als Tempel der Sibylla Tiburtina bekannt. Von seinen 18 Säulen sind zehn erhalten. Er wurde im 1. Jh. v. Chr. aus Travertin erbaut und im Mittelalter als christliche Kirche (Santa Maria della Rotonda) geweiht – daher der gute Erhaltungszustand.

**Seltsame Ädikula**
Das Portal von Santa Maria Maggiore liegt wie die große Rosette in der zentralen Achse. Es wird von einer kleinen gotischen Ädikula überragt.

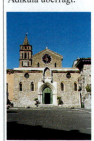

**Schwierige Zuordnung**
Auf der ehemaligen Akropolis von Tibur stehen die berühmten Ruinen zweier Tempel, deren Zuordnung – wie die vieler anderer – ungesichert und umstritten ist. Für den Rundtempel sind Vesta, Herkules und, die Sibylla Tiburtina ins Spiel gebracht worden; andere dagegen hielten den rechteckigen für den der Sibylla, wieder andere glauben, er sei dem legendären Stadtgründer Tiburnus geweiht. Das Heiligtum des Hercules Victor an der Via Tiburtina wurde sogar lange für eine Villa des Maecenas gehalten.

# Tivoli – Palestrina

**Ippolito II d'Este**
Tivoli, eine Lieblingsstadt der Alten, mußte dem Kardinal gefallen, dem großen Mäzen, gebildeten Humanistenfreund und leidenschaftlichen Antikensammler. Hier entfaltete er, einst der reichste Kardinal Italiens, all seinen Prunk.

❝Diese Tage war ich in Tivoli und habe eins der ersten Naturschauspiele gesehen. Es gehören die Wasserfälle dort mit den Ruinen und dem ganzen Komplex der Landschaft zu denen Gegenständen,

deren Bekanntschaft uns im tiefsten Grunde reicher macht.❞
Goethe, *Italienische Reise*

(Es geht durch die Via del Colle bis zur romanischen Kirche San Silvestro mit schönen Fresken aus dem 12. und 13. Jh. Etwas weiter stößt man auf den ehemaligen Haupteingang der Villa d'Este. Die Perspektive ihrer Gärten ist eigens darauf ausgerichtet, von hier aus betrachtet zu werden. Von dort geht es wieder auf die Piazza Trento.)

## VILLA D'ESTE ● 88

1550 fiel Kardinal Ippolito d'Este beim Papst in Ungnade. Er zog nach Tivoli in den Palazzo del Governo, ein ehemaliges Benediktinerkloster, und ließ ihn von Pirro Ligorio zu einer herrlichen Villa umbauen. Aber mehr noch als das Gebäude selbst begründete der Garten den Ruhm der Villa. An der Biegung einer Allee, in der Verlängerung einer Perspektive, überall trifft man auf moosbewachsene Springbrunnen, 500 sollen es insgesamt sein. In dem berühmtesten aller italienischen Gärten, Vorbild vieler anderer Parkanlagen, rauschen und brausen die Springbrunnen – den Komponisten Franz Liszt regten sie zu seinen *Wasserspielen der Villa d'Este* an.

**Die Anlage des Gartens.** Für den Garten wurde ein ganzes Stadtviertel nach Zwangskäufen und Enteignungen zerstört. Da das Gelände sehr abschüssig war, mußte es abgetragen und wieder aufgefüllt werden, damit sich Terrassen und Böschungen abwechseln konnten. Auch hatte das Grundstück selbst eine unregelmäßige Form. Seine Gestaltung war auf den Blick vom alten Hauptportal am Fuß des Hügels ausgerichtet und zielte auf zweierlei Effekte: Zunächst sollte die Illusion erzeugt werden, die Villa liege im Mittelpunkt, was tatsächlich nicht der Fall ist. Außerdem sollte sie optisch etwas zurückversetzt werden, indem man die Tiefenwirkung des Geländes vergrößerte. Man verknüpfte die Zentralachse in der Verlängerung der Loggia, die ›Allee der Perspektive‹, mit fünf Querachsen, die die großen Brunnen verbanden. Diese lagen zum größten Teil auf den Seiten und schufen so den Eindruck einer Abgrenzung gegenüber dem umliegenden Land.

**Niedergang und neuer Glanz.** Trotz der Geschwindigkeit, mit der die Arbeiten vorangebracht worden waren, hatte der Garten beim Tod des Kardinals 1572 noch nicht seine endgültige Gestalt erhalten. Seine Nachkommen setzten sein Werk fort. Als die Villa im 18. Jh. in den Besitz der Habsburger überging, begann der Niedergang. Möbel und Sammlungen wurden verkauft, während der im Unterhalt kostspielige Garten sich selbst überlassen blieb. Der italienische Staat beschlagnahmte die Villa 1918. Sie wurde restauriert und in den 20er Jahren der Öffentlichkeit zugänglich gemacht.

**Herrschaftliches Bauwerk.** Der Hof ist von einem Säulengang umgeben und mit einem Brunnen geschmückt. Er liegt auf dem Gelände des Kreuzgangs der alten Benediktinerabtei. Über ihn erreicht man das *Appartamento Vecchio*. Zur Hofseite liegt es ebenerdig, zum Garten hin im ersten Stock. Es ist um einen

zentralen Salon angelegt, der zur Terrasse führt, von wo man einen herrlichen Blick hat. Seinen Schmuck bilden Fresken des 16. Jh., flämische Bilder und Kopien berühmter Gemälde. Dann geht es zum *Appartamento Nobile* hinunter, dessen Deckengemälde von Federico Zuccari und Girolamo Muziano den Ruhm der Familie d'Este und die mythologische Geschichte Tivolis preisen. Der zentrale Saal öffnet sich zu einer Loggia, der einzigen Dekoration der im übrigen schmucklosen Fassade. Die Gärten erreicht man durch diese Loggia.

**Spaziergang im Garten.** Über die erste Allee, die vor dem Gebäude verläuft, kommt man zum ›Spazierweg des Kardinals‹, in dessen Mitte eine Loggia hervorragt, welche die des Palastes wiederholt. Genau darunter liegt in der Achse der ›Allee der Perspektive‹ die *Fontana del Bicchierone* (»des großen Glases«), wohl von Bernini entworfen. Auf der dritten Ebene erreicht man die majestätische ›Allee der hundert Brunnen‹ (Bild unten). An ihrem Ende symbolisiert die *Rometta*, entworfen von Ligorio, das antike Rom. Weiter unten betont der ›Drachenbrunnen‹ in der nach ihm benannten Allee mit seinem machtvollen Wasserstrahl die langgezogene Perspektive. Auf der Höhe der Terrasse der Fischteiche, erkennbar an ihren drei großen Wasserflächen, sieht man den riesigen ›Brunnen der hydraulischen Orgel‹, den Claude Vernard entwarf – leider ist die Orgel verstummt. Noch weiter unten sticht die Rotunde der Zypressen als letzter markanter Punkt in der Perspektive der Zentralachse hervor. Um weitere Brunnen zu entdecken, die immer stimmungsvolle Namen tragen, muß man die anderen Alleen entlangspazieren. Das bietet auch Gelegenheit, sich die vielen Grotten des Gartens anzuschauen. Etwas unterhalb der Villa liegt die Grotte der Diana.

**Allee der hundert Brunnen**

Friedlich plätschert das Wasser aus den Fontänen der dreistufigen Anlage. Die Allee verbindet symbolisch Rom, dargestellt durch die *Rometta*, mit Tivoli, das die *Fontana dell'Ovato* symbolisiert: Allegorisch fließen die Flüsse Aniene, Ercolano und Albuneo von hier aus in den »Tiber« der *Rometta*.

# Tivoli – Palestrina

**Plünderungen und Ausgrabungen**
Die Villa Hadrians teilte das Los fast aller römischen Monumente: Sie wurde während der Germaneneinfälle verwüstet und diente bis zum 16. Jh. als Marmorsteinbruch. Dann begann Pirro Ligorio im Auftrag des Kardinals Ippolito d'Este – der seine Antikensammlung mit den hier gefundenen Schätzen aufstocken wollte – mit Ausgrabungen und erstellte einen Plan. Seitdem bemühen sich Archäologen um systematische Wiederherstellung und Identifizierung der einzelnen Gebäude.

## HADRIANS-VILLA

Dieser herrliche Landsitz, der sich über die Hänge der tiburtinischen Berge erstreckt, ist ein Werk Kaiser Hadrians (117-138). Ihre Ausdehnung (120 ha), die Vielfältigkeit ihrer Architektur und die Schönheit ihrer Lage machen die Villa zu einer der bedeutendsten archäologischen Stätten Italiens.

**Reiseerinnerungen.** Von Hadrian besitzt Rom zwei großartige Bauwerke: das Pantheon (▲ *264*) und das Mausoleum (▲ *233*). Noch beeindruckender aber ist sein Landsitz bei Tivoli. Von seinem Biographen aus dem 4. Jh. wissen wir, daß Hadrian – ein großer Reisender, kultiviert und feinsinnig – hier an die berühmtesten Orte seines Reiches erinnern wollte, indem er seine Reiseerinnerungen zusammenstellte. Jeder Teil des Landsitzes war deshalb mit dem Namen des Ortes oder der Sache bezeichnet, an die er erinnern sollte: Lyceum, Akademie, Kanopos, Poikile oder Tempe.

**Die größte römische Villa.** Der gewaltige Komplex wurde in den ersten zehn Regierungsjahren Hadrians gebaut, und zwar nach seinen eigenen Plänen. Das Ganze besteht aus einer Reihe von geschickt in der Landschaft verteilten Bauwerken. Neben der kaiserlichen Wohnung gibt es Einrichtungen für den Hof und für Gäste, Wohnungen für die Sklaven und die Leibwache, Thermen, ein Stadion, eine Wandelhalle mit großem Teich, Bibliotheken – und überall Wasser. Unter der Erde verlaufen Gänge für das Personal auf einer Länge von über zwei Kilometern, von denen einige sogar mit Wagen befahrbar waren. Die bedeutendsten Gänge mündeten im Süden in der sogenannten Unterwelt, einem großen, trapezförmigen Raum aus vier Stollen; leider läßt sich nicht mehr sicher feststellen, wozu dieser Raum diente und ob Hadrian hier wirklich seine Vorstellungen vom Jenseits hatte darstellen lassen.

**Zur Tempe-Terrasse.** Das Modell der Villa in einem Pavillon in der Nähe des Eingangs lohnt genaue Betrachtung, denn es bietet einen guten Gesamteindruck der Anlage. Von hier aus geht man immer geradeaus nach Osten, um schließlich zu einer Terrasse zu gelangen, die über einem kleinen künstlichen Tal liegt. Es entstand, als man hier den Tuff für den Bau der Villa abbaute, und stellt das berühmte Tempetal in Thessalien dar. Etwas weiter zur Rechten liegen die *Hospitalia*. Diese mit Mosaiken ausgelegten Schlafsäle waren wahrscheinlich für Gäste vorgesehen.

**Um den Hof der Bibliotheken.** Der Platz hat seinen Namen von den beiden Bibliotheken, der griechischen und der

Modell der Hadrians-Villa

1. Griechisches Theater
2. Nymphäum
3. Hof der Bibliotheken
4. Teatro marittimo
5. Kaiserpalast
6. Piazza d'Oro
7. Stadion
8. Poikile
9. Cenatio
10. Kleine Thermen
11. Große Thermen
12. Kanopos
13. Akademie
14. Torre di Roccabruna

lateinischen, die an seiner nördlichen Flanke lagen. Die große viereckige Exedra in der Mitte war vermutlich die Privatbibliothek des Kaisers. An ihrer Seite lag ein weiter, durch Säulen abgeteilter dreischiffiger Saal, in dem sich wahrscheinlich der kaiserliche Rat versammelte. Durch ein eindrucksvolles Portal gelangt man schließlich in eine Flucht herrlicher Säle. Sie dienten wohl offiziellen Anlässen. Es folgt eine riesige Basilika, der Saal der dorischen Pilaster, der mit dem Hauptraum, dem Thronsaal, verbunden war. In dessen Mitte stand eine Art Tribüne. In nächster Nähe lag die sogenannte Kaserne der *Vigiles,* in der jedoch vermutlich die Palastdiener wohnten.

**Piazza d'Oro.** Die reiche Dekoration und die zahlreichen Kunstwerke, die man hier gefunden hat, gaben diesem »Goldenen Platz« seinen Namen. Von Norden erreicht man ihn durch eine achteckige Vorhalle, die vermutlich von einer in der Mitte geöffneten Kuppel ähnlich der des Pantheon (▲ *264*) überwölbt war. Boden und Wände der Vorhalle waren mit Marmor verkleidet. Zwei viereckige Räume an den Seiten der Vorhalle haben noch ihre schönen Mosaikfußböden. Der prunkvollste Teil der Villa lag auf der anderen Seite der Säulenhalle. Der zentrale Saal war wohl zum Himmel offen und hatte die Form eines Achtecks mit abwechselnd konkaven und konvexen Seiten. Im Hintergrund stand ein halbrundes Nymphäum, in dessen Nischen Quellen entsprangen. (Es geht zum Hof der Bibliotheken zurück.)

**Vom Teatro marittimo zum Poikile.** Links steht ein prachtvolles kreisrundes Gebäude, fälschlicherweise unter dem Namen »Seetheater« bekannt. Im Inneren gibt es eine ebenfalls runde Säulenhalle und einen Kanal, in dem heute recht gefräßige Karpfen leben. Er umfließt ein Inselchen mit einer kleinen Villa darauf, die über zwei bewegliche Brücken erreichbar war. Geht man von hier westwärts, kommt man zunächst zu der Aula ›Saal der Philosophen‹, irrtümlich für eine

**Piazza d'Oro**
Ihre Säulenhalle mit zwei Schiffen bestand aus 60 Säulen aus Cipollino und grünem ägyptischem Granit.

**Antinous** (● *397*)
Der junge Grieche war der Liebling Hadrians. Wie es heißt, hat der Kaiser bei seinem Aufenthalt in Alexandria das Serapis-Orakel am Kanopos befragt, und es verhieß ihm ein langes Leben unter der Bedingung, daß jemand freiwillig für ihn in den Tod ginge. Antinous ertränkte sich daraufhin im Nil, der untröstliche Kaiser erhob ihn zum Gott, seine Bildnisse sind zahlreich und meist sehr idealisiert. Die im Vatikan ausgestellte Büste (unten) könnte jedoch einigermaßen der Realität entsprechen.

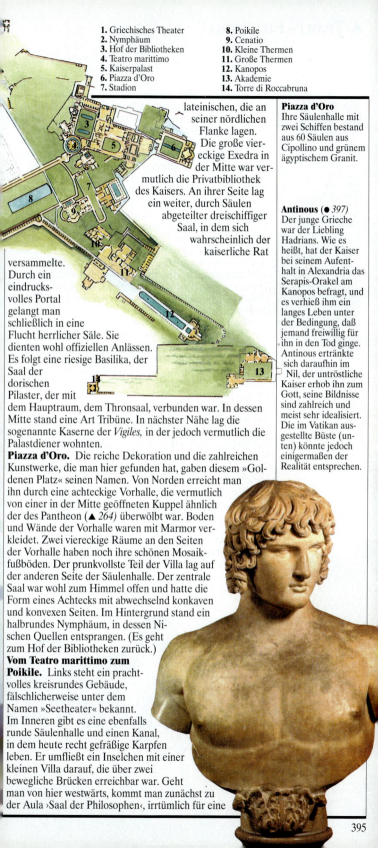

# ▲ Tivoli – Palestrina

**Die Zypressen des Grafen Fede**
Im 18. Jh. ließ Graf Fede in der Villa Kiefern und Zypressen pflanzen, die noch heute stehen. Zwischen 1730 und 1742 führte er auch Ausgrabungen durch.

Die elegante Säulenreihe am nördlichen Ende des Kanopos

Bibliothek gehalten, und erreicht dann über eine kleine Treppe die Poikile. Sie verdankt ihren Namen der athenischen *Stoa Poikile* (»bunte Säulenhalle«), der sie ähnelte. Die Säulenhalle (232 x 97 m) hatte ursprünglich ein schräges Dach. An der Nordwand ist ein doppelter Portikus von einer 9 m hohen Mauer geschieden, so daß man sommers wie winters bei angenehmen Temperaturen spazierengehen konnte. In der Platzmitte liegt noch der große Teich. Die Poikile ruht im Süden und Westen auf den *Cento Camerelle,* einem System mit über 160 Kammern, in denen vermutlich das Personal der Villa wohnte und Vorräte lagerten. Südlich kommt man zu einem Gebäude mit drei Exedren, die mit Marmor verkleidet sind. Der große Saal war vermutlich eine *Cenatio,* in der Staatsbankette stattfanden. Wegen seiner Ausrichtung nach Norden wurde er wohl besonders im Sommer benutzt. Im übrigen hielt der Kaiser seine Empfänge auf dem Palatin ab (▲ *146).* Östlich lagen eine Pinakothek und dann ein Nymphäum, das man lange Zeit für ein Stadion gehalten hat und das den Speisesaal mit einem Quadriportikus mit 40 dorischen Marmorsäulen und einem Teich in der Mitte verbindet. Weiter im Süden kommt man zu den Kleinen Thermen und den Großen Thermen, die durch einen Hof verbunden sind. Möglicherweise wurden die einen von Frauen, die andern von Männern benutzt, eine andere Interpretation lautet, daß es sich um Sommer- und Winterthermen handelte.

**Der Kanopos.** Südlich der Thermen öffnet sich ein Tal mit einem 119 m langen Wasserbassin, das von einer herrlichen Kolonnade umgeben ist. Seinen Hintergrund bildet ein Nymphäum, das man für einen dem Gott Serapis geweihten Tempel *(Serapeum)* hält. Es ist eine halbrunde Exedra, die von einer Kuppel bedeckt ist und sich in einem langen gewölbten Gang fortsetzt. Lange glaubte man, der mit Brunnen und Statuen geschmückte Komplex stelle die ägyptische Stadt Kanopos dar, die mit Alexandria durch einen Nilkanal verbunden und für ihren Tempel des Serapis berühmt war. Eine neuere Interpretation gibt ihm eine andere Bedeutung: Das Wasserbassin symbolisiert danach nicht den Kanal, der zum Tempel führt, sondern das Mittelmeer. Dann stünden die Kopien der Karyatiden des Erechtheion von Athen für Griechenland. Die Kopien der beiden *Amazonen* von Phidias, die den Artemis-Tempel in Ephesos

schmückten, sowie die Kopie der *Aphrodite von Knidos,* einer berühmten Statue des Praxiteles, stünden für Asien. Die Gebäude im Hintergrund schließlich würden Ägypten symbolisieren. Das lassen wenigstens die drei Skulpturengruppen vermuten, die sie schmückten und deren Anordnung im Ägyptischen Museum des Vatikan nachgebildet ist: im Zentrum Osiris-Apis; im Hintergrund Isis-Demeter und auf den Seitenwänden, mehrfach wiederholt, Antinous (▲ *395),* der junge Favorit Hadrians, der in Ägypten im Jahre 130 sehr jung gestorben und vom Kaiser zum Gott erhoben worden war. (Man sollte nach Möglichkeit das Museum besuchen, das in der Nähe eingerichtet wurde und Fundstücke der Ausgrabungen der Jahre um 1950 enthält.)

**Torre di Roccabruna und Akademie.** Auf dem Hügel südwestlich des Kanopos mit seinen besonders schönen Olivenbäumen steht die Torre di Roccabruna. Der mit einer Kuppel abgeschlossene Turm war wahrscheinlich eine Art Observatorium mit Panoramablick. Südöstlich davon liegt der weite, von einer Säulenhalle umgebene Platz der Akademie. Von den angrenzenden Gebäuden sind der Tempel des Apoll, ein großer Rundsaal mit einer Kuppel, und südlich das Odeon, ein kleines Theater, dessen vordere Bühne noch existiert, am besten erhalten. Aus der Akademie stammen die schönsten Kunstwerke, die in der Hadrians-Villa entdeckt wurden, darunter das *Taubenmosaik (*▲ *135).* Zurück am Haupteingang, kann man noch die herrliche Zypressenallee entlanggehen, die zum griechischen Theater und dann zum Nymphäum führt, beide ganz im Norden der Villa.

**Die Karyatiden des Kanopos**
In der Mitte stehen anstelle der Säulen sechs Karyatiden. Vier davon sind Nachbildungen der Karyatiden im Erechtheion, einem Tempel der Athener Akropolis; die beiden anderen stellen Silene dar. Die Originale befinden sich im Museum.

# ▲ Tivoli – Palestrina
## Palestrina

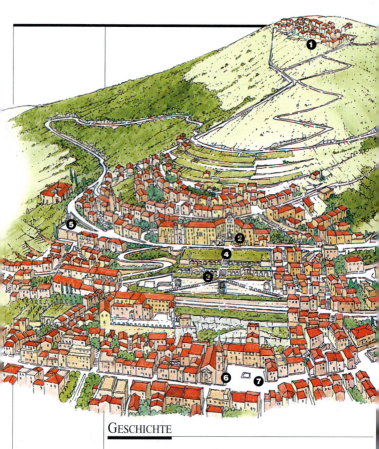

## Geschichte

**Strategisch günstige Lage.** Palestrina, früher Praeneste, liegt an der Via Prenestina 38 km südöstlich von Rom. Es wurde am Südhang des Ginestro erbaut, des südlichsten Ausläufers der Monti Prenestini, und beherrschte den Paß zwischen diesen und den Albaner Bergen ebenso wie die im Tal verlaufenden Straßen. Diese geographische Lage erklärt die Bedeutung, die die Stadt schon im 7. Jh. v. Chr. hatte. Ihr Ursprung verliert sich in Legenden, die die Stadtgründung entweder Praenestos zuschreiben, einem Sohn des Königs Latinus, oder Telegonos, dem Sohn von Odysseus und Circe, oder aber dem Caeculus, einem Sohn des Gottes Vulcanus.
**Aufstände und Niederlagen.** Zunächst waren die Beziehungen Praenestes zu Rom schwierig: Um 500 v. Chr. verbündete es sich mit der Tiberstadt, lehnte sich später mehrfach auf, verbündete sich 358 v. Chr. mit den Galliern und wurde 338 v. Chr. unterworfen. Ende des 2. Jh. v. Chr. scheint die Stadt eine große Blüte erlebt zu haben, die wohl mit ihrem Orienthandel zusammenhing. Großartige Neubauten veränderten ihr Gesicht. Im 1. Jh. v. Chr. gewährte Praeneste Marius d. J. Asyl, was der Stadt den Haß Sullas eintrug. Zur Vergeltung ließ er unter den Praenestern ein Blutbad anrichten. Zu Beginn des Kaiserreichs hatte die Stadt ihre Bedeutung verloren. Das Heiligtum und Orakel der Fortuna aber, das ihren Wohlstand sicherte, bestand noch bis zum 4. Jh.

🚗 30 km
⏱ 1 Tag

Die rechte Exedra der *Terrazza degli Emicicli*

1. Castel San Pietro
2. Palazzo Barberini
3. Terrazza degli Emicicli
4. Terrazza della Cortina
5. Aussichtspunkt
6. Duomo
7. Piazza Regina Margherita

**Hochburg der Colonna.** Um das Heiligtum entstand im Mittelalter eine neue Stadt. Als Hochburg der Familie Colonna wurde sie mehrfach zerstört. 1630 verkauften die Colonna die Stadt schließlich an Carlo Barberini, einen Bruder Urbans VIII.

## FORTUNA-HEILIGTUM

**Der Traum des Numerius.** Über Gründungsmythos und Berufung des Heiligtums erzählt Cicero folgendes: Ein gewisser Numerius Sufficius war in Träumen angewiesen worden, an einem ganz bestimmten Ort einen Stein zu zertrümmern. Als die Träume sich wiederholten, gehorchte er. Aus dem zerbrochenen Stein kamen ›Lose‹ hervor, mit Buchstaben beschriftete Täfelchen, die Orakelkraft haben sollten. Cicero fährt fort, daß der Ort, wo die ›Lose‹ gefunden wurden, nicht weit von der Stelle entfernt war, wo Mütter eine Statue der Göttin Fortuna mit ihren beiden Kindern Jupiter und Juno verehrten. Gleichzeitig floß in der Nähe des künftigen Fortuna-Heiligtums Honig aus einem Ölbaum, woraus die Priester schlossen, die ›Lose‹ von Praeneste hätten eine ruhmreiche Zukunft. Cicero unterscheidet also zwei uralte Zentren des Kultes: die Fortuna-Statue, die mit dem Orakel verbunden war, und den eigentlichen Tempel, wo sich das Wunder des Ölbaumes ereignet hatte. Dem entspricht die Reihe übereinandergelagerter Terrassen des Heiligtums. Schiefe Ebenen und Treppen, die oben zusammenlaufen, verbinden sie untereinander.

**Fortuna und die ›Lose‹.** Den Hauptzugang des Heiligtums bilden zwei geneigte Rampen. In deren Mitte führte eine Treppe zunächst zu der *Terrazza degli Emicicli*, »der Halbkreise«, die ihren Namen von zwei mit Säulen bestandenen Exedren auf beiden Seiten der Treppe hat. Die rechte ist erhalten und trägt ein Kassettengewölbe. Der Sockel davor trug vermutlich die Fortuna-Statue, in deren Nähe laut Cicero die ›Lose‹ gefunden worden. Hier muß das Orakel gelegen haben.

**Das obere Heiligtum.** Die Treppe führt dann zu der *Terrazza dei Fornici*, »der Bogen«, und weiter auf eine dritte Ebene, die *Terrazza della Cortina*, die mit ihren Gebäuden das obere Heiligtum bildete. Sie öffnete sich im Süden auf das Tal, war aber auf den drei anderen Seiten durch einen Portikus mit einer Doppelreihe korinthischer Säulen geschlossen. In der Mitte lagen halbrunde steinerne Stufen *(cavea)*, über denen heute der Barberini-Palast steht. Ein Rundtempel bekrönte das Heiligtum.

### Blühende Stadt
Der Fund herrlich ausgestatteter Fürstengräber (genannt »Bernardini«, »Barberini« und »Castellini«) aus dem 7. Jh. v. Chr., heute in der Villa Giulia (▲ *240*) und auf dem Kapitol (▲ *132*) ausgestellt, beweist den frühen Reichtum der Stadt. Oben ist kunstvoll verzierte Bronze-Ciste abgebildet.

### Der Brunnen der ›Lose‹
Ganz in der Nähe des Sockels, auf dem die Fortuna-Statue stand, sieht man einen Brunnen, den eine runde Ädikula überdacht, deren Säulen auf einem hohen Podium ruhen. Darin befand sich das Orakel, in das nach Cicero ein Kind hinabstieg, um das Orakelplättchen zu ziehen, das dann dem Ratsuchenden gedeutet wurde, der in der benachbarten Exedra wartete.

# ▲ Das Nil-Mosaik

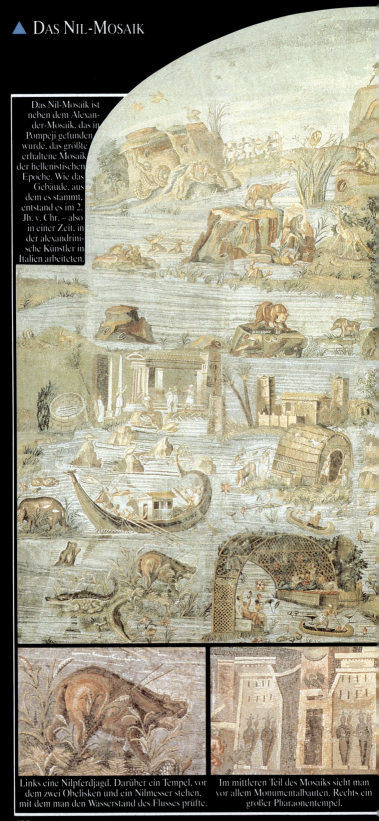

Das Nil-Mosaik ist neben dem Alexander-Mosaik, das in Pompeji gefunden wurde, das größte erhaltene Mosaik der hellenistischen Epoche. Wie das Gebäude, aus dem es stammt, entstand es im 2. Jh. v. Chr. – also in einer Zeit, in der alexandrinische Künstler in Italien arbeiteten.

Links eine Nilpferdjagd. Darüber ein Tempel, vor dem zwei Obelisken und ein Nilmesser stehen, mit dem man den Wasserstand des Flusses prüfte.

Im mittleren Teil des Mosaiks sieht man vor allem Monumentalbauten. Rechts ein großer Pharaonentempel.

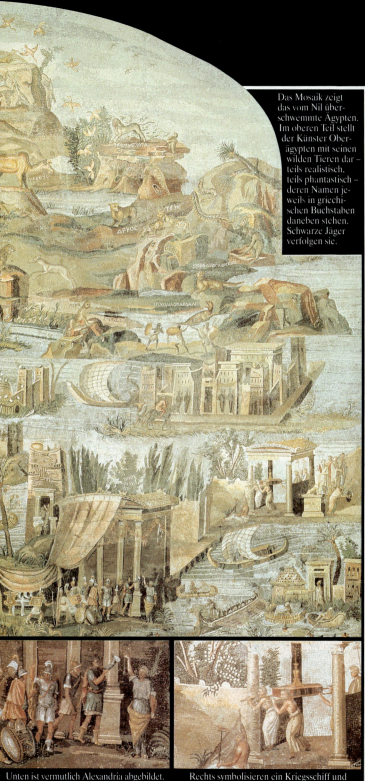

# Tivoli – Palestrina
## Palestrina

Oben die Statue des berühmten Komponisten Giovanni Pier Luigi da Palestrina (1525-1594) auf der Piazza Regina Margherita. Darunter die Kirche Sant'Agapito.

**Zum Castel San Pietro**
Der Historiker und unermüdliche Reisende Gregorovius (1821-1891) berichtet, wie er an einem heißen Augusttag zu Fuß auf dem steinigen Pfad zum Castel San Pietro aufstieg, dem kleinen Ort auf der Akropolis von Palestrina. Denselben Weg legt Gina Lollobrigida in dem Film *Brot, Liebe und Fantasie* auf dem Rücken eines Esels zurück. Man muß nicht den deutschen Gelehrten oder die Schauspielerin nachahmen – auch eine Autofahrt, vielleicht bis Guadagnolo (höchstgelegenes Dorf des Latium) erlaubt es, die Berge und eines der schönsten Panoramen der Gegend zu genießen.

**Das Museum.** Seit 1953 befindet es sich im Barberini-Palast. Unter seinen Schätzen sind einige Stücke besonders bemerkenswert: im Saal III Reste einer Statue vom Ende des 2. Jh. v. Chr., die in der Nähe des Brunnens der Lose (▲ *399*) gefunden wurden und wahrscheinlich zur Fortuna-Statue gehörten. In den Sälen VIII und IX befindet sich eine Reihe von Objekten (Cisten und Spiegel aus Bronze, Toilettengegenstände aus Holz und Elfenbein, Keramiken usw.), die man gewöhnlich den Toten in den Sarkophagen und Tuff-Urnen beigab. Die hier ausgestellten Objekte kommen aus der Nekropole von Palestrina. In Saal X steht ein Modell des Fortuna-Heiligtums. Und in Saal XIV ist schließlich das berühmte Nil-Mosaik *(▲ 400)* zu sehen, das ursprünglich in der Apsis des großen Forums-Saales als Fußboden diente. (Man kann weiter bis zur Akropolis gehen, auf der das kleine Dorf Castel San Pietro liegt.)

## Um das alte Forum

**Vom Tempel zum Dom.** Die Piazza Regina Margherita liegt im Zentrum der Neustadt und entspricht dem alten Forum. Auf dem Gelände eines Tempels aus dem 4. oder 3. Jh. v. Chr. erhebt sich die Kathedrale (Bild links). Sie ist dem hl. Agapit geweiht, dem Schutzpatron der Stadt, der während der Verfolgungen durch Aurelian im 3. Jh. im Alter von nur 15 Jahren als Märtyrer im Amphitheater gestorben sein soll. Seine Gebeine wurden im 9. Jh. hierhergebracht.

**Nil-Mosaik** *(▲ 400)*. Ebenfalls an der zentralen Piazza lag rechts die sogenannte *Sala absidiata,* der Apsidensaal, von dem im *Seminario,* dem Gebäude an der Nordseite des Platzes, noch Reste zu sehen sind. Den Fußboden des Saales schmückte einst das berühmte Nil-Mosaik, das die Barberini in ihren Palast nach Rom gebracht hatten, später aber wieder hier ausstellten. Etwas weiter erreicht man durch eine Tür mit einem flachen Bogen einen kleinen gewölbten Raum, das *Aerarium,* in dem der Staatsschatz der Stadt aufbewahrt wurde. Auf der anderen Seite befand sich eine natürliche Grotte, genannt »Höhle der Lose«, die man eingerichtet und mit schönen Mosaiken verziert hatte, die Fische darstellten.

# Ostia

Porta Romana  *405*
Das Viertel des Hadrian  *406*
Theater und
Piazzale delle Corporazioni  *406*
Die Mosaiken der Kaufleute  *408*
Via di Diana  *410*
Forum  *411*
Via della Foce  *412*
Die Thermen der Sieben Weisen  *413*
Porta Marina  *414*
Campo della Magna Mater  *415*
Die Festung  *416*

# OSTIA

🕐 1/2 Tag
🚗 15 km

**»Decumanus« und »cardo«**
Bei der Gründung einer Kolonie legten die römischen Feldmesser zwei rechtwinklig zueinander stehende Achsen fest, den *decumanus maximus* (Ost-West) und den *cardo maximus*. Mit Hilfe dieser Achsen wurde das Gelände parzelliert.

**Die Arbeit der Fuhrleute**
Dieses Mosaik zeigt die Arbeit der *cisiarii*, der Fuhrleute: das Anspannen, den Halt und sogar die Namen der Maultiere: Pudes, Podagrosus, Barosus usw.

Die antike Tradition schrieb die Gründung der ersten römischen Kolonie dem legendären vierten römischen König, Ancus Marcius (640-616 v. Chr.), zu. Aber der älteste Teil der Stadt, den die Archäologen ans Tageslicht befördert haben, das *castrum*, stammt aus dem 4. Jh. v. Chr. Die Römer wollten den Tiber bis zum Meer und auch die Salinen an der Flußmündung unter Kontrolle bekommen. Ostia (von lat. *ostium*, Mündung) hat sich dann in republikanischer Zeit um diese kleine befestigte Kolonie herum entwickelt. Die Stadt wurde militärischer Vorposten und vor allem Versorgungshafen Roms. Hier kamen wie in Pozzuoli für die Hauptstadt bestimmte Nahrungsmittel aus dem ganzen Reich an, besonders Getreide. Sie wurden in den großen Speichern *(horrea)* gelagert, um dann auf leichten Schiffen zur Stadt getreidelt zu werden. Auch ein Landweg verband Ostia mit Rom, die Via Ostiensis, die der alten südlichen Trasse der Via Salaria entsprach, der ›Salzstraße‹. Im 1. Jh. v. Chr. erlebte die Stadt eine Reihe von Katastrophen, insbesondere im Jahr 87 die Plünderung durch die Truppen des Marius. Danach wurde sie grundlegend umgestaltet. Sulla ließ Ostia von einer großen Stadtmauer umgeben, und Augustus setzte ein umfassendes öffentliches Bauprogramm ins Werk, zu dem das Forum und das Theater gehörten. Unter Claudius wurde ein neuer Hafen gebaut, den Trajan noch vergrößerte. Die alte Kolonie blieb eines der Zentren der römischen Lebensmittelversorgung, das von einem besonderen Beamten verwaltet wurde, dem *procurator annonae*. In den Jahren zwischen Domitian und Hadrian entwickelte sich das Ostia, das die Archäologen ausgegraben haben: die großen öffentlichen Gebäude, die Lagerhallen und Wohnviertel mit den mehrstöckigen Backsteinhäusern (*insulae*, ● 69).

1. Fiumicino  2. Flughafen  3. Museum  4. Piazzale delle Corporazioni  5. Theater  6. Eingang  7. Porta Romana  8. Decumanus Maximus  9. Porta Marina  10. Lido di Ostia  11. Tiber

### Die Häfen von Claudius und Trajan

Um die Lagerkapazitäten Ostias zu erweitern, beschloß Kaiser Claudius schon zu Beginn seiner Regierungszeit, in der nördlichen Tibermündung einen neuen Hafen bauen zu lassen. Die Arbeiten wurden im Jahre 42 n. Chr. begonnen und unter Nero im Jahre 54 beendet. Aber schon am Ende des 1. Jh. erwies sich das Hafenbecken als unzureichend und begann zu versanden. Trajan beschloß deshalb den Bau eines neuen Hafens, wobei der alte weiter bestehen sollte. In den Speichern *(horrea)* längs der Kais konnten Waren eingelagert werden.

Nach dem 2. Jh. jedoch begannen Niedergang und Verarmung der Stadt. Versandung des Hafens und Malaria-Epidemien, später auch die Überfälle und Plünderungen während der Völkerwanderungen führten schließlich zur völligen Aufgabe des Ortes. Erst die Ausgrabungen im 19. Jh. und dann zur Zeit des Faschismus führten zu seiner Wiederentdeckung. Heute bietet das antike Ostia eine spannende Möglichkeit, die Geschichte einer durch Handel mächtig gewordenen römischen Kolonie nachzuvollziehen.

## PORTA ROMANA

Längs der Via Ostiensis reiht sich nach römischem Brauch (▲ *319*) ein Grab ans andere – die ältesten stammen aus dem 2. Jh. v. Chr. Die Straße endete bei der Porta Romana, durch die man, von Rom kommend, Ostia betrat. Dieses monumentale Tor, im Verhältnis zur Stadtmauer etwas zurückgesetzt und flankiert von zwei viereckigen Türmen, zeigt noch Reste seiner Marmordekoration, die es den Restaurierungsarbeiten unter Kaiser Domitian verdankt. Hier beginnt der *decumanus maximus,* die Verlängerung der Via Ostiensis und Hauptstraße der römischen Kolonie; er erstreckt sich in gerader Linie über 800 m. Der *cardo maximus* kreuzt ihn auf halber Strecke.

**Piazzale della Vittoria.** Links von der Porta Romana liegt dieser großzügig angelegte Platz aus der Kaiserzeit. Sein moderner Name stammt von einer Statue der *Minerva Victoria,* die wohl seit den Arbeiten unter Domitian zur Dekoration des Stadttores gehörte. Eine der beiden Inschriften, die das Tor schmücken, bezeichnet den Verantwortlichen des Wiederaufbaus: *P. Clodius Pulcher consul.*

**Basar.** Rechts von der Straße erstreckte sich zur Zeit der Republik eine Art Basar, der unter Hadrian teilweise in Thermen umgewandelt wurde (Thermen der *cisiarii,* der Fuhrleute). Im Frigidarium der Thermen ist ein herrliches Mosaik erhalten (gegenüberliegende Seite), das hauptsächlich Szenen aus dem Alltagsleben der Fuhrleute darstellt. Wahrscheinlich hat sich die Zunft der Kutscher diese Thermen eingerichtet.

Statue der Minerva Victoria

405

# ▲ OSTIA

## DAS VIERTEL DES HADRIAN

Das Viertel, das rechts bei der Kreuzung der Via dei Vigili beginnt, stammt ganz aus der Epoche Hadrians. Die Straße war mit einer herrlichen Säulenreihe geschmückt, hinter der zahlreiche Geschäfte lagen.

**Neptun-Thermen ♥.** Ostia besaß viele öffentliche Bäder, von denen die meisten mit Mosaiken, Marmor und Statuen reich geschmückt waren. Die monumentalen Neptun-Thermen kann man von einer Terrasse aus überblicken, die zum Decumanus hin liegt. Ihren Namen haben sie von einem schwarz-weißen Mosaik, das den Meergott mit einem Viergespann von Seepferden und umgeben von seinem Gefolge von Tritonen, Nereiden und Delphinen zeigt. Ein weiteres Mosaik im Nachbarraum stellt seine Gattin Amphitrite dar. Die zum Bad vorgesehenen Räume nehmen den östlichen Teil des Komplexes ein. Die gegenüberliegende Palaestra mit einer schönen Säulenreihe diente gymnastischen Übungen (▲ *321*). Darunter liegt die Zisterne.

**Kaserne der Vigiles.** Jenseits der Via della Palestra liegt die Kaserne der *Vigiles*. Eine Abteilung dieser Schutztruppe, die als Polizei und Feuerwehr fungierte, war in Ostia seit der Zeit von Claudius stationiert. Die Kaserne öffnete sich auf einen großen Innenhof, den eine ursprünglich zweistöckige Säulenhalle umgab. Die Räume gingen auf den Hof, ebenso das ehemalige *tablinum* (Empfangssaal), das in ein *caesareum* (für den Kaiserkult bestimmter Saal) umgewandelt worden war. (Es geht zurück zum Decumanus.)

## THEATER UND PIAZZALE DELLE CORPORAZIONI ♥

**Das Theater.** Wie die Thermen gehörten auch die Theater zu einer römischen Stadt. Das Theater von Ostia bildet zusammen mit dem anschließenden Platz einen der wichtigsten Baukomplexe der Stadt. Es wurde zur Zeit des Augustus errichtet und unter Septimius Severus und Caracalla erweitert. Das gegenwärtige Aussehen, vor allem der Sitzreihen und Säulen, ist das Ergebnis der ungeschickten Restaurierung von 1927. Das Theater bot zunächst ungefähr 3000 Zuschauern Platz; nach der Erweiterung faßte es 4000 Personen. Auf der Bühne *(orchestra)* wechseln sich rechteckige und runde

Eine Inschrift an der Kaserne der *Vigiles*

**Das Mithräum der sieben Sphären**
Zur Initiation mußte man sieben Stufen durchlaufen, die durch die sieben Sphären an den Wänden im Mithräum symbolisiert werden: Links: Diana (Mond), Merkur und Jupiter; rechts: Mars, Venus, Saturn und endlich Mithras (Sonne).

**Das Theater**
Das römische Theater war griechisch beeinflußt, es nahm aber auch eine italische Tradition auf, in der das Gelächter eine große Rolle spielte. Daher rührte der Erfolg der Komödien von Plautus oder Terenz, der Possen und der Pantomimen. Nach den Masken der Schauspieler schuf man die Dekoration des Theaters von Ostia.

Nischen ab. Darüber waren einige dekorative Marmorelemente angebracht, die man bei Ausgrabungen gefunden hat. Auf der Seite zum Decumanus waren die Ränge *(cavea)* von zwei runden Brunnen flankiert. Einer von ihnen ist dann in ein christliches Oratorium umgewandelt worden, das dem hl. Cyriacus geweiht ist, der gegen Ende des 4. Jh. Bischof von Ostia war. Heutzutage finden hier in Sommernächten klassische Aufführungen statt.

**Piazzale delle Corporazioni.** Dieser ›Platz der Zünfte‹ ist in seiner Art einmalig und berühmt für seine großartigen Mosaiken. Es handelt sich um eine große Säulenhalle (107 x 78 m), in deren Mitte ein Tempel steht, der vermutlich der Ceres geweiht war. An den Längsseiten des Portikus liegen 70 ehemalige Büroräume der Reeder und Händler, die sich in Ostia niedergelassen hatten. Die schwarz-weißen Mosaiken davor aus dem 2. Jh. n. Chr. zeigen ihre Insignien und Symbole. »*Navi(cularii) Narbonenses*« liest man auf einem Mosaik: Hier lag wohl das Büro der Reeder von Narbonne. »*Navicul(arii) et Negotiantes Caralitani*:« Die Inschrift nennt die Reeder und Händler von Cagliari auf Sardinien.

**Haus des Apuleius.** Im Südwesten der Säulenhalle liegt dieses schöne Privathaus *(domus)* aus dem 2. Jh. n. Chr. Es zeigt die typische Entwicklung der römischen Privatarchitektur. Das Atrium ist kein einfacher zum Himmel geöffneter Raum mehr, sondern die Säulen deuten das Peristyl späterer Häuser an (● 69). Bemerkenswert an diesem Haus ist vor allem der schöne Mosaiken- und Marmorschmuck.

**Mithräum der sieben Sphären.** Es handelt sich um eines der am besten erhaltenen Heiligtümer des persischen Gottes Mithras (▲ *181*) – 18 wurden in Ostia bisher gefunden. Sowohl der Bau selbst als auch die Dekoration sind typisch für diese Heiligtümer. Die Tür liegt nicht in der zentralen Achse, damit man das Innere nicht von außen einsehen kann; die Bänke auf den Seiten waren für die Gläubigen reserviert; hinten befindet sich auf einem Thron ein Bildnis des Mithras, der einen Stier tötet. Die beiden Fackelträger an den Wänden stellen die auf- und untergehende Sonne dar.

**Getreidehandel**
Nach der Ankunft in Ostia wurde das Getreide gewogen, bevor man die Ladung löschte.

**Der Leuchtturm**
»Claudius schuf den Hafen von Ostia, indem er rechts und links zwei kreisbogenförmige Molen bauen und in den schon tiefen Gewässern einen Hafendamm anlegen ließ, um die Einfahrt zu sperren. Um diese Mole besser zu befestigen, versenkte man das Schiff, das den großen Obelisken aus Ägypten gebracht hatte. Darauf erbaute man eine große Menge von Pfeilern, die einen sehr hohen Turm trugen. Dieser war […] dazu bestimmt, mit seinen Feuern in der Nacht den Schiffen ihre Route zu weisen.«
Sueton, *Claudius*

# ▲ MOSAIKEN DER KAUFLEUTE

Unten eine der vielen Darstellungen des Leuchtturms von Ostia

Zur Zeit der Römer erlebte die Kunst der Mosaizisten eine Blüte. Wände, Decken und Fußböden wurden kunstvoll dekoriert und dabei alle Möglichkeiten von vielfarbigen geometrischen Mustern bis zu sehr komplizierten ›Malereien‹ ausgeschöpft. Die Mosaiken von Ostia, besonders die am Piazzale delle Corporazioni aus dem 2. Jh. n. Chr., sind für ihre figürlichen Darstellungen in schwarz-weiß berühmt. Wie Schatten erscheinen die Silhouetten von Mensch und Tier am Boden.

**Öl aus Mauretanien**
Aus allen Mittelmeerhäfen kamen Lebensmittel nach Ostia. Die Amphore zwischen den Palmen symbolisiert den Ölhandel. Die Inschrift M.C. deutet auf die Herkunft aus dem kaiserlichen Mauretanien.

**Meeresmotiv**
Die Nereide auf dem Seepferd erinnert an das Mosaik in den Neptun-Thermen. Es wirkt ebenso bewegt und leicht.

**Libysche Handelsvertretung**
Die Inschrift *sta(tio) Sabratensium* deutet auf das Büro von Sabratha in Libyen, das mit Elfenbein handelte. Vielleicht oblag ihm auch die Lieferung von Elefanten für die römischen Arenen.

**Tierkämpfe**
Dieses Wildschwein gehört zu einem großen Mosaik, das auch einen Hirsch, einen Elefanten und Tiere für die Spiele im Amphitheater zeigt, also für Jagden und für Kämpfe zwischen Gladiatoren und Tieren und zwischen Tieren untereinander.

**Amor mit Peitsche**
In der Mitte reitet Amor auf einem Delphin. Die beiden Medaillons darüber symbolisieren vielleicht Afrika. Alles ist in Bewegung: das Meer, dargestellt durch parallele Striche, und auch die Delphine, bei denen eine weiße Linie die Wellenbewegung unterstreicht.

# OSTIA

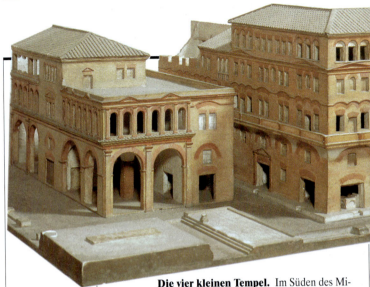

**Die »insulae« (● 69)** Man kennt die *insulae* hauptsächlich aus den Ausgrabungen von Ostia. Diese Wohnhäuser hatten bis zu sieben oder acht Stockwerke. Augustus bechränkte ihre Höhe auf 20 m. Im Gegensatz zur *domus,* die zum offenen Innenhof *(atrium)* hin orientiert ist, ist die *insula* zur Straße ausgerichtet, wie man an dem Modell oben erkennen kann.

**Die vier kleinen Tempel.** Im Süden des Mithräums erheben sich auf einem Podium vier Tempel, die zu Beginn des 1. Jh. v. Chr. der einflußreiche Bürger P. Lucilius Gamala erbauen ließ. Sie sind Venus, Fortuna, Ceres und Spes (»Hoffnung«) geweiht – Glücksgöttinnen und Beschützerinnen von Schiffahrt und Handel.

**Um das Castrum.** Im Hafen von Ostia kamen große Getreidemengen an, die für die Hauptstadt bestimmt waren. Das Korn wurde zunächst in den *horrea* gelagert (ein besonders großer Speicher liegt hinter den Tempeln). Ostia lieferte auch Mehl zum Brotbacken nach Rom. Deshalb findet man oft Mühlen bei den Speichern. Ein Beispiel steht etwas weiter in der Via dei Molini. Zwischen dem Decumanus und der Via dei Molini erreicht man das Tor des Castrum, des ältesten Bauwerks, mit seinem mächtigen Tuffsteinmauerwerk. Ausgrabungen haben hier die Höhe der Straße zur Zeit der Republik aufgedeckt. Außerdem sieht man einen gut erhaltenen Teil der Mauer des Castrum. (Es geht in die Via di Diana.)

## VIA DI DIANA ♥

**Insula der Diana.** Es handelt sich um ein mehrstöckiges Mietshaus mit Balkons, eine Insula aus dem 2. Jh. n. Chr. mit zahlreichen Wohnungen. Die Lage einiger Zimmer, denen Licht und Luft fehlen, deutet darauf hin, daß das Haus auch als Hotel gedient haben könnte; Ostia war auch ein bedeutender Hafen für Reisende. Auf der anderen Seite der Straße liegt eine Gaststätte *(thermopolium),* erkennbar an ihrer großen weißen Marmorbank und ihrem Regal für Geschirr. Die Lage beim Forum hat sie in der Antike sicher zu einem vielbesuchten Ort gemacht. Bei schönem Wetter konnten die Gäste in dem kleinen, Innenhof mit einem Springbrunnen essen und trinken.

**Caseggiato dei Dipinti.** Drei Miethäuser bilden diesen »Wohnblock der Malereien«. Eines von ihnen ist durch seine reiche Dekoration bekannt,

die im 2. Jh. n. Chr. entstand. Der Hauptraum enthält das größte Wandfresko von Ostia, auf dem Jupiter mit seinem Mundschenk Ganymed dargestellt ist. Wegen dieses Bildes heißt das Haus *Casa di Giove e Ganimede.*
Auch die benachbarte Insula dei Dipinti ist mit Fresken geschmückt, außerdem hat sie einen Garten. Von der Terrasse oben, gegenüber dem *thermopolium,* hat man einen sehr schönen Blick über die ganze Häusergruppe.

**Das Museum.** Am Ende der Via di Diana stellt ein kleines Museum Werke aus, die man vor Ort gefunden hat. Besonders bemerkenswert sind: im Saal III, der den östlichen Kulten gewidmet ist, eine große Statue des Mithras, der einen Stier tötet (links, ▲ *181),* im Saal VIII das Original der Statue des Cartilius Poplicola, eines Magistrats von Ostia; außerdem eine wunderbare Wanddekoration (4. Jh. n. Chr.) aus Marmor, auf der ein Kampf zwischen Löwen und Hirschen abgebildet ist. Schließlich sind die Mosaiken und Malereien aus der Nekropole der *Isola Sacra* (▲ *416)* interessant. (Es geht über die Via del Capitolinum zurück zum Cardo maximus.)

Anhand dieses Schildes und aufgrund ihrer Konstruktion läßt sich die Gaststätte auf das 4. Jh. n. Chr. datieren.

**Via dei Molini** (unten links). Eine große Mühle besitzt noch ihre Mühlsteine aus vulkanischem Gestein. Davor lagen sechs Geschäfte, in denen vielleicht Brot verkauft wurde.

**Insula di Diana** Im *cortile* ist Diana dargestellt, die Schutzgöttin dieses Häuserblocks, der heute ihren Namen trägt. Die beiden nord-östlichen Räume sind Ende des 2. Jh. n. Chr. als Mithräum ausgestattet worden.

## UM DAS FORUM

**Das Zentrum des alten Ostia.** Erst zur Zeit Hadrians erhielt Ostia an der Kreuzung von Decumanus maximus und Cardo maximus eine großzügige Platzanlage, die ihrer wirtschaftlichen und politischen Bedeutung entsprach. Im Norden ersetzte das mächtige, mit Marmor verkleidete Capitolium aus Ziegelstein die alten Kultbauten. Es war der bedeutendste Tempel der Stadt, den wichtigsten römischen Göttern Jupiter, Juno und Minerva geweiht. Seine Fassade hatte sechs Säulen und eine schöne Freitreppe. Der Schmuck ist inzwischen vollständig verschwunden, aber aus Zeichnungen des 19. Jh. kann man die geometrischen Motive des Marmorfußbodens der *cella* rekonstruieren. In den inneren Wandnischen standen Statuen. Hinten lagen die drei Räume für die Kultstatuen. Nördlich des Decumanus liegt ein noch nicht sicher identifiziertes Gebäude, vermutlich die Kurie, in der Ratssitzungen stattfanden. Schließlich erhebt sich südlich, auf der anderen Seite des Decumanus, die Basilika, in der Gericht abgehalten wurde. Sie hatte die Form eines rechteckigen Saales, der von Säulenreihen gesäumt war. Im Süden sieht man noch die Reste des Podiums, das den Richtern vorbehalten war.

**Das Forum** Die Gebäude des Forums waren prächtig mit Marmor verkleidet, der aber bis zum letzten Stück geraubt wurde: weißer Carrara-Marmor, antik-gelber aus Nordafrika usw.

# Ostia

Der Herkules-Tempel

**Die Latrinen**
Jenseits des östlichen Portikus des Forum gelangt man zur Via della Forica (»Latrinenstraße«). Links von ihr konnte man am Ende einer Reihe von Ladengeschäften zwei öffentliche Abtritte mit Steinsitzen auf den Seiten und einem kleinen Bassin zwischen den Eingängen identifizieren, einen für Männer, einen für Frauen.

Unten von links nach rechts: Latrinen, Tempel der Roma und des Augustus, Ausschnitt aus dem Marmorfußboden im Haus von Amor und Psyche, Haus der Auriges

**Tempel der Roma und des Augustus.** Kaiser Tiberius ließ im Süden des Forums zu Ehren seines Adoptivvaters Augustus genau gegenüber dem Kapitol eines der interessantesten und eindrucksvollsten Gebäude der Kolonie errichten. Heute haben die Überreste dieses Tempels ihre Marmorverkleidung verloren. Es gibt jedoch noch die Statue der Göttin Roma und, vor einer rekonstruierten Stirnwand, eine Victoria-Statue zu sehen. (Es geht an den im 2. Jh. n. Chr. erbauten und im 4. Jh. restaurierten Forums-Thermen vorbei zurück zum Decumanus.)

**Caseggiato del Larario.** Der Komplex war früher ein Basar mit Geschäften zum Innenhof, in dessen Mitte ein Brunnen stand. Der Name stammt von den Nischen, in denen die Kaufleute Figuren ihrer Laren, der Hausgötter, aufstellten. Der Rundtempel gegenüber war wahrscheinlich dem Kult der kaiserlichen Familie gewidmet. Er war ursprünglich von einer Kuppel überwölbt und hatte einen großen viereckigen Hof. (Es geht weiter durch das Westtor den Castrum.)

**Horrea des Epagathius und des Epaphroditus.** Die Inschrift des Eingangsportals besagt, daß diese Lagerhallen aus dem 2. Jh. n. Chr. zwei reichen Freigelassenen gehörten, Epagathius und Epaphroditus. Die doppelte Tür deutet darauf hin, daß hier wertvolle Waren verwahrt wurden. Sechs Räume öffneten sich auf einen von Säulen umstandenen Innenhof. Der größte Raum diente vielleicht als Büro.

**Buticosus-Thermen.** Gegenüber liegen die privaten Baderäume *(balnea)* aus dem 2. Jh. n. Chr. Sie sind kleiner als die öffentlichen Thermen und besitzen im Unterschied zu diesen keine Palaestra. Dafür zeugen ihre Fresken und Mosaiken (Gartenszenen und Szenen aus der Seefahrt) von einem verfeinerten Geschmack. (Es geht zurück Richtung Forum und in die Via della Foce.)

## Via della Foce

**Bezirk der republikanischen Tempel.** Drei Tempel aus der Zeit Sullas umfaßt diese *area sacra*. Der nördliche soll Äskulap, dem Gott der Heilkunde, geweiht gewesen sein, der südliche wird als »Tempel des Rundaltars« bezeichnet, ist nicht zuzuordnen. Den mittleren und größten (um 100 v. Chr.) weist eine Inschrift als dem Herkules Invictus geweiht aus. Er steht auf einem Podium, eine schöne Treppe führt hinauf. Herkules wird hier als Kriegsgott verehrt, dessen Orakel vor jeder Expedition von den Kommandanten der Kriegsflotte befragt werden mußte. In der Nähe des Tempels fand man ein Votivrelief, das die Befragung des Orakels durch einen *haruspex* (Priester) darstellt. Im Tempel steht eine Kolossalstatue des Cartilius Poplicola.

**Haus von Amor und Psyche.** In diesem reichgeschmückten Haus aus dem 4. Jh. n. Chr. wohnte eine Familie hoher Beamter oder wohlhabender Kaufleute. Der große hintere Raum enthält herrliche Marmordekorationen und

einen Marmorfußboden mit geometrischen Mustern. In einem der Räume steht die Kopie der Figurengruppe *Amor und Psyche* (▲ *360),* nach der das Haus benannt wurde. (Gehen Sie wieder zurück und folgen Sie der Via della Foce, vorbei an den Thermen des Mithras und dann nach links in die Via del Serapide.)

**Das Serapeum ♥.** In der Hafenstadt Ostia wurden in den Randbezirken zahlreiche fremde Kulte praktiziert, die nicht offiziell von der römischen Religion anerkannt waren. Dazu gehörte der Kult des ägyptischen Gottes Serapis. Die gesamte Dekoration zeigt Motive, die sich auf die Heimat dieses Gottes beziehen. So stellt das Mosaik im Hof Szenen des Lebens auf dem Nil dar. (Gehen Sie weiter und links in den Cardo degli Aurighi.)

### Die Thermen der Sieben Weisen

Das Viertel zwischen Via della Foce und Cardo degli Aurighi bildet eine herrliche architektonische Gruppe. Es wurde unter Hadrian und Antoninus Pius erbaut und umfaßt zwei Wohnhäuser, die Insula des Serapis und die der Auriges. In der Mitte zwischen ihnen liegen die »Thermen der Sieben Weisen«. Der Hauptsaal war ein großer runder Raum *(frigidarium),* der ursprünglich mit einer Kuppel überdacht war. Auf dem Mosaikfußboden sieht man Jagdszenen und Laubwerk. In einem Nebenraum zeigt eine Wandmalerei die sieben griechischen Weisen. Ihre Namen stehen in griechischen Buchstaben daneben: Solon, Thales, Chilon, Periander, Bias, Kleobulos und Pittakos. Jeden kennzeichnet ein derb-witziger lateinischer Satz, z. B.: *ut bene cacaret ventrem palpavit Solon* (»für eine gute Verdauung befingert Solon seinen Bauch«). Dahinter steckt eine ganze Tradition des Gelächters, die der römischen Kultur eigen ist und die besonders im Theater lebendig war. (Es geht auf dem Decumanus nach Westen.)

Oben die Thermen der Sieben Weisen und das Serapeum

**Die Laren**
Sie sind die Gottheiten der Orte, wo Menschen sich aufhalten: Häuser, Felder, Stadtviertel und Geschäfte.

**Der Kaiserkult**
Nach der Vergöttlichung eines verstorbenen Kaisers wurde sein Kult eingerichtet und einem auf Lebenszeit berufenen Priester anvertraut.

# OSTIA

## Zur Via delle Volte Dipinte

**Das Mithräum des Felicissimus**
Auf dem Mosaik (unten) sieht man Kultgegenstände des Mithras-Mysteriums; Stifter war ein gewisser »Felicissimus« (der Glücklichste), der sich in der Inschrift verewigte.

Rechts vom Decumanus steht die christliche Basilika, das größte in Ostia erhaltene christliche Gebäude. Der langgezogene, zweischiffige Bau mit vorgelagertem Hof wurde teilweise über alten Thermen errichtet. Etwas weiter steht der Tempel der *Fabri Navales*, der Schiffszimmerleute, gegenüber ihrer imposanten Schola del Traiano, benannt nach einer dort gefundenen Statue Trajans. Sie war wohl das Zunfthaus der Schiffsbauer, die in der bedeutenden Hafenstadt natürlich großen Einfluß hatten. (An der Kreuzung geht es in den Cardo degli Aurighi, dann in die Via delle Volte Dipinte.) Die Insula delle Volte Dipinte (»der bemalten Gewölbe«) entstand unter Hadrian. Das Mietshaus enthält eine Reihe von Räumen, die sich alle auf einen langen Flur öffnen und in denen bemerkenswerte Fresken aus dem 2. Jh. n. Chr. erhalten sind. Ganz in der Nähe liegen die Case a Giardino, deren Bewohner die Annehmlichkeit eines großen Gartens mit sechs Springbrunnen genießen konnten. In der Mitte des Gartens lagen zwei Wohnkomplexe, je aus vier etwa gleichen Häusern bestehend, die durch einen gedeckten Durchgang verbunden waren. Da hier keine Geschäfte gefunden wurden, hält man das Viertel für einen der wohlhabenden Schicht vorbehaltenen Bezirk. Dafür sprechen auch die erhaltenen Dekorationen, etwa das Mosaik eines der Springbrunnen, das Szenen auf dem Nil (Krokodile, Pygmäen usw.) darstellt. (Es geht weiter auf dem Decumanus bis zur Porta Marina.)

## Porta Marina

**Die Synagoge**
Das ursprüngliche Gebäude stammte aus dem 1. Jh. n. Chr. Das könnte bedeuten, daß die Entwicklung der jüdischen Gemeinde Ostias eng mit der Entwicklung des Handels nach dem Hafenausbau unter Claudius verbunden war.

Auf der anderen Seite des in die Stadtmauer aus der Zeit der Republik eingefügten Tores Porta Marina hat sich ein großer Vorort entwickelt. Rechts steht die Domus Fulminata (»das vom Blitz getroffene Haus«), wie es die Inschrift sagt: *F(ulgur) d(ium) c(onditum)* (etwa: »hier wurde der göttliche Blitz begraben«). Wie im Haus des Apuleius (▲ *407*) ist auch hier das Atrium einem Innenhof mit einem Peristyl gewichen, der das Zentrum des Hauses bildet. Etwas weiter in der ersten Straße links steht das Grab des Cartilius Poplicola. Seinen oberen Teil schmückt die Darstellung einer Seeschlacht.

**Das Grab des Cartilius Poplicola**
Der Grabfries (rechts) zeigt eine Seeschlacht, wohl eine Szene aus dem Krieg gegen Sextus Pompeius, um 39 v. Chr. Rechts sieht man eine Trireme, deren Bug mit einem Minervakopf geschmückt ist, links bewaffnete Infantristen.

Von
hier kann man bis
zur erst vor kurzem entdeckten
Synagoge aus dem 1.-4. Jh. weitergehen.
(Es geht zurück auf den Decumanus, vorbei am *Macellum,* dem
Fleischmarkt, wo die Läden zu einem Innenhof liegen; in
seiner Eingangshalle waren zwei Geschäfte *(tabernae)* von
Fischverkäufern eingerichtet, und weiter zum Cardo maximus,
dort nach rechts.)

## Campo della Magna Mater

Zwischen dem Cardo maximus und der Porta Laurentiana
liegt der dreieckige Platz, der der phrygischen Fruchtbarkeitsgöttin Kybele (▲ *148)* geweiht war. Ihr Kult ist einer der am

besten belegten östlichen Kulte Ostias. Die Göttin wurde
gemeinsam mit zwei anderen Gottheiten verehrt: Attis, ihrem
entmannten Begleiter, und Bellona, einer Kriegsgöttin. Die
kleinen Heiligtümer dieser beiden Gottheiten liegen im
Südosten des Platzes am Ende der langen Säulenhalle, die ihn
säumte. (Es geht zurück zum Cardo, durch die Geschäfts-
straße Semita dei Cippi und dann in die Via della Fortuna
Annonaria.) Hier steht eines der reichsten Häuser Ostias, die
Domus Fortuna Annonaria. Es stammt aus dem 4. Jh. n. Chr.
und ist mit seinem weiten, von Säulen gesäumten Hof typisch
für die aristokratischen Privathäuser dieser Epoche. In der
Via degli Augustali liegt der Eingang zur Fallonica, wo Tuche
gewaschen und gefärbt wurden. (Es geht zurück zum Decumanus.) Der Tempio Collegiale gehörte vermutlich der Zunft
der Zimmerleute und Schreiner. Etwas weiter liegen rechts
Speicherhäuser aus der Zeit zum Ende der Republik, die
größten sind die *horrea* des Hortensius mit ihrem schönen,
von einer Säulenkolonnade umgebenen Innenhof; man
erreicht sie vom Monumento repubblicano aus.

Die *horrea* des Hortensius

**Kybele und Attis**
Anläßlich des Hilaria-
Festes verletzten, ja
entmannten sich
Anhänger des Kultes
vor dem Bild des
Attis, um Priester der
Göttin Kybele werden
zu können.

**Die Färberei**
Vier große Becken
dienten zum Waschen
der Wolle, wobei sie
mit den Füßen
gewalkt, dann
gepreßt, gefärbt und
ausgewrungen wurde.
Die Wolle aus
Apulien, Istrien oder
Padua wurde in Ostia
gefärbt, bevor sie
Rom erreichte.

# OSTIA

**Castello di Giulio**
Der spätere Papst Julius II. erbaute die Festung zur Verteidigung des Tiber.

## DIE FESTUNG

In der Zeit der Spätantike lag in diesem Bereich eine Nekropole, in der die hl. Aurea begraben war, die unter Claudius Gothicus (268-270) als Märtyrerin starb. In den Zeiten des Niedergangs flüchteten sich die letzten Bewohner Ostias hierher; die Festung (oben) gestattete die Verteidigung des Zugangs zum Tiber, dessen Lauf früher hier vorbeiführte. Den Turm ließ Papst Martin V. (1417-1431) errichten, die anderen Teile des Gebäudes entstanden zwischen 1483 und 1486 im Auftrag des Kardinals Giuliano della Rovere, des späteren Papstes Julius II. In dem befestigten mittelalterlichen Flecken entstand auf dem Grab der Märtyrerin die Kirche Santa Aurea. Sie wurde im 15. Jh. erneuert. Die hl. Monika, Mutter des hl. Augustin, starb 387 in Ostia und wurde auch hier beerdigt, bevor ihre Gebeine nach Rom in die Kirche Sant'Agostino (▲ *285)* überführt wurden.

**Römischer Sommer**
Alberto Moravia hat in seinen *Racconti romani* (1954, ● *113)* mit Vergnügen die malerischen Spaziergänge *fuori porta* (»außerhalb der Stadttore«) zu den *castelli* oder an die

Strände beschrieben. Der neorealistische Film *Ein Sonntag im August* (Luciano Emmer, 1949) vermittelt einen noch heute aktuellen Eindruck von dem sommerlichen Ansturm der Massen in Ostia.

**Das moderne Ostia.** Das heutige Ostia mit seinen tristen, für moderne Vorstädte typischen Wohnbauten lebt vor allem vom Tourismus, vom Zustrom der Massen an die leider sehr verschmutzten Strände. Trotz ihres schmuddeligen Wassers sind diese durch zahllose Badeanstalten (zum größten Teil *abusivi*, also ohne Genehmigung gebaut) verunzierten Strände bei den Römern offensichtlich noch immer beliebt. Für Aufregung sorgte kürzlich die Aufstellung eines Denkmals für den ermordeten Regisseur Pier Paolo Pasolini. Unter den Dörfern am Meer ist das nördlichste, Fregene, wohl das hübscheste. Es liegt in einer Landschaft, die sich seit

**Isola Sacra**
Die Nekropole der Porta Laurentiana, überquert von der breiten Straße von Ostia nach Lido di Ostia, entstand im wesentlichen Ende des 1. Jh. n. Chr. und gehört zu den am besten erhaltenen der römischen Antike. Inschriften und Reliefs der Gräber vermitteln ein recht genaues Bild von der sozialen Herkunft der Verstorbenen: Es handelt sich um Einzelhändler, Handwerker, Geschäftsleute usw.

der Trockenlegung der Sümpfe von Maccarese zur Zeit des Faschismus stark verändert hat. Kanäle, an deren Böschungen Schilfrohr wächst, teilen das Land in Rechtecke auf. Es unterscheidet sich deutlich von der Umgebung Ostias mit ihren Pinienwäldern. Fiumicino, zwischen Ostia und Fregene gelegen, ist bekannt wegen des riesigen Flughafens Leonardo da Vinci, der von 1950 bis 1957 gebaut und zu Beginn der 90er Jahre neu strukturiert und vollständig modernisiert worden ist. Heute gibt es eine direkte Bahnverbindung zwischen dem Flughafen und Rom.

# Praktische Informationen

Reisevorbereitung 418
Feste 419
Anreise 420
Übersichtskarte 422
Öffentliche
Verkehrsmittel 424
Alltag in Rom 426
Rom kulinarisch 430
Abendliche
Unternehmungen 432
Shopping 434
Rom preiswert 435
Etruskische Stätten 436
Castelli Romani 438
Sport, Freizeit,
Rom für Kinder 440
Besichtigungen
›à la Carte‹ 441
Miniwörterbuch 452
Adressenverzeichnis 453
Platz für Notizen 474

# ◆ REISEVORBEREITUNG

Alle Wege führen nach Rom! Und umständliche Vorbereitungen wie Impfungen und Visabeschaffung entfallen. Nur muß man sich genau überlegen, zu welcher Jahreszeit man Rom sehen will. Die schönste Zeit ist vielleicht der Herbstbeginn, wenn die wenigsten Touristen in der Stadt sind, die Temperaturen aber noch durchaus sommerlich. Aber auch das Frühjahr ist eine angenehme Reisezeit.

### Formalitäten
Wer aus den EU-Staaten kommt, braucht nur einen Personalausweis, ansonsten ist ein Paß und in einigen Fällen ein Visum erforderlich. Für Hund und Katze brauchen Sie ein Gesundheitszeugnis (nicht älter als 30 Tage) und eine Bescheinigung über Tollwutimpfung (mindestens 20 Tage, höchstens 11 Monate alt).

### Informationen
ENIT und E.P.T. (Staatliches Reisebüro und Fremdenverkehrsamt; Adressen und Telefonnummern: ◆ 458) verteilen gratis Prospekte und Broschüren über Hotels, Museen, öffentliche Verkehrsmittel usw., die für die Urlaubsplanung gute Dienste leisten.

### Gesundheit
Impfungen sind nicht notwendig. Im Notfall kann man sich bei den Erste-Hilfe-Stationen (kostenlos) versorgen lassen. Adressen von deutschsprachigen Ärzten hat die Deutsche Botschaft (Tel. 88 47 41).

### Lesetips
Rom hatte für Künstler und Schriftsteller stets eine besondere Anziehungskraft. Es lohnt sich durchaus, schon vor der Reise das eine oder andere zu lesen. Neben den Klassikern der Reisebeschreibung wie Goethes *Italienischer Reise* und Stendhals *Wanderungen in Rom* bieten auch andere Gattungen, sei es Lyrik (besonders Bellis Sonette) oder Prosa (etwa Gaddas Kriminalroman *Die gräßliche Bescherung in der Via Merulana*), viele Anregungen. Ausführliche Informationen bieten der Literaturteil (● 105-120) und die Lesetips (◆ 478-481).

*Die Engelsbrücke im Herbst*

### Reisezeit
In der Karwoche ist Rom überfüllt von den Gläubigen, die wegen des Ostersegens kommen. Der August ist ebenfalls keine gute Zeit für eine Romreise: Er ist der Ferienmonat in Italien, und die Hitze vertreibt die meisten Römer aus der Stadt. Wenn Sie im Winter nach Rom fahren, sollten Sie unbedingt warme Kleidung einpacken. Zwar fallen die Temperaturen selten unter Null, aber weder darauf noch auf die römischen Heizungen kann man sich mit absoluter Sicherheit verlassen ...

### Schönste Zeit
Wenn die glühenden Sommertemperaturen nachlassen und die Stadt aufatmet, beginnt auch das römische Leben wieder. Man kann herrliche Spaziergänge machen, die Oktobersonne bringt die Ocker- und Rottöne der Häuser erst richtig zur Geltung.

*Der Petersplatz im Schnee*

### Kleidung
In den römischen Kirchen wird auf angemessene Kleidung geachtet. In kurzen Hosen oder Röcken und mit allzu tiefen Ausschnitten wird man nicht eingelassen.

## Frühjahr — März bis Mai

*Im März beginnt die Tourismus-Saison in Rom. Schon früh im Jahr kann man im Freien sitzen, die städtischen Feste mitfeiern und an den Osterfeierlichkeiten teilnehmen.*

| | |
|---|---|
| 9. März | Autoweihe, Kirche S. Francesca Romana |
| 19. März | Festa di S. Giuseppe, Trionfale-Viertel |
| Karfreitag | Vom Papst geführte Kreuzweg-Prozession vom Vatikan zum Kolosseum, 21 Uhr |
| Ostersonntag | Segen *urbi et orbi*, Petersplatz, 12 Uhr |
| Ostermontag (Feiertag) | *Pasquetta*, traditioneller Picknick-Tag |
| 21. April | Jahrestag der Stadtgründung Piazza del Campidoglio |
| 25. April (Feiertag) | Jahrestag der Befreiung |
| 1. Mai (Feiertag) | Tag der Arbeit |
| Letzte Maiwoche | Tennismeisterschaften, Foro Italico |

März 7°–16°
April 8°–18°
Mai 13°–23°

♥ Das kerzenbeleuchtete Kolosseum am Karfreitag

## Sommer — Juni bis August

*Sommerliche Hitze, Veranstaltungen unter freiem Himmel. Die Römer verlassen nach und nach die Stadt (Juli: Schlußverkauf, August: Betriebsferien). Die Touristen haben die Stadt für sich, zum Glück gibt es reichlich Brunnen und nachts etwas Abkühlung.*

| | |
|---|---|
| Juni, Juli, August | Freiluft-Konzerte, -Opern, -Theater und -Ballett in der Maxentius-Basilika, der Villa Ada, Ostia antica |
| Erster Sonntag im Juni | Festa della Repubblica Militärparade auf der Via dei Fori Imperiali |
| 23.–24. Juni | Festa di San Giovanni Piazza di Porta San Giovanni |
| 28.–29. Juni | Festa di San Pietro e Paolo, Peterskirche |
| 1. August | Festa delle Catene, Petrus-Reliquien Kirche S. Pietro in Vincoli |
| Juli | Roma Jazz Festival, Foro Italico |
| 5. August | Festa della Madonna della Neve »Schneewunder« bei S. Maria Maggiore |
| 15.–30. Juli | Festa di Noantri, Trastevere-Viertel |
| 15. August (Feiertag) | Ferragosto |

Juni 17°–26°
Juli 19°–29°
August 19°–28°

♥ Blütenschnee bei Santa Maria Maggiore

## Herbst — September bis November

*Veranstaltungen werden rarer, aber die Stadt lebt auf. Besucher und Römer müssen sich die verstopften Straßen wieder teilen – bis das regnerische Novemberwetter einsetzt.*

| | |
|---|---|
| September | Kunstausstellung unter freiem Himmel Via Margutta |
| September–Mai | *Scudetto*, Fußballmeisterschaften Olympia-Stadion, jeden So-Nachmittag |
| 1. November (Feiertag) | |

September 17°–24°
Oktober 12°–18°
November 7°–13°

♥ Blick auf die Stadt vom Gianicolo bei Sonnenuntergang

## Winter — Dezember bis Februar

*Zwar heißt es, man solle südliche Länder im Sommer besuchen, aber Rom bildet zweifellos eine Ausnahme – wegen der Weihnacht.*

| | |
|---|---|
| 8. Dezember (Feiertag) | Festa della Madonna Immacolata Piazza di Spagna |
| 24. Dezember | Mitternachtsmessen |
| 25. Dezember (Feiertag) | Weihnachtsansprache des Papstes Peterskirche, 12 Uhr |
| 26. Dezember (Feiertag) | |
| 1. Januar (Feiertag) | Neujahr |
| 5. Januar | Epiphanias-Fest, Piazza Navona |
| 6. Januar (Feiertag) | Dreikönigstag |

Dezember 6°–11°
Januar 5°–10°
Februar 6°–12°

♥ Weihnachtsmesse in der Peterskirche

☀ sonnig und heiß ☁ wechselhaft bis wolkig 🌧 regnerisch ❄ kalt, Schnee möglich

*Die höchsten und niedrigsten Temperaturen jeden Monats sind in Grad Celsius angegeben.*

### Römischer Karneval – nur noch für Kinder

Den römischen Karneval, wie ihn Goethe beschrieben hat, gibt es nicht mehr. Wenn Sie aber mit Kindern in Rom (♦ 440) sind, können Sie ihnen sicherlich ein Vergnügen bereiten, indem Sie am Faschingssonntag mit ihnen auf die Piazza Navona und zum Gianicolo gehen – dort tummeln sich dann die Kinder Roms in bunten Verkleidungen.

## ◆ ANREISE

| Reisekosten | | |
|---|---|---|
| Verkehrsmittel | Dauer ca. | Preis ab |
| Zugfahrt ab Berlin | 20 Std. | DM 475,-- |
| Zugfahrt ab Frankfurt | 14 Std. | DM 420,-- |
| Zugfahrt ab Hamburg | 21 Std. | DM 615,-- |
| Zugfahrt ab Köln | 17 Std. | DM 430,-- |
| Zugfahrt ab München | 12 Std. | DM 215,-- |
| Linienflug ab Berlin | 4 Std. | DM 650,-- |
| Linienflug ab Frankfurt | 1 ¾ Std. | DM 650,-- |
| Linienflug ab Hamburg | 2 ½ Std. | DM 750,-- |
| Linienflug ab München | 1 ½ Std. | DM 550,-- |

### Entfernung Roms von einigen Großstädten

| | |
|---|---|
| Berlin | 1581 km |
| Frankfurt | 1291 km |
| Hamburg | 1769 km |
| Köln | 1470 km |
| München | 984 km |
| Wien | 1125 km |
| Zürich | 888 km |

### Flugzeug

Mit dem Flugzeug landet man gewöhnlich auf dem Flughafen Leonardo da Vinci – er liegt 28 km von Rom entfernt bei Fiumicino und wird daher von den Römern nach diesem Ort benannt. Eine Fahrt mit dem Taxi ist recht teuer, aber die neue Flughafen-Bahn (genannt *il Trenino*, »der kleine Zug«) verkehrt regelmäßig (alle 20 Minuten) und hält in Trastevere und am Bahnhof Roma Ostiense. Von der dort gelegenen Haltestelle Piramide kann man mit dem Bus (Linien 57 und

95) weiter bis zur Piazza Venezia fahren oder die U-Bahn (Linie B) nehmen, die zum Kolosseum und zur Stazione Termini fährt (in der Woche nicht nach 21 Uhr).

### Zug

Mit dem Zug kommt man an der Stazione Termini im Westen des Zentrums an, von dort aus verkehren Bus- und U-Bahn-Linien sowie Taxis.

### Auto

Die schnellsten Alpenüberquerungen sind Brennerpaß und Gotthard-Tunnel.
◆ Vom Brennerpaß aus (wenn man von von München, Nürnberg, Berlin kommt) geht es weiter über Trento, Verona, Bologna und Florenz auf der A1.
◆ Vom Gotthard (aus Richtung Stuttgart und Freiburg) fahren Sie über Mailand, Bologna und Florenz weiter.
◆ Für die Autobahnen in der Schweiz braucht man eine Vignette, erhältlich beim ADAC oder an der Grenze, der Brennerpaß und die italienischen Autobahnen sind mautpflichtig. Sie können vor Antritt der Reise beim ADAC eine Viacard bekommen, um ›elektronisch‹ zu bezahlen, aber auch Barzahlung ist überall möglich.
◆ Rund um Rom verläuft ein Autobahnring, der *Grande raccordo anulare (GRA)*. Von dort aus führen die alten Konsularstraßen (Salaria, Flaminia von Norden, Nomentana, Tiburtina von Nordosten, Aurelia von Nordwesten) ins Zentrum.
◆ Nach der Ankunft ist es sinnvoll, sich ein Parkhaus zu suchen und den Wagen stehen zu lassen; der Verkehr in Rom ist chaotisch, Parkplätze sind mehr als rar und Diebstähle häufig.
◆ Der deutschsprachige Informationsdienst des ADAC ist in Rom unter der Telefonnummer 495 47 30 zu erreichen. Der Pannendienst des ACI, des italienischen Automobilclubs, hat die Rufnummer 116.

### Dokumente

◆ Für das Auto sollten Sie neben Führerschein und Fahrzeugschein möglichst auch eine grüne Versicherungskarte haben.
◆ In Rom, wo die Taschendiebe stolz sind, für die dreistesten Europas zu gelten, lassen Sie Originaldokumente am besten im Hotelsafe. Versorgen Sie sich rechtzeitig mit Kopien, die Sie bei sich führen können – die Polizisten geben sich bei eventuellen Kontrollen damit zufrieden.

# ◆ ÜBERSICHTSKARTE

Gleis, Ausgang

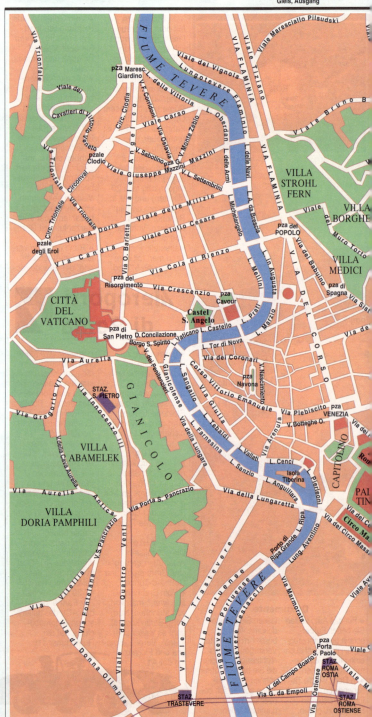

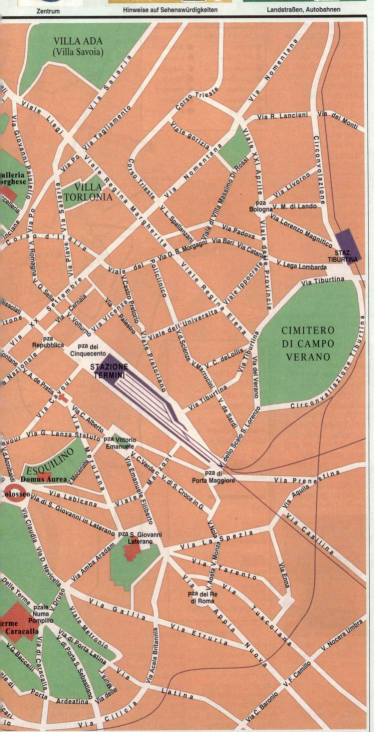

## ◆ ÖFFENTLICHE VERKEHRSMITTEL

### Busse und Straßenbahnen

Das ATAC-Netz umfaßt den innerstädtischen Nahverkehr mit Bussen und Straßenbahnen. Einen nützlichen Übersichtsplan mit allen Linien erhalten Sie bei den Auskunftsschaltern (Telefon 46 95 44 44) an der Piazza del Risorgimento und an der Piazza dei Cinquecento. In Bussen und Bahnen selbst kann man keine Fahrkarten kaufen (außer nachts im Bus), man erhält sie vielmehr bei den ATAC-Verkaufsstellen, an Kiosken und U-Bahnstationen. Sinnvoll ist es, mehrere Tickets in Reserve zu haben, da die meisten Verkaufsschalter am frühen Abend schließen und die Fahrkartenautomaten kein Wechselgeld herausgeben und ohnehin meist defekt sind. Die Fahrkarten gelten nach dem Entwerten jeweils 90 Minuten. Es gibt unterschiedliche Dauerkarten mit speziellen Tarifen für Nicht-Römer, die sich meist lohnen. Man erhält sie nur in dem ATAC-Häuschen an der Piazza dei Cinquecento gegenüber der Stazione Termini.

Busse: von 6 bis 23 Uhr (alle 10 Minuten). Nachts: Busse, vor deren Nummer ein Sternchen steht (alle 30 Minuten). Straßenbahn: Fahrpläne wie bei den Bussen.

**METROSTATIONEN:**
1. Termini
2. Via Cavour
3. Colosseo
4. Circo Massimo
5. Piramide
1. Ottaviano
2. Lepanto
3. Flaminia
4. Spagna
5. Barberini
6. Repubblica
7. Termini
8. Vittorio E.
9. Manzoni
10. S. Giovanni

Für Fußgänger und öffentliche Verkehrsmittel reservierte Zone

Metro : Linie A

Metro : Linie B

Bus

Parkmöglichkeiten

Bahnhöfe

Sehenswürdigkeiten

### Kutschfahrten

In Kutschen dürfen bis fünf Passagiere mitfahren. Die Fahrt dauert zwischen ½ Std. und einem Tag. Erkundigen Sie sich vor Abfahrt nach dem Preis und danach, ob er für die Kutsche oder pro Person gilt. Kutschenstände: Petersplatz, vor dem Kolosseum, Piazza Venezia, Piazza di Spagna, Trevi-Brunnen, Via Veneto, Villa Borghese, Piazza Navona.

### Mit dem Auto

Wegen des dichten Verkehrs und des Mangels an Parkplätzen in Verbindung mit strengen Parkvorschriften raten wir ausdrücklich davon ab, mit dem Auto durch Rom zu fahren.

## U-Bahn

Die beiden einzigen Linien (A und B) kreuzen sich beim Bahnhof Termini. Die Linie A fährt von Ottaviano in der Nähe des Vatikans bis Anagnina, die Linie B von Rebibbia nach Laurentina. Die Stationen sind deutlich mit einem großen M auf rotem Grund

ausgeschildert. Die Fahrkarten gelten jeweils nur für eine Fahrt, es gibt aber wie für den Bus Tageskarten. Die Linie A verkehrt täglich von 5.30 bis 23.30 Uhr, die Linie B von 5.30 bis 21.30 Uhr in der Woche sowie bis 23.30 Uhr am Wochenende.

## Taxis

Taxifahren ist in Rom nicht gerade die billigste Art der Fortbewegung, kann jedoch nützlich sein, etwa wenn man schweres Gepäck hat. Die lizenzierten Taxis sind leicht an ihrer gelben Farbe zu erkennen. Man kann am Bahnhof einsteigen oder direkt auf der Straße ein Taxi anhalten. Neben den offiziellen Taxis gibt es private Funktaxiunternehmen, die jedoch für die Vorbestellungen einen Zuschlag kassieren, der übrigens auch nachts, am Wochenende und an Feiertagen fällig wird.

Im historischen Zentrum liegen die Sehenswürdigkeiten so nah beieinander, daß man am besten zu Fuß geht, denn das ist am schnellsten und am bequemsten. Für längere Strecken sollten Sie den Bus nehmen. Mit einer Einzelfahrkarte kommen Sie an jeden Punkt innerhalb der Stadt. Um quer durch die Stadt zu fahren, ist die preisgünstigste und schnellste Lösung die U-Bahn (Metropolitana).

### Fahrradverleih

**Biciroma**
Piazza del Popolo
Piazza di Spagna
Piazza San Lorenzo
**Collalti**
Via del Pellegrino 82
Tel. 66 80 10 84
**Telefonischer Verleih**
68 80 33 94

### Taxiunternehmen

**Cosmos Radio Taxi**
(881 77)
**Società la capitale**
(49 94)
**Società cooperativa Autoradiotaxi Roma**
(35 70).

## ◆ ALLTAG IN ROM

Rom ist teuer. Es gibt zwar preiswerte Möglichkeiten, Sie müssen jedoch für Unterkunft, Essen, Erfrischungen und Eintrittsgelder unter dem Strich mit erheblichen Kosten rechnen und sollten nicht zuwenig Reisegeld kalkulieren. Sinnvoll ist es, schon vor Abfahrt das Hotel zu buchen, vor allem zu den Hauptreisezeiten.

### Geldfragen

Die italienische Währung ist die Lira (pl. Lire; LIT)
◆ Es gibt Scheine zu 1000, 2000, 5000, 10 000, 50 000 und 100 000 LIT sowie Münzen zu 50, 100, 200 und 500 LIT.
◆ Münzen zu 50 und 100 LIT wurden vor kurzem neu herausgegeben, die alten Münzen bleiben aber weiterhin gültig.
◆ Telefonmünzen (Wert: 200 LIT) wurden stets wie Hartgeld akzeptiert. Allerdings ist ihre Abschaffung bereits beschlossene Sache.

### Geldwechsel

Die Banken haben in der Regel Mo-Fr von 8.30 bis 13.30 und von 14.45 bis 15.45 Uhr geöffnet, und die meisten stellen einen eigenen Wechselschalter zur Verfügung. Allerdings muß man oft mit langen Wartezeiten rechnen. Man kann auch die zahlreichen Wechselautomaten benutzen, die überall in der Stadt, am Flughafen und am Bahnhof stehen. Die Anweisungen sind in vier Sprachen angegeben und die Geräte leicht zu bedienen. Auch Hotels und Reisebüros wechseln Geld, allerdings zu ungünstigeren Kursen.

 *500 LIT*   *200 LIT*   *100 LIT*   *50 LIT*

 *Telefonmünze: 200 LIT*

**Notfälle:**
Bei Verlust oder Diebstahl
**Notfallhilfe für Touristen:** 42 23 71
**Polizei:** 112

### Bedienung und Trinkgeld

In Restaurants ist die Bedienung im Preis eingeschlossen; ein Trinkgeld ist ebenso üblich wie bei Cafés, Taxis und Hotelpersonal. Sie sollten aber nur etwas geben, wenn Sie wirklich zufrieden sind.

### Quittungen

Verlangen Sie unbedingt für jede Zahlung einen Beleg (ital. *scontrino*). Das ist Vorschrift, und es kann Ihnen durchaus passieren, daß ein Kontrolleur Sie danach fragt. Wenn Sie keinen Beleg vorweisen können, müssen Sie eine empfindliche Strafe zahlen.

### Kreditkarten

Die geläufigen Kreditkarten und Travellerschecks werden inzwischen von den meisten Restaurants, Hotels und Geschäften (häufig allerdings gegen Gebühr) akzeptiert, dagegen nehmen Trattorien, Lebensmittelgeschäfte und Tankstellen sie in der Regel nicht an. Mit der VISA-Karte oder der EC-Karte kann man an bestimmten Geldautomaten Bargeld bekommen.

### Wann muß man in Rom vorbestellen?

◆ Im Mai/Juni und in den frühen Herbst sind die meisten Hotels ausgebucht. Auch zu Ostern und zu Weihnachten sind viele Touristen in der Stadt, und man sollte zu diesen Zeiten möglichst nicht ohne Reservierung nach Rom fahren. Buchen kann man telefonisch oder, wenn man ein anspruchsvolleres Hotel sucht, über ein Reisebüro oder einen Pauschalreisen-Veranstalter.
◆ In der übrigen Zeit kann man durchaus ohne Vorbestellung nach Rom fahren. Gehen Sie gleich nach der Ankunft zum Fremdenverkehrsamt und lassen Sie sich etwas reservieren, um sich unnötige Laufereien zu ersparen.

## Unterkunft

### Hotels
Die Hotels werden nach der für ganz Europa gültigen Klassifizierung mit einem bis fünf Sternen bewertet. Die Preise sind ebenfalls gestaffelt und unterscheiden sich stark. Sie gelten stets pro Zimmer und nicht pro Person. Das Fremdenverkehrsamt bietet jedes Jahr einen neuen Hotelführer an, in dem alle Hotels, die mit mindestens einem Stern bewertet sind, mit Service, Preisen, Adressen etc. aufgelistet sind.
◆ Ein Zimmer mit Bad kostet in der Hochsaison:
Hotel *: 70 000 bis 100 000 LIT
Hotel **: 100 000 bis 150 000 LIT
Hotel ***: 150 000 bis 250 000 LIT
Hotel ****: 250 000 bis 350 000 LIT
Hotel *****: über 350 000 LIT.
◆ Das Frühstück ist meist nicht im Zimmerpreis enthalten.
◆ Das Zimmer muß in der Regel bis 14.00 Uhr geräumt sein.

### »Pensioni«
Seit etwa zehn Jahren gibt es immer weniger von diesen Hotels in den oberen Stockwerken von Mietshäusern, die Touristen eine bescheidene und meist auch preiswerte Unterbringungsmöglichkeit bieten.

### Weitere Möglichkeiten
Hotel-Pensionen, Klöster, Jugendherbergen und Campingplätze.
◆ Auskünfte über Jugendherbergen erhalten Sie bei der Associazione Italiana Alberghi per la Gioventù, 8-14 Uhr, Tel. 324 25 73.
◆ Wenn Sie in einem der vielen Klöster übernachten möchten, wenden sich an das Deutschsprachige Pilgerzentrum (Tel. 689 71 97).
◆ Die meisten Campingplätze liegen weit außerhalb und sind recht teuer. Der nächstgelegene (6 km) nennt sich Camping Flaminio und befindet sich in der Via Flaminia Nuova 821, Tel. 333 26 04.

## Essen und Trinken

Eine italienische Mahlzeit beginnt mit *antipasti* (Vorspeisen), dann folgen der erste Gang, *primo piatto* (meist Nudeln), und der zweite Gang, *secondo piatto* (Fleisch oder Fisch). Zum Abschluß ißt man entweder *formaggio* (Käse), *frutta* (Obst) oder ein *dolce* (Dessert). In der *trattoria,* die in der Regel einfacher und preisgünstiger ist als ein *ristorante,* kann man sich anstelle eines kompletten Menüs auch lediglich ein Nudelgericht servieren lassen. Ärgern Sie sich nicht, wenn man Ihnen *pane e coperto* (Brot und Gedeck) berechnet, denn das ist überall üblich.

Erkundigen Sie sich, ob die Beilagen *(contorni)* im Preis des Hauptgerichts *(secondo)* inbegriffen sind, dies ist nämlich nur selten der Fall, und die Rechnung kann sich dadurch um einiges erhöhen. Die Gaststätten sind in der Regel von 12 bis 15 und von 20 bis 23 Uhr geöffnet, aber es gibt in Rom auch mehrere Lokale, wo man bis Mitternacht, ein oder sogar zwei Uhr nachts essen kann. Viele römische Restaurants machen im August Betriebsferien und haben sonntags geschlossen, aber irgendein offenes Lokal werden Sie immer finden.

## Märkte

Wenn man die Stadt und ihre Einwohner näher kennenlernen will, sollte man auf die Märkte gehen. Ihre praktische Bedeutung für Rom sieht man daran, daß es im Stadtzentrum kaum Lebensmittelgeschäfte gibt.
**Lebensmittel** kauft man am besten auf der Piazza Vittorio (preiswert), bei Ponte Milvio, auf der Piazza di San Cosimato im Herzen von Trastevere, in der Via Trionfale oder auf dem berühmten, malerischen Campo dei Fiori.

**Kleidung** gibt es preiswert und in unüberschaubarer Menge in der Via Sannio in der Nähe der Porta San Giovanni (jeden Morgen außer sonntags).
**Bücher und alte Kupferstiche** werden auf der Piazza Fontanella di Borghese angeboten. Sehr preisgünstige **Blumen** findet man in der Via Trionfale (dienstags von 10.30 bis 13 Uhr).
Der bekannteste **Flohmarkt** findet sonntags morgens rund um die Porta Portese statt.

### Die Kunst der Kaffeezubereitung
Wenn Ihnen der italienische *caffè* (Espresso) nicht schon stark genug ist, bestellen Sie einen *caffè ristretto,* wenn er Ihnen jedoch bereits Herzklopfen bereitet, lassen Sie sich lieber einen *caffè lungo* bringen. *Caffè macchiato* wird mit einem Schuß Milch aufgehellt, während das Gegenstück, *latte macchiato,* aus Milch mit ganz wenig Kaffee besteht und kalt oder heiß getrunken wird. *Cappuccino* ist ein cremiges Getränk aus starkem Kaffee und viel schaumig aufgeschlagener Milch. Eine der leckersten italienischen Kaffeespezialitäten ist *caffè freddo* (Eiskaffee), eine andere *caffè corretto,* der mit einem Schlückchen *grappa* (Tresterschnaps) abgerundet wird.

# ◆ Alltag in Rom

## Telefon

Es gibt Telefonzellen und öffentliche Telefonzentren *(telefoni)*. Letztere sind meist praktischer, weil man erst nach dem Telefonieren an der Kasse zahlt.

### Telefonzentren
Die meisten *telefoni* sind zu Zeiten mit günstigen Tarifen geschlossen, rund um die Uhr offen ist nur das Zentrum im Palazzo delle Poste, Piazza San Silvestro.

### Telefonzellen
Sie nehmen Münzen zu 100, 200 und 500 LIT an, ferner Telefonkarten *(carte telefoniche)*, die man im Wert von 2000,

5000 oder 10 000 LIT bei den Postämtern, in Bars und einigen Tabakläden (erkennbar am weißen T auf schwarzem Grund) kaufen kann. Die traditionellen Telefonmünzen *(gettoni)* werden abgeschafft und haben nur noch Sammlerwert.

### Gespräche innerhalb Italiens
◆ **Ortsgespräche**
Wählen Sie einfach die Nummer des Teilnehmers.
◆ **Ferngespräche**
Wählen Sie vor der Nummer die jeweilige Ortskennzahl (Rom 06, Florenz 055, Venedig 041, Bologna 051, Genua 010, Mailand 02, Neapel 081, Turin 011).

### Gespräche von Rom ins Ausland
Wählen Sie 00 (international), dann 49 (Deutschland) und die gewünschte Nummer (bei der Vorwahl die 0 weglassen). Weitere Vorwahlnummern: 0041 (Schweiz) und 0043 (Österreich). Sofern Sie eine Telekarte haben, können Sie von jedem beliebigen Telefon über die Nummer 172 00 49 einen ›Operator‹ in Deutschland erreichen (feste Gebühr 11 DM), der dann für Sie die Verbindung herstellt. Abgerechnet wird (falls Sie kein R-Gespräch wählen) über die monatliche Rechnung für Ihre Telekarte. Dieses Verfahren kann günstig sein, wenn Sie ansonsten teure Hoteltarife bezahlen müßten.

### Auskunft
◆ Nationaler Auskunftsdienst: 1800 oder 12.
Internationaler Auskunftsdienst: 176.

## Post

◆ Das Porto beträgt 700 LIT für eine Postkarte und 850 LIT für einen Brief. Briefmarken *(francobolli)* gibt es in den Postämtern

und in Tabakgeschäften (schwarzes Schild mit weißem T). Italienische Briefkästen sind rot.

◆ Die italienische Post hat nicht gerade den Ruf, besonders schnell zu sein, vor allem im August dauert die Beförderung

manchmal länger.
◆ Für die Vatikanische Post gelten die gleichen Porti wie für die italienische, sie ist aber meist deutlich schneller. Die Briefmarken gibt es bei den Postämtern am Eingang der Vatikanischen Museen und auf dem Petersplatz. Vatikanische Briefkästen sind blau.

## Öffnungszeiten

Zwischen Italien und Deutschland gibt es keinen Zeitunterschied. Die Öffnungszeiten der Museen ändern sich oft je nach Jahreszeit und aus anderen, meist undurchschaubaren Gründen. Alle Angaben sind deshalb als ungefähre Daten aufzufassen; Sie sollten sich in Rom nach den jeweils gültigen Zeiten erkundigen und für Dinge, die Sie keinesfalls versäumen möchten, eine Sicherheitsmarge einplanen. Die meisten Museen sind nur morgens offen. Zwar haben vor allem im Stadtzentrum viele Geschäfte durchgehend von 10.30 bis 19.30 Uhr geöffnet, doch ansonsten gelten meist die traditionellen Öffnungszeiten 9 bis 13 Uhr und 15.30 bis 19.30 Uhr (Winter). Im Sommer verschieben sich diese Zeiten um eine halbe Stunde (viele Geschäfte öffnen erst um 16 Uhr und schließen um 20 Uhr). Mittags wird in der Regel geschlossen, und während der Siesta läuft alles in der Stadt mit halbem Tempo ab, vor allem im Sommer nach 14 Uhr. Achtung: Lebensmittelgeschäfte haben im Winter am Donnerstagnachmittag und im Sommer am Samstagnachmittag geschlossen, die meisten übrigen Geschäfte am Montagmorgen.

### Notrufnummern
Notruf: **113**
Feuerwehr: **115**
Touristen-Notruf: **42 23 71**
Fundsachen: **581 60 40** (Bus) **73 89 58** (U-Bahn)
Pannenhilfe: **116**.
Rotes Kreuz: **5100**

Preise für Telefongespräche (Lire pro Minute)

| Rom | 8.00 | 14.00 | 19.00 | 22.00 | 23.00 Uhr | |
|---|---|---|---|---|---|---|
| | | 1378 | | 1176 | | Deutschland |
| | | 1524 | | 1293 | | Belgien |
| | | 1378 | | 1176 | | Schweiz |
| *Preisreduktion sonn- und feiertags* | | | | | | |
| | 2420 | 3110 | 2420 | 1810 | | Kanada |
| *Preisreduktion samstags und sonntags* | | | | | | |

# ALLTAG IN ROM

## Presse und Medien

Die wichtigsten Tageszeitungen sind *Il Messaggero* und *La Repubblica* (in deren Donnerstagsbeilage *Trovaroma* Informationen über alle kulturellen Veranstaltungen der Woche stehen). Deutschsprachige Zeitungen und Zeitschriften gibt es zuerst am Bahnhof Termini, gegen Mittag auch in den größeren Kiosken im Zentrum.

Das staatliche Fernsehen (RAI) hat drei Programme. Hinzu kommt eine kaum noch überschaubare Menge privater Sendeanstalten. Wenn Sie in einem besseren Hotel absteigen, können Sie sicher auch ausländische Sender per Satellit empfangen, alles in allem über 50 Programme.

## Museumsbesuche

Es gibt für die römischen Museen Eintrittskarten, die mehrere Tage lang gültig sind (drei verschiedene Modelle für zwei, vier und sieben Tage). Mit diesen Karten können Sie die meisten Museen der Stadt besichtigen. Man bekommt sie beim Fremdenverkehrsamt oder direkt in einem Museum. Es besteht aber auch die Möglichkeit, sich eine solche Karte schon vor Antritt der Reise schicken zu lassen. Wenden Sie sich an die **Associazione Nazionale Museidon, Via A. Silvani 23, I – 00139 Roma.** Die Karten kosten je nach Gültigkeitsdauer zwischen 15 000 und 50 000 LIT.

## Einige Preisbeispiele

*Espresso:* 1200 L

*Frühstück:* 10 000 LIT

*Tiramisu:* 2000 LIT

*Saltimbocca alla romana:* 12 000 LIT

Ein *Amaretto di Saronno:* 1500 LIT

Frankierte Postkarte: 1700 LIT

Museumsbesuch: 5000 bis 10 000 LIT

Doppelzimmer: 120 000 LIT

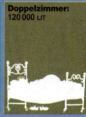

## Mode

Italienische Luxusartikel, insbesondere Haute Couture und Lederwaren, sind begehrt. Viele der bekannten italienischen und französischen Couturiers unterhalten ihre noblen Geschäfte in der Gegend um die Piazza di Spagna. Ihre Waren sind – je nach dem Bekanntheitsgrad des jeweiligen Namens – ausgesprochen teuer. Von Mitte Juni bis Anfang September und von Ende Dezember bis Anfang Februar finden Sie jedoch im Ausverkauf oft Gelegenheit, hochwertige Waren zu günstigen, oft sogar halbierten Preisen zu kaufen. Sollten Sie mit den Konfektionsgrößen Probleme haben: Verzichten Sie keinesfalls ab sofort auf die Delikatessen der römischen Küche – indem Sie zu Ihrer deutschen Größe 4 hinzurechnen, erhalten Sie die entsprechende italienische Kleidergröße. Boutiquen mit junger und preiswerter Mode haben sich vor allem in der Via del Corso, der Via della Croce und der Via Frattina angesiedelt.

## Frühstück

In Italien ist es unüblich, zu Hause zu frühstücken. Morgens geht man auf dem Weg zur Arbeit in einer Bar vorbei, wo man im Stehen einen Kaffee trinkt und dazu ein süßes Hörnchen verspeist – einfach (*semplice*) oder gefüllt mit Pudding (*crema*), Marmelade (*marmellata*) oder Schokolade (*cioccolata*).

## Sicherheit

Rechnen Sie in Rom mit der Möglichkeit, bestohlen zu werden, aber entwickeln Sie keinen Verfolgungswahn. Ein paar einfache Vorsichtsmaßnahmen und etwas gesunder Menschenverstand dürften ruhige Ferientage garantieren. Tragen Sie niemals größere Mengen an Bargeld bei sich; die meisten Hotels bieten Schließfächer an. Lassen Sie keine Wertsachen im geparkten Wagen liegen und seien Sie in öffentlichen Verkehrsmitteln auf der Hut. Reisepaß, Personalausweis, Führerschein u.ä. sollten Sie in Kopie bei sich führen.

## ◆ ROM KULINARISCH

Caféterrasse in der Via Garibaldi

Trattoria am Tiber

Rom ist keineswegs eine asketische Stadt, wo man auf Tafelfreuden mißbilligend herabsähe. Im Gegenteil: Hier dreht sich fast alles um Essen und Trinken. Erwarten Sie jedoch nicht, in Rom Dinge zu finden, die seiner eher bodenständigen Tradition widersprechen: Rom ist nicht die Metropole raffinierter Zubereitungen und ausgeklügelter Speisenfolgen. Essen bedeutet für die Römer vor allem einen reich gedeckten Tisch in fröhlicher Runde, mit einfachen, abwechslungsreichen Speisen aus hochwertigen Zutaten.

### Die Küche

Die römische Küche unterscheidet sich deutlich von der mittel- und norditalienischen. In Rom findet man eine typische Mittelmeerküche. Sie ist in bäuerlichen und lokalen Traditionen fest verwurzelt, ohne sich dabei jedoch fremden Einflüssen zu verschließen. Das derzeitige Motto scheint allerdings *molto fine* (stark verfeinert) zu lauten. Vorsicht ist geboten, denn während man gerade in einem der römischen Moderestaurants raffinierte Küche um jeden Preis sucht (die Rechnung kann ungemein beeindruckend ausfallen!), verpaßt man möglicherweise direkt nebenan das einfachere, deftige, aber letztlich bessere Essen in einem vermutlich eher unscheinbaren Lokal, das dem Fremden erst den Charakter der römischen Küche erschließt.

#### Leckere Rezepte mit Geschichte
**Carciofi alla giudea**
Junge, zarte Artischocken werden in Wasser und Zitronensaft gegart und dann in Olivenöl ausgebacken, bis die Blätter goldgelb und knusprig sind.

**Coda alla Vaccinara**
Die Schlachthofarbeiter *(vaccinari)* erhielten früher als Teil ihres Lohns Köpfe und Schwänze von geschlachteten Tieren, und sie ließen nichts davon umkommen. Eines ihrer Rezepte ist ein so leckeres Ragout, daß sich darüber sogar die verfeindeten Bewohner von Trastevere und dem Testaccio versöhnt haben sollen.
**Die Zutaten:** Ochsenschwanz, Zwiebeln, Knoblauch, Nelken, Pfeffer und Salz, Weißwein, geschälte Tomaten, Olivenöl.
**Für die Sauce:** Staudensellerie, Pinienkerne, Rosinen und bitterer Kakao.

### Die Mahlzeiten

Wann ißt man was in Rom? Wie überall in Italien wird auch in Rom recht spät gegessen. Das Mittagessen liegt meist zwischen 13 und 13.30 Uhr, und ins Restaurant geht man abends selten vor 21 oder 21.30 Uhr. Dafür bleiben die Römer gern lange bei Tisch sitzen. Die Frage, wo man ißt, hängt davon ab, wieviel man ausgeben will und wieviel Zeit man einplant. Wenn Sie eine komplette Mahlzeit zu sich nehmen möchten, haben Sie die Wahl zwischen einem *ristorante* und einer *trattoria*, in der es familiärer zugeht und auch die Küche oft bodenständiger ist. Wenn Sie wenig Zeit haben und nur einen Imbiß wünschen, gehen Sie am besten in eine Weinbar *(enoteca)* oder eine *birreria*, allerdings sind letztere immer seltener zu finden. In den *pizzerie* trinkt man in der Regel seltsamerweise Bier. Durchaus zu empfehlen sind auch die schlichten Lokale, die unter *vino e cucina* firmieren, leider aber immer mehr aus dem Stadtbild verschwinden, und die *tavola calda:* Dort ist das Essen in der Regel preiswerter und bescheidener als in der *trattoria,* oft aber durchaus gleichwertig, dafür kann man in einigen nur am Tresen essen. Eine weitere Möglichkeit bietet die *spaghetteria,* wo ausschließlich Nudelgerichte serviert werden, und die *panineria,* wo man alle möglichen warmen und kalten Sandwiches und Baguettes bekommt. Sollten Sie Lust auf einen Imbiß im Stehen haben, können Sie sich an fast jeder Ecke mit *pizza al taglio* versorgen, in einer *rosticceria* ein gebackenes Hähnchen oder *supplí al telefono* (mit fadenziehendem Käse gefüllte Reisbällchen) kaufen oder in einem Café *tramezzini* (Sandwiches) bestellen.

# ROM KULINARISCH

Das Caffè Greco in der Via Condotti

Mobiler Kiosk mit Getränken und Eis

## Die Speisekarte

◆ **Innereien**
Typisch römische Gerichte sind Innereien und Fleischgerichte wie *coda alla vaccinara*, *coratella* (Ragout aus Lamminnereien), *trippa alla romana* (Kutteln mit Tomatensauce und Minze, mit geriebenem Parmesan serviert), oder *gran misto di cervelli, ricotta, carciofi e zucchine* (zubereitet aus Hirn, Ricotta, Artischocken und Zucchini). Solche Gerichte bekommt man im Umkreis der Schlachthöfe serviert, wo sie als Spezialitäten auf der Karte stehen. Gute Adressen sind beispielsweise *Turriddu al Mattatoio*, *Checchino* und auch die *Trattoria Agustarello*.

◆ **Fleisch und Teigwaren**
Es gibt Hunderte von Spezialitäten, die man eigentlich überall in Rom essen kann. Probieren Sie doch einmal *abacchio* (Milchlamm), das u.a. *alla cacciatora* (mit Pilzsauce) oder *brodettato* (mit Zitrone geschmort) serviert wird, oder *saltimbocca alla romana* (kleine Kalbsschnitzel mit Schinken und Salbei). Nicht zu verachten sind auch die Nudelgerichte mit delikaten Saucen, etwa *all'amatriciana* (Schmalz, Speck und Zwiebeln), *al cacio e pepe* (Öl, Käse und Pfeffer) oder *all'aglio e olio* (Öl und Knoblauch). In einigen ganz einfachen Lokalen kann man hervorragend essen, etwa in der uralten *Fiaschetteria Beltrame*, in anderen ist das Interieur sehr schön, etwa bei *Sora Lella* auf der Tiberinsel.

◆ **Fisch**
Die Römer lieben Fischgerichte, und man braucht nicht extra an die Küste zu fahren, um sehr guten Fisch zu bekommen (allerdings liegt auch an der Mole von Fiumicino ein gutes Fischrestaurant neben dem anderen). Einige Lokale in Rom sind für ihre Fischgerichte berühmt, etwa *La Rosetta* oder *Alberto Ciarla*. Aber Vorsicht: Feine Küche und guter Ruf schlagen sich wie überall in der Rechnung nieder.

◆ **Koschere Küche**
Wer einmal die köstlichen *filetti di baccalà alla giudea* (Stockfischfilets nach jüdischer Art) probieren möchte, braucht nicht weit zu gehen. Im ehemaligen Ghetto gibt es genügend Lokale, etwa die berühmten Restaurants *Giggetto* und *Piperno*, oder – wenn man einen abendlichen Spaziergang durch das Viertel Santa Barbara nicht scheut – *Filettaro*.

## Espressobars und Cafés

Die zahlreichen römischen Bars und Cafés öffnen morgens früh und schließen erst spätabends. Man findet deshalb immer eine Gelegenheit, etwas zu trinken, eine Kleinigkeit zu essen, Leute zu treffen und einen Blick in die Zeitung zu werfen. Das *Caffè Greco*, das *Rosati* und das *Doney* sind bekannt für ihre Eleganz, das *Zodiaco* für die schöne Aussicht. Je nach Tageszeit trinkt man einen *cappuccino* oder *caffè* (den besten soll es bei *Tazza d'Oro* und *Sant'Eustacchio* geben), einen Eistee oder einen Aperitif. Eis bekommt man fast überall in Rom, und sein hervorragender Ruf ist durchaus berechtigt, wenn auch jeder seine eigene Spezialadresse hat, wo es ihm am besten schmeckt. Wir möchten nur zwei Eissalons empfehlen: *Giolitti* und *Tre Scalini*. Oder mögen Sie lieber Kuchen? Auch dafür ist gesorgt, Sie brauchen nur in eines der vielen Kaffeehäuser zu gehen, beispielsweise *Babington's*.

## Weinbars

Hier kann man probieren und kaufen, denn die meisten sind zugleich Weinhandlungen. Einige davon, vor allem im Stadtkern, sind noch richtige Familienbetriebe. Ungezwungen geht es im *Cul de Sac* zu (das Essen dient dort nur als Vorwand, um einige der 11 000 Weine probieren zu können), außerdem gibt es *Costanini* (wo man abends leichtes Essen oder Gebäck serviert bekommt) und *Anacleto* (wenn man mittags einen Happen essen und durch die Straßen des alten Ghettos bummeln möchte).

# ◆ ABENDLICHE UNTERNEHMUNGEN

*Plakate berühmter Filme, für die Rom als unvergeßlicher Schauplatz diente ...*

Nach Einbruch der Dämmerung, wenn Kirchen und Museen geschlossen sind, hat Rom selbstverständlich immer noch mehr zu bieten als gute Küche und romantische Abendspaziergänge. Das Kulturprogramm (Oper, Theater, Kino, Tanz) ist breit gefächert, aber auch Nachtclubs, Kabaretts und Diskotheken fehlen nicht.

## Theater

Wenn Sie während der kurzen Theatersaison zwischen Oktober und Mai in Rom sind und Stücke aus den klassischen Repertoire sehen möchten (z.B. Goldoni, Pirandello, Eduardo de Filippo), erkundigen Sie sich am besten vor Ort, was im *Teatro Argentina*, *Quirino* oder *Valle* gespielt wird. Wenn Sie zeitgenössische oder avantgardistische Stücke bevorzugen, bieten sich das *Teatro Tordinona*, *Politecnico* oder *Ateneo* an. Im *Teatro dei Satiri* sieht man moderne und experimentelle Stücke.

Mögen Sie Marionetten? Das *Teatro Mongiovino* und die *Nuova Opera dei Burattini* werden Sie sicher begeistern. Im *Teatro dei Puppi Siciliani dei Fratelli Pasqualino* können Sie neapolitanische und sizilianische Puppenspiele sehen, die die mittelalterliche Tradition der Ritterepik lebendig erhalten. Im *Teatro della Cometa* gibt man Boulevardstücke. Wenn Sie griechische Tragödien und klassische Komödien lieben, sollten Sie die Aufführungen in *Ostia Antica* nicht versäumen.

## Kino

Die großen Filme werden in Italien durchweg in synchronisierter Fassung gezeigt, was viele Kinofans und vor allem diejenigen ärgert, die des Italienischen nicht mächtig sind. Dennoch gibt es Möglichkeiten, denn Experimentalkinos, Filmclubs und Kulturzentren zeigen viele Filme in der Originalfassung mit Untertiteln, montags auch das *Cinema Alcazar*. Insbesondere das *Pasquino* zeigt regelmäßig Originalversionen. Zu den Autorenkinos gehören das *Azzurro Scipioni* (den Sommer über geöffnet), *Nuovo Sacher* (im Sommer Freiluftaufführungen) und *Dei Piccoli* (Zeichentrick- und Kinderfilme). In den Filmclubs muß man in der Regel Mitglied werden.

## Konzerte, Kammermusik

In Rom gibt es noch immer eine blühende Musikszene. Die offizielle Konzertsaison dauert von Oktober bis Juni, aber auch im Sommer gibt es Musik, z.B. in der Maxentius-Basilika. Die *Accademia Filarmonica di Roma* und das Orchester der RAI spielen im *Teatro Olimpico* bzw. im Konzertsaal des Foro Italico, die *Accademia di Santa Cecilia* abwechselnd in ihrem Saal in der Via della Conciliazione und der *Sala Accademica* in der Via dei Greci. Hervorragende Konzerte kann man auch im *Auditorio del Gonfalone* und in der *Aula Borromini* beim Oratorium San Filippo Neri hören. In diesen beiden Sälen steht der optische dem akustischen Genuß in nichts nach.

Kammermusik gibt es von Oktober bis Mai im *Teatro Eliseo* zu hören, geistliche Werke das ganze Jahr über in vielen Kirchen. Regelmäßige Konzerte finden in den großen Basiliken statt, vor allem in San Giovanni in Laterano, sporadische Veranstaltungen auch in kleineren Kirchen. Achten Sie auf die Plakate, die an den Kirchentüren und sonst in der Stadt angeschlagen sind, denn in den Zeitungen werden diese Konzerte nicht immer angekündigt. Im Sommer finden auch viele Musikabende unter freiem Himmel in antiken Ruinen und in den Innenhöfen von Palästen und Klöstern statt, teils im Rahmen von Festivals (◆ 419), teils als Einzelveranstaltungen.

### Informationen

Alle Tageszeitungen haben eine Rubrik »Veranstaltungen« *(spettacoli)*, aber die beste Übersicht bekommt man donnerstags in *Trovaroma*, der Beilage zur *Repubblica*. Außerdem gibt es die Wochenzeitschrift *Città Aperta* (für Touristen teilweise in englischer Sprache) und eine monatlich kostenlos von der *Ente Provinciale per il Turismo* (Via Parigi 5) herausgegebene Broschüre.

# ABENDLICHE UNTERNEHMUNGEN

Opernabend in den Caracalla-Thermen

Das Teatro Eliseo

## Oper

In der Opernsaison (November bis Juni) finden die Aufführungen im *Teatro dell'Opera* statt. Im Sommer (Juli/August) gab es bisher Opern in den Caracalla-Thermen. Wegen der verursachten Schäden wurden diese Aufführungen verboten. Man sucht noch nach einem Ersatzort, in Rede steht Cinecittà. Genaueres weiß man im *Teatro dell'Opera*, Tel. 48 16 01.

## Ballett

Ballettveranstaltungen gehören zum Winterprogramm in der Oper ebenso wie zum Sommerprogramm. Weitere Vorstellungen finden im *Teatro Brancaccio* und im *Teatro Olimpico* statt. Liebhaber des klassischen und modernen Balletts werden in Rom jedoch trotzdem nicht hundertprozentig auf ihre Kosten kommen.

### Platzreservierungen

Es ist in Italien im allgemeinen nicht üblich, Karten vorzubestellen. Bei klassischen Konzerten werden die Eintrittskarten meist direkt an der Kasse und nur am Tag der Aufführung verkauft. Im Theater können sie am Tag der Vorstellung oder im voraus gekauft werden, allerdings ebenfalls nur an der Theaterkasse (telefonische Reservierungen werden nicht entgegengenommen).
**Ausnahme:** Ballettvorstellungen im *Teatro dell'Opera* und vor allem Opernabende. Diese Aufführungen werden Monate im voraus reserviert (am besten schriftlich), spätestens zwei Tage vor dem Termin. Im Sommer wie im Winter wendet man sich direkt an das Theater. (Die Reservierungsstellen sind montags geschlossen.) Doch ist es u. U. einen Versuch wert, sich bei Freilichtaufführungen am Tag der Veranstaltung vor Ort um Karten zu bemühen.

## Vorbestellen

Einige wenige Möglichkeiten zum Vorbestellen gibt es: Wenn Sie Konzertkarten vorbestellen möchten, rufen Sie *Pronto Spettacolo* an (Tel.: 39 38 72 97). Theaterkarten bekommt man auch bei einer Agentur (*Gesman*, Via Angelo Emo 65 oder *Box Office*, Viale Giulio Cesare 88). Allerdings müssen Sie einen Aufschlag in Höhe von etwa 10 Prozent kalkulieren.

## Geselligkeit

Die Italiener gehen gern entweder mit der ganzen Familie aus oder verbringen ansonsten die Abende in Gesellschaft von Freunden. Deshalb sind viele private Clubs entstanden, zu denen Sie als Nichtmitglied keinen Zutritt erhalten, es sei denn mit Einladung durch Bekannte oder Freunde.
Übrigens: Nachtlokale schließen für eine Hauptstadt verhältnismäßig früh, nämlich zwischen 3 und 4 Uhr morgens.

## Rock, Jazz, südamerikanische Musik

Die großen Jazzstars treten meist im *Palladium*, *Castello* und *Alpheus* auf. Zwei Lokale, wo man oft lateinamerikanische Musik hören kann: *El Charango* (es gibt auch südamerikanisches Essen, und man kann tanzen) und *Yes Brazil* (Plätze vorbestellen). Weitere Lokale, wo man heiße Latino-Rhythmen oder auch Rockmusik hören kann: *Caffè Latino*, *Caffè Caruso* auf dem Testaccio und *Melvyn's* in Trastevere. Überwiegend Rock und Pop gibt es in einigen etwas seltsam gelegenen Etablissements, etwa dem *Villaggio Globale Il Mattatoio* im ehemaligen Schlachthof am Testaccio, dem *Castello* – einem alten Kino – und dem *Forte Prenestino*, das in einem früheren Gefängnis eingerichtet wurde.

## Diskotheken

Zum Tanzen geht die römische Schickeria ins *Gilda;* besonders exclusiv, auch im Preis, ist das *Jackie O*. Die Jugend trifft sich derzeit (die Mode wechselt allerdings rasch) im *Veleno*, *New Life* und *Alien*, die Gay-Szene im *Alibi*. Afrikanische Musik gibt es im *La Makumba*, wo man auch unter freiem Himmel tanzt. Für Nachtschwärmer haben das *Le Stelle* und das etwas weniger mondäne *Blue Zone* bis in die Morgenstunden geöffnet.

## Piano-Bars, Karaoke

In Rom gibt es eine Menge Piano-Bars, in denen man oft auch Kleinigkeiten essen kann, etwa *L'Arciliuto* (neapolitanische Lieder, leichter Jazz) und das *Rose Café*. Karaoke mit Video-Aufnahmen gibt es im *Karaoke Club*, im Banana Café wird »Karaoke brasiliano« geboten.

## ◆ Shopping

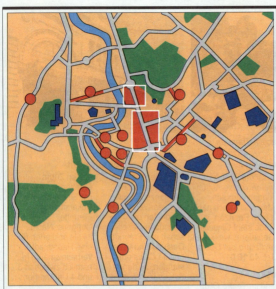

In der Ewigen Stadt gibt es nur wenige große Kaufhäuser oder Supermärkte, denn die Römer selbst gehen lieber in kleine Boutiquen und auf den Markt. Was lohnt es sich, aus Rom mitzubringen? Wie von allen Italienreisen natürlich Kleidung, Schuhe und andere Lederwaren. Meist reicht die Auswahl von Luxusartikeln bis hin zu preiswerter Ware.

### Luxusartikel

In Rom finden Sie eine große Auswahl hochwertiger Artikel. Sie sind praktischerweise auf einen kleinen Teil der Stadt konzentriert, nämlich zwischen der Piazza di Spagna und der Via del Corso (**A**): Hier finden Sie römische (Valentino, Laura Biagiotti) und andere große Namen der Haute Couture und der Luxus-Konfektion, renommierte Schuhmarken (Ferragamo, Fratelli, Rossetti) und Häuser, die für ihre Pelze und Lederwaren berühmt sind (Fendi, Gucci), sowie die großen Schneider (Battistoni und Cucci) und Juweliere (etwa den weltberühmten Bulgari. Selbst wenn Sie sich solche Kostbarkeiten nicht leisten können, lohnt sich ein Schaufensterbummel allemal.

### Preiswertes

Lebensmittel kauft man auf den Märkten Piazza Vittorio (**1**), Piazza San Cosimato (**2**), Via Trionfale (**3**), Campo dei Fiori (**4**). Günstige fabrikneue und getragene Kleidung gibt es in der Via Sannio (**5**) in großer Auswahl. Schuhe (gelegentlich sogar gute Marken) zu absoluten Dumpingpreisen findet man auf der Piazza Testaccio (**6**).

In der Via del Corso und der Via Nazionale (**G**) und auf dem Corso Vittorio Veneto (**F**) ist die Ware nicht immer billig, in der Via Cola di Rienzo (**E**) dagegen findet man alles zu moderaten Preisen.

### Kunst und Antiquitäten

Es gibt altes Mobiliar und Designermöbel, Haushaltswäsche und Dekoratives, alte und neue Gemälde, außerdem ein großes Angebot an allem, was zum Haus gehört. Die meisten Antiquitätengeschäfte und Kunstgalerien finden sich in zwei Bereichen, einmal in der Via Giulia und der Parallelstraße Via Monserrato (**C**) und zum anderen im Tridente zwischen der Via Ripetta und der Via Margutta (**B**). In der Via dei Coronari (**D**) haben sich an die vierzig Antiquitätenhändler niedergelassen, die oft qualitativ hervorragende Ware anbieten. Generell sollten Sie sich auf recht hohe Preise einstellen, denn viele der Stücke kommen aus Paris oder London.

### Sonstiges

◆ Via dei Pellegrini: Buchhandlungen, Kunstbücher zum halben Preis
◆ Via del Governo Vecchio: Second-Hand-Kleidung
◆ Via dei Cappellari: Restauratoren und Kunsttischler
◆ Piazza Fontanella di Borghese (**7**): Markt für Bücher und alte Kupferstiche
◆ Via Trionfale (**3**): Blumenmarkt
◆ Porta Portese (**8**): Flohmarkt (die besten Angebote gibt es in den Morgenstunden)

### Das »Non plus ultra«

◆ Bisea, Via del Gesù 93: die größte Auswahl an Stoffen
◆ Cesari, Via Barberini: hervorragende Wäscheabteilung
◆ Rizzoli, Largo Chigi: die größte Buchhandlung Roms
◆ C. Tupini, Piazza San Lorenzo in Lucina 98: die teuersten Glasartikel Roms
◆ Fendi, Via Borgogna 39: das feinste Pelzgeschäft

# ROM PREISWERT

*Wasseruhr in den Pincio-Gärten*

*Villa Sciarra*

Wie alle europäischen Großstädte bietet auch Rom eine Reihe von Aktivitäten umsonst. Hören Sie bei einer Kirchenbesichtigung Musik, entdecken Sie die Parks, sehen Sie sich einen Film zum reduzierten Preis an und besichtigen Sie bestimmte Museen zum Nulltarif. (Die Hotels und Restaurants in den Außenbezirken sind zwar nicht gratis, aber immerhin billiger als im Zentrum.)

## Kirchen
Die Kirchen sind kostenlos oder gegen einen geringen Eintrittspreis zu besichtigen, und eine kleine Spende öffnet die Tür zu der einen oder anderen Kapelle. Einige der herrlichsten Meisterwerke der Bildenden Kunst, etwa die schönsten Caravaggio-Bilder, sind in San Luigi dei Francesi (▲ 270), in Sant'Agostino (▲ 284) und in Santa Maria del Popolo (▲ 306) zu sehen.

## Museen
Alle Militärmuseen Roms sind gratis, ebenso die wissenschaftlichen Museen. Ohne eine Lira zu bezahlen, kann man sich außerdem ansehen:
◆ Museo dell'Alto Medioevo (▲ 387)
◆ Gabinetto Nazionale dei Disegni e delle Stampe (▲ 360)
◆ Casino Aurora im Palazzo Pallavicini (am Ersten jeden Monats mit Genehmigung der Prinzessin Pallavicini).
◆ An jedem letzten Sonntag des Monats verlangen die Vatikanischen Museen keinen Eintritt (starker Andrang!).

## Musik
Für Kirchenkonzerte muß meist Eintrittsgeld gezahlt werden. Gratis kann man jedoch hören:
◆ Gregorianische Gesänge, jeden Sonntagmorgen und zu hohen Kirchenfesten in Sant'Apollinare (▲ 285);
◆ den Chor der Cappella Giulia zur Messe um 10.30 Uhr und zur Vesper um 17.00 Uhr in der Peterskirche (▲ 209).
◆ Etwas ganz anderes: Auf dem Pincio spielen von April bis Ende Juli jeden Sonntagmorgen Blaskapellen.

## Kino
Die Stadtverwaltung schreibt vor, daß mittwochs in allen Kinos reduzierte Preise gelten. Einige wenige Filmtheater, etwa das *Tibur*, geben außerdem Studentenermäßigung. Wenn gerade ein Filmfestival läuft, kann man mehrere Filme in einer Vorstellung zu einem akzeptablen Preis sehen (◆ 419).

## Parks und Villen
»Man kann [...] eine Villa für jeden Tag der Woche finden. [...] Mit ihren Aussichten, Geräuschen, Düften und Erinnerungen bieten sie mehr, als unsere Sinne erfassen könnten«, schrieb Henry James. Viele der Villengärten wurden in öffentliche Parks umfunktioniert, etwa Villa Doria-Pamphili und Villa Sciarra im Westen, Villa Ada, Villa Torlonia und Villa Borghese im Norden und Villa Celimontana im Süden. Da es im Süden wenige Villen gab, behob man den Mangel mit den Parkanlagen von Porta Capena (mit »archäologischem Rundweg«), dem Parco delle Rose, dem Parco degli Aranci oder Savello (schöner Blick auf den Tiber und über die Stadt).

> Öffentliche Parks öffnen zwischen 7 und 9 Uhr und schließen um 17 Uhr.

## Brunnen
Das glitzernde, kühle Wasser der römischen Brunnen ist Trinkwasser guter Qualität und steht jederzeit zur Verfügung, wenn man Durst hat oder etwas in eine Flasche abfüllen möchte.

## Umgebung
Wenn Sie motorisiert sind, sollten Sie in einem der malerischen Dörfer in der Umgebung Roms Erholung suchen. Die Preise sind hier erheblich ziviler als in der Stadt. Wenn Sie außerhalb übernachten möchten, gibt es ländliche Gasthöfe und Ferien auf dem Bauernhof (Informationen: *Agriturismo*).

### Wichtige Musik-Termine
Hochämter mit Chorgesang:
25. Januar: San Paolo fuori le Mura
24. Juni: San Giovanni in Laterano
29. Juni: Sankt Peter
(Chor der Sixtinischen Kapelle)
31. Dezember: *Te Deum* in Il Gesù.

# ◆ AUSFLÜGE IN DIE UMGEBUNG ROMS
## ETRUSKISCHE STÄTTEN

*Etruskischer Sarkophag*

Zur Zeit des römischen Königreichs waren die Etrusker ein mächtiges Volk. Ihr Gebiet umfaßte die heutige Toskana und erstreckte sich bis zum Tiber. Sie besaßen reiche Städte (Veji, Tarquinia und Volsinii) und trieben Handel mit den Griechen und Phöniziern. Diese hochentwickelte Kultur hinterließ zahlreiche Spuren, deren Besichtigung den Einblick in das antike Rom abrundet.

| Öffentliche Verkehrsmittel außerhalb Roms | | |
|---|---|---|
| **Richtung** | | **Abfahrt** |
| ◆ Ostia, Ostia Antica | U-Bahn Schnellzug | StazioneTermini, Piazza dei Cinquecento |
| ◆ Ostia Antica | Zug | Bahnhof Roma-Lido, Porta San Paolo, Info Tel. 577 83 90 |
| ◆ Tivoli | Bus | Via Gaeta (Nähe Piazza dei Cinquecento) |
| ◆ Palestrina | Bus | Piazza dei Cinquecento (gegenüber dem Haupteingang der Stazione Termini) |
| ◆ Bracciano ◆ Cerveteri | Zug | Stazione Termini, Piazza dei Cinquecento Info Tel. 47 75 |
| ◆ Bracciano ◆ Cerveteri ◆ Tarquinia ◆ Tuscania | Bus | Via Lepanto (Ecke Viale Giulio Cesare) |
| ◆ Ortschaften der Colli Romani | Bus | U-Bahn-Station Subaugusta (Linie A) Piazza Cinecittà und Via Tito Labieno |
| ◆ Badestrände der Küste im Süden | U-Bahn | Metro EUR Fermi (Linie B) |

Die Buslinien unterhält die Gesellschaft ACOTRAL,
Via di Portonaccio 25, Tel. 43 85 79 64.
In die Gegend der Castelli Romani gibt es zusätzlich organisierte Rundfahrten.
Informationen geben die Reisebüros.

# ETRUSKISCHE STÄTTEN

*Deckel eines etruskischen Sarkophags*

*Fresko im Grab der Auguren*

## Die wichtigsten Ausgrabungen

### Cerveteri
Auf einem Hügel unweit des Meeres stand eine Stadt, die von den Griechen Agylla genannt wurde. Es war Caere, eine der blühendsten Siedlungen des antiken Etrurien. Im 7. und 6. Jh. v. Chr. stand die Küstenstadt auf dem Höhepunkt ihrer Macht und besaß drei Häfen (Alsium, Punicum und Pyrgi), geriet dann jedoch im 6. Jh. in den Einflußbereich Roms und wurde eine der ersten Verbündeten der Ewigen Stadt. Die Nekropole gehört zu den bedeutendsten Begräbnisstätten des gesamten Mittelmeerraumes. Sie liegt 2 km nordwestlich der Stadt und ist problemlos zu erreichen, da gut ausgeschildert. Die Etrusker glaubten an ein Weiterleben nach dem Tode und bereiteten sich auf das Leben im Jenseits gründlich vor. Da dem Toten sein familiäres Umfeld erhalten bleiben sollte, waren Graburnen und Gräber Häusern mit Mobiliar nachempfunden. Die zwischen dem 7. und 3. Jh. v. Chr. in Cerveteri entstandenen Gräber spiegeln deshalb die Entwicklung der etruskischen Wohnkultur von den Ursprüngen bis in die hellenistische Zeit. Die *Tomba della Capanna* (1. Hälfte 7. Jh.) stellt ein hochinteressantes Modell eines archaischen Hauses mit abgestuftem Strohdach dar; die *Tomba degli Scudi e delle Sedie* gibt ein Haus aus dem 6. Jh. getreu wieder, und die *Tomba dei Rilievi* (Ende des 4. Jh.) ist ein schönes Beispiel der hellenistischen Grabkunst.

### Tarquinia
Aus dieser bedeutenden etruskischen Stadt stammte der Legende nach Tarquinius Priscus, der erste etruskische König Roms. Die antike Stadt lag auf einem Hügel östlich des heutigen Ortes, dem Pian di Civiltà, wo noch Reste eines großen Tempels *(Ara della Regina)* zu sehen sind. Besonders interessant sind hier jedoch die Hypogäen in einem Hügel südöstlich des modernen Ortes. Diese bemalten Gräber enthalten die wichtigsten zusammenhängenden Malereien der klassischen Antike vor der Entstehung Roms. Es ist abwechselnd jeweils nur ein Teil der unterirdischen Kulträume zu besichtigen. Bevor Sie die Stadt verlassen, lohnt die Kirche Santa Maria di Castello noch einen Besuch.

## Etruskische Städte

### Veji
Die südliche Lage führte dazu, daß diese Stadt als erste unter römische Herrschaft geriet. Veji ist berühmt, Sie müssen jedoch damit rechnen, daß die Ausgrabungen geschlossen sind. Sollten sie wider Erwarten zugänglich sein, wären Sie wahrscheinlich trotzdem enttäuscht, denn die Funde von Veji sind im Museum der Villa Giulia (▲ 370) ausgestellt.

### Tuscania
Die alte etruskische Stadt, die später unter römischer Verwaltung stand, wurde im Mittelalter zum Bischofssitz erhoben und erlebte ihre Glanzzeit zwischen dem 11. und dem 13. Jh. Außerhalb der Stadtmauern stehen zwei hervorragend erhaltene romanische Kirchen: San Pietro und Santa Maria Maggiore, beide mit großartigen Fassaden.

### Bracciano
Den Fürstensitz der Orsini aus dem 15. Jh. zu besichtigen, lohnt sich wegen der Ausstattung (Fresken von den Zuccari) und wegen des Panoramas vom Wehrgang aus. Erholung findet man bei einem Spaziergang rund um den See (◆ 440).

---

### Öffnungszeiten
**Ausgrabungen Cerveteri und Tarquinia:** von 9 Uhr bis 1 Std. vor Sonnenuntergang.
**Museo nazionale Cerite**, Cerveteri (Palazzo Ruspoli, 16. Jh.): ebenso.
**Museo nazionale**, Tarquinia (Palazzo Vitelleschi, 16. Jh.): 9-14; 16-19 Uhr im Sommer; montags geschlossen.
**Veji:** im Winter 10-14 Uhr, im Sommer 10-16 Uhr; sonn- und feiertags von 9 Uhr bis 1 Std. vor Sonnenuntergang.
**Castello di Bracciano:** Do-So und feiertags 9-12 und 15-19 Uhr im Sommer; 10-18 Uhr im Winter.

# ◆ Ausflüge in die Umgebung Roms
## Castelli Romani

### Öffnungszeiten
**Frascati**
- Villa Aldobrandini tgl. 9-13 Uhr (nur Park). Wenden Sie sich an die Verwaltung
- Villa Aldobrandini, Tel. 942 25 60
- Villa Falconieri: Wenden Sie sich an das Centro europeo dell'Educazione, Tel. 942 10 19
- Das Fremdenverkehrsamt (Piazza Marconi 1, Tel. 942 03 31) organisiert Führungen durch einige Villen.

**Grottaferrata**
- Abtei: 9-12.30 und 16-19 Uhr, feiertags 8-10 und 15-18 Uhr
- Kirche: ebenso.
- Museum: 8.30-12 und 16.30-18 Uhr; So 8.30-10 und 16-18 Uhr. Mo und an christlichen Feiertagen geschlossen

Hierher fuhren schon in der Antike wohlhabende Römer in die Sommerfrische, in der Renaissance wurden die Castelli Romani wieder beliebtes Ausflugsziel. Ihren Namen verdankt die Gegend den 13 an den Hängen der Albaner Berge gelegenen, im Mittelalter zu Festungen *(castelli)* ausgebauten Dörfern. Man sollte sich ein oder zwei Tage Zeit nehmen, um die herrlichen Patriziervillen zu erkunden, die Landschaft zu genießen und den berühmten Weißwein zu probieren.

### Grottaferrata

Die Abtei wurde 1004 von Mönchen aus Kalabrien gegründet und blieb dem griechischen Ritus treu. Sie ist, ebenso wie das zugehörige Museum, unbedingt einen Besuch wert. Das Kloster entstand über einer ehemaligen römischen Villa; die Bibliothek hütet sehr alte griechische Bücher, hier entstand die erste Schule Italiens für griechische Paläographie. Zum Kloster gehört die Kirche Santa Maria; sehenswert sind die romanische Campanile, die Mosaiken über dem byzantinischen Portal und auf dem Triumphbogen, der Cosmatenfußboden und Domenichinos Fresken in der Kapelle des hl. Nilus. Auch die Katakomben Ad Decimum in der Villa Senni stehen zur Besichtigung offen. Wenn Sie sich für das Landleben interessieren und zufällig Ende März/Anfang April in Grottaferrata sind, sollten Sie nicht die Ausstellung von Produkten der örtlichen Viehzucht und Milchwirtschaft versäumen. Dieser 400 Jahre alte Markt ist in der ganzen Region bekannt und berühmt für das hiesige Pökelfleisch.

### Tusculum

Der Ort war reichen Römern von jeher lieb: Schon Sulla, Cicero, Tiberius und Nero besaßen hier Villen. Zwar ist von Amphitheater und Forum wenig erhalten, doch sind die Wollwalkerei, ein Mithräum, die Thermen, die Läden, das Heiligtum der Bona Dea und der Tempel der Tischler- und Zimmermannszunft sehr interessante Reste antiken Lebens. Von der mittelalterlichen Stadt ist dagegen nur die Festung auf dem Gipfel des Hügels erhalten.

# CASTELLI ROMANI

*Die Villa Aldobrandini in Frascati*

*Der Albaner See*

## Frascati

Die Weißweine, die Landschaft und die Patriziervillen aus dem 16. und 17. Jh. machen den Reiz dieser Gegend aus. Der Ort ist gut besucht, und wenn Sie die Piazza San Pietro mit der Kathedrale und dem Brunnen, die Kirche Il Gesù (die Fassade stammt von Pietro da Cortona), den Bischofspalast und die Kirche San Rocco besichtigt haben, fühlen Sie sich vielleicht etwas erholungsbedürftig, vor allem wenn es heiß ist. An der Piazza Marconi liegen die beiden inzwischen in öffentliche Parks umfunktionierten Gärten der Villa Torlonia, wo man sich erfrischen und ausruhen kann, bevor man die Villen besichtigt. Die Villa Aldobrandini, auch Belvedere genannt, ist die bedeutendste. Von den Gärten mit ihren Brunnen und Wasserspielen schweift der Blick bis zum Meer. Zunächst die Kirche San Francesco, es folgen die Villen der Lancellotti, der Falconieri, der Mondragone und die Villa Ruffinella (auch Tuscolana).

## Wenn Sie etwas mehr Zeit haben ...

... dann fahren Sie über Rocca di Papa, dessen Name an die von Päpsten errichteten Festung *(rocca)* erinnert und deren längeren mittelalterlicher Charme ebenso anziehend ist wie die landschaftlich reizvolle Lage. Sehenswert sind auch der Palazzo Cesarini in Genzano und Ariccia, wo Sie vielleicht einen Aufenthalt einplanen sollten. Hier begegnen Sie auf Schritt und Tritt Berninis Werken, denn er renovierte den Palazzo Chigi, baute die Kirche Santa Maria dell'Assunta und entwarf den Platz vor der Kirche. Albano Laziale bewahrt ein doppeltes Andenken an die Antike: Der Name geht auf Domitians Villa Albana zurück, und es finden sich hier Reste antiker Gebäude: im öffentlichen Park die Ruinen einer Villa, die fälschlicherweise für die Domitians gehalten wurde, und Reste der Porta Pretoria. Von Ariccia kommend überquert man kurz vorher einen Aquädukt. Unterhalb liegt links etwas versteckt das sogenannte Grab der Horatier und Curiatier. Wenn Sie Lust auf einen schönen Spazierweg am Wasser entlang haben, gehen Sie von Castel Gandolfo aus bis zum Dörfchen Marino am Ufer des Albaner Sees.

## Castel Gandolfo

Das Castel Gandolfo dient seit 400 Jahren als Sommerresidenz der Päpste und ist leider nicht zu besichtigen. Die Anlage, die im Auftrag Urbans VIII. 1628 durch Carlo Maderno erbaut wurde, begrenzt einen Platz, den Bernini mit einem Brunnen und der Kirche San Tommaso da Villanova schmückte. Dahinter liegt eine Terrasse, von der aus man einen wundervollen Blick auf den Albaner See hat (oben).

## Über Land

Die Landstraßen, allen voran die Straße zwischen Frascati und Tusculum, sind sehr schön gelegen und bieten ebenso wie die Aussichtspunkte traumhafte Ausblicke auf die Landschaft. Zu den schönsten Panorama-Punkten gehören Rocca Priora und Monte Cavo (der Mons Albanus der Antike, mit 949 m eine der höchsten Erhebungen der Gegend). Eine gebührenpflichtige Straße führt dorthin. Die großen Platten an den Randstreifen gehörten zur antiken Via Sacra, die zum Jupiter-Tempel auf dem Gipfel des Berges führte. Er wurde später durch ein Kloster ersetzt, heute steht dort ein Restaurant. Eine andere Straße führt durch die Grünflächen wieder hinab zur wunderschönen Via dei Laghi, über die man bis nach Velletri gelangt. Eine Abkürzung geht über Nemi, ein reizendes Dörfchen oberhalb des Sees, und über einen Rundweg um den See. Er heißt »Spiegel der Diana«, weil er einst einen der Jagdgöttin geweihten berühmten Tempel spiegelte.

## Gaumenfreuden

Es wäre eine Schande, hier in den Colli Albani Weine aus anderen Anbaugebieten zu trinken. Der berühmteste der hiesigen edlen Tropfen ist wohl der Frascati, doch auch die Weine von Grottaferrata und Marino sind beachtlich. Wenn Sie in Ariccia Station machen, probieren Sie *porchetta* (mit aromatischen Kräutern gewürztes Spanferkel). Da Sie sich in Rocca di Papa mitten in einer sehr wildreichen Gegend befinden, sollten Sie einmal Wildpfeffer oder ein Kaninchen nach Jägerart *(coniglio alla cacciatora)* kosten. Vielleicht könnten Sie auch im Juni in Nemi das Erdbeerfest oder zu Fronleichnam das Blumenfest in Genzano mitfeiern.

## ◆ SPORT, FREIZEIT, ROM FÜR KINDER

*Der Lago di Nemi*   *Wintersportanlagen in Terminillo*

Wenn Sie genug vom hektischen Treiben der Tiberstadt haben und sich nach reiner Luft, Kühle und Ruhe sehnen, sollten Sie dem Beispiel der Römer folgen, die schon seit der Antike zur Erholung aus der Stadt in die Albaner Berge fliehen. Besonders verlockend ist es, daß Meer und Gebirge so nah beieinander liegen.

### Die Seen
Romantiker werden von den Seen bei den Castelli Romani begeistert sein: dem Lago di Nemi (»Specchio di Diana«) und dem in einem bewaldeten Talkessel gelegenen Lago di Albano. Angler ziehen vielleicht den Lago di Bracciano vor, einen See vulkanischen Ursprungs, in dem man Aale, Barsche, Hechte und Karpfen fängt. Im Sommer werden Bootsfahrten von Bracciano aus mit Zwischenstationen in Anguillara und Trevignano organisiert. Auch Wassersportler kommen hier auf ihre Kosten (Auskünfte beim *Centro Nautico* in Bracciano).

### Am Meer
Wenn Sie Lust auf ein Picknick am Strand haben, fahren Sie am besten nach Ostia. Zum Baden sollten Sie lieber einige Kilometer weiter nach Fregene fahren, ein bei den Römern sehr beliebtes Seebad.

### Im Gebirge
Wenn Sie gern wandern, werden Sie in mittleren Höhenlagen schöne Wege finden. In 600 m Höhe liegt das Thermalbad Fiuggi. Im Winter ist die nächste Gelegenheit zum Skifahren in Terminillo.

### Wochenende »alla romana«
*Gite fuori porta* (Ausflüge aus der Stadt heraus) bieten Gelegenheit zu einem Picknick, was die Römer *mangiare al sacco* nennen – aus dem Rucksack essen. Zu Ostern ißt man *porchetta* (◆ 439), und sei es nur als Sandwich.

### Traditionelle Feste
Wenn Sie sich für Folklore interessieren, lassen Sie sich über die *sagre*, die großen Volksfeste zum Andenken an historische Ereignisse informieren. Sie knüpfen an uralte Traditionen an, etwa den *palio* und andere Wettkämpfe zwischen den Stadtvierteln, und es werden traditionsreiche Speisen und Getränke angeboten. Im Herbst, vor allem im Oktober, veranstalten mehrere Ortschaften im Latium solche Feste.

### Fußball
Wenn Sie an einem Sonntagnachmittag nichts Besseres vorhaben, sehen Sie sich doch um 15 Uhr ein Fußballspiel im Olympiastadion an. Als beliebteste Sportart Italiens spaltet König Fußball *(calcio)* auch die Stadt Rom in die Anhänger von Lazio (blau) und die Fans von Roma (gelb/rot). Informationen erhalten Sie bei:
◆ Associazione sportiva Lazio, Via Col di Lana 8
◆ Associazione sportiva Roma, Via Circo Massimo 7

### Mit Kindern in Rom
Rom ist nicht gerade ein idealer Ferienort für Leute mit kleinen Kindern. Einige Möglichkeiten gibt es dennoch. Abgesehen vom Zoo, dem botanischen Garten, den Parks und besonders dem Lunapark im EUR bieten auch einige der Villen Spaß für Kinder. Ponyreiten kann man in der Villa Glori, mit Kutschen fahren in der Villa Balestra. Vom Park auf dem Gianicolo wird mittags eine Kanone abgefeuert. Weitere Angebote:

**Das ganze Jahr über:**
◆ Kasperletheater im *Alla Ringhiera*, Puppenspiele im *Teatro dei Puppi Siciliani dei Fratelli Pasqualino*
◆ Kino: Das *Dei Piccoli* hat sich auf Zeichentrick- und Kinderfilme spezialisiert

**In der Weihnachtszeit** (20. Dezember bis 10. Januar)
◆ Weihnachtsmarkt auf der Piazza Navona – es gibt Süßes, Weihnachtsschmuck, Spielzeug und vieles mehr.

---

Krippenmuseum (Museo del Presepio Tipologico)
Via Tor dei Conti, 31 a
Tel.: 67 84 235
Ganzjährig Mi, Sa 17-20 Uhr

# Besichtigungen ›à la Carte‹

Sehenswürdigkeiten im
Überblick *442*
Öffnungszeiten und
Adressen *444*
Versunkenes Rom *446*
Unterirdisches Rom *447*
Wandmosaiken *448*
Renaissance *449*
Barock: die grossen Rivalen *450*
Glanzlichter des Barock *451*
Miniwörterbuch *452*

# ◆ Sehenswürdigkeiten im Überblick

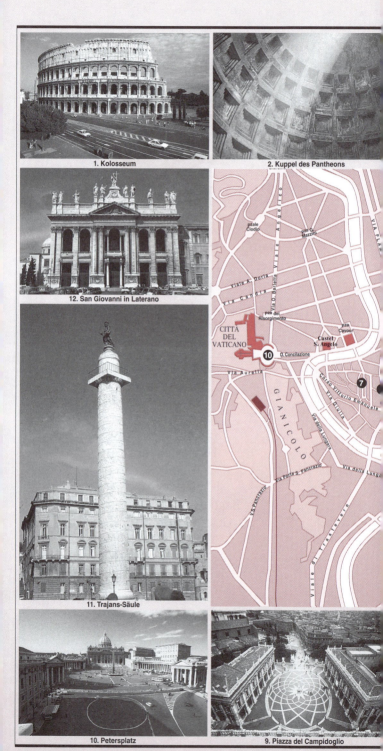

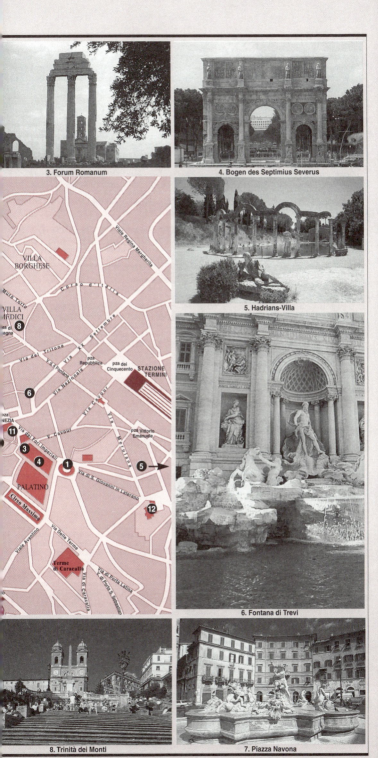

## ◆ ÖFFNUNGSZEITEN UND ADRESSEN

### Allgemeines

Die römischen Museen und Kirchen sind meist nur vormittags geöffnet, montags ganz geschlossen und ändern im übrigen ihre Öffnungszeiten häufig und aus unterschiedlichen Gründen. Die Ausgrabungsstätten sind meist von 9.00 Uhr bis eine Stunde vor Sonnenuntergang geöffnet. Sinnvoll ist es in jedem Fall, sich von der E.P.T. (Ente provinciale per il turismo), Via Parigi 11, Tel.: 488 18 51, den kostenlosen Führer zu besorgen.

### Antike Monumente

| | | |
|---|---|---|
| • Ara Pacis Augustae | Via Ripetta Tel.: 67 10 30 69 | Sommer 9-13.30, Di + Do auch 16-19, Winter 9-13.30, So 9-13, Mo geschl. |
| • Augustus-Mausoleum | Piazza Aug. Imperatore | Genehmigung über Tel. 67 10 20 70 |
| • Caracalla-Thermen | Via Terme di Caracalla | Sommer 9-18, Winter 9-15, Mo + So 9-13 |
| • Circus des Maxentius | Via Appia Antica | Genehmigung über Tel. 67 10 20 70 |
| • Forum Romanum | Via dei Fori Imperiali Tel.: 699 01 10 | Sommer 9-18, Winter 9-15, So + Di 9-13 |
| • Grabmal der Caecilia Metella | Via Appia antica, km 3 Tel.: 789 24 65 | Sommer 9-18, Winter 9-15, So + Mo 9-13 |
| • Mamertinischer Kerker | Via del Foro Romano | 9-12.30 und 14-18.30 |
| • Kolosseum | Piazza del Colosseo Tel. 700 42 61 | Sommer 9-19, Winter 9-15, So + Mi 9-13 |
| • Pantheon | Piazza della Rotonda | 9-14 Uhr, So 9-13 |
| • Scipionen-Gräber | Via di Porta San Sebastiano 9 | Sommer 9-13.30, Di + Do auch 16-19, Winter 9-14, So. 9-13, Mo geschl. |
| • Trajans-Märkte | Via IV Novembre 94 Tel.: 67 10 20 70 | Sommer 9-13.30, Di + Do auch 16-19, Winter 9-13.30 Uhr, So 9-13, Mo geschl. |
| • Untere Basilika S. Clemente | Via S. Giov. in Laterano | 9-11.30 und 15.30-18.30 |

### Archäologische Museen

| | | |
|---|---|---|
| • Museo Preistorico ed Etnografico Pigorini | Viale Lincoln 1 (EUR) Tel.: 591 91 32 | 9-14, So 9-13 |
| • Kapitolinische Museen | Piazza del Campidoglio Tel.: 67 10 24 75 | 9-13.30, So 9-13; Sommer Di auch 17-20, Sa auch 20-23, Winter Di + Sa auch 17-20 |
| • Museo Nazionale Romano (Thermenmuseum) | Via E. De Nicola 79 Tel.: 488 05 30 | 9-14, So 9-13, Mo geschl. (wird z.Zt. aufgeteilt und umgestaltet) |
| • Antiquarium des Forums | Piazza S. Maria Nuova 53 Tel.: 699 01 10 | Sommer 9-17.30, Winter 9-16, Di + So 9-13 (mit dem Ticket vom Forum Romanum) |
| • Museo Nazionale di Villa Giulia | Piazza di Villa Giulia 9 Tel.: 320 19 51 | 9-14, Mi 9-19.30, Mo geschl. |
| • Museo Barracco | Corso V. Emanuele II 168 Tel.: 654 08 48 | 9-13.30, Di + Do auch 17-20, So 9-13, Mo. geschl. |

### Geschichte, Bräuche, Traditionen

| | | |
|---|---|---|
| • Museo della Civiltà Romana | Piazza G. Agnelli (EUR) Tel.: 592 60 41 | 9-13.30, Di + Do auch 15-18, So 9-13, Mo geschl. |
| • Museo delle Mura | Via di Porta San Sebastiano 18 Tel.: 70 47 52 84 | 9-13.30, So 9-13, Di + Do + Sa auch 16-19, Mo geschl. |
| • Museo di Roma | Piazza San Pantaleo 10 Palazzo Braschi Tel.: 687 58 80 | z.Zt. wegen Restaurierung geschlossen |
| • Museo dell'Alto Medioevo | Viale Lincoln 3 (EUR) Tel.: 592 58 06 | 9-14, So 9-13 |
| • Museo del Folklore | Piazza S. Egidio 1/B Tel.: 581 65 63 | 9-13.30, Do auch 17-19.30, So 9-12.30, Mo geschl. |
| • Museo Nazionale delle Arti e Tradizioni Popolari | Piazza Marconi, 8 Tel.: 592 61 48 | 9-14, So 9-13 |
| • Museo Napoleonico | Via Zardanelli 1 Tel.: 654 02 86 | 9-14, Do auch 17-20, So 9-13, Mo geschl. (z.Zt. wegen Renovierung geschlossen) |
| • Museo Nazionale di Castel S. Angelo | Lungotevere Castello Tel.: 687 50 36 | 9-13, Mo 14-18, Do 9-18, So 9-12 |

### Malerei und Skulptur

| | | |
|---|---|---|
| • Pinakothek der Kapitolinischen Museen: S.o. unter Kapitolinische Museen (Archäologische Museen) | | |
| • Galleria Nazionale d'Arte Antica a Palazzo Barberini | Via Quattro Fontane 13 Tel.: 481 45 91 | 9-14, So 9-13, Mo geschl. |
| • Galleria Nazionale d'Arte Antica a Palazzo Corsini | Via della Lungara 10 Tel.: 654 23 23 | 9-14, So 9-13, Mo geschl. |
| • Galleria Borghese (Villa Borghese) | Via Raimondi Tel.: 854 85 77 | Sommer 9-19, So 9-13, Mo geschl.; Winter 9-14 (z.Zt. teilweise geschlossen) |
| • Galleria Doria Pamphili | Piazza del Collegio Romano 1/A, Tel.: 679 43 65 | Di + Fr + Sa + So 10-13 |
| • Galleria Colonna | Via della Pilotta 17 Tel.: 679 43 62 | Sa 9-13; im August geschl. |
| • Galleria dell'Accademia di San Luca | Piazza dell'Accademia di S. Luca 77, Tel.: 678 92 43 | Mo + Mi + Fr + letzter So im Monat 10-13 |
| • Galleria Spada | Piazza Capo di Ferro 13 Tel.: 686 11 58 | 9-14, So 9-13, Mo geschl. |
| • Museo di Palazzo Venezia | Viale del Plebiscito 118 Tel.: 679 88 65 | 9-13.30, So 9-13, Mo geschl. |
| • Galleria Aurora Pallavicini | Via XXIV Maggio 43 | Genehmigung über Tel. 474 40 19 |

## ÖFFNUNGSZEITEN UND ADRESSEN

| | | |
|---|---|---|
| • Galleria Nazionale d'Arte Moderna | Viale delle Belle Arti 131 Tel.: 322 41 52 | 9-14, So 9-13, Mo geschl. |
| • Galleria Comunale d'Arte Moderna | Piazza San Pantaleo 1 Palazzo Braschimer | Tel.: 65 58 80 z.Zt. geschl. |
| **Kunsthandwerk** | | |
| • Gabinetto Nazionale dei Disegni e delle Stampe | Via della Lungara 230 Tel.: 654 05 65 | 9-13, Mo + So geschl. |
| • Calcografia Nazionale | Via della Stamperia 6 Tel.: 679 89 58 | 9-13, So geschl. |
| • Museo Numismatico Della Zecca italiana | Via XX Settembre 97 Tel.: 47 61 33 17 | 9-12, So geschl. Besichtigung nur auf Anfrage |
| • Museo delle Cere | Piazza Venezia 67 Tel.: 679 64 82 | 9-20 Besichtigung nur auf Anfrage |
| **Musik, Kino, Theater** | | |
| • Museo degli strumenti musicali | Piazza S. Croce in Gerusalemme 9/A Tel.: 701 47 96 | 9-13.30, So geschl. |
| • Museo del Fonografo | Via Caetani 32 Tel.: 686 83 64 | 9-13 |
| • Cineteca Nazionale | Via Tuscolana 152 Tel.: 72 29 41 | 9-15, Sa + So geschl. |
| • Raccolta teatrale del Burkardo | Via del Sudario 44 Tel.: 654 07 55 | z.Zt. geschlossen |
| • Museo del Teatro Argentina | Largo Teatro Argentina, Tel.: 687 73 90 | 10-13, So + Mo geschl. |
| **Natur und Naturwissenschaften** | | |
| • Museo di Mineralogia | Città universitaria | Besichtigung auf Anfrage, Tel.: 49 91 48 87 |
| • Orto botanico (Botanischer Garten) | Largo Cristina di Svezia 24, Tel.: 686 41 93 | 9-19, So im Sommer 10-19, im Winter 10-14 |
| • Museo Civico di Zoologia | Via Aldrovandi 18 Tel.: 321 65 86 | 9-13, 14.30-17, Mo nur 14.30-17 |
| **Religion** | | |
| • Museo di Arte Ebraica | Lungotevere Cenci Tel.: 687 50 51 | 9.30-14, 15-17, Fr. 9.30-14, So 9.30-12.30, Sa und an jüdischen Feiertagen geschl. |
| • Museo del Presepio Tipologico internazionale | Via Tor de' Conti 31/A Tel.: 679 61 46 | Okt.-Mai: Mi + Sa 18-20; 24. Dez.-15. Jan.: 16-20, So 10-13 und 15-20 |
| • Museo delle Anime dei Defunti | Lungotevere Prati 12 Chiesa Santa Croce del Suffragio | 7.30-12.30 und 17-18.30 (Wenden Sie sich an den Kustos) |
| • Museo Francescano | Circonvallazione Occidentale 6850 | Besichtigung nur auf Anfrage Tel.: 66 15 19 49 |
| **Literarische Museen** | | |
| • Keats-Shelley Memorial House | Piazza di Spagna 26 Tel.: 678 42 35 | Sommer 9-13 und 15-18; Winter 9-13 und 14.30-17.30, Sa + So geschl. |
| • Museo di Goethe | Via del Corso 18 | (soll demnächst wieder eröffnet werden) |
| • Museo del Tasso | Piazza S. Onofrio 2 | Genehmigung über Tel. 686 15 71 |
| **Kirchen** | | |
| Mit Ausnahme einiger besonders wichtiger (z.B. Peterskirche, Santa Maria Maggiore) sind die Kirchen nachmittags geschlossen. Die Öffnungszeiten variieren stark – zwischen 9 und 12 Uhr sind die meisten offen. | | |
| **Vatikan** | | |
| • Musei Vaticani | Viale Vaticano Tel.: 698 33 33 | 8.45-13.45, Juli bis September 8.45-16 geschl: So, 6. Jan., 11. Feb., Ostermontag, 1. Mai, 29. Juni, 15. Aug., 1. Nov., 8. + 25. Dez. und an allen hohen kirchlichen Feiertagen. Am letzten Sonntag im Monat ist geöffnet bei freiem Eintritt. |
| **Umgebung** | | |
| • Museo delle Navi Romane | Aeroporto Fiumicino Tel.: 65 01 00 89 | 9-13, Di + Do auch 14-17 |
| • Museo Archeologico Ostiense | Scavi di Ostia antica Tel.: 565 00 22 | Sommer 9-13 und 14-18, Winter 9-13 und 14-16, Mo geschl. |
| • Museo Nazionale Archeologico Prenestino | Palestrina Piazza della Cortina | 9-13.30, So 9-12, Mo geschl. Tel.: 955 81 00 |
| • Villa Adriana | Tivoli Tel.: 0774/53 02 03 | 9 Uhr bis eine Stunde vor Sonnenuntergang, Mo geschl. |
| • Villa d'Este | Tivoli Tel.: 0774/220 70 | 9 Uhr bis eine Stunde vor Sonnenuntergang, Mai bis Sept. auch 21-23.30, Mo geschl. |
| • Villa Gregoriana | Tivoli Tel.: 0774/29 35 22 | 9 Uhr bis eine Stunde vor Sonnenuntergang |
| • Museo Nazionale Tarquiniese | Tarquinia, Pal. Vitelleschi Tel.: 0766/85 60 36 | 9-14, So 9-13, Mo geschl. |
| • Necropoli di Cerveteri | Tel.: 994 13 54 | Sommer 9-18, Winter 9-16, Mo geschl. |
| • Kloster Grottaferrata | Grottaferrata Tel.: 945 93 09 | 9-12.30 und 16.15-19, Mo geschl. |

# ◆ Versunkenes Rom

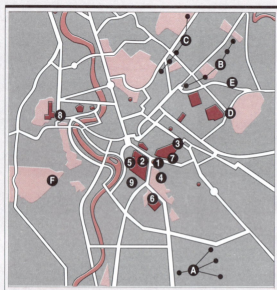

Hat man das grandiose oberirdische Rom erkundet, so kann man sich aufmachen, auch die verborgene Seite der Stadt zu entdecken. Zwei Städte wird man finden: ein versunkenes Rom, das im Laufe der Zeit – Antike und christliche Ära – allmählich überdeckt und überformt wurde, und ein tatsächlich und von jeher unterirdisches Rom. Eine solche ›Reise‹ erfordert sorgfältige Planung, denn häufig muß man erst die Erlaubnis zur Besichtigung einholen.

## Öffnungszeiten

◆ Maecenas-Auditorium, Largo Leopardi, Auskunft über Tel. 482 41 81.
◆ Zisterne Sette Sale, Via delle Terme di Traiano, tägl. 9-13.30, So 9-13 Uhr. Mo geschlossen. 1. April - 30. Sept. Di, Do, und Sa 16-19 Uhr.
◆ Caracalla-Thermen, Okt.-April 9-15, Mai-Sept. 9-18, So und Mo 9-13 Uhr.
◆ Kolosseum 9-15, Mi und feiertags 9-13 Uhr.
◆ Für Stätten, die mit einem Sternchen versehen sind, benötigen Sie eine Genehmigung der Soprintendenza archeologica von Rom oder der X$^a$ Ripartizione del Comune.
◆ Die Vatikanische Nekropole und ein Teil der Grotten können nur mit schriftlicher Erlaubnis der Reverenda Fabbrica di San Pietro, Ufficio Scavi, 00120 Città del Vaticano, betreten und besichtigt werden.

## Wohnhäuser

Interessieren Sie sich für das Wohnen im alten Rom? Dann empfiehlt es sich, zunächst die Domus Aurea (**1**, ▲ *174*), das berühmte kaiserliche Wohnhaus zu besuchen. Sehenswert sind auch das Haus der Livia (**2**, ▲ *148*) auf dem Palatin sowie die Casa dei Grifi (**2**, ▲ *150*), deren Ruinen sich unter der Domus Flavia befanden (für eine Besichtigung wenden Sie sich an den Aufseher des Antiquariums). Im Vorbeigehen beachten Sie den Kryptoportikus (**2**), der die Ostseite der Domus Tiberiana begrenzt. Ein Rundgang durch das halbunterirdische Maecenas-Auditorium (**3**, ▲ *341*) schließt den Ausflug durch das Rom der Patrizier ab. Christentum und Antike begegnen sich in der Kirche Santi Giovanni e Paolo\* (**4**, ▲ *188*). Außer einem christlichem Oratorium findet man hier die Relikte eines antiken mehrstöckigen Wohnhauses, einer *insula*.

## Tempel

Häufig überbaute man heidnische Kultstätten mit christlichen Kirchen. In der Krypta der Kirche San Nicola in Carcere (**5**, ▲ *156*) sind die Reste dreier Tempel als Teile der Kirche erhalten.

## Kolumbarien

Zählen die Kolumbarien zum unterirdischen oder zum versunkenen Rom? Die Grabstätten, zu denen einst die Urnen der Verstorbenen gebracht wurden, lagen meist unter der Erde. Nicht weit von der Piazzale Numa Pompilio finden sich zwei Kolumbarienbereiche: das Kolumbarium des Pomponius Hylas (**6**, ▲ *322*) in den Gärten der Scipionen (wenden Sie sich an den Aufseher) und drei Kolumbarien in der früheren Vigna Codini (heute Savelli\*; **6**, ▲ *323*), Via di Porta S. Sebastiano 13.

## Von San Clemente zur Peterskirche

Grabungen belegen die Geschichte der Basilika San Clemente (**7**, ▲ *193*), wo Schicht um Schicht frühchristliche und romanische Teile unter der heutigen Kirche freigelegt wurden. Die Peterskirche (**8**, ▲ *209*) birgt Grotten\* und eine Nekropole\* aus römischer Zeit.

# UNTERIRDISCHES ROM

*Haus der Livia (Palatin)*

*Calixtus-Katakombe*

## Wasser und Erde

Die Tuffschicht im Latium begünstigte schon in der frühen Antike die Anlage einer ausgedehnten, verzweigten Abwasserkanalisation. Versäumen Sie nicht die Besichtigung der berühmten Cloaca Maxima* (5, ▲ 156), des ältesten römischen Kanalsystems, in der Via del Velabro 3. Um die Wasserversorgung zu sichern, gab es Aquädukte und Zisternen. Die eindrucksvollste Zisterne, Sette Sale (3, ▲ 174), versorgte die Trajans-Thermen mit Trinkwasser. Der Kryptoportikus, der die Domus Tiberiana begrenzt, wurde bereits erwähnt. Beschließen Sie diesen Ausflug mit einem Rundgang durch die Kellerräume der Caracalla-Thermen (6, ▲ 319) und der unterirdischen Gemäuer des Kolosseums (1, ▲ 170), die heute zu drei Vierteln freiliegen.

## Mithräen

In Rom gab es zahlreiche heilige Kultstätten, die dem Gott Mithras geweiht waren. Der Besuch manch eines berühmten Monuments gibt Gelegenheit, die eine oder andere dieser Stätten kennenzulernen. Das größte Mithräum verbirgt sich unter den Caracalla-Thermen, ein zweites unter San Clemente. Zwei weitere liegen an der nördlichen Seite des Circus Maximus* (5, ▲ 177) unter der Kirche Santa Prisca* (▲ 181, Zutritt durch die Kirche).

## Hypogäen und Katakomben

Unterirdische Gewölbe (Hypogäen) dienten schon in römischer Zeit als Familiengrabstätten. Teils liegen sie im Bereich der Katakomben, jener unterirdischen Galerien, in denen vor allem Christen und Juden ihre Toten bestatteten. So kann man bei der Besichtigung der Domitilla-Katakombe die Grabstätte der Flavier besuchen; die der Acilii Glabriones liegt in den Priscilla-Katakomben. Oder man erkundet die Gewölbe von San Sebastiano ad Catacumbas. Die Basilika erhielt ihren Beinamen nach den umliegenden Begräbnisstätten. Die Katakomben bilden drei größere Gruppen, zwei befinden sich im Norden und eine im Süden Roms. Andere Grabstätten verteilen sich entlang den großen Ausfallstraßen. Um die Katakomben von San Pancrazio und Ottavilla zu besuchen, wenden Sie sich an die Karmeliterinnen der Kirche. Die Ciriaca-Katakombe erreichen Sie über den Kreuzgang der Kirche San Lorenzo fuori le Mura. Eine Erlaubnis für den Besuch folgender Katakomben erteilt die Pontificia Commissione di Archeologica Sacra (Via Napoleone III 1): Pretestato-Katakombe (**A**), Via Appia Pignatelli, Katakomben San Nicomede (**B**), Via dei Villini 32, Cimitero Maggiore, Via Asmara 6, Katakomben San Felicita (**C**), Via Simeto 2, San Panfilo, Via Paisello, Giordani, Via Taro, hl. Hippolytus (**E**), Viale delle Province. Die Soprintendenza archeologica (Piazza delle Finanze 1) ermöglicht Ihnen den Besuch der jüdischen Katakomben der Villa Torlonia, Via Salaria (**B**).

## Adressen der Katakomben
### Im Süden

◆ Calixtus-Katakombe (**A**), Via Appia antica 110, tägl. 8.30-12, 14.30-17 Uhr. Mi geschlossen. (Den Parkplatz erreicht man über die Kreuzung Via Ardeatina).

◆ Sebastians-Katakombe (**A**, ▲ 326), Via Appia Antica 136, tägl. 9-12 und 14.30-17 Uhr. Do geschlossen.

◆ Domitilla-Katakombe (**A**), Via delle Sette Chiese 283, tägl. 8.30-12 und 14.30-17.30 Uhr. Di geschl.

### Im Norden

◆ Priscilla-Katakomben (**C**), Via Salaria 430, tägl. 8.30-12 und 14.30-17 Uhr. Mo geschlossen.

◆ Sant'Agnese fuori le Mura (**B**), Via Nomentana 349, 9-12, 16-18 Uhr. Di nachmittags und an Feiertagen vormittags geschlossen.

### Andere Stätten

◆ Ciriaca-Katakombe (**D**) 15-17 Uhr, Di und Do geschlossen.

◆ San Pancrazio e di Ottavilla (**F**), Via Aureliana antica.

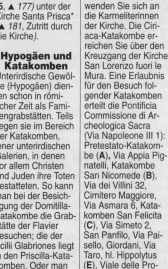

# ◆ WANDMOSAIKEN

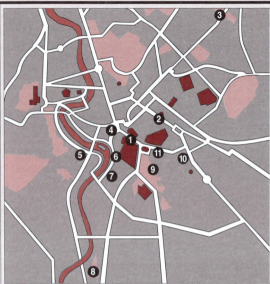

Die Mosaikkunst der griechisch-römischen Kultur, aus frühchristlicher und aus byzantinischer Zeit lohnt unbedingt besondere Beachtung. Zwar übernahmen die Römer die Tradition der Bodenmosaiken noch von den Griechen, doch es war dann Rom, wo im 1. Jh. n. Chr. die ersten Wandmosaiken entstanden und vor allem ab dem 3. Jh. weiterentwickelt wurden. Rom gab diese künstlerische Ausdrucksform an das Oströmische Reich weiter, bevor schließlich der byzantinische Einfluß die Oberhand gewann.

### Mosaikkunst im Aufschwung

Einen enormen Aufschwung erlebte die Mosaiktechnik zwischen dem 1. und 4. Jh. Besonders die frühchristlichen Kirchen wurden weitgehend mit Wandmosaiken ausgekleidet. In der Nachfolge antiker Mosaiken bewahrte diese Kunstform noch naturalistische Züge, wenngleich kein genaues ikonographisches Programm ausgebildet war. Ab dem 9. Jh. hatte Byzanz einen Dekorkanon festgelegt, mit dem jegliche realistische Darstellung zugunsten einer streng hieratischen Kunst aufgegeben wurde. Die römische Mosaikkunst wurde zunächst beeinflußt, fand jedoch in der karolingischen Zeit zu einer weicheren Ausdrucksform. Zwischen dem 11. und 13. Jh. erlebte die römische Mosaikkunst eine Blütezeit, die im Werk Cavallinis (13. Jh.) ihren Höhepunkt erreichte.

### Die frühchristlichen Mosaiken

Die ältesten sind die die Mosaiken von Santa Costanza (**3**, 4. Jh., ▲ *380*), von Santa Pudenziana (**2**, 4.-5. Jh., ▲ *344*) und von Santa Sabina (**7**, 4. Jh., ▲ *179*). Chronologisch folgen die des Baptisteriums von San Giovanni in Fonte im Lateran (**10**, 5.-7.Jh., ▲ *198f.*) und von Santi Cosma e Damiano (**1**, 6.-7. Jh., ▲ *167*).

### Von Byzanz zu den Karolingern

Zwei eindrucksvolle Beispiele byzantinischer Kunst in Rom sind das Mosaik in der Kirche Sant'Agnese fuori le Mura (**3**, 7. Jh. ▲ *380*) und das Fragment eines Mosaiks in Santa Maria in Cosmedin (**6**, ▲ *155*). Karolingischen Einfluß bezeugen die Mosaiken von Santa Prassede (**2**, ▲ *344*), die aus der gleichen Epoche stammen wie die von Santa Maria in Domnica (**9**, 9. Jh. ▲ *190*).

### Das 12. und 13. Jh.

Zwischen byzantinischem Einfluß und römischer Tradition stehen die Mosaiken von Santa Maria in Trastevere (**5**, ▲ *357*) und von San Clemente (**11**, ▲ *193*) aus dem 12. Jh. Das Mosaik der Patriarchalbasilika San Paolo fuori le Mura (**8**, ▲ *382*) stammt aus dem 13. Jh. Aus der Schule Cavallinis findet man Mosaiken in Santa Maria Maggiore (**2**, ▲ *343*), Santa Maria in Aracoeli (**4**, ▲ *130*), Santa Maria in Trastevere, San Giorgio in Velabro (**6**, ▲ *156*), San Crisogono (**5**, ▲ *356*).

### Fußböden

Einen Besuch lohnen auch die kunstvollen Cosmatenfußböden (● *76*) aus dem 12.-13. Jh. der Kirchen Santa Maria Maggiore (**2**, ▲ *343*), Santa Maria in Trastevere (**5**, ▲ *357*) und Santa Maria in Cosmedin (**6**, ▲ *154*).

# RENAISSANCE

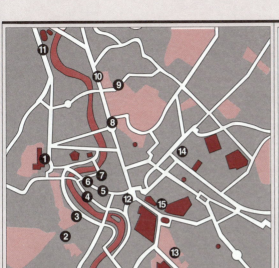

Die Ewige Stadt war nicht gerade ein Entstehungszentrum der Renaissance-Kunst: Rom nahm vielmehr auf, was anderenorts entwickelt worden war. Vor allem nach der Rückkehr der Päpste aus Avignon und nach der Plünderung der Stadt 1527 zog sie viele namhafte Künstler – Architekten, Maler, Bildhauer – an, die zu Wiederaufbau und Verschönerung beitrugen.

Abgesehen von wenigen Ausnahmen befinden sich die Meisterwerke der Renaissance entweder in der Tiber-Schleife oder jenseits des Flusses auf dem Areal des Vatikans.

◆ **Flußstadt**
Das Rom der Renaissance zentrierte sich schon sehr früh am Tiberstrom. Zwischen dem Fluß und der Via del Corso entstanden die vornehmsten Paläste.

◆ **Papststadt**
Die Päpste veranlaßten viele bauliche Veränderungen. Mit dem Wiedererstarken der geistlichen und weltlichen Macht begannen sie, die Verschönerung des Vatikan-Palastes und den Wiederaufbau der Basilika zu betreiben. Zu diesem Zweck bestellten sie die besten Künstler aus der Toskana und Umbrien nach Rom.

### Besichtigung
◆ San Pietro in Montorio: flexible Öffnungszeiten
◆ Villa Madama, Palazzo Farnese: auf Anfrage
◆ Palazzo Massimo: nicht zu besichtigen

### In Rom
**Michelangelo:**
Piazza del Campidoglio (**12**, ▲ *129*)
Santa Maria degli Angeli (**14**, ▲ *334*)
San Pietro in Vincoli, *Moses* (**15**, ▲ *347*)
**Raffael:**
Santa Maria della Pace (**6**, ▲ *280*)
Sant'Agostino (**7**, ▲ *284*)
Santa Maria del Popolo (**8**, ▲ *306*)
Farnesina (**3**, ▲ *360*)
Villa Madama (**11**, ▲ *378*)

**Pinturricchio:**
Santa Maria in Aracoeli (**12**, ▲ *130*)
Santa Maria del Popolo (**8**, ▲ *306*)
**Bramante:**
San Pietro in Montorio, Tempietto (**2**, ▲ *364*)
Santa Maria della Pace, Kloster (**6**, ▲ *280*)
**Vignola:**
Sant'Andrea in Via Flaminia (**10**)
Villa Giulia (**9**, ▲ *370*)
**Peruzzi:**
Palazzo Massimo alle Colonne (**5**, ▲ *279*)
**Andrea Sansovino:**
Santa Maria in Domnica (**13**, ▲ *190*)
**Antonio da Sangallo d. J.:**
Palazzo Farnese (**4**, ▲ *244*)

**Besichtigen Sie außerdem:**
Palazzo di Venezia (**12**, ▲ *161*)
Palazzo della Cancelleria (**5**, ▲ *249*)

### Der Vatikan (1)
Botticelli, Ghirlandaio, Michelangelo, Perugino, Piero di Cosimo, Pinturricchio, Luca Signorelli: Sixtinische Kapelle (▲ *218*)
**Fra Angelico:** Cappella di Niccolò V.
**Michelangelo:** Peterskirche, *Pietà* und Kuppel (▲ *212*)
**Raffael:** Stanzen (▲ *222*), Loggien (▲ *228*), Sala dei Chiaroscuri
**Pinturricchio:** Appartamento Borgia (▲ *215*)
**Bramante:** Belvedere-Hof, Treppe und Loggien (▲ *215*)
Peterskirche (▲ *209*)

## ◆ BAROCK: DIE GROSSEN RIVALEN

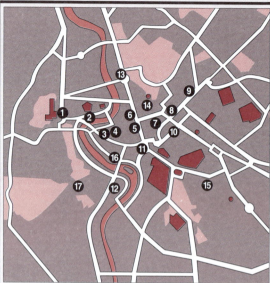

*San Carlo*

*Engelsbrücke, Statue eines Engels von Bernini*

Die berühmtesten Vertreter des römischen Barock sind die erbitterten Rivalen Gian Lorenzo Bernini und Francesco Borromini. Um einen Überblick über ihr Werk zu gewinnen, sollte man ihnen je zwei aufeinanderfolgende Tagen widmen. Die geographische Nähe einiger ihrer Werke – besonders der Meisterwerke Sant'Andrea al Quirinale und San Carlo alle Quattro Fontane – legt es aber auch nahe, an einem Tag Arbeiten beider Meister zu besichtigen und zu vergleichen.

**Besichtigung**
Santa Maria dei Sette Dolori: mit Genehmigung des Ordens
Kapelle Re Magi
Tel. 679 69 41

### Bernini
Bernini, in Neapel geboren, war als Architekt und Bildhauer schon in jungen Jahren erfolgreich. Besonders die Peterskirche hat er geprägt, aber auch den Petersplatz, den Bienen-Brunnen, die Sala ducale und die Scala Regia entwarf der Künstler für den Vatikan. Doch findet man in Rom verstreut viele andere seiner Werke: Versäumen Sie nicht die Besichtigung des Spätwerks, Sant'Andrea al Quirinale, sowie des Altars in der Cappella Cornaro von Santa Maria della Vittoria. Unbedingt sehenswert ist der Elefant auf der Piazza della Minerva, der einen Obelisken aus dem Isis-Heiligtum trägt.

**Hauptwerke Berninis**
Vatikan (1, ▲ 210)
**Architektur:**
Palazzo di Montecitorio (6, ▲ 269)
Palazzo Odescalchi (11, ▲ 301)
Sant'Andrea al Quirinale (10, ▲ 296)
**Skulpturen:**
Sant'Andrea delle Fratte (7, ▲ 313)
Piazza Barberini, Tritonen-Brunnen (8, ▲ 290)
Piazza Navona (4, ▲ 276)
Engelsbrücke (2, ▲ 239)
San Francesco a Ripa (12, ▲ 354)
Santa Maria della Vittoria (9, ▲ 294)
Piazza della Minerva (5, ▲ 260)
Santa Maria del Popolo (13, ▲ 306)

### Borromini
Francesco Borromini, (mit wirklichem Namen Giovanni Domenico Castelli), Sohn eines Mailänder Architekten, kam 1621 nach Rom, wo er als Gehilfe von Carlo Maderno seine Laufbahn begann. Das Werk des rastlosen Mannes ist zwar weniger umfangreich als das seines Rivalen Bernini, doch schuf er eine klare Architektur, bewegt und klassisch streng zugleich.

**Hauptwerke Borrominis**
San Carlo alle Quattro Fontane (10, ▲ 295)
Palazzo Spada (16, ▲ 246)
Oratorio dei Filippini (3, ▲ 282)
Palazzo Falconieri (16, ▲ 244)
Santa Maria dei Sette Dolori (17, ▲ 364)
Sant'Ivo della Sapienza (4, ▲ 272)
San Giovanni in Laterano (15, ▲ 198)
Sant'Agnese in Agone (4, ▲ 278)
Palazzo di Propaganda Fide und Cappella dei Re Magi (14, ▲ 313)
Sant'Andrea delle Fratte (7, ▲ 313)

# GLANZLICHTER DES BAROCK

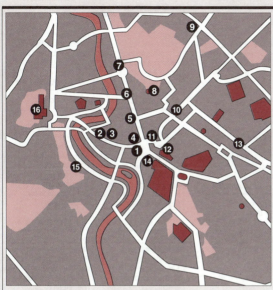

Sant'Andrea della Valle.

Gewölbe von Il Gesù

Der Barock strebt nach einer Synthese der Künste. In den Gewölben und Decken entfalten sich gewaltige Malereien. Gesimse und Zwickel quellen über vor Skulpturen, die aus den Decken hervorzuspringen scheinen. Neben dieser prunkvollen Kunst entsteht im 17. Jh. mit der Malerei Caravaggios und seiner Schüler eine realistische Strömung.

## Caravaggio
◆ **Kirchen**
Santa Maria del Popolo (**7**, ▲ 306), *Die Kreuzigung Petri*
San Luigi dei Francesi (**3**, ▲ 271), *Das Martyrium des hl. Matthäus*
Sant'Agostino (**3**, ▲ 284)
◆ **Museen, Villen**
Casino dell'Aurora (**8**, ▲ 298)
Galleria Corsini (**15**, ▲ 362)
Galleria Borghese (**9**, ▲ 374)
Palazzo Barberini (**10**, ▲ 291)
Pinacoteca Vaticana (**16**, ▲ 215)
Kapitolinische Museen (**1**, ▲ 132)

## Illusionskunst
Die ›barocken Inszenierungen‹ erzeugen mittels Trompe-l'œil-Technik (● 82) beim Betrachter ungewöhnliche Perspektiven, je nachdem, von welchem Standpunkt aus ein Kunstwerk betrachtet wird.
Il Gesù (**4**, ▲ 257): Das Gewölbe (1679) ist von Baciccia.
Palazzo Altieri (**4**): Treppenhaus, Stuckdekoration und ein Fresko stammen von Carlo Maratta.
Palazzo Pamphili (**3**, ▲ 278): Die Fresken im großen Saal entwarf Pietro da Cortona.
Collegio Innocenziano (**3**): Das Gewölbe der Bibliothek ist von Francesco Cozza.
Sant'Ignazio (**5**, ▲ 261, ● 82): Die Deckenmalerei stammt von Andrea Pozzo (▲ 258)
Palazzo Colonna (**11**, ▲ 300): Die Decke der Sala della Colonna Bellica schmückte Giuseppe Bartolomeo Chiari, die der Sala Grande Filippo Gherardi, Giovanni Coli und Giovanni Paolo Schor, die der Sala dei Paesaggi Sebastiano Ricci.
Santi Domenico e Sisto (**12**): Die Deckenmalerei (1674-75) schufen Canuti und Henri Haffner.
Sant'Andrea della Valle (**3**, ▲ 250): Die Kuppel schuf Lanfranco.

### Besichtigung
◆ Collegio Innocenziano, Via di Santa Maria dell'Anima 30
◆ Palazzo Altieri, Piazza del Gesù: Wenden Sie sich an die Associazione Bancaria Italia, deren Sitz der Palast ist.
◆ Santi Domenico e Sisto: Wenden Sie sich an das Pontificio Ateneo Angelicum, rechts von der Kirche.

### Pietro da Cortona
**als Bildhauer**
Palazzo Barberini (**10**, ▲ 291)
Santi Ambrogio e Carlo (**6**, ▲ 309)
Santa Bibiana (**13**, ▲ 339)
Santa Maria in Vallicella, Chiesa Nuova (**3**, ▲ 281)
**als Architekt**
Santi Ambrogio e Carlo (**6**, ▲ 309)
Santa Maria della Pace (**3**, ▲ 280)
Santa Maria in Via Lata (**4**, ▲ 301)
Santi Luca e Martina (**14**, ▲ 131)

# ◆ MINIWÖRTERBUCH

## ◆ AUSSPRACHE ◆

Vokale:
Diphthonge werden getrennt gesprochen:
Europa – ä-uropa;
Maestro – ma-estro
Konsonanten:
– r wird immer gerollt
– v immer wie w
– qu nicht kw *(questo – kuesto)*
– gl wird wie lj gesprochen *(luglio – luljo)*
– gn wird wie nj gesprochen *(segno – senjo)*
– bei sp, st bleibt das s immer scharf; nicht schp, scht (sch wird sk gesprochen)
– c und g werden verschieden gesprochen, je nach dem folgenden Vokal: vor a, o und u wie im Deutschen *(carta – karta; gonna – gonna)*; vor e und i wie tsch bzw. dsch *(cinque – tschinkue; gelato – dschelato)*. Soll vor e und i hart gesprochen werden, ist ein h eingefügt, das man nicht ausspricht *(chiuso – kiuso; spaghetti – spagetti)*. Entsprechend wird vor a, o und u ein ebenfalls nicht gesprochenes i eingefügt, wenn man weich sprechen muß *(ciao – tschao; giacca – dschakka)*

## ◆ GRUNDWORTSCHATZ ◆

Ja: *sì*
Nein: *no*
Heute: *oggi*
Morgen: *domani*
Gestern: *ieri*
Ich verstehe nicht: *non capisco*
Wie spät ist es? *Che ora è? Che ore sono?*

## ◆ HÖFLICHKEIT ◆

Bitte: *per favore, per cortesia*
Danke: *grazie*
Vielen Dank: *grazie mille*
Entschuldigen Sie: *mi scusi*
Entschuldige: *scusami*
Auf Wiedersehen (Duzform): *arrivederci*; (Siezform): *arrivederLa*
Guten Tag: *buongiorno*
Guten Abend: *buona sera*
Gute Nacht: *buona notte*

## ◆ TAGE ◆

Tag: *il giorno*
Nacht: *la notte*
Morgen: *la mattina*
Nachmittag: *il pomeriggio*
Abend: *la sera*
Montag: *lunedì*
Dienstag: *martedì*
Mittwoch: *mercoledì*
Donnerstag: *giovedì*
Freitag: *venerdì*
Samstag: *sabato*
Sonntag: *domenica*

## ◆ MONATE ◆

Januar: *gennaio*
Februar: *febbraio*
März: *marzo*
April: *aprile*
Mai: *maggio*
Juni: *giugno*
Juli: *luglio*
August: *agosto*
September: *settembre*
Oktober: *ottobre*
November: *novembre*
Dezember: *dicembre*

## ◆ ZAHLEN ◆

1: *uno*
2: *due*
3: *tre*
4: *quattro*
5: *cinque*
6: *sei*
7: *sette*
8: *otto*
9: *nove*
10: *dieci*
11: *undici*
12: *dodici*
13: *tredici*
14: *quattordici*
15: *quindici*
16: *sedici*
17: *diciasette*
18: *diciotto*
19: *diciannove*
20: *venti*
21: *ventuno*
22: *ventidue*
30: *trenta*
40: *quaranta*
50: *cinquanta*
60: *sessanta*
70: *settanta*
80: *ottanta*
90: *novanta*
100: *cento*
1000: *mille*
10 000: *diecimila*
100 000: *centomila*

## ◆ REISEN ◆

Gepäck: *i bagagli*
Grenze: *la dogana*
Papiere: *i documenti*
Zug: *il treno*
Bahnhof: *la stazione*
Gleis: *il binario*
Flugzeug: *l'aereo*
Flughafen: *l'aeroporto*
Gepäckträger: *il facchino*
Bus: *l'autobus*
Haltestelle: *la fermata*
Taxi: *il tassì*
Auto: *la macchina*
Leihwagen: *una macchina a noleggio*
Straße: *la strada*
Autobahn: *l'autostrada*
Benzin: *la benzina*
Öl: *l'olio*
Panne: *il guasto*
Reifen: *la gomma*
Aufpumpen: *rigonfiare*
Ausfahrt: *l'uscita*

## ◆ ORIENTIEREN ◆

Wo ist ...? *Dove si trova ...?*
Ist das weit/nah? *E' lontano/vicino?*
Rechts: *a destra*
Links: *a sinistra*
Geradeaus: *dritto*

## ◆ BESICHTIGEN ◆

Öffnungszeiten: *l'orario*
Offen: *aperto*
Geschlossen: *chiuso*
Werktags: *i giorni feriali*
Feiertags: *i giorni festivi*
Ticket: *il biglietto*
Kirche: *la chiesa*
Ausgrabungen: *gli scavi*
Museum: *il museo*
Galerie: *la galleria*

## ◆ IMBISS ◆

Espresso: *un caffè*
Kaffee mit Milch: *un cappuccino*
Eis: *un gelato*
Kuchen: *un dolce*
Teilchen: *un pasticcino*
Mittagessen: *pranzo*
Abendessen: *cena*
Gedeck: *il coperto*
Glas: *il bicchiere*
Teller: *il piatto*
Mineralwasser (mit Kohlensäure): *l'acqua minerale gasata*
Wein: *il vino*
Flasche: *la bottiglia*
Offener Wein: *il vino sfuso*
Bier: *la birra*
Vorspeise: *l'antipasto*
Fleisch: *la carne*
Fisch: *il pesce*
Gemüse: *la verdura*
Beilage: *il contorno*
Käse: *il formaggio*
Obst: *la frutta*
Rechnung: *il conto*

## ◆ HOTEL ◆

Ich hätte gern ein Zimmer für diese Nacht: *Vorrei una camera per questa notte*
Ich möchte ein Zimmer reservieren für den ... *Vorrei prenotare una camera per il ...*
Für eine Person: *per una persona*
Für zwei Personen: *per due persone*
Mit Bad: *con bagno*
Mit Dusche: *con la doccia*

## ◆ POST ◆

Post: *la posta*
Briefmarke: *il francobollo*
Brief: *la lettera*
Postkarte: *la cartolina*
Telegramm: *il telegramma*

## ◆ KRANKHEIT ◆

Apotheke: *la farmacia*
Krankenhaus: *l'ospedale*
Könnten Sie einen Arzt rufen? *Mi chiami un medico, per favore?*

## ◆ EINKAUFEN ◆

Markt: *il mercato*
Bäckerei: *un panificio*
Konditorei: *una pasticceria*
Metzgerei: *una macelleria*
Gemüsehändler: *un fruttivendolo*
Zigarettengeschäft: *un tabaccaio*
Zeitungsverkäufer: *un giornalaio*

## ◆ KLEIDUNG ◆

Hose: *pantaloni, calzoni*
Hemd: *una camicia*
Rock: *una gonna*
Kleid: *un vestito*
Jacke: *una giacca*
Mantel: *un cappotto*
Pullover: *un maglione*
Schuhe: *le scarpe*
Stiefel: *gli stivali*
Das ist zu groß/klein: *E' troppo grande, troppo piccolo*
Größe: *la taglia*

## ◆ ACCESSOIRES ◆

Ohrringe: *gli orecchini*
Gürtel: *una cintura*
Kette: *una collana*
Handschuhe: *i guanti*
Krawatte: *una cravatta*
Handtasche: *una borsa*
Reisetasche: *un borsone*
Koffer: *una valigia*

## ◆ REDEWENDUNGEN ◆

Wie geht es Ihnen? *Come sta?*
Danke, gut. *Benissimo, grazie.*
Wo kann ich telefonieren? *Dove posso telefonare?*
Was kostet das? *Quanto costa? Quanto viene?*
Das ist zu teuer: *E' troppo caro.*
Wo kann ich Geld wechseln? *Dove posso cambiare i soldi?*
Wo finde ich ...? *Dove posso trovare ...?*
Wann öffnet/schließt dieses Geschäft? *A che ora apre/chiude questo negozio?*
Ich schaue mich nur um: *Sto soltanto guardando.*

# Adressenverzeichnis

- ☼ Schöne Aussicht
- ◐ Zentrale Lage
- ⇨ Ausserhalb des Zentrums
- ◍ Luxus-restaurant
- ◐ Mittelklasse-Restaurant
- ○ Preiswertes Restaurant
- 🏛 Luxus-Hotel
- 🏠 Mittelklasse-Hotel
- ⌂ Preiswertes Hotel
- 🅿 Parkplatz
- 🚗 Bewachte Garage
- 📺 TV auf dem Zimmer
- ⌂ Ruhig
- 🏊 Schwimmbad
- 💳 Kreditkarten
- 👶 Kinderpreise
- ♫ Musik
- 🎺 Live-Musik
- ☎ Zimmer mit Telefon
- ♣ Park, Garten
- ⚜ Terrasse/Aussengastronomie

# ◆ Hotels im Überblick

♦ < 150 000 LIT
♦♦ 150 000 LIT bis 300 000 LIT
♦♦♦ > 300 000 LIT

| | PREIS | SCHÖNER AUSBLICK | RUHIGE LAGE | GARTEN/TERRASSE | BAR | PARKPLÄTZE | RESTAURANT | ZIMMER |
|---|---|---|---|---|---|---|---|---|
| **KAPITOL – FORUM – KOLOSSEUM** | | | | | | | | |
| Casa Kolbe** | ♦ | | ● | ● | | | ● | 63 |
| Edera*** | ♦♦ | ● | | ● | | ● | | 55 |
| Forum**** | ♦♦♦ | ● | ● | ● | ● | ● | ● | 76 |
| **VATIKAN** | | | | | | | | |
| Ara Pacis** | ♦♦ | | | | ● | | | 37 |
| Atlante Star**** | ♦♦♦ | ● | ● | | | ● | ● | 61 |
| Cicerone**** | ♦♦♦ | | | | | ● | ● | 237 |
| Columbus*** | ♦♦ | | | | | ● | ● | 105 |
| Forti's Guest House* | ♦ | | ● | | | ● | | 22 |
| Sant'Anna*** | ♦♦ | | ● | | | | | 18 |
| Visconti Palace Hotel**** | ♦♦♦ | | ● | | | ● | | 247 |
| **MARSFELD** | | | | | | | | |
| Abruzzi** | ♦ | | | | | | | 25 |
| Campo de Fiori** | ♦ | ● | ● | | | | | 27 |
| Cardinal**** | ♦♦ | | | | | | | 66 |
| Cesari*** | ♦♦ | | ● | | | | | 51 |
| Della Lunetta** | ♦ | | | | | | | 31 |
| Holiday Inn Crowne ***** | ♦♦♦ | | ● | ● | | | ● | 134 |
| Navona* | ♦ | | | | | | | 18 |
| Pomezia** | ♦ | | | | ● | | | 22 |
| Ponte Sisto*** | ♦♦ | | ● | | | ● | ● | 129 |
| Portoghesi*** | ♦♦ | | ● | | | | | 27 |
| Raphael**** | ♦♦♦ | | ● | | | | | 83 |
| Del Senato*** | ♦♦ | | | | | | | 51 |
| Sole** | ♦ | | ● | | | ● | | 58 |
| Sole al Pantheon**** | ♦♦♦ | | | | | | | 25 |
| Tiziano*** | ♦♦ | | | | | ● | ● | 52 |
| **QUIRINAL** | | | | | | | | |
| Aberdeen*** | ♦♦ | | ● | | | | | 27 |
| Accademia*** | ♦♦ | | ● | | | | | 55 |
| Adria** | ♦ | | | | | | | 18 |
| Ambasciatori Palace**** | ♦♦♦ | | | | | | ● | 150 |
| Bel Soggiorno** | ♦ | ● | ● | ● | | | ● | 17 |
| Brasile*** | ♦♦ | | | | | ● | | 55 |
| Britannia*** | ♦♦ | | ● | | | ● | | 32 |
| Delle Nazioni**** | ♦♦♦ | | ● | | | ● | | 83 |
| Dolomiti* | ♦ | | ● | | | | ● | 17 |
| Elide** | ♦ | | | | | ● | | 12 |
| Eliseo**** | ♦♦♦ | | | | | | | 56 |
| Fontana*** | ♦♦ | ● | | ● | | | | 24 |
| Galileo*** | ♦♦ | | ● | ● | ● | | | 38 |
| Golden Residence** | ♦♦ | | ● | | | ● | | 19 |
| Imperiale**** | ♦♦♦ | | | | | | ● | 85 |
| Katty* | ♦ | | ● | | | | | 9 |
| King*** | ♦♦ | ● | ● | ● | | ● | | 79 |
| Londra e Cargill**** | ♦♦ | | ● | | | ● | ● | 105 |
| Majestic**** | ♦♦♦ | | | | | ● | | 95 |
| Marcella*** | ♦♦ | | ● | | | | | 66 |
| Medici*** | ♦♦ | | | ● | | | | 68 |
| Oxford*** | ♦♦ | | ● | | | | ● | 57 |
| Pullman Boston**** | ♦♦ | | ● | | | ● | ● | 126 |
| Ranieri*** | ♦♦ | | | | | | ● | 40 |
| Sant'Andrea* | ♦ | | | | | | | 10 |

| | PREIS | SCHÖNER AUSBLICK | RUHIGE LAGE | GARTEN/TERRASSE | BAR | PARKPLÄTZE | RESTAURANT | ZIMMER |
|---|---|---|---|---|---|---|---|---|
| Sicilia*** | ♦ | | | | | | | 60 |
| Sistina*** | ♦♦ | | ● | ● | | | | 28 |
| Siviglia*** | ♦♦ | | | | ● | ● | | 41 |
| Tea*** | ♦ | | ● | ● | ● | | | 40 |
| Tizi* | ♦ | | ● | | | | | 18 |
| Tritone*** | ♦♦ | | | | ● | ● | | 43 |
| Victoria**** | ♦♦ | ● | | | ● | | ● | 110 |
| **TRIDENTE** | | | | | | | | |
| Condotti*** | ♦♦ | | ● | | | | | 16 |
| D'Inghilterra**** | ♦♦♦ | | | ● | | | ● | 100 |
| Eden***** | ♦♦♦ | | | ● | | | | 112 |
| Forte** | ♦ | | ● | | | | | 16 |
| Gregoriana*** | ♦♦ | | ● | | | | | 19 |
| Hassler***** | ♦♦♦ | ● | | ● | ● | ● | ● | 100 |
| Internazionale*** | ♦♦ | | | | | ● | | 42 |
| Locarno*** | ♦♦ | | ● | ● | | ● | | 38 |
| Margutta** | ♦ | | ● | | | | | 21 |
| Scalinata di Spagna*** | ♦♦ | ● | | ● | | | | 15 |
| Suisse** | ♦ | | ● | | | | | 13 |
| Trinità dei Monti** | ♦♦ | | | | | | | 23 |
| **DIOKLETIANSTHERMEN** | | | | | | | | |
| Art Deco**** | ♦♦♦ | | | ● | | | ● | 49 |
| Canova*** | ♦♦ | | | ● | | ● | ● | 15 |
| Daniela*** | ♦♦ | | ● | | | ● | ● | 48 |
| Diana*** | ♦♦ | | ● | | | | | 190 |
| Dina** | ♦ | | | | | | | 20 |
| Fatima* | ♦ | | | ● | | ● | | 7 |
| Genova**** | ♦♦♦ | | | | | ● | | 91 |
| Giamaica* | ♦ | ● | ● | | | | | 9 |
| Igea** | ♦ | | | | | | | 42 |
| Marechiaro** | ♦ | | | | | | | 21 |
| Milani*** | ♦♦ | | | | | | | 78 |
| Massimo d'Azeglio**** | ♦♦♦ | | | ● | | ● | ● | 210 |
| Napoleon**** | ♦♦ | | ● | | | | ● | 80 |
| New York** | ♦ | | ● | | | ● | | 42 |
| Perugia* | ♦ | | ● | | | | | 11 |
| Quirinale**** | ♦♦♦ | | | ● | | ● | ● | 186 |
| Viminale*** | ♦♦ | ● | ● | ● | ● | | | 46 |
| **TRASTEVERE** | | | | | | | | |
| Esty* | ♦ | | | | | | | 8 |
| Manara* | ♦ | | | | | | | 5 |
| **VILLA BORGHESE – VILLA GIULIA** | | | | | | | | |
| Aldrovandi Palace Hotel***** | ♦♦♦ | | ● | | | ● | ● | 139 |
| Lord Byron***** | ♦♦♦ | | | | | ● | | 40 |
| **TIVOLI – PALESTRINA** | | | | | | | | |
| Stella*** (Palestrina) | ♦ | ● | | | | | ● | 15 |
| Aurora*** (Tivoli) | ♦ | | ● | | | | ● | 13 |
| **OSTIA** | | | | | | | | |
| Bellavista*** | ♦ | ● | | | | ● | ● | 13 |
| La Riva*** | ♦ | ● | | | | ● | ● | 13 |
| **UMGEBUNG** | | | | | | | | |
| Castelvecchio*** (Castelgand.) | ♦♦ | | | | | | ● | |
| El Paso*** (Cerveteri) | ♦ | | ● | | | ● | ● | |
| Tarconte*** (Tarquinia) | ♦ | | | | | | ● | |

# ♦ RESTAURANTS IM ÜBERBLICK

♦ < 50 000 LIT
♦♦ 50 000 LIT bis 100 000 LIT
♦♦♦ > 100 000 LIT

| | PREIS | SCHÖNER AUSBLICK | GARTEN/TERRASSE | ATMOSPHÄRE | RÖMISCHE SPEZIALITÄTEN | ITALIENISCHE SPEZIALITÄTEN | FISCH | PIZZERIA |
|---|---|---|---|---|---|---|---|---|
| **KAPITOL – FORUM – KOLOSSEUM** | | | | | | | | |
| **ANGELINO A TOR MARGANA** | ♦♦ | | ● | | ● | | | |
| **CICILARDONE** | ♦♦ | | | ● | | | | |
| **TABERNA ULPIA** | ♦ | ● | ● | ● | | | | |
| **NERONE** | ♦ | | ● | | ● | | | |
| **VECCHIA ROMA** | ♦♦ | | ● | ● | | ● | | |
| **AVENTIN** | | | | | | | | |
| **AGUSTARELLO** | ♦ | | | | ● | | | |
| **CHECCHINO DAL 1887** | ♦♦ | | ● | | ● | | | |
| **LO SCOPETTARO** | ♦ | | ● | | ● | | | |
| **REMO** | ♦ | | | | | | | |
| **TURRIDDU AL MATTATOIO** | ♦ | | | | ● | | | ● |
| **CELIO** | | | | | | | | |
| **ALFREDO A VIA GABI** | ♦ | | ● | | ● | | | |
| **ANNAVOTA** | ♦♦ | | | | | ● | | |
| **CHARLY'S SAUCIÈRE** | ♦♦ | | | | | | | |
| **LA TAVERNA DEI QUARANTA** | ♦ | | | | | | | |
| **VATIKAN** | | | | | | | | |
| **L'ABRUZZESE** | ♦ | | | | | | | |
| **MIMI** | ♦♦ | | ● | | | ● | ● | |
| **OSTERIA DELL'ANGELO** | ♦ | | ● | | | ● | | |
| **ROBIÀ DELL'HOTEL CICERONE** | ♦♦ | | | | | | | |
| **SAN LUIGI** | ♦♦♦ | | | | | | | |
| **MARSFELD** | | | | | | | | |
| **L'ANTIQUARIO DI GIORGIO NISTI** | ♦♦ | | ● | | | | ● | |
| **IL BACARO** | ♦ | | ● | | | | | |
| **DA BAFFETTO** | ♦ | | | | | | | |
| **CAMPONESCHI** | ♦♦♦ | | | | ● | ● | | |
| **LA CARBONARA** | ♦♦ | ● | ● | | ● | | | |
| **IL DRAPPO** | ♦♦ | | ● | | | ● | | |
| **L'EAU VIVE** | ♦♦♦ | | | ● | | | | |
| **GIGGETTO** | ♦♦ | | ● | | | | | |
| **GRAPPOLO D'ORO** | ♦♦ | | ● | | | | | |
| **HOSTARIA DELL'ORSO** | ♦♦♦ | | | ● | | | | |
| **LA MONTECARLO** | ♦ | | ● | | | | | |
| **AL MORO** | ♦♦ | | | | | | | |
| **L'ORSO OTTANTA** | ♦♦ | | | | ● | | | |
| **PANCRAZIO** | ♦♦ | | ● | | | | | ● |
| **PAPÀ GIOVANNI** | ♦♦ | | | | | ● | | |
| **PASSETTO** | ♦♦♦ | | ● | ● | ● | | | |
| **PATRIZIA E ROBERTO DEL PIANETA TERRA** | ♦♦♦ | | | | | | | |
| **AL POMPIERE** | ♦♦ | | | | ● | | ● | |
| **LA ROSETTA** | ♦♦♦ | | | | | | ● | |
| **TRE SCALINI** | ♦♦ | | ● | ● | ● | | | |
| **QUIRINAL** | | | | | | | | |
| **COLLINE EMILIANE** | ♦♦ | | | | | ● | | |
| **CORIOLANO** | ♦♦♦ | | | | ● | | | |
| **GEORGE'S** | ♦♦♦ | | ● | | | | | |
| **SANS SOUCI** | ♦♦♦ | | | | | | | |

| | PREIS | SCHÖNER AUSBLICK | GARTEN/TERRASSE | ATMOSPHÄRE | RÖMISCHE SPEZIALITÄTEN | ITALIENISCHE SPEZIALITÄTEN | FISCH | PIZZERIA |
|---|---|---|---|---|---|---|---|---|
| **TRIDENTE** | | | | | | | | |
| **BIRRERIA BAVARESE** | ♦ | | | | | | | |
| **DA MARIO** | ♦ | | | | | ● | | |
| **DAL BOLOGNESE** | ♦♦ | ● | ● | | | ● | | |
| **IL RE DEGLI AMICI** | ♦♦ | | ● | | | | | |
| **VIA APPIA ANTICA** | | | | | | | | |
| **CECILIA METELLA** | ♦♦ | ● | ● | | | | | |
| **SORA ROSA** | ♦♦ | | ● | ● | ● | | | |
| **DIOKLETIANSTHERMEN** | | | | | | | | |
| **IL DITO E LA LUNA** | ♦ | | | | | ● | ● | |
| **COLONDRA** | ♦♦ | | | | | ● | | |
| **TANA DEL GRILLO** | ♦♦ | | | | | ● | | |
| **TRATTORIA MONTI** | ♦♦ | | | | | ● | | |
| **TRASTEVERE** | | | | | | | | |
| **ALBERTO CIARLA** | ♦♦♦ | | | | | | ● | |
| **CICERUACCHIO** | ♦♦ | | ● | | ● | | | |
| **DA GILDO** | ♦ | | ● | | | | | |
| **GINO IN TRASTEVERE** | ♦♦ | | | | ● | | ● | ● |
| **IVO** | ♦ | | | | | | | |
| **MEO PATACCA** | ♦♦ | | ● | | | | | ● |
| **OSTERIA DELL'AQUILA** | ♦ | | ● | ● | ● | | | ● |
| **PANATTONI** | ♦ | | | | | | | |
| **PARIS** | ♦♦ | | ● | | | | | |
| **PIPERNO** | ♦♦ | | ● | ● | ● | | | |
| **ROMOLO** | ♦♦♦ | | ● | ● | | | | |
| **SORA LELLA** | ♦♦ | | | ● | ● | | | |
| **VILLA BORGHESE – VILLA GIULIA** | | | | | | | | |
| **AI PIANI** | ♦♦ | | | | ● | | ● | |
| **LE BISTROQUET** | ♦♦ | | | | | ● | | |
| **PRIMO PIANO** | ♦♦ | | ● | | ● | | | |
| **AUSSERHALB DER MAUER** | | | | | | | | |
| **AL CEPPO** | ♦♦ | | | | | | | |
| **BETTO & MARY ALLA CERTOSA** | ♦ | | ● | ● | ● | | | |
| **(GIGGETTO) ER PESCATORE** | ♦♦ | | | | | ● | ● | |
| **SEVERINO** | ♦♦ | | | | ● | | | |
| **TIVOLI – PALESTRINA** | | | | | | | | |
| **SIBILLA (TIVOLI)** | ♦♦ | ● | ● | ● | | | | |
| **OSTIA** | | | | | | | | |
| **RISTORANTE OTELLO** | ♦ | ● | ● | | | | | |
| **UMGEBUNG** | | | | | | | | |
| **ANTONELLO COLONNA** | ♦♦♦ | | | ● | ● | | | |
| **BRICIOLA DI ADRIANA (GROTTAFERRATA)** | ♦ | | ● | | ● | | | |
| **CACCIANI (FRASCATI)** | ♦♦ | | ● | | | | | |
| **D'ARTAGNAN (GROTTAFERRATA)** | ♦♦ | | ● | | ● | ● | | |
| **LA GROTTA (GENZANO)** | ♦♦ | | | | ● | | | |
| **L'ORATORIO (FRASCATI)** | ♦ | | | | ● | | | |
| **RICHELIEU** | ♦♦ | ● | ● | | | | | |
| **TABERNA MAMILIUS (FRASCATI)** | ♦ | | | | | | | |
| **TAVERNA DELLO SPUNTINO (GROTTAFERRATA)** | ♦♦ | | | | ● | | | |

## ◆ ALLGEMEINES

### ALLGEMEINES
### VOR REISEANTRITT

**STAATLICHE ITALIENISCHE REISEBÜROS**
ENIT (ENTE NAZIONALE ITALIANA PER IL TURISMO)
Düsseldorf:
Berliner Allee 26
Tel. 0211/13 22 31
Frankfurt: Kaiserstr. 65
Tel. 069/23 74 30
München: Goethestr. 20
Tel. 089/53 03 69
Wien: Kärntnerring 4
Tel. 01/505 43 74
oder 505 16 39
Zürich: Uraniastr. 32
Tel. 01/211 36 33
Rom: Via Marghera 2
Tel. 06/497 12 82

### NOTRUF

**CARABINIERI**
Tel. 112

**POLIZEI**
Tel. 113

**FEUERWEHR**
Tel. 115

**PANNENDIENST**
Tel. 116

**ROTES KREUZ**
Tel. 51 00

**KRANKENHAUS FATEBENEFRATELLI**
Piazza San Bartolomeo
Tel. 683 71
Erste Hilfe: 683 73 24
oder 683 72 99

**INTERNATIONALE APOTHEKE**
Piazza Barberini 49
Tel. 482 54 56
oder 487 11 95
Rund um die Uhr geöffnet.

**INTERNATIONALE APOTHEKE**
Stazione Termini
Piazza dei Cinquecento 49/51
Tel. 488 00 19
Rund um die Uhr geöffnet.

### REISEINFORMATION IM LAND

**REISEBÜRO DER POST**
Via Monterone 11
Geöffnet Mo-Fr 8.30-19.40 Uhr, Sa und am letzten Tag des Monats 8.30-11.50 Uhr.
So geschlossen.

**DER (DEUTSCHES REISEBÜRO)**
Piazza dell'Esquilinio 29
Tel. 482 75 31

**E.P.T. (ENTE PROVINCIALE TURISMO)**
Via Parigi 5
Tel. 488 37 48
Geöffnet Mo-Sa 8.15-19.15 Uhr.
*Das Fremdenverkehrsbüro für Rom und Umgebung in der Stazione Termini (Tel. 487 12 70) ist tägl., auch So, geöffnet.*

**ENIT (ENTE NAZIONALE ITALIANO TURISMO)**
Via Marghera 2
Tel. 497 11
Touristeninformation Tel. 497 12 82
Fax 446 33 79
Geöffnet Mo-Sa 9-13, Mo, Mi, Fr 15.30-18 Uhr.
*Informationen für ganz Italien.*

### DIPLOMATISCHE VERTRETUNGEN

**DEUTSCHE BOTSCHAFT**
Via Po 25
Tel. 88 47 41

**DEUTSCHE BOTSCHAFT AM HEILIGEN STUHL**
Via Villa Sacchetti 4
Tel. 807 97 79
und 807 96 93

**DEUTSCHES KONSULAT**
Via Siacci 2
Tel. 808 53 38

**ÖSTERREICHISCHE BOTSCHAFT**
Via Pergolesi 3
Tel. 841 62 62

**ÖSTERREICHISCHES KONSULAT**
Viale Liegi 32
Tel. 844 35 09

**SCHWEIZER BOTSCHAFT UND KONSULAT**
Via B. Oriani 61
Tel. 808 36 43

### UNTERKUNFT

**CAMPING FLAMINIO**
Via Flaminia Nuova 821
Tel. 333 26 04
Geöffnet März-Okt.
*600 Plätze.
Stadtnächster Campingplatz (6 km). Metro A bis Piazzale Flaminio, dann Bus 225.*

**CAMPING SEVEN HILLS**
Via Cassia 1216
Tel. 30 31 08 26
Geöffnet März-Okt.
*Im Nordwesten Roms.*

**CAMPING CAPITOL**
Via di Castel Fusano 195
Tel. 566 27 20
Ganzjährig geöffnet.
*Metro bis Ostia Lido-Centro, dann Bus 5 Richtung Casal Palocco. Im Kiefernwald, 2 km vom Meer.*

**HAPPY CAMPING**
Via Prato della Corte 1915
Tel. 33 61 38 00
Geöffnet Mitte März-Okt.

**AGRI-TURISMO**
Corso Vittorio Emanuele 101
Tel. 651 23 42
*Alles über Privatunterkünfte auf dem Land in der Umgebung Roms.*

**OSTELLO PER LA GIOVENTÙ DEL FORO ITALICO (JUGENDHERBERGE)**
Viale delle Olimpiadi 61
Tel. 323 62 79
Fax 324 26 13
*Jugendherbergsausweis erforderlich.*

**KIRCHLICHES EMPFANGSZENTRUM**
Via Santa Giovanna d'Arco 12
Fax 683 23 24
*Man erhält eine Liste der religiösen Einrichtungen, die einfache, aber ordentliche Zimmer zu moderaten Preisen vermieten.*

### FREIZEIT

**KINDER**
ARCI RAGAZZI
Via G. B. Vico 22
Tel. 446 59 62
*Verein, der sich um Vorführungen und Beschäftigungen für Kinder kümmert.*

### KARTENVORBESTELLUNG

**ANTEPRIMA**
Via Locchi 21
Tel. 808 05 28
Geöffnet Mo-Sa 9.30-13 und 16.30-20 Uhr.

**BOX OFFICE**
Viale Giulio Cesare 88
Tel. 361 26 82
*Kartenvorbestellungen für das Theater.*

**GESMAN**
Via Angelo Emo 65
Tel. 63 18 03
oder 39 37 83 31
Geöffnet 9-13, 14-18 Uhr.
Sa nachmittags und So geschlossen.

**ORBIS**
Piazza dell'Esquilinio 37
Tel. 482 74 03
*Agentur für Reservierungen.*

**PRONTO SPETTACOLO**
Tel. 39 38 72 97
Geöffnet 10-17 Uhr.
Sa und So geschlossen.
*Telefonische Vorbestellung für Theater, Konzert und Sport.*

### VERKEHR

**MOFA- UND VESPAVERLEIH**
SCOOT-A-LONG
Via Cavour 302
Tel. 678 02 06
SCOOTERS FOR RENT
Via della Purificazione 84
Tel. 488 54 85
*Auch Fahrräder.*

**FAHRRADVERLEIH**
BICIROMA
Piazza di Spagna
Piazza di San Lorenzo
Piazza del Popolo
COLLALTI
Via del Pellegrino 82
Tel. 68 80 10 84
Geöffnet 8.30-13 und 15-20 Uhr. Mo geschlossen.
*Verkauf, Reparatur und Verleih von Fahrrädern.*

# AVENTIN ◆

## AUTOVERLEIH
AVIS
Fax: 61 03 72
Flughafen Fiumicino
Tel. 65 01 15 79
(Auslandsflüge)
oder 65 01 15 31
(Inlandsflüge)
Flughafen Ciampino
Tel. 724 01 95
oder 60 01 95
EUROPCAR
Fax: 481 91 03
Flughafen Fiumicino
Tel. 65 01 08 79
Fax 65 95 45 57
Via Lombardia 7
Tel. 487 12 74
oder 481 71 62
HERTZ
Flughafen Fiumicino
Tel. 65 01 15 53
Fax 65 29 119
Stazione Termini
Tel. 474 03 89
MAGGIORE
Stazione Termini
Tel. 488 00 49
Centro
Tel. 854 16 20

## MIETKUTSCHEN
Piazza Navona, Villa Borghese, Via Veneto, Piazza di Spagna, Piazza Venezia, Piazza San Pietro

## TAXIS
COSMOS RADIO TAXI
Via Monte Urano 76
Tel. 881 77
AUTORADIOTAXI
Via Valle Aurelia 257
Tel. 35 70

## ÖFFENTLICHE VERKEHRSMITTEL
INFORMATION A.T.A.C.
Piazza dei Cinquecento
Via Volturno 65
Tel. 46 95 44 44
ACOTRAL
Via Ostiense 131/l
Tel. 57 00 51
Via di Portonaccio 25
Tel. 43 85 79 64

## KAPITOL – FORUM – KOLOSSEUM

### KULTUR

**TEATRO ELISEO**
Via Nazionale 183
Tel. 488 21 14

### RESTAURANTS

**ANGELINO A TOR MARGANA**
Piazza Margana 37
Tel. 678 33 28
Di geschlossen.
*Regionale Spezialitäten.*
40 000-100 000 LIT

**CICILARDONE**
Via Merulana 77
Tel. 73 38 06
So abends, Mo und vom 15. Juli-31. Aug. geschlossen.
*Restaurant der gehobenen Klasse.*
50 000 LIT

**TABERNA ULPIA**
Foro Traiano 1b/2
Tel. 678 99 80
So geschlossen.
*Dieses große Restaurant in historischem Ambiente bietet bis zu 300 Personen Platz. Herrlicher Blick auf die Trajans-Märkte.*

**NERONE**
Via delle Terme di Tito 96
Tel. 474 52 07
Geöffnet Mo-Sa. Im Aug. geschlossen.
*Regionale Küche. Obligatorische Reservierung.*
35 000-40 000 LIT

**VECCHIA ROMA**
Piazza Campitelli 18
Tel. 686 46 04
Mi und drei Wochen im Aug. geschlossen.
*Typisches Restaurant im Stil des 18. Jh. Reservierung empfohlen.*
35 000-100 000 LIT

## HOTELS

**CASA KOLBE\*\***
Via San Teodoro 42
Tel. 679 49 74
Fax 69 94 15 50
*63 Zimmer.
Mit Restaurant. Es werden Gruppen akzeptiert.*
60 000-86 000 LIT

**EDERA\*\*\***
Via A. Poliziano 75
Tel. 70 45 38 88
oder 70 45 37 69
Fax 70 45 37 69
*55 Zimmer.*
160 000-250 000 LIT

**FORUM\*\*\*\***
Via Tor de' Conti 25
Tel. 679 24 46
Fax 678 64 79
*76 Zimmer.
Mit Restaurant (internationale Küche). Gruppen werden akzeptiert. Terrasse mit Panoramablick.*
205 000-400 000 LIT

## AVENTIN

### RESTAURANTS

**AGUSTARELLO**
Via G. Branca 100
Tel. 574 65 85
Geöffnet 12.30-15 und 19.45-23 Uhr. So und 12. Aug.-12. Sept. geschlossen.
*Trattoria. Römische Spezialitäten.*
35 000 LIT

**CHECCHINO DAL 1887**
Via di Monte Testaccio 30
Tel. 574 63 18
So abends, Mo, im Aug. und Weihnachten geschlossen.
*Eine der klassischen Adressen des Schlachthausviertels. Ideal, um die berühmten römischen Innereien zu kosten. Es gibt einen sehr guten Weinkeller.*
80 000 LIT

**LO SCOPETTARO**
Lungotevere Testaccio 7
Tel. 574 24 08
Di geschlossen.
*4 Räume. Römische Küche. Spezialität: Innereien.*
35 000 LIT

**REMO**
Piazza S. Maria Liberatrice 44
Tel. 574 62 70
Mo-Sa geöffnet.
Im Aug. geschlossen.
*Pizzeria. Hauptsächlich junge Gäste.*
20 000 LIT

**TURRIDDU AL MATTATOIO**
Via Galvani 64
Tel. 575 04 47
Mi und So abends und letzte Augustwoche geschlossen.
*Eine gute Adresse! Römische Küche.*
30 000 LIT

### NACHTLEBEN

**ALIBI 2000**
Via Monte Testaccio 39
Tel. 574 34 48
*Gay-Szene.*
♫

**CARUSO CAFFÈ**
Via di Monte Testaccio 36
Tel. 574 50 19
Mo und Juli-Sept. geschlossen.
*Drei Räume: Disco, Bar, Konzerte, Theater, Kabarett. Do-So lateinamerikan. Lifemusik. Im Sommer organisiert das Caruso Tevere Jazz an den Ufern des Tiber.*
♫

**CAFFÈ LATINO**
Via di Monte Testaccio 96
Tel. 574 40 20
Mo und Aug.-Sept. geschlossen.
*In drei Räumen gibt es Kino, Ausstellungen, Kabarett.
Musik: Rock, Jazz, Rythm'n'Blues. Do und So Reggae.*
♫

**L'HISTOIRE**
Via di Monte Testaccio 44
Mo geschlossen.
*In-Disco.
Eintritt frei, Verzehrzwang.*
♫

# ◆ CELIO – VATIKAN

## LO SPAGO
Via di Monte
Testaccio 35
Mo geschlossen.
Disco.

## VILLAGGIO GLOBALE IL MATTATOIO
Lungotevere Testaccio
Tel. 57 30 03 29
Mo und im Aug.
geschlossen.
Dieses Kulturzentrum organisiert Ausstellungen und Podiumsdiskussionen am Nachmittag. Jeden Abend Disco oder Livemusik afrikanischer oder südamerikanischer Gruppen.
♪

## CELIO

### KULTUR

**TEATRO BRANCACCIO**
Via Merulana 244
Tel. 482 78 59

**TEATRO ELETTRA**
Via Capo d'Africa 32
Tel. 709 64 06

### RESTAURANTS

**ALFREDO A VIA GABI**
Via Gabi 36
Tel. 77 20 67 92
Di und im Aug.
geschlossen.
Spezialitäten der Küche Roms und der Castelli Romani.
35 000-45 000 LIT
⛲

**ANNAVOTA**
Piazza San Giovanni in Laterano 20
Tel. 77 20 50 07
Mi und im Aug.
geschlossen.
Traditionelle Küche.
40 000-55 000 LIT
🅿

**CHARLY'S SAUCIÈRE**
Via San Giovanni in Laterano 270
Tel. 70 49 56 66
Geöffnet Di-Fr mittags und jeden Abend.
So und im Aug.
geschlossen.
Französische und schweizerische Spezialitäten.
60 000 LIT
🅿

**LA TAVERNA DEI QUARANTA**
Via Claudia 24
Tel. 700 05 50
So außer im Sommer geschlossen.
Lage zwischen Kolosseum und der Kirche Ss. Giovanni e Paolo.
Reservierung empfohlen.
25 000-35 000 LIT
🅿 ⛲

### EINKAUF

**KAUFHAUS COIN**
Piazzale Appio 7
Fünf Etagen Kleidung und Haushaltswaren.

## VATIKAN

### KULTUR

**AUDITORIUM DER ACCADEMIA DI SANTA CECILIA**
Via della Conciliazione 4
Tel. 654 10 44
Reservierungen:
Tel. 68 80 10 44
Klassische Musik.

**TEATRO DEI PUPPI SICILIANI DEI FRATELLI PASQUALINO**
Via Gregorio VII 292
Tel. 637 10 97
Traditionelles sizilianisches Puppentheater mit Rittern, Prinzessinnen und Abenteuern.

### RESTAURANTS

**L'ABRUZZESE**
Via dei Gracchi 27
Tel. 31 49 14
Mo und im Mai
geschlossen.
Trattoria. Keine Kreditkarten.
25 000 LIT

**MIMI**
Via G.G. Belli 59/61
Tel. 321 09 92
Di und im Aug.
geschlossen.
Neapolitanische Küche.
Fischspezialitäten.
30 000-60 000 LIT
🅿 ⛲

**OSTERIA DELL'ANGELO**
Via G. Bettolo 24
Tel. 372 94 70
So, Sa mittags, im Aug.
und zehn Tage an Weihnachten geschlossen.
Traditionelle Küche.
30 000 LIT
⛲

**ROBIÀ DELL'HOTEL CICERONE**
Via Cicerone 55
Tel. 35 76
So geschlossen.
Gediegene Küche.
60 000 LIT
🅿

**SAN LUIGI**
Via Mocenigo 10
Tel. 39 72 07 04
So geschlossen.
Italienische und internationale Küche.
60 000-100 000 LIT

### HOTELS

**ARA PACIS\*\***
Via Vittorio Colonna 11
Tel. 320 44 46
Fax 321 13 25
37 Zimmer.
100 000-190 000 LIT
🅿 □ ☎

**ATLANTE STAR\*\*\*\***
Via Vitelleschi 34
Tel. 687 32 33
Fax 687 23 00
61 Zimmer.
Mit Restaurant. Außergewöhnlicher Blick auf den Petersdom.
210 000-420 000 LIT
🏠 🅿 □ ☎ ⓘ 🕱
🚗

**CICERONE\*\*\*\***
Via Cicerone 55/c
Tel. 35 76
Fax 679 95 84
237 Zimmer.
Mit Restaurant.
260 000-360 000 LIT
🅿 □ ☎ ⓘ 🚗

**COLUMBUS\*\*\***
Via della Conciliazione 33
Tel. 686 54 35
Fax 686 48 74
105 Zimmer.
Mit Restaurant.
70 000-245 000 LIT
🅿 □ ☎ ⓘ 🚗

**FORTI'S GUEST HOUSE\***
Via Fornovo 7
Tel. 321 22 56
Fax 321 22 22
Im Aug. 20 Tage
geschlossen.
22 Zimmer.
40 000-72 000 LIT
🏠 🅿 □ 🚗

**SANT'ANNA\*\*\***
Borgo Pio 133-134
Tel. 654 16 02
Fax 68 30 87 17
18 Zimmer.
115 000-150 000 LIT
🏠 🅿 □ ☎ 🏠

**VISCONTI PALACE\*\*\*\***
Via Federico Cesi 37
Tel. 36 84
Fax 320 05 51
247 Zimmer.
60 000-360 000 LIT
🏠 🅿 □ ☎ 🚗

### EINKAUF

**STANDA**
Via Cola di Rienzo 173
Großes Kaufhaus.

**EUROCLERO**
Via Sant'Uffizio 31
Mo geschl.
Eines der für Rom typischen Ausstattungsgeschäfte für Kleriker.

**BUCHHANDLUNG MONDADORI**
Piazza Cola di Rienzo 81/83

### NACHTLEBEN

**IL CASTELLO**
Via Porta Castello 44
Tel. 686 83 28

# MARSFELD ◆

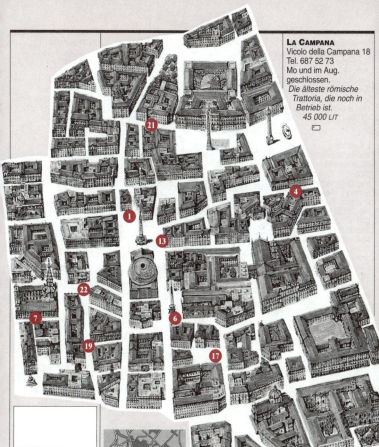

## PANTHEON

**HOTELS**
1 ABRUZZI**
4 CESARI***
6 HOLIDAY INN CROWNE *****
7 NAVONA*
13 DEL SENATO***
15 DEL SOLE AL PANTHEON****

**NACHTLEBEN**
17 PICASSO
19 ZELIG

**RESTAURANTS**
21 GIOLITTI
22 SANT'EUSTACHIO
23 TAZZA D'ORO

### MARSFELD
**KULTUR**

**AUDITORIUM DEL GONFALONE**
Via del Gonfalone 32/a
Tel. 687 59 52
*Karten kauft man im Vicolo della Scimmia 1/b.*

**TEATRO ARGENTINA**
Largo Torre Argentina 56
Tel. 654 46 01
oder 68 80 46 01

**TEATRO TORDINONA**
Via degli Acquasparta 16
Tel. 68 80 58 90

**TEATRO VALLE**
Via Teatro Valle 23/a
Tel. 68 80 37 94

**RESTAURANTS**

**L'ANTIQUARIO DI GIORGIO NISTI**
P.tta S. Simeone 26/27
Tel. 687 96 94
So, Mitte Aug., Weihnachten geschlossen.
*Fischspezialitäten.*
60 000 LIT

**IL BACARO**
Via degli Spagnoli 27
Tel. 686 41 10
So und zwei Wochen im Aug. geschlossen.
*Leichte Küche.*
40 000 LIT

**DA BAFFETTO**
Via del Governo Vecchio 114
Tel. 656 16 17
*Eine der gefeiertsten römischen Pizzerien.*
20 000 LIT

**LA CAMPANA**
Vicolo della Campana 18
Tel. 687 52 73
Mo und im Aug. geschlossen.
*Die älteste römische Trattoria, die noch in Betrieb ist.*
45 000 LIT

**CAMPONESCHI**
Piazza Farnese 50/a
Tel. 687 49 27
Von abends bis 1 Uhr nachts geöffnet. So geschlossen.
*Raffinierte italienische und römische Küche, luxuriöses Ambiente, allerdings insgesamt etwas überteuert.*
80 000-120 000 LIT

**LA CARBONARA**
Campo de' Fiori 23
Tel. 686 47 83
Di und zwei Wochen im Aug. geschlossen.
*Römische Spezialitäten. Reservierung empfohlen.*
40 000-65 000 LIT

**IL DRAPPO**
Vicolo del Malpasso 9
Tel. 687 73 65
Geöffnet abends bis

461

# ◆ MARSFELD

Mitternacht. So und im Aug. geschlossen. Sardische Küche zwischen Tradition und Phantasie, eine gute Adresse. Im Sommer kann man auch im Freien speisen.
*65 000 LIT*

### L'EAU VIVE
Via Monterone 85
Tel. 654 10 95
So und 15 Tage im Aug. geschlossen.
*Schönes Restaurant in einem Palast des 16. Jh., betrieben von den ›Christlichen Jungfrauen der katholischen Missionstätigkeit durch Arbeit‹. Hier treffen sich Prälaten und Senatsmitglieder. Reservierung empfohlen.*
*60 000 LIT*

### GIGGETTO
Via del Portico d'Ottavia, 21/a
Tel. 686 11 05
Mo geschlossen.
*Jüdische Küche. Einer der berühmtesten Orte des Ghettos.*
*50 000 LIT*

### GRAPPOLO D'ORO
Piazza della Cancelleria, 80/81
Tel. 689 70 80
So und 3 Wochen im Aug. geschlossen.
*Trattoria.*
*40 000 LIT*

### HOSTARIA DELL'ORSO
Via dei Soldati 25
Tel. 686 42 50
oder 686 42 21
Jeden Abend geöffnet; So und im Sommer geschlossen.
*Exzellentes Restaurant in einem Palast des 13. Jh., damals war hier ein einfaches Gasthaus. Sehr teuer! Piano-Bar und Disco auf drei Ebenen.*
*120 000 LIT*

### LA MONTECARLO
Vicolo Savelli 12
Tel. 687 22 00
Mi und 1.-15. Aug. geschlossen.
*Pizzeria. 16 000 LIT*

### AL MORO
Vicolo delle Bollette 13
Tel. 678 34 95
oder 684 07 36
So und Mitte Juli-Aug. geschlossen.
*Typische, römisch lärmige und überfüllte Trattoria mit keineswegs unterwürfiger Bedienung, aber exzellenter Küche in der Nähe der Fontana di Trevi. Reservierung ist zu empfehlen.*
*60 000 LIT*

### L'ORSO OTTANTA
Via dell'Orso 33
Tel. 686 49 04
oder 686 17 10
Mo und im Aug. geschlossen.
*Pizze und einfache, schmackhafte römische Küche. Gute Fleischgerichte vom Holzgrill. Reservierung empfohlen.*
*45 000 LIT*

### PANCRAZIO
Piazza del Biscione 92
Tel. 686 12 46
Mi und 3 Wochen im Aug. geschlossen.
*Im Pompejus-Theater.*
*40 000-50 000 LIT*

### PAPÀ GIOVANNI
Via dei Sediari 5
Tel. 686 53 08
So und im Aug. geschlossen.
*Traditionelle römische Küche, abgewandelt in eine etwas leichtere Variante.*
*80 000-90 000 LIT*

### PASSETTO
Via Zanardelli 14
Tel. 687 99 37
So und Mo Mittag geschlossen.
*Römische Küche im Dekor der Jahrhundertwende.*
*60 000-120 000 LIT*

### PATRIZIA E ROBERTO DEL PIANETA TERRA
Via dell'Arco del Monte 95
Tel. 686 98 93
oder 654 16 63
Mo und 7. Aug.-2. Sept. geschlossen.
*Hervorragende Küche. Unbedingt reservieren.*
*130 000 LIT*

### AL POMPIERE
Via Santa Maria dei Calderaria 38
Tel. 686 83 77
So und 15. Juli - 15. Aug. geschlossen.
*Römische Spezialitäten. Sehr zu empfehlen!*
*50 000-70 000 LIT*

### LA ROSETTA
Via della Rosetta 8/9
Tel. 686 10 02
Sa und So, zu Weihnachten und 15 Tage im Aug. geschlossen.
*Hervorragende mediterrane Küche mit viel Fisch und Krustentieren.*
*120 000-200 000 LIT*

### TRE SCALINI
Piazza Navona 35
Mi und Anfang Dez. geschlossen.
*Traditionsreiches Restaurant aus dem Jahre 1815. Römische Spezialitäten.*
*50 000-60 000 LIT*

# Marsfeld ◆

## Hotels

**Abruzzi\*\***
Piazza della Rotonda 69
Tel. 679 20 21
*25 Zimmer.*
*48 000-82 000 LIT*

**Campo de' Fiori\*\***
Via del Biscione 6
Tel. 68 80 68 65
Fax 687 60 03
*27 Zimmer.*
*Terrasse mit Panorama-*
*blick im sechsten Stock.*
*66 000-110 000 LIT*

**Cardinal\*\*\*\***
Via Giulia 62
Tel. 679 98 09
Fax 678 63 76
*66 Zimmer.*
*63 000-229 000 LIT*

**Holiday Inn Crowne**
**Plaza Minerva\*\*\*\*\***
Piazza della Minerva 69
Tel. 684 18 88
Fax 679 41 65
*134 Zimmer.*
*340 000-520 000 LIT*
*Mit Restaurant.*

**Navona\***
Via dei Sediari 8
Tel. 686 42 03
*18 Zimmer.*
*Mit Restaurant für*
*Reisegruppen.*
*45 000-85 000 LIT*

**Pomezia\*\***
Via dei Chiavari 12
Tel. 686 13 71
*22 Zimmer.*
*40 000-110 000 LIT*

**Ponte Sisto\*\*\***
Via dei Pettinari 64
Tel. 686 88 43
Fax 68 30 88 22

### VIA GIULIA

**Hotels**
2 Campo dè Fiori\*\*
3 Cardinal\*\*\*\*
5 Della Lunetta\*\*
9 Pomezia\*\*
10 Ponte Sisto\*\*\*
14 Sole\*\*
16 Tiziano\*\*\*

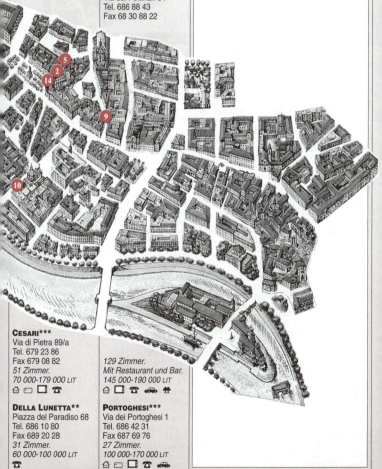

**Cesari\*\*\***
Via di Pietra 89/a
Tel. 679 23 86
Fax 679 08 82
*51 Zimmer.*
*70 000-179 000 LIT*

**Della Lunetta\*\***
Piazza del Paradiso 68
Tel. 686 10 80
Fax 689 20 28
*31 Zimmer.*
*60 000-100 000 LIT*

*129 Zimmer.*
*Mit Restaurant und Bar.*
*145 000-190 000 LIT*

**Portoghesi\*\*\***
Via dei Portoghesi 1
Tel. 686 42 31
Fax 687 69 76
*27 Zimmer.*
*100 000-170 000 LIT*

## ◆ MARSFELD

**RAPHAEL****
Largo Febo 2
Tel. 650 88 52/3/4
Fax 687 89 93
*83 Zimmer.
Vornehme Atmosphäre mit altem Mobiliar und herrlicher Aussicht.*
220 000-385 000 LIT
☐ ▭ ☐ ☎

**DEL SENATO****
Piazza della Rotonda 73
Tel. 679 32 31
Fax 69 94 02 97
*51 Zimmer.*
100 000-204 000 LIT
▭ ☐ ☎

**SOLE****
Via del Biscione 76
Tel. 68 80 68 73
Fax 689 37 87
*58 Zimmer.
Eines der ältesten Hotels in Rom und eine gute Adresse. Das Sole verfügt über kleine Salons, in denen Seminare abgehalten werden können.*
55 000-110 000 LIT
☐ P

**SOLE AL PANTHEON****
Piazza del Pantheon 63
Tel. 678 04 41
Fax 684 06 89
*25 Zimmer.*
250 000-400 000 LIT
▭ ☐ ☎

**TIZIANO****
Corso Vittorio Emanuele II 110
Tel. und Fax 686 50 19
*52 Zimmer.
Mit Restaurant.*
120 000-210 000 LIT
▭ ☐ ☎ 🚗

### EINKAUF

**KAUFHAUS LA RINASCENTE**
Via del Corso 189
*Ganze sechs Etagen mit Kleidung, Parfums, Spielen und vielen anderen Dingen.*

**BÜCHER**
DEUTSCHE BUCH-HANDLUNG HERDER
Piazza di Montecitorio 177
*Deutsche Bücher, Italien-Literatur.*
RINASCITÀ
Via delle Botteghe Oscure
Tel. 679 74 60
*In dieser riesigen Buchhandlung können auch Konzertkarten reserviert werden.*

### NACHTLEBEN

**PICASSO EXPOMUSICAFÉ**
Piazza della Pigna 23
Tel. 678 82 11
So und im Aug. geschlossen. Geöffnet 19-2 Uhr.
*Jazzkonzerte, lateinamerikanische und italienische Musik.*
♫

**TARTARUGHINO**
Via della Scrofa 1/3
Tel. 686 41 31
Geöffnet ab 21 Uhr.
So und Mitte Juni-Mitte Sept. geschlossen.
*Restaurant und Piano-Bar – besucht von Politikern und Geschäftsleuten.*
♫

**ZELIG**
Via Monterone 74
Tel. 687 92 09
Mo und im Aug. geschlossen. Geöffnet 21-2 Uhr.
*Jazz, Blues und lateinamerikanische Musik.*
♫

### GAUMENFREUDEN

**CUL DE SAC 1**
Piazza Pasquino 73
Tel. 68 80 10 94
Mo geschlossen.
*Der Keller dieses Weinhauses birgt mehr als 1 200 der exklusivsten Weine Italiens. Außerdem werden kleine Imbisse angeboten.*
22 000 LIT

**GIOLITTI**
Via degli Uffici del Vicario 40
Mo geschlossen.
*Eines der berühmtesten Eiscafés Roms.*

**SANT'EUSTACHIO**
Piazza Sant'Eustachio 82
Tel. 686 13 09
Geöffnet von 8.30-1 Uhr. Mo und drei Wochen im Aug. geschlossen.
*Für die Liebhaber des italienischen Kaffees: Hier trinkt man einen der besten von Rom.*

**TAZZA D'ORO**
Via degli Orfani 82/84
Tel. 678 97 92
Geöffnet von 7-22 Uhr. So und 15 Tage im Aug. geschlossen.
*Typisch italienische Bar.*

**TRE SCALINI**
Piazza Navona 28
Tel. 686 12 34
Mi geschlossen.
*Ebenfalls eines der besten Eiscafés Roms.*

### PIAZZA NAVONA

**HOTELS**
11 PORTOGHESI***
12 RAPHAEL****

**NACHTLEBEN**
18 TARTARUGHINO

**GAUMENFREUDEN**
20 CUL DE SAC 1
24 TRE SCALINI

# QUIRINAL

## QUIRINAL

### KULTUR

**BRITISH COUNCIL**
Via delle Quattro
Fontane
Tel. 482 66 41

**ISTITUTO DELLA
CALCOGRAFIA**
Via della Stamperia 6
Geöffnet tägl. 9-13, Di
und Do 16-19 Uhr.

**TEATRO QUIRINO**
Via delle Vergini 1
Tel. 679 45 85
*Die Eintrittskarten
werden in der Via
Minghetti 1 gelöst.*

**TEATRO SISTINA**
Via Sistina 129
Tel. 482 68 41

### RESTAURANTS

**COLLINE EMILIANE**
Via degli Avignonesi 22
Tel. 481 75 38
Fr und im Aug.
geschlossen.
*Küche der Emilia.*
45 000-60 000 LIT

**CORIOLANO**
Via Ancona 14
Tel. 841 95 01
So und 15 Tage im Aug.
geschlossen.
*Römische und piemontesische Spezialitäten.
Reservierung
empfohlen.*
70 000-100 000 LIT

**GEORGE'S**
Via Marche 7
Tel. 48 45 75
oder 474 52 04
So und im Aug.
geschlossen.
*Abends Piano-Bar.*
80 000-100 000 LIT

**SANS SOUCI**
Via Sicilia 20
Tel. 445 61 94
Mo und im Aug.
geschlossen.
*Internationale Küche.*
120 000-150 000 LIT

**TULLIO**
Via San Nicola
da Tolentino 26
Tel. 487 41 25
So und im Aug. geschlossen.
*Gute toskanische
Küche zu fairen
Preisen. Mittags trifft
man hier stets eine
Menge Journalisten.*
70 000 LIT

### HOTELS

**ABERDEEN\*\*\***
Via Firenze 48
Tel. 482 39 20
Fax 482 10 92
27 Zimmer.
125 000-160 000 LIT

**ACCADEMIA\*\*\***
Piazza dell'Accademia
di San Luca 75
Tel. 679 22 66
Fax 678 58 97
55 Zimmer
55 000-210 000 LIT

**ADRIA\*\***
Via XX Settembre 58/a
Tel. 474 52 09
18 Zimmer.
23 000-90 000 LIT

**AMBASCIATORI
PALACE\*\*\*\***
Via Vittorio Veneto 70
Tel. 474 93
Fax 474 36 01
150 Zimmer.
*Mit Restaurant.*
300 000-400 000 LIT

**BEL SOGGIORNO\*\***
Via Torino 117
Tel. 488 17 01
Fax 481 57 55
17 Zimmer.
*Mit Restaurant. Bei
schönem Wetter gibt's
Frühstück auf der Terrasse.*
40 000-95 000 LIT

**BRASILE\*\*\***
Via Palestro 13
Tel. 481 94 86
Fax 482 80 78
55 Zimmer
65 000-160 000 LIT

**BRITANNIA\*\*\***
Via Napoli 64
Tel. 488 31 53
Fax 488 23 43
32 Zimmer.
160 000-210 000 LIT

**DELLE NAZIONI\*\*\*\***
Via Poli 7
Tel. 679 24 41
Fax 678 24 00
83 Zimmer.
180 000-355 000 LIT

**DOLOMITI\***
Via San Martino della
Battaglia 11
Tel. 49 10 58
Fax 445 46 65
17 Zimmer.
36 000-75 000 LIT

**ELIDE\*\***
Via Firenze 50
Tel. 488 39 77
12 Zimmer.
45 000-90 000 LIT

**ELISEO\*\*\*\***
Via di Porta Pinciana 30
Tel. 487 04 56
Fax 481 96 29
56 Zimmer.
270 000-420 000 LIT

**FONTANA\*\*\***
Piazza di Trevi 96
Tel. 678 61 13
24 Zimmer.
*Hotel in einem schönen
Barockbau. Terrasse
mit Blick auf den Trevi-Brunnen.*
90 000-150 000 LIT

**GALILEO\*\*\***
Via Palestro 33
Tel. 444 12 07/8
Fax 444 12 08
38 Zimmer.
*Frühstück wird bei
schönem Wetter auf der
Terrasse serviert.*
60 000-192 000 LIT

**GOLDEN RESIDENCE\*\***
Via Marche 84
Tel. 482 16 59
Fax 482 16 60
19 Zimmer.
*Solide, freundliche
Pension in schöner
Lage.*
60 000-150 000 LIT

**IMPERIALE\*\*\*\***
Via Vittorio Veneto 24
Tel. 482 63 51
Fax 482 63 52
85 Zimmer.
*Mit Restaurant.*
280 000-380 000 LIT

**KATTY\***
Via Palestro 35
Tel. 444 12 16
9 Zimmer.
*Kleine, ordentliche,
hauptsächlich von
Studenten besuchte
Pension – besonders in
der Nebensaison
werden interessante
Preisnachlässe
gewährt.*
20 000-65 000 LIT

**KING\*\*\***
Via Sistina 131
Tel. 488 08 78
Fax 487 18 13
79 Zimmer.
*Im Sommer wird das
Frühstück auf der Terrasse serviert.
Panoramablick.*
175 000-225 000 LIT

**LONDRA E
CARGILL\*\*\*\***
Piazza Sallustio 18
Tel. 47 38 71
Fax 474 66 74
105 Zimmer.
*Modern eingerichtetes
Hotel mit Restaurant
und einem großen
Konferenzsaal.*
245 000-320 000 LIT

## QUIRINAL

**Hotels**
1 Aberdeen***
2 Accademia***
3 Adria**
4 Ambasciatori Palace****
5 Bel Soggiorno**
7 Britannia***
8 Delle Nazioni****
10 Elide**
11 Eliseo****
12 Fontana***
14 Golden Residence***
15 Imperiale****
17 King***
18 Londra e Cargill****
19 Majestic*****
20 Marcella***
21 Medici***
22 Oxford***
23 Pullman Boston****
24 Ranieri***
25 Sant'Andrea**
26 Sicilia***
27 Sistina***
29 Tea***
30 Tizi*
31 Tritone***
32 Victoria Roma****

**Nachtleben**
33 Blue Zone
34 New Life
35 Veleno Club

**Ausserhalb der Karte**
6 Brasile***
9 Dolomiti*
13 Galileo***
16 Katty*
28 Siviglia***

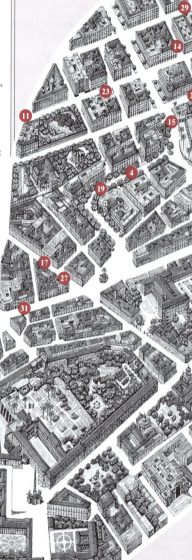

**Majestic****
Via Vittorio
Veneto 50
Tel. 48 68 41
Fax 488 09 84
95 Zimmer.
Mit Restaurant.
300 000-500 000 LIT

**Marcella****
Via Flavia 104
Tel. 474 64 51
Fax 481 58 32
66 Zimmer.
Mit Bar.
130 000-200 000 LIT

# QUIRINAL

Im Sommer besteht die Möglichkeit, auf der Terrasse des Hotels zu frühstücken.
180 000-280 000 LIT

**SIVIGLIA\*\*\***
Via Gaeta 12
Tel. 444 11 97/8
Fax 444 11 95
41 Zimmer.
160 000-250 000 LIT

**TEA\*\*\***
Via Sardegna 149
Tel. 488 59 64
Fax 482 70 58
35 Zimmer.
Mit Restaurant und Bar.
60 000-144 000 LIT

**TIZI\***
Via Collina 48
Tel. 482 01 28
9 Zimmer.
Mahlzeiten für Reisegruppen.
25 000-60 000 LIT

**TRITONE\*\*\***
Via del Tritone, 210
Tel. 678 94 44
Fax 678 58 97
42 Zimmer.
Bar, überdachte Terrasse.
55 000-210 000 LIT

**VICTORIA\*\*\*\***
Via Campania 41
Tel. 47 39 31
Fax 487 18 90
110 Zimmer.
Mit Restaurant. Bei schönem Wetter Frühstück auf der Terrasse mit

225 000-325 000 LIT

**RANIERI\*\*\***
Via XX Settembre 43
Tel. 481 44 67
Fax 481 88 34
40 Zimmer.
Mit Restaurant.
95 000-210 000 LIT

**SANT'ANDREA\***
Via XX Settembre 89
Tel. 481 47 75
10 Zimmer.
45 000-120 000 LIT

**SICILIA\*\*\***
Via Sicilia 24
Tel. 482 19 13
Fax 482 19 43
55 Zimmer.
135 000-169 000 LIT

**SISTINA\*\*\***
Via Sistina 136
Tel. 48 90 03 16
Fax 481 88 67
27 Zimmer.

**MEDICI\*\*\***
Via Flavia 96
Tel. 482 73 19
Fax 474 07 67
68 Zimmer.
70 000-200 000 LIT

**OXFORD\*\*\***
Via Boncompagni 89
Tel. 482 89 52
Fax 481 53 49
57 Zimmer.
Mit Restaurant.
60 000-220 000 LIT

**PULLMAN BOSTON\*\*\*\***
Via Lombardia 47
Tel. 47 39 51
Fax 482 10 19
126 Zimmer.
Mit Restaurant.

Panoramablick auf die Villa Borghese.
200 000-350 000 LIT

## EINKAUF

**KAUFHAUS UPIM**
Via del Tritone 172
Hauptfiliale von Rom.

**BUCHHANDLUNG RIZZOLI**
Largo Chigi 15
Größte Buchhandlung Roms.

## GAUMENFREUDEN

**DONEY**
Via Vittorio Veneto 145
Tel. 482 17 90
Mo geschlossen.
Teesalon, Eiscafé.

**TRIMANI WINE BAR**
Via Cernaia 37/b
Tel. 446 96 30
Fax 446 83 51
So und 2 Wochen im Aug. geschlossen.
Vinothek von 1821.
30 Weinsorten können hier probiert werden. Mit Imbiß.
Im Keller lagern 600 Weine.
30 000 LIT

## NACHTLEBEN

**BLUE ZONE**
Via Campania 37/a
Tel. 482 18 90
Bis morgens geöffnet.
Disco.

**NEW LIFE**
Via XX Settembre 90
Tel. 474 09 97
Disco.

**VELENO CLUB**
Via Sardegna 27
Tel. 482 18 38
Mo und Juli-Aug. geschlossen.
Disco, Piano-Bar.

## ◆ TRIDENTE

### TRIDENTE

#### KULTUR

**VILLA MEDICI**
Viale Trinità dei
Monti 1/a
Tel. 676 11
Geöffnet 10-13 und 15-19 Uhr. Mo geschlossen.

**GALLERIA INCONTRO
D'ARTE**
Via del Vantaggio 17/a
Tel. 361 22 67
Geöffnet 10.30-13 und
16.30-20 Uhr.
Geschlossen Mo und Di
morgens, im Sommer ab
Mitte Juli.

#### RESTAURANTS

**BIRRERIA BAVARESE**
Via Vittoria 47
Tel. 679 03 83
So und im Aug.
geschlossen.
Nichtraucherraum
vorhanden; bis 2 Uhr
nachts geöffnet.
*Deutsche und Tiroler
Küche.*
40 000 LIT

**DA MARIO**
Via della Vite 56
Tel. 678 38 18
So und im Aug.
geschlossen.
*Exzellent und nicht zu
teuer. Toskanische Küche. Reservierung empfohlen.*
40 000 LIT

**DAL BOLOGNESE**
Piazza del Popolo 1/2
Tel. 361 14 26
Mo im Winter, im
Sommer Sa und So
geschlossen.
*Ausgezeichnete
bolognesische Küche.*
70 000 LIT

**IL RE DEGLI AMICI**
Via della Croce 33/b
Tel. 678 25 55
oder 679 53 80
So geöffnet.
45 000-50 000 LIT

#### HOTELS

**CONDOTTI\*\*\***
Via Mario de'
Fiori 37
Tel. 679 46 61
Fax 679 04 57
*16 Zimmer.*
*150 000-300 000 LIT*

**D'INGHILTERRA\*\*\*\***
Via Bocca di Leone 14
Tel. 699 81
Fax 69 92 22 43
*Mit Restaurant.*
*105 Zimmer.*
*285 000-490 000 LIT*

**EDEN\*\*\*\*\***
Via Ludovisi 49
Tel. 474 35 51
Fax. 482 15 84
*112 Zimmer.*
*315 000-550 000 LIT*

**FORTE\*\***
Via Margutta 61
Tel. 320 76 25
*16 Zimmer.*
*30 000-115 000 LIT*

**GREGORIANA\*\*\***
Via Gregoriana, 18
Tel. 679 42 69
Fax 678 42 58
*19 Zimmer.*
*75 000-190 000 LIT*

**HASSLER VILLA
MEDICI\*\*\*\*\***
Piazza Trinità
de' Monti 6
Tel. 678 26 51
Fax 678 26 51
*101 Zimmer.*
*Luxusrestaurant in der
siebten Etage, abends
Piano-Bar.*
*380 000 -620 000 LIT*

**INTERNAZIONALE\*\*\***
Via Sistina 79
Tel. 69 94 18 23
Fax 678 47 64
*42 Zimmer.*
*180 000-250 000 LIT*

**LOCARNO\*\*\***
Via della Penna 22
Tel. 361 08 41
Fax 321 52 49
*38 Zimmer.*
*119 000-180 000 LIT*

**MARGUTTA\*\***
Via Laurina 34
Tel. 679 84 40
*21 Zimmer.*
*88 000-122 000 LIT*

**SCALINATA
DI SPAGNA\*\*\***
Piazza Trinità
dei Monti 17
Tel. 679 30 06
Fax 69 94 05 98
*15 Zimmer.*
*50 000 -300 000 LIT*

**SUISSE\*\***
Via Gregoriana 56
Tel. 678 36 49

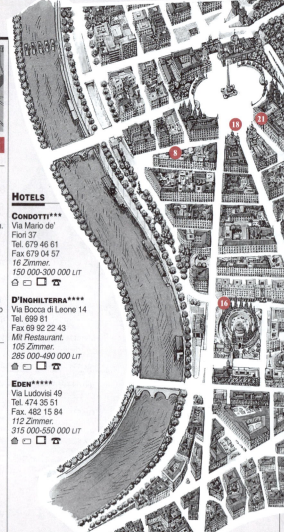

**CROFF (CENTRO CASA)**
Via Tomacelli 137
*Eine große italienische Handelskette, die Haushaltswaren und kleinere Möbel zu moderaten Preisen vertreibt.*

## TRIDENTE

**HOTELS**
1 CONDOTTI\*\*\*
2 D'INGHILTERRA\*\*\*\*
3 EDEN\*\*\*\*\*
4 FORTE\*\*
5 GREGORIANA\*\*\*
6 HASSLER\*\*\*\*\*
7 INTERNAZIONALE\*\*\*
8 LOCARNO\*\*\*
9 MARGUTTA\*\*
10 SCALINATA DI SPAGNA\*\*\*
11 SUISSE\*\*
12 TRINITÀ DEI MONTI\*\*\*

**GAUMENFREUDEN**
13 ACHILLE
14 ANTICA ENOTECA DI VIA DELLA CROCE
15 BABINGTON'S TEA ROOM
16 BUCCONE
17 CAFFÈ GRECO
18 CANOVA
19 CASINA VALADIER
20 EUROPEO
21 ROSATI
22 VANN

**NACHTLEBEN**
23 GILDA

Fax 678 12 58
*28 Zimmer.
Ordentliche
Pensione.
30 000-106 000 LIT*
☐ ☐ ☎

**TRINITÀ DEI MONTI\*\***
Via Sistina 91
Tel. 679 72 06
Fax 699 01 11
*22 Zimmer.
35 000-130 000 LIT*
☐ ☐ ☎

## EINKAUF

### MODE
BATTISTONI
Via Condotti 61/a
*Kleidung.*
CUCCI
Via Condotti 67
Tel. 679 18 82
*Kleidung.*
FENDI
Via Borgognona 39
Tel. 679 76 42
*Haute Couture.*
LAURA BIAGIOTTI
Via Borgognona 43/44
Tel. 679 12 05
*Haute Couture und Prêt à porter.*
VALENTINO
Via Gregoriana 24
Tel. 673 91
*Haute Couture.*

**BULGARI**
Via Condotti 10
Tel. 679 38 76
*Einer der berühmtesten und teuersten Juweliere der Welt.*

**FERRAGAMO**
Via Condotti 73/74
Tel. 679 15 65
*Schuhe.*

**FRATELLI**
Via Borgognona 5/a
Tel. 678 26 76
*Schuhe.*

**GUCCI**
Via Condotti 8
Tel. 678 93 40
*Pelze und Lederkleidung, auch Taschen, Gürtel, Schuhe und andere Accessoires.*

**BÜCHER**
FELTRINELLI
Via del Babuino 39/41
REMAINDER'S
Piazza San Silvestro 28

# ◆ Via Appia Antica – Diokletians-Thermen

## GAUMENFREUDEN

**ACHILLE**
Via dei Prefetti 15
Tel. 687 34 46
So sowie Mo morgens und in der zweiten Augusthälfte geschlossen.
*Vinothek mit einer beachtlichen Auswahl an Likör, Wein und Champagner. Imbisse, Verkauf von Wein, Spirituosen und Gebäck.*
2 000-15 000 LIT

**ANTICA ENOTECA DI VIA DELLA CROCE**
Via della Croce 76
Tel. 679 08 96
So und erste Woche im Aug. geschlossen.
*Die älteste Vinothek Roms (1842). Beachtliche Auswahl an Qualitätsweinen. Verschiedene Imbisse.*
20 000-30 000 LIT

**BABINGTON'S TEA ROOM**
Piazza di Spagna 23
Tel. 678 60 27
9-20 Uhr geöffnet. Im Sommer Di und So geschlossen.
*1893 gegründeter Teesalon mit gesalzenen Preisen.*

**BUCCONE**
Via di Ripetta 19
Tel. 361 21 54
9-13.30 und 16-20 Uhr geöffnet.
So sowie drei Wochen im Aug. geschlossen.
*Alte römische Vinothek.*
3 000-9 000 LIT

**CAFFÈ GRECO**
Via Condotti 86
Tel. 679 17 00
Geöffnet 8-21 Uhr.
So und zwei Wochen im Aug. geschlossen.
*Das 1760 gegründete Kaffeehaus war im 18. Jh. ein beliebter Künstler-Treffpunkt.*

**CANOVA**
Piazza del Popolo 16
Tel. 361 22 31
oder 361 2227
7.30-1 Uhr nachts geöffnet.
*Bar, Restaurant, Luxusboutique.
Eine der bekanntesten Adressen für gehobene Ansprüche in Rom.*

**CASINA VALADIER**
Viale del Belvedere
Tel. 679 20 83
9-2 Uhr geöffnet.
Mo geschlossen.
*Restaurant, Bar.*
60 000-90 000 LIT

**EUROPEO**
Piazza S. Lorenzo in Lucina 33
Tel. 687 63 04
oder 687 63 00
Mi und im Aug. geschlossen.
*Eiscafé.*
10 000 LIT

**ROSATI**
Piazza del Popolo 5
Tel. 322 58 59
oder 322 73 78
7.30-24 Uhr geöffnet.
Di geschlossen.
*Ein sehr elegantes Eiscafé, das nicht zuletzt für sein exquisites Gebäck berühmt ist.*
10 000 LIT

**VANNI**
Via Col di Lana 10
Tel. 322 36 42
Mo geschlossen.
*Bar, Eiscafé und Restaurant.*
Via Frattina 94
Tel. 679 18 35
7-23 Uhr geöffnet.
Mo geschlossen.
*Bar, Eiscafé, und Restaurant.*

## NACHTLEBEN

**GILDA**
Via Mario de' Fiori 97
Tel. 678 48 38
Mo und den Sommer über geschlossen.
*Ganz Rom scheint diese Disco zu besuchen. An den Tischen kann man ein Abendessen einnehmen.
Nicht gerade billig.*
50 000-100 000 LIT.

## VIA APPIA ANTICA

### RESTAURANTS

**CECILIA METELLA**
Via Appia antica 125/129
Tel. 513 67 43
Mo und zwei Wochen im Aug. geschlossen.
50 000-70 000 LIT

**SORA ROSA**
Via Tor Carbone 74
Tel. 718 84 53
Mo geschlossen.
*Ausgesprochen malerisches Restaurant mit familiärer Atmosphäre. Im Sommer wird eine Tischreservierung empfohlen.*
40 000-55 000 LIT

## DIOKLETIANS-THERMEN

### KULTUR

**TEATRO NAZIONALE**
Via del Viminale 51
Tel. 487 06 10

**TEATRO DELL'OPERA**
Via Firenze 62
Tel. 4816 01
*Die offizielle Saison der römischen Oper dauert von Nov. bis Juni. Das Teatro dell'Opera ist auch für die sommerlichen Opernaufführungen im Freien zuständig – hier können Sie in Erfahrung bringen, wohin man, nachdem die Veranstaltungen in den Caracalla-Thermen storniert wurden, nun ausgewichen ist. Eintrittskarten erhält man auf der Piazza Beniamino Gigli.*

## RESTAURANTS

**IL DITO E LA LUNA**
Via dei Sabelli 47/51
Tel. 494 07 26
Nur abends geöffnet.
So und im Aug. geschlossen.
*Sizilianische Küche, Fisch.*
40 000 LIT

**COLONDRA**
Via Torino 34
Tel. 487 39 20
oder 482 69 70
12.30-15 und 19.30-23 Uhr geöffnet.
So und in den letzten beiden Augustwochen geschlossen.
*Traditionelle italienische Küche.*
42 000 LIT

**TANA DEL GRILLO**
Via V. Alfieri 4
Tel. 70 45 35 17
So und Mo geschlossen.
*Ferraresische Küche in familiärer Atmosphäre.*
50 000 LIT

**TRATTORIA MONTI**
Via San Vito 13/a
Tel. 446 65 73
Di und Ende Aug. bis Anfang Sept. geschlossen.
*Trattoria mit gutem Ruf: Hier kann die Küche der Marken probiert werden.*
40 000 LIT

## HOTELS

**ARTDECO**\*\*\*\*
Via Palestro 19
Tel. 445 75 88
Fax 444 14 83
49 Zimmer.
*Mit Restaurant.*
230 000-360 000 LIT

**CANOVA**\*\*\*
Via Urbana 10/a
Tel. 487 33 14
Fax 481 91 23
15 Zimmer.
*Restaurant mit napolitanischer Küche.*
120 000-190 000 LIT

**DANIELA**\*\*\*
Via Luigi Luzzatti 31
Tel. 702 78 17
Fax 702 79 22
48 Zimmer.
160 000-250 000 LIT

# TRASTEVERE ◆

**DIANA***
Via Principe Amedeo 4
Tel. 482 75 41
Fax 48 69 98
*190 Zimmer.
90 000-180 000 LIT*

**DINA****
Via Principe Amedeo 62
Tel. 474 06 94
Fax 48 61 03
*20 Zimmer.
40 000-110 000 LIT*

**FATIMA***
Viale Castro Pretorio 25
Tel. 445 42 01
*7 Zimmer.
45 000-90 000 LIT*

**GENOVA*****
Via Cavour 33
Tel. 47 69 51
Fax 482 75 80
*91 Zimmer.
150 000-300 000 LIT*

**GIAMAICA***
Via Magenta 13
Tel. 49 01 21
*9 Zimmer.
Reisegruppen können hier auch essen.
39 000-55 000 LIT*

**IGEA****
Via Principe Amedeo 97
Tel. und Fax 446 69 11
*42 Zimmer.
30 000-100 000 LIT*

**MARECHIARO****
Via Gioberti 30
Tel. 446 53 67
Fax 446 53 85
*21 Zimmer.
43 000-84 000 LIT*

**MILANI*****
Via Magenta 12
Tel. 445 70 51
Fax 446 23 17
*78 Zimmer.
Einfaches Hotel mit gutem Service, aber ohne teuren Aufwand.
150 000-210 000 LIT*

**MASSIMO D'AZEGLIO******
Via Cavour 18
Tel. 488 06 46
Fax 482 73 86
*210 Zimmer.
Traditionsbewußtes Haus mit Restaurant.
95 000-315 000 LIT*

**NAPOLEON******
Piazza Vittorio Emanuele 105
Tel. 446 72 64
Fax 446 72 82
*80 Zimmer.
Mit Restaurant.
170 000-275 000 LIT*

**NEW YORK****
Via Magenta 13
Tel. 446 04 56
Fax 494 07 14
*42 Zimmer.
35 000-170 000 LIT*

**PERUGIA***
Via del Colosseo 7
Tel. 679 72 00
*11 Zimmer.
28 000-80 000 LIT*

**QUIRINALE******
Via Nazionale 7
Tel. 47 07
Fax 482 00 99
*186 Zimmer.
Mit Restaurant.
210 000-350 000 LIT*

**VIMINALE*****
Via Cesare Balbo 31
Tel. 488 19 10
Fax 487 20 18
*46 Zimmer.
Terrasse mit Panoramablick.
175 000-248 000 LIT*

## EINKAUF

**KAUFHAUS UPIM**
Piazza Santa Maria Maggiore
oder Via Nazionale 211

## GAUMENFREUDEN

**CHIRRA**
Via Torino 133
Tel. 48 56 59
*7-2 Uhr geöffnet.
So und erste Woche im Aug. geschlossen.
Vinothek. Gute Auswahl an italienischen Weinen.*

**IL SIMPOSIO DI PIERO COSTANTINI**
Piazza Cavour 16
Tel. 321 32 10
*So, Mo, Sa morgens und im Aug. geschlossen.
Weinverkauf: Hier kann man unter 5 000 der besten Weine aus der ganzen Welt wählen. Außerdem gibt es ein riesiges Käseangebot.*

## TRASTEVERE
### KULTUR

**ACCADEMIA AMERICANA**
Via Angelo Masina
Tel. 584 61
*9-17 Uhr geöffnet. Sa, So und 15 Tage im Aug. geschlossen.*

**ANFITEATRO QUERCIA DEL TASSO**
Via Passeggiata del Gianicolo
Tel. 575 08 27
*Freilichtaufführungen im Sommer. Im Winter zieht die Truppe ins Teatro Anfitrione, Via San Saba 24, um. Repertoire: Komödien.*

**NUOVO SACHER**
Largo Ascianghi 1
Tel. 581 81 16
*Das Kino von Nanni Moretti. Im Sommer Open-Air-Vorführungen. Mo und Di Filme im Original.*

### RESTAURANTS

**ALBERTO CIARLA**
Piazza S. Cosimato 40
Tel. 581 86 68
*Mo-Sa geöffnet.
Im Jan. und Aug. je 15 Tage geschlossen.
Raffinierte Küche. Fischspezialitäten.
100 000 LIT*

**CICERUACCHIO**
Via del Porto 1
Tel. 580 60 46
*17-23 Uhr geöffnet.
Mo und im Aug. geschlossen.
Römische und internationale Küche.
45 000 LIT*

**DA GILDO**
Via della Scala 31/a
Tel. 580 07 33
*Mi geschlossen. Von Mai-Okt. nur abends geöffnet.
Pizzeria und Trattoria.
25 000-40 000 LIT*

**GINO IN TRASTEVERE**
Via della Lungaretta 85
*So und 10.-31. August geschlossen.
Hohe Preise, aber sehr gute Küche. Fischspezialitäten.
50 000 LIT*

**IVO**
Via S. Francesco a Ripa 158
Tel. 581 70 82
*Di geschlossen.
Bekannte Pizzeria.
15 000-20 000 LIT*

**MEO PATACCA**
Piazza dei Mercanti 30
Tel. 581 61 98
*Jeden Abend geöffnet.
An Weihnachten geschlossen.
Sehr touristisch.
55 000 LIT*

**OSTERIA DELL'AQUILA**
Via Natale del Grande 52
Tel. 581 19 24
*Di geschlossen.
Lebhaft-herzliche Atmosphäre und hervorragende römische Küche. Besonders die pajata (Därme vom Milchkalb) sollte man sich nicht entgehen lassen.
40 000 LIT*

**PANATTONI**
Viale Trastevere 53
Tel. 580 09 19
*Mi und 8.-28. Aug. geschlossen.
Abends eine sehr lebhafte Pizzeria.
12 000 LIT*

**PARIS**
Piazza S. Callisto 7/a
Tel. 581 53 78
*So abends, Mo und im Aug. geschlossen.
Römische Küche.
50 000-80 000 LIT*

**PIPERNO**
Via Monte de' Cenci 9
Tel. 654 06 29
oder 68 80 27 72
*So abends, Mo, im Aug., Weihnachten und Ostern geschlossen.
Römische und jüdische Küche. Nobelrestaurant. Reservierung empfohlen.
70 000 LIT*

# ◆ Villa Borghese – Villa Giulia

**ROMOLO**
Via Porta Settimiana 8
Tel. 581 82 84
Mo und zwei Wochen im Aug. geschlossen.
*Ein Restaurant voller historischer und romantischer Erinnerungen: Man sagt, Fornarina, die Geliebte Raffaels, habe hier einige Zeit gelebt. Im Sommer kann man im Hof speisen, umgeben von der Aurelianischen Mauer.*

**SORA LELLA**
Via Ponte Quattro Capi 16
Tel. 686 16 01
So geschlossen.
*Eine gute Adresse auf der Tiberinsel. Traditionelle Küche, Reservierung empfohlen.*
70 000 LIT

## HOTELS

**ESTY***
Viale Trastevere 108
Tel. 588 12 01
*8 Zimmer.*
40 000-58 000 LIT

**MANARA***
Via Luciano Manara 25
Tel. 581 47 13
*5 Zimmer.*
20 000-58 000 LIT

## EINKAUF

**KAUFHAUS STANDA**
Viale Trastevere 62-64
*Die Preise sind dem moderaten Preisniveau im Viertel angeglichen.*

## NACHTLEBEN

**EL CHARANGO**
Via di Sant'Onofrio 28
Tel. 687 99 08
Mo und Juli-Mitte Sept. geschlossen.
*Es wird zu südamerikanischer Live-Musik getanzt.*
♫

**IL MELVYN'S**
Via del Politeana 8/a
Tel. 580 30 77
♫

**YES BRAZIL**
Via San Francesco a Ripa 103
Tel. 581 62 67
Ab 20 Uhr geöffnet. So geschlossen.
*Musik aus Brasilien.*
♫

## VILLA BORGHESE – VILLA GIULIA

## KULTUR

**AUDITORIUM DES FORO ITALICO**
Piazza Lauro de Bosis 28
Tel. 36 86 56 25
*Klassische Musik.*

**TEATRO OLIMPICO**
Piazza Gentile da Fabriano 17
Tel. 323 48 90
oder 323 49 36

**TEATRO POLITECNICO**
Via Giovanni Battista Tiepolo 13/a
Tel. 321 98 91
oder 361 15 01

## RESTAURANTS

**AI PIANI**
Via Denza 35
Tel. 807 97 04
12.30-15.30 und abends bis 22 Uhr geöffnet. Mo und im Aug. geschlossen.
*Römische Küche, Fischspezialitäten.*
60 000 LIT

**LE BISTROQUET**
Via G. Sacconi 55
Tel. 322 02 18
Jeden Abend geöffnet. So und vom 25. Juli bis 1. Sept. geschlossen.
*Sehr gute Küche, spezialisiert auf Meeresfrüchte und Krustentiere, gute Auswahl an Weinen, schöne Atmosphäre.*
90 000 LIT

**PRIMO PIANO**
Via Cassia 999/b
Tel. 30 31 07 11
Geöffnet bis spät in den Abend. Mo geschlossen.
*Traditionelle Küche. Man kann auch einfach Pizza essen.*
50 000-60 000 LIT

## HOTELS

**ALDROVANDI*****
Via Aldrovandi 15
Tel. 322 39 93
Fax 322 14 35
*139 Zimmer (16 Suiten). Mit drei Restaurants. Luxushotel mit Schwimmbad im Garten.*
275 000-500 000 LIT

**LORD BYRON*****
Via Giuseppe de Notaris 5
Tel. 322 04 04
Fax 322 04 05
*40 Zimmer.*
*Das Restaurant des Luxushotels gehört zu den berühmtesten und (dennoch) besten von ganz Rom.*
220 000-510 000 LIT

## GAUMENFREUDEN

**ROCCHI**
Via A. Scarlatti 7/9
Tel. 855 10 22
*Exzellente Vinothek.*

**ZODIACO**
Viale Parco dei Mellini 90
Tel. 349 66 40
Gelegentlich bis 4 Uhr nachts geöffnet. Di vormittags geschlossen.
*Café, Bar, Eis. Eines der wenigen Cafés von Rom, das die gesamte Stadt anzieht.*

## NACHTLEBEN

**LE STELLE**
Via C. Beccaria 22
Tel. 361 12 40
Mo geschlossen.
*In-Disco. Do Musik aus Cuba und Salsa.*
♫

## AUSSERHALB DER MAUERN

## KULTUR

**L'AZZURRO SCIPIONI**
Via degli Scipioni 82
Tel. 39 73 71 61

**DEI PICCOLI**
Viale della Pineta 15
Tel. 855 34 85
*Hauptsächlich Zeichentrick- und Kinderfilme.*

**TEATRO ATENEO**
Viale delle Scienze 3
Tel. 49 91 46 89
*Im Universitätsviertel.*

**TEATRO I MONGIOVINO**
Via G. Genocchi 15
Tel. 513 94 05
oder 860 17 33

**TEATRO DI VILLA LAZZARONI**
Via Appia Nuova 522/b
Tel. 784 04 53
oder 78 77 91
*Vorführungen für Kinder. Theaterkurse, Konzerte, Podiumsdiskussionen.*

## RESTAURANTS

**AL CEPPO**
Via Panama 2
Tel. 841 96 96
Mo und 1.-30. Aug. geschlossen.
50 000-80 000 LIT

**BETTO & MARY ALLA CERTOSA**
Via dei Savorgnan 99
Tel: 21 70 42 79
Do geschlossen.
*Einfache Trattoria, die vorzügliche römische Hausmannskost zu äußerst günstigen Preisen bietet.*
20 000 LIT

**(GIGGETTO) ER PESCATORE**
Via Antonio Sant'Elia 13
Tel. 807 99 29
So geschlossen.
*Spezialität: Fisch und Meeresfrüchte.*
80 000 LIT

**LE MASCHERE**
Via Umbri 8/14
Tel. 445 38 05
Mo und im Mai geschlossen.
*Pizzeria.*
20 000 LIT

**SEVERINO**
Piazza Zama 5/c
Tel. 700 08 72
Mo und im Aug. geschlossen.
*Gute traditionelle Küche. Sehr zu empfehlen: Saltimbocca.*
60 000 LIT

# UMGEBUNG

## EINKAUF

### EINKAUFSZENTRUM
CINECITTÀ DUE CENTRO
COMMERCIALE
Via Tuscolana
*Das ältere der beiden großen römischen Einkaufszentren.*

## NACHTLEBEN

### ALIEN
Via Velletri 13/19
Tel. 841 22 12
*Disco.*
♪

### ALPHEUS
Via del Commercio
36/38
Tel. 57 47 78 26
*Die besten Jazzkenner und -musiker sind hier zu finden.*
♪

### FORTE PRENESTINO
Via F. Delpino

### PALLADIUM
Piazza B. Romano 8
Tel. 511 02 03
*Ab 21.30 Uhr geöffnet. Im Aug. geschlossen. Livebands (Jazz, Rock, italienische Musik).*
♪

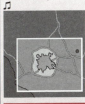

## TIVOLI – PALESTRINA

### HOTELS

### STELLA**
Piazzale della
Liberazione 3
Palestrina
Tel. 953 81 72
Fax 957 33 60
*15 Zimmer
Mit Restaurant.*
30 000–80 000 LIT
⌂ ⬜ ▯ ☎

### AURORA***
Via A. Manzoni 19
Bagni di Tivoli
Tel. 0774/52 91 76
Fax 0774/35 40 92
*13 Zimmer
Mit Restaurant
(römische Küche).*
80 000–150 000 LIT
⌂ ⬜ ▯ ☎ ◐ ⚊

## RESTAURANTS

### SIBILLA
Via della Sibilla 50
Tivoli
Tel. 0774/202 81
*Mo geschlossen.
Gasthaus von 1730. Man kann im Garten speisen und dort zwei antike Tempel bewundern. Römische Spezialitäten.*
60 000 LIT
⬜ ⚊

## OSTIA

### RESTAURANTS

### RISTORANTE OTELLO
Via delle Tartane, 57
Ostia
Tel. 562 33 94
*Mo geschlossen.
Regionale Küche.*
15 000–30 000 LIT
⬜ ⚊ ⚊

### HOTELS

### BELLAVISTA*
Piazzale Magellano 16
Lido di Ostia
Tel. 562 43 93
Fax 562 16 67
*13 Zimmer
Mit Restaurant.*
41 000–60 000 LIT
⌂ ⬜ ⚊ ⚊

### LA RIVA***
Lido di Ostia
Tel. 562 23 31
Fax 562 16 67
*13 Zimmer
Mit Restaurant.*
95 000–128 000 LIT
⌂ ⬜ ☎ ⚊ ⚊

## UMGEBUNG

### RESTAURANTS

### ANTONELLO COLONNA
Via Casilina, km 38,8
Labico
Tel. 951 00 32
*So abends und Mo geschlossen.
Die Preise sind recht hoch, aber die Küche ist exzellent und die Atmosphäre malerisch: Das Restaurant beherbergt sogar eine Bibliothek.
Nur mit Reservierung.*
80 000–90 000 LIT
⬜

### BRICIOLA DI ADRIANA
Via Gabriele
d'Annunzio 12
Grottaferrata
Tel. 945 93 38
*Mo, So abends und zwei Wochen im Aug. geschlossen.
Traditionelle Küche.*
40 000 LIT
⚊

### CACCIANI
Via A. Diaz 13
Frascati
Tel. 942 03 78
*Di sowie je zehn Tage im Jan. und Aug. geschlossen.
Küche der Castelli.*
60 000 LIT
⬜ ⚊

### D'ARTAGNAN
Via Tuscolana, km 27,2
Grottaferrata
Tel. 940 62 91
*So abend und Mo geschlossen.
Römische und regionale Spezialitäten.*
40 000–80 000 LIT
⬜ ⚊

### LA GROTTA
Via Italo Belardi 31
Genzano
Tel. 936 42 24
*Di und Anfang Jan. geschlossen.
Traditionelle römische Küche, Fisch.*
30 000–70 000 LIT

### L'ORATORIO
Via Don Bosco 41
Frascati
Tel. 941 73 66
*Mi und 15 Tage im Aug. geschlossen.
Traditionelle und internationale Küche.*
35 000 LIT
⬜ ⚊

### RICHELIEU
Monteporzio Catone
Via Frascati Colonna, km 4,7
Tel. 948 52 93
*Mo und So abends geschlossen.
Schöne Örtlichkeit im Gebiet der Castelli-Residenz. Große Auswahl an Weinen, unbeschreiblich schöner Blick auf Rom und das Tal.*
50 000 LIT
⬜ ⚊ ⚊

### TABERNA MAMILIUS
Viale Balilla 1
Frascati
Tel. 942 15 59
*Mi, So abends und zwei Wochen im Aug. geschlossen.
Traditionelle Gerichte der Castelli Romani, Hausgemachtes. Guter Weinkeller, der auch selbstgezogene Gewächse enthält. Reservierung empfohlen.*
60 000 LIT
⬜ ⚊

### TAVERNA DELLO SPUNTINO
Via Cicerone 22
Grottaferrata
Tel. 945 93 66
*Mi und im Aug. geschlossen.
Regionale Küche.*
50 000–80 000 LIT

### HOTELS

### CASTELVECCHIO***
Via Pio Undicesimo 23
Castelgondolfo
Tel. 936 03 08
Fax 936 05 79
*Zwei Restaurants.*
110 000–160 000 LIT
⬜ ⚊ ◐ ⚊

### EL PASO***
Via Settevene Palo 293
Cerveteri
Tel. und Fax 994 35 82
*Mit Restaurant
(römische Küche).*
60 000–105 000 LIT
⌂ ⬜ ℗

### TARCONTE***
Via Tuscia 19
Tarquinia
Tel. 0766/85 61 41
Fax 0766/85 65 85
*Mit Restaurant.*
75 000–110 000 LIT

## GAUMENFREUDEN

### VIEHMESSE
Grottaferrata
25. März–5. April
*Diese berühmte Messe gibt es schon über 400 Jahre. Die richtige Gelegenheit, gepökeltes Fleisch zu kaufen!*

◆ Reisenotizen

# REISENOTIZEN

◆ REISENOTIZEN

# Anhang

Lesetips  *478*
Abbildungsnachweise  *482*

## ◆ LITERATURTIPS

### ◆ Zur Einführung ◆

- Armellini, M., Cecchilli C.: Le Chiese di Roma dal secolo IV al XIX, 2 Bde., Rom 1942
- Attraverso l'Italia. Roma, Touring Club Italiano, Mailand 1986
- Badt, Kurt: Vier Städte. Geist und Gestalt. Rom, Florenz, Paris, London, Berlin, De Gruyter 1959
- Burckhardt, Jakob: Die Kultur der Renaissance in Italien, Kröner, Stuttgart 1976
- Chiellino, Carmine: Kleines Italien-Lexikon. Wissenswertes über Land und Leute, Beck, München 1989
- De Tommasso, F.: Le Cupole di Roma, Rom 1991
- D'Onofrio, C.: Castel San Angelo, Rom 1972
- Fischer, Heinz-Joachim: Rom – Ein Reisebegleiter. Zweieinhalb Jahrtausende Kunst und Kultur der ewigen Stadt, DuMont, Köln [6]1991
- Fontana di Trevi, Fratelli Palombi Editori, Rom 1992
- Galassi Paluzzi, C., Chiese romane, Ente provinciale per il turismo di Roma, o.J.
- Guida al Quirinale, Fratelli Palombi Editori, Rom 1985
- Hennig, Christoph: Das Land um Rom. Klöster und Villen, Kirchen und Gräberstädte, mittelalterliche Orte und arkadische Landschaften, DuMont, Köln 1989
- Kusch, Erich B.: Rom, DuMont, Köln [2]1992
- Lazio, Touring Club Italiano, Mailand 1967
- Matt, Leonard von, Barelli, Franco: Rom. Kunst und Kultur der Ewigen Stadt, DuMont, Köln [11]1992
- Peterich, Eckart: Italien, Bd. 2, Prestel, München 1958
- Pietrangeli, C. und Pericoli, C.: Guide rionali di Roma, Palombi, Rom 1971-1980
- Ravaglioli, A.: La Storia in piazza. Breve profilo della storia urbanistica della città di Roma, Edizioni di Roma Centro Storico 1987
- Ravaglioli, A.: Tutta Roma, Rom 1983
- Roma, Touring Club Italiano, Mailand 1978
- Rome et ses rivales (Visages de Rome, V), Centre Saint-Louis de France, Rom 1985
- Rome vue du ciel, Gallimard, Paris 1988
- Storia dei rioni di Roma, Nuova Editrice Spada, Rom 1992
- Stützer, Herbert Alexander: Rom. Die Stadt der sieben Hügel, DuMont, Köln [7]1987
- Tichy, F.: Italien. Eine geographische Landeskunde, Wissenschaftliche Buchgesellschaft, Darmstadt 1985
- Ventriglia, U.: La Geologia della città di Roma, Rom 1971
- Zibaldone. Zeitschrift für italienische Kultur der Gegenwart, Piper, München

### ◆ Geschichte ◆

- Bartonccini, F.: Roma nell'Ottocento, Bologna 1985
- Burke, Peter: Die Renaissance in Italien. Sozialgeschichte einer Kultur zwischen Tradition und Erfindung, Wagenbach, Berlin 1984
- Caracciolo, A.: Roma capitale dal Risorgimento alla crisi dello Stato liberale, Rom 1956
- Carcopino, J.: La Vie quotidienne à Rome à l'apogée de l'empire, Hachette, Paris 1939
- Chastel, A.: Le Sac de Rome (1527), Gallimard, Paris 1984
- Chiellino, Carmine: Italien. Bd. 1: Geschichte, Staat und Verwaltung, Beck, München [2]1989
- Chiellino, Carmine / Marchio, Fernando / Rongoni, Giocondo: Italien. Bd. 2: Wirtschaft, Gesellschaft, Politik, Kultur, Beck, München [2]1989
- Daremberg, C., Saglio, E., Pottier, E.: Dictionnaire des antiquités grecques et romaines, 5 Bde., Paris 1877-1919
- D'Onofrio, C.: Renovatio Romae, storia e urbanistica del Campidoglio all'EUR, Rom 1973
- Gibbon, Edward: Verfall und Untergang des römischen Reiches. (Hg.) Dero A. Saunders, dt. von Johann Sporschil, Reprint Eichborn, Frankfurt/Main 1992
- Gregorovius, Ferdinand: Geschichte der Stadt Rom im Mittelalter vom 5. bis 16. Jh. (1886-1896), 7 Bde., dtv, München 1988
- Grimal, Pierre (Hg.): Der Aufbau des Römischen Reiches, Fischer Taschenbuch, Frankfurt/Main [14]1992
- Grimal, Pierre: La Civilisation romaine, Seuil, Paris 1992
- Hibbert, Christopher: Rom. Biographie einer Stadt, dt. von Karl H. Siber, dtv, München 1992
- Insolera, I.: Roma. Immagini e realtà dal X al XX secolo, Laterza, Rom-Bari 1985
- Italien-Ploetz. Italienische Geschichte zum Nachschlagen, Ploetz, Würzburg 1986
- Krautheimer, R.: Rome, Profile of a City, Princeton 1980
- La Padula, A.: Roma e la regione nell'epoca napoleonica, Rom 1969
- Lill, Rudolf: Geschichte Italiens vom 16. Jahrhundert bis zu den Anfängen des Faschismus, Wissenschaftliche Buchgesellschaft, Darmstadt 1980
- Mac Mullen, R.: Le Paganisme dans l'Empire romain, Paris 1987
- Mazzarino, S.: La Fin du monde antique, Gallimard, Paris 1978
- Mommsen, Theodor: Römische Geschichte (1854), 8 Bde., dtv, München
- Monelli, P.: Roma 1943, Turin 1945
- Olschki, Leonardo: Italien: Genius und Geschichte, Wissenschaftliche Buchgesellschaft, Darmstadt 1958
- Pastor, L.: Histoire des papes depuis la fin du Moyen Âge, Paris 1907-1938
- Pesci, U.: I Primi Anni di Roma capitale, Florenz 1907
- Pietri, Ch.: Roma Christiana, recherches sur l'Église de Rome, son organisation, sa politique, son idéologie, de Miltiade à Sixte III (311-440), Rom 1976 (Bibliothèque des écoles françaises d'Athènes et de Rome, 224)
- Procacci, Guiliano: Geschichte Italiens und der Italiener, dt. von Friederike Hausmann, Beck, München 1989
- Romano, S.: Histoire de l'Italie du Risorgimento à nos jours, Seuil, Paris 1977
- Rome 1920-1945. Le modèle fasciste, son Duce, sa mythologie, série Mémoires, Autrement, Paris 1991
- Scheid, J. et Jacques, F.: Rome et l'intégration de l'Empire, PUF, Paris 1990
- Scheid, J.: Religion et piété à Rome, La Découverte, Paris 1985
- Schmidlin, J.: Histoire des papes de l'époque contemporaine, Lyon-Paris, 1938-1940
- Seidlmayer, Michael: Geschichte Italiens, Kröner, Stuttgart [2]1989.
- Stützer, Herbert Alexander: Die italienische Renaissance, DuMont, Köln 1977
- Syme, Ronald: Die Römische Revolution, dt. von Tilo Wedemeyer, Piper, München 1992
- Treves, P.: L'Idea di Roma e la Cultura italiana del secolo XIX, Mailand-Neapel 1962
- Turcan, R.: Les Cultes orientaux dans l'Empire romain, Paris 1989
- Turcan, R.: Mithra et le mithriacisme, Rom 1981
- Vieillard, R.: Recherches sur les origines de la Rome chrétienne, essai d'urbanisme chrétien, Rom 1959
- Villes et territoires pendant la période napoléonienne, École française de Rome, Rom 1988
- Zanker, P.: Augusto e le immagini del potere, Einaudi, Turin 1989

### ◆ Archäologie ◆

- Coarelli, Filippo: Rom. Ein archäologischer Führer, dt. von Agnes Allroggen-Bedel, Herder, Freiburg 1975
- Guzzo, P.-G.: Antico e archeologia. Scienza e politica delle diverse antichità, Nuova Alfa Editoriale, Bologna 1993
- Lanciani, R., La Distruzione dell'antica Roma, Curcio, Rom 1986
- Lanciani, R.: Storia degli scavi di Roma, 4 Bde., Rom 1902-1904 (Neuauflage 1989-92)
- Parker, J. H.: The Archeology of Rome, Oxford-London 1974
- Pinon, P., Amprimoz, F.-X., Les Envois

# LITERATURTIPS

de Rome, architecture et archéologie, École française de Rome, 1988
◆ Roma Antiqua. Forum, Capitole, Palatin, École nationale supérieure des beaux-arts, 1986
◆ Roma Antiqua 2. Grandi edifici pubblici, Ed. Carte segrete, Rom 1992

## ◆ Tradition ◆

◆ Bugialli, Giuliano: Die Kultur der italienischen Küche, DuMont, Köln 1985
◆ Ceccarelli, L.: Letture romane. Antologia di curiosità, personaggi e avvenimenti della città, Fratelli Palombi Editori, Rom 1989
◆ Graf, A.: Roma nella memoria e nelle immaginazioni del Medioevo, Turin 1915
◆ I Mobili del Museo di Roma. Stili, forme, tendenze dal XV al XIX secolo, Fratelli Palombi Editori, Rom 1991
◆ Jannattoni, L.: Roma fine Ottocento, Newton Comptom Editori, Rom 1979
◆ Rodocanachi, E.: Courtisanes et bouffons, études de mœurs romaines au xvie siècle, Paris 1984
◆ Lo Sport nel mondo antico, Ed. Quasar, Rom 1987
◆ Naval, M.: A Roma si racconta che... Leggende, aneddoti, curiosità, Nuova Editrice Spada, Rom 1978

## ◆ Kunstgeschichte ◆

◆ Braunfels, Wolfgang: Kleine italienische Kunstgeschichte. DuMont, Köln 1984
◆ Geller, H.: Deutsche Künstler in Rom, Rom 1961
◆ Jäger, Michael: Die Theorie des Schönen in der italienischen Renaissance, DuMont, Köln 1990
◆ Keller, Harald: Die Kunstlandschaften Italiens, Insel, Frankfurt/M. 1983
◆ Stützer, Herbert A.: Kleine Geschichte der römischen Kunst, DuMont, Köln ²1991
◆ Stützer, Herbert Alexander: Frühchristliche Kunst in Rom, DuMont, Köln 1991

## ◆ Das antike Rom ◆

◆ Adam, J.: La Construction romaine, Picard, 1989
◆ Andreae, B.: La Rome antique, Citadelles, Paris, 1989
◆ Asby, Th.: The Roman Campagna in Classical Times, E. Benn, London 1927
◆ Bertolotti, Ioppolo, Sartorio: La Residenza imperiale di Massenzio, Itinerari d'Arte e di Cultura, Rom 1989
◆ Bortolotti, L.: Roma fuori le mura, Laterza, Rom-Bari 1988
◆ Caprino, C., Colini, A. M., Gatti, G., Pallottino, M., Romanelli, P.: La Colonna di Marco Aurelio, Rom 1955
◆ Carcopino, J.: La Basilique pythagoricienne de la porte Majeure, Paris 1931
◆ Carcopino, J.: De Pythagore aux apôtres, Études sur la conversion du monde romain, Flammarion, Paris 1956
◆ Castagnoli, F.: Topografia e urbanistica di Roma antica, Società Editrice Internazionale, Turin 1969
◆ Castagnoli, F., Cecchelli C., Giovannoni G., Zocca M.: Topografia e urbanistica di Roma, Bologna 1958 (Storia di Roma, 22)
◆ Coarelli, Filippo: Il Campo Marzio occidentale, storia e topografia, in Mélanges de l'École française de Rome, 89, 1977, S. 807 ff.
◆ Coarelli, Filippo: L'»Ara di Domizio Enobarbo« e la Cultura artistica in Roma nell II secolo a. C., in Dialoghi di Archeologia, 2, 1968, S. 302 ff.
◆ Coarelli, Filippo: Public Building in Rome between the Second Punic War and Sulla, in Papers of the British School at Rome, 45, 1977, S. 1 ff.
◆ Coarelli, Filippo: Il Complesso pompeiano del Campo Marzio e la sua decorazione scultorea, Rendic. Pont. Acc., 44, 1971-72, S. 99 ff.
◆ Coarelli, Filippo: Il Foro romano, 2 Bde., Ed. Quasar 1985
◆ Coarelli, Filippo: Il Sepolcro degli Scipioni a Roma, Itinerari d'Arte e di Cultura, Rom 1989
◆ Coarelli, Filippo: Italia centrale, Laterza, Rom-Bari 1985
◆ Coarelli, Filippo: L'Identificazione dell'Area Sacra dell'Argentina, in Palatino, 12, 4, 1968, S. 365 ff.
◆ Coarelli, Filippo: Roma sepolta, Curcio, Rom 1984
◆ Coarelli, Filippo: Roma, Laterza, Rom-Bari 1989
◆ Colini, A. M., Cozza, L.: Ludus Magnus, Rom 1962
◆ De Rossi, G. B.: La Roma sotterranea cristiana, 3 Bde., Rom 1864-1877
◆ D'Onofrio, C.: Gli Obelischi di Roma, Rom 1965
◆ Frank, T.: Roman Buildings of the Republic, Rom 1924
◆ Giuliani, C. F.: Domus Flavia: una nuova lettura, in Römische Mitteilungen, 84, 1977, S. 91. ff.
◆ Golvin, J.-C. und Landes, C.: Amphithéâtres et gladiateurs, Presses du CNRS, Paris 1992
◆ Gros, P.: Aurea Templa, École française de Rome, 1976
◆ Guide du Panthéon, Editoriale Museum, Rom 1990
◆ Guidolbaldi, F.: Il Complesso archeologico di San Clemente. Risultati degli scavi più recenti e riesame dei resti architettonici, Rom 1978
◆ Homo, L.: Rome impériale et l'urbanisme dans l'Antiquité, Albin Michel, Paris 1951
◆ L'Aera Sacra di S. Omobono, coll. La Parola del Passato, n° 32, 1977, S. 9 ff.
◆ Lanciani, R.: L'Antica Roma, Rom 1970
◆ La Rocca, E.: Amazzonomachia. Le sculture frontonali del tempio di Apollo Sosiano, De Luca Editore, Rom 1985
◆ Lugli, G.: La Tecnica edilizia romana, Rom 1957
◆ L'Urbs. Espace urbain et histoire. Ier siècle av. J.-C.-IIIe siècle apr. J.-C., École française de Rome, n° 98, Rom 1987.
◆ Les Catacombes romaines et les origines du christianisme, Scala, Florenz o.J.

◆ Meiggs, R.: Roman Ostia 2, Oxford 1973
◆ Merlin, A.: L'Aventin dans l'Antiquité, Paris 1906
◆ Mommsen, Theodor: Römische Forschungen, 2 Bde., Reprint der Ausgabe Berlin 1864-1879, Olms, Hildesheim 1962
◆ Nash, E.: Pictorial Dictionary of Ancient Rome, Londres, 1982
◆ Pavolini, C.: Ostia, Laterza, Rom-Bari 1988
◆ Platner, S. B., Asby, Th.: A Topographical Dictionary of Ancient Rome, Oxford University Press 1929
◆ Quilici, L.: Via Appia, da Porta Capena ai Colli Albani, Fratelli Palombi Editori, Rom 1989
◆ Savage, S. M.: The Cults of Ancient Trastevere, in Mémoirs of the American Academy in Rome, 17, 1940, S. 26 ff.
◆ Todd, M.: The Walls of Rome, London 1978
◆ Ucelli, G.: Le Navi dei Nemi, Libreria dello Stato, Rom 1950
◆ Zanker, P.: Forum Augustinum, Tübingen 1968

## ◆ Rom im Mittelalter ◆

◆ Barberini, M. G.: I Santi Quattro Coronati a Roma. Itinerari d'Arte e di Cultura, Rom 1989
◆ Boyle, L.: Piccola guida di San Clemente, Rom 1976
◆ Edicole sacre romane (hg. von Cardilli, L.), Fratelli Palombi Editori, Rom 1990
◆ Fragmenta picta, affreschi e mosaici staccati del Medioevo romano, Rom 1989
◆ Hermanin, F.: L'Arte in Roma dal secolo VII al XIV, Bologna 1945 (Storia di Roma, 27)
◆ Golzio, V., Zander, G.: Le Chiese di Roma dal XI al XVI secolo, Bologna 1963 (Roma cristiana, 4)
◆ Hubert, É.: Espace urbain et habitat à Rome du Xe siècle à la fin du XIIIe siècle, Rom 1990 (Collection de l'école française de Rome, 135; Nuovi studi storici, 7)
◆ Huelsen, Ch.: Le Chiese di Roma nel Medioevo, Cataloghi Ed. Appunti, Florenz 1927

## ◆ LITERATURTIPS

- Krautheimer, R., Corbett, S., Franki, W., Frazer, A. K.: Corpus basilicarum christianarum Romae, 6 Bde., Vatikan, 1937-1980 (Monumenti di antichità cristiana)
- Krautheimer, R.: Rome, Profile of a City, 312-1308, Princeton 1980
- Le Fortificazioni medievali a Roma. La Torre dei Conti e la Torre delle Milizie, Fratelli Palombi Editori, Rom 1991
- Luciani, R.: Sainte-Marie du Transtevere, Fratelli Palombi Editori, Rom 1991
- Massimi, G., La Chiesa di Santa Maria in Cosmedin, Rom 1989
- Matthiae, G.: Le Chiese di Roma dal IV al X secolo, Bologna 1962 (Roma cristiana, 3)
- Matthiae, G.: Mosaici medioevali delle chiese di Roma, 2 Bde., Rom 1967
- Matthiae, G.: Pittura romana del Medioevo (hg. von Andaloro, M. und Gandolfo, F.), 2 Bde., Rom 1987-1988
- Oakeshott, N.: The Mosaics of Rome from the Third to the Fourteenth Century, London 1989
- Roma nel Duecento: l'arte nella Città dei papi di Innocenzo III a Bonifacio VIII, ed. a cura di Angela Maria Romanini, Turin 1991
- Rome aux XIIIe et XIVe siècles. Cinq études réunies par É. Hubert, Rom 1933 (Collection de l'école française de Rome, 170)

### ◆ Rom in der Neuzeit ◆

- Abramson, M. C.: Painting in Rome during the Papacy of Clement VIII : a Documented Study, Garland, London / New York 1981
- Argan, G.: L'Architettura barocca in Italia, Mailand 1957
- Bellibarsali, I.: Conoscere le ville di Roma e del Lazio, Rom 1982
- Blunt, A.: Guide de la Rome baroque, Hazan, Paris 1992
- Bonnefoy, Y.: Rome 1630, Paris/Mailand 1970
- Borsi, F.: Le Bernin, Hazan, Paris 1984
- Bösel, Richard: Jesuitenarchitektur in Italien 1540-1773, Verlag der Österr. Akademie der Wiss., Wien 1986
- Brandi, C.: La Prima Architettura barocca. Pietro da Cortona, Borromini, Bernini, Bari 1970
- Briganti, G., Laureati L., Trezzani, L.: The Bambocciantti. The Painters of Every Day Life in Seventeenth century Rome, Rom 1983
- Catalogue Seicento, le siècle du Caravage dans les collections françaises, Paris 1989
- Clark, A.: Studies in Eigteenth Century's Roman Baroque, London 1982
- Engass, R.: Early Eighteenth Century Sculpture in Rome, Pennsylvania State University Press 1976
- Freedberg, S. L.: Painting in Italy 1500-1600, 2. Aufl. London 1983
- Frommel, Christoph L.: Der römische Palastbau der Hochrenaissance, Tübingen 1972
- Frommel, Christoph L.: Der Palazzo Venezia in Rom, Westdeutscher Verlag, Opladen 1982
- Gloton, M. C.: Trompe-l'œil et décor plafonnant dans les églises romaines de l'âge baroque, Rom 1970
- Haskell, F.: Mécènes et peintres. L'art et la société au temps du baroque italien, Londres, 1963 (trad. fr., Paris, Gallimard, 1991)
- Il Campidoglio e Sisto V, Ed. Carte segrete, Rom 1991
- L'Académie de France à Rome. Villa Médicis, Fratelli Palombi Editori, Rom 1985
- L'Accademia dei Lincei e la Cultura europea nel XVII secolo, Accademia dei Lincei, Rom 1991
- L'Accademia nazionale di San Luca, Rom 1974
- La Galleria nazionale d'Arte antica, Fratelli Palombi Editori, Rom 1988
- L'Arte degli Anni santi Roma 1300-1875, Rom 1984-1985
- L'Arte per i papi e per i principi nella campagna romana: grande pittura del 600 et del 700, Rom 1990
- La Villa de la Farnésine à Rome, Ministero per i Beni culturali e ambientali, Rom 1990
- Mahon, D.: Studies in Seicento Art and Theory, London 1947
- Mâle, E.: L'Art religieux au XVIIe siècle, Armand Colin, Paris 1972
- Montagu, J.: Roman Baroque Sculpture, 1989
- Murray, P.: L'Architecture de la Renaissance italienne, Thames & Hudson, Paris 1990
- Le Palais Farnese, École française de Rome, 2 Bde., 1991
- Pannini, Réunion des Musées nationaux, Paris 1992
- Piranesi e la veduta del Settecento a Roma, Artemide Ediazioni, Rom 1989
- Pollak, D.: Die Kunsttätigkeit unter Urban VIII, Wien 1927-1931
- Pope-Hennessy, J.: Italian High Renaissance and Baroque Sculpture, Bd. III, Oxford ³1985
- Portoghesi, P.: Roma barocca. Storia di una civiltà architettonica, Rom 1966, 2. Aufl. 1978
- Pratesi, L.: Via Giulia, Itinerari d'Arte e di Cultura, Rom 1989
- Safarik, E. A.: Breve guida della galleria Doria Pamphili, Fratelli Palombi Editori, Rom 1991
- Salerno, L.: Pittori di paesaggio del Seicento a Roma, Rom 1977-1980, 3 Bde.
- Servoise, C.: Guide du palais Farnèse, Fratelli Palombi Editori, Rom 1974
- Specchio di Roma barocca. Una guida inedita del XVII secolo (von Connors, J. und Rice, L.), Ed. dell'Elefante, Rom 1991
- Titi, F.: Studio di pittura, scultura et architettura nelle chiese di Roma, 1674-1763, ed. comparata a cura di Contardo, B., Romano, S., Florenz 1987
- Toulier, B., Chastel A.: La Villa Médicis, 3 Bde., École française de Rome et Villa Médicis 1991
- Venuti, R.: Descrizione topografica e istorica di Roma moderna, Rom 1964, Neuaufl. 1977.
- Vannelli, V.: Economia dell'architettura in Roma liberale, Ed. Kappa, Rom 1979
- Voss, H.: Die Malerei des Barocks in Rom, Berlin, o. J. [1925]
- Waterhouse, E.: Italian Baroque Paintings, London ²1976
- Wittkower, R.: Art et architecture en Italie, 1600-1750, 3. Auflage 1973, Paris 1991
- Wittkower, R.: Studies in Italian Baroque, London 1975

### ◆ Rom heute ◆

- Accasto, G., Fraticelli V., Niccolini, R.: L'Architettura di Roma capitale, 1870-1970, Rom 1971
- Benevolo, Leonardo: Roma oggi, Laterza, Rom-Bari 1977
- Cederna, C.: Mussolini urbanista, Bari 1983
- De Guttry, I.: Guida di Roma moderna dal 1870 ad oggi, De Luca Ed. d'Arte, Rom 1989
- Galassi, P., Corot en Italie, Gallimard, Paris 1991
- Insolera, I.: Roma moderna, Turin 1962
- Insolera, I.: Roma, immagini e realtà dal X al XX, Bari 1980
- L'Architettura del Ventennio a Roma, Fratelli Palombi Editori, Rom 1990
- Museo del Folklore. Restauri e nuove acquisizioni, Multigrafica Editrice, Rom 1989
- Quaroni, L.: Immagini di Roma, Bari 1949
- San Filippo, M.: La Terza Roma, Rom 1993
- The Vatican Collections, The Papacy and Art, New York, Chicago et San Francisco 1983

### ◆ Anthologien ◆

- Reimann, Patricia (Hg.): Unter apenninischem Himmel. Italienisches Lesebuch, Piper, München 1987
- Hardt, Petra und Manfred (Hg.): Ciao Bellezza. Deutsche Dichter über Italien. Ein Lesebuch, Piper, München 1988

# LITERATURTIPS

◆ Haufe, Eberhard (Hg.): Deutsche Briefe aus Italien. Von Winckelmann bis Gregorovius, Hamburg 1965

◆ Lust an der Geschichte. Leben im alten Rom, (Hg.) Ulrich Wank, Piper, München 1992

◆ Rom. Städtelesebuch, (Hg.) Michael Worbs, Insel, Frankfurt/Main 1986

◆ Sagen der Römer. Geschichten und Geschichte aus der Frühzeit Roms, Insel, Frankfurt/Main

### ◆ Literatur ◆

◆ Alighieri, Dante: Die Göttliche Komödie, 6 Bde., dtv, München 1988

◆ Brecht, Bertolt: Die Geschäfte des Herrn Julius Cäsar, Rowohlt, Reinbek 1964

◆ Byron, Lord George: Childe Harolds Pilgerfahrt, dt. von Otto Gildemeister und Alexander Neidhard, Winkler, München 1977

◆ Cicero: Vier Reden gegen Catilina (lat. - dt.), Reclam, Stuttgart

◆ Cicero: Vom Wesen der Götter, Artemis, München [3]1990

◆ Gadda, Carlo Emilio: Die gräßliche Bescherung in der Via Merulana, dt. von Toni Kienlechner, Piper, München 1961

◆ Goethe, Johann Caspar: Reise durch Italien im Jahre 1740, dtv, München 1986

◆ Goethe, Johann Wolfgang: Tagebuch der Italienischen Reise 1786, Beck, München 1988

◆ Green, Julien: Meine Städte. Ein Reisetagebuch. 1920-1984, dt. von Helmut Kossodo, dtv, München 1990

◆ Gregorovius, Ferdinand: Wanderjahre in Italien, Beck, München 1978

◆ Grimm, Gunter E., Breymeyer, Ursula, Erhart, Walter: Ein Gefühl von freierem Leben. Deutsche Dichter in Italien, Metzler, Stuttgart 1990

◆ Heine, Heinrich: Italien, Insel, Frankfurt/Main 1988

◆ Herder, Johann Gottfried: Italienische Reise 1788-1789. Hrsg. v. Albert Meier u. Heide Hollmer, Beck, München 1988

◆ Hesse, Hermann: Italien, Suhrkamp, Frankfurt/M. 1983

◆ Horaz: Sämtliche Werke (lat.-dt.), (Hg.) Hans Färber, dt. von Wilhelm Schöne, Artemis, München [11]1993

◆ Livius: Die Anfänge Roms, (Bibliothek der Antike), dtv, München 1991

◆ Livius: Römische Geschichte, 11 Bde., Artemis, München 1988-1991

◆ Manganelli, Giorgio (Hg.): Italienische Reise. Literarischer Reiseführer durch das heutige Italien, Wagenbach, Berlin 1985

◆ Morante, Elsa: La Storia, Fischer Taschenbuch, Frankfurt/Main 1978

◆ Petronius: Satiricon oder Das Gastmahl des Trimalcion, dt. von Wilhelm Heinse, Insel, Frankfurt/Main 1986

◆ Ranke-Graves, Robert von: Ich, Claudius, Kaiser und Gott, dtv, München 1977

◆ Roberts, John Maddox: SPQR. Ein Krimi aus dem alten Rom, Goldmann, München 1993

◆ Rosendorfer, Herbert: Mitteilungen aus dem poetischen Chaos. Römische Geschichten, Kiepenheuer, Köln 1991

◆ Rosendorfer, Herbert: Rom. Eine Einladung, Kiepenheuer & Witsch, Köln 1990

◆ Sueton: Cäsarenleben, (Hg.) Max Heinemann, Kröner, Stuttgart [7]1986

◆ Stendhal (Henry Beyle): Rom, Neapel und Florenz, dt. von K. Scheinfuß, Rütten & Loening, Berlin 1985.

◆ Stone, Irving: Michelangelo, dt. von H. Kaempfer, Ullstein, Frankfurt/M./Berlin 1992

◆ Taine, Hippolyte: Reise in Italien, dt. v. Ernst Hardt, Diederichs, Düsseldorf/Köln 1967

◆ Yourcenar, Marguerite: Ich zähmte die Wölfin. Die Erinnerungen des Kaisers Hadrian, dtv, München 1989

◆ Vollenweider, Alice (Hg.): Italienische Reise. Ein literarischer Führer durch das heutige Italien, Wagenbach, Berlin 1985

### ◆ Filmographie ◆

◆ Accatone, Pier Paolo Pasolini, 1961

◆ Bellissima, Luchino Visconti, 1951
◆ Ben Hur, William Wyler, 1959
◆ Wenn das Leben lockt, Mauro Bolognini, 1960
◆ Kleopatra, Joseph L. Mankiewicz, 1962
◆ Es geschah Punkt 11, Guiseppe De Santis, 1952
◆ Das süße Leben, Federico Fellini, 1960
◆ Liebe, Michelangelo Antonioni, 1962
◆ Fellinis Roma, Federico Fellini, 1971
◆ Fellinis Satyricon, Federico Fellini, 1969
◆ Die Gleichgültigen, Francesco Maselli, 1963
◆ Ein Herz und eine Krone, William Wyler, 1953
◆ Identifikation einer Frau, Michelangelo Antonioni, 1982
◆ La Luna, Bernardo Bertolucci, 1979
◆ Mamma Roma, Pier Paolo Pasolini, 1962
◆ Die Nächte der Cabiria, Federico Fellini, 1956
◆ Quo vadis? Mervin LeRoy, 1951
◆ Rom – offene Stadt, Roberto Rossellini, 1945
◆ Ein Sonntag im August, Luciano Emmer, 1949
◆ La Storia, Luigi Comencini, 1985
◆ Der Bauch des Architekten, Peter Greenaway, 1987
◆ Fahrraddiebe, Vittorio De Sica, 1948

### ◆ Nachweise ◆

Wir danken folgenden Verlagen für die freundliche Genehmigung zum Abdruck der Zitate auf den angegebenen Seiten:

◆ 106 Ovid: Liebeskunst, dt. von Alexander von Gleichen-Rußwurm, Vollmer, Wiesbaden o.J.
◆ 106 Montaigne, Michel de: Tagebuch einer Reise durch Italien, die Schweiz und Deutschland in den Jahren 1580 und 1581, dt. von Otto Flake, © by Langen Müller Verlag in der F.A. Herbig Verlagsbuchhandlung, München
◆ 107 Goethe, Johann Wolfgang: Italiänische Reise, in: Goethes Werke, Weimarer Ausgabe, Band 30, Weimar 1903
◆ 107 Seume, Johann Gottfried: Spaziergang nach Syrakus im Jahre 1802, Hartknoch, Leipzig [3]1911; Nachdruck bei Greno Verlag, Nördlingen 1985
◆ 108 Stendhal: Wanderungen in Rom, dt. von Bernhard Frank, © Propyläen, Berlin o.J.
◆ 109 Twain, Mark: Die Arglosen im Ausland, dt. von Ana Maria Brock, © Aufbau Verlag Berlin und Weimar 1961 (dt. Übersetz.)
◆ 110 Dickens, Charles: Bilder aus Italien, dt. von Ulrich C.-A. Krebs, © Büchergilde Gutenberg, Frankfurt/Main, Wien, Zürich 1981
◆ 111 Moravia, Alberto: Römische Erzählungen, dt. von Michael von Killisch-Horn, © Paul List Verlag, München 1991
◆ 112 Pasolini, Pier Paolo: Vita violenta, dt. von Gur Bland, © R. Piper & Co. Verlag, München 1963
◆ 113 Koeppen, Wolfgang: Der Tod in Rom, Scherz & Goverts, Stuttgart 1954; © Suhrkamp Verlag, Frankfurt am Main 1975
◆ 115 Butor, Michel: Paris - Rom oder Die Modifikation, dt. von Helmut Scheffel, © Suhrkamp Verlag Frankfurt am Main 1983
◆ 116 Kaschnitz, Marie-Luise: Engelsbrücke, in: Gesammelte Werke Bd. 2, (Hg.) C. Büttrich und N. Miller, Frankfurt/Main 1981, Insel; © 1955 Claassen Verlag, Hamburg (jetzt Hildesheim)
◆ 117 Calvino, Italo: Herr Palomar, aus dem Italienischen von Burkhard Kroeber, © 1985 Carl Hanser Verlag, München, Wien
◆ 117 Gracq, Julien: Rom. Um die sieben Hügel, dt. von Reinhard Palm, Ammann Verlag, Zürich 1993
◆ 118 Timm, Uwe: Vogel, friß die Feige nicht. Römische Aufzeichnungen, neue Folge, Kiepenheuer & Witsch, Köln 1989
◆ 119 Brinkmann, Rolf Dieter: Rom, Blicke, © 1979 by Rowohlt Taschenbuch Verlag, Reinbek
◆ 120 Bachmann, Ingeborg: Was ich in Rom sah und hörte, in: Gedichte, Erzählungen, Hörspiele, Essays, © R.Piper & Co. Verlag, München 1978

# ◆ ABBILDUNGSNACHWEIS

**Umschlag vorn:**
*Titus-Bogen und Kolosseum*, nach einem Plakat von R. Broders, © La Vie du rail/SNCF.
*Kapitolinische Wölfin*, Bronze, 5. Jh. v. Chr., Kapitolinische Museen, © Scala.
*Pietà*, Michelangelo, Marmor, Peterskirche, © Scala.
*Sixtus V.*, Ausschn., F. Bellini zugeschrieben, Öl/Leinw., Samml. Guy de Aldécoat, Paris.
**Rücken:** *Augustus von Prima Porta*, römisch, um 20 v. Chr., Marmor, Braccio Nuovo, Vatikan, © Scala.
*Saltarello*, F. D. Soiron, aquarellierter Stich, Städt. Kupferstichkabinett.
*Inschrift S.P.Q.R.*, Neg. M. Marzot.
**Umschlag hinten:**
*Adam*, Ausschn. aus der *Erschaffung Adams*, Michelangelo, Fresko, Foto A. Bracchetti/ P. Zigrossi, © idem.
*Romulus und Remus*, Marmor-Relief, © AKG, Berlin.
*Septimius-Severus-Bogen*, Lithographie, R. vbh.
*Mosaik des Athleten aus den Caracalla-Thermen*, Ausschn., Museo Gregoriano Profano, Vatikan, © Scala.
**Klappe hinten:** *Piazza Navona*, G. Van Wittel, Öl/Leinw., priv. Samml., © Ugo Bozzi Editore.
**1** *Tempel der Dioskuren*, Forum Romanum, Postkarte, R. vbh.
**2-3** *Piazza Navona*, Foto, ca. 1857-1865, Samml. Siegert, München.
**4** *Ziegen auf dem Trajans-Forum*, Foto, Anf. 20. Jh., © Alinari-Giraudon.
**4-5** *Piazza Bocca della Verità*, idem.
**6** *Ponte Rotto*, Gebr. Alessandri, Foto, 1875, © Bibl. nat., Paris.
*Ponte Cestio*, Chauffouriers, Foto, 1870, idem.
**6-7** *Blick auf Engelsbrücke und Engelsburg*, Foto, Anf. 20. Jh., © Alinari-Giraudon.
**9** *Forum Romanum von den Farnesischen Gärten*, J.-B. C. Corot, 1826, Louvre, © RMN.
**10** *Bogen des Septimius Severus*, Ausschn., Lithographie, R. vbh.
*Bocca della Verità*, Neg. M. Marzot. *Engel von der Engelsbrücke*, Bernini, Marmor, Neg. A. Idini.
*Académie de France in Rom*, G. Moreau, Tuschezeichn., Musée Gustave Moreau, © RMN.
**16-17** Neg. Guido Prola.

**25** *Kapitolinische Wölfin*, Bronze, 5. Jh. v. Chr., Kapitolinische Museen, © Scala.
**26** *Romulus zieht mit dem Pflug die Grenzen Roms*, Relief, Museo della Civiltà Romana, © Dagli Orti, Paris.
*Romulus und Remus*, Marmorrelief, © AKG, Berlin.
*Dem Stadtgründer Romulus gewidmete Stele*, Museo della Civiltà Romana, © Dagli Orti, Paris.
*Kopf des Pyrrhus*, Marmor, © NY Carlsberg Glyptotek, Kopenhagen.
**27** *Römischer Adliger*, Marmor, Palazzo Barberini, Neg. Jean Mazenod, in: *L'Art de l'ancienne Rome*, © Éditions Citadelles & Mazenod, Paris.
*Punische Kriege, Hannibal in Italien*, J. Ripanda, Fresko, 1508, Kapitolinische Museen, © Dagli Orti, Paris.
*Scipio Africanus*, Filmplakat, © Archivio S.A.C.
*Cicero beschuldigt Catilina vor dem Senat der Verschwörung*, C. Maccari, Fresko, 1889, Palazzo Madama, © AKG, Berlin.
**28** *Ermordung des Julius Caesar*, V. Camuccini, Öl/Leinw., Anf. 19. Jh., Museo di Capodimonte, Neapel, © Pedicini, Neapel.
*Augustus von Prima Porta*, Ausschn., Marmor, Braccio Nuovo, Vatikan, © Scala.
*Weihinschrift*, Musée lapidaire d'Art païen, Arles, © Dagli Orti, Paris.
**28-29** *Römer*, aquarellierte Lithographie, © de Selva Tapabor, Paris.
**29** *Die Goten überfallen Rom*, Handschrift *De civitate dei*, © Bibl. nat., Paris.
**30** *Papst Gregor der Große*, Ausschn., in: *Registrum Gregorii*, um 984, © Stadtbibliothek, Trier.
*Karl der Große krönt seinen Sohn in Rom*, Handschrift, © Bibl. nat., Paris.
**31** *Papst Gregor XI. kehrt aus Avignon zurück*, Ausschn., B. D. Giovanni, Fresko, Anf. 16. Jh., Museo delle Pie Disposizioni, Siena, © Scala.
*Cola di Rienzo*, Stich, © Bibl. nat., Paris.
*Julius II.*, Morace, Stich, nach einem Gemälde Raffaels, idem.
*Der Sacco di Roma*, fläm. Anonymus, Öl/Leinw., priv. Samml., Paris.
**32** *Sixtus V.*, Ausschn., F. Bellini zugeschrieben,
Öl/Leinw., Samml. Guy de Aldecoat, Paris.
*Papst Pius IX. auf der Sedia Gestatoria*, Aquarell, © Foto A.D. P.C./Artephot.
**33** *Garibaldi*, P. Palizzi, Öl/Leinw., Ende 19. Jh., Museo del Risorgimento, © Scala.
*Idem*, Ausschn.: Italienische Fahne.
*Mussolinis Marsch auf Rom*, Oktober 1922, Foto, © L. de Selva Tapabor, Paris.
*Johannes XXIII.*, © ENIT.
**34** *Provoco*, republikanische Münze, © Bibl. nat., Paris.
*Aurige*, Zeichnung, nach einem Grabaltar, Galleria degli Uffici, Florenz.
**34-35** *Relief Domitius Ahenobarbus*, um 100 v. Chr., Louvre, © RMN.
**35** *Marc Aurel beim Opfer*, Relief, Palazzo dei Conservatori, Kapitolinische Museen, © Scala.
*Wahl-Szene*, Münze, Epoche der Gens Licinia, © Bibl. nat., Paris.
*Die Tetrarchen*, Porphyr, Basilica di S. Marco, Venedig, © Scala.
**36** *Bannerträger*, Urs Graf, Holzstich, 1527, © Öffentliche Kunstsammlung, Basel.
*Clemens VII. und Karl V.*, Werkstatt Vasaris, Öl/Leinw., Palazzo Vecchio, Florenz, © Scala.
**36-37** *Tod des Herzogs von Bourbon in Rom*, Stich, 1527, © Bibl. nat., Paris.
**37** *Belagerung der Engelsburg*, Stich, 1527, © idem.
*Unterschrift des Herzogs von Bourbon*, R. vbh.
**38-39** *Achte Generalversammlung der Bischofssynode*, Neg. Nusca Antonello, © Gamma.
**39** *Mönche*, in: *Un an à Rome*, J.-B. A. Thomas, Aquarell, © Bibl. nat., Paris.
**40** *Domus Aurea des Nero, Saal des Laokoon*, G. Chedanne, Aquarell, Musée des Beaux-Arts, Rouen, © Dagli Orti, Paris.
**40-41** *Arbeiten am Pincio in Rom*, Lithographie nach einer Zeichnung von Pinelli, © Pierre Pinon, Maisons-Alfort.
**41** *Institut für archäologische Korrespondenz*, Stich, 19. Jh., Deutsches Archäologisches Institut, © Ikona.
*Winckelmann*, Öl/Leinw., Kunsthaus, Zürich, © Ikona.
*Pius IX. besucht die Katakomben*, De Rossi,
Lithographie, © Explorer.
*Mussolini führt den ersten Schlag mit der Hacke*, Via dei Fori Imperiali, Foto, © R. vbh.
**42** *Ausschn. eines Programms des Teatro Jovinelli*, Samml. Ceccarius, © Bibl. naz., Rom.
*Lateinische Inschrift*, Neg. M. Marzot. *Dante*, Stich, © Bibl. nat., Paris.
**43** *Unterschrift des Cola di Rienzo*, R. vbh.
*G. G. Belli*, Samml. Ceccarius, © Bibl. naz., Rom.
*Roma città aperta*, Aldo Fabrizi, Filmplakat, © Archivio S.A.C.
**44** *Vicolo dei Chiodaroli*, Straßenschild, Neg. M. Marzot.
*Bewohner von Trastevere*, Samml. Ceccarius, © Bibl. naz., Rom.
*Via Capocciotto nel Ghetto*, Roesler Franz, E., Öl/Leinw., Museo di Roma, Neg. C. Bernoni.
**I** *Frontispiz von Prima parte di architetture e prospettive*, G. B. Piranesi, Stich, 18. Jh., priv. Samml.
**II** *G. B. Piranesi, Porträt*, Frontispiz der *Opere varie*, 1750, idem.
*Zweites Frontispiz der Vedute di Roma*, 18. Jh., idem.
**III** *Trajans-Säule*, idem.
**IV-V** *Circus Maximus*, idem.
**VI-VII** *Via Appia*, idem.
**VIII-IX** *Campo Vaccino* (Forum Romanum), idem.
**X-XI** *Kolosseum*, idem.
**XII-XIII** *Tiberinsel*, idem.
**XIV** *Römische Ziffern*, Neg. M. Marzot.
*Titus-Bogen*, Piranesi, Stich, © Bibl. nat., Paris.
*Vorderseite des Sockels der Trajans-Säule*, C. Percier, Tuschezeichnung, ENSBA.
**XV** *Sockel des Obelisken Piazza dell'Esquilino*, N. Van Delft, Stich, R. vbh.
*Antike Inschrift*, in: *Roma sotterranea*, De Rossi © Bibl. nat., Paris.
**XVI** *Wappen der Päpste*, R. vbh.
**45** *Nachdenkliche Landfrau aus der Umgebung Roms*, E. Hébert, Öl/ Leinw., Musée Hébert, Paris, © RMN
**46** *Monumentalfigur, genannt Marforio*, Kapitolinische Museen, © Alinari-Giraudon.
*Pasquino*, Stich, © Bibl. nat., Paris.
**46-47** *Bocca della Verità*, Neg. M. Marzot.
**47** *Cagliostro und Lorenza*, Fächer, 1786, Musée Carnavalet, © Giraudon.
*Madama Lucrezia*, Marmor, Neg. A. Idini.

# ABBILDUNGSNACHWEIS

**48** *Personen zur Beschreibung Goethes* II Carnavale romano, G. M. Kraus, nach J. G. Schütz, aquarellierter Holzstich, 1788-89, © Goethe-Museum, Düsseldorf.
**48-49** *Ottobrata vor den Mauern Roms*, W. Marstrand, Öl/Leinw., 1839, © Thorvaldsen-Museum, Kopenhagen.
**49** *Festa di San Giuseppe*, A. Pinelli, Aquarell, 1852, Museo di Roma, Neg. B. Brizzi.
*Moccoletti Via del Corso*, Ausschn., 1833, idem.
*Festa della Primavera bei Trinità dei Monti*, Neg. S. Bottani.
**50** *Kreuz des Malteserordens*, R. vbh.
*Der Malteserritter*, H. Baldung Grien, Öl/Leinw., 16. Jh., Neue Residenz, Bamberg, © Giraudon.
*Belagerung von Rhodos durch die Türken*, lateinische Handschrift 6067, © Bibl. nat., Paris.
**51** *Briefmarken*, Poste magistrali, Sovrano Militare Ordine di Malta.
*Der Großmeister erhält von Johannes dem Täufer das Banner des Ordens*, Goldmünze, © Sovrano Militare Ordine di Malta.
*Kopf des Fra Andrew Bertie*, idem.
*Taufe Jesu*, idem.
*Die Höhle und die Kirche von Lourdes*, idem.
**52** *Päpstliche Tiara*, Aquarell, Samml. Luigi Ceccarelli.
*Öffnung der Porta Santa*, Stich, in: *L'Illustration*, Neg. Gallimard.
**52-53** *Papstsegen auf dem Petersplatz*, I. Caffi, Öl/Leinw., Museo di Roma, © Scala.
**53** *Julius II. auf der Sedia Gestatoria*, Ausschn., Raffael, Fresko, Stanza dell'Eliodoro, Vatikanische Museen, © Scala.
*Rauch zur Verkündung der Papstwahl*, Stich, © Roger-Viollet, Paris.
**54** *Phasen der Restaurierung*, Reiterstandbild des Marc Aurel, Bronze, © I.C.R.
**55** *Schnitt durch die Farbschichten*, Neg. Pelizzoli.
*Adam*, Fresko vor der Restaurierung, Ausschn. aus Michelangelos *Erschaffung Adams*, Sixtinische Kapelle, © Scala.
*Idem*, nach der Restaurierung, © Vatikanische Museen, Foto P. Zigrossi/A. Bracchetti.
*Erosion des Steins durch Umweltverschmutzung*, Neg. E. Scalfari/AGF.
*Restaurierung einer Statue in situ*, Neg. idem.
**56-57** *Zubereitung der Carciofi alla romana*, Neg. Gallimard.
*Die Köchin*, V. Campi, Öl/Leinw., Galleria Doria-Pamphili, © Scala.
**58** *Meßgewand*, Neg. N. Pascarel.
*Typische Produkte*, Neg. Gallimard.
**60** *Schauspieler*, Stich, in: *La Vie des Grecs et des Romains*, R. vbh.
**61** *Stadtplan von Rom*, anon.; Öl/Leinw., Palazzo Ducale, Mantova, 1538, © Scala.
*Obelisk vor S. Giovanni in Laterano*, Stich, R. vbh.
**65** *Schnitt durch die Maxentius-Basilika*, P.-M. Gauthier, Aquarell, 1899, © ENSBA.
**66** *Circusspiele im Kolosseum*, G. Lauro, Stich, R. vbh.
**66-67** *Das Kolosseum, Rekonstruktion*, L.-J. Duc, 1830-1831, © ENSBA.
**67** *Der Circus des Maxentius*, A. Recoura, Aquarell, 1899, idem.
*Das Theater des Pompejus*, V. Baltard, Aquarell, 1837, idem.
**70** *Trophäen des Marius*, A.-M. Garnaud, Tuschezeichnung, 1821, idem.
*Bogen des Konstantin*, G. Lauro, Stich, R. vbh.
**70-71** *Tempel der Venus und Roma*, L. Vaudoyer, Aquarell, 1830, idem.
**82-83** *Decke der Kirche S. Ignazio*, A. Pozzo, Fresko, © Scala.
*Ausschnitte*, idem.
**85** *Scala Regia*, G. B. Falda, Stich, R. vbh.
**86** *Fassade der Cancelleria*, P. Letarouilly, Stich, R. vbh., Kolorierung T. Cobb.
**87** *Fassade des Palazzo Spada*, Gesamtbild und Ausschn., P. Letarouilly, Stich, R. vbh., Kolorierung C. Quiec.
**88-89** *Belvedere-Hof*, Pierin del Vaga, Fresko, Engelsburg, © Scala.
**90** *Galleria Sciarra*, Fresko, Neg. G. Berengo Gardin, © TCI.
**95** *Casino Raffaels in Rom*, J. D. A. Ingres, Öl/Holz, um 1807, © Musée des Arts décoratifs de la Ville-de-Paris, L. Sully-Jaulmes.
**96** *Galerie mit Ansichten des modernen Rom*, G. P. Pannini, Öl/Leinw., 1759, Louvre, © RMN.
**96-97** *Galerie mit Ansichten des antiken Rom*, idem.
*Selbstporträt Panninis*, Kreide, © British Museum, London.
**98** *Goethe in der Campagna*, J. H. W. Tischbein, 1787, Städelsches Kunstinstitut, © AKG, Berlin.
**98-99** *Académie de France in Rom*, G. Moreau, Tuschezeichnung, Musée Gustave Moreau, © RMN.
*Pyramide des Cestius*, J. W. von Goethe, Tuschezeichnung, © AKG, Berlin.
**100-101** *Kolosseum von den Farnese-Gärten des Palatin aus*, J.-B. Corot, Öl/Leinw., um 1826, Louvre, © RMN.
*Villa Borghese*, G. Balla, Öl/Leinw., Galleria d'Arte moderna, © Scala.
**101** *Signatur Corots*, R. vbh.
*Porträt Corots* von Nadar, © Bibl. nat., Paris.
**102-103** *Sicht auf Rom vom Pincio-Garten*, I. Caffi, Samml. Noferi Florenz, © Scala.
**104** *Deutsche Seminaristen auf der Ponte Sant'Angelo*, V. Brayer, Aquarell, priv. Samml., © Giraudon/A.D.A.G.P.
**105** *Alarich erobert Rom*, F. Chauneau, Stich, © Bibl. nat., Paris.
**106** *Ovid*, idem.
*Montaigne*, Lithographie, © Bibliothèque municipale de Bordeaux.
*Römischer Tempel*, H. Robert, Kupferstich, © Bibl. nat., Paris.
**107** *Augustus-Mausoleum*, Ausschnitte, G. B. Piranesi, Stich, idem.
*J. W. v. Goethe*, Delacroix, Lithographie, idem.
*J. G. Seume*, anon. Stich, priv. Samml.
*Phokas-Säule*, Rossini, Stich, 1819, © Bibl. nat., Paris.
**108** *Jupiter-Tempel*, G. B. Piranesi, Stich, 18. Jh., idem.
*Stendhal*, Bleistiftzeichnung, © Bibl. nat., Paris.
**108-109** *Karte von Rom*, Stich, 16. Jh., idem.
**109** *Marc Twain*, Foto, Neg. Samml. Historical Room of San Francisco Public Library, San Francisco.
**110** *Charles Dickens*, Lithographie, © Bibl. nat., Paris.
**110-111** *Ausgrabungen im Kolosseum*, A. Pinelli, Stich, idem.
**111** Ausschn. vom Frontispiz: *Monumenti antichi inediti*, Guattani, Stich von Mochetti, idem.
*Alberto Moravia*, R. vbh.
**112** *Leo XII. im päpstlichen Habit*, aquarellierte Lithographie, Samml. L. Ceccarelli.
*Pier Paolo Pasolini*, Foto A. Novi, © Cahiers du cinéma, Paris.
**113** *Papstporträts*, R. vbh.
*Wolfgang Koeppen*, © Ullstein Bilderdienst, Berlin.
*Start der Berberpferde, Piazza del Popolo*, B. Pinelli, Lithographie, © Bibl. nat., Paris.
**114** *Bewohner von Trastevere*, Samml. Ceccarius, © Bibl. naz., Rom.
**115** *Der Tiber*, Foto, © ENIT.
*Michel Butor*, Foto, © Bibl. nat., Paris.
**116** *Marie Luise Kaschnitz*, © Ullstein Bilderdienst, Berlin.
**116-117** *Forum Boarium*, Stich, P. Gall, © Bibl. nat., Paris.
**117** *Ankündigung von Gladiatorenkämpfen*, Graffiti in Pompeji, Stich, in: *La Vie des Grecs et des Romains*, R. vbh.
*Wagenrennen im Circus Maximus*, Postkarte, priv. Samml.
*Italo Calvino*, © Ullstein Bilderdienst, Berlin.
*Julien Gracq*, Foto, © Lapi Viollet, Paris.
**118** *Uwe Timm*, © Isolde Ohlbaum.
**118-119** *Fontana dei Fiumi*, Stich, © Bibl. nat., Paris.
**119** *Studie zum Elefanten der Minerva*, Bernini, Zeichnung, idem.
*Rolf Dieter Brinkmann*, © Süddeutscher Verlag, Bilderdienst.
**120** *Ingeborg Bachmann*, © Ullstein Bilderdienst, Berlin.
*Biblioteca nazionale*, © ENIT.
**121** *Monte Pincio am Morgen*, I. Caffi, Öl/Leinw., Ca' Pesaro, © Scala.
**122** *Blick vom Ganicolo*, © ENIT.
*Via della Conciliazione*, Neg. W. Louvet.
*Palazzo della Civiltà del Lavoro*, Neg. N. Pascarel.
**123** *Ponte Vittorio Emanuele II*, Neg. idem.
*Kolosseum*, Neg. W. Louvet.
*Fontana di Nettuno*, Neg. S. Grandadan.
**124** *Eiscafé in Trastevere*, Neg. N. Pascarel.
*U-Bahn-Schild*, Neg. idem.
*Pilger im Vatikan*, Neg. W. Louvet.
**125** *Markt*, Neg. N. Pascarel.
*Campo dei Fiori*, Neg. S. Grandadan.
*Carabinieri*, Neg. W. Louvet.
**126** *Via Appia antica*, Neg. N. Pascarel.
*Hausfassade*, Neg. W. Louvet.

# ♦ ABBILDUNGSNACHWEIS

*Geschäft im Vatikan*, Neg. N. Pascarel.
**127** *Plan des alten Rom*, A. Brambilla, Stich, 1582, © Bibl. nat., Paris.
**128** *Forum Romanum*, Neg. W. Louvet.
*Ein Verräter wird vom Tarpejischen Felsen gestoßen*, R. della Porta, Handschrift *Romuleon* © Bibl. nat., Paris.
**128-129** *Triumphzug*, G. Lauro, Stich, R. vbh.
**130** *Dioskur am Kapitol*, Neg. S. Bottani.
*Reiterstandbild des Marc Aurel*, Ausschn., G. P. Pannini, Öl/Leinw., 18. Jh., Galleria nazionale d'Arte antica, © Scala.
**130-131** *Das Kapitol von der Cordonata aus gesehen*, Foto, Anf. 20. Jh., © Brogi-Giraudon.
**131** *Piazza del Campidoglio bei Nacht*, © ENIT.
*Relief der hll. Petrus und Paul im Mamertinischen Kerker*, Neg. M. Marzot.
*Teile der Kolossalstatue Konstantins*, Neg. S. Grandadan/N. Pascarel.
*Santo Bambino von Aracoeli*, Stich, R. vbh.
**132** *Kopf der Kolossalstatue Konstantins*, Kapitolinische Museen © Scala.
*Junges Mädchen mit Taube*, griech. Grabstele, 6. Jh. v. Chr., idem.
*Der Dornauszieher*, Bronze, 1. Jh. v. Chr., idem.
**133** *Büste des Commodus als Herakles verkleidet*, Marmor, idem.
*Kapitolinischer Brutus*, Bronze, idem.
*Kapitolinische Wölfin*, Bronze, 5. Jh. v. Chr., idem.
**134** *Der Triumphzug des Bacchus*, P. da Cortona, Öl/Leinw., idem.
**134-135** *Sterbender Gallier*, Marmor, idem.
*Johannes der Täufer*, Caravaggio, Öl/Leinw., Pinakothek, idem.
**135** *Kapitolinische Venus*, Marmor, idem.
*Taubenmosaik*, idem.
**138** *Die Kurie*, Foto, © I.C.C.D.
*Römischer Senator*, Skulptur, 3. Jh. v. Chr., Archäologisches Museum, © Nimattalah/ Artephot, Paris.
*Einsetzung der alimenta durch Trajan*, Reliefs aus dem Comitium, heute in der Kurie, Neg. G. Berengo Gardin, © TCI.
**139** *Triumphzug*, vermutlich vom Bogen des Septimius Severus, Lithographie, R. vbh.
*Bildnis des Septimius Severus*, Münze, © Bibl. nat., Paris.

*Bogen des Septimius Severus*, Lithographie, R. vbh.
**140** *Tabularium*, Rekonstruktion, C. Moyaux, Aquarell, 1865, © ENSBA.
*Säule vom Tempel des Vespasian*, Foto, © ENIT.
**141** *Tabularium, aktueller Zustand*, C. Moyaux, Aquarell, 1865, © ENSBA.
*Dioskur am Kapitol*, Neg. W. Louvet.
*Concordia-Tempel*, Bronzemünze aus der Zeit Caligulas, © Bibl. nat., Paris.
**142** *Tempel der Dioskuren*, Neg. A. Idini.
*Juturna-Quelle*, © Scala.
**143** *Christus am Kreuz*, Fresko, Santa Maria Antiqua, © Scala.
*Heiliger*, idem.
*San Teodoro*, A. Pinelli, Aquarell, 1834, Museo di Roma, Neg. B. Brizzi.
**144** *Statue einer Vestalin*, Neg. A. Idini.
*Tempel der Antoninus Pius und der Faustina*, Samml. Ceccarius, idem, Neg. W. Louvet.
**144-145** *Basilika des Konstantin*, J. J. Haffner, Aquarell, 1921, © ENSBA.
**145** *Kapitell und Fries vom Tempel des Antoninus Pius und der Faustina*, Desgodetz, Stich, in: *Les Édifices de Rome*, © Bibl. nat., Paris.
*Tempel des Antoninus Pius und der Faustina*, Neg. W. Louvet.
*Pflasterung der Via Sacra*, Neg. M. Marzot.
**147** *Bogen des Titus*, Foto, Anf. 20. Jh., © Alinari-Giraudon.
**148** *Archaische Hütte*, Antiquarium des Forum Romanum, © Scala.
*Statue der Kybele ohne Kopf*, Palatin, © Scala.
*Io, Argos und Merkur und Girlanden*, Ausschnitte der Fresken im Haus der Livia, © Scala.
**149** *Apollon und Artemis schmücken einen geheiligten Pfeiler*, Terrakotta aus dem Tempel des Apollo, Antiquarium des Palatin, © Werner Forman Archive, London.
*Terrakottaplatte, wohl aus dem Tempel des Apollo auf dem Palatin, heute im Antiquarium des Palatin*, 28 v. Chr., © T.C.I.
**150** *Greife*, Fresko in der Casa dei Grifi, © Scala.
*Septizodium*, S. Dupérac, Stich, R. vbh.
**150-151** *Palast der Caesaren*, H.-A. A. Deglane, Aquarell, 1886, © ENSBA.
**151** *Rekonstruktion*, idem.
*Säule in der Domus Flavia*, © Scala.

*Kopf des Elagabal*, Skulptur, 3. Jh., Kapitolinische Museen, © Scala.
**152** *S.P.Q.R.*, Neg. M. Marzot.
**153** *Kolosseum*, A. Matveiev, Öl/Leinw., Anf. 18. Jh., Galerie Tretjakov, Moskau, © Scala.
**154-155** *Kirche Santa Maria in Cosmedin und Vesta-Tempel*, Postkarte, R. vbh.
**155** *Bocca della Verità*, Neg. M. Marzot.
**156** *Innenraum von San Giorgio in Velabro, Casa dei Crescenzi und Wechselbogen*, Neg. A. Idini.
*Reitende Amazone*, Ausschn. vom Giebelfeld des Tempels des Apollo Sosianus, © Barbara Malter.
**156-157** *Straße Roms vor dem Marcellus-Theater*, H. Bürkerl, Öl/Leinw., © Kunstmuseum Düsseldorf.
**157** *Marcellus-Theater, Schnitt*, A. L. T. Vaudoyer, Aquarell, 1786, © ENSBA.
**158** *Die drei Säulen des Apollo-Tempels*, Neg. A. Idini.
*Der Portikus der Oktavia*, Foto, Anf. 20. Jh., © Alinari-Giraudon.
**159** *Portikus der Oktavia, Rekonstruktion*, F. Duban, Aquarell, 1827, © ENSBA.
*Alte Häuser am Portikus der Oktavia*, Roesler Franz, E., Öl/Leinw., 19. Jh., Museo di Roma, Neg. C. Bernoni.
*Piazza Margana*, Neg. A. Idini.
*Kapitell, versenktes Relief*, Piazza Margana, Neg. M. Marzot.
**160** *Allegorische Gruppe der Gedanken*, Vittoriano, G. Monteverde, Bronze, Neg. A. Idini.
*Vittoriano, Luftaufnahme*, © ICCD.
*Vittorio Emanuele II*, Ausschn., anon. 19. Jh., Palazzo Pubblico, Siena, © Scala.
**161** *Garibaldinische Tracht*, Museo Centrale del Risorgimento, © Scala.
*Mussolini erklärt Frankreich den Krieg vom Balkon des Palazzo Venezia aus*, Foto, © Roger-Viollet, Paris.
*Die Pferde von San Marco im Hof des Palazzo Venezia*, Samml. Ceccarius, © Bibl. naz., Rom.
**162** *Parade auf der Via dell'Impero*, Foto © Roger-Viollet, Paris.
*Julius Caesar*, Stich, R. vbh.
**162-163** *Augustus-Forum, Rekonstruktion*,

F.-J.T. Uchard, Aquarell, 1869, © ENSBA.
**163** *Studie: Basis und Kapitell einer Säule am Tempel des Mars Ultor*, L. Noguet, chinesische Tinte, 1869, © ENSBA.
**164** *Augustus als Pontifex maximus*, Marmor, Neg. Jean Mazenod, in: *L'Art de l'ancienne Rome*, © Éditions Citadelles & Mazenod, Paris.
*Tempel der Minerva*, Foto, © Samml. Siegert, München.
*Nerva-Forum*, Ausschn. der Inschrift, L. Noguet, 1869, Aquarell, © ENSBA.
**164-165** *Trajans-Forum, Rekonstruktion*, idem.
**165** *Basilica Ulpia, Trajans-Forum*, © Scala.
*Trajan*, Münze, © Bibl. naz., Paris.
**166** *Schnitt durch die Trajans-Säule*, Stich, © ICCD.
*Trajans-Säule*, A. Léon, Autochrom, 1921, © Musée Albert-Kahn, Dépt. des Hauts-de-Seine.
**167** *Ausschnitte der Reliefs der Trajans-Säule*, Neg. M. Marzot.
*Vorderseite des Sockels der Trajans-Säule*, C. Percier, chinesische Tinte und Tusche, ENSBA.
*Statue des Apostels Petrus auf der Trajans-Säule*, Stich, R. vbh.
*Trajans-Märkte*, © Scala.
**168** *Torre dei Conti*, Piazza Venezia, Foto, Samml. Ceccarius, © Bibl. naz., Rom.
*Torre delle Milizie*, Neg. M. Marzot.
*Campanile von Santa Francesca Romana*, Lithographie, R. vbh.
**168-169** *Bogen des Konstantin und Meta Sudans*, Foto, um 1873, Samml. Piantanida-Sartori.
**169** *Apsis-Gewölbe*, Santi Cosma e Damiano, Mosaik, © Scala.
*Römisches Reich zur Zeit Trajans*, geographische Karte, © Scala.
**170** *Kolosseum von innen*, C. W. Eckersberg, Öl/Leinw., 19. Jh., © Thorvaldsen-Museum, Kopenhagen.
**170-171** *Kolosseum, Rekonstruktion*, J. Duc, Aquarell, 1830-1831, © ENSBA.
**171** *Kolossalstatue des Nero, Rekonstruktion*, Ausschn., E.-G. Coquart, Aquarell, 1863, idem.
*Unterirdische Gänge im Kolosseum*, © Nimatallah/ Artephot, Paris.
**172** *Gladiatorenhelm*, Bronze, 1. Jh. n. Chr., Mu-

# ABBILDUNGSNACHWEIS ◆

seo Archeologico, Neapel, © Dagli Orti, Paris.
*Circusspiele,* G. Lauro, Stich, R. vbh.
*Gladiatorenkampf,* Mosaik, Nennig-Museum Neg. Archäologisches Museum, Lattes.
**172-173** *Szene im Amphitheater,* Mosaik, 4. Jh., Archäologisches Museum Madrid, © Nimatallah/Artephot, Paris.
**173** *Bein- und Armschutz eines Gladiators, Schulterstück eines Netzkämpfers,* Bronze, 1. Jh. n. Chr., Louvre, © RMN.
*Ave Caesar, morituri te salutant,* J.-L. Gérôme, Öl/Leinw., 19. Jh., © Yale University Art Gallery, New Haven.
*Sockel eines Windmessers,* Marmor, Vatikanische Museen, © IGDA, Mailand.
**174** *Teil des Groteskenschmucks der Domus aurea,* in: *Dessins de peintures antiques,* S. Bartoli, 17. Jh., © Bibl. nat., Paris.
*Die Thermen des Trajan,* Stich, © idem.
**175** *Die Pyramide des Cestius,* Postkarte, priv. Samml.
**177** *Aventin,* Neg. J.-L. Malroux.
*Die Sabinerinnen verhindern den Kampf zwischen Römern und Sabinern,* L. David, Öl/Leinw., Louvre, © RMN.
**178** *Die vier factiones der Wagenlenker,* Mosaik, Thermenmuseum, © Scala.
**178-179** *Circus Maximus,* Stich, Bibl. nat., Paris, © Giraudon.
**179** *Portal von Santa Sabina,* Ausschn., Holz, © Scala.
*Santa Sabina,* A. Pinelli, Aquarell, 19. Jh., Museo di Roma, Neg. B. Brizzi.
**180** *Die Legende des hl. Alexius,* Fresko, Kirche San Clemente, © Scala.
*Alof de Wignacourt, Großmeister des Malteserordens,* Caravaggio, Öl/Leinw., Louvre, © RMN.
**181** *Insignien des Malteserordens,* Ausschn. einer Briefmarke, R. vbh.
*Entwurf für die Stelen der Piazza dei Cavalieri di Malta,* © Pierpont Morgan Library, New York.
*Mithras opfert den Stier,* Relief, 1.-3. Jh., Louvre, © Lauros-Giraudon.
**182** *Straße auf dem Aventin,* Neg. J.-L. Malroux.
*Kirche San Saba,* Roesler Franz, E., Öl/Leinw., Museo di Roma, Neg. C. Bernoni.

**182-183** *Pyramide und Protestantischer Friedhof,* idem.
**183** *Widmung auf der Pyramide des Cestius,* Stich, R. vbh.
*Grab des John Keats,* Neg. A. Idini.
**184** *Stier, Portal des Mattatoio,* Neg. A. Idini.
*Schlachthof-Arbeiter,* Foto, Fondazione Primoli, © O. Savio.
*Fontana dell'Anfora,* Neg. M. Marzot.
*Testaccio,* Neg. A. Idini.
**185** *Kirche S. Giovanni in Laterano,* Charpentier, Lithographie, R. vbh.
**186-187** *Celio,* Stich © Bibl. nat., Paris.
**187** *Details der Fassade von San Gregorio Magno, Reliefs,* Neg. M. Marzot.
*Fassade von S. Gregorio Magno,* Neg. Gallimard.
**188** *Campanile von Santi Giovanni e Paolo,* Neg. Gallimard.
*Apsis von Santi Giovanni e Paolo,* © Scala.
**189** *Statue des Claudius als Jupiter,* Museo Pio-Clementino, Vatikan, © Scala.
**190** *Garten der Villa Celimontana,* Neg. A. Idini.
*Dolabella-Bogen,* idem.
*Madonna mit Kind,* Apsis-Mosaik, Kirche S. Maria in Domnica, © Scala.
**190-191** *Innenraum von Santo Stefano Rotondo,* F.-M. Granet, Öl/Leinw., Neg. B. Terlay, © Musée Granet, Palais de Malte, Aix-en-Provence.
**191** *Die Navicella,* Neg. M. Marzot.
*Märtyrer,* Pomarancio, Fresko, S. Stefano Rotondo, 19. Jh., © A. de Luca.
*Innenraum von S. Stefano Rotondo,* Neg. A. Idini.
**192** *Kirche Santi Quattro Coronati,* A. Pinelli, Aquarell, Museo di Roma, Neg. B. Brizzi.
*Kirche Santi Quattro Coronati,* Neg. A. Idini.
*Brunnenschale im Kreuzgang von Santi Quattro Coronati,* Neg. M. Marzot.
**193** *Der Triumph des Kreuzes,* Apsis-Mosaik, San Clemente, © Scala.
*Überführung der Reliquien des hl. Clemens,* Fresko, San Clemente, © Scala.
*Die hl. Katharina wird von Engeln befreit,* Masolino, Fresko, idem.
**194** *Fragment eines Freskos,* wahrscheinlich ein *Jüngstes Gericht,* nördl. Seitenschiff von San Clemente, © Scala.
*Das Wunder am Schwarzen Meer,* Fresko, San Clemente, © Scala.

*Mithras-Figur,* San Clemente, © Scala.
**195** *Lämmer,* Fries am Apsis-Gewölbe, Mosaik, idem, © idem.
**196** *Mithras-Altar,* idem, © idem.
*Obelisk von S. Giovanni in Laterano,* Stich, © Bibl. nat., Paris.
**196-197** *Festa di San Giovanni,* J.-B. A Thomas, aquarellierte Lithographie, © Bibl. nat., Paris.
**197** *Engel tragen den Obelisken von S. Giovanni,* Ausschn., idem.
**198** *Fassade von S. Giovanni in Laterano,* Foto, © Alinari.
*Innenraum von San Giovanni in Laterano,* G. B. Piranesi, Stich, © Bibl. nat., Paris.
*Mussolini unterzeichnet die Lateranverträge,* Foto, © Roger-Viollet, Paris.
**199** *Cosmaten-Mosaiken im Kreuzgang von San Giovanni in Laterano,* Lithographie, R. vbh.
*Der Kreuzgang von San Giovanni in Laterano,* idem.
*Fassadenstatue San Giovanni in Laterano,* Neg. A. Idini.
**200** *Amphitheatrum Castrense,* Neg. A. Idini.
*Kaserne,* idem.
*Innenraum der Kirche Santa Croce in Gerusalemme,* idem.
*Fassade von Santa Croce in Gerusalemme,* © ENIT.
**201** *Papstsegen, Petersplatz,* I. Caffi, Museo di Roma, © Scala.
**202** *Schweizergarde,* Postkarte, priv. Samml.
**203** *Porta Angelica,* Roesler Franz, E., Aquarell, Museo di Roma, Neg. C. Bernoni.
*Kuppel der Peterskirche,* Neg. F. Marzi.
**204** *Osservatore romano,* Titelzeile, R. vbh.
*Passetto,* Neg. F. Marzi.
*Leoninische Mauer,* Neg. idem.
**205** *Lateinische Bibel 614, folio 219 verso,* Illustration von Ghirlandaio, Vatikanische Bibliothek, Neg. F. Marzi.
*Wandteppich,* Neg. idem.
**206** *Grab des hl. Petrus,* Neg. F. Marzi.
*Statue des hl. Petrus,* Grotten des Vatikan, © Scala.
**207** *Erschaffung Adams,* Michelangelo, Fresko, Sixtinische Kapelle, © Vatikanische Museen.
**209** *Basilika von Konstantin,* Tassoli, Fresko, Grotten des Vatikan, 16. Jh., © Scala.
*Mausoleum des Aelius Thyrannus,* Nekropole

des Vatikan, Neg. Marzi-Morselli.
**210** *Ponente,* Marmor-Fliese, Petersplatz, Neg. Marzi-Morselli.
*Obelisk Petersplatz,* Stich, © Bibl. nat., Paris.
**210-211** *Entwurf für die Fassade von S. Pietro,* Stich, © Electa, Mailand.
**211** *Kardinäle bei San Pietro,* Neg. Marzi-Morselli.
*Nonnen auf dem Petersplatz,* Neg. W. Louvet.
*Portal des Todes,* Neg. F. Marzi.
*Weihwasserbecken in der Peterskirche,* Neg. Marzi-Morselli.
**212** *Glorie,* Bernini, Neg. Marzi-Morselli.
*Pietà,* Michelangelo, Marmor, Peterskirche, © Scala.
**212-213** *Kardinal Melchior von Polignac besucht die Peterskirche in Rom,* G. P. Pannini, Öl/Leinw., 18. Jh., Louvre, © RMN.
**213** *Kuppel der Peterskirche,* Neg. F. Marzi.
*Der hl. Longinus,* Bernini, Marmor, Neg. Marzi-Morselli.
*Der hl. Andreas,* idem.
**214** *Wendeltreppe zu den Vatikanischen Museen,* Neg. A. de Luca.
*Giebelfeld der Casina Pius' IV.,* Relief, Neg. F. Marzi.
*Domenico Fontana präsentiert Sixtus V. die Entwürfe für die Bibliothek,* P. Facchetti, Fresko, Salone Sistino, © Biblioteca Vaticana.
**215** *Gouverneurspalast, Bahnhof des Vatikans, Apostolischer Palast, Vatikanische Gärten, Korridor zur Sala Regia und Ausstattung der Sala Regia,* Neg. Marzi-Morselli.
*Kopf der Kolossalfigur des Augustus,* Corte della Pigna, © idem.
**216** *Die Loggien Raffaels,* Neg. F. Marzi.
**217** *Niobide von Chiaramonti,* nach einem griechischen Original des 4. Jh. v. Chr., Museo Pio-Clementino, © Scala.
*Landkarte,* Fresko, Galleria delle Carte geografiche, Neg. F. Marzi.
**218** *Die delphische Sibylle,* Michelangelo, Fresko, Ausschn. der Deckengemälde der Sixtinischen Kapelle, Foto A. Bracchetti, © Vatikanische Museen.
**218-219** *Decke der Sixtinischen Kapelle,* Michelangelo, Fresko, Foto A. Bracchetti/P. Zigrossi, © idem.

# ◆ ABBILDUNGSNACHWEIS

**219** *Adam*, Ausschn. aus der *Erschaffung Adams*, idem.
*Ignudo*, nahe der *Sintflut*, idem.
**220** *Moses und die Töchter Jethros*, S. Botticelli, Fresko, Ende 15. Jh., Sixtinische Kapelle, Vatikan, © Scala.
**221** *Das Jüngste Gericht: Verdammter* und *Christus als Weltenrichter*, Michelangelo, 1537-1541, idem.
**222** *Vertreibung des Heliodor aus dem Tempel*, Ausschn., Raffael und Schüler, Fresko, Stanza dell'Eliodoro, Vatikan, © Scala.
**222-223** *Die Schule von Athen*, Raffael, Fresko, Stanza della Segnatura, idem.
**223** *Parnaß*, Ausschnitte: *Erato, Melpomene, Terpsichore* und *Urania*, Stanza della Segnatura, idem.
**224** *Apoll vom Belvedere*, Marmor, Museo Pio-Clementino, Vatikan, © Scala.
**224-225** *Laokoon*, idem.
**225** *Torso vom Belvedere*, idem.
*Augustus von Prima Porta*, Marmor, Braccio Nuovo, Vatikan, © Scala.
*Schlafende Ariadne*, Marmor, Museo Pio-Clementino, idem.
**226** *Musizierender Engel*, Melozzo da Forli, Freskenfragment, um 1480, hl. S. Grandadan.
*Sixtus IV. ernennt Platina zum Präfekten der Vatikanischen Bibliothek*, M. da Forli, um 1475-1477, Fresko, Pinakothek, © Scala.
**226-227** *Madonna mit Kind*, Pinturicchio, Fresko, Sala dei Santi, Appartamenti Borgia, Vatikan, © Scala.
**227** *Der hl. Lorenz wird vom hl. Sixtus zum Diakon geweiht*, Fra Angelico, Fresko, Kapelle Nikolaus' V., © Scala.
*Der hl. Benedikt*, Perugino, Öl/Leinw., um 1495, Pinakothek, © Scala.
**228** *Porträt Raffaels*, Stich, © Bibl. nat., Paris.
*Trasfigurazione*, Raffael, Öl/Leinw., Pinakothek, © Scala. *Vertreibung aus dem Paradies*, Raffael, Fresko, Loggien Raffaels, © Scala.
*Isaak segnet Jakob*, idem.
**229** *Madonna von Foligno*, Raffael, Öl/Leinw., Pinakothek, © Scala.
*Zug durch das Rote Meer*, Raffael, Fresko, Loggien Raffaels, © Scala.
*Bau der Arche Noah*, idem.

**230** *Grablegung*, Caravaggio, Öl/Leinw., 1604, Pinakothek, © Scala.
**231** *Pietà*, P. da Cortona, Fresko, Kapelle Urbans VIII., © Scala.
*Letzte Kommunion des hl. Hieronymus*, Domenichino, Öl/Leinw., 1614, Pinakothek, © Scala.
*Hl. Thomas*, Ausschn. aus *Die Jungfrau zwischen dem hl. Thomas und dem hl. Hieronymus*, G. Reni, Öl/Leinw., 1625-1630, Pinakothek, © Scala.
**232** *Petersplatz*, Foto, Anf. 20. Jh., © Alinari-Giraudon.
*Petersplatz*, Neg. W. Louvet.
**233** *Wappen und Fassadenteile am Borgo*, Neg. M. Marzot.
*Mönch am Petersplatz*, Neg. W. Louvet.
*Via del Campanile am Borgo*, Roesler Franz, E., Öl/Leinw., 19. Jh., Museo di Roma, Neg. C. Bernoni.
*Rekonstruktion des Mausoleums Hadrians*, E. Vaudremer, Aquarell, 1857, © ENSBA.
**234** *Feuerwerk bei der Engelsburg*, J. Wright of Derby, Öl/Leinw., © Art Gallery, Birmingham.
**234-235** *Das Mausoleum Hadrians, Engelsburg*, E. Vaudremer, Aquarell, 1857, © ENSBA.
**235** idem, Längsschnitt. *Engel*, Raffaello da Montelupo, Marmor, Engelshof. © ENIT.
**236** *Justizpalast*, Roesler, Franz, E., Öl/Leinw., Museo di Roma, Neg. C. Bernoni.
*Prati*, Foto, © Fondazione Primoli.
**237** *Engelsbrücke*, Foto, © ENIT.
**238** *Engelsbrücke und -burg*, V. Brayer, Aquarell, © Giraudon/A.D.A.G.P.
**239** *Engelsbrücke*, Neg. A. Idini.
*Fragment eines Dreitieropfers auf dem Marsaltar*, Marmorrelief, Louvre, © RMN.
**240** *Engelsbrücke*, Neg. J.-L. Malroux.
*Engel auf der Engelsbrücke*, Bernini, Marmor, Neg. A. Idini.
**241** *Kirche San Giovanni dei Fiorentini*, G. Van Wittel, Öl/Leinw., priv. Samml., © Scala.
*Via Giulia*, Neg. J.-L. Malroux.
*Kuppel S. Giovanni dei Fiorentini*, Neg. A. Idini.
*Skulptur, S. Giovanni dei Fiorentini*, Neg. J.-L. Malroux.
*Via Giulia*, Neg. M. Marzot.

**242** *Geschichte Davids*, Ausschn., F. Salviati, Fresko, Palazzo Sacchetti, © Scala.
*Kirche Spirito Santo dei Napoletani*, A. Pinelli, Aquarell, um 1835, Museo di Roma, Neg. B. Brizzi.
**242-243** *Palazzo Sacchetti*, M. Corneille, Tusche auf Karton, Samml. T. Ashby. © Biblioteca Vaticana.
**243** *Fenster des Palazzo Sacchetti*, Neg. A. Idini.
*Fassade Santa Maria di Monserrato*, Neg. A. Idini.
*Die letzte Kommunion des hl. Hieronymus*, Domenichino, Öl/Leinw., 1614, Vatikanische Museen, © Scala.
**244** *Fontana del Mascherone*, Neg. M. Marzot.
*Piazza Farnese*, Neg. idem.
**244-245** *Triumph von Bacchus und Ariadne*, A. Carracci, Fresko, Palazzo Farnese, © Scala.
**245** *Palazzo Farnese*, G. B. Piranesi, Stich, © ENIT.
*Hoffassade des Palazzo Farnese*, Neg. A. Idini.
*Venus et Anchises*, Ausschn., A. Carracci, Fresko, Palazzo Farnese, © Scala.
**246** *Fassade des Palazzo Spada*, Neg. A. Idini.
*Galleria delle Prospettive, Palazzo Spada*, F. Borromini, © Scala.
*Brunnen vor dem Pfandhaus*, Neg. Gallimard.
**247** *Karl Borromäus*, Stich, © Bibl. nat., Paris.
*Via dei Giubbonari*, Neg. M. Marzot.
*Verkündigung*, Giovanni Lanfranco, Öl/Leinw., San Carlo ai Catinari, © Scala.
**248** *Via di Grotta Pinta*, Neg. A. Idini.
*Campo dei Fiori*, Neg. idem.
*Idem*, Neg. M. Marzot.
*Idem*, Neg. J.-L. Malroux.
**248-249** *Theater des Pompejus*, V. Baltard, Aquarell, 1837, © ENSBA.
*Modell des Theaters des Pompejus*, © O. Greppi/ Amis du plan de Rome, Université de Caen.
**249** *Giordano Bruno*, Stich, © Bibl. nat., Paris.
*Kopf eines Priesters*, Museo Barrocco, © Scala.
**250** *Sant'Andrea della Valle*, Neg. J.- L. Malroux.
**251** *Tempel A, Largo Torre Argentina*, Neg. A. Idini.
*Tempel B*, idem.
*Tempel C*, idem.
*Porticus Minucia Frumentaria*, idem.
*Musikfest im Teatro Argentina*, G. P. Pannini,

Öl/Leinw., 1747, Louvre, © RMN.
**252** *Löwe mit Damhirsch*, Relief, Fassade des Hauses von Laurentius Manilius, Neg. M. Marzot.
*Portikus der Octavia und Fischverkäufer*, Charpentier, aquarellierte Lithographie, R. vbh.
**253** *Koscheres Geschäft im Ghetto*, Foto, Jüdisches Dokumentationszentrum, Rom, R. vbh.
*Via delle Botteghe oscure*, Neg. M. Marzot.
*Straße im Ghetto*, Neg. A. Idini.
*Alessandro Mattei*, Stich, © Bibl. nat., Paris.
**254** *Fontana delle Tartarughe*, Neg. J.-L. Malroux.
*Beatrice Cenci*, Guido Reni, Öl/Leinw., Galleria nazionale d'Arte antica, © Scala.
*Synagoge*, Neg. A Idini.
**255** *Pantheon*, I. Caffi, Öl/Leinw., Ca' Pesaro, Venedig.
**257** *Der hl. Ignatius von Loyola*, anon., Öl/Leinw., Duques del Infantino, Madrid, © Artephot/ Oronoz, Paris.
*Urban VIII. in der Kirche Il Gesù*, A. Sacchi, Öl/ Leinw., Galleria nazionale d'Arte antica, © Scala.
**258** *Altar des hl. Ignatius*, Kirche Il Gesù, © Scala.
*Korridor zu den Wohnräumen des hl. Ignatius*, A. Pozzo, © Scala.
*Palazzo Doria-Pamphili*, Neg. A. Idini.
**259** *Die Flucht nach Ägypten*, A. Carracci, Öl/Leinw., Palazzo Doria-Pamphili, © Scala.
*Salome*, Tizian, idem.
*Landschaft mit Tänzern*, Claude Lorrain, idem.
**260** *Piè di Marmo*, Neg. A. Idini.
*Pegel der Tiberüberschwemmungen*, Neg. M. Marzot.
*Auferstandener Christ*, Michelangelo, Marmor, Santa Maria sopra Minerva, © Scala.
**261** *Piazza della Minerva*, A. Pinelli, Aquarell, um 1835, Museo di Roma, Neg. B. Brizzi.
*Elefant Berninis*, Neg. M. Marzot.
*Trompe-l'œil-Kuppel von Sant'Ignazio*, A. Pozzo, Fresko, 1685, © Scala.
**262-263** *Kuppeln*, © G.-C. Gasponi.
**264** *Inschrift des Pantheons*, Stich, R. vbh.
**264-265** *Pantheon*, Marchi, Öl/Leinw., 1754, priv. Samml., Rom, © L. Pedicini, Neapel.
**265** *Luftaufnahme des Pantheons*, © ICCD. *Kuppel des Pantheons*

# ABBILDUNGSNACHWEIS ◆

*von innen*, Neg. A. Idini.
*Innenraum des Pantheons*, Neg. W. Louvet.
**266** *Pantheon*, G. C. Chédanne, Aquarell, 1891, © ENSBA. *Innenraum des Pantheons*, © Scala.
**267** *Hadrians-Tempel*, G. B. Piranesi, Stich, © Bibl. nat., Paris. *Magazzini Bocconi*, Postkarte, Anf. 20. Jh., priv. Samml. *Spitze der Trajans-Säule*, Neg. A. Idini. *Marc-Aurels-Säule*, Piazza Colonna, Autochrom, Anf. 20. Jh., Museo di Storia della fotografia, © Alinari.
**268** *Reliefs der Marc-Aurels-Säule*, G. Guerra, Zeichnungen, © Statens Museum for Kunst, Kopenhagen. *Ehrensockel der Säule des Antoninus Pius*, Cortile delle Corazze, Vatikan, © Scala.
**269** *Fassaden des Palazzo Montecitorio*, Neg. A. Idini. *Palazzo Chigi*, Neg. idem. *Galleria Colonna*, Neg. idem. *Palazzo Montecitorio*, © ENIT.
**270** *Piazza delle Coppelle*, Neg. A. Idini. *Santa Maria in Campo Marzio*, Neg. idem. *Die Glorie der hl. Cäcilie*, Domenichino, Fresko, Kirche San Luigi dei Francesi, © Scala.
**270-271** *Die Berufung des hl. Matthäus*, Caravaggio, Öl/Leinw., 1599-1602, idem.
**271** *Salamander, Wappentier Franz' I.*, Fassade von San Luigi dei Francesi, Neg. M. Marzot. *Der hl. Matthäus und der Engel*, Ausschn., Caravaggio, Öl/Leinw., San Luigi dei Francesi, © Scala. *Jungfrau*, Votivbild, Piazza San Luigi dei Francesi, Neg. M. Marzot.
**272** *Palazzo Madama*, A. Specchi, Stich, R. vbh. *Kuppel von Sant'Ivo*, Neg. M. Marzot.
**273** *Markt auf der Piazza Navona*, T. Cuccioni, Foto, 1860, © Bibl. nat., Paris.
**274** *Via dei Coronari*, Neg. G. Peyrot. *Stadtplan von Rom*, 1637, © Bibl. nat., Paris.
**276** *Die überflutete Piazza Navona*, J.-B. A. Thomas, aquarellierte Lithographie, in: *Un an à Rome*, © Bibl. nat., Paris.
**276-277** *Piazza Navona*, G. Van Wittel, Öl/Leinw., priv. Samml., © Ugo Bozzi Editore.
**277** *Fontana dei Fiumi*, Neg. G. Peyrot.
**278** *Kirche Nostra Signora al Sacro Cuore*, Neg. G. Peyrot. *Schnitt durch Sant'Agnese in Agone*, Stich, © Bibl. nat., Paris.
**279** *Palazzo Pamphili*, Neg. G. Peyrot. *Piazza Navona*, Neg. M. Marzot. *Innozenz X.*, Ausschn., Diego Velázquez, Öl/Leinw., 17. Jh., Palazzo Doria-Pamphili, © Scala. *Palazzo Massimo*, Neg. G. Peyrot. *Via di Pasquino*, Straßenschild, Neg. G. Peyrot. *Pasquino, ›Sprechende Statue‹*, Neg. G. Peyrot.
**280** *Fassade von Santa Maria della Pace*, Neg. G. Peyrot. *Via di S. Maria dell'Anima*, Straßenschild, Neg. idem.
**280-281** *Die Sibyllen*, Raffael, Fresko, Cappella Chigi, Santa Maria della Pace, 16. Jh., © Scala.
**281** *Kreuzgang von Santa Maria dell'Anima*, Neg. G. Peyrot. *Piazza della Pace*, Neg. idem. *Fontana della Terrina*, Neg. idem. *Der hl. Filippo Neri*, Stich, © Bibl. nat., Paris.
**282** *Detail der Kirche San Salvatore in Lauro*, Relief, Neg. M. Marzot.
**282-283** *Kirche und Oratorium Santa Maria in Vallicella*, G. B. Falda, Stich, R. vbh.
**283** *Uhrenturm*, Chiesa Nuova, Foto, © ENIT. *Via dei Coronari*, Neg. G. Peyrot. *Fassade des Palazzo Lancellotti*, Neg. idem.
**284** *Schild des Albergo dell'Orso*, J. H. Parker, Foto, 1868, © Bibl. nat., Paris. *Torre della Scimmia*, Neg. G. Peyrot. *Der Prophet Jesaja*, Raffael, Fresko, Kirche Sant'Agostino, © Scala.
**285** *Madonna dei Pellegrini*, Caravaggio, Öl/Leinw., Sant'Agostino © Scala. *Fassade von Sant'Apollinare*, Neg. M. Marzot.
**286** *Fassaden*, 6 Neg. J.-L. Malroux, 2 Neg. M. Marzot, 1 Neg. S. Bottani, 1 Neg. W. Louvet.
**287** *Fontana di Trevi*, G. Rohner, Öl/Leinw., Samml. Subes, Paris, 1966, © Scala.
**289** *Monte Cavallo*, Stich, P. Bril, Tinte, Gabinetto dei Disegni e delle Stampe, Florenz, © Scala.
**290** *Kutschen auf der Piazza Barberini*, Foto, Samml. Ceccarius, © Bibl. naz., Rom.
**290-291** *Triumph der göttlichen Vorsehung*, P. da Cortona, Fresko, Palazzo Barberini, © Scala.
**291** *Palazzo Barberini*, Stiche, R. vbh. *Der Erzengel Michael besiegt den Dämon*, Guido Reni, Öl/Leinw., Kapuzinerkirche, © G. Nimatallah/Ricciarini, Mailand. *S. Maria della Concezione*, Krypta, Foto, Anf. 20. Jh., © Alinari-Giraudon.
**292** *Wappen der Familie Barberini*, Fenster der Aracoeli-Kirche, Neg. J. L. Malroux. *La Fornarina*, Raffael, Öl/Leinw., Galleria nazionale d'Arte antica, © Scala.
**292-293** *Judith und Holofernes*, Caravaggio, Öl/Leinw., idem.
**293** *Madonna mit Kind*, Filippo Lippi, Gemälde auf Holz, idem. *Stefano Sciarra-Colonna*, A. di Cosimo, idem.
**294** *Kreuzung der Quattro Fontane*, L. Cruyl, Stich, 17. Jh., © The Cleveland Museum of Art. *Brunnen mit Liegefigur des Nil*, Neg. W. Louvet.
**294-295** *Verzückung der hl. Theresa von Avila*, Bernini, Marmor, Santa Maria della Vittoria, © Scala.
**295** *Brunnenfiguren Tiber, die Kraft oder Juno, die Treue oder Diana*, 1. Neg. W. Louvet, 2. und 3. Neg. A. Idini. *Fontana dell'Acqua Felice*, Gesamtansicht und Ausschnitt, Neg. A. Idini. *Kuppel von San Bernardo*, Neg. A. Idini.
**296** *Fassade der Kirche San Carlo alle Quattro Fontane*, Neg. A. Idini. *Fassade von Sant'Andrea al Quirinale*, Neg. A. Idini. *Kuppel von San Carlo alle Quattro Fontane*, Neg. G. Berengo Gardin, © T.C.I.
**296-297** *Piazza del Quirinale*, G. Van Wittel, Öl/Leinw., Galleria nazionale d'Arte antica, © Scala.
**297** *Luftaufnahme Piazza del Quirinale*, © ENIT. *Corazzieri, Ehrensaal des Quirinalspalastes*, © ENIT. *Wendeltreppe, Palazzo del Quirinale*, Neg. G. Berengo Gardin, © T.C.I.
**298** *Anita Ekberg in der Fontana di Trevi*, in: *La Dolce Vita*, Federico Fellini, priv. Samml., Paris. *Jungfrau zeigt Soldaten die Quelle*, Relief, Fontana di Trevi, Neg. idem.
**299** *Aurora*, Guido Reni, Fresko, Accademia di San Luca, © Scala. *Der hl. Lukas malt die Jungfrau Maria*, Raffael, Öl/Leinw., idem, © Scala. *Fontana di Trevi*, Neg. H. Simone Huber, © SIE.
**300** *Der große Salon im Palazzo Colonna*, Neg. G. Berengo Gardin, © T.C.I. *Der Bohnenesser*, A. Carracci, Öl/Leinw., Galleria Colonna, © Scala. *Kirche Santi Apostoli*, Neg. A. Idini.
**301** *Galleria Sciarra*, Neg. G. Berengo Gardin, © T.C.I. *Via della Pilotta*, Foto, Anf. 20. Jh., © Alinari-Giraudon. *Bewohner von Trastevere*, Samml. Ceccarius, © Bibl. naz., Rom.
**302** *San Silvestro in Capite*, Neg. idem. *Reporter Via Veneto*, in: *La Dolce Vita*, Federico Fellini, © P. Praturlon. *Via Veneto*, Postkarte, priv. Samml.
**303** *Trinità dei Monti*, Aquarell, Y. Brayer, priv. Samml., Paris, © Giraudon/A.D.A.G.P.
**305** *Via Peregrinorum*, Straßenschild, Neg. G. Peyrot. *Zwillingskirchen*, Neg. G. Peyrot.
**306** *Büste Giuseppe Valadiers*, Neg. G. Peyrot.
**306-307** *Piazza del Popolo mit Blick auf den Pincio*, Foto 20. Jh., © Alinari-Brogi-Giraudon.
**307** *Antiquitätengeschäft*, Via del Babuino, Neg. G. Peyrot. *Café Canova*, Neg. idem. *Piazza del Popolo*, Neg. idem. *Der Prophet Daniel*, Bernini, Marmor, Santa Maria del Popolo, © Scala.
**308** *Brunnen mit Silen*, Neg. G. Peyrot. *Pferderennen auf der Via del Corso*, Stich, priv. Samml.
**309** *Künstler, Via Margutta*, Foto, © ENIT. *Fassaden Via del Corso*, Neg. W. Louvet. *Palazzo Bonaparte*, Neg. G. Peyrot. *Kirche Santi Ambrogio e Carlo*, Neg. idem. *Kiosk auf der Via del Corso*, Neg. idem.
**310** *Res Gestae*, Fassade des Pavillons der Ara Pacis, Neg. idem. *Augustus-Mausoleum*, Stich, priv. Samml., Paris. *Augustus-Mausoleum*, Neg. G. Peyrot. *Relief*, Ausschn. der Ara Pacis, Neg. idem.

487

## ◆ ABBILDUNGSNACHWEIS

**310-311** *Ara Pacis, Gesamtansicht*, Neg. idem.
**311** *Die Göttin Tellus mit ihren Kindern*, Relief, Ara Pacis, Neg. idem.
*Verkäufer von Druckgrafiken*, Largo Fontanella, Neg. idem.
*Loggia der Villa Borghese*, Neg. idem.
**312** *Caffè Greco*, L. Passini, Öl/Leinw., 19. Jh., Hamburg Kunsthalle, © AKG, Berlin.
**312-313** *Kutschen auf der Piazza di Spagna*, Neg. G. Peyrot.
**313** *Fassadendetail des Palazzo di Propaganda Fide*, Neg. G. Peyrot.
*Piazza di Spagna*, Collegio di Propaganda Fide, Foto, © Bibl. nat., Paris.
*La Casina Rossa*, Neg. G. Peyrot.
*Kirche San Lorenzo in Lucina*, Neg. G. Peyrot.
**314** *Piazza di Spagna*, © ENIT.
*La Barcaccia*, Neg. G. Peyrot.
*Kirche Trinità dei Monti*, Neg. idem.
**314-315** *Kirche Trinità dei Monti und Villa Medici*, F.-M. Granet, Öl/Leinw., Louvre, © RMN.
**315** *Tür*, Via Gregoriana, Neg. M. Marzot.
*Villa Medici, Gartenseite*, Neg. W. Louvet.
*Villa Medici*, idem.
**316** *Erstausgabe der Promenades dans Rome, von Stendhal*, Paris, 1829, Bibl. nat., Paris.
*Casina Valadier*, Neg. G. Peyrot.
*Denkmal für Enrico Toti*, Neg. G. idem.
*Pincio*, A. Léon, Autochrom, 1921, © Musée Albert Kahn, Dépt. des Hauts-de-Seine.
**317** *Via Appia antica*, © V. Giannella.
**318-319** *Via Appia antica*, Foto, Anf. 20. Jh., © Electa, Mailand.
**319** *Via Appia antica*, Neg. G. Peyrot.
**320** *Mosaik des Athleten*, Ausschn., Museo Gregoriano Profano, Vatikan, © Scala.
*Caracalla*, Münze, 3. Jh. n. Chr., © Bibl. nat., Paris.
*Farnesische Herakles*, Museo Nazionale, Neapel, © Scala.
**320-321** *Caracalla-Thermen, Plan des aktuellen Zustands*, J.-E.-A. Duquesne, Aquarell, 1901, © ENSBA.
**321** *Fußbodenmosaiken in den Caracalla-Thermen*, Neg. M. Marzot.
*Mosaik des Athleten*, Ausschn., Museo Gregoriano Profano, Vatikan, © Scala.

*Haus des Kardinals Bessarione*, Neg. G. Peyrot.
**322** *Kolumbarium des Pomponius Hylas*, Campana, Druck, 1843, © Bibl. nat., Paris.
**322-323** *Sarkophag des Scipione Barbatus*, Museo Pio-Clementino, Vatikan, © Scala.
**323** *Aurelianische Stadtmauer und Caracalla-Thermen*, Neg. M. Marzot.
*Porta Latina*, Neg. G. Peyrot.
**324** *Via di Porta San Sebastiano*, Straßenschild, Neg. G. Peyrot.
*Porta San Sebastiano*, Foto, Samml. Ceccarius, © Bibl. naz., Rom.
*Meilenstein*, Neg. G. Peyrot.
**324-325** *Quo vadis*, Plakat, priv. Samml., Paris.
**325** *Schnitt durch eine Katakombe*, De Rossi, Stich, in: *Roma sotterranea christiana*, © Bibl. nat., Paris.
*Die Krypta der Päpste*, Calixtus-Katakomben, idem.
**326** *Symbole in den Katakomben*, R. vbh.
*Die Krypta der Päpste*, Calixtus-Katakomben, © Scala.
*Symbole in den Katakomben*, R. vbh.
**327** *Felicitas*, Inschrift, Katakomben der Priscilla, © Commissione di archeologia sacra.
*Pfau*, Fresko, Katakomben der Priscilla, idem.
*Wunder der Quelle*, Katakomben der Commodilla, idem.
*Muräne*, Katakomben der Priscilla, idem.
*Der gute Hirte*, Cimitero dei Giordani, idem.
*Symbole in den Katakomben*, R. vbh.
*Drei Gräber*, Katakomben von San Sebastiano, © Scala.
**328** *Sant'Urbano alla Caffarella*, Neg. G. Peyrot.
*Circus des Maxentius, Grundriß, aktueller Zustand*, A. Recoura, Aquarell, 1899, © ENSBA.
**328-329** *Circus des Maxentius, Rekonstruktion der Hauptfassade*, idem.
*Circus des Maxentius, Hauptfassade, aktueller Zustand*, idem.
**329** *Circus des Maxentius*, Neg. G. Peyrot.
**330** *Grabmal der Caecilia Metella, Details*, Neg. G. Peyrot.
*Grabmal der Caecilia Metella*, Foto, Anf. 20. Jh., © Alinari-Giraudon.
**331** *Innenraum der Kirche Santa Maria Maggiore*, G. B. Piranesi,

Stich, 18. Jh., © Bibl. nat., Paris.
**333** *Piazza della Repubblica und Details der Fontana delle Naiadi*, Neg. G. Peyrot.
*Piazza dell'Esedra mit Stazione Termini und Fontana delle Naiadi*, © Alinari-Brogi-Giraudon.
*Der hl. Bruno*, A. Houdon, Skulptur, Santa Maria degli Angeli, Neg. G. Peyrot.
*Der Meridian in S. Maria degli Angeli*, Neg. idem.
*Caldarium*, Eingang der Kirche Santa Maria degli Angeli, Neg. G. Peyrot.
**333-334** *Rekonstruktion der Thermen des Diokletian*, E. Paulin, Aquarell, 1880, © ENSBA.
*Ehemaliger Garten der Thermen*, Neg. M. Marzot.
**336** *Fanciulla d'Anzio*, Statue, Thermenmuseum, © Scala.
*Schlacht zwischen Römern und Barbaren*, Sarkophag, idem.
**336-337** *Die Geburt der Aphrodite*, Relief, idem.
**337** *Tanzende Mänaden*, Grabstele, idem.
*Garten*, Fresko, idem.
*Verwundete Niobide*, Marmor, idem.
**338** *Stazione Termini*, Neg. G. Peyrot.
*Obelisk des Cinquecento*, Neg. idem.
*Aquarium des Bernich*, Neg. G. Peyrot.
**338-339** *Stazione Termini*, S. Bianchi, Foto, Anf. 20. Jh., © Alinari-Giraudon.
**339** *Der erste Bahnhof*, J. H. Parker, Foto, 1866, © Bibl. nat., Paris.
*Ruinen des Tempels der Minerva Medica in Rom*, G. B. Busiri, Öl/Leinw., National Trust Photographic Library/Christopher Hurst, © Felbrigg Hall, Norfolk.
**340** *Relief am Grab des Eurysaces*, Stich, R. vbh.
*Das Grab des Eurysaces*, Neg. G. Peyrot.
*Stuckdekoration im Gewölbe der unterirdischen Basilika*, Porta Maggiore, © Scala.
*Piazza Vittorio Emanuele*, © Alinari-Giraudon.
**341** *Wasserturm der Aqua Julia, Rekonstruktion*, A. M. Garnaud, Aquarell, 1821, © ENSBA.
*Wasserturm der Aqua Julia, aktueller Zustand*, idem.
*Trophäen des Marius*, idem.
**342** *Santa Maria Maggiore*, G. P. Pannini, Öl/Leinw., 18. Jh., Palazzo del Quirinale, © Giraudon.
**343** *Marienkrönung*, Ja-

copo Torriti, Mosaik, Santa Maria Maggiore, © Scala.
*Marientod*, idem.
*Jerusalem*, idem.
**344** *Christus belehrt die Apostel*, Mosaik, Apsis von Santa Pudenziana, © Scala.
*Campanile und Portal der Kirche Santa Pudenziana*, Neg. G. Peyrot.
*Architektur-Details der Kirche Santa Pudenziana*, Neg. G. Peyrot.
**345** *Das Himmlische Jerusalem*, Mosaik des Triumphbogens von Santa Prassede, © Scala.
*Christus und Heilige*, Apsis-Mosaik, idem.
*Madonna mit Kind und den hll. Praxedis und Pudentiana*, Mosaik, Cappella di San Zeno, © Scala.
**346** *Via degli Zingari*, Straßenschild, Neg. G. Peyrot.
*Piazza San Pietro in Vincoli*, Roesler Franz, E., 19. Jh., Öl/Leinw., Museo di Roma, Neg. C. Bernoni.
*Salita di Borgia*, Neg. M. Marzot.
**346-347** *Moses, Grabmal Julius' II.*, Michelangelo, Marmor, Kirche San Pietro in Vincoli, © Scala.
**347** *Via Leonina, Via dei Ciancaleoni, Via Panisperna*, Neg. G. Peyrot.
*Ettore Majorana*, Foto, © Roger-Viollet, Paris.
**348** *Figurengruppe am Palazzo delle Esposizioni*, Neg. M. Marzot.
*San Paolo entro le Mura*, Neg. G. Peyrot.
*Piccolo Eliseo*, idem.
*Innenraum der Oper*, Foto, © ENIT.
*Weinflasche: Est Est Est*, Neg. Gallimard.
**349** *Tiberkai alla Regola*, Roesler Franz, E., Öl/Leinw., 19. Jh., Museo di Roma, Neg. C. Bernoni.
**351** *Dänische Künstler in einer Herberge des Trastevere*, D. C. Blunck, Öl/Leinw., © Thorvaldsen-Museum, Kopenhagen.
*Saltarello*, F. D. Soiron, aquarellierter Stich, Städtisches Kupferstichkabinett.
**352** *Kirche San Bartolomeo*, Neg. A. Idini.
*Tiberinsel*, Neg. G. Rossi, © The image Bank, Mailand.
*Tiber*, Neg. M. Marzot.
**353** *Ponte Rotto*, Neg. A. Idini.
*Kirche Santa Cecilia*, Neg. A. Idini.
*Portal*, idem.
*Mittelalterliche Häuser im Viertel von Santa Cecilia*, Roesler Franz, E., Öl/Leinw., Museo di Roma, Neg. C. Bernoni.

# ABBILDUNGSNACHWEIS ◆

*Santa Cecilia*, S. Maderno, Marmor, Santa Cecilia in Trastevere, © Scala.
**354** *Chiesa della Madonna dell'Orto*, Neg. A. Idini.
*Seraphim*, Ausschnitte aus dem *Jüngsten Gericht*, Pietro Cavallini, Fresko, Kirche Santa Cecilia, © Scala.
*Die selige Ludovica degli Albertoni in Verzückung*, Bernini, Marmor, Chiesa della Madonna dell'Orto, © Scala.
**355** *Markt bei der Porta Portese*, Neg. M. Marzot.
*Mamma Roma*, P. P. Pasolini, Filmfoto, © Archivio S.A.C.
*Hafen Ripa Grande*, Postkarte, priv. Samml.
*Fassade von San Michele*, Neg. J.-L. Malroux.
**356** *Kreuzgang von San Cosimato*, Samml. Ceccarius, © Bibl. naz., Rom.
*Excubitorium*, Neg. A. Idini.
*Mittelalterliches Haus in der Via della Lungaretta*, Roesler Franz, E., Öl/Leinw., Museo di Roma, Neg. C. Bernoni.
**357** *Bewohner von Trastevere*, Samml. Ceccarius, © Bibl. naz., Rom.
*Santa Maria in Trastevere*, anon., Öl/Leinw., 19. Jh., Museo di Roma.
**358** *Marientod*, Pietro Cavallini, Mosaik, Santa Maria in Trastevere, © Scala.
*Innozenz II.*, Apsis-Mosaik, idem, © Scala.
**359** *Thronender Christus mit Maria*, idem.
*Kirche Santa Maria della Scala*, A. Pinelli, Aquarell, 19. Jh., Museo di Roma, Neg. B. Brizzi.
**360** *Juno*, Raffael, Fresko in der Loggia di Psyche, Palazzo della Farnesina, © Scala.
*Palazzo della Farnesina*, Foto, © ENIT.
*Illusionistische Säulen im Salone delle Prospettive*, B. Peruzzi, Fresko, Palazzo della Farnesina, © Accademia dei Lincei.
**361** *Loggia della Farnesina*, Roesler Franz, E., 19. Jh., Öl/Leinw., Museo di Roma, Neg. C. Bernoni.
*Salone delle Prospettive*, B. Peruzzi, Fresken, Palazzo della Farnesina, © Scala.
*Triumph Galatheas*, Raffael, idem.
**362** *Wappen der Accademia dei Lincei*, R. vbh.
*Venus und Adonis*, Ausschn., Giuseppe Ribera, Öl/Leinw., 1637, Galleria nazionale d'Arte antica, Palazzo Corsini, © L. Pedicini, Neapel.
*Rebecca am Brunnen*, C. Maratta, Öl/Leinw., Galleria nazionale d'Arte antica, Palazzo Corsini.
**362-363** *Johannes der Täufer*, Caravaggio, Öl/Leinw., idem, © Scala.
**363** *Orto Botanico*, Neg. A. Idini.
*Trilussa*, Skulptur, Piazza Trilussa, idem.
*Brunnen bei Ponte Sisto*, Roesler Franz, E., Öl/Leinw., 19. Jh., Museo di Roma, Neg. C. Bernoni.
**364** *Fontana dell'Acqua Paola*, Foto, Anf. 20. Jh., © Alinari-Brogi-Giraudon.
*Tempietto*, Bramante, Neg. G. Berengo Gardin, © T.C.I.
**364-365** *Blick auf Rom vom Gianicolo aus*, Neg. M. Marzot.
**365** *Tassos Eiche*, Postkarte, priv. Samml.
*Garibaldi-Denkmal*, Postkarte, priv. Samml.
**366** 11 Neg. M. Marzot, 3 Neg. S. Grandadan, 2 Neg. S. Bottani, 1 Neg. J.-L. Malroux.
**367** *Kopf eines Mannes*, etruskisch, Villa Giulia, © Scala.
**368** *J. J. Winckelmann*, Stich, R. vbh.
**368-369** *Villa Doria-Pamphili*, Foto, Anf. 20. Jh., © Alinari-Giraudon.
**370** *Villa Giulia*, Luftaufnahme, Neg. G. Rossi, © Image Bank, Mailand.
*Krater mit Amazonenfrau*, Keramik, 460-470 v. Chr., Villa Giulia, © Scala.
*Krater mit Aurora*, Keramik, idem.
*Ficoronische Ciste*, Novios Plautios, Bronze, 4. Jh. v. Chr., Villa Giulia, © Scala.
**371** *Apollon*, Terrakottastatue, um 500 v. Chr., idem.
*Eckverzierung*, etruskisch, idem.
*Deckel einer Ciste*, etruskisch, Bronze, © Scala.
*Sarkophag der Eheleute*, Terrakotta, um 510 v. Chr., idem.
**372** *Villa Borghese*, J. W. Baur, Öl/Leinw., Galleria Borghese, © Scala.
*Paolina Borghese*, Antonio Canova, Marmor, idem, © Scala.
**373** *Tierfiguren*, Park der Villa Borghese, Neg. M. Marzot.
*Apollo und Daphne*, Bernini, Galleria Borghese, © Scala.
*Raub der Proserpina*, idem, © Scala.
**374** *Himmlische und irdische Liebe*, Tizian, Öl/Leinw. 1514, idem.
*Madonna dei Palafrenieri*, Caravaggio, Öl/Leinw., 1605, idem.
**375** *Grablegung*, Raffael, Öl/Leinw., idem.
*Danae*, Correggio, Öl/Leinw., idem.
**376-377** *Athletenfiguren im Stadio dei Marmi*, Neg. M. Marzot.
**377** *Fontana del Globo*, Mosaikböden, Ponte Milvio, Neg. M. Marzot.
*Stadio dei Marmi*, Neg. M. Marzot.
**378** *Accademia dell'Educazione fisica*, Neg. A. Idini.
*Loggia der Villa Madama*, G. Volpato, Aquarell, priv. Samml.
**379** *Die großen Kirchen in Rom*, Stich, © Bibl. nat., Paris.
**380** *Die hl. Agnes und Honorius I.*, Ausschn., Apsis-Mosaik der Kirche Sante-Agnese, © Scala.
**380-381** *Kirche San Lorenzo fuori le Mura*, G. Vasi, Stich, R. vbh.
**381** *Mausoleum von Santa Costanza*, Villa Torlonia, Brauerei Birra Peroni, Neg. G. Peyrot.
**382** *Geschichte von Adam und Eva*, Miniatur, Bibel Karls des Kahlen, Klosterbibliothek, S. Paolo fuori le Mura, © Scala.
*Sarkophag der Weinlese*, Ausschn., S. Lorenzo fuori le Mura, Neg. G. Peyrot.
*Kreuzgang von San Paolo fuori le Mura*, Neg. G. Peyrot.
**383** *Geschichte von Adam und Eva*, Ausschn., wie S. 382.
*Fassade von San Paolo fuori le Mura*, © ENIT.
**384** *Plakat mit faschistischer Propaganda*, © Archivi Cinecittà.
**384-385** *Grundsteinlegung des Istituto Luce*, © Istituto Luce.
**385** *Dreharbeiten zu Fellinis* Roma, Foto, © Franco Pinna.
*Kleopatra*, Mankiewicz, Plakat, priv. Samml.
**386** *Mussolini*, Foto, 1937 © Roger-Viollet, Paris.
*Palazzo della Civiltà del Lavoro*, E.U.R., Neg. W Louvet.
*Unterschrift von Giorgio de Chirico*, © Roger Violllet, Paris.
*Melancholie des Politikers*, Giorgio di Chirico, Öl/Leinw., 1913, Museum Basel, © Giraudon/ SPADEM.
*Piazza Marconi*, Neg. G. Peyrot.
**388** *Modell des Marcellus-Theaters*, Museo della Civiltà Romana, © Scala.
*Abbazia delle Tre Fontane*, Postkarte, priv. Samml.
*Riesenrad im Luna Park*, Neg. M. Marzot.
**389** *Die Cascatelle*, Tivoli, Foto, © Alinari-Giraudon.
**390** *Mittelalterliche Häuser*, Neg. G. Peyrot.
**391** *Kirche Santa Maria Maggiore*, Neg. G. Peyrot.
*Sogenannter Tempel der Tiburtinischen Sibylle in Tivoli*, C. Labruzzi, Tuschezeichnung, Ende 18. Jh., Samml. Ashby, © Biblioteca Vaticana.
**392** *Villa d'Este*, Mosaik, Neg. G. Peyrot.
*Ippolito II d'Este*, Stich, © Bibl. nat., Paris.
*Hydraulische Orgel*, Neg. Gallimard.
*Idem*, Neg. G. Peyrot.
*Brunnen*, Neg. Gallimard.
**393** *Villa d'Este*, Neg. G. Peyrot.
*Brunnen der Proserpina*, Neg. G. Peyrot.
*Fresken*, Villa d'Este, Neg. G. Peyrot.
*Allee der hundert Brunnen*, Foto, © ENIT.
**394** *Hadrian*, Münze, 2. Jh. n. Chr., © Bibl. nat., Paris.
*Buchtitel* Pianta della Villa Tiburtina d'Adriano Cesare, *Pirro Ligorio*, R. vbh.
*Modell der Hadrians-Villa*, Museo della Civiltà Romana, © Scala.
**395** *Büste des Antinous*, Museo Gregoriano Egizio, Vatikan, © Scala.
**396** *Krokodil am Kanopos*, Hadrians-Villa, Neg. G. Peyrot.
*Die Zypressen des Grafen Fede*, Neg. G. Peyrot.
**396-397** *Kolonnade des Kanopos*, Hadrians-Villa, Neg. G. Peyrot.
**397** *Karyatiden am Kanopos*, Hadrians-Villa, Foto, © ENIT.
**398** *Die rechte Exedra der Terrazza degli Emicicli*, Neg. G. Peyrot.
**399** *Ciste aus einem Fürstengrab*, Villa Giulia, © Scala.
*Palestrina*, S. Pomardi, Kohlezeichnung, Ende 17. Jh., Samml. Ashby, © Biblioteca Vaticana.
**400-401** *Nil-Mosaik*, 2. Jh. v. Chr., Museo Archeologico di Palestrina, © Scala.
**402** *Denkmal für G. Pier Luigi da Palestrina*, Piazza Regina Margherita, Neg. G. Peyrot.
*Kirche Sant'Agapito*, Neg. idem.
*G. Lollobrigida reitet auf dem Esel*, aus dem Film *Brot, Liebe und Fantasie*, L. Comencini, 1953, priv. Samml., Paris.
**403** *Theater-Maske*, Ostia, Neg. J.-L. Malroux.
**404** *Die Arbeit der Fuhrleute*, Mosaik, Neg. A. de Luca.

# ◆ ABBILDUNGSNACHWEIS

**405** Statue der Minerva Victoria, Piazzale della Vittoria, Neg. idem.
**406** Inschrift an der Kaserne der Vigiles, Neg. idem.
**406-407** Theater und Piazza delle Corporazioni, © ENIT.
**407** Römisches Schiff mit Getreideladung, 3. Jh., Fresko, Biblioteca Vaticana, © Michael Dixon.
**408** Darstellung des Leuchtturms von Ostia, Mosaik, Neg. A. de Luca.
**408-409** Mosaiken der Kaufleute, Neg. idem.
**409** Idem, Ausschnitte.
**410** Mithras opfert den Stier, Marmor, Museo di Ostia, © Scala.
**410-411** Modell einer insula, Museo della Civiltà Romana, © Scala.
**411** Schild eines Thermopolium, 4. Jh. n. Chr., Museo di Ostia, © Scala.
Via dei Molini, Haus der Diana und Forum, Neg. A. de Luca.
**412** Herkules-Tempel, Neg. A. de Luca.
Latrinen, Tempel der Roma und des Augustus, polychromer Marmorboden im Haus von Amor und Psyche, Insula der Auriges, Neg. A. de Luca.
**413** Thermen der Sieben Weisen, Serapeum, Neg. A. de Luca.
Amor und Psyche, Figurengruppe, Neg. idem.
Augustus-Gemme, © Bibl. nat., Paris.
**414** Mithräum des Felicissimus, Neg. A de Luca.
Fresko der Insula delle Volte dipinte, Neg. A. de Luca.
Seeschlacht, Grabfries des Cartilius Poplicola, Relief, © Scala.
**414-415** Horrea des Hortensius, Neg. idem.
**415** Färberei, Stich, in: La Vie des Grecs et des Romains, 1894, R. vbh.
Campo della Magna Mater, Postkarte, R. vbh.
Fischmarkt, Neg. A. de Luca.
**416** Castello di Giulio, © ENIT.
Ein Sonntag im August, L. Emmer, 1949, priv. Samml., Paris.
Lido di Ostia, Neg. S. Grandadan.
Via Severiana und Isola Sacra, © Luisa Ricciarini, Mailand.
**418** Engelsbrücke, Neg. Marzi Morselli.
Petersplatz, © ENIT.
**420** Aeroporti di Roma, Neg. Gallimard.
**424** Straßenbahn, Neg. J.-L. Malroux.

**425** U-Bahn-Schild, Neg. N. Pascarel.
**426** Geldwechsel-Automat, Neg. Gallimard.
**428** Telefon, Telefonkarte, Briefkasten, Neg. Gallimard.
**430** Caffè Settimiano, Via Garibaldi, Neg. M. Marzot.
Hostaria Farnese, Via dei Baulari, Neg. M. Marzot.
**431** Antico Caffè Greco, Via dei Condotti, Neg. G. Peyrot.
Eisverkäufer, Neg. Gallimard.
**432** La Dolce Vita, Federico Fellini, Filmplakat, © Archivio S.A.C.
Accatone, Pier Paolo Pasolini, Filmplakat, idem.
Roma città aperta, Roberto Rossellini, Filmplakat, idem.
Der Bauch des Architekten, Peter Greenaway, Filmplakat, idem.
**433** Opernaufführung in den Caracalla-Thermen, © ENIT.
Teatro Eliseo, Neg. G. Peyrot.
**435** Gärten des Pincio, Neg. G. Peyrot.
Villa Sciarra, © ENIT.
**436** Etruskischer Sarkophag, Museo nazionale, Palazzo Vitteleschi, Tarquinia, Neg. G. Borengo Gardin, © T.C.I.
**437** Deckel eines Sarkophags, idem.
Fresko, Tomba degli Auguri, idem.
Geflügelte Pferde, Museo nazionale, Palazzo Vitteleschi, idem.
**438** Villa Aldobrandini in Frascati, Neg. J.-L. Malroux.
Lago di Albano, Neg. Gallimard.
**440** Lago di Nemi, Neg. Gallimard.
Terminillo, © ENIT.
**442** Kuppel des Pantheon, Neg. S. Bottani.
Bogen des Septimius Severus, Neg. Gallimard.
San Giovanni in Laterano, Neg. idem.
Trajans-Säule, Neg. idem.
Fontana del Moro, Neg. G. Peyrot.
Trinità del Monti, Neg. idem.
**443** Forum Romanum, Neg. M. Marzot.
Kolosseum, Neg. idem.
Kanopos der Hadrians-Villa, Neg. G. Peyrot.
Fontana di Trevi, Neg. J.-L. Malroux.
Piazza del Campidoglio, © ENIT.
Petersplatz, © F. Marzi.
**447** Fresko, Haus der Livia, Postkarte, priv. Samml.
Eingang der Calixtus-

Katakomben, Neg. G. Peyrot.
**450** Engel auf der Engelsbrücke, Bernini, Neg. A. Idini.
San Carlo alle Quattro Fontane, Borromini, Neg. A. Idini.
**451** Decke der Kirche Il Gesù, B. Gaulli, © ENIT.
Saint Andrea della Valle, Neg. Gallimard.

**Verzeichnis der Zeichnungen:**

**Umschlag:**
H. Dixon, R. Hutchins.

**Natur:**
16-17: J. Chevallier, J.-M. Kacédan, P. Robin, F. Desbordes.
18-19: F. Desbordes, J. Chevallier, C. Felloni.
20-21: A. Bodin, J. Wilkinson, C. Felloni, J. Chevallier.
22-23: F. Desbordes, J. Chevallier, C. Felloni.
24: F. Desbordes, C. Felloni, J. Wilkinson.

**Geschichte:**
35: B. Lenormand.
38-39: J.-P. Chabot.

**Architektur:**
59: J.-C. Sené.
60-61: O. Hubert.
62-63: P. Poulain.
64-65: C. Quiec.
66-67: M. Sinier.
68-69: P. Lhez.
70-71: J.-C. Sené.
71: Gallimard.
72-73: J.-B. Héron.
74-75: J.-M. Kacédan.
76-77: P. de Hugo.
78-79: T. Townsend.
80-81: H. Dixon.
82: R. Hutchins.
83: T. Hill.
84-85: N. Castle.
86-87: M. Shoebridge, J.-M. Guillou.
88-89: J.-M. Guillou.
90-91: S. Doyle, M. Morlacchi.
92-93: R. Hutchins, J.-M. Guillou, B. Lenormand.
94: Philippe Mignon.

**Rundgänge:**
136-137: J.-P. Poncabare.
146-147: B. Lenormand.
163: J.-M. Guillou.
180: C. Quiec.
189: H. Goger.
192-193, 202, 205: C. Quiec.
208: T. Hill.
216-217: O. Hubert.
234-235: J.-P. Poncabare.
246, 251: J.-M. Guillou.
394-395: C. Quiec.
405 et 407: P. Montagut.

**Praktische Informationen und Adressen:**
M. Pommier.

**Kartographie:**
Die Rundgang-Karten stammen aus der »Pianta monumentale di Roma«, Centro Culturale Cicerone, Roma, © Armando Ravaglioli und Luigi Piffero.

Ausgenommen sind die Umgebungskarte und die Rundgang-Karten Via Appia, Villen, Tivoli, Palestrina und Ostia, sie stammen von Éric Gillion.

Kolorierung: Eugène Flurey, Catherine Totem (Umgebungskarte).

Die Stadtplan-Auszüge auf den Umschlaginnenseiten drucken wir mit freundlicher Genehmigung des Touring Club Italiano (T.C.I.), Mailand.

**Computergraphik:**
Olivier Brunot.
Emmanuel Calamy.
Paul Coulbois.
Nathalie Pujebet.

Wenn die Stadt nicht erwähnt ist, handelt es sich um Rom, mit Ausnahme von ENSBA, ENIT, Gallimard, Louvre und RMN (Paris), Giraudon (Vanves), T.C.I (Touring Club Italiano, Mailand).

**Folgenden Personen und Institutionen möchten wir für ihre Hilfe danken:**
Mme G. de Aldécoat.
M. C. Bernoni.
Mme L. Bianciani (Bibl. naz., Rom).
M. S. Bottani.
M. B. Brizzi.
M. L. Ceccarelli.
M. Hinard.
Mme A. Hubrecht (Agentur Giraudon).
M. Christian Landes (Musée archéologique, Lattes)
M. J.-L. Malroux.
M. P. Pinon.
Mme Portelance (ENSBA)
Mlle N. Sassaro (ENIT).
Mme L. Schaetzel (Institut catholique).
M. L. Ugiano (Istituto Luce).

Wir bedauern, daß wir einige der Rechtsinhaber oder Verleger von Dokumenten nicht ausfindig machen konnten, und bitten sie, sich ggf. direkt an Gallimard, Paris, zu wenden.

# Glossar und Register

Glossar 492
Personenregister 494
Chronologisches Verzeichnis
der römischen Kaiser 503
Chronologisches Verzeichnis
der Päpste 503
Sachregister 505
Themenregister 510

# ◆ GLOSSAR

## ◆ A ◆

- **Abakus:** Quadratische Deckplatte des antiken Kapitells
- **Ädikula:** (Lat. Häuschen) Architektonischer Rahmen aus zwei Säulen, Gebälk und Giebel um Portale, Fenster, Figuren, Nischen etc.
- **Akanthus:** Stilisiertes (Distel-)Blatt, Ornament korinthischer Kapitele
- **Apsis:** Halbrunde oder vieleckige Abschlußnische von Chor oder Seitenschiff
- **Akroterion:** Zierglied am Giebel (Ecken oder Spitze)
- **Amphore:** Antikes Vorratsgefäß mit zwei Henkeln
- **Apodyterium:** Umkleideraum der Thermen
- **Apotheose:** Vergöttlichung eines verstorbenen Kaisers
- **Aqua:** Lat. für Aquädukt, Wasserleitung
- **Architrav:** Balken, der waagrecht auf den Säulen aufliegt
- **Archivolte:** Bandartige Stirn und Laibung eines Rundbogens
- **Arkade:** Reihe von Bogen auf Pfeilern oder Säulen, Bogengang
- **Atlant:** Männliche Figur, die ein Architekturteil trägt
- **Atrium:** Offener Innenhof, zentraler Raum des römischen Hauses
- **Attika:** Niedrige Wand über dem Gesims eines Gebäudes

## ◆ B ◆

- **Baldachin:** Prunkhimmel über einem Bischofsstuhl oder Thron
- **Basilika:** In der Antike mehrschiffiger Saal, der als Markt- oder Gerichtshalle genutzt wurde. Nach ihrem Modell entstanden die ersten christlichen Kirchen. Inzwischen auch päpstliche Ehrenbezeichnung für bestimmte Kirchen
- **Bossenwerk:** Mauerwerk aus grob behauenen Quadern

## ◆ C ◆

- **Caldarium:** Heißluftraum der Thermen
- **Camaieu:** Malerei mit einer Grundfarbe in verschiedenen Abtönungen
- **Campanile:** Glockenturm
- **Cardo:** In Nord-Süd-Richtung verlaufende Hauptstraße in römischen Städten
- **Cavea:** Ansteigende Sitzreihen des antiken Theaters
- **Cella:** Abgeschlossener Raum im antiken Tempel, enthielt meist die Statue der Gottheit
- **Chor:** In der christlichen Kirche die Verlängerung des Mittelschiffs über die Vierung hinaus
- **Chorschranke:** Steinerne oder hölzerne Begrenzung zwischen Chor und Kirchenraum
- **Cherub** (Pl. Cherubim): Im Alten Testament geflügelter Engel mit menschlichem Antlitz
- **Cipollino:** Grünlicher Marmor aus Euböa
- **Ciste:** »Korb« für heilige Kultsymbole
- **Compluvium:** Öffnung über dem Atrium für Regenwasser
- **Confessio:** Märtyrergrab unter dem Hochaltar einer Kirche
- **Cortile:** Innenhof
- **Cosmaten:** Römische Künstlergruppe des 12.-14. Jh., zumeist ornamentale Mosaikarbeiten
- **Cubiculum:** Schlafzimmer im römischen Haus, später auch Grabkammer in den Katakomben

## ◆ D ◆

- **Decumanus:** In Ost-West-Richtung verlaufende Hauptstraße in römischen Städten
- **Diktator:** Römischer Beamter, dem für begrenzte Zeit alleinige Regierungsgewalt übertragen wird
- **Domus:** Lat. Haus
- **Dorisch:** Eine der Säulenordnungen (● 94). Die Säule ohne Basis hat einen kannelierten Schaft und ein wulstförmiges Kapitell.

## ◆ E ◆

- **Erker:** Geschlossener Ausbau an einer Fassade oder Hausecke
- **Evangelisten:** Verfasser der vier Evangelien: Matthäus (Symbol: Engel oder Mensch), Markus (Löwe), Lukas (Stier), Johannes (Adler)
- **Exedra:** Halbrunde Nische eines Saals oder einer Säulenhalle

## ◆ F ◆

- **Faszes:** Rutenbündel mit Beil, Abzeichen der Liktoren als Symbol der Amtsgewalt der Magistrate
- **Forum:** Platz in römischen Städten, wo die wichtigsten religiösen, politischen, geschäftlichen und sozialen Aktivitäten stattfanden
- **Fresken:** Auf feuchten Putz (al fresco) aufgetragene Gemälde
- **Frigidarium:** Kaltes Bad in den Thermen
- **Fries:** Schmaler, oft ornamentierter Streifen, der Flächen begrenzt
- **Frontispiz:** Mittelteil einer Fassade

## ◆ G ◆

- **Gewände:** Schnittfläche eines schräg in die Wand geschnittenen Fensters oder Portals
- **Graffito:** In eine Wand gekratzte Inschrift
- **Grotesken:** Ornamente aus Ranken und phantastischen Menschen- oder Tierfiguren
- **Grundrisse christlicher Kirchen:** Basilikal (drei oder mehr parallel liegende Schiffe); zentral (um einen Mittelpunkt angelegt); griechisches Kreuz (zwei Schiffe gleicher Länge); lateinisches Kreuz (kürzeres Querschiff)

## ◆ H ◆

- **Haruspex:** (Etruskischer) Priester, der aus Eingeweiden von Opfertieren wahrsagt
- **Heiliges Jahr** (Jubiläums-, Jubeljahr): wird seit 1475 alle 25 Jahre begangen. Pilger aus aller Welt besuchen die vier großen Basiliken, deren Heilige Pforten, sonst verschlossen, geöffnet werden.
- **Hügel:** Nach der Überlieferung entstand Rom auf sieben Hügeln (Kapitol, Aventin, Palatin, Caelius, Quirinal, Viminal und Esquilin).
- **Hypocausten:** In antiken Bauten Vorrichtungen für die Beheizung von Böden und Wänden mit Warmluft

## ◆ I ◆

- **Iden:** Der 15. Tag der Monate März, Mai, Juli, Oktober bzw. der 13. der anderen Monate des römischen Kalenders
- **Impluvium:** Sammelbecken für Regenwasser im Atrium des römischen Hauses
- **Inkrustation:** Einlegearbeit aus farbigem Stein in Stein
- **Insula:** (Miets-)Häuserblock im alten Rom
- **Ionisch:** Eine der Säulenordnungen. Hauptmerkmal sind die beiden Schnecken (Voluten) des Kapitells.

## ◆ J ◆

- **Joch:** Abgegrenzter Gewölbeabschnitt und der von ihm überwölbte Raumabschnitt

## ◆ K ◆

- **Kapitell:** Kopf von Säulen oder Pilastern. Jede Säulenordnung hat ihr eigenes Kapitell.
- **Kalenden:** Erster Monatstag in der römischen Antike
- **Kannelierung:** Rillen im Säulenschaft
- **Kapitolinische Trias:** Gruppe dreier Götter, Jupiter, Juno, Minerva, die die alte von Jupiter, Mars und Quirinus ersetzt hat und im ganzen römischen Reich auf dem jeweiligen Kapitol verehrt wird
- **Karyatide:** Weibliche Figur, die ein Architekturteil trägt
- **Kassette:** Vertieftes Feld in einer flachen oder gewölbten Decke
- **Kirchenväter:** Theologen, die die kirchliche Lehre erarbeitet haben
- **Kolonnade:** Säulengang mit waagerechtem Gebälk (vgl. Arkade)
- **Kolumbarium:** Raum, in dem Aschenurnen aufbewahrt werden
- **Komitien:** Versammlung der stimmberechtigten römischen Bürger
- **Kompositkapitell:** Aus korinthischem und aufgesetztem ionischem Element zusammengesetztes Kapitell
- **Konsuln:** Die beiden auf ein Jahr gewählten höchsten Beamten der römischen Republik
- **Korinthisch:** Eine der Säulenordnungen. Das Kapitell wird aus zwei Reihen geklappter Akanthusblätter geformt.
- **Krypta:** Unterkirche, entstanden aus der Confessio
- **Kryptoportikus:** Unterirdischer Gang antiker Gebäude

## ◆ L ◆

- **Laibung:** Innenwand einer Tür oder eines Fensters

# GLOSSAR

- **Lararium:** Schrein der Laren, der römischen Hausgötter
- **Liktor:** Amtsdiener als Begleiter der Magistrate, trägt die Faszes
- **Lisene:** Senkrecht gliedernder flacher Mauerstreifen
- **Loggia:** Offene Bogenhalle, freistehend oder vor Gebäuden, nicht vorspringend wie der Balkon
- **Lünette:** Halbrundes Feld über einer Tür oder einem Fenster

### M

- **Magistrate:** Hohe Beamte der römischen Republik (Quästor, Ädil, Prätor, Konsul, Volkstribun). Es galt das Kollegialitätsprinzip (zwei Beamte teilten sich die Macht) und Annuität (sie waren für ein Jahr gewählt).
- **Mandorla:** Heiligenschein in Mandelform, Christus und Maria vorbehalten
- **Manen:** Die guten Geister der Toten im alten Rom
- **Mausoleum:** Prächtiges Grabmal
- **Metopen:** Abwechselnd mit Triglyphen über dem Architrav von Tempeln angebrachte Bildfelder
- **Mithräum:** Heiligtum des Gottes Mithras

### N

- **Narthex:** Vorhalle der Basilika
- **Nekropole:** »Stadt der Toten«, Gräberbezirk außerhalb antiker Städte
- **Nonen:** Der 7. Tag der Monate März, Mai, Juli und Oktober, der 5. der anderen Monate im römischen Kalender
- **Nymphäum:** Prunkbrunnen in Gärten und Villen, oft Nische mit Mosaik

### O

- **Obelisk:** Hoher, rechteckiger Steinpfeiler, verjüngt sich nach oben und endet in einer Pyramide. Im alten Ägypten Kultsymbol
- **Obergaden:** Obergeschoß des Mittelschiffs der Basilika
- **Oculus:** Rundes Fenster
- **Opus:** Mauerwerk (*caementicium*: ›römischer Beton‹ aus Bruchstein mit Mörtelguß; *mixtum*: gemischt aus Bruchsteinen und Ziegellagen; *reticulatum*: Netzwerk aus kleinen quadratischen Steinen; *sectile*: Mosaik aus geometrisch geschnittenen Steinen; *testaceum*, Blendziegel, ● 63)
- **Orans:** Motiv frühchristlicher Kunst, in antiker Haltung mit erhobenen Armen Betender
- **Oratorium:** Betsaal, Hauskapelle eines Klosters

### P

- **Palaestra:** Übungsplatz für Ringer
- **Peristyl:** Säulenhalle um einen Hof
- **Pilaster:** Wandpfeiler, der nur wenig aus der Wand hervorsteht
- **Pomerium:** Heilige Stadtgrenze, innerhalb deren Militär, Gräber und Tempel fremder Götter verboten waren
- **Pontifex:** Hoher Priester im alten Rom
- **Pontifex Maximus:** Oberster Priester im alten Rom, in der Kaiserzeit immer der Kaiser. Auch Titel des Papstes
- **Portikus:** Von Säulen getragener Vorbau an der Haupteingangsseite eines Gebäudes
- **Prätor:** Höchster römischer Justizbeamter
- **Pronaos:** Offene Vorhalle des antiken Tempels am Eingang zur Cella
- **Putto** (Plural: Putti): Nackte kleine Knaben

### Q

- **Quästor:** Hoher römischer Finanz- und Archivbeamter
- **Quiriten:** Vollbürger des antiken Rom

### R

- **Risalit:** In ganzer Höhe eines Gebäudes vorspringender Teil
- **Rostra:** Schiffsschnäbel, daher auch die damit verzierte Rednertribüne auf dem Forum

### S

- **Sakristei:** Nebenraum der Kirche für den Priester und die gottesdienstlichen Geräte
- **Säulenordnungen:** Säulen- und Gebälksysteme der antiken Baukunst. Die drei klassischen Ordnungen (dorisch, ionisch, korinthisch, ● 94) wurden durch die toskanische (Veränderung der dorischen) und die Kompositordnung ergänzt.
- **Schiff:** Innenraum einer Kirche
- **Schlußstein:** Stein im Scheitelpunkt eines Bogens
- **Senat:** Staatsrat als Volksvertretung im antiken Rom
- **Senatus Consultum:** Beschluß des Senats
- **Spina:** Mittellinie im römischen Circus, auf der Obelisken und Einrichtungen zum Zählen der Runden bei Wagenrennen standen
- **Spolien:** Aus anderen Gebäuden wiederverwendete Bauteile
- **Stele:** Aufrecht stehende Steinplatte, oft als Grabstein, mit Text oder Bild auf der Vorderseite
- **Stereobat:** Unterbau der antiken Tempel
- **Stuck:** Schnell härtende Mischung aus Gips, Kalk und Sand, in feuchtem Zustand zu Wand- und Deckendekorationen formbar
- **Stylobat:** Oberste, die Säulen tragende Stufe des Stereobats
- **Suovetaurilia:** Sühneopfer eines Schweins, eines Schafs und eines Stiers

### T

- **Tabernakel:** Schrein am Altar für die geweihten Hostien
- **Tablinum:** Speise-, später Empfangsraum des römischen Hauses, zum Atrium offen
- **Tambour:** Trommel, auf der die Kuppel ruht
- **Tepidarium:** Warmluftraum der Thermen
- **Thermen:** Private oder öffentliche römische Badeanlagen
- **Titelkirche, Titulus:** Ab dem 3. Jh. die in Rom gelegenen Kirchen, oft in Privathäusern, die Priester hießen ›Cardinales‹. Bis heute hat jeder Kardinal eine Titelkirche, erkennbar an seinem und dem Papstwappen.
- **Tondo:** Kreisrundes Relief, Mosaik oder Gemälde
- **Torso:** Unvollendete oder nur teilweise erhaltene Statue, meist der Rumpf
- **Travertin:** Gelblicher, poröser Süßwasserkalkstein, v. a. bei Bagni di Tivoli abgebaut
- **Triglyphen:** Zierstücke mit Einkerbungen über dem Architrav des Tempels
- **Triforium:** Laufgang in gotischen Kirchen unterhalb der Fenster
- **Triumphbogen:** Der Bogen zwischen Kirchenschiff und Chor
- **Trompe-l'oeil:** (»Augentäuschung«) Illusionistische Malerei, die mit Hilfe der Perspektive Gegenstände, Landschaften oder Architekturelemente so darstellt, als seien sie real
- **Tuff:** Vulkanisches Gestein unterschiedlicher Färbung
- **Tumulus:** Auf einem Grab aufgeschütteter Erdhügel, ursprünglich etruskisch
- **Tympanon:** Die oft reliefgeschmückte Zone im Giebelfeld des Portals

### V

- **Vierung:** Meist quadratischer Raum in der Kirche am Kreuzungspunkt von Lang- und Querhaus
- **Volute:** Schneckenförmige Verzierung, zuerst an ionischen Kapitellen

### W

- **Wandmalereien:** Es werden vier pompejanische Stile unterschieden, deren am besten erhaltene Beispiele in der vom Vesuv verschütteten Stadt Pompeji gefunden wurden. Der Erste Stil (150–80 v. Chr.), griechisch beeinflußt, zeigt vielfach Architekturelemente. Den Zweiten Stil (80–20 v. Chr.) kennzeichnen schon weiterentwickelte Trompe-l'oeil-Techniken. Im Dritten Stil (20 v. bis 54 n. Chr.) werden die Wände mit großen, oft dunklen Farbflächen bemalt, in deren Mitte kleine, meist mythologische Motive erscheinen. Der Vierte Stil (54–79 n. Chr.) übernimmt die geschlossene Wand, bringt aber verspielte und oft phantastische Ornamente ein.

### Z

- **Ziborium:** Steinerner Altarbaldachin

# ◆ Personenregister

## ◆ A ◆

**Abdon**, persischer Märtyrer, 162
**Adalbert**, hl. (um 956-997), Bischof von Prag, 180
**Adam**, Benoît, frz. Prälat 15./16. Jh., 323
**Aemilius Lepidus, M.** (2. Jh. v. Chr.), röm. Politiker, 137, 251
**Aëtion** (4. Jh. v. Chr.), griech. Maler, 361
**Agapit**, hl. († 274 unter Aurelian als Märtyrer), 402
**Agnes**, hl., Märtyrerin Mitte 3. Jh., 278, 380
**Agrippa** (Marcus Vipsanius Agrippa; 63-12 v. Chr.), Schwiegersohn des Augustus, 142, 264, 298, 311
**Agrippina d. J.** (ca. 16-59), Mutter des Nero, 189, 206
**Alarich I.** (Westgotenkönig 395-412), 177
**Albani** (18. Jh.), Alessandro, Kardinal, 41, 368
**Albani**, Francesco (1578-1660), Maler, 259
**Alberich** († 925), Herzog v. Spoleto, 179
**Alberteschi**, röm. Familie im Mittelalter, 350
**Alberti**, Leon Battista (1404-1472), Architekt, 42, 78f., 223
**Aldobrandini**, Familie aus Florenz, → Clemens VIII., 259
**Aldobrandini**, Pietro, Kardinal, Neffe Clemens' VIII., 258f., 372
**Alexander d. Gr.** (makedon. König 336-323), 27, 159, 235, 309, 361
**Alexander III.** Bandinelli (Papst 1159-81), 358
**Alexander VI.** Borgia (* 1431/2, Papst 1492-1503), 31, 215, 226, 243, 252, 279, 343, 359
**Alexander VII.** Chigi (* 1599, Papst 1655-1667), 80, 159, 198, 210, 212f., 280, 306ff., 382
**Alexius**, hl. (nach syrischer Legende des 5. Jh.), 180, 193
**Alfonso XIII.** (1886-1941), span. König, 243
**Algardi**, Alessandro (1595-1654), Bildhauer, Maler, Architekt, 261
**Ambrosius**, hl. (4. Jh.), Bischof v. Mailand, 309
**Ameli**, Paolo, Architekt, 1730-1741 in Rom tätig, 259
**Ammannati**, Bartolomeo (1511-1592), 312, 370

**Ammianus Marcellinus** (4. Jh.), Geschichtsschreiber, 166
**Amor**, röm. Liebesgott, 360, 412f.
**Ancus Marcius** (nach der Sage der 4. röm. König 640-616 v. Chr.), 404
**Äneas**, Held im Trojanischen Krieg; Vergils *Äneis*, Nationalepos der Römer, faßt die Sagen um ihn zusammen, 26, 142, 144, 147, 163f., 310
**Angelico**, Fra (Guido di Pietro, Ordensbruder Fra Giovanni da Fiesole, il Beato; 1387-1455), Maler, 214, 226, 260f.
**Angelis**, Giulio de (1850-1906), Architekt, 90, 269, 301
**Anguillara**, Familie, bekannt seit dem 11./12. Jh., im 18. Jh. erloschen, 350f., 356f.
**Annia Regilla** (2. Jh.), Gattin des Herodes Atticus, 329
**Annibaldi**, röm. Familie, bes. einflußreich im 13. Jh., 168
**Anteros**, hl. (Papst 235-236), 326
**Antinous** (110-130), Geliebter des Kaisers Hadrian, 200, 316, 395, 397
**Antiochus**, (* 243/2; Seleukidenkönig 223-187 v. Chr.), 251
**Antoninus Pius** (Titus Aurelius Fulvius Boionius Arrius Antoninus, später Titus Aelius Hadrianus Antonius; * 86, röm. Kaiser 138-161), 145, 267ff., 329, 413
**Apollo**, Gott des Rechts, der Ordnung und des Friedens, 140, 147ff., 157, 217, 224, 337, 371, 373
**Apollodorus** von Damaskus (2. Jh. n. Chr.), Architekt, 146, 165, 167, 174
**Appius Claudius Caecus**, 4./3. Jh. v. Chr., Erbauer der Via Appia antica und der Aqua Appia, 318, 158
**Arcioni**, Familie, 168
**Aretino**, Pietro (1492-1556), Schriftsteller, Verfasser von Spottschriften, 46, 221
**Argos**, Gestalt der griech. Mythologie, vieläugiger Riese, 148
**Aristoteles** (384-322 v. Chr.), altgriech. Philosoph, 223
**Armanni**, Osvaldo (1855-1929), Architekt 254
**Arnolfo di Cambio**, (1245-1302), Architekt und Bildhauer, 74
**Artemis**, jungfräuliche Jagd- und Naturgöttin, 217, 337

**Ascanius** (Julus), Sohn Äneas', Stammvater der Julier und Gründer von Alba Longa, 26
**Äskulap**, Gott der Heilkunde, 192, 352, 412
**Atargatis**, syrische Fruchtbarkeitsgöttin, 355f.
**Athenadoros** (um 50 v. Chr.), rhodischer Bildhauer, 224
**Attis**, Begleiter der Kybele, der sich selbst entmannte, 415
**Augustus** (Caius Octavius, nach der Adoption durch Caesar: C. Julius Caesar Octavianus; * 63 v. Chr., 1. röm. Kaiser 27 v.-14 n. Chr.) 28f., 60, 130, 137, 139ff., 146ff., 158f., 162, **164**, 170f., 189f., 225, 264, 269, 305, **309ff.**, 335, 340f., 356, 404, 406, 410f.
**Aurea**, hl. (Märtyrerin im 3. Jh.), 416
**Aurelian** (Lucius Domitius Aurelianus; * um 214, röm. Kaiser 270-275), 128, 239, 323, 402

## ◆ B ◆

**Baburen**, Dirk van (um 1595-um 1624), Maler, 364
**Bachmann**, Ingeborg (1926-1973), Schriftstellerin, 120
**Baciccia** (Giovanni Battista Gaulli; 1639-1709), Maler, 258, 278, 301, 354
**Baldinelli**, Baccio (1488-1560), Bildhauer, 378
**Balla**, Giacomo (1871-1958), Bildhauer, 100f.
**Baratta**, Giovanni Maria (1654-1666), Architekt, 285
**Barberini**, Antonio, Kardinal, 290
**Barberini**, Carlo, Bruder Urbans VIII., 398
**Barberini**, Familie, ursprünglich aus Barberino bei Florenz, → Urban VIII., 212, 265, 289ff.
**Barberini**, Francesco, Kardinal, 131
**Barbo**, Pietro → Paul II.
**Barocci**, Federico (um 1535-1612), Maler, 281f.
**Baronio** (16. Jh.), Kardinal, 321
**Barracco**, Giovanni, Senator, 249
**Bartolomeo da Brescia**, Giacomo di, Arzt Leos X., 233
**Basile**, Ernesto (1857-1932), Architekt, 269f.
**Bassano**, Francesco (1549-1592), Maler, 257, 271

**Batoni**, Pompeo (1708-1787), Maler, 335
**Bazzani**, Cesare (1873-1939), Architekt 376
**Befana**, Fee, die die Weihnachtsgeschenke bringt, 276
**Belli**, Giuseppe Gioacchino (1791-1863), Dichter, 43, 357, 363
**Bellona**, Kriegsgöttin, 158, 415
**Beltrami**, Luca (1854-1933), Architekt, 215
**Bembo**, Pietro (1470-1547), Humanist, Kardinal, 42
**Benedicta**, hl., Märtyrerin unter Julian Apostata, 189
**Benedikt III.** (Papst 855-858), 343
**Benedikt XI.** Boccasini (* 1240, Papst 1303-1304), XI
**Benedikt XIII.** Orsini (* 1649, Papst 1724-1730), 46, 321
**Benedikt XIV.** Lambertini (* 1675, Papst 1740-1758), 281, 342
**Berlinguer**, Enrico (1922-1984), Politiker, Generalsekretär der KPI, 196
**Berlioz**, Hector (1803-1869), Komponist, 315
**Bernich**, Ettore (1845-1914), Architekt, 315
**Bernini**, Gian Lorenzo (1598-1680), Architekt, Maler und Bildhauer, 79, 80, **84f.**, 119, 206, 209f., 212ff., 240, 256, 260, 265, 269, 276ff., 285, 290f., 294ff., 301, 306ff., 312ff., 327, 354f., 356, 364, 373, 393, **450**
**Bernini**, Pietro (1562-1629), Vater des Gian Lorenzo, Bildhauer, 314
**Bernis**, Kardinal de, 272, 347
**Bessarione**, Kardinal (um 1402-1472), 321
**Bianchi Bardinelli**, Ranuccio, Kunstkritiker, 268
**Bianchi**, Salvatore (1821-1884), Architekt, 338
**Bibiana**, hl. (4. Jh.), Märtyrerin unter Julian Apostata, 339
**Bigot**, Paul (1870-1942), Architekt, 388
**Bilhère de Lagraulas**, Jean, Kardinal, 212
**Boccaccio**, Giovanni (1313-1375), Schriftsteller, 42
**Bolognetti**, Familie, 309
**Bonaparte**, korsische Familie italienischer Herkunft, → Napoleon, 260
**Bonaparte**, Letizia, Mutter Napoleons, 309
**Bonaparte**, Pauline, Schwester Napoleons, 372

494

# PERSONENREGISTER

**Bonifaz IV.**, hl. (Papst 608-615), 264
**Bonifaz VIII.** Caetani (* um 1235, Papst 1294-1303), 205
**Bonifaz IX.** Tomacelli (* um 1350, Papst 1389-1404), 130
**Borghese**, Camillo, 372, → Paul V.
**Borghese**, Familie aus Siena, seit dem 13. Jh. nachweisbar, besteht noch heute, → Paul V.
**Borghese**, Scipione (1576-1633), Kardinal, 188, 298, 327, 372
**Borgia**, Cesare (1475-1507), Sohn Alexanders VI., 31
**Borgia**, aus Spanien stammende Familie, seit dem 13. Jh. nachweisbar, 1748 erloschen, → Alexander VI.
**Borgognone** (Jacques Courtois; 1621-1675), Maler, 258
**Borromini** (Francesco Castelli; 1599-1667), Architekt, 80, 87, 198, 241f., 243f., 246, 250, 270, 272, 276ff., 282f., 291, 295f., 299, 313, 323, 364, **450**
**Bosio**, Antonio (1575-1629), Priester und Graphiker, 325
**Botticelli**, Sandro (1445-1510), Maler, 220
**Bourbon**, Herzog von (16. Jh.), Heerführer Karls V., 36
**Bracci**, Pietro (1700-1773), Bildhauer, 213, 298
**Bracciolini**, Francesco (1566-1645), Schriftsteller, 291
**Bramante** (Donato d'Angelo; 1444-1514), Architekt und Maler, 88, 209, 215f., 223, 235, 249, 263, 281, 284, 307, 449
**Brandi**, Giacinto (1623-1691), Maler, 302, 309
**Brayer**, Yves (1907-1990), Maler, 104
**Bregno**, Andrea (1418-1503), Bildhauer und Architekt, 307
**Brinkmann**, Rolf Dieter (1940-1975), Schriftsteller, 119f.
**Bronzino** (Agnolo di Cosimo; 1503-1575), Maler, 259, 293f., 299
**Brosses**, Charles de (1709-1777), Schriftsteller, 299
**Brunelleschi**, Filippo (1337-1446), Architekt, 263
**Bruno** von Köln, hl. (ca. 1030-1101), Gründer des Kartäuserordens, 334
**Bruno**, Giordano (1548-1600), Philosoph, als Ketzer verbrannt, 234, 249

**Brutus** (6. Jh. v. Chr.) Begründer der röm. Republik, erster Konsul, 133
**Brutus** (85-42 v. Chr.), röm. Politiker, Mörder des Caesar, 28
**Burckhardt**, Jacob (1818-1897), Kunsthistoriker und Schriftsteller, 1
**Burne-Jones**, Sir Edward Coley (1833-1898), Maler, 348
**Butor**, Michel, Schriftsteller (* 1926), 115f.

## ◆ C ◆

**Cäcilie**, hl., Märtyrerin im 3. Jh., 270, 326, **353f.**
**Caecilia Metella**, Tochter des Q. Metellus Creticus, 330
**Caeculus**, Sohn des Vulkan, 398
**Caesar**, Caius Julius (100-44 v. Chr.), röm. Staatsmann, Feldherr und Schriftsteller, 27f., 34, 138, 141, 143, 157, 162f., 178, 189, 246, 248f., 264, 288, 311
**Caetani**, Familie, seit dem 12. Jh. nachgewiesen, besteht noch, → Bonifaz VIII., 168, 318, 330, 352
**Caffi**, Ippolito (1809-1866), Maler, 102f., 279
**Cagliostro**, Alessandro Graf v. (Giuseppe Balsamo; 1743-1795), Freimaurer und Okkultist, 47, 234
**Cairoli**, Brüder, gefallen 1867 unter Garibaldi, 316
**Cajetan v. Thiene**, hl. (1480-1547), Gründer des Theatinerordens, 250
**Calandra**, Davide (1856-1915), Bildhauer, 270
**Calderini**, Guglielmo (1837-1916), Architekt, 236
**Caligula** (›Soldatenstiefelchen‹, Caius Julius Caesar Germanicus; * 12, röm. Kaiser 37-41), 28, 141, 146f., 149, 339
**Calixtus I.**, hl. (Papst 217-222), 326, 357f.
**Calvino**, Italo, Schriftsteller (1923-1985), 117
**Camassei**, Andrea (1602-1649), Maler, 291
**Cambio**, Arnolfo di (1245-1302), Bildhauer und Architekt, 354, 383
**Camillus** (Marcus Furius Camillus; † 365 v. Chr.), röm. Feldherr und Politiker, 141
**Canevari**, Raffaele (1829-1900), Architekt, 302

**Canova**, Antonio (1757-1822) Bildhauer und Maler, 40, 213, 258, 279, 284, 301, 316, 372
**Capocci**, röm. Familie, seit dem 11. Jh. bekannt, 346
**Capo di Ferro**, Girolamo, Kardinal, 246
**Caracalla** (Marcus Aurelius Antoninus Bassianus; * 188, röm. Kaiser 211-217), 29, 139, 141, 156, 234, 264, 288, 298, **319**, 406
**Caravaggio** (Michelangelo Merisi; 1571/72-1610), Maler, 135, 230f., 259, 271, 282, 285, 293f., 307, 355, 359, 362, 364, 374, 435, 451
**Cardarelli**, Vincenzo (1887-1959), Schriftsteller, 241
**Cardi**, Jodi (17. Jh.), Maler und Architekt, 272
**Carimini**, Luca (1830-1890), Architekt, 333
**Carinus** (Marcus Aurelius Carinus Augustus; röm. Kaiser 283-285), 140
**Carpegna**, Familie, 299
**Carpoforus**, hl., Märtyrer unter Diokletian, 192
**Carracci**, Agostino (1557-1602), Maler, Bruder des Annibale C., 245
**Carracci**, Annibale (1560-1609), Maler, 243ff., 245, 259, 266, 300, 307, 362
**Cartilius Poplicola**, Magistrat von Ostia, 411f., 414
**Cassius Dio Cocceianus**, griech. Historiker 2./3. Jh., 265
**Castelli**, Domenico († 1658), Architekt, 243
**Castor** → Dioskuren
**Catilina** (Lucius Sergius Catilina; um 108-62 v. Chr.), röm. Prätor und Verschwörer, 28, 141
**Catull** (Caius Valerius Catullus; um 84-um 54 v. Chr.), Dichter, 186
**Cautes**, Begleiter des Mithras, 181, 197, 407
**Cautopates**, Begleiter des Mithras, 181, 197, 407
**Cavalier d'Arpino** (Giuseppe Cesari; 1568-1640), Maler, 198, 301, 322, 343, 365, 372
**Cavallini**, Pietro (bekannt zwischen 1273 und 1321), Maler und Mosaikkünstler, 130, 343, 354, 356, 358f., 383, 448
**Cavour**, Camillo Benso (1810-1861), Vorkämpfer der italienischen Einigung, 160

**Cellini**, Benvenuto (1500-1571), Bildhauer, Goldschmied, 234
**Cellini**, Giuseppe (1855-1940), Maler, 301
**Cenci**, röm. Familie, bekannt durch die Tragödie der Beatrice Cenci im 16. Jh., 234, 254
**Ceres**, Göttin des Ackerbaus, Erdmutter, 49, 140
**Cestius** (1. Jh. v. Chr.), Prätor und Volkstribun, 182
**Chateaubriand**, François René de (1768-1848), Schriftsteller, 217, 283, 312, 315
**Chiaradia**, Enrico (1851-1901), Bildhauer, 161
**Chigi**, Agostino (1465-1520), Bankier und Geldgeber mehrerer Päpste, 88, 307, **360f.**, 363, 378
**Chigi**, Bankiersfamilie, aus Siena, bes. einflußreich in Rom im 15. und 16. Jh., → Alexander VII., 265
**Chigi**, Flavio (17. Jh.), Kardinal, 301
**Chirico**, Giorgio de (1888-1978), Maler, 93, 188, 377, **387**
**Cholet** (13./14. Jh.), Kardinal, 354
**Christine v. Schweden** (1626-1689), Königin seit 1632, konvertierte 1654 zum Katholizismus und dankte ab, 214, 309
**Ciampelli**, Agostino (1577-1642), Maler, 339
**Cicero** (Marcus Tullius Cicero; 106-43 v. Chr.), Schriftsteller, Anwalt und Politiker, 63 v. Chr. Konsul, 28, 141, 163, 288, 399
**Cigoli** (Ludovico Cardi; 1559-1613), Maler und Architekt, 263, 272, 343
**Cioli**, Giacomo († 1734), Architekt, 247
**Cipolla**, Antonio (1822-1874), Architekt, 242
**Cirilli**, Guido (1871-1954), Architekt, 161
**Claudius** (Tiberius Claudius Nero Germanicus; * 10 v. Chr., röm. Kaiser 41-54), 28, 176, 181, 183, **189**, 251, 315, 339, 404ff., 414
**Claudius II. Gothicus** (Marcus Aurelius Valerius Claudius; * 219, röm. Kaiser 268-270), 416
**Clemens I.**, hl. (Papst 88-97), 180, 193f.
**Clemens VII.** Medici (* 1478, Papst 1523-1534), 31, 36f., 228, 234, 240, 274, 378

495

# ◆ Personenregister

**Clemens VIII.** Aldobrandini (* 1536, Papst 1592-1605), 168, 259
**Clemens IX.** Rospigliosi (* 1600, Papst 1667-1669), 240
**Clemens X.** Altieri (* 1590, Papst 1670-1676), 240
**Clemens XI.** Albani (* 1649, Papst 1700-1721), 32, 264, 323
**Clemens XII.** Corsini (* 1652, Papst 1730-1740), 297, 362
**Clemens XIII.** Rezzonico (* 1693, Papst 1758-1769), 213
**Clemens XIV.** Ganganelli (* 1705, Papst 1769-1774), 215, 301
**Cola di Rienzo** (um 1313-1354), Volkstribun, führte 1347 die kurzlebige römische Republik, 31, 42f., XV, 234
**Cölestin I.**, hl. (Papst 422-432), 179
**Colonna**, Familie, seit dem 11. Jh. bekannt, in Rom bes. einflußreich vom 13.-17. Jh., → Martin V. 31, 300, 310, 399
**Colonna**, Vittoria (1492-1547), Dichterin, Freundin Michelangelos, 298
**Commodus** (Lucius Aelius Aurelius Commodus Antoninus; * 161, röm. Kaiser 180-192), 133, 330
**Constantius II.** (Flavius Julius Constantius; * 317, röm. Kaiser 337-361), 156, 166, 178, 196
**Conti**, Sigismondo dei (16. Jh.), Sekretär Julius' II., 228
**Cordier**, Nicolas (Il Franciosino; 1567-1612), Bildhauer, 198
**Cornacchini**, Agostino (1683-1740), Bildhauer, 211
**Cornaro**, Familie, 85, 295
**Cornelia**, († nach 121 v. Chr.), Mutter der Gracchen, Tochter des Scipio Africanus d. Ä., 159
**Cornelius**, hl. (Papst 251-253), 326
**Corot**, Jean-Baptiste Camille (1796-1875), Maler, 100f.
**Correggio** (Antonio Allegri; um 1489-1534), Maler, 250, 375
**Corsini**, Neri (1685-1770), Kardinal, 362
**Cortona**, Pietro da (Pietro Berettini; 1596-1669), 131, 134, 231, 247, 258, 260, 278, 280, 282f., 291, 309, 346, 451
**Costa**, Vincenzo (1899-1944), Architekt, 254
**Costantini**, Costantino, Architekt, 93

**Crassus** (Marcus Licinius Crassus Dives; um 115-53 v. Chr.), röm. Konsul und Triumvir, 28, 225
**Crispian**, hl. (4. Jh.), Märtyrer unter Julian Apostata, 189
**Crispin**, hl. (4. Jh.), Märtyrer unter Julian Apostata, 189
**Cukor**, George (1899-1983), Regisseur, 43
**Cybo**, Lorenzo (17. Jh.), Kardinal, 307

### ◆ D ◆

**Damian**, hl., Märtyrer unter Diokletian, 168f.
**Dante** Alighieri (1265-1321), Dichter und Gelehrter, 42, 221, 223, 357
**Danti**, Ignazio (1536-1586), Kartograph, 217
**Daphne**, Nymphe, 373
**David**, Jacques-Louis (1748-1825), Maler, 98, 177, 314
**Debbio**, Enrico del (1891-1973), Architekt, 377f.
**Delft**, Nicolaus von († um 1620), Maler, XV
**Dérizet**, Antoine (1697-1768), Architekt, 271, 302
**Diana**, Göttin der Jagd, 140, 149
**Dickens**, Charles (1812-1870), Schriftsteller, **110f.**, 309
**Diokletian** (Caius Valerius Aurelius Diocletianus; * 245, röm. Kaiser 284-305), 29, 35, 138, 141f., 334, 356
**Dioskuren** (Zwillinge Castor und Pollux, Zeus-Söhne), 92, 130, 141f., 289, 297
**Dolabella** (1. Jh.), röm. Politiker, 190
**Domenichino** (Domenico Zampieri; 1581-1641), Maler, 188, 212, 231, 243, 247, 250, 270, 272, 283, 291, 294, 335, 346, 358, 372
**Dominikus**, hl. (1170-1221), Gründer des Predigerordens, 24, 179, 321
**Domitian** (Titus Flavius Domitianus; * 51, röm. Kaiser 81-96), 146f., 149f., 196, 206, 233, 239, 276f., 288, 341, 404f.
**Doria-Pamphili**, Familie, 259
**Drusus** d.Ä., Stiefsohn des Augustus, 311
**Duban**, Felix (1797-1870), Architekt, 159
**Duca**, Jacopo del (um 1520-um 1601), Bildhauer und Architekt, 167, 190

**Dughet**, Gaspare (1615-1675), Maler, 346
**Duquesnoy**, François (Francesco Fiammingo; 1597-1643), Bildhauer, 167, 213

### ◆ E ◆

**Ekberg**, Anita, Schauspielerin, 298, 302
**Elagabal** (Varius Avitus Bassianus; * 204, röm. Kaiser 218-222), 151, 200, 320
**Eligius**, hl. (um 588-660), Bischof von Noyon-Tournai, 243
**Emmer**, Luciano, Regisseur, 416
**Ersoch**, Gioacchino (1815-1902), Architekt, 184
**Este**, d', ferraresische Fürstenfamilie, 89
**Este**, Ippolito II. d' (1502-1572), Kardinal, 392ff.
**Estouteville**, Kardinal d' (15. Jh.), 274f.
**Euandros**, legendärer griech. König, 147
**Eugen II.** Paganelli (Papst 1145-1153), 214, 343
**Eugen IV.** Condulmer (* 1383, Papst 1431-1447), 274
**Euklid** (um 365-um 300 v. Chr.), griech. Mathematiker, 223
**Eusebius**, hl. (Papst 309-310), 326
**Eutychianus**, hl. (Papst 275-283), 326

### ◆ F ◆

**Fabianus**, hl. (Papst 236-250), 326
**Fabrizi**, Aldo, Schauspieler, 43
**Falconieri**, Familie toskanischer Herkunft, ließ sich im 16. Jh. in Rom nieder, 241, 244
**Fanzago**, Cosimo (1591-1678), Architekt, 260
**Farnese**, Alessandro d.Ä., Kardinal → Paul III.
**Farnese**, Alessandro d.J. (1520-1589), Kardinal, 257, 360
**Farnese**, Familie aus dem Latium, 1731 erloschen, 88, 147, 249
**Fauré**, Gabriel (1845-1924), Komponist, 190
**Faustina** († 141), Gattin des Antoninus Pius, 47, 145, 268, 329
**Fausto**, Florestano da, Architekt, 200
**Fede**, Graf (19. Jh.), Archäologe, 396
**Felicieni**, Lorenza, Gattin Cagliostros, 47
**Felix IV.**, hl. (Papst 526-530), 168f., 191
**Fellini**, Federico (1920-1993), Regisseur, 298, 302, 385

**Ferdinand II.** (dt. Kaiser 1619-1637), 290
**Ferdinand II.** (König von Aragon 1479-1516, von Sizilien ab 1468), 364
**Fermi**, Enrico (1901-1954), Kernphysiker, 347
**Feronia**, Quell- und Waldgöttin, 250
**Ferrari**, Ettore (1845-1929), Bildhauer und Maler, 178
**Ferrari**, Francesco (bekannt 1716-1744), Maler und Architekt, 188
**Ferri**, Ciro (1634-1689), Maler, 278
**Festus** (Avienus Festus Rufius; 2. Hälfte 4. Jh.), Schriftsteller, 138
**Filarete** (Averulino, Antonio; um 1400-nach 1469), Bildhauer und Architekt, 211
**Filippo Neri**, hl. (1515-1595), Gründer des Oratorianerordens, 24, 190, 240, 279, 281f., 381
**Fiorentino**, Sebastiano (15. Jh.), Architekt, 284
**Flaminius Nepos** (3. Jh. v. Chr.), röm. Politiker und Feldherr, 157
**Flavius Abascantus** (1. Jh. n. Chr.), von Domitian Freigelassener, 324
**Fontana**, Carlo (1634-1714), Architekt, 193, 214, 242, 269f., 300f., 307, 357
**Fontana**, Domenico (1543-1607), Architekt, 61, 196ff., 210, 214f., 249, 267, 295, 314, 343
**Fontana**, Francesco (1668-1708), Architekt, 300
**Fontana**, Giovanni (1540-1614), Architekt, 364
**Fontana**, Girolamo (tätig 1690-1714), Architekt, 300
**Fontus**, Quellgott, 142
**Fortuna**, Schicksals- und Glücksgöttin, 398f.
**Foschini**, Arnaldo (* 1884), Architekt, 92
**Francesca** Buzzi dei Ponziani, hl. (1384-1440), Gründerin des Ordens der Oblatenschwestern, 159, 169
**Frangipani**, vor allem im Mittelalter einflußreiche röm. Familie, im 17. Jh. erloschen, 146f.
**Franz I.** (frz. König 1515-1547), 36, 271
**Franz II.** (1859-1861 letzter König Neapels), 242
**Franz v. Assisi**, hl. (1181/2-1226), Gründer des Franziskanerordens, 354

# PERSONENREGISTER

**Franz Xaver**, hl. (1506-1552), Jesuit, 82
**Friedrich I. Barbarossa** (dt. Kaiser 1155-1190), 30, 316
**Frontin** (S. Julius Frontius; um 40-103), röm. Schriftsteller, 68
**Fuga**, Ferdinando (1699-1781), Architekt, 244, 285, 297, 342f., 362
**Fugger**, Johann (11./12. Jh.), Prälat, 348
**Fulvius Nobilior**, M. (2. Jh. v. Chr.), röm. Politiker, 137

### ◆ G ◆

**Gadda**, Carlo Emilio (1893-1973), Schriftsteller, 43
**Galathea**, Nymphe, 148, 360f.
**Galilei**, Alessandro (1691-1736), Architekt, 198, 241
**Galilei**, Galileo (1564-1642), Mathematiker, Physiker, Philosoph, 283, 362
**Gallienus** (Publius Licinius Egnatius Gallienus; * um 218; Sohn und Mitkaiser des Valerian; röm. Kaiser 253-268), 29, 340
**Gallori**, Emilio (1846-1924), Bildhauer, 365
**Gardner**, Ava, Schauspielerin, 302
**Garibaldi**, Giuseppe (1807-1882), Vorkämpfer der italienischen Einigung, 24, 33, 316, 365, 376
**Gassmann**, Vittorio (* 1922), Regisseur und Schauspieler, 43
**Gelasius I.**, hl. (Papst 492-496), 323
**Gesualdo**, Kardinal, Förderer von Giacomo della Porta, 250
**Geta** (Publius Septimius Geta; * 189, röm. Kaiser zusammen mit Caracalla 211-212), Sohn des Septimius Severus und Bruder des Caracalla, von diesem ermordet, 139, 156, 319
**Ghirlandaio**, Domenico (1449-94), Maler, 220
**Giacomo da Pietrasanta** (nachgewiesen ab 1452, † um 1495), Architekt, 214, 284
**Giaquinto**, Corrado (1703-765), Maler, 200, 280
**Giolitti**, Giovanni (1842-1928), ital. Politiker, 33
**Giorgione** da Castelfranco (1477/78-1510), Maler, 375
**Giotto** di Bondone (um 1267-1337), Maler, Bildhauer und Architekt, 211

**Giovanni da San Giovanni** (Giovanni Mannozzi; 1592-1636), Maler, 192
**Giovanni da Udine** (Giovanni Nanni; 1487-1564), Maler, 266, 360, 378
**Giovenale**, Giovanni Battista (1849-1934), Architekt, 155
**Gismondi**, Italo (* 1887), Architekt, 388
**Giulio Romano** (Giulio Pippi; 1499-1546), Maler und Architekt, 222, 280, 378
**Goethe**, August von (1789-1830), Sohn von J. W. v. Goethe, 183
**Goethe**, Johann Caspar (1710-1782), Vater von J. W. v. Goethe, XVI
**Goethe**, Johann Wolfgang von, Schriftsteller (1749-1832), 97ff., **107**, 137, 284, **309**, 312, 314, 392
**Goncourt**, Brüder (Edmond 1822-1896; Jules 1830-1870), Schriftsteller, 356
**Gonzaga**, Federico II. (16. Jh., seit 1530 Herzog von Mantua), 375
**Gonzaga**, Luigi (hl. Aloisius; 1568-1591), 261
**Gozzoli**, Benozzo (Benozzo di Lese; um 1420-1497), Maler, 159
**Gracq**, Julien, Schriftsteller (* 1910), **117f.**, 182
**Gramsci**, Antonio (1881-1937), ital. Politiker, marxistischer Philosoph, Mitbegründer der KPI, 183
**Grande**, Antonio del (1625-1671), Architekt, 259, 300, 313
**Grassi**, Orazio (1583-1654), Architekt, 261
**Graziani**, Ercole (1688-1765), Maler, 285
**Greca**, Felice della (1626-1677), Architekt, 268
**Greco**, El (Domenico Theotokòpulos; um 1615-1665), Maler, 221
**Gregor I.**, d. Gr., hl. (* um 540, Papst 590-604), 30, 182, 187f., 235
**Gregor III.**, hl. (Papst 731-741), 356
**Gregor IV.** (Papst 827-844), 162, 358
**Gregor VI.** Graziano (Papst 1045-1046, abgedankt, † 1047), 323
**Gregor VII.**, hl. (Papst 1073-1085), 30, 214, 234, 323
**Gregor IX.** Segni (* um 1170, Papst 1227-1241), 353

**Gregor XI.** de Beaufort (* 1329, Papst 1370-1378), 31, 197, 208, 342
**Gregor XIII.** Boncompagni (* 1502, Papst 1572-1585), 191, 213, 217, 277, 281, 285, 295, 297, 342
**Gregor XV.** Ludovisi (* 1590, Papst 1670-1676), 313
**Gregor XVI.** Cappellari (* 1765, Papst 1831-1846), 391
**Gregorini**, Domenico (1700-1777), Architekt, 200
**Gregorovius**, Ferdinand Adolf (1821-1891), Historiker und Schriftsteller, 274
**Grimaldi**, Giovanni Francesco (1543-1613), Maler und Architekt, 250
**Guercino** (Giovanni Francesco Barbieri; 1591-1666), Maler, 246, 254, 283, 285, 294, 346
**Guerra**, Giovanni (1540/44-1618), Maler und Architekt, 268
**Guerrieri**, Alessandro (19. Jh.), Architekt, 334
**Guerrini**, Giovanni (* 1887), Architekt, 92, 387
**Guglielminetti**, Camillo (in Rom tätig um 1857-1862), Architekt, 283
**Gui**, Enrico (1841-1905), Architekt, 249
**Guidetti**, Guido (in Rom tätig ab 1550, † 1564), Architekt, 254, 354
**Guiscard**, Robert (1016-1085), normannischer Herzog, befreite Gregor VII. 1084 aus der Engelsburg, seine Soldaten plünderten Rom, 30

### ◆ H ◆

**Haan**, David de († 1622), Maler, 364
**Hadad**, ägyptischer Gott, 356
**Hadrian** (Publius Aelius Hadrianus, * 76, röm. Kaiser 117-138), 29, 146, 178, 200, 233ff., 239, 263f., 267, 316, 320, **394ff.**, 404ff., 413f.
**Hadrian I.** (Papst 772-795), 155, 344, 358, 380, 382
**Hadrian VI.** Florenz von Utrecht (* 1459, Papst 1522-1523), 280
**Hagesandros** (um 50 v. Chr.), rhodischer Bildhauer, 224
**Hannibal** (ca. 247-183 v. Chr.), karthagischer Feldherr, 27, 322
**Heinrich IV.** dt. Kaiser 1056-1106), 30, 214, 234

**Heinrich IV.** (frz. König 1589-1610), 198
**Helena**, hl. (um 250-um 329), Mutter Konstantins, 199
**Heliogabalus** → Elagabal
**Hennebique**, François (1843-1921), Architekt, 376
**Herakles** (Herkules), Held der griech. Mythologie, 89, 133, 155, 391
**Hermodorus** v. Salamis (2. Jh. v. Chr.), Architekt, 155, 159
**Herodes Atticus** (um 101-177), griech. Redner, 143 Konsul, 329
**Hitler**, Adolf (1889-1945), nationalsozialistischer deutscher Diktator, 33, 184
**Hieronymus**, hl. (um 341-420), Kirchenvater und Bibelübersetzer, 231
**Hoffmann**, Josef (1879-1956), Architekt, 376
**Holbein**, Hans d. J. (1497-1543), Maler, 293
**Homer** (vermutl. 2. Hälfte 8. Jh. v. Chr.), ältester abendländ. Dichter, 337
**Honorius** (Flavius Honorius; * 384, weström. Kaiser 395-423), 234, 339
**Honorius I.** (Papst 625-638), 380
**Honorius II.** Scannabecchi (Papst 1124-1130), 157
**Honorius III.** Savelli (* um 1150, Papst 1216-1227), 179f. 382f.
**Honthorst**, Gerrit van (Gherardo delle Notti; 1590-1656), Maler, 246, 359
**Horaz** (Quintus Horatius Flaccus; 65-8 v. Chr.), röm. Dichter, 341, 390
**Hortensius** (Quintus Hortalus; 114-50 v. Chr.), röm. Redner, 148f.
**Houdon**, Jean Antoin (1741-1828), Bildhauer, 334

### ◆ I ◆

**Ignatius von Loyola**, hl. (1491-1556), Gründer des Jesuitenordens, 257f., 261, 383
**Innozenz II.** Papareschi (Papst 1130-1143), 191, 353, 358
**Innozenz III.** Segni (* 1160/1, Papst 1198-1216), 168, 199, 205, 214, 321
**Innozenz IV.** Fieschi (* um 1195, Papst 1243-1254) 76
**Innozenz VII.** Migliorati (* 1336, Papst 1404-1406), 226

## ◆ PERSONENREGISTER

**Innozenz VIII.** Cybo (* 1432, Papst 1484-1492), 213f.
**Innozenz X.** Pamphili (* 1574, Papst 1644-1655), 210, 240, 259, 269, 277ff.
**Innozenz XII.** Pignatelli (* 1615, Papst 1691-1700), 269
**Innozenz XIII.** Conti (* 1655, Papst 1721-1724), 314
**Io**, Gestalt der griech. Mythologie, Geliebte des Zeus, 148
**Isabella v. Kastilien** (1451-1504), span. Königin, Gattin Ferdinands II., 364
**Isaia da Pisa** (tätig 1447-1464), Bildhauer, 285

### ◆ J ◆

**Janus**, röm. Gott der Türen, des Anfangs und des Endes, 142, 156, 363
**Johannes**, hl., Evangelist, 323
**Johannes**, hl., Märtyrer im 4. Jh., 188f.
**Johannes I.**, hl. (Papst 523-526), 191
**Johannes VII.** (Papst 705-707), 142
**Johannes X.** (Papst 914-928), 179
**Johannes XXIII.** Roncalli (* 1881, Papst 1958-1963), 33, 211
**Johannes Paul II.** Woytila (* 1920, Papst seit 1978), 53, 280
**Judas**, Jünger Jesu, 24, 200
**Jughurta** (ca. 160-104 v. Chr.), numidischer König, von Marius geschlagen, 131
**Julia Domna**, Gattin des Septimius Severus, 139, 156
**Julian Apostata** (Flavius Claudius Julianus, * 331, röm. Kaiser 361-363), 29, 188
**Julius II.** della Rovere (* 1443, Papst 1503-1513), 31, 40, 202, 208f., 215, 218, 222, 224, 226, 235, 240, 258, 274, 346f., 359f., 416
**Julius III.** Ciocchi del Monte (* 1487, Papst 1550-1555), 370
**Junius Silanus** (1. Jh.), Konsul, 190
**Juno**, altitalische Göttin der Ehe, der Geburt, der Familienmütter, Gemahlin des Jupiter, 140
**Jupiter**, lat. Name des Göttervaters Zeus, 140, 142, 289, 360
**Justinian** (byzant. Kaiser 527-565), 30
**Juturna**, Nymphe, erhielt von Jupiter Macht über alle Quellen Latiums, 142, 251

**Juvara**, Filippo (1678-1736), Architekt, 243
**Juvenal** (Decimus Junius Juvenalis; 58/60-130/8), röm. Satiriker, 320

### ◆ K ◆

**Kappler**, Herbert, NS-Polizeichef von Rom, 253
**Karl Borromäus**, hl. (1538-1584), Kardinal-Erzbischof v. Mailand, 247, 309, 345
**Karl d. Gr.** (* 742; Frankenkönig, 800-814 weström. Kaiser), 30, 197, 206, 211
**Karl v. Anjou** (König von Neapel 1265-1282), 30
**Karl V.** (dt. Kaiser 1519-1556), 31, 36, 50, 129, 234, 360, 375
**Karl VIII.** (frz. König 1483-1498), 31
**Kaschnitz**, Marie Luise, Schriftstellerin (1901-1974), 44, **116**, 365, 374
**Katharina v. Siena**, hl. (Caterina Benincasa; 1347-1380), Dichterin und Mystikerin, 260
**Kauffmann**, Angelica (1741-1807), Malerin, 309, 313f.
**Keats**, John (1795-1821), Dichter, 183, 313
**Kephisodot** d. J. (3./4. Jh. v. Chr.), griech. Bildhauer, 149
**Kircher**, Athanasius (1635-1680), Jesuitenpater, 258, 387
**Kleopatra VII.** (ägypt. Königin 51-30 v. Chr.), 28, 143, 159, 309
**Klimt**, Gustav (1862-1918), Maler, 376
**Koch**, Gaetano (1849-1910), Architekt, 161, 334, 348
**Koeppen**, Wolfgang, Schriftsteller (* 1906), 113ff.
**Konstantin I., d. Gr.** (Flavius Valerius Claudius Constantinus; * um 280, röm. Kaiser 306-337), 29, 74, 130ff., 145, 169, 188, 191ff., 196, 198, 200, 206, 208, 210f., 215, 327, 377, 380ff., 388
**Konstantina**, Tochter Konstantins, 380
**Kosmas**, hl., Märtyrer unter Diokletian, 168f.
**Kybele** (Magna Mater), phrygische Fruchtbarkeitsgöttin, 147f., 324, 355, 415

### ◆ L ◆

**Labre**, Benoît-Joseph (1748-1783), Bettelpilger, 347
**Laer**, Pieter Jacob van (Bamboccio; um 1592-1642), Maler, 313

**Lambardi**, Carlo (1554-1620), Architekt, 181
**Landi**, Stefano (1586/7-1639), Komponist, 180
**Landini**, Taddeo (1550-1596), Architekt und Bildhauer, 254
**Lanfranco**, Giovanni (1582-1647), Maler, 247, 250, 285, 291, 343
**Laokoon**, Gestalt aus der griech Mythologie, Priester, der die Trojaner vor dem Holzpferd der Griechen warnte und von Schlangen getötet wurde, 40, 224
**La Padula**, Bruno Ernesto (1902-1968), Architekt, 92, 387
**Larbaud**, Valery (1881-1957), Schriftsteller, 286
**Laterani**, altröm. Familie, unter Nero enteignet, 186, 196f.
**Latinus**, legendärer König, Vater der Lavinia, 26
**Laurentius**, hl., starb 258 den Märtyrertod, 381
**Lavinia**, nach der Sage Gattin Äneas', 26
**Legros**, Pierre (1666-1719), Bildhauer und Architekt, 258, 285, 297
**Leo II.**, hl. (Papst 682-683), 206
**Leo III.**, hl. (Papst 795-816), 190, 197f., 321
**Leo IV.**, hl. (Papst 847-855), 192, 204, 206, 234
**Leo X.** Medici (* 1475, Papst 1513-1521), 31, 190, 197, 233, 241, 249, 274, 347, 360
**Leo XII.** della Genga (* 1760, Papst 1823-1829), 205, 253, 304
**Leo XIII.** Pecci (* 1810, Papst 1878-1903), 198
**Leonardo da Vinci** (1452-1519), Maler und Architekt, 135
**Le Roy**, Mervin (* 1900), Regisseur, 325
**Le Roy**, Thomas (16. Jh.), brit. Geistlicher, 249
**Leto**, Gestalt der Mythologie, Geliebte des Zeus, Mutter der Zwillinge Apollo und Artemis, 149
**Libera**, Adalberto (1903-1963), Architekt, 184, 387
**Liberius**, hl. (Papst 352-366), 342
**Ligorio**, Pirro (1510-1583), Architekt, 214f., 272, 318, 392ff.
**Lippi**, Annibale (tätig in der 2. Hälfte des 16. Jh.), Architekt, 315
**Lippi**, Filippino (1457-1504), Maler, 260

**Lippi**, Filippo (um 1406-1469), Maler, 293f.
**Liszt**, Franz (1811-1886), Komponist, 89, 392
**Livia Drusilla** (58 v. - 29 n. Chr.) Gattin des Augustus, 146, 311, 337
**Lizzani**, Carlo (* 1922), Regisseur, 253
**Lollobrigida**, Gina (* 1927), Schauspielerin, 402
**Longhi** d.Ä., Martino (um 1520-1591), Architekt, 130, 281, 284, 309, 311
**Longhi** d.J., Martino (1602-1660), Architekt, 284, 298, 352
**Longhi**, Onorio (1569-1619), Architekt, 309
**Lorenzetto** (Lorenzo Lotti; 1490-1541), Architekt und Bildhauer, 307, 240
**Lorrain**, Claude (Claude Gellée; 1600-1682), Maler, 259, 272, 313
**Lothar I.** (röm. Kaiser 840-855), Sohn Ludwigs des Frommen, 206
**Lotto**, Lorenzo (1480-1556), Maler, 292
**Lucius Caesar**, Enkel des Augustus, 137
**Lucius Fabricius**, Erbauer der Pons Fabricius, 1. Jh. v. Chr., 353
**Lucius I.**, hl. (Papst 253-254), 326
**Ludovica degli Albertoni** (1474-1553), seliggesprochene Franziskanerterziarin, 354f.
**Ludovisi**, Familie, → Gregor XV., 269
**Ludovisi**, Kardinal, 134, 336
**Ludwig XII.** (König v. Frankr. 1498-1515), 314
**Ludwig XIV.** (König v. Frankr. 1643-1715, der ›Sonnenkönig›), 314f.
**Ludwig XV.** (König v. Frankr. 1715-1774), 314
**Lugli** (20. Jh.), Architekt, 378
**Lukas**, hl., Evangelist, Mitarbeiter des Paulus, Maler, 131, 299
**Lukian** (2. Jh. v. Chr.), griech. Satiriker, 361
**Lutatius Catulus, C.** (3. Jh. v. Chr.), röm. Feldherr und Politiker, 250
**Lutatius Catulus, Q.** († 87 v. Chr.) röm. Feldherr und Politiker, Konsul 101 v. Chr., 251
**Luther**, Martin (1483-1546), Kirchenreformator, Begründer des Protestantismus, 31, 260

# PERSONENREGISTER

**Lutyens**, Edwin (1869-1944), Architekt, 376

### ◆ M ◆

**Maccari**, Cesare (1840-1919), Maler, 236

**Maderno**, Carlo (1556-1629), Architekt, 87, 209f., 241, 250, 268, 283, 291, 294, 297, 302, 309, 314, 342

**Maderno**, Stefano (1576-1636), Bildhauer, 167, 326, 353

**Maecenas** (69-8 v. Chr.), röm. Politiker und Kunstförderer, 341, 391

**Magna Mater** → Kybele

**Magnani**, Anna (1908-1973), Schauspielerin, 43, 355

**Maini**, Giovanni Battista (1690-1752), Bildhauer, 278

**Majorana**, Ettore, Kernphysiker (1938 verschwunden), 347

**Malvezzi**, Architekt im 19. Jh., 305

**Mamurra** (1. Jh. v. Chr.), Offizier Caesars, 186

**Manfredi**, Manfredo (1859-1927), Architekt, 161

**Mankiewicz**, Joseph L. (1909-1993), Regisseur, 385

**Mann**, Daniel, Regisseur, 43

**Mantegna**, Andrea (1431-1506), Maler und Kupferstecher, 98

**Manzù**, Giacomo (1908-1991), Bildhauer, 211

**Maratta**, Carlo (1625-1713), Maler, 258, 300, 307, 335, 362

**Marc Anton** (83-30 v. Chr.), röm. Politiker und Feldherr, 28, 143, 149, 159, 309

**Marc Aurel** (Marcus Annius Verus, später Marcus Aelius Aurelius Antoninus; * 121, röm. Kaiser 161-180), 29, 35, 54, 130, 167, **267f.**

**Marcellus** (ca. 43-23 v. Chr.), Neffe und designierter Nachfolger des Augustus, 157f., 246, 310

**Marconi**, Guglielmo (1874-1937), Physiker, Nobelpreis 1909, 387

**Marées**, Hans von (1834-1887), Maler, 183

**Margani**, im Mittelalter wichtige Familie, 159

**Margarethe von Österreich** (1522-1586), natürl. Tochter Karls V., Gattin des Alessandro de' Medici, später des Ottavio Farnese, 272, 378

**Mari**, Giovanni Antonio (nachgewiesen ab 1635, † 1661), Bildhauer, 278

**Maria Clementina Sobieska** († 1735), Gattin Jakob Stuarts, 213f.

**Maria-Sofia** (19. Jh.), letzte Königin Neapels, 242

**Marius** d.J. (Sohn des Marius), 398

**Marius** (157-86 v. Chr.), röm. Politiker und Feldherr, 27, 70, 130, 251, 341, 404

**Markus**, hl. (Papst Jan.-Okt. 336), 162

**Mars**, Kriegsgott, 26, 139f., 163, 238, 264, 289

**Martial** (M. Valerius Martialis, um 40-um 103), röm. Dichter, 288

**Martin V.** Colonna (* 1368, Papst 1417-1431), 130, 197, 274, 300, 416

**Martin v. Tours**, hl. (316/7-397), Bischof v. Tours, 346

**Martina**, hl., römische Märtyrerin, 131

**Marucelli**, Paolo (1594-1649), Architekt, 272

**Mascherino**, Ottaviano (Ottaviano Nonni; 1524-1606), Maler und Architekt, 283, 297

**Masini**, Girolamo (1840-1885), Bildhauer, XV

**Masolino da Panicale** (Tommaso da Cristoforo Fini; 1383-1440/7), Maler, 193

**Massys**, Quentin (Metsys; um 1465-1530), Maler, 293

**Mastroianni**, Marcello (* 1925), Schauspieler, 43, 302

**Matidia**, Schwiegermutter Hadrians, 267

**Mattei**, Familie (erloschen 1801), 190f., 253

**Matteo da Città di Castello** (Matteo Bartolani; um 1525-1616), Architekt, 281

**Matteotti**, Giacomo (1885-1924), ital. Politiker, 33, 177

**Maturino da Firenze** († 1528), Maler, 243

**Maxentius** (Marcus Valerius Aurelius Maxentius; röm. Kaiser 306-312), 144, 169, 183, 196, 328f., 377

**Maximian** (Marcus Aurelius Maximianus; * um 250, röm. Kaiser zusammen mit Diokletian 286-305), 35, 334

**Maximinus Thrax** (Caius Julius Verus Maximinus Augustus; * um 170, röm. Kaiser 235-238), 29

**Mazzini**, Giuseppe (1805-1872), ital. Politiker des Risorgimento, 33, 178

**Mazzoni**, Giulio (1525-1618), Maler und Bildhauer, 246

**Mazzoni del Grande**, Angelo (* 1894), Architekt, 338

**Medici**, bedeutende toskanische Fürstenfamilie, einflußreich vom 15. bis 18. Jh., 1737 erloschen, → Leo X., Clemens VII., Pius IV., Leo XI., 272, 315

**Medici**, Catarina de' (1519-1589), Königin von Frankreich ab 1533 durch Heirat mit Heinrich II., 272

**Medici**, Ferdinando de' (1548-1609), Kardinal, 89, 315

**Medici**, Giulio de', Kardinal → Clemens VII.

**Melchiades** → Miltiades

**Melozzo da Forlì** (Melozzo degli Ambrosi; 1438-1494), Maler, 200, 214, 226

**Mengs**, Anton Raphael (1728-1779), Maler, 368

**Merkur**, Gott des Handels, Götterbote, 148

**Messalina** (um 25-48), Gattin des Claudius, 189

**Metastasio**, Pietro (Pietro Antonio Domenico Bonaventura Trapassi; 1698-1782), Dichter, 316, 364

**Metellus Creticus, Q.**, Konsul 69 v. Chr., 330

**Metellus Macedonicus, Q.** (2. Jh. v. Chr.), röm. Politiker und Feldherr, 159

**Mettius Curtius**, legendärer Hauptmann der Sabiner, 141

**Michelangelo**, (Michelangelo Buonarroti, 1475-1564), Bildhauer, Maler und Architekt, 24, 55, 109f., 129f., 202, 209f., 212ff., 215, 218, 221, 241, 244f., 249, 260, 263, 280, 284, 298, 314, 318, 334f., 346f., 364, 370, 373, 375, 449

**Michiel**, Giovanni, Kardinal, 301

**Millini**, Kardinal im 17. Jh., 192

**Miltiades**, hl. (Papst 311-314), 196

**Minerva**, altitalische Göttin des Handwerks, 130, 140, 144, 150, 405

**Mithras**, indoiranischer Gott des Rechts und der Ordnung, 181, 194, 197, 406f.

**Momo**, Giuseppe (1875-1940), Architekt, 215

**Monika**, hl. (um 331-384), Mutter des hl. Augustin, gestorben in Ostia, 285, 416

**Montaigne**, Michel Eyquem, Seigneur de (1533-1592), Schriftsteller, Philosoph, Moralist, 89, **106f.**, 284

**Morante**, Elsa (1912-1985), Schriftstellerin, 253, 381

**Moravia**, Alberto (1907-1991), Schriftsteller, 111f., 416

**Moreau**, Gustave (1826-1898), Maler, Graphiker und Zeichner, 98f.

**Morelli**, Cosimo (1732-1812), Architekt, 279

**Moro**, Aldo (1916-1978), Parteivorsitzender der Christdemokraten, von den Roten Brigaden entführt und ermordet, 254

**Morris**, William (1834-1896), Maler, Kunsthandwerker und Dichter, 348

**Munatius Plancus** (1. Jh. v. Chr.), röm. Redner, Politiker und Feldherr, 140

**Murena**, Carlo (1713-1764), Architekt, 279

**Mussolini**, Benito (1883-1945), faschistischer Diktator, 33, 41, IX, 48, 92f., 160ff., 169, 184, 198, 233, 384, 386

**Muziano**, Girolamo (1528-1592), Maler, 393

**Muzio**, Giovanni (1893-1982), Architekt, 387

### ◆ N ◆

**Nanni di Baccio Bigio** (Giovanni Lippi; † um 1568), Architekt und Bildhauer, 242

**Napoleon I. Bonaparte** (frz. Kaiser 1804-1815), 32, 40, 50, 136, 258, 309, 315, 368, 372

**Natoire**, Charles-Joseph (1700-1777), Maler, 271

**Neptun**, Meeresgott, 140

**Nero** (Lucius Domitius Ahenobarbus, später Claudius Nero; * 37, röm. Kaiser 54-68), 29, 40, 146f., 170f., 174, 186, 189f., 196, 208, 307, 405

**Nerva** (Marcus Cocceius Nerva; * 26, röm. Kaiser 96-98), 165

**Nervi**, Pier Luigi (1891-1979), Architekt, 52, 93, 388

**Nibby**, Archäologe, 145

**Nicolò di Angelo** (12. Jh.), Marmorkünstler, 383

499

# ◆ Personenregister

**Nikias von Athen**, (4. Jh. v. Chr.), Maler, 148
**Nikolaus II.** (Papst 1059-1061), 226
**Nikolaus III.** Orsini (* 1210/20, Papst 1277-1280), 214, 234
**Nikolaus IV.** Masci (* um 1230, Papst 1288-1292), 343
**Nikolaus V.** Parentucelli (* 1397, Papst 1447-1455), 204f., 214, 232ff.
**Nikolaus** Cusanus (1401-1464), Kirchenrechtler und Philosoph, 346
**Niobe**, Gestalt der griech. Mythologie, 217, 337
**Numa Pompilius** (nach der Sage der 2. König Roms 717-672 v. Chr.), 143
**Numerius Sufficius**, überlieferter Begründer des Fortuna-Orakels in Palestrina, 399

◆ O ◆

**Octavia** (um 70-11 v. Chr.), Schwester des Augustus, 159, 310
**Octavian** → Augustus
**Odescalchi**, Familie aus Como, einflußreich seit dem 13. Jh., → Innozenz XI., 301
**Odoaker** (um 430-493), Söldnerführer am Hofe des Hunnenkönigs Attila, 29f., 34
**Ojetti**, Raffaele (1845-1924), Architekt, 284
**Olivia**, Pater, Jesuitengeneral im 17. Jh., 258
**Orsini**, röm. Familie, nachgewiesen seit dem 10. Jh., → Nikolaus III., Benedikt XIII., 31, 157
**Orso**, Antonio, Bischof, 301
**Otto d. Gr.** (dt. König ab 936, dt. Kaiser 962-973), 30
**Otto III.** (dt. Kaiser 983-1002), 180, 352
**Ovid** (Publius Ovidius Naso, 43 v. Chr.-17 n. Chr.), Dichter, **106**, 147, 337, 361, 373

◆ P ◆

**Pagano Pogatschnig**, Giuseppe (1896-1945), Architekt, 386
**Palas**, Hirtengöttin, 147
**Palestrina**, Giovanni Pier Luigi da (1525-1594), Komponist, 402
**Palladio**, Andrea (1508-1580), Architekt, 283, 309
**Pallas**, Sohn des Euandros, 147
**Pamphili**, Camillo, Neffe Innozenz' X., 259

**Pamphili**, Familie aus Gubbio, erloschen 1760, das Erbe ging an die Doria, → Innozenz X., 285
**Paniconi**, Mario (1904-1973), Architekt, 387
**Panini**, Gian Paolo (1691-1765), Maler und Architekt, 96f., 299
**Papareschi**, Familie, siedelte sich in Trastevere an, im 12. und 13. Jh. einflußreich, im 15. Jh. erloschen, → Innozenz II., 350
**Parmigianino** (Francesco Mazzola; 1503-1540), Maler, 259
**Parodi**, Giovanni Battista (1674-1730), Maler, 346
**Pascarella**, Cesare (1858-1940), röm. Dialektdichter, 24, 43
**Paschalis I.**, hl. (Papst 817-824), 190, 326, 343, 345, 354
**Paschalis II.** Raniero (* um 1050, Papst 1099-1118), 181, 188, 192f., 307, 312, 354
**Pasolini**, Pier Paolo (1922-1975), Regisseur und Schriftsteller, 43, **112f.**, 355, 416
**Passignano** (Domenico Cressi; 1559-1638), Maler, 181
**Paul I.**, hl. (Papst 757-767), 143
**Paul II.** Barbo (* 1418, Papst 1464-1471), 161f., 274
**Paul III.** Farnese (* 1468, Papst 1534-1549), 31, 109, 129f., 213, 215, 217, 234f., 244, 247, 249, 257, 274
**Paul IV.** Carafa (* 1476, Papst 1555-1559), 197, 252
**Paul V.** Borghese (* 1552, Papst 1605-1621), 32, 209, 311, 342, 357, 363, 364f.
**Paulus**, hl., Apostel, 131, 167ff., 247, 328, 344, 382-388
**Paulus**, hl. (4. Jh.), 188f.
**Pediconi**, Giulio (* 1906), Architekt, 387
**Pelagius II.** (Papst 579-590), 381f.
**Perugino** (Pietro Vannucci; um 1450-1523), Maler, 220, 223, 227, 293, 375
**Peruzzi**, Baldassare (1481-1536), Architekt und Maler, 209, 241, 279ff., 360f., 378, 449
**Petrarca**, Francesco (1304-1374), Dichter und Humanist, 4, 42
**Petronilla**, hl., hl. Jungfrau, Märtyrerin des 1. Jh., 206
**Petrus v. Illyrien** (5. Jh.), römischer Priester, 179

**Petrus**, hl., Apostel, starb zwischen 64 und 67 als Märtyrer, 53, 131, 167ff., 181, 202, **206ff.**, 321, 324, 328, 344, 346, 364
**Philippus Arabs** (Marcus Julius Philippus Augustus; * um 204, röm. Kaiser 244-249), 29
**Phokas** (byzantinischer Kaiser 602-610), 141, 264
**Piacentini**, Marcello (1881-1960), Architekt und Stadtplaner, 233, 236, 382, 386, 388
**Piacentini**, Pio (1846-1928), Architekt, 161, 348
**Piccinato**, Luigi (1899-1983), Architekt und Stadtplaner, 386
**Piccolomini**, Enea Silvio → Pius II.
**Pierin del Vaga** (Pietro Bonaccorsi; 1501-1547), Maler, 235, 266, 301
**Pierleoni**, röm. Familie, siedelte sich auf der Tiberinsel an, 352
**Piero della Francesca** (um 1415-1492), Maler, 214
**Pinci**, altröm. Familie, 316
**Pinelli**, Achille (1809-1841), Maler, 359
**Pinelli**, Bartolomeo (1781-1835), Maler, Vater des Achille, 359
**Pinturicchio** (Bernardino di Betto; 1454-1513), Maler, 131, 220, 226, 307, 449
**Pippin III., d. Kurze** (fränk. König 751-768), 206
**Piranesi**, Giovanni Battista (1720-1778), Kupferstecher und Architekt, Iff., 180f., 299, 308
**Pius I.**, hl. (Papst 140-155), 344
**Pius II.** Piccolomini (* 1405, Papst 1458-1464), 42, 250, 391
**Pius III.** Todeschini-Piccolomini (* 1439, Papst 26 Tage Okt./Nov.1503), 250
**Pius IV.** Medici (* 1499, Papst 1559-1565), 161, 214f., 247, 289, 294, 334
**Pius V.** Ghislieri (* 1504, Papst 1566-1572), 343
**Pius VI.** Braschi (* 1717, Papst 1775-1799), 108, 215, 258, 279, 297, 318
**Pius VII.** Chiaramonti (* 1742, Papst 1800-1823), 215
**Pius IX.** Mastai-Ferretti (* 1792, Papst 1846-1878), 32f., 41, 198, 305, 313, 332, 338, 348
**Pius XI.** Ratti (* 1857, Papst 1922-1939), 215

**Pius XII.** Pacelli (* 1876, Papst 1939-1958), 208
**Platon** (428/7-348/7 v. Chr.), altgriech. Philosoph, 223
**Plautilla**, Gattin des Caracalla, 156
**Plautus** (Titius Maccus Plautus, um 250-um 184 v. Chr.), röm. Komödiendichter, 148, 406
**Plinius d.J.** (61/2-um 113), röm. Politiker und Schriftsteller, 88, 224
**Plotina** († 129), Gattin Trajans, 166
**Polanzani**, Francesco (1700-1783), Kupferstecher, II
**Poletti**, Luigi (1792-1869), Architekt, 383
**Polidoro da Caravaggio** (um 1500-1546), Maler, 243
**Pollaiuolo** (Antonio Benci; um 1431-1498), Maler und Bildhauer, 213f.
**Pollux** → Dioskuren
**Polybios** (um 200-um 120 v. Chr.), griech. Geschichtsschreiber, 35
**Polydoros** (um 50 v. Chr.), rhod. Bildhauer, 224
**Polyphem**, Zyklop der griech. Mythologie, 148, 174, 361
**Pomarancio** (Cristoforo Roncalli; 1552-1626), Maler, 167, 191, 257, 302
**Pompejus** (Cn. Pompejus Magnus; 106-48 v. Chr.), röm. Politiker, Triumvir und Feldherr, 28, 248
**Pomponius Atticus** (1. Jh. v. Chr.), Freund des Cicero, 163, 288
**Pontelli**, Baccio (um 1450-1492), Architekt und Bildhauer, 232, 280, 300, 307
**Pontianus**, hl. (Papst 230-235), 326
**Ponzio**, Flaminio (um 1560-1613), Architekt, 311, 343, 364
**Porta**, Giacomo della (um 1533-1602), Architekt und Bildhauer, 79, 128, 157, 241, 245, 250, 254, 257, 264, 268, 272, 278, 347, 354
**Porta**, Guglielmo della (um 1500-1577), Architekt und Bildhauer, 213
**Portunus**, Gott der Schiffahrt und Häfen, 154, 156
**Poussin**, Nicolas (1594-1665), Maler, 293, 299, 312f., 346
**Pozzi**, Stefano (1699-1768), Maler, 185
**Pozzo**, Andrea (1642-1709), Jesuit; Maler und Architekt, 82f., 258, 261

# PERSONENREGISTER

**Praenestos**, Sohn des Latinus, 398
**Praxedis**, hl. (1./2. Jh.), röm. Jungfrau, Schwester der Pudentiana, 344
**Praxiteles** (4. Jh. v. Chr.), attischer Bildhauer, 135, 397
**Praz**, Mario, Historiker im 20. Jh., 372
**Preti**, Mattia (1613-1699), Maler, 250
**Primoli**, Giuseppe Graf (1851-1927), Gelehrter und Kunstsammler, Gründer des Museo Napoleonico, 284
**Prisca**, hl., Märtyrerin des 1. Jh., 181
**Prokop** (6. Jh.), Geschichtsschreiber, 164
**Prospero da Brescia** (Prospero Antichi; † um 1592), Bildhauer, 295
**Proust**, Marcel (1871-1922), Schriftsteller, 220
**Psyche**, Geliebte und Gattin des Amor, 360, 412f.
**Puccini**, Giacomo (1858-1924), Komponist, 250
**Pudens**, röm. Senator im 1. Jh., Vater der Praxedis und der Pudentiana, 344
**Pudentiana**, hl. (1./2. Jh.), Schwester der Praxedis, jungfräuliche Märtyrerin, 344
**Pyrrhus** (319-272 v. Chr.), Molosserkönig und Gegner Roms, 26
**Pythagoras** (um 570- um 480 v. Chr.), griech. Mathematiker und Philosoph, 223

◆ **Q** ◆

**Quintilier**, röm. Adelsfamilie im 2. Jh., 330
**Quirinus**, altsabinischer Kriegsgott, 288f.
**Quirinus**, hl., Bischof v. Pannonien, Märtyrer unter Diokletian, 327

◆ **R** ◆

**Rabelais**, François (um 1494-1553), Dichter, 152, 284
**Rabirius** (1. Jh.), Architekt, 150
**Raffael** (Raffaello Santi; 1483-1520), Maler und Architekt, 40, 88, 108, 174, 209, 214ff., **222f.**, **228f.**, 241, 243, 266, 275, 280f., 284f., 293, 299, 307, 316, 318, 360ff., 375, 378, 449
**Raffaello da Montelupo** (Raffaello di Bartolomeo Sinibaldi; um 1505-1567), Bildhauer und Architekt, 283
**Raggi**, Ercole Antonio (1624-1686), Bildhauer, 258
**Raguzzini**, Filippo (um 1680-1771), Architekt, 261, 321
**Rainaldi**, Carlo (1611-1691), Architekt, 159, 242, 250, 278, 300f., 301, 307, 309, 311, 344
**Rainaldi**, Girolamo (1570-1655), Architekt, 130, 278
**Recoura**, Alfred (19. Jh.), Architekt, 329
**Reiffenstein**, Hofrat, Freund Goethes, 314
**Remus**, Zwillingsbruder des Romulus, 26, 133, 147, 182, 310
**Reni**, Guido (1575-1642), Maler, 188, 231, 246f., 291, 298f., 343, 362
**Renoir**, Jean (1894-1979) Regisseur, 43
**Renzi**, Mario de (1897-1967), Architekt, 184
**Respighi**, Ottorino (1879-1936), Komponist, 24
**Rezzonico**, bedeutende venezianische Familie, → Clemens XIII., 181
**Rhea Silvia**, Mutter von Romulus und Remus, 26
**Riario**, Raffaele (15./16. Jh.), Kardinal, 249
**Ribera**, Giuseppe (Lo Spagnoletto; 1588-1652), Maler, 362
**Ricci da Montepulciano** (16. Jh.), Kardinal, 89, 242, 315
**Rinaldi**, Rinaldo (1793-1873), Bildhauer, 283
**Robert v. Anjou**, der Weise (König v. Neapel 1309-1343), 324
**Roesler Franz**, Ettore (1845-1907), Maler, 233, 346, 359, 361
**Roma**, die göttliche Personifizierung der Stadt Rom, 130, 146f.
**Romano**, Mario (* 1898), Architekt, 92, 387
**Romano**, Paolo (Paolo Taccone; † 1477), Bildhauer, 240
**Romulus** (legendärer Stadtgründer und König Roms 753-717 v. Chr.), 26, 133, 138, 147f., 164, 177, 182, 288f., 310
**Romulus** († 309), Sohn des Maxentius, 144, 328f.
**Romulus Augustulus** (letzter weström. Kaiser 475-476, von Odoaker abgesetzt), 29
**Rosa**, Ercole (1846-1893), Bildhauer, 316
**Rosa**, Salvatore (1615-1673), Maler, 242, 335, 363
**Rosati**, Rosato (1559-1622), Architekt, 247
**Rospigliosi**, Kardinal, 180
**Rosselini**, Roberto (1906-1977), Regisseur, 43
**Rosselli**, Cosimo (1439-1507), Maler, 220
**Rossi**, Domenico de (1659-1703), Architekt, 302
**Rossi**, Ettore (* 1894), Architekt, 386
**Rossi**, Gianbattista de (1822-1894), Archäologe, 41, 325f.
**Rossi**, Giovanni Antonio de (1619-1695), Architekt, 270, 279
**Rossi**, Mattia de (1637-1695), Architekt, 355
**Rossini**, Gioacchino (1792-1868), Komponist, 251
**Rubens**, Peter Paul (1577-1640), Maler, 282
**Rucellai**, Florentiner Familie, 312
**Rughesi**, Fausto (um 1593-um 1606), Architekt, 281
**Rusconi Sassi**, Ludovico (1678-1736), Architekt, 283
**Rusuti**, Filippo (13./14. Jh.), Maler und Marmorkünstler, 342
**Rutelli**, Mario (1850-1941), Bildhauer, 334, 341

◆ **S** ◆

**Sabina**, hl., Märtyrerin des 2. Jh., 179
**Sacchetti**, Florentiner Familie, ein Zweig siedelte sich im 16. Jh. in Rom an, 242
**Sacchetti**, Marchese, 134
**Sacchi**, Andrea, (1599-1661), Maler, 198, 291
**Sacchi**, Bartolomeo (Platina), Humanist des 15. Jh., 226
**Sacconi**, Giuseppe (1854-1904), Architekt, 160
**Sallust** (Caius Sallustius Crispus; 86-35 v. Chr.), röm. Geschichtsschreiber, 288
**Salonina**, Gattin des Gallienus, 304
**Salvi**, Nicolò (1697-1751), Architekt, 247, 298, 301
**Salviati**, Francesco (Francesco Rossi; um 1510-1563), Maler, 242, 245, 283, 301, 307
**Sanctis**, Francesco de (1693-1740), Architekt, 246f., 314
**Sangallo d.Ä.**, Antonio da (um 1454-1534), Architekt, 243
**Sangallo d.J.**, Antonio da (1485-1546), Architekt, 86, 167, 209, 215, 241f., 244, 249, 263, 279, 378, 449
**Sangallo**, Giuliano da (Giuliano Giamberti; 1445-1516), Architekt, 209, 343
**Sansovino** (Andrea Contucci; 1460-1529), Architekt und Bildhauer, 190f., 280, 301, 449
**Sansovino**, Jacopo (Jacopo Tatti; 1486-1570), Architekt und Bildhauer, 241, 243, 285, 301
**Santesso**, Walter, Schauspieler, 302
**Saraceni**, Carlo (1579-1620), Maler, 359
**Sardi**, Giuseppe (1680-1753), Architekt, 247, 270
**Sarti**, Antonio (1797-1880), Architekt, 305, 356
**Sarto**, Andrea del (Andrea d'Agnolo; 1486-1531), Maler, 293
**Sartorio**, Giulio Aristide (1860-1932), Maler, 270
**Savelli**, Familie, 1712 erloschen, 179
**Schlözer**, Kurd v. (19. Jh.), Schriftsteller, 351
**Sciascia**, Leonardo (1921-1989), Schriftsteller, 347
**Scipio Africanus** d.Ä. (236/5-184/3 v. Chr.), röm. Politiker und Feldherr, besiegte Hannibal, 27, 322
**Scipio Barbatus** (4./3. Jh. v. Chr.), röm. Politiker und Feldherr, 322
**Scola**, Ettore (* 1931), Regisseur, 236
**Sebastian**, hl., Märtyrer Ende 3./Anf. 4. Jh., 151, 180, 327
**Sebastiano del Piombo** (Sebastiano Luciani; um 1485-1547), Maler, 307, 361, 364
**Semper**, Gottfried 1803-1879), Architekt, 183
**Sennen**, persischer Märtyrer, 162
**Septimius Severus** (Lucius Septimius Severus; * 146, röm. Kaiser 193-211), 29, 139, 141, 151, 156, 164, 196, 200, 264, 319, 359, 406
**Serapis**, ägyptischer Gott (Osiris), 396, 413
**Sergius**, Erzbischof von Damaskus, 180
**Serlio**, Sebastiano (1475-1554), Architekt, 86
**Servius Tullius** (legendärer 6. König Roms 578-534 v. Chr.), 26, 128, 156, 176
**Seume**, Johann Gottfried (1763-1810), Schriftsteller, 107f.
**Severianus**, hl., Märtyrer unter Diokletian, 192

# ◆ PERSONENREGISTER

**Severus Alexander** (Marcus Aurelius Severus Alexander; * um 208, röm. Kaiser 222-235) 320

**Severus**, hl., Märtyrer unter Diokletian, 192

**Sextus Pompeius** (1. Jh. v. Chr.), röm. Politiker und Feldherr, 414

**Shelley**, Percy Bysshe (1797-1851), Dichter, 183, 313

**Sibyllen**, weissagende Frauen der Antike, 130, 218, 280f., 391

**Sica**, Vittorio de (1902-1974), Schauspieler und Regisseur, 355

**Sienkiewicz**, Henryk (1846-1916), Schriftsteller, 325

**Signorelli**, Lica (zw. 1445 und 1450-1523), Maler, 220, 375

**Silvia**, hl. († um 572), Mutter Gregors d. Gr., 182, 188

**Simios**, Gott (Merkur), 356

**Simplicius**, hl. (Papst 468-483), 191

**Sisinnius**, Präfekt, 1. Jh., 193

**Sixtus II.**, hl. (Papst 257-258), 326

**Sixtus III.**, hl. (Papst 432-440), 342, 346, 179, 312, 381

**Sixtus IV.** della Rovere (* 1414, Papst 1471-1484), 7, 132, 205, 214, 220, 226, 240, 274f., 280, 307, 363

**Sixtus V.** Peretti (* 1521, Papst 1585-1590), 32, XV, 61, 150, 167, 178, 196ff., 205, 210, 215, 233, 253, 267, 289, 294f., 297, 306, 332, 343f., 347, 368

**Skopas**, (4. Jh. v. Chr.), griech. Bildhauer, 149

**Sodoma** (Giovanni Antonio Bazzi; 1477-1549), Maler, 361

**Soffici**, Ardengo (1879-1964), Maler, 377

**Sordi**, Alberto, Schauspieler, 43

**Soria**, Giovanni Battista (1581-1651), Architekt, 187f., 247, 356

**Sosius** (1. Jh. v. Chr.), röm. Politiker und Gouverneur in Syrien, 158

**Sosos** von Pergamon (3./2. Jh. v. Chr.), griech. Mosaizist, 135

**Spaccarelli**, Attilio (1890-1975), Architekt, 233

**Spada**, Familie aus Gubbio, erloschen, 243, 246

**Spartakus** († 71 v. Chr.), Führer eines Sklavenaufstandes gegen Rom, 28

**Stanislas Kostka**, hl. (1550-1568), Jesuitennovize, 296f.

**Statilius Taurus** (1. Jh. v. Chr.), Architekt 170

**Stefaneschi**, Familie, 350

**Stendhal** (Henri Beyle; 1783-1842), Schriftsteller, 103, **108f.**, 136, 251, 308, 312, 316, 339, 355, 383

**Stephan II.** (Papst 752-757), 206

**Stephan III.** (Papst 768-772), 159

**Strabon** von Amaseia (um 63 v. Chr.-nach 26 n. Chr.), griech. Geograph und Geschichtsschreiber, 60

**Street**, George Edmund (1824-1881), Architekt, 348

**Stuart**, Jakob III., (17./18. Jh.), beanspruchte vergeblich den englischen Thron, 213

**Sueton** (C. Suetonius Tranquillus; um 70-um 140), Schriftsteller und Geschichtsschreiber, 148, 171, 407

**Sulla** (Lucius Cornelius Sulla; 138-78 v. Chr.), röm. Politiker und Feldherr, 28, 398, 404

**Sylvester I.**, hl. (Papst 314-335), 192f., 346

**Symmachus**, hl. (Papst 498-514), 186, 206, 214, 346

### ◆ T ◆

**Taine**, Hippolyte (1828-1893), Schriftsteller, 245, 257, 294

**Tarcisius**, hl., Märtyrer im 3. Jh., 326

**Tarpeia**, legendäre römische Verräterin, 128

**Tarquinius Priscus** (nach der Sage 5. röm. König 616-578 v. Chr.), 128, 136, 177

**Tarquinius Superbus** (nach der Sage der 7. und letzte röm. König 533-509 v. Chr.), 26, 148, 352

**Tassi**, Agostino (um 1566-1644), Maler, 283

**Tasso**, Torquato (1544-1595), Dichter, 24, 365

**Taylor**, Liz (* 1932), Schauspielerin, 302

**Telegonos**, mytholog. Gestalt, Sohn des Odysseus und der Circe, 398

**Tellus**, röm. Erdgöttin, 311

**Terenz** (Publius Terentius Afer; um 185-159 v. Chr.), röm. Komödiendichter, 148, 406

**Theoderich d. Gr.** (um 453-526), Ostgotenkönig 170

**Théodon**, Jean-Baptiste (1646-1713), Bildhauer, 258

**Theodosius** (Flavius Theodosius; * 347, röm. Kaiser 379-395), 29, 206

**Therese v. Avila**, hl. (1515-1582), span. Mystikerin, 84f., 294f.

**Thomas**, hl., Apostel, 200

**Thomas Becket**, hl. (1118-1170), Erzbischof von Canterbury, 180

**Tiberius** (Tiberius Claudius Nero; * 42 v. Chr., röm. Kaiser 14-37), 28, 141f., 147, 149, 224, 288, 311, 335, 412

**Tiburnus**, legendärer Gründer Tivolis, 390f.

**Timm**, Uwe, Schriftsteller (* 1940), 118f.

**Timotheos** (4. Jh. v. Chr.), griech. Bildhauer, 149

**Titus** (Titus Flavius Vespasianus; * um 40, röm. Kaiser 79-81), XIV, 141, 146f., 170, 339

**Titus Tatius**, legendärer Sabinerkönig zur Zeit des Romulus, 288

**Tizian** (Tiziano Vecellio; um 1490-1576), Maler, 134, 259, 299, 316, 374f.

**Togliatti**, Palmiro (1893-1964), Politiker, Mitbegründer der KPI, 196

**Torriani**, Nicola (1. Hälfte 17. Jh.), Architekt, 285

**Torriti**, Jacopo (tätig Ende 13. Jh.), Maler und Mosaizist, 198, 343

**Toti**, Enrico, Bersagliere des 19. Jh.s, 316

**Totila** (Ostgotenkönig 541-552), 178, 183, 234

**Trajan** (Marcus Ulpius Traianus; * 53, röm. Kaiser 98-117), 29, XIV, 139, 162, **165ff.**, 183, 404ff., 414

**Trentacoste**, Domenico (1859-1933), Bildhauer, 270

**Trilussa** (Carlo Alberto Salustri; 1871-1950), Schriftsteller, 43, 359, 363

**Tripisciano**, Michele (1860-1913), Bildhauer, 357

**Turnus**, nach der Legende Gegner des Äneas, 142

**Tuszien**, Mathilde Gräfin v. (11. Jh.), 214

**Twain**, Mark (1835-1910), Schriftsteller, 109f.

### ◆ U ◆

**Umberto I.** (italien. König 1878-1900), 266

**Urban VIII.** Barberini (* 1568, Papst 1623-1644), 32, 131, 208, 210, 212ff., 231, 234, 265, 277, 290f., 298, 314, 373, 399

### ◆ V ◆

**Valadier**, Giuseppe (1762-1839), Architekt unf Stadtplaner, 40, 90, 209, 300, 306, 316

**Valentin** (Louis de Boulogne; 1594-1632), Maler, 246

**Valerian** (Publius Licinius Valerianus; * um 190, röm. Kaiser 253-260), 29, 328

**Valerianus**, hl., Gatte der hl. Cäcilie, 353f.

**Valle**, Filippo (1697-1768), Bildhauer, 159, 261, 298

**Valvassori**, Gabriele (1683-1761), Architekt, 259

**Vanvitelli**, Luigi (1700-1773), Architekt und Maler, 285, 296, 335

**Vasanzio**, Giuseppe (Hans von Xanten; um 1550-1621), Architekt, 363

**Vasari**, Giorgio (1511-1574), Architekt, Maler und Schriftsteller, 219, 223, 226, 249, 284, 285, 293, 370

**Vassalletto**, Pietro (tätig in Rom im 12. Jh.), Bildhauer und Mosaizist, 199, 382f.

**Vaudoyer**, Laurent (1756-1846), Architekt und Kupferstecher, 157

**Vaudremer**, Joseph A. Émile (1829-1914), Architekt, 233

**Velázquez**, Diego Rodriguez da Silva y (1599-1660), Maler, 259

**Venus**, röm. Göttin der Liebe, 26, 140, 146, 163, 264, 360

**Vercingetorix** (um 72-42 v. Chr.), gallischer Häuptling, 131

**Verdi**, Giuseppe (1813-1901), Komponist, 284, 348

**Vergil** (Publius Vergilius Maro; um 70-19 v. Chr.), röm. Dichter, 142, 147, 278, 301, 341

**Vergilius Eurysaces** (1. Jh. v. Chr.), Bäcker, 340

**Verschaffelt**, Peter Anton von (1710-93), Bildhauer und Architekt, 235

**Vespasian** (Titus Flavius Vespasianus; * 9, röm. Kaiser 69-79), XV, 141, 146, 164, 170, 179, 339

**Vespignani**, Virginio (1808-1882), Architekt, 301, 382

**Vesta**, röm. Göttin des Staatsherdes, 140, 144, 391

# CHRONOLOGIE KAISER/PÄPSTE

**Vestalinnen** (Priesterinnen der Vesta), 144, 171
**Victorinus**, hl., Märtyrer unter Diokletian, 192
**Vietti**, Luigi (* 1903), Architekt, 386
**Vignola** (Jacopo Barozzi; 1507-1573), Architekt, 78, 88, 147, 249, 257, 354, 370, 449
**Viktor Emanuel II.** (König v. Piemont Sardinien 1849-1861; erster König des geeinten Italien 1861-1878), 160f., 266, 340
**Visconti**, Luchino (1906-1976), Regisseur, 43
**Vitellozzi**, Annibale (* 1902), Architekt, 93
**Vitruv** (Vitruvius Pollio; 1. Jh. v. Chr.), röm. Architekt und Lehrbuchautor, 68, 94, 139
**Volterra**, Daniele da (Daniele Ricciarelli; 1509-1566), Maler, 221, 279, 314
**Volterra**, Francesco da (Francesco Capriani; um 1535-1588), Architekt und Bildhauer, 243, 283, 302, 309, 344, 354, 359
**Vouet**, Simon (1590-1649), Maler, 312, 355
**Vulkan**, Gott des Feuers, 140, 398

**Winckelmann**, Johann Joachim (1717-1768), Archäologe und Kunsthistoriker, 41, 225, 368
**Witigis** (Ostgotenkönig 526-540), 234

### X

**Ximenes**, Ettore (1855-1926), Architekt, 236

**Yourcenar**, Marguerite (1903-1987), Schriftstellerin, 265

### Z

**Zamora**, Muñoz de († 1300), Dominikaneroberer, 129
**Zanelli**, Angelo (1879-1942), Bildhauer, 161
**Zephyrinus**, hl. (Papst 199-217), 326
**Zola**, Émile (1840-1902), Schriftsteller, 236, 305, 333
**Zuccari**, Federico (1540-1609), Maler, 245, 254, 257, 301, 314, 393
**Zuccari**, Taddeo (1529-1566), Maler, 254, 266
**Zucchi**, Jacopo (1542-1589), Maler, 312

## Verzeichnis der römischen Kaiser in chronologischer Reihenfolge:

27 v. Chr.-14 n. Chr.: Augustus
14-37: Tiberius
37-41: Caligula
41-54: Claudius
54-68: Nero
68-69: Galba
69: Otho
69: Vitellius
69-79: Vespasian
79-81: Titus
81-96: Domitian
96-98: Nerva
98-117: Trajan
117-138: Hadrian
138-161: Antoninus Pius
161-180: Marc Aurel
161-169: Lucius Verus
180-192: Commodus
193: Pertinax
193: Didius Julianus
193: Pescennius Niger
193-197: Clodius Albinus
193-211: Septimius Severus
198-217: Caracalla
212-217: Geta
217-218: Macrinus
218-222: Elagabal
222-235: Alexander Severus
235-238: Maximinus Thrax
238: Gordian I.
238: Gordian II.
238: Pupienus
238: Balbinus
238-244: Gordian III.
244-249: Philippus Arabs
249-251: Decius
251-253: Trebonianus Gallus
251-253: Volusianus
253-260: Valerian
253-268: Gallienus
268-270: Claudius II. Gothicus
270: Quintillus
270-275: Aurelian
275-276: Tacitus
276: Florian
276-282: Probus
282-283: Carus
283-284: Numerianus
283-285: Carinus
284-305: Diokletian
286-305: Maximian
305-306: Constantius I. Chlorus
305-311: Galerius
306-307: Flavius Severus
306-312: Maxentius
306-337: Konstantin I. (d. Gr.)
308-324: Licinius
310-313: Maximinus Daia
337-340: Konstantin II.
337-350: Constans
337-361: Constantius II.
350-353: Magnentius
361-363: Julian Apostata
363-364: Jovian
364-375: Valentinian I.
364-378: Valens
367-383: Gratian
375-392: Valentinian II.
379-395: Theodosius d. Gr.
395-423: Honorius
423-425: Johannes
425-455: Valentinian III.
455: Petronius Maximus
455-456: Avitus
457-461: Maiorian
461-465: Livius Severus
467-472: Anthemius
472: Olybrius
473-474: Glycerius
474-475: Julius Nepos
475-476: Romulus Augustulus

## Verzeichnis der Päpste in chronologischer Reihenfolge:

Eine verbindliche Liste der Päpste existiert nicht; besonders in der frühen Zeit gibt es eine Reihe von Unsicherheiten und Widersprüchlichkeiten, sowohl im Hinblick auf die Regierungsdaten wie auf die Frage, ob es sich um Päpste oder Gegenpäpste handelt. Deshalb kann und soll hier lediglich eine Möglichkeit der Orientierung gegeben werden. (Gegenpäpste in Klammern.)

† 64/7: Petrus, hl.
67-76: Linus, hl.
76-88: Anenkletos, hl.
88-97: Clemens I., hl.
97-107: Evaristus, hl.
107-116: Alexander I., hl.
116-125: Sixtus I., hl.
125-136: Telesphorus, hl.
136-140: Hyginus, hl.
140-155: Pius I., hl.
155-166: Anicetus, hl.
166-175: Soter, hl.
175-189: Eleutheris, hl.
189-199: Viktor I., hl.
199-217: Zephyrinus, hl.
217-222: Calixtus I., hl.
(217: Hippolyt)
222-230: Urban I., hl.
230-235: Pontian, hl.
235-236: Anteros, hl.
236-250: Fabian, hl.
251-253: Cornelius, hl.
(251-258: Novatian)
253-254: Lucius I., hl.
254-257: Stephan I., hl.
257-258: Sixtus II., hl.
259-268: Dionysius, hl.
269-274: Felix I., hl.
275-283: Eutychian, hl.
283-296: Caius, hl.
296-304: Marcellinus, hl.
308-309: Marcellus I., hl.
309-310: Eusebius, hl.
311-314: Miltiades, hl.
314-335: Sylvester, hl.
336: Markus, hl.
337-352: Julius I., hl.
352-366: Liberius, hl.
(355-365: Felix II.)
366-384: Damasus I., hl.
(366-367: Ursinus)
384-399: Siricius, hl.
399-402: Anastasius I., hl.
402-417: Innozenz I., hl.
417-418: Zosimus, hl.
418-422: Bonifaz I., hl.
(418-419: Eulalius)
422-432: Cölestin I., hl.
432-440: Sixtus III., hl.
440-461: Leo I., hl.
461-468: Hilarius, hl.
468-483: Simplicius, hl.
483-492: Felix III., hl.
492-496: Gelasius I., hl.
496-498: Anastasius II., hl.
498-514: Symmachus, hl.
(498-506: Laurentius)
514-523: Hormisdas, hl.
523-526: Johannes I., hl.
526-530: Felix IV., hl.
530-532: Bonifaz II.
(530: Dioskur)
533-535: Johannes II.
535-536: Agapet I., hl.
536-537: Silverius, hl.
537-555: Vigilius
556-561: Pelagius I.
561-574: Johannes III.
575-579: Benedikt I.
579-590: Pelagius II.
590-604: Gregor I., hl.
604-606: Sabinian
607: Bonifaz III.
608-615: Bonifaz IV., hl.
615-618: Aeodatus I., hl.
619-625: Bonifaz V.
625-638: Honorius I.
640: Severinus
640-642: Johannes IV.
642-649: Theodor I.
649-653: Martin I., hl.
654-657: Eugen I., hl.
657-672: Vitalianus, hl.
672-676: Aeodatus II.
676-678: Donus
678-681: Agatho, hl.
682-683: Leo II., hl.
684-685: Benedikt II., hl.
685-686: Johannes V.
686-687: Konon
(687: Theodor)
(687-692: Paschalis)
687-701: Sergius I., hl.
701-705: Johannes VI.
705-707: Johannes VII.
708: Sisinnius
708-715: Konstantin I.
715-731: Gregor II., hl.
731-741: Gregor III.
741-752: Zacharias
(752: Stephan)

503

# ◆ Chronologie Päpste

752-757: Stephan II.
757-767: Paul I.,
(767-768: Konstantin II.)
(768: Philipp)
768-772: Stephan III.
772-795: Hadrian I.
795-816: Leo III., hl.
816-817: Stephan IV.
817-824: Paschalis I., hl.
824-827: Eugen II.
827: Valentin
827-844: Gregor IV.
(844: Johannes)
844-847: Sergius II.
847-855: Leo IV., hl.
855-858: Benedikt III.
(855: Anastasius III.)
858-867: Nikolaus I.
867-872: Hadrian II.
872-882: Johannes VIII.
882-884: Marinus I.
884-885: Hadrian III.
885-891: Stephan V.
891-896: Formosus
896: Bonifaz VI.
896-897: Stephan VI.
897: Romanus
897: Theodor II.
898-900: Johannes IX.
900-903: Benedikt IV.
903: Leo V.
903-904: Christophorus
904-911: Sergius III.
911-913: Anastasius III.
913-914: Lando
914-928: Johannes X.
928: Leo VI.
929-931: Stephan VII.
931-935: Johannes XI.
936-939: Leo VII.
939-942: Stephan VIII.
942-946: Marinus II.
946-955: Agapet II.
955-964: Johannes XII.
963-965: Leo VIII.
(964-966: Benedikt V.)
965-972: Johannes XIII.
973-974: Benedikt VI.
(974, 984-985: Bonifaz VII.)
974-983: Benedikt VII.
983-984: Johannes XIV.
985-996: Johannes XV.
996-999: Gregor V.
(997-998: Johannes XVI.)
999-1003: Sylvester II.
1003: Johannes XVII.
1003-1009: Johannes XVIII.
1009-1012: Sergius IV.
1012-1024: Benedikt VIII.
(1012: Gregor VI.)
1024-1032: Johannes XIX.
1032-1045: Benedikt IX.
1045: Sylvester III.
1045-1046: Gregor VI. Graziano
1046-1047: Clemens II.
1048: Damasus II.
1049-1054: Leo IX., hl.
1055-1057: Viktor II.
1057-1058: Stephan IX.
1058-1059: Benedikt X.
1059-1061: Nikolaus II.
1061-1073: Alexander II.
(1061-1064: Honorius II.)
1073-1085: Gregor VII., hl.
(1080-1100: Clemens III.)
1086-1087: Viktor III., sel.
1088-1099: Urban II., sel.
1099-1118: Paschalis II. Raniero
(1100-1102: Theoderich)
(1102: Albert)
(1105-1111: Sylvester IV.)
1118-1119: Gelasius II.
(1118-1121: Gregor VIII.)
1119-1124: Calixtus II.
1124-1130: Honorius II. Scannabecchi
(1124: Cölestin II.)
1130-1143: Innozenz II. Papareschi
(1130-1138: Anaklet II.)
(1138: Viktor IV.)
1143-1144: Cölestin II.
1144-1145: Lucius II.
1145-1153: Eugen III. Paganelli, sel.
1153-1154: Anastasius IV.
1154-1159: Hadrian IV.
1159-1181: Alexander III. Bandinelli
(1159-1164: Viktor IV.)
(1164-1168: Paschalis III.)
(1168-1178: Calixtus III.)
(1179-1180: Innozenz III.)
1181-1185: Lucius III.
1185-1187: Urban III.
1187: Gregor VIII.
1187-1191: Clemens III.
1191-1198: Cölestin III.
1198-1216: Innozenz III. dei Conti di Segni
1216-1227: Honorius III. Savelli
1227-1241: Gregor IX. dei Conti di Segni
1241: Cölestin IV. Castiglioni
1243-1254: Innozenz IV. Fieschi
1254-1261: Alexander IV. dei Conti di Segni
1261-1264: Urban IV. Pantaléon
1265-1268: Clemens IV. Foulquois
1271-1276: Gregor X. Visconti, sel.
1276: Innozenz V. Tarantasia, sel.
1276: Hadrian V. Fieschi
1276-1277: Johannes XXI. Iuliani
1277-1280: Nikolaus III. Orsini
1281-1285: Martin IV. de Brion
1285-1287: Honorius IV. Savelli
1288-1292: Nikolaus IV. Masci
1294: Cölestin V. del Murrone, hl.
1294-1303: Bonifaz VIII. Caetani
1303-1304: Benedikt XI. Boccasini, sel.
1305-1314: Clemens V. de Got
1316-1334: Johannes XXII. Duèse
(1328-1330: Nikolaus V.)
1334-1342: Benedikt XII. Fournier
1342-1352: Clemens VI. Roger
1352-1362: Innozenz VI. Aubert
1362-1370: Urban V. de Grimoard, sel.
1370-1378: Gregor XI. de Beaufort
1378-1389: Urban VI. Prignano
(1378-1394: Clemens VII. dei Conti de Genevois, Avignon)
1389-1404: Bonifaz IX. Tomacelli
(1394-1423: Benedikt XIII. de Luna, Avignon)
1404-1406: Innozenz VII. Migliorati
1406-1415: Gregor XII. Correr
(1409-1410: Alexander V. Filargo, Pisa)
(1410-1415: Johannes XXIII. Cossa, Pisa)
1417-1431: Martin V. Colonna
(1423-1428: Clemens VIII., Avignon)
(1425-1430: Benedikt XIV., Avignon)
1431-1447: Eugen IV. Condulmer
(1439-1449: Felix V. di Savoia)
1447-1455: Nikolaus V. Parentucelli
1455-1458: Calixtus III. Borgia
1458-1464: Pius II. Piccolomini
1464-1471: Paul II. Barbo
1471-1484: Sixtus IV. della Rovere
1484-1492: Innozenz VIII. Cybo
1492-1503: Alexander VI. Borgia
1503: Pius III. Todeschini-Piccolomini
1503-1513: Julius II. della Rovere
1513-1521: Leo X. Medici
1522-1523: Hadrian VI. Florenz v. Utrecht
1523-1534: Clemens VII. Medici
1534-1549: Paul III. Farnese
1550-1555: Julius III. Ciocchi del Monte
1555: Marcellus II. Cervini
1555-1559: Paul IV. Carafa
1559-1565: Pius IV. Medici
1566-1572: Pius V. Ghislieri, hl.
1572-1585: Gregor XIII. Boncompagni
1585-1590: Sixtus V. Peretti
1590: Urban VII. Castagna
1590-1591: Gregor XIV. Sfondrati
1591: Innozenz IX. Facchinetti
1592-1605: Clemens VIII. Aldobrandini
1605: Leo XI. Medici
1605-1621: Paul V. Borghese
1621-1623: Gregor XV. Ludovisi
1623-1644: Urban VIII. Barberini
1644-1655: Innozenz X. Pamphili
1655-1667: Alexander VII. Chigi
1667-1669: Clemens IX. Rospigliosi
1670-1676: Clemens X. Altieri
1676-1689: Innozenz XI. Odescalchi, sel.
1689-1691: Alexander VIII. Ottoboni
1691-1700: Innozenz XII. Pignatelli
1700-1721: Clemens XI. Albani
1721-1724: Innozenz XIII. dei Conti
1724-1730: Benedikt XIII. Orsini
1730-1740: Clemens XII. Corsini
1740-1758: Benedikt XIV. Lambertini
1758-1769: Clemens XIII. Rezzonico
1769-1774: Clemens XIV. Ganganelli
1775-1799: Pius VI. Braschi
1800-1823: Pius VII. Chiaramonti
1823-1829: Leo XII. della Genga
1829-1830: Pius VIII. Castiglioni
1831-1846: Gregor XVI. Cappellari
1846-1878: Pius IX. Mastai Ferretti
1878-1903: Leo XIII. Pecci
1903-1914: Pius X. Sarto, hl.
1914-1922: Benedikt XV. della Chiesa
1992-1939: Pius XI. Ratti
1939-1958: Pius XII. Pacelli
1958-1963: Johannes XXIII. Roncalli
1963-1978: Paul VI. Montini
1978: Johannes Paul I. Luciani
seit 1978: Johannes Paul II. Woytila (»fel. regnante«)

# SACHREGISTER

## ◆ A ◆

Abate Luigi, 46
Abbazia delle Tre Fontane, 388
Académie de France, 315, 369
Accademia dei Lincei, 283, 360, 362
Accademia dell'Arcadia, 364
Accademia di S. Luca, 131, 288, 299, 314
Accademia letteraria italiana, 364
Acqua Felice, 288f., 294f., 365
Acqua Felice, Fontana dell', 295
Acqua Paola, 350, 363ff.
Acqua Vergine, Fontana dell', 370
Actium, 28, 143
Aelius, Pons → Engelsbrücke
Aemilius, Pons, 7, 352
Aerarium, 140
Ager Vaticanus, 206
Agrippa-Thermen, 266
Ägypten, 28, 50
Akkon, 50
Alba Longa, 26, 330, 390
Albani, Villa → Torlonia, Villa
Albergo Quirinale, 348
Aldobrandinische Hochzeit, 215f.
Altemps, Palazzo, 275, 284, 336
Amphitheater, 66f., 158, 170, 172f., 248
Amphitheatrum Castrense, 188, 200, 323
Äneis, 40, 147, 278
Anguillara, Palazzo, 350, 356f.
Aniene, Fluß durch Tivoli, 390f.
Antiquarium des Forums, 142, 147
Antiquarium des Palatin, 149ff.
Antium, 138, 140
Antonius-Pius- und Faustina-Tempel, 136f., 144f.
Aphrodite, Knidische, 135, 397
Api, Fontana delle (Bienenbrunnen), 290
Apollo-Sosianus-Tempel, 154, 156, 158
Apollo-Tempel (Palatin), 146, 149
Appia antica, Via, 60, 72f., 126, 130, 151, 158, **318ff.**
Appia, Porta, 183
Aqua Alexandriana, 60
Aqua Alsietina, 60
Aqua Anio Novus, 60, 339
Aqua Anio Vetus, 60
Aqua Appia, 60, 142
Aqua Claudia (→ Acqua Felice), 60, 147, 151, 190, 295, **339**
Aqua Julia, 60, 341
Aqua Marcia, 60, 320, 324
Aqua Tepula, 60
Aqua Traiana, 60, 364f.
Aqua Virgo, 60, 266, 277, **298**, 314
Aquädukte, 60, **68f.**
Aquarium von Bernich, 333, 338f.
Ara Pacis Augustae, 304, **310f.**, 315, 239
Arco degli Argentari, 156
Arco delle Campane, 203, 210
Argiletum, 138
Äskulap-Tempel (Ostia), 412
Assicurazioni Generali di Venezia, Palazzo delle, 161
Atrium, 69
Auditorium des Maecenas, 341
Augustus-Bogen, 143
Augustus-Forum, 158, 162ff., 168
Augustus-Mausoleum, XV, 239, 297, 304f., **309f.**, 329
Aula ottagona, 334
Aula Regia, 146, 150
Aurelia, Via, 60
Aurelianische Stadtmauer, 29, 128, 183, 196, 200, 206, 234, 256, 306, 315, **323f.**, 339, 359, 382
Ausgrabungen, 40f.
Außenministerium, 369, 378
Aventin, 27, 154, **176ff.**, 252
Avignon, 31, 197, 206, 209, 214, 260, 342, 351

## ◆ B ◆

Babuino, Via del, 274, 308
Bahnhof Roma Ostiense, 184
Balbus-Theater, 253
Barberini, Palazzo, 87, 288, 291ff., 363
Barberini, Palazzo (Palestrina), 399, 402
Barberini, Piazza, 119, 290
Barberini, Villa, 369
Barnabiterorden, 247
Barraccia, Fontana della, 314
Basilica Aemilia, 65, **136ff.**, 147
Basilica Julia, 65, 136f., 141
Basilica Sempronia, 141
Basilica sotterranea di Porta Maggiore, 340
Basilica Ulpia, 65, 165
Basilika des Agrippa, 266
Basilika des Maxentius, **64**, 129, 131, 137, **145**, 164
Bellona-Tempel, 158
Belvedere-Hof, 88, 202, 215f., 224
Biberatica, Via, 167
Biblioteca Alessandrina, 382
Biblioteca Angelica, 282
Biblioteca Nazionale Centrale, 335
Biblioteca Vallicelliana, 282
Bibliotheca Hertziana, 314
Bibliothek, Vatikanische, 202, 205, 214ff.
Bocca della Verità, 47, 155, 359
Bonaparte, Palazzo, 309
Borghese, Palazzo, 304, 311
Borghese, Piazza, 311
Borghese, Villa, 100f., 278, 369, **372ff.**
Bosco Parrasio, 364
Botteghe Oscure, Via delle, 253
Bracciano, 437, 440
Braccio Nuovo, 215f., 251
Braschi, Palazzo, 164, 275, 279
Brücken, 7, 353
Brunnen, 69, 366
Bundesgenossenkrieg, 27

## ◆ C ◆

Caesar-Forum, 162f.
Caesar-Kurie, 136f., **138f.**, 163, 198
Caesar-Tempel, 136f., 143
Caetani, Palazzo, 253
Caffè Greco, 312
Caldarium, 68
Caligula und Nero, Circus, 206, 208, 210
Calixtus-Katakombe, 319, 326, 447
Camerale, Palazzo, 305
Campidoglio, Piazza del (Kapitolsplatz), 3, **128ff.**, 324, 341, 442
Campo dei Fiori, 125, 238, 240ff., **249**, 275, 281
Campo Vaccino → Forum Romanum
Campo Verano, 382
Campus Sceleratus, 144
Cancelleria, Palazzo della, 86, 202, 238, **249**, 275
Capena, Porta, 318
Capitolium (Ostia), 411
Capocci, Torre dei, 73, 168, 346
Cappella Cornaro 84f., 294f.
Cappella Paolina, 215, 343
Capranica, Palazzo, 275
Capua, 26
Caracalla-Thermen, 65, 112, 182, 244, **318ff.**
Cardo, 404
Casa dei Cavalieri di Rodi, 168
Casa dei Crescenzi, 72, 156
Casa dei Grifi, 150
Casa di Dante, 357
Casa Romuli, 148
Casina Pius' IV., 202, 214
Casina Valadier, 316
Casino dell'Aurora, 369
Casino Pallavicini, 298
Cassia, Via, 60, 305, 377
Castel Gandolfo, 202, 439
Castel S. Angelo → Engelsburg
Castel S. Pietro (Palestrina), 399, 402
Castelli Romani, 438f.
Castra peregrina, 186, 191
Castra Praetoria, 323, 333, 335
Castro Pretorio, 258, 338
Cavalieri di Malta, Piazza dei, 180f.
Cavour, Piazza, 202
Cavour, Ponte, 305
Celimontana, Porta, 190
Celimontana, Villa, 186, **190f.**, 369
Celio, 186ff.
Cenci, Palazzo, 238, 254
Cenci-Bolognetti, Palazzo, 258
Cerveteri, 437
Cesi, Palazzo, 232, 275, 283f.
Cestio, Ponte, 6, 158, 353
Chiesa del Gesù e Maria, 304, 309
Chiesa Nuova, 230, 275, **281ff.**
Chigi, Palazzo, 256, 268f.
Cimarra, Palazzo, 347
Cinecittà, 380, **384f.**
Cinquecento, Piazza dei, 338
Circus Maximus, V, 61, 67, 146f., 150f., **176ff.**, 196
Circus Varianus, 200
Circusspiele, 66f., 158, 172f., 178, 248, 328f., 409
Cisarii-Thermen (Ostia), 404f.
Civiltà del Lavoro, Palazzo della, 92, 122, 387
Clivus Argentarius, 163
Clivus Martis, 324
Clivus Palatinus, 146f.
Clivus Scauri, 187ff.
Cloaca Maxima, 69, 136, 138, 156
Clodia, Via, 377
Coenatio Jovis, 146, 150
Collegio Romano, 258
Colonna dell'Immacolata, 313
Colonna, Palazzo, 288, 300f.
Colonna, Villa, 298
Comitium, 34, 136f., **138**, 140, 144, 163
Commodilla-Katakombe, 327
Conciliazione, Via della, 122, 202, **232f.**
Concordia-Tempel, 136f., 140f.
Conservatori, Palazzo dei (Konservatorenpalast), **128ff.**, 145, 267
Consulta, Palazzo della, 297
Conti, Torre dei, 145, 168
Coppelle, Piazza delle, 270

# ◆ SACHREGISTER

Cordonata, 130
Coronari, Via dei, 274, **283**
Corporazioni, Piazzale delle (Ostia), 407ff.
Corsini, Palazzo, 350, 359, **362f.**
Corso, Via del, 160, 238, 260, 274, 304ff., **308f.**
Cosmatenkunst, **76f.**, 131, 155, 162, 192, 198, 343, 353, 356, 358, 382, 448
Costaguti, Palazzo, 254
Crypta Balbi, 253
Cumae, 26
Curia Hostilia, 138

### ◆ D ◆

Damasus-Hof, 109, 215f.
Decumanus, 404
Dei Consentes, Portikus der, 140
Demeter- und Faustina-Tempel, 329
Denkmal Vittorio Emanuele II → Vittoriano
Diana-Tempel, 176
Diogenes, 223
Diokletians-Säulen, 136f.
Diokletians-Thermen, 24, 288, 332, **334**, 376
Dioscuri, Fontana dei, 297
Dioskuren-Tempel, 136f., 142, 297
Divus-Claudius-Tempel, 186, 188f.
Dolabella-Bogen, 186, 190
Domine Quo Vadis, Kirche, 319, 324
Dominikanerorden, 260, 321
Domitians-Palast, 147, 150f.
Domitians-Stadion, 146, 151, 239, 275, **276f.**
Domus, 69, 407, 410
Domus Augustana, 146f., 149ff.
Domus Aurea, 40, 146, 155, 170, **174**, 189f., 224, 228
Domus Flavia, 146f., 150f.
Domus Praecorum, 146
Domus Severiana, 146, 151
Domus Tiberiana, 146, 148f.
Doria Pamphili, Villa, 20, 369
Doria Pamphili, Palazzo, 256, **258f.**
Dornauszieher, 132
Drusus-Bogen, 324
Duomo (Palestrina), 399, 402
Duomo (Tivoli), 391

### ◆ E ◆

École Française, 245
Elagabal-Tempel, 146f., 151
Elefant Berninis, 256, 261

Emporium, 176f., 184
Engelsbrücke (Pons Aelius), 7, 104, 206, 233, **238ff.**, 254
Engelsburg (Mausoleum Hadrians), 36f., 167, 202, 206, **233ff.**, 239, 394
Equites singulares, 186, 196
Esposizione, Palazzo dell', 348
Esquilina, Porta, 340
Esquilino, Piazza dell', VX, 342, 344
Este, Villa d' (Tivoli) 88f., 392f.
Etrusker, 26, 370f., 436f.
EUR, 92, 122, 359, 380, **386ff.**
Europa, Viale, 388
Excubitorium, 350, 356

### ◆ F ◆

Fabricius, Pons, 112, 252, 352f.
Facchino, Fontanella del, 256, 260
Falconieri, Palazzo, 238, 244
Farnese, Palazzo, 36f., 238f., **244ff.**, 266, 275
Farnese, Piazza, 244
Farnese, Villa, 88
Farnesina, Villa, 88, 244, 336, 350, 359, **360**
Farnesische Gärten, 147, 149
Felice, Via, 200, 289, 314
Festa di S. Giovanni, 48f., 196f.
Festa di S. Giuseppe, 49
Feste, 48f., 419, 440
Filippini, Oratorio dei, 275, 282
Fiumi, Fontana dei (Vierströmebrunnen), 277, 329
Fiumicino, 405, 416
Flaminia, Porta → Popolo, Porta del
Flaminia, Via, 60, 160, 238, 274, 305f., 308, 310, 377
Flaminio, Ponte, 369
Flaminius-Circus, 67, 130, 157f., 239, 254
Flughafen Leonardo da Vinci, 405, 416
Folkloremuseum, 359
Food and Agricultural Organisation, 176f.
Forma Urbis, 157, 164f.
Foro Italico, 93, 369, 377f.
Fortuna-Heiligtum (Palestrina) 399, 402
Fortuna-Tempel, 156
Forum Boarium, 70, 154ff.
Forum Holitorium, 154ff.
Forum Romanum, IX, 61, 111, 129, **136ff.**, 155, 443
Forum Romanum, Nekropole, 145, 147
Franziskanerorden, 355
Frascati, 438f.

Fregene, 416
Friedenstempel, 162, 164f.
Fußabdruck Christi, 324, 327
Fußball, 378

### ◆ G ◆

Galleria Borghese, 355, 372
Galleria Colonna, 256, 268ff., 300
Galleria d'Arte moderna, 369, 376f.
Galleria Doria-Pamphili, 259
Galleria Nazionale d' Arte Antica, 362, 292f.
Galleria Sciarra, 90, 288, 301
Gallien, 27f.
Gallier, 390, 398
Garibaldi, Piazzale, 365
Garibaldi, Ponte, 112, 356
Gegenreformation, 31f., 78f., 191, 257, 281, 358
Geologisches Museum, 302
Germanisches Kolleg, 285
Ghetto, 238, 252f.
Gianicolo, 122, 350, 363ff.
Giolitti, 270
Giovanni Giolitti, Via, 339
Giubbonari, Via dei, 247
Giulia, Via, 240ff., 274, 359, 365
Giulia, Villa, 88, 369, **370f.**, 399
Gladiatoren, 66, 170ff., 409
Globo, Fontana del (Globusbrunnen), 377
Glori, Villa, 24
Goethe-Museum, 309
Goten, 29f., 206, 256, 323
Gouverneurspalast, 202, 215
Governo Vecchio, Palazzo del, 281
Governo Vecchio, Via del, 281
Grab des Eurysaces, 339f.
Grab des Publicius Bibulus, 160
Grabmal der Caecilia Metella, 72f., 319, 330
Grabmal der Horatier und Curiatier, 330
Graziani, Torre dei, 346
Gregoriana, Via, 315
Gregoriana, Villa (Tivoli), 391
Griechenland, 27, 29
Grottaferrata, 438
Gründung Roms, 26, 133, 147
Guadagnolo, 402

### ◆ H ◆

Hadrian-Tempel, 267
Hadrians-Mausoleum → Engelsburg
Hadrians-Villa, 88, 135, 217, 391, **394ff.**, 443

Haus der hll. Johannes und Paulus, 188f.
Haus der Livia, 146, 148
Haus des Apuleius (Ostia), 407, 414
Haus des Augustus, 146, 148f.
Haus von Amor und Psyche (Ostia), 412f.
Heilige Jahre, 52, 211, 246, 342
Heiliger Bezirk am Largo Argentina, 238f., 250f.
Heiliger Bezirk von Sant'Omobono, 154, 156
Helena-Thermen, 200
Herakles, Farnesischer, 245, 320
Herculaneum, 29
Hercules-Victor-Tempel, 70f., 154f.
Herkules-Invictus-Tempel (Ostia), 412
Hochmittelalter-Museum, 387
Horrea Agrippiniana, 142
Horrea, 410, 412, 415
Hotel d'Inghilterra, 305
Hunnen, 29
Hypocauston, 68
Hypogäen, 324, 327, 447

### ◆ I ◆

Il Gesù, Kirche, 78f., 81, 250, **256ff.**, 261, 364
Impluvium, 69
Inschriften, XIVf.
Institutionen der Antike, 34
Insulae, 69, 410
Investiturstreit, 30
Isis- und Serapis-Tempel, 260
Isis-Tempel, 130
Isola Sacra, Nekropole (Ostia), 411, 416
Istituto di Calcografia, 288, 299

### ◆ J ◆

Janus-Bogen, 138, 154, 156
Janus-Tempel, 157
Jerusalem, 50, 74, 147, 163, 191, 200, 222, 257, 343f., 346
Jesuitenorden, 78, 257, 285, 383
Johanniterorden → Malteserorden
Jüdisches Museum, 254
Jugendstil → Liberty
Juno-Moneta-Tempel, 128
Juno-Regina-Tempel, 159
Juno-Sospita-Tempel, 157
Jupiter-Capitolinus-Tempel, 26, 70f., 128, 144, 149
Jupiter-Stator-Tempel, 144, 159
Justizpalast, 236
Juturna-Quelle, 136f., 142

# SACHREGISTER

## ◆ K ◆

Kaiserforen, 154f., 162ff.
Kapitol, XV, **128ff.**, 154, 160, 165, 295
Kapitolinische Museen, 130, **132ff.**, 141, 156, 251, 399
Kapuzinerorden, 290f.
Karmeliterorden, 359
Karneval, 48f., 308f., 359
Karolinger, 30, 206
Kartäuserorden, 334
Karthago, 27
Katakomben, 41, 319, 324ff., 380f., 447
Keats-Museum, 313
Kolosseum, XI, **66f.**, 86, 92, 100f., 110f., 123, 145, 155, 169, **170f.**, 245, 442
Kolumbarien, 319, 322ff., 446f.
Konstantinische Schenkung, 30
Konstantinopel, 29, 31, 34, 155
Konstantins-Bogen, 70, 111, 155, **169**
Konstantins-Thermen, 130, 288, 297
Korinth, 27
Korsika, 27
Koschere Lebensmittel, 253, 431
Küche, römische, 56ff., 427, 430f., 439
Kuppeln, 81, 262f.
Kurie (kath. Kirche), 31, 38, 206
Kybele-Tempel → Magna-Mater-Tempel

## ◆ L ◆

Labicana, Via, 340
Lacus Curtius, 141
Lacus Regillus, 142
Lancellotti, Palazzo, 275, 283
Langobarden, 30
Lante, Villa, 365
Lapis Niger, 136f., 138
Laren, 412f.
Largo Goldoni, 305, 311
Lateran, 130, 186f., **196ff.**, 206
Lateranspalast, 192, **196ff.**, 214
Lateranverträge, 33, 198, 202, 215, 232, 249
Latina, Porta, 319, 323f.
Latina, Via, 60, 322
Leoninische Stadt, 206
Lepri, Palazzo, 305
Leuchtturm von Ostia, 407f.
Liberty-Stil, 24, 90, 270, 348
Licinius, Gärten des, 339
Lido di Ostia, 405, 416
Loggien Raffaels, 174, 216, **228f.**
Lombarden, 256
Ludi Megalenses, 148
Ludovisi, Villa, 134, 369
Lungara, Via della, 351, 359
Lungotevere, 351, 360f.
Lupercal, 147, 310

## ◆ M ◆

Maccarese, 416
Madama Lucrezia, 47, 162
Madama, Palazzo, 256, **272**, 275, 281, 378
Madama, Villa, 88, 369, 378
Madonna del Rosario, Kirche, 377
Maecenas, Gärten des, 341
Magazzini Bocconi, 90, 267, 269
Maggiore, Porta, 190, 334, 339f.
Maggiore, Via, 187
Magna-Mater-Tempel, 146f., 148f., 156
Malteserorden, 50f., 168, 180f.
Mamertinischer Kerker, 128f., 131, 321
Marc-Aurels-Säule, 256, 267f.
Marcellus-Theater, 67, 154, **157f.**
Marconi, Piazza, 387
Marforio, 46
Margana, Piazza, 159
Margani, Torre dei, 346
Margaritaria, Portikus, 137
Margherita, Ponte, 305
Margutta, Via, 309
Marina, Porta (Ostia), 405, 414
Märkte, 427
Marmorata, Via della, 184
Mars-Tempel, 324
Mars-Ultor-Tempel, 158, 163
Marsch auf Rom, 33, 377, 386
Marsfeld, 138, 157, 170, 233, 238ff., 252, **256ff.**, 274ff., 304ff., 352, 364
Mascherone, Fontana del, 244
Massimo alle Colonne, Palazzo, 275, 279
Massimo, Palazzetto, 279
Matidia-Tempel, 267
Mattei di Giove, Palazzo, 254
Mattei, Palazzo, 253, 353
Mattei, Piazza, 254
Mattei, Torre dei, 254
Mattei, Villa → Celimontana, Villa
Maxentius-Circus, 67, **328f.**, 277, 319, **328f.**
Maxentius-Villa, 328f.
Medici, Villa, 89, 304, **315**, 369
Mellini, Villa, 377
Meta Sudans, 169
Metellus, Portikus des, 159
Milesi, Palazzo, 284
Miliarium Aureum, 140
Milizie, Torre delle, 73, 154f., 165, **168**
Milvio, Ponte, 169, 369, 377

Minerva, Piazza della, 260f.
Minerva-Medica-Tempel, 332, 339
Minerva-Tempel, 260
Minimenorden, 314
Mithräen, 447
Mithräum der sieben Sphären (Ostia) 406f.
Mithräum des Felicissimus (Ostia), 414
Mithräum in den Caracalla-Thermen, 321
Mithräum S. Clemente, 194, 196f.
Mithräum S. Prisca, 181
Modell des antiken Rom, 388
Monserrato, Via, 240
Monte Mario, 369, 377
Montecitorio, Palazzo di, 256, 269, 305
Montecitorio, Piazza di, 269
Moro, Fontana del, 278
Mosaiken, 448
Muraglioni, 353
Muro torto → Aurelianische Stadtmauer
Museen, 444f.
Museo Astronomico e Copernicano, 377
Museo Barracco, 249
Museo Centrale del Risorgimento, 161
Museo Chiaramonti → Vatikanische Museen
Museo della Civiltà Romana, 388
Museo di Roma, 279, 359
Museo Napoleonico, 275, 284
Museo Nazionale Etrusco, 370
Museum der Seelen der Verstorbenen, 236
Museum Ostia, 405, 411
Museum Palestrina, 402

## ◆ N ◆

Naiadi, Fontana delle, 333f., 341
Nardini, Palazzo, 275
Naumachia Trajans, 206
Naumachien, 276
Navicella, Fontana della, 190f., 314
Navona, Piazza, 3, 123, 239, 272, **274ff.**, 329, 443
Nazionale, Via, 332f., 348
Nekropolen, VII, 319ff.
Neptun-Thermen, (Ostia), 406
Nerva-Forum, 162ff.
Nettuno, Fontana del, 123, 278f.
Nil-Mosaik (Palestrina) 400ff.
Nomentana, Via, 60, 380
Normannen, 30, 187, 192
Nostra Signora del Sacro Cuore, Kirche, 275, 277f.
Notrufnummern, 428
Nunez, Palazzo, 305

Nuovo, Palazzo, 130
Nymphäum der Egeria, 328

## ◆ O ◆

Obelisk Berninis, 256, 261
Obelisk Foro Italico, 93, 377
Obelisk Lateransplatz, 178, 196
Obelisk Piazza dei Cinquecento, 338
Obelisk Piazza del Popolo, 178, 306
Obelisk Piazza del Quirinale, 297, 310
Obelisk Piazza dell'Esquilino, XV, 310, 342, 344
Obelisk Piazza di Montecitorio, 269
Obelisk Piazza Navona, 277f., 329
Obelisk Piazza S. Pietro, 210
Obelisk Piazza Trinità dei Monti, 314
Obelisk Pincio, 200, 316
Obelisk Piazza di Porta Capena, 178
Octavia, Portikus der, 154, 158f.
Odeon des Domitian, 239, 277, 279
Odescalchi, Palazzo, 288, 301
Öffentliche Verkehrsmittel, 424f., 436
Olympiastadion, 369, 378
Oppio, Parco, 174
Opus, 62f.
Oratorianerorden, 281f.
Orologio, Piazza dell', 282f.
Orso, Via dell', 284
Orto botanico, 363
Ossoli, Palazzo, 275
Ostia, 29, 69, 183, 353, 404ff., 436
Ostiensis, Porta, 183
Ostiensis, Via, 60, 404f.
Ottobrata, 48f.

## ◆ P ◆

Pace, Piazza della, 281
Pädagogium, 146
Palatin, 111, 129, **146ff.**, 154f., 177f., 190, 364, 396
Palestrina, 398ff.
Palestrina, Nekropole, 402
Palilia, 147
Palladium, 144
Pamphili, Palazzo, 275, 278f.
Panisperna, Via, 347
Pantheon, 44, 58, **71**, 80, 113, 167, 212, 256, **264ff.**, 274, 309, 329, 394f., 442
Papstaudienzen, 52
Papstwahl, 53
Papstwappen, XVI
Parlament → Montecitorio, Palazzo di
Pasquino, 46, 275, **279**, 359

507

# ◆ SACHREGISTER

Passeggiata del Gianicolo, 365
Passetto, 202, 234f.
Patrizier, 26f., 141, 176f.
Pax Romana, 28
Penaten-Tempel, 144
Penitenzieri, Palazzo dei, 232
Peretti-Montalto, Villa, 368
Peristyl, 69
Peterskirche/-platz → S. Pietro
Pfandhaus, 246f.
Phokas-Säule, 141
Pia, Porta, 332
Piè di Marmo, Via, 256, 260
Pigna, Cortile della, 202, 215f., 269
Pilgerweg zu den sieben Kirchen, 190, 240, 326, **380**, 382
Pilotta, Via della, 299, 301
Pincio, 40, 90f., 102f., 200, 289, 304ff., **316**, 369ff., 435
Piombino, Palazzo, 268
Piscinula, Piazza in, 353
Plebejer, 26ff., 141, 172, 176f., 251
Poli, Palazzo, 298
Pomerium, 176, 238, 318f.
Pompeji, 29, 42, 400
Pompejus, Portikus des, 248
Pompejus-Kurie, 143
Pompejus-Theater, 157, 238f., **248**
Pomponius-Hylas-Kolombarium, 322f.
Ponte Sisto, Fontana del, 363
Popolo, Piazza del, 90f., 160, 178, 274, 304ff., **306ff.**, 316, 369
Popolo, Porta del, 306
Porta Santa, 52, 198, 211
Portese, Porta, 350, 355
Portico d'Ottavia, Via del, 252f.
Porticus Minucia Frumentaria, 251
Portuense, Via, 60
Portunus-Tempel, 70f., 154f.
Portus Tiberinus, 154f.
Prähistorisches und Ethnographisches Museum Luigi Pigorini, 387
Prati, 236, 305, 377
Prenestina, Via, 60, 340, 398
Presse, 58, 204, 429, 432
Priscilla-Katakombe, 327, 447
Propaganda Fide, Palazzo di, 304, 313
Protestantischer Friedhof, 176, 183
Punische Kriege, 27
Pyramide des Cestius, 176, 182f., 323

### ◆ Q ◆

Quattro Capi, Ponte → Fabricius, Pons
Quattro Fontane, 288, 294ff.
Quinilier, Villa der, 330
Quirinal, 165, 167, **288ff.**
Quirinale, Palazzo del, 288f., 297
Quirinale, Piazza del, 289, 296f.
Quirinus-Tempel, 288

### ◆ R ◆

Radio Vatikan, 202
Raub der Sabinerinnen, 26, 128, **177**
Regia, 136f., 143f.
Repubblica, Piazza della, 332ff.
Restaurierung, 54f.
Rex sacrorum, 143
Rhodos, 50
Ricci, Palazzo, 243
Rioni, 60
Ripagrande, 350, 353
Ripetta, Via di, 274, 305, 308
Risorgimento, Ponte del, 376
Rocca Pia, 391
Roma- und Augustus-Tempel (Ostia), 412
Romana, Porta (Ostia), 405
Romolo e Remo, Piazzale, 178
Romulus-Mausoleum, 319, 329
Romulus-Tempel, 136f., 144, 168
Ronciglione, 49
Rospigliosi-Pallavicini, Palazzo, 298
Rostra, 34, 136f., 138, 140
Rotonda, Piazza della, 256, 264
Rotto, Ponte, 6, 7, 113, 352f.
Ruspoli, Palazzo, 304, 312

### ◆ S ◆

S. Agapito, Kirche (Palestrina), 402
S. Agnese in Agone, Kirche, 275, 277, **278**
S. Agnese fuori le Mura, 380f.
S. Agostino, Kirche, 275, 282, 284f., 416
S. Alessio, Kirche, 176
S. Ambrogio e Carlo al Corso, Kirche, 263, 304, 309
S. Anastasia, Kirche, 146f.
S. Andrea (Mantua), Kirche, 78
S. Andrea al Quirinale, Kirche, 79, 81, 288, 295, **296f.**
S. Andrea della Valle, Kirche, 46, 238, **250**, 262, 364
S. Andrea delle Fratte, Kirche, 304, 313
S. Angelo in Pescheria, Kirche, 154, 159, 275
S. Anna dei Palafrenieri, Kirche, 374
S. Anselmo, Kirche, 176, 182
S. Antonio da Padova, Kirche, 333
S. Antonio dei Portoghesi, Kirche, 275, 284
S. Apollinare, Kirche, 275, 285
S. Apostoli, Kirche, 226, 288, 300f.
S. Aurea (Ostia), Kirche, 416
S. Bartolomeo, Kirche, 352
S. Benedetto in Piscinula, Kirche, 353
S. Bernardo alle Terme, Kirche, 262, 288, **295**, 334
S. Biagio della Pagnotta, Kirche, 274
S. Bibiana, Kirche, 332, 334, **339**
S. Bonaventura, Kirche, 151
S. Bonifacio e Alessio, Kirche, 180
S. Callisto, Kirche, 357
S. Carlo ai Catinari, Kirche, 238, **247**, 263, 364
S. Carlo alle Quattro Fontane, Kirche, 81, 288, **295f.**
S. Caterina ai Funari, Kirche, 238, 254
S. Cecilia in Trastevere, Kirche, 326, 350, **353f.**
S. Cesareo, Kirche, 318, 321f.
S. Claudio de' Borgognoni, Kirche, 288, 302
S. Clemente, Kirche, 42, 180, 186, **193ff.**
S. Cosimato, Piazza, 356
S. Cosma e Damiano, Kirche, 136f., 144, 154f., 162, 165, **168f.**, 345
S. Costanza, Kirche, 380f.
S. Crisogono, Kirche, 350, 356
S. Croce in Gerusalemme, Kirche, 188, **200**, 381
S. Dorotea e S. Giovanni della Malva, Kirche, 363
S. Eligio degli Orefici, Kirche, 238, 243
S. Eustachio, Kirche, 272
S. Francesca Romana, Kirche, 137, 154f., **168f.**
S. Francesca Romana in Tor de' Specchi, Kloster, 154, 159
S. Francesco a Ripa, Kirche, 252, 350, 354f.
S. Francesco di Paola, Kirche, 346
S. Giacomo a Scossacavalli, Kirche, 233
S. Giacomo degli Spagnoli → Nostra Signora del Santo Cuore
S. Giacomo in Augusta, Kirche, 304, 309
S. Giorgio in Velabro, Kirche, 154, 159
S. Giovanni a Porta Latina, Kirche, 74, 318, 323
S. Giovanni Calibita, Kirche, 353
S. Giovanni dei Fiorentini, Kirche, 238, 240f., 274f.
S. Giovanni e Paolo, Kirche, 186, 188
S. Giovanni in Laterano, Kirche, 49, 139, 186f., **198**, 202, 241, 332, 365, 380f., 442
S. Giovanni in Laterano, Piazza di, 178, 196
S. Giovanni in Oleo, Oratorio, 319, 323
S. Girolamo della Carità, Kirche, 238, 243
S. Giuseppe dei Falegnami, Kirche, 131
S. Gregorio Magno, Kirche, 186
S. Gregorio Magno, Kloster, 187
S. Ignazio, Kirche, 82, 79, 256, **261**
S. Ignazio, Piazza, 261
S. Ivo della Sapienza, Kirche, 80, 256, 262, **272**
S. Lorenzo fuori le Mura, Kirche, 76, **381f.**
S. Lorenzo in Damaso, Kirche, 238, 249, 256
S. Lorenzo in Lucina, Kirche, 256, 304, **312f.**
S. Lorenzo in Miranda, Kirche, 136f., 145
S. Lorenzo in Panisperna, Kirche, 347
S. Lorenzo, Porta, 333
S. Luca e Martina, Kirche, 131, 136f.
S. Lucia del Gonfalone, Oratorio, 242
S. Luigi dei Francesi, Kirche, 256, 262, **270ff.**, 275
S. Marcello al Corso, Kirche, 288, 301
S. Marco, Kirche, 154, 256
S. Marco, Piazza, 47, 162
S. Maria ad Martyres, Kirche → Pantheon
S. Maria Antiqua, Kirche, 75, 136f., **142f.**, 169, 184
S. Maria degli Angeli, Kirche, 24, 212, 332, **334f.**
S. Maria dei Miracoli, Kirche, 304ff.
S. Maria dei Sette Dolori, Kirche, 350, 364
S. Maria del Popolo, Kirche, 79, 262, 275, 304, **306f.**
S. Maria del Priorato, Kirche, II, 176, 180f.
S. Maria del Suffragio, Kirche, 238, 242
S. Maria dell'Anima, Kirche, 275, 280f.
S. Maria dell'Orazione e della Morte, Oratorio, 238, 244
S. Maria dell'Orto, Kirche, 350, 354
S. Maria della Concezione, Kirche, 288, 290f.
S. Maria della Pace, Kirche, 81, 275, **280f.**
S. Maria della Scala, Kirche, 350, 359

# SACHREGISTER

S. Maria della Vittoria, Kirche, 84f., 263, 288, **294f.**, 354
S. Maria delle Grazie, Kirche, 233
S. Maria di Loreto, Kirche, 167
S. Maria di Monserrato, Kirche, 238, 240, 243
S. Maria di Montesanto, Kirche, 304ff.
S. Maria in Aracoeli, Kirche, 128f.
S. Maria in Campitelli, Kirche, 154, 159, 263
S. Maria in Campo Marzio, Kirche, 256, 270
S. Maria in Cappella, Kirche, 353
S. Maria in Cosmedin, Kirche, 47, 154f.
S. Maria in Domnica, Kirche, 186, **190**
S. Maria in Traspontina, Kirche, 232
S. Maria in Trastevere, Kirche, 350f., **357f.**
S. Maria in Trastevere, Piazza, 357
S. Maria in Vallicella → Chiesa Nuova
S. Maria in Via Lata, Kirche, 260
S. Maria in Via, 288, 301
S. Maria Liberatrice, Kirche, 184
S. Maria Liberatrice, Piazza, 184
S. Maria Maddalena, Kirche, 256, 270
S. Maria Maggiore, Kirche (Tivoli), 391
S. Maria Maggiore, Kirche, XV, 202, 263, 289, 332f., **342f.**, 358, 364, 381
S. Maria Maggiore, Piazza, 342
S. Maria Nova → S. Francesca Romana
S. Maria Novella, Kirche (Florenz), 79
S. Maria Scala Coeli, Kirche, 388
S. Maria sopra Minerva, Kirche, 256, 260
S. Martino ai Monti, Kirche, 332, 346
S. Michele Archangelo, Kirche, 233
S. Michele, Ospizio, 350, 355
S. Nereo e Achilleo, Kirche, 318, 321
S. Nicola da Bari, Kirche, 330
S. Nicola in Agone, Kirche, 280
S. Nicola in Carcere, Kirche, 154, 157
S. Omobono, Kirche, 156
S. Onofrio, Kloster, 350, 365
S. Pancrazio, Porta, 365
S. Pantaleo, Kirche, 275, 279
S. Paolo alla Regola, Kirche, 238, 247
S. Paolo alle Tre Fontane, Kirche, 388
S. Paolo della Croce, Via, 190
S. Paolo entro le Mura, Kirche, 348
S. Paolo fuori le Mura, Kirche, 74, 77, 202, 380f., **381f.**
S. Paolo, Porta → Ostiensis, Porta
S. Pietro e Paolo, Kirche, 92
S. Pietro in Montorio, Kirche, 350, 364
S. Pietro in Vincoli, Kirche, 332, 346f.
S. Pietro, Kirche, 44, 52, 81, 102f., 118f., 155, 167, 202f., **206ff.**, 223, 239, 250, 262, 265, 274, 296, 309, 335, 347, 351, 381f.
S. Pietro, Piazza, 52, **202ff.**, 442
S. Prassede, Kirche, 332, 344f.
S. Prisca, Kirche, 176f., 181
S. Pudenziana, Kirche, 332, 344
S. Quattro Coronati, Kirche, 186, **192f.**
S. Rocco, Kirche, 263
S. Saba, Kirche, 182
S. Sabina, Kirche, 24, 75, 176, **179**, 380
S. Salvatore in Lauro, Kirche, 275, 282f.
S. Sebastiano al Palatino, Kirche, 146f., 151
S. Sebastiano, Kirche, 319, 324, **326f.**, 381
S. Sebastiano, Porta, 319, 323f.
S. Silvestro in Capite, Kirche, 288, 302
S. Silvestro, Kirche (Tivoli), 392
S. Silvestro, Kirche, 288, 298
S. Silvestro, Piazza, 239, 301f., 305
S. Sisto Vecchio, Kirche, 318, 321
S. Stefano del Cacco, Kirche, 260
S. Stefano Rotondo, Kirche, 74, 186, **191**
S. Susanna, Kirche, 288, 294
S. Teodoro, Kirche, 142f.
S. Urbano alla Caffarella, Kirche, 328
S. Vincenzo e Anastasio, Kirche, 298, 388
Sacchetti, Palazzo, 238, **242f.**, 274
Sacco di Roma, 31, **36f.**, 42, 60, 202, 205f., 279
Sacra, Via, 136f., 144f.
Sacro Cuore del Suffragio, Kirche, 236
Sala Ducale, 85, 215f.
Sala Regia, 109, 215f.
Salaria, Via, 60, 404
Sallust, Gärten des, 89, 288, 314
Sambuca, 58
San Sebastiano, Katakombe, 327
Sancta Sanctorum, 199
Sannio, Via, 196
Sant'Angelo, Ponte → Engelsbrücke
Sant'Anna, Porta di, 203
Santissimo Nome di Maria, Kirche, III
Santo Bambino, 131
Sapienza, Palazzo della, 256, 272, 382
Sarkophag der Eheleute, 371
Sarkophag des Scipio Barbatus, 322
Sarkophag von Portonaccio, 336
Saturn-Tempel, 136f., 140
Saturnalien, 48, 140
Säulenordnungen, 86, **94**
Savello, Parco, 179
Scala Regia, 85, 109, 210, 215
Scala Santa, 186f., 197f.
Scalinata della Trinità dei Monti → Spanische Treppe
Scapucci, Palazzo, 284
Schlachthof, 176, 184
Schweizergarde, 109, 202
Scienze, Palazzo delle, 387
Scimmia, Torre della, 284
Scipionen-Gräber, 322
Sedia Apostolica Gestatoria, 53
Semo Sancus Dius Fidius, Tempel, 288
Senat, 27, 34, 128, 138, 141, 272
Senatorio, Palazzo (Senatorenpalast), 128, 130f.
Septimius-Severus-Bogen, 111, 136f., 139f., 443
Septizodium Severianum, 147, **150f.**, 343
Serapeum (Ostia) 413
Serapis-Tempel, 288, 298
Serristori, Palazzo, 232
Servianische Stadtmauer, 160, 190, 335
Servitenorden, 301
Settimiana, Porta, 350, 359
Sibyllinische Bücher, 148f.
Sieben Weise, 413
Sisto, Ponte, 7, 36, 239, 274, 350f., **363**
Sixtinische Kapelle, 53f., 108f., 202, 214ff., **218ff.**, 284, 347
Spada, Palazzo, 87, 238, **246**
Spagna, Palazzo di, 313
Spagna, Piazza di, 47, 304f., 308, **313f.**
Spanische Treppe, 49, 119, **314ff.**
Spes-Tempel, 157
Spina, **178**, 196, 200, 329
Spirito Santo dei Napoletani, Kirche, 238, 242
Spoleto, 30
Sport, Palazzetto dello, 93
Sport, Palazzo dello, 388

Sportakademie, 378
Sprache, 42ff., 452
Sprechende Statuen, **46f.**, 162, 260, 279
Stadio dei Marmi, 93, 376ff.
Stanzen Raffaels, 214ff., **222f.**
Statio Aquarium, 142
Stazione Termini, 93, 305, 332f., 335, **338f.**
Stiftung Memmo, 312
Strozzi, Villa, 369
Sublicius, Pons, 154
Subure, 252, 347
Sueben, 29
Suevetaurilia, 239
Synagoge, 238, 254
Synagoge (Ostia), 414f.
Syrisches Heiligtum auf dem Gianicolo, 350, 355f.

### ◆ T ◆

Tabularium, 64f., 128, 136f., **140f.**
Tarpejischer Fels, 128
Tarquinia, 437
Tartarughe, Fontana delle, 254
Tasso-Museum, 365
Taverna di Monte Giordano, Palazzo, 282f.
Teatro Argentina, 251
Telefon, 428
Tempel bei der Villa Gregoriana, Tivoli, 364, 391
Tempel, 70f.
Tempietto, 364
Tepidarium, 68
Terrina, Fontana della, 281
Testaccio, 61, 91, 176, 184
Tetrarchie, 29, 35
Theater, 66f., 406
Theater (Ostia) 406f.
Theatinerorden, 250
Thermen der Sieben Weisen (Ostia), 413
Thermen, 68, 319ff., 334
Thermenmuseum, 269, 332, 334f., **336f.**
Tiara, 52, 202, 205
Tiber, 16, 69, 120, 142, 154, 157, 253, 260, 294, 352f., 404, 416
Tiberinsel, XIII, 120, 154, 350f., **352f.**
Tiburtina, Via, 60, 381
Titus-Bogen, XIV, 111, 137, **146f.**, 164
Tivoli, 390ff.
Tor Sanguina, Piazza, 283
Torlonia, Palazzo, 161, 232
Torlonia, Villa, 368, 381
Torre Anguillara, 72, 350f., 356f.
Torre Millina, 275, 279
Trajans-Forum, 73, 162f., **167f.**
Trajans-Märkte, 73, 162f., **167f.**
Trajans-Säule, III, XIV, 154f., 162f., **165ff.**, 267, 442
Trajans-Thermen, 73, 155, **174**, 346
Trappistenorden, 388

509

# ◆ Sachregister/Themenregister

Trastevere, 47, 72f., 124, 177, 252, **350ff.**
Trastevere, Viale di, 351, 356
Trevibrunnen, 54, 247, 288, **298f.**, 443
Tridente, 304ff.
Trilussa, Piazza, 350, 363
Trinità dei Monti, Kirche, 49, 304, 314, 443
Trinità dei Pellegrini, Kirche, 238, 246f.
Triopius des Herodes Atticus, 328f.
Tritone, Fontana del, 290
Triumphzüge, 129, 157f., 187, 238
Trompe-l'œil, 79, **80f.**, 258, 261, 279, 291, 360f.
Trophäen des Marius, 70, 130, 341, 332, **341**
Türme, mittelalterliche, 72, 168
Tuscania, 437
Tusculum, 30, 438

### ◆ U ◆

Umbilicus Urbis, 140
Urbi et Orbi, Papstsegen, 52, 210, 342

### ◆ V ◆

Vaini, Palazzo, 299
Valle Giulia, 376
Vatikan, 61, 108f., 187, 197, **202ff.**, 365, 449
Vatikan, Nekropole, 208f.
Vatikanische Museen, 202f., 215, **216ff.**, 321f., 435
Vatikanstaat, 198, **202ff.**, 247
Veientana, Via, 277
Veiovis-Tempel, 128
Veji, 26, 371, 437
Veneto, Via, 114, 290, **302**
Venezia, Palazzetto, 47, 161
Venezia, Palazzo, 154, 161f., 274
Venezia, Piazza, 160ff., 308
Venus, Kapitolinische, 135
Venus- und Roma-Tempel, 71, 137, 146, 169
Venus-Cloacina-Heiligtum, 138
Venus-Genitrix-Tempel, 163
Venus-Victrix-Tempel, 248
Vespasian- und Titus-Tempel, **140f.**
Vesta-Tempel, 144
Vestalinnen, Haus der, 136f., 143, **144**
Via Ostiensis, Nekropole (Ostia), 405
Vicus Jugarius, 141, 154
Vicus Tuscus, 141f., 154f.
Vierzig Märtyrer, Oratorium der, 142
Vigiles, 186, 190, 356, 406
Villen, 88f., 106, 368f.
Villino Ximenes, 381
Vittoriano, 91, 154f., **160f.**, 364, 376
Vittorio Emanuele II, Piazza, 130, 332f., **340f.**
Vittorio Emanuele, Ponte, 123
Volkskunst und Brauchtum, Museum für, 359, 387
Vulgärlatein, 42, 193

### ◆ W ◆

Weine, 58, 348, 431, 439
Wölfin, Kapitolinische, 133

### ◆ Z ◆

Zuccari, Palazzo, 314
Zwölftafelgesetz, 26f.
Zypern, 50

### ◆ Aquädukte ◆

Acqua Felice, 288f., 294f., 365
– Paola, 350, 363ff.
Aqua Alexandriana, 60
– Alsietina, 60
– Anio Novus, 60, 339
– Anio Vetus, 60
– Appia, 60, 142
– Claudia (→ Acqua Felice), 60, 147, 151, 190, 295, **339**
– Julia, 60, 341
– Marcia, 60, 320, 324
– Tepula, 60
– Traiana, 60, 364f.
– Virgo, 60, 266, 277, **298**, 314

### ◆ Bögen ◆

Arco degli Argentari, 156
Augustus-Bogen, 143
Dolabella-Bogen, 186, 190
Drusus-Bogen, 324
Janus-Bogen, 138, 154, 156
Konstantins-Bogen, 70, 111, 155, **169**
Septimius-Severus-Bogen, 111, 136f., 139f., 443
Titus-Bogen, XIV, 111, 137, **146f.**, 164

### ◆ Brücken ◆

Engelsbrücke (Pons Aelius), 7, 104, 206, 233, **238ff.**, 254
Pons Aemilius, 7, 352
– Fabricius, 112, 252, 352f.
– Sublicius, 154
Ponte Cavour, 305
– Cestio, 6, 158, 353
– del Risorgimenteo, 376
– Flaminio, 369
– Garibaldi, 112, 358
– Margherita, 305
– Milvio, 169, 369, 377
– Quattro Capi → Pons Fabricius
– Rotto, 6, 7, 113, 352f.
– Sant'Angelo → Engelsbrücke
– Sisto, 7, 36, 239, 274, 350f., **363**
– Vittorio Emanuele, 123

### ◆ Brunnen ◆

Fontana dei Dioscuri, 297
– dei Fiumi, 277, 329
– del Globo, 377
– del Mascherone, 244
– del Moro, 278
– del Nettuno, 123, 278f.
– del Ponte Sisto, 363
– del Tritone, 290
– dell'Acqua Felice, 295
– dell'Acqua Vergine, 370
– della Barraccia, 314
– della Navicella, 190f., 314
– della Terrina, 281
– delle Api, 290
– delle Naiadi, 333f., 341
– delle Tartarughe, 254
– di Trevi, 54, 247, 288, **298f.**, 443
Fontanella del Facchino, 256, 260
Meta Sudans, 169

### ◆ Circus ◆

Circusspiele, 66f., 158, 172f., 178, 248, 328f., 409
Circus des Caligula und des Nero, 206, 208, 210
– Flaminius, 67, 130, 157f., 239, 254
– Maxentius, 67, 328f., 277, 319, **328f.**
– Maximus, V, 61, 67, 146f., 150f., **176ff.**, 196
– Varianus, 200

### ◆ Kirchen ◆

Chiesa del Gesù e Maria, 304, 309
Chiesa del Sacro Cuore del Suffragio, 236
Chiesa del Santissimo Nome di Maria, III
Chiesa della Madonna del Rosario, 111
Chiesa della Trinità dei Monti, 49, 304, 314, 443
Chiesa della Trinità dei Pellegrini, 238, 246f.
Chiesa dello Spirito Santo dei Napoletani, 238, 242
Chiesa Nuova, 230, 275, **281ff.**
Domine Quo Vadis, 319, 324
Duomo (Palestrina), 399, 402
Duomo (Tivoli) 391
Il Gesù, 78f., 81, 250, **256ff.**, 261, 364
Nostra Signora del Santo Cuore, 275, 277f.
Peterskirche, 44, 52, 81, 102f., 118f., 155, 167, 202f., **206ff.**, 223, 239, 250, 262, 265, 274, 296, 309, 335, 347, 351, 381f.
S. Agapito (Palestrina), 402
S. Agnese in Agone, 275, 277, **278**
S. Agnese, 380f.
S. Agostino, 275, 282, 284f., 416
S. Alessio, 176
S. Ambrogio e Carlo al Corso, 263, 304, 309
S. Anastasia, 146f.
S. Andrea (Mantua), 78
S. Andrea al Quirinale, 79, 81, 288, 295, **296f.**
S. Andrea della Valle, 46, 238, **250**, 262, 364
S. Andrea delle Fratte, 304, 313
S. Angelo in Pescheria, 154, 159, 275
S. Anna dei Palafrenieri, 374
S. Anselmo, 176, 182
S. Antonio da Padova, 333
S. Antonio dei Portoghesi, 275, 284
S. Apollinare, 275, 285
S. Apostoli, 226, 288, 300f.
S. Aurea (Ostia), 416
S. Bartolomeo, 352
S. Benedetto in Piscinula, 353
S. Bernardo alle Terme, 262, 288, **295**, 334
S. Biagio della Pagnotta, 274
S. Bibiana, 332, 334, **339**
S. Bonaventura, 151
S. Bonifacio e Alessio, 180
S. Callisto, 357
S. Carlo ai Catinari, 238, **247**, 263, 364
S. Carlo alle Quattro Fontane, 81, 288, **295f.**
S. Caterina ai Funari, 238, 254
S. Cecilia in Trastevere, 326, 350, **353f.**
S. Cesareo, 318, 321f.
S. Claudio de' Borgognoni, 288, 302
S. Clemente, 42, 180, 186, **193ff.**
S. Cosma e Damiano, 136f., 144, 154f., 162, 165, **168f.**, 445
S. Costanza, 380f.
S. Crisogono, 350, 356
S. Croce in Gerusalemme, 188, **200**, 381
S. Dorotea e S. Giovanni della Malva, 363
S. Eligio degli Orefici, 238, 243
S. Eustachio, 272
S. Francesca Romana, 137, 154f., **168f.**
S. Francesco a Ripa, 252, 350, 354f.
S. Francesco di Paola, 346
S. Giacomo a Scossacavalli, 233
S. Giacomo degli Spagnoli → Nostra

# THEMENREGISTER

Signora del Santo Cuore
S. Giacomo in Augusta, 304, 309
S. Giorgio in Velabro, 154, 156
S. Giovanni a Porta Latina, 74, 318, 323
S. Giovanni Calibita, 353
S. Giovanni dei Fiorentini, 238, 240f., 274f.
S. Giovanni e Paolo, 186, 188
S. Giovanni in Laterano, 49, 139, 186f., **198**, 202, 241, 332, 365, 380f., 442
S. Girolamo della Carità, 238, 243
S. Giuseppe dei Falegnami, 131
S. Gregorio Magno, 186
S. Ignazio, 82, 79, 256, **261**
S. Ivo della Sapienza, 80, 256, 262, *267*
S. Lorenzo fuori le Mura, 76, **381f.**
S. Lorenzo in Damaso, 238, 249, 256
S. Lorenzo in Lucina, 256, 304, **312f.**
S. Lorenzo in Miranda, 136f., 145
S. Lorenzo in Panisperna, 347
S. Luca e Martina, 131, 136f.
S. Luigi dei Francesi, 256, 262, **270ff.**, 275
S. Marcello al Corso, 288, 301
S. Marco, 154, 256
S. Maria ad Martyres → Pantheon
S. Maria Antiqua, 75, 136f., **142f.**, 169, 184
S. Maria degli Angeli, 24, 212, 332, **334f.**
S. Maria dei Miracoli, 304ff.
S. Maria dei Sette Dolori, 350, 364
S. Maria del Popolo, 79, 262, 275, 304, **306f.**
S. Maria del Priorato, II, 176, 180f.
S. Maria del Suffragio, 238, 242
S. Maria dell'Anima, 275, 280f.
S. Maria dell'Orto, 350, 354
S. Maria della Concezione, 288, 290f.
S. Maria della Pace, 81, 275, **280f.**
S. Maria della Scala, 350, 359
S. Maria della Vittoria, 84f., 263, 288, **294f.**, 354
S. Maria delle Grazie, 233
S. Maria di Loreto, 167
S. Maria di Monserrato, 238, 240, 243
S. Maria di Montesanto, 304ff.
S. Maria in Aracoeli, 128ff.
S. Maria in Campitelli, 154, 159, 263
S. Maria in Campo Marzio, 256, 270
S. Maria in Cappella, 353
S. Maria in Cosmedin, 47, 154f.
S. Maria in Domnica, 186, **190**
S. Maria in Traspontina, 232
S. Maria in Trastevere, 350f., **357f.**
S. Maria in Vallicella → Chiesa Nuova
S. Maria in Via, 288, 301
S. Maria in Via Lata, 260
S. Maria Liberatrice, 184
S. Maria Maddalena, 256, 270
S. Maria Maggiore, XV, 202, 263, 289, 332f., **342ff.**, 358, 364, 381
S. Maria Maggiore (Tivoli) 391
S. Maria Nova → S. Francesca Romana
S. Maria Novella (Florenz), 79
S. Maria Scala Coeli, 388
S. Maria sopra Minerva, 256, 260
S. Martino ai Monti, 332, 346
S. Michele Archangelo, 233
S. Nereo e Achilleo, 318, 321
S. Nicola da Bari, 330
S. Nicola in Agone (dei Lorinesi), 280
S. Nicola in Carcere, 154, 157
S. Omobono, 156
S. Pantaleo, 275, 279
S. Paolo alla Regola, 238, 247
S. Paolo alle Tre Fontane, 388
S. Paolo entro le Mura, 348
S. Paolo fuori le Mura, 74, 77, 202, 380f., **381f.**
S. Pietro e Paolo, 92
S. Pietro in Montorio, 350, 364
S. Pietro in Vincoli, 332, 346f.
S. Prassede, 332, 344f.
S. Prisca, 176f., 181
S. Pudenziana, 332, 344
S. Quattro Coronati, 186, **192f.**
S. Rocco, 263
S. Saba, 182
S. Sabina, 24, 75, 176, **179**, 380
S. Salvatore in Lauro, 275, 282f.
S. Sebastiano al Palatino, 146f., 151
S. Sebastiano, 319, 324, **326f.**, 381
S. Silvestro (Tivoli), 392
S. Silvestro in Capite, 288, 302
S. Silvestro, 288, 298
S. Sisto Vecchio, 318, 321
S. Stefano del Cacco, 260
S. Stefano Rotondo, 74, 186, **191**
S. Susanna, 288, 294
S. Teodoro, 154
S. Urbano alla Caffarella, 328
S. Vicenzo e Anastasio, 298, 388

### ♦ Museen ♦

Antiquarium des Forums, 142, 147
Antiquarium des Palatin, 149ff.
Casa di Dante, 357
Folkloremuseum, 359
Galleria d'Arte moderna, 369, 376f.
Galleria Nazionale d'Arte Antica, 362, 292f.
Geologisches Museum, 302
Goethe-Museum, 309
Kapitolinische Museen, 130, **132ff.**, 141, 156, 251, 399
Keats-Museum, 313
Museo Astronomico e Copernicano, 377
Museo Barracco, 249
Museo Centrale del Risorgimento, 161
Museo della Civiltà Romana, 388
Museo di Roma, 279, 359
Museo Napoleonico, 275, 284
Museo Nazionale Etrusco, 370
Museum der jüdischen Gemeinde, 254
– der Seelen der Verstorbenen, 236
– des Hochmittelalters, 387
– für Volkskunst und Brauchtum, 359, 387
– Ostia, 405, 411
– Palestrina, 402
Prähistorisches und Ethnographisches Museum, 387
Tasso-Museum, 365
Thermenmuseum, 269, 332, 334f., **336f.**
Vatikanische Museen, 202f., 215, **216ff.**, 321f., 435

### ♦ Gräber ♦

Augustus-Mausoleum, XV, 239, 297, 304f., **309f.**, 329
Caecilia Metella, Grabmal, 72f., 319, 330
Calixtus-Katakombe, 319, 326, 447
Commodilla-Katakombe, 327
Eurysaces, Grab, 339f.
Forum Romanum, Nekropole, 145, 147
Hadrians-Mausoleum → Engelsburg
Horatier und Curiatier, Grabmal, 330
Isola Sacra, Nekropole (Ostia), 411, 416
Nekropole von Palestrina, 402
Priscilla-Katakombe, 327, 447
Publicius Bibulus, Grab, 160
Romulus-Mausoleum, 319, 329
San Sebastiano, Katakombe, 327
Vatikan, Nekropole, 208f.
Via Ostiensis, Nekropole (Ostia), 405

### ♦ Obelisken ♦

Berninis, 256, 261
Foro Italico, 93, 377
Lateransplatz, 178, 196
Piazza dei Cinquecento, 338
Piazza del Popolo, 178, 306
Piazza del Quirinale, 297, 310
Piazza dell'Esquilino, XV, 310, 342, 344
Piazza di Montecitorio, 269
Piazza di Porta Capena, 178
Piazza Navona, 277f., 329
Piazza S. Pietro, 210
Piazza Trinità dei Monti, 314
Pincio, 200, 316

### ♦ Palazzo ♦

Altemps, 275, 284, 336
Anguillara, 350, 356f.
Assicurazioni Generali di Venezia, delle, 161
Barberini (Palestrina), 399, 402
Barberini, 87, 288, 291ff., 363
Bonaparte, 309
Borghese, 304, 311
Braschi, 164, 275, 279
Caetani, 253
Camerale, 305
Cancelleria, della, 86, 202, 238, **249**, 275
Capranica, 275
Cenci, 238, 254
Cenci-Bolognetti, 258
Cesi, 232, 275, 283f.
Chigi, 256, 268f.
Cimarra, 347
Civiltà del Lavoro, della, 92, 122, 387
Colonna, 288, 300f.
Conservatori, dei, **128ff.**, 145, 267
Consulta, della, 297
Corsini, 350, 359, **362f.**
Costaguti, 254
Doria-Pamphili, 256, **258f.**
Esposizione, dell', 348
Falconieri, 238, 244
Farnese, 87, 88f., 238f., **244ff.**, 266, 275
Governo Vecchio, del 281
Lancellotti, 275, 283
Lepri, 305
Madama, 256, **272**, 275, 281, 378
Massimo alle Colonne, 275, 279

# ◆ THEMENREGISTER

Massimo, Palazzetto, 279
Mattei di Giove, 254
Mattei, 253, 353
Milesi, 284
Montecitorio, di (Parlament), 256, 269, 305
Nardini, 275
Nunez, 305
Nuovo, 130
Odescalchi, 288, 301
Ossoli, 275
Pamphili, 275, 278f.
Penitenzieri, dei, 232
Piombino, 268
Poli, 298
Propaganda Fide, di, 304, 313
Quirinale, del, 288f., 297
Ricci, 243
Rospigliosi-Pallavicini, 298
Ruspoli, 304, 312
Sacchetti, 238, **242f.**, 274
Sapienza, della, 256, 272, 382
Scapucci, 284
Scienze, delle, 387
Senatorio, 128, 130f.
Serristori, 232
Spada, 87, 238, **246**
Spagna, di, 313
Sport, Palazzetto dello, 93
Sport, Palazzo dello, 388
Taverna di Monte Giordano, 282f.
Torlonia, 161, 232
Vaini, 299
Venezia, 154, 161f., 274
Venezia, Palazzetto, 47, 161
Zuccari, 314

### ◆ Piazza ◆

Barberini, 119, 290
Borghese, 311
Campidoglio, del, 3, **128ff.**, 324, 341, 442
Cavalieri di Malta, dei, 180f.
Cinquecento, dei, 338
Coppelle, delle, 270
Corporazioni, Piazzale delle (Ostia), 407ff.
Esquilino, dell', VX, 342, 344
Farnese, 244
Garibaldi, Piazzale, 365
Marconi, 387
Margana, 159
Mattei, 254
Minerva, della, 260f.
Montecitorio, di, 269
Navona, 3, 123, 239, 272, **274ff.**, 329, 443
Orologio, dell', 282f.
Pace, della, 281
Piscinula, in, 353
Popolo, del, 90f., 160, 178, 274, 304f., **306ff.**, 316, 369
Quirinale, del, 289, 296f.
Repubblica, della, 332f.
Romolo e Remo, Piazzale, 178
Rotonda, della, 256, 264

S. Cosimato, 356
S. Giovanni in Laterano, di, 178, 196
S. Ignazio, 261
S. Marco, 47, 162
S. Maria in Trastevere, 357
S. Maria Liberatrice, 184
S. Maria Maggiore, 342
S. Pietro, 52, **202ff.**, 442
S. Silvestro, 239, 301f., 305
Spagna, di, 47, 304f., 308, **313f.**
Tor Sanguina, 283
Trilussa, 350, 363
Venezia, 160ff., 308
Vittorio Emanuele II, 130, 332f., **340f.**

### ◆ Porta ◆

Appia, 183
Capena, 318
Celimontana, 190
del Popolo, 306
di Sant'Anna, 203
Esquilina, 340
Flaminia → del Popolo
Latina, 219, 323f.
Maggiore, 190, 334, 339f.
Marina (Ostia), 405, 414
Ostiensis, 183
Pia, 294
Portese, 350, 355
Romana (Ostia), 405
S. Lorenzo, 333
S. Pancrazio, 365
S. Paolo → Ostiensis
S. Sebastiano, 319, 323f.
Santa, 52, 198, 211
Settimiana, 350, 359

### ◆ Portikus ◆

Dei Consentes, 140
Margaritaria, 137
Metellus, 159
Minucia Frumentaria, 251
Octavia, 154, 158f.
Pompejus, 248

### ◆ Tempel ◆

Antonius Pius und Faustina, 136f., 144f.
Apollo (Palatin), 146, 149
Apollo Sosianus, 154, 156, 158
Äskulap (Ostia), 412
Bei der Villa Gregoriana, Tivoli, 364, 391
Bellona, 158
Caesar, 136f., 143
Concordia, 136f., 140f.
Demeter und Faustina, 329
Diana, 176
Dioskuren, 136f., 142, 297
Divus-Claudius, 186, 188f.
Elagabal, 146f., 151
Fortuna, 156
Frieden, 162, 164f.
Hadrian, 267
Hercules Victor, 70f., 154f.

Herkules Invictus (Ostia), 412
Isis und Serapis, 260
Isis, 130
Janus, 157
Juno Moneta, 128
Juno Regina, 159
Juno Sospita, 157
Jupiter Capitolinus, 26, 70f., 128, 144, 149
Jupiter Stator, 144, 159
Kybele → Magna Mater
Magna Mater, 146f., 148f., 156
Mars Ultor, 158, 163
Mars, 324
Matidia, 267
Minerva, 260
Minerva Medica, 332, 339
Penaten, 144
Portunus, 70f., 154f.
Quirinus, 288
Roma und Augustus (Ostia), 412
Romulus, 136f., 144, 168
Saturn, 136f., 140
Semo Sancus Dius Fidius, 288
Serapis, 288, 298
Spes, 157
Veiovis, 128
Venus Genitrix, 163
Venus und Roma, 71, 137, 146, 169
Venus Victrix, 248
Vespasian und Titus, 136f., **140f.**
Vesta, 136f., 144

### ◆ Thermen ◆

cisarii (Ostia), 404f.
Helena 200
Sieben Weise (Ostia), 413
Agrippa, 266
Caracalla, 65, 112, 182, 244, **318ff.**
Diokletian, 24, 288, 332, **334**, 376
Konstantin, 130, 288, 297
Neptun (Ostia), 406
Trajan, 73, 155, **174**, 346

### ◆ Torre ◆

Torre Anguillara, 72, 350f., 356f.
– dei Capocci, 73, 168, 346
– dei Conti, 145, 168
– dei Graziani, 346
– dei Margani, 346
– dei Mattei, 351
– della Scimmia, 284
– delle Milizie, 73, 154f., 165, **168**
– Millina, 275, 279

### ◆ Via ◆

Appia antica, 60, 72f., 126, 130, 151, 158, **318ff.**
Aurelia, 60
Babuino, del, 274, 308
Biberatica, 167
Botteghe Oscure, delle, 253
Cassia, 60, 305, 377

Clodia, 377
Conciliazione, della, 122, 202, **232f.**
Coronari, dei, 274, **283**
Corso, del, 160, 238, 260, 274, 304ff., **308f.**
Europa, Viale, 388
Felice, 200, 289, 314
Flaminia, 60, 160, 238, 274, 305f., 308, 310, 377
Giovanni Giolitti, 339
Giubbonari, dei, 247
Giulia, 240ff., 274, 359, 365
Governo Vecchio, del, 281
Gregoriana, 315
Labicana, 340
Latina, 60, 322
Lungara, della, 351, 359
Maggiore, 187
Margutta, 309
Marmorata, della, 184
Monserrato, 240
Nazionale, 332f., 348
Nomentana, 60, 380
Orso, dell', 284
Ostiensis, 60, 404f.
Panisperna, 347
Piè di Marmo, 256, 260
Pilotta, della, 299, 301
Portico d'Ottavia, del, 252f.
Portuense, 60
Prenestina, 60, 340, 398
Ripetta, di, 274, 305, 308
S. Paolo della Croce, 190
Sacra, 136f., 144f.
Salaria, 60, 404
Sannio, 196
Tiburtina, 60, 381
Trastevere, Viale di, 351, 356
Veientana, 377
Veneto, 114, 290, **302**

### ◆ Villa ◆

Albani → Villa Torlonia
Barberini, 369
Borghese, 100f., 278, 369, **372ff.**
Celimontana, 186, **190f.**, 369
Colonna, 298
Este, d' (Tivoli), 88f., 392f.
der Quintilier, 330
des Hadrian, 88, 135, 217, 391, **394ff.**, 443
des Maxentius, 328f.
Doria Pamphili, 20, 369
Farnese, 369
Farnesina, 88, 244, 336, 350, 359, **360**
Giulia, 88, 369, **370ff.**, 399
Glori, 24
Gregoriana (Tivoli), 391
Lante, 369
Ludovisi, 134, 369
Madama, 88, 369, 378
Mattei → Celimontana
Medici, 89, 304, **315**, 369
Mellini, 377
Peretti-Montalto, 368
Strozzi, 369
Torlonia, 368, 381

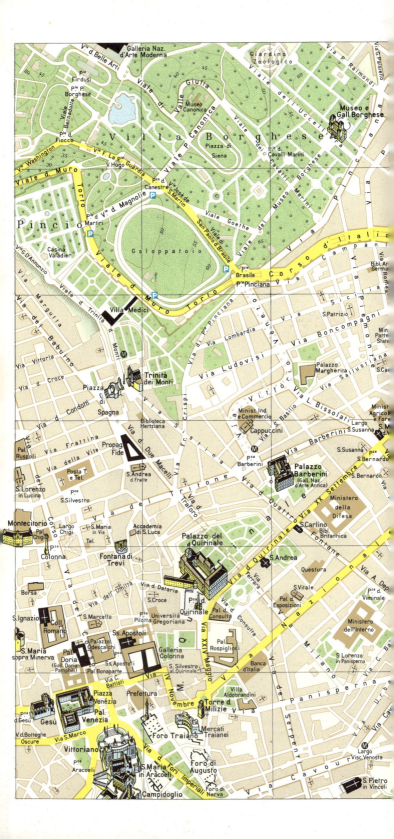